本书是国家社会科学基金重点项目《“华二代”祖语保持研究》（立项号：16AYY005）结项成果

本书出版获 2023 年度国家出版基金资助

国家出版基金项目

NATIONAL PUBLICATION FOUNDATION

华二代祖语
保持研究

王汉卫　白　娟　著

暨南大学出版社

JINAN UNIVERSITY PRESS

中国·广州

图书在版编目（CIP）数据

华二代祖语保持研究/王汉卫，白娟著. —广州：暨南大学出版社，2023.12
ISBN 978 - 7 - 5668 - 3741 - 7

Ⅰ.①华… Ⅱ.①王…②白… Ⅲ.①华文教育—研究 Ⅳ.①G749

中国国家版本馆 CIP 数据核字（2023）第 121543 号

华二代祖语保持研究

HUA'ERDAI ZUYU BAOCHI YANJIU

著 者：王汉卫 白 娟

··

出 版 人：阳 翼
项目统筹：杜小陆
责任编辑：黄 球 朱良红
责任校对：孙劭贤 黄子聪 黄晓佳 林玉翠
责任印制：周一丹 郑玉婷

出版发行：暨南大学出版社（511443）
电 话：总编室（8620）37332601
　　　　　营销部（8620）37332680 37332681 37332682 37332683
传 真：（8620）37332660（办公室） 37332684（营销部）
网 址：http：//www.jnupress.com
排 版：广州良弓广告有限公司
印 刷：深圳市新联美术印刷有限公司
开 本：787mm×1092mm 1/16
印 张：42
字 数：820 千
版 次：2023 年 12 月第 1 版
印 次：2023 年 12 月第 1 次
定 价：218.00 元

序

汉卫、白娟所著《华二代祖语保持研究》即将由暨南大学出版社出版，这是一件可喜可贺的事情。早在申请出版基金之前，汉卫就打招呼说，出版的时候让我给这本书写几句话。我当即就答应了。

多年来，我对写序一直有恐惧感。一是写序得花很长时间看全书，而现在能坐下来认真看完一本书真的很难；二是写序总得有一些评论，现在理论、方法和技术发展太快，觉得很多东西自己已经跟不上，内容不容易把握，难免露怯。汉卫之事我之所以爽快应承下来，出于多个原因。第一，用"祖语"翻译"heritage language"并赋予"祖辈语言"的含义，是我提议并通过我们团队一次次讨论后逐步清晰化、系统化的；第二，华二代的祖语保持也是我们推荐国家社科基金重大课题中设想的子课题之一。我们动动嘴，汉卫们跑断了腿。我是个理想主义者，经常天马行空，口无遮拦，有什么想法随时脱口而出，不少只是随便说说。汉卫则是个行动派，责任心极强，有股子犟劲。这些年来，他一心沉到华语传承事业中，连同华文水平测试工程，主持完成了一个又一个科研项目，取得了一大批成果。"'华二代'祖语保持研究"是他主持的国家社科基金重点项目。用他的话说，从我鼓动他做华文水平测试开始，是我这个始作俑者，把他拉上了"贼船"。十多年来，他始终如一地坚持在这片领域耕耘，成果不断，令人欣喜。但看到他终日拖着疲惫的身体奔波操劳，我也经常有些不忍。本书的另一作者白娟，是我曾经的同事。她一直关注海外的语言教育，特别是家庭华文教育；她还是《中国语言生活状况报告》的积极参与者，为绿皮书的编写默默地做了大量的幕后工作，是个做事认真、不计名利的人。这里介绍一下作者，因为在我看来，写序介绍成果本身固然重要，介绍成果背后的作者也同样重要。

祖语保持是个世界性难题。历史上不同时期走到世界各地的中国话，绝大多数已是作为祖语来传承的。以世界各地的华二代为对象，开展祖语保持研究，其学术和应用价值显而易见。《华二代祖语保持研究》主体内容分为三个部分，展示了不同国家华二代祖语保持的现状、各方为祖语保持进行的教材编写研究、华文水平测试研究的重要成果。海外华人祖语传承的基本经验是从各地的实际出发，多样化发展。作者选取了15个国家，这些国家社会经济发展程度和华人移民的历史、背景、分布等方面各有其特点。以这些国家的华人新移民及华二代作为调研对象，分国别开展研究，反映出作者对海外华人社会的实际情况非常熟悉，真实再现了海外华人社会的多样性。作者不仅重视国别选择方面的代表性，也重视探讨问题角度的多样性；不仅分析华二代在祖语保持方面的现状，还探讨了他们面临的困境和挑战，进而探讨如何更好地传承和发扬中华语言文化，并提出相应的建议。这些研究成果丰富了对华语作为祖语保持状况的认识，给在当今时代如何更好地传承和发扬祖语文化、保护祖语资源提供了有益的启示。

祖语保持和祖语传承是一个问题的不同方面。近年来，我开始从祖语传承的角度看祖语保持问题，我们的研究团队也逐步从华文教育转向华语传承。在我构想的华语传承话语体系中，就涵盖了祖语保持。因此，本书提到的很多问题我都有同感。例如"永久传承"、从战略的角度"支持祖语学校"、重新审视华文教育的目标、重视华文水平测试的推广等。推动祖语传承是为了祖语的保持，而祖语保持的状况可以反映各种传承努力的实际成效。多方事实证明，祖语传承过程中想要完全保持祖语状态几乎绝无可能。华二代的语言生活状态和语言元素发生变化是历史和现实的必然。祖语保持中看到的某些"语言磨损"等现象，在一定程度上是祖语传承主动应变的结果，是一代代华人语言文化植根于当地社会的必要手段，是祖语新陈代谢的表现。

我非常赞赏作者的专业精神。书中既有祖语保持理论的探讨，更有为祖语保持所做的种种努力的探讨。纵观全书，可以看到作者理论认识的深入，框架设计的精心细致。书中的观点我并非都认同，但我赞赏他们的探索精神，赞赏他们一丝不苟的科研态度，赞赏他们为海外华语保持所做的方方面面。他们的开创性建树，必然会对未来的华语传承研究产生积极的影响。它提示我们如何坚定文化自信，从实际出发传承中华语言文化，向世界分享中华语言文明，积极开展理论创新，推进研究领域突破。毫无疑问，《华二代祖语保持研究》进行的尝试是成功的。

我也非常赞赏作者的研究方法。作者通过深入调查和访谈，获得了翔实的一手资料。课题组分别对华二代、华二代的家长及华校教师进行了半结构式访谈，根据对象的不同设计了不同的访谈提纲。对华二代的访谈集中在其学习祖语的经历、语言态度、对其语言水平的评估等；对家长的访谈聚焦于家长的教育和成长背景、家庭社交网络、家庭语言政策、家庭发展规划等；而对华校教师的访谈则聚焦于华校的学生构成、课程设置、文化活动、语言评估、困难等。如此细致的方法，得出的结论不能不让人信服。教材编写的梳理，华文水平测试的设计到实测，既促进了祖语保持研究的理论建设，也从实践层面对华语传承研究进行了拓展。

我还要特别赞赏该书的文风。书中结构清晰，行文干净利落，语言朴实易懂，值得称道。良好的文风本来是语言学术著作的本分，现在还得专门作为特色提出，实在是因为近年来论著可读性越来越差，好像只有别人看不懂才是有学问。在当今这种语境下，这部著作无疑给人带来一些欣喜。

总起来说，《华二代祖语保持研究》是一部好书。它的出版是一个良好的开端。它将会引发更多关于华二代祖语保持问题的思考和研究。我们生活在一个多元文化的时代，各种不同的语言和文化交织在一起，和谐共生。这是现代文明的图景，更是中华文明的传统。深入开展祖语保持研究，做好祖语传承，对于保持语言文化多样性具有重要意义。

有机会在广大读者之前，先读此书，获益多多，正可谓先睹为快。感谢汉卫和白娟。

是为序。

2023 年 10 月 3 日

前　言

"有海水的地方就有华人"，由来已久，中国是一个移民输出大国，但因为中国从来不是殖民主义者，所以，中国移民的后裔，就不可避免地面临祖语保持的问题。

祖语保持虽不是中国移民单独面对的问题，却是世界上最大规模移民群体需要面对的问题。在过去的几百年，这个问题一直存在。又基于新增移民的巨大数量和更加广泛、分散的分布，以及二语教学理论对祖语保持的干扰，这个问题在今日尤其突出。并且，在可预见的将来，这个问题会一直存在。

继承语/传承语的概念译自英语 heritage language，本书表述为"祖语"，大体属于异名同指，主要考虑汉语字词的精确性，突出着眼点的不同——"继承语"的着眼点是"继承"、是当事个人；"传承语"是双着眼点，有"传"有"承"；"祖语"的着眼点是宗脉、是族群。

华语文是中文在海外的传承和发展。虽然华文这个概念及其教学实践由来已久，但华文作为祖语继承的相关研究一直比较小众，在"对外汉语教学/汉语国际教育/国际中文教育"界的关注程度不高，本书因此也得以有幸成为"蓝海"中的一朵浪花。

近几十年来的移民潮，给华语祖语研究带来的新现象是大量"华二代"的出现。在长期的华文教学与研究中，我们慢慢认识到，"代系"而非"地域"是祖语保持最为关键的因素。华二代是祖语保持的关键代系，而直接以华二代为目标的研究并没有成为华文教育界的普遍关注点。

本研究的背景如上所述，目的则是通过华二代研究，尝试为华二代祖语保持——进而为华文教育、为国际中文教育做出自己的贡献。描写是研究的起点，我们不揣简陋，更力图通过本研究，特别是抓住"华二代"这个点，在教学及教材理念、测试把关、政策建言多方面发力，以确使真的有一点贡献。

按照上述思路，本书分四个部分：华二代祖语保持国别研究、华二代祖语保持教材研究、华二代祖语保持测试研究、研究结论和建议。简述如下：

1. 华二代祖语保持国别研究

本部分具体涉及美国、英国、澳大利亚、新加坡、意大利、西语美洲、日本，共七个新移民较为集中的国家或地区。具体调查华二代及其家长、教师的祖语观，以及他们在祖语保持上的态度、实践和效果。本部分还以专门章节调查了老移民数量最多的印尼新生代的祖语保持情况，以资对比。

2. 华二代祖语保持教材研究

本部分分三条线展开研究：

一是华文教材的国别使用，范围涉及亚、欧、非、北美、南美、大洋洲的20多个国家和地区。

二是主要现用教材的考察，我们选择了《中文》《汉语》《马立平中文》《欢乐伙伴》，前二者是中国面向海外华文教育界免费提供的主干教材，后二者分别是在美国和新加坡有影响力的华文教材。

三是在现有华文祖语教材、汉语二语教材，以及现在和历史上的汉语母语教材的基础上，向海外华文教育界人士抛出了本研究团队的华文祖语教材理念，果如所料，也令人欣慰，得到了积极的反馈。

3. 华二代祖语保持测试研究

本书研发了以华二代为第一目标人群的华文能力标准化考试系统：华文水平测试。

汉语是世界上第一语言使用人口最多的语种，也是作为"非第一语言"教学发展最迅速、重要性直逼英语（我们深信将来会超过英语）的语种。华人也是世界上第一大并且还在继续增长的以合法方式移民的群体，而汉语"非第一语言"的测试，直至目前仍只可说处于起步阶段——一个重要指标是：仅有一个汉语水平考试（HSK）系列得到政府认可。

"考试是指挥棒"，学术层面，考试的背后是学理、是标准、是教学、是目标。"起步阶段"的现实，其深刻学术背景是"第一语言教学/第二语言教学"的简单二值区分和定性，是"祖语"理论及实践未能深入、广泛地影响汉语教学界乃至华文教育界。

"华文祖语传承"跟"汉语二语传播"在教学对象、内容、目标、方法方面，在能力标准与测试评估等方面有着诸多不同。本研究开发的华文水平测试，以标准化考试理论为指导，从对象调研入手，从标准、大纲、样卷研发，到试测、调整、再测、再改、再测反复打磨，以服务华文教育为宗旨。

4. 研究结论和建议

本部分呈现了本研究的倾向性认识，为华二代祖语永久保持提出了具体的建议。

通过本研究，我们获得了一些不见得很成熟的观点，愿跟诸位读者简要分享如下，以尽前言之本分：

1. 华二代是海外华文教育和华文祖语保持的关键代系

华二代是华文祖语保持的起点，是华文祖语保持的典型代系、关键代系。二代祖语不保，其后代系的华文"祖语教学"，基本上就只能转型为"二语教学"，这是令人扼腕的质的转变。今天的华文教育界尚未明确重点代系人群，未紧紧抓住"华二代"这个代系的"牛鼻子"，这是当前的大问题。

2. "永久保持"必须是华文教育明确而坚定的目标

"永久保持"谈何容易，甚至似乎呓语，但在华二代、华三代转移广泛存在的同时，我们也必须看到东南亚某些华人社会多代之后仍能保持祖语的现象，这纷繁复杂的现象背后，至少肯定了一个事实——祖语保持的实际情况和可能是无限多样的——由此也可以推导出一个符合逻辑的基本判断：永久保持也是可能的。

"华文祖语永久保持"必须作为华文教育的顶层设计和坚定目标。有了这个目标，华文教育才能成其为国家民族的一项事业，否则，华文教育也就只能被二语的潮流裹挟，失去目标。没有了目标，也就没有了方向，多半会成为眼前的、周末的、可多可少甚至可有可无的，事业意义、学术意义上的华文祖语传承也就成为空谈。

3. 家庭祖语环境是华文教育的压舱石

家庭祖语环境是华文教育的压舱石，不能笼统地说海外华文教育是海外华人的中文教育，家庭中文祖语环境是华文教育的核心因素，是华文祖语保持的关键，有没有一定程度上的家庭祖语环境，是华文教育跟非华文教育的分野。

这一点，理论上并不难理解，但在实践上，国际中文教学界、华文教育界都没有高度重视，没有以其指导和分流中文二语、祖语的教学理论、教学设计、教材编写、能力测评。

4. 祖（籍）国认同是祖语保持最大的内在动力

鉴于我国目前的国籍和绿卡政策，在此问题上，教育界目前难能有所作为。双国籍的讨论和踌躇已久，我们关注的是个人利益和国家安全的平衡，是当前利益和长远利益的平衡。

语言是最大的软实力，海外华人的祖语保持是我国软实力的世界投放，是国家利益和个人利益最大的结合点。恰当的绿卡和国籍政策，也可以高效引导移民的移出流向和聚居倾向。强烈呼吁有关部门审慎尝试制定相关顶层政策，为海外华人的祖语保持注入内在动力。否则，根断了，寻根何益？

5. "华文祖语传承教育"的学科问题亟待解决

教师、教材、教法（三教），是华文教育界的常谈。教师问题在海外尤其突出，特别是老华人社会，真正合格的、专业的教师十分缺乏，华文教育举步维艰。教师匮乏的根源若想得到根本解决，还得回到国内，回到学术，并最终回到政府层面的举措。

本研究认为，"对外汉语教学/汉语国际教育/国际中文教育"是国家的事业，但作为学科名称，认识上似有不足。"对外""国际"是以"内外"为着眼点的，这样的名称，从学科的层面即已经模糊了"华文祖语传承"跟"汉语二语传播"的巨大差异，在几十年来的教学实践上，"二语"凌驾于"祖语"之上，是有目共睹的基本事实。

为解决华文教育的师资问题，亟须提升和彰显"华文祖语传承教育"的学科地位，使其与"汉语二语传播教育"肩并肩、手拉手。政府层面，也宜加强"华文祖语传承"的师资培养和外派。

6. 呼唤真正的华文教材出炉

学科顶层设计的问题，进一步带来的是教材、教法的问题。调查显示，今日之所谓"华文教材"，在基本的底层设计、教学理论上，严重受"二语"理论的影响，跟汉语二语教材没有本质区别。由此带来的是华文教材不好用，华文教学质量堪忧，这一点，在我们的调查访谈中一再呈现。

本研究在华文教材上的基本观点如下：

"听说"主要是家庭的事，华文教材和教学的主要目标和任务是"读写"，识字量的迅速发展是实现目标的根本保证。然而，现有的所谓"华文教材"都并不如此（我们有研究数据支撑这个"都"字）。识字量的教学设计发展缓慢，不能满足随年龄增长的认知发展的需要，不能满足自主阅读的需要，这样的底层设计几乎注定了华文教学的大面积失败。

华文教材是为实现祖语保持而设计的教材，再不能在汉语二语教学的底层理论上编写、修订，而应借鉴传统蒙学的做法，把迅速解决识字量、迅速提升自主阅读能力放在首位。"集中识字"是基本原则，至于如何集中识字，这是下位的、方法上的问题。

以"读写为重、读写领先"的华文教学基本格局，决定了华文教材编写基本思路应该是：以字为本，融字、词、句、篇、语言、文学、文化为一体。调查显示，该思路得到了海外华文教师相当广泛和积极的认可。

7. 华文教育必须有自己的专属考试

以群体论,海外华人跟非华人在学习环境、学习过程、学习目的,以及不同年龄段的中文水平等许多方面都是异质的群体。

HSK 是对"外国人"的汉语测试,尽管有它的少年版 YCT,但总体上不关联每一个年龄段的汉语母语者。HSK 这样设计当然是对的,因为它评价的是一般汉语二语者的能力,不可能也不应该以年龄为汉语二语能力划定标准——而祖语传承却迥然不同。

传承必须紧密结合成长的阶段,有明确的阶段目标,例如 6 岁应该达到什么水平,8 岁应该达到什么水平……18 岁应该达到什么水平,这是传承必须明确的目标,18 岁高兴了,才开始尝试学习华文,就谈不上传承了。而传播则不同,18 岁还是80 岁学习中文,那是学习者的自由,而不是"族群"的目标——世界上除了华族,永远也不会有第二个以祖语"中文/华文/汉语"为标记的族群。

海外华侨华人有 6 000 多万之众,并且在继续增长。从社会学、人口学的角度,从政治、统战的高度,华文水平测试的重要性就更加不容忽视。它一头连着学科、理论、教材、教法等汉语教学的体系,一头连着海外华人社会的祖语保持,是大国崛起、是全球华人资源统筹的重要举措——这也决定了华文水平测试(HC)专属考试的特质,决定了它必须诞生也必将长大的前景。

方便读者迅速把握全书,以上碎语为前言。水平有限,诸多不足是肯定的,恳请读者赐正,也请读者海涵,相信未来的学界,华二代祖语保持这个课题一定会有更多、更好的研究成果问世。抛砖引玉,用在本书上,再恰当不过了。

2022 年 8 月 15 日

目 录
CONTENTS

第二部分
华二代祖语保持的教材研究

第三部分
华二代祖语保持的测试研究

第四部分
研究结论及建议

附　录

PART 第一部分 01

. . . .

华二代祖语保持国别研究

第一章

绪　论

一、研究缘起

　　华人移民海外已有上千年历史。在 16 世纪末中国第一次大规模海外移民潮之前，东南亚已有华人聚居的社区。17 世纪前期，海外华人移民数量在 10 万以上，主要分布在现在的菲律宾、日本、印度尼西亚、泰国、缅甸等国的港口城市，以商贸行业为主。18 世纪起，华人移民的活动范围从东南亚港口城市扩展到所在地区的内地，职业范围进一步扩大到采矿、种植、加工业等，居住方式仍以聚居为特征。据庄国土（2002）估算，19 世纪中期以前东南亚华人数量在 150 万左右。到 19 世纪中期，华人劳动力输出成为华人移民的主要类型，绝大部分前往东南亚，而北美洲、大洋洲、非洲、拉丁美洲等地开始成为华工的目的地。这一时期海外华人总数约为四五百万。20 世纪 20 年代至 50 年代，全世界华人约有 1 300 万，其中东南亚华人约 1 100 万，其余多分布在北美、拉美、欧洲等地区，非洲、大洋洲亦有数万华人。上述不同历史时期的华人输出地多为广东和福建。中华人民共和国成立至 80 年代初，海外华侨华人数量约 2 000 万，这一时期华人移民潮基本停滞。随着中国改革开放，移居国外的华人被统称为"新移民"。四十余年来，中国新移民人数已超千万。与此前的华人移民相比，新移民在世界各地广泛分布，以留学生、投资移民、亲属团聚、劳务输出为主，特别是高学历背景的移民数量占相当比例；新移民来自中国各地，大多说汉语普通话；他们的经济实力更强，就业途径更为广泛，在其住在国的社会文化适应程度更高，融入当地社会的程度更深。

与海外华侨华人社会伴随而生的是海外华文教育，在不同时期分别表现为家庭私塾、族学、旧式学堂及新式学校等形态，教育教学内容经历了从四书五经到现代课程的发展，教学语言由一定范围内的区域方言共同语逐渐转变为当前的汉语普通话。特别是新时期以来，海外华人移民社会发生了相当大的变化，表现在语言文化教育方面：一方面华一代主动融入住在国社会的意愿更强；另一方面他们也希望保持与祖籍国的密切联系，并积极推动华二代的祖语学习。这给海外华文教育提出了新课题：如何科学、高效地开展华二代的祖语教育，使"永久华二代"成为可能？本书试图全面了解海外华侨华人祖语保持的现状，并从学理上研究华二代祖语保持的有效路径。

二、研究意义

(一) 理论意义

虽然现有研究已关注到华二代的祖语传承、语言习得、文化认同等问题，但如何从根本上认识华二代祖语传承的重要性以及从学理上厘清语言文化代际传承的基本规律并据此制定相关语言教育政策，总体上还没有跳出第二语言教学的框架。对华二代的语言文化教育以及对成长于海外华人社区的华裔新生代，大多数学校还是遵循二语教学的思路。华二代的祖语传承教育必须基于汉语、汉字和中华文化的基本特点和学习规律，结合语言文化的代际传承规律，才能走得远、走得快。

本书试图从华二代、华二代家长和华文教师视角，更全面、清晰、准确地反映华二代群体祖语保持方面的现状、特点和诉求，在此基础上，甄别华二代内部祖语保持的异质性及由此衍生的不同学习需求，并从教育教学的角度提出解决性方案。同时，通过对汉语和汉字特点的考察，提出适合华二代祖语学习的教材编写和华文测试方案，提高祖语保持的效率。

(二) 现实意义

习近平总书记指出：团结统一的中华民族是海内外中华儿女共同的"根"，博大精深的中华文化是海内外中华儿女共同的"魂"，实现中华民族伟大复兴是海内外中华儿女共同的"梦"。海外华侨华人在沟通中国和世界、促进中外交流和文明互鉴过程中发挥重要作用，而华裔新生代已成为传承和弘扬中华文化的重要力量。语言作为文化的主要载体，作用不可忽视。因此，祖语及文化传承是关系未来中外文明交流互鉴的战略性问题，是面向海外的"希望工程"。由于海外华侨华人社会及所处国家和地区的多样性和复杂性，祖语保持面临诸多考验，对华二代的祖语教育也面临着越来越大的挑战，如果能够提高其效率，必将为中外交往与交流提供持续的力量和保障。

三、基本理论和研究现状

Fishman（1991）提出的"三代转移论"对祖语传承的总体趋势和模式进行了概括，即：第一代移民是使用母语的单语者；第二代移民使用母语和主流语言，是双语者；第三代移民则只用主流语言。学者们对祖语代际传承模式的研究在不同程度上体现了语言代际转用的趋势。如 Li Wei（1994）对英国伦敦华人家庭的语言代际使用的研究、Zhang（2008）对美国费城华人语言使用的代际差异研究、Gene-vieve Yuek-Ling Leung（2011、2012）对美国加州华人的语言使用研究等。

哪些因素影响了祖语的代际传承？目前的研究已经证实了宏观、中观到微观等多个层面因素的影响，如社区语言学校和宗教机构因素（Carreira & Kagan，2011）、族群聚居因素（Xiao，2014）、家庭语言意识（Bell，2013）、家庭语言使用（Joy，1995）、亲子关系（Li，1999；周敏、刘宏，2006；He，2016）、家庭资源（Luo & Wiseman，2000；Lao，2004）、社区资源（Luo & Wiseman，2000；Zhang，2009）、教师影响（Curdt-Christiansen，2006）、涵化模式（Berry & Hou，2017）等。从研究对象所涉及的社会场域来看，大量的民族志研究将研究范围集中在家庭、学校和社会领域，尤以家庭为最，认为家庭是透视祖语代际传承的主要场所。从具体的研究对象来看，一是以家庭为对象，观察家庭作为社会单位其内部的语言使用状况，反映多种因素共同作用下祖语、双语或多语在家庭中的语言地位和声望以及代际变化（Li & Zhu，2010）。家庭语言政策是考察族裔语言保持与传承问题的焦点之一，是近年来学界关注的重点。语言代际传承的最小单位是家庭，因此家庭语言政策成为我们考察该问题的"前线"，产生了丰富的研究成果。家庭语言政策的研究理论主要包括民族语言活力理论、语言管理理论、言语适应理论、社会资本理论和语言社会化理论，其研究主题涉及其内外部影响因素、工作机制、主体间性以及家庭因素作为辅助变量在其他主题研究中的作用（尹小荣、李国芳，2017）。从外在因素来说，其受到社会语言、政治、经济、文化、教育等影响（Curdt-Christiansen，2016；尹小荣、李国芳，2017）；而对家庭内部成员的语言态度、语言实践和语言管理行为的大量民族志和描写性研究表明，家长的语言期望与决策、家庭语言生态、儿童社会化过程、家庭关系等与语言代际传承直接相关。

现有研究一般围绕斯波斯基（2004）提出的家庭语言政策的三个组成部分——语言意识、语言实践和语言管理展开。语言意识决定语言实践和语言管理，而语言实践和语言管理也构建和影响语言意识。"所谓家庭语言政策，指家庭成员对家庭语言使用和启蒙文化教育读写实践所做的明确公开的规划"（Curdt-Christiansen，2016）。影响家庭语言意识的因素有社会语言因素、社会文化因素、社会经济因素和社会政治因素，这是从宏观层面进行分类。社会经济因素直接影响族裔语言文化保持，英语的经济价值对其语言声望有直接正面的影响，并削弱了族裔语言在移民群体中的影响力。微观层面的研究从家庭的社会经济地位、家长的语言态度、家长与子女的情感联系、家庭日常话语互动模式等方面研究对族裔语言文化学习的影响（Tannenbaum，2005；Tannenbaum & Berkovich，2005；Li Guofang，2017；Law，2015；Luo & Wiseman，2000）。

二是以移民二代为对象，研究其祖语水平、语言态度与认同（骆涵等，2017）及相关因素等（李其荣、姚照丰，2012；刘燕玲，2015），以及祖语能力的发展特点等（Zhang & Koda，2011）。认同（identity）是一个心理学和社会学概念，通常指社会认同，即"个体认识到自己所在群体成员所具备的资格，以及这种资格在价值和情感上的重要性"（Tajfel，1978）。认同有若干下位概念，在祖语保持和语言习得相关的研究中经常提及的几个概念是：身份认同、文化认同、族群认同、语言认同、情感认同等。族群认同是指个体认识到自己所属的特定社会群体及该群体成员身份带来的情感和价值意义（万明钢等，2010）。不少研究着重调查被试的中国语言文化认同，研究结论多数肯定了被试对中国语言文化的正面的、积极的认同，对语言传承表示乐观（吴燕，2009；陈颖、蔡炜浩，2016）。另一部分研究则较为全面地分析被试的整体认同问题，认为移民及其后代的认同和语言态度具有多元化和异质性特点。

可以说，当前是从不同角度，采用不同理论和方法，对祖语保持的相关因素进行研究，问题的关键点在于我们需要从"华二代祖语保持"的角度，从海外华语及文化传承的角度，对华二代祖语的整体情况形成宏观的、整体的认识，并提出相应的对策。

四、研究问题和框架

"华二代"是对华人新移民子女的统称，但事实上，这一群体在诸多方面存在相当大的异质性，其祖语保持的结果也不一样。如果我们需要对祖语保持有宏观层面的了解并提出切实建议，首先就必须回答以下问题：

（1）不同国家和地区的华二代群体的特征如何？

（2）有哪些因素影响和制约了华二代的祖语保持？

（3）针对现有问题，华二代祖语保持需要得到哪些方面的支持？

（4）专注于祖语保持的华文教学应当有哪些转变？

围绕上述问题，本书的研究框架如下：

（一）文献综述：华二代祖语保持的研究现状

以国外华二代祖语保持研究文献为主，反映海外主要华人新移民国家和地区的祖语保持现状，对家庭代际祖语保持的状况、影响因素，以及华二代祖语保持的动机与习得机制等方面的现有成果进行总结，为后续研究指明方向。

（二）实践调查：华二代祖语保持的国别研究

囿于研究条件，课题组无法对所有国家和地区的华侨华人进行抽样性调查，只选取了15个国家的华人新移民及华二代作为调研的对象，这些国家在社会经济发展程度和华人移民的历史、背景、分布等方面各有特点，体现了海外华人社会的多样性。

（1）美国华人新移民家庭语言政策研究：以美国新移民家长为调查对象进行问卷调查和半结构式访谈，重点关注新移民家庭的语言使用、语言管理和语言态度，探讨华二代祖语保持的影响因素。

（2）英国华二代祖语保持研究：该项研究分别对华二代和家长进行问卷调查，内容包括：从个人、家庭和社区三个方面了解其语言使用环境、家庭语言管理、祖语水平评估、语言态度与认同等。半结构式访谈的对象是华二代、家长和华校教师，重点关注与祖语保持相关的教学、家庭语言管理、认同与动机等问题。

（3）澳大利亚方言背景华二代祖语学习与认同研究：本项研究对澳大利亚方言背景的华二代学生进行质性访谈，探讨的重点是在汉语普通话作为海外华文教学的标准语和目的语背景下，祖语生群体具有哪些特点？其中具有方言背景的华二代在学习普通话的过程中，出现了哪些问题？他们需要如何调适方言、普通话和认同之间的关系？

（4）新加坡华二代祖语保持研究：该项研究以家长为调查对象，对两个群体——华二代学生和本土华人学生的家庭语言使用和语言水平进行对比分析，发现两者差异。

（5）意大利华二代祖语保持研究：以意大利华文学校的华二代学生、家长及华校管理者为主要研究对象，调查中文语言环境、家庭语言管理、祖语水平及认同情况，在此基础上，对部分学生、家长和华校管理者进行深度访谈，了解其移民经历、文化差异、语言态度、社交网络、办学问题等。

（6）西语美洲华二代祖语保持研究：研究对象来源于巴拿马、委内瑞拉、智利、玻利维亚、秘鲁、危地马拉、厄瓜多尔和墨西哥等以西班牙语为官方语言的国家。研究主要考察华二代家庭语言使用、祖语学习途径、影响祖语水平的动机等，并对新移民家长和华二代进行访谈，从不同视角对代系语言管理及实践、语言意识等进行对比。

（7）日本华二代祖语保持研究：以在日华人新移民为调查对象，从家长视角考察日本华二代祖语保持的状况和相关因素。重点关注个人日常使用语言偏好、家庭语言环境、语言转用发生的情况，特别是华二代在不同成长阶段的语言使用特点；此外，该研究还考察了家长对华二代汉语水平的评价、家庭语言政策（语言实践、语言管理和语言意识）及其相关关系。

（8）印尼新生代华裔祖语保持研究：针对在中国留学的印尼新生代进行问卷调查和半结构式访谈，重点考察家庭结构、代系、社区、家族语言管理、认同等变量之间的相关关系。

（三）华二代祖语保持的教材研究

本部分一方面调查了当前华文教育界所使用的教材，分析显示，所谓"华文教材"，事实上与汉语二语教材区别不大——这是大问题。这个问题显示，华文教育从理论到教材、教学实践上严重受到二语理论的制约，亟待建设。正因为此，本部分的另一个主题是尝试提出华文教育的教材理论，并展现初步的端倪。

（四）华二代祖语保持的测试研究

"有教无测"是华文教育之殇，是历史欠账。测试的背后是标准、大纲，华文教育不能没有真正属于自己的水平测试，正如不能没有自己的理论和教材。本部分初步勾勒了华文水平测试的面貌，从标准、大纲、考试的设置、结构，直至关键题型，我们尝试有所创新、有所建树——但显然，还很不完善。

以上四个部分体现研究子课题之间的承接关系，第一部分文献综述为现有研究的总结，本课题研究的起点；第二部分为课题主体之一，为第三、四部分提供事实性依据；第三、四部分将华二代祖语保持问题定位到教学范畴，为其提供切实可行的解决方案。

五、研究方法

（一）文献分析

本课题为综合性研究，文献来源于祖语保持相关的各个领域，如汉语语言学、二语教学、社会语言学、华侨华人、国际移民史等。文献检索的途径包括但不限于：国内外大型期刊会议论文数据库、相关领域经典图书著作及最新研究进展与成果、国内外相关学术课题研究成果等。

（二）问卷调查

课题组按国别展开问卷调查。问卷调查的对象分为两类：一类是第一代华人移民或侨民；一类是华二代青少年。问卷主要调查以下信息：①人口统计学信息；②祖语使用情况；③华二代接受祖语教育的情况；④华二代祖语水平；⑤语言态度与认同（从认知、情感、文化、族群等不同维度进行考察）；⑥家长的语言态度与认同。不同国别的调查问卷在通用问卷的基础上视各国的情况适度调整，使研究尽可能兼顾统一性和特殊性。需要特别说明的是，由于课题组成员多数在中国国内，在海外开展抽样调查或是大样本调查存在客观上的困难，特别是针对未成年人的调查需要征得相关教育部门及家长的许可，因此国别研究所采用的具体方案不完全一致。其中，课题组在美国、英国、新加坡、日本开展了家长调查；在英国、意大利、西语美洲、印度尼西亚则对华二代或华裔新生代开展了调查。

（三）半结构式访谈

民族志个案是开展移民二代祖语保持研究的主要方法。采用这一方法的原因是，可以让研究者不带预设地实施调查，并对研究过程中的发现做进一步追踪。研究者需要利用自身的学术积淀和洞见，把握研究的方向。对研究对象进行访谈是较快地获取资料的一种手段，自由式访谈适用于探索性研究，标准化访谈（结构式访谈）则具有封闭性，而半结构式访谈介于两者之间，只对访谈内容有粗略的要求，给访谈者和受访人以较大的空间。鉴于本课题的研究目的和研究基础，我们采用半结构式访谈。访谈对象涉及华二代、华二代家长及华校教师，针对这三类研究对象设计了三份访谈提纲。针对华二代的访谈，内容集中在其学习祖语的经历、语言态度、对其语言水平的评估等；对华二代家长的访谈，聚焦于家长的教育和成长背景、家庭社交网络、家庭语言政策、家庭发展规划等；对华校教师的访谈，则聚焦于华校的学生构成、课程设置、文化活动、语言评估、困难等。

六、主要术语

（一）新移民

本课题提及的"新移民"主要指改革开放以来移居海外的中国公民。有研究指出 20 世纪 70 年代在闽、粤等传统侨乡即已出现小规模的移民潮（朱东芹等，2018）。考虑到本课题所涉及的调查对象多为新时期以来移居海外的新移民及其后代，故仍以改革开放作为界定新移民的时间点。

（二）华二代

华二代是"华人新移民第二代"的简称，是新移民族群中幼年随父母（第一代）移民或在海外出生的第二代华人。"华二代"依据代系而非年龄等其他标准进行界定，有助于清晰地考察其家庭语言文化背景，即华二代家长作为第一代移民，理论上能够为华二代提供较好的家庭语言使用环境和语言文化认同基础，这也是我们将华二代作为"关键二代"的依据之一。

（三）华裔新生代

不同于"华二代"从代系着眼进行定义，"华裔新生代"指第二代、第三代后裔，"即 1975 年以后出生、其家族在居住国当地传承到他（她）这一代至少已经是第二代的华人群体"（朱东芹等，2018）。这一概念主要侧重其年龄特征。

（四）祖语

"祖语"是对"heritage language"一词的翻译。学界讨论的"heritage language"在国内有很多种说法，如"继承语""传承语""遗产语言"等，其所指对象在不同时期和不同国家有所不同，或是存在异名同指的情况。如最早提出这一概念的加拿大，"heritage language"指的是加拿大的非官方语言和土著语言；在澳大利亚，其与"language other than English"和"community language"等意义大致相同；在某些移民国家，"heritage language"则指移民语言（immigrant language）或是区域性语言（regional language）。笼统而言，不管是何种说法，其中暗含的意味为该语言是"非主流""边缘化"且有转用风险的，与"语言保持"这一概念有天然的内在关联。Fishman（2001）、Hornberger 和 Wang（2008）强调祖语学习者（heritage language learner，HLL）与某一门非英语语言之间的家庭或祖辈的联系，并且 HLL 可以自行决定自己的学习者身份。广义上的"heritage language"更多地从社会、政治、法律、族裔及认同等方面进行界定，而狭义上的"heritage language"则将语言、教育等作为界定的主要因素，与学习者的语言水平挂钩，是学习者转向另一门主流语言前还没有完全习得的语言（Polinsky & Kagan，2007）。不同国家和地区针对非官方语言有不同的名称，因而"heritage language"的指称对象有所不同。

对"祖语"作广义和狭义上的区分，有重要意义。毫无疑问，广义上的 HLL 更有利于将潜在的学习者纳入教育教学的对象范畴，其对象具有较为清晰的群体特征和边界，便于区分和指称。反之，狭义上的 HLL 可能仅限于第一代或第二代移民，他们在未完全习得第一门语言时即转向了另一门主流语言，这一标准将二代以上第一门语言即与父辈或祖辈不同但有认同需求的学习者排除在外。因此，大部分情况下，人们在识别 HLL 时，使用广义概念作为判断标准。但是实际面临的问题是不少国家的语言教育政策仅以此为标准区分二语学习者和祖语学习者，对后者的教育教学采取更高的要求，引起诸多问题，其中之一是仅按族裔分班而不论其语言水平高低，导致一部分祖语学习者出于学业上的考虑避免被界定为祖语学习者或是干脆放弃祖语学习。事实上，即使是具有家庭语言使用环境的二代移民，熟悉族裔文化，其祖语水平也存在参差不齐的情况，特别是祖语书面语的学习方面。针对这一群体，二语教学和母语教学方法均不完全适用。

（五）汉语作为祖语

国内学界使用"祖语"的说法由郭熙（2015、2017）提出，"社会主体语言之外作为语言文化传承的祖辈语言"，它既不等同于母语，也不等于民族语，还可以是方言。本课题的研究对象中，有相当一部分华二代的家庭语言为某种汉语方言，如粤语、客家话、温州话、闽南话等，方言能力对构建华二代的语言文化认同发挥了直接作用。可见，与"华语"——"新加坡和国外华人对汉语共同语的称呼"（周有光，1995）相比，祖语的范围要更大一些，涵盖了包括汉语方言在内的变体，可以兼顾汉语口语的传承功能。郭熙（2017）认为使用这一名称"或许能更准确地表达 heritage language 的含义，更容易为中国人所理解，也更容易凸显语言传承研究的对象和范畴"。显然，这是广义上的"祖语"。在向来重视语言文化传承的中国语境下，"祖语"一词有其特殊意义，更容易唤起海外华侨华人对祖（籍）国和祖籍地语言文化的情感，符合中国文化慎终追远的传统。

第二章

华二代祖语保持研究综述

    移民语言保持是当前人类面临的一大难题。为了减缓语言濒危的速度、遏制代际转移的步伐，多年来逐渐形成了一个新的学术方向——语言保持与语言转移研究（Language Maintenance and Language Shift）（Fishman，1964；Kloss，1966；Haugen，1972；Pauwels，2016）。在这个方向下，"土著语言、殖民语言、移民语言"因被统一纳入"继承语/祖语"（heritage language）范畴而得到越来越多的关注（Fishman，1964；张天伟，2014）。

    面对困境，要保持祖语的活力，代际传承自然是最为有效和切实的途径。二代移民是祖语传承的开始，因此可以说，二代移民的祖语保持研究是一个关键突破口。

    祖语传承是全球华人社会的共同关切。历史上，海外华人曾为保卫祖语文化付出了极大的代价，创造了不朽的成就，留下了丰厚的文化遗产。据统计，当前海外共有约 2 000 万新生代华裔、几百万在校生、几十万华文教师、2 万所华文学校（裴援平，2017）。这是当前华文教育事业的基本盘。这个基本盘令人振奋，但是我们也要看到，华语传承现状存在着极大的地区差异。时至今日，在一些国家和地区，很多华人的后代正在以这样或那样的方式放弃自己的祖语，完全转向学习和使用当地主流社会的语言，成为名副其实的 ABC、BBC、CBC（美国华人、英国华人、加拿大华人）。并非全球范围内的华语传承都是成功的，足以称道的也只是部分地区，即使是在华人占比最高的新加坡，华语传承生态也面临着严重危机，已经不存在实质意义上的华文教育。

    当然，这里面很多人是被动地选择，更多人则是出于现实的考量。语言是个人沟通的工具、认知的通道、升值的资源。在中国崛起、华语传播的当下，华人保留华语有了更多的底气。语言是文化的载体、认同的工具、族群的图腾。一旦华语在华裔身上流失，流淌在华人血脉里的文化、精神和灵魂无疑会一起流失，华人家庭和海外华人社会也将少了情感的纽带，"铸牢中华民族共同体意识"也将受到影响。从这个意义上说，华二代祖语保持研究确是事关族群根本特征和未来命运的重大学术命题。

华语传承形势需要放在世界范围内加以客观评判，华语传承和保持研究也需要参考已有的相关成果。本章对现有华二代祖语保持研究进行综述，为后续研究提供参考。

第一节　海外华人语言转用状况研究

改革开放以后，中国又一次开始了大规模的海外移民潮。截至 2008 年，通过留学、投资商务、亲属团聚、劳务输出等方式，中国海外移民数量已超千万（李其荣等，2017）。仅 2008 年到 2017 年的十年间，就有 460.5 万余名中国人移居美国、加拿大、澳大利亚、英国、法国、意大利、日本等 20 个发达国家。根据美国联邦人口普查局的数据，截至 2017 年，华人人口 508.17 万人，占全国总人口（3.28 亿）的 1.5%。在 1990 年到 2017 年间的各大移民族群中，来自中国的移民数量跃升到了第 2 位。华人主要聚集在加州（36.9%）、纽约州（16.9%）、新泽西州（4.2%）、华盛顿州（2.8%）等。根据加拿大统计局数据，截至 2016 年，加拿大华人人口达到 177 万，约占总人口（3 446 万）的 5.1%；华人主要居住在多伦多、温哥华、蒙特利尔、卡尔加里、埃德蒙顿、渥太华、温尼伯七个城市；全国约 14.7 万华人在工作场所讲普通话，讲粤语的约有 12.7 万人。

英国是欧洲最大的华人移民国。截至 2018 年，华人移民达 60 万以上，占英国总人口的近 1%。历史上，华人移民到英国有三个高潮：一是"二战"后来自中国的劳工，二是 20 世纪 60 年代来自中国香港和越南的华人，三是 20 世纪 80 年代华人新移民，包括中国内地移民和 1997 年香港回归后产生的移民。目前，新移民总数已经超过老移民。据报告，2011 年英格兰和威尔士的华人共有 393 141 人，其中约有四分之一（26.1%）居住在 13 个市镇，包括曼彻斯特、伯明翰、巴尼特、塔村、南华克、利物浦、谢菲尔德等。大部分华人散居在英伦三岛各处。

根据澳大利亚华人总工会编纂的《澳大利亚华人社区发展报告》（2018）披露的数据，截至 2016 年，出生于中国的澳大利亚华人有 655 886 人，家庭使用华语人口有 927 944 人，家庭至少一方有华人祖先的人口有 1 232 896 人。华人人口占全澳人口比例达到 5%，除英语之外，华语是澳大利亚使用人口最多的少数族裔语言。

中国与日本自 1972 年邦交正常化以后，双方交往日益频繁，留日人员稳步增长。2000 年以后，每年在日中国人数量的增长幅度超过 10%。2011 年底，在日中国留学生人数超过 12 万人，在日中国人总数达 67 万以上（鞠玉华，2015）。

华人新移民的快速增长，给原有的海外华人社会注入了新的活力，但华二代祖语的保持情况并不乐观。在移民的祖语保持问题上，Fishman（1964）最早提出了祖语的三代转移论。这个论断几乎成为学界共识，华人移民的祖语保持状况并不尽如人意。华人人口结构的变化，势必带来华语传承形势和华文教育对象的变化。

在华人新移民较多的国家和地区，可以看到一些祖语使用的相关数据。1996 年，加拿大不列颠哥伦比亚省约有 45 000 人自报华语是他们的母语，但他们却未在家里使用。到 2001 年，全国 872 000 人自报华语是他们的母语，790 500 人表示会定期说华语（Chui、Tran & Flanders，2005）。Li（1998）认为，1981 年到 1991 年，36% 的加拿大华人经历了祖语遗失。加拿大统计局 2006 年的数据表明，68.52% 的华人在家中经常使用中文，而在所有年龄段中，7～17 岁的青少年华裔使用华语比例最低，只有 45.85%（王嘉顺，2019）。美国统计局的数据表明，2019 年有 35% 的加拿大华人在家里说粤语，23% 说汉语普通话，40% 的人说其他汉语方言（Goodkind，2019）。

从澳大利亚历年的人口普查数据中，可以略窥华人祖语保持和转用情况。1996 年的人口普查数据显示，华语转用比例很高：在家说普通话转换到说英语的人口，占在澳大陆移民的 37%；在家说粤语转用到说英语的人口，占在澳香港移民的 35%。到了 2006 年，约 67 万华人中有 22 万人自称在家里说普通话，约 24.5 万人说广东话，还有少数人说其他汉语方言，发生语言转用的人数少了一些（Clyne，2011）。2011 年澳大利亚统计局人口普查结果显示，语言代际损耗的情况是：第一代澳大利亚华人在家中使用英语之外的语言（language other than english，LOTE）比例最高（53%）。第二代使用祖语的比例要低得多（20%），三代以后使用祖语的比例已经极低（1.6%）[①]。

在美国，2000 年的调查显示，第二代华裔儿童在家里只说英语的占 29.4%，但是到了第三代只说英语的已经达到 91.4%（Alba, et al., 2002）。Pan（2002）调查发现，纽约市的大多数华人不会说普通话，最常使用的汉语方言是福建话（36.6%），包括闽南话和闽北话等次方言，其次是粤语（31.7%）和吴语（20.3%）。从曼哈顿唐人街和法拉盛唐人街收集的 200 个样本中，普通话仅占 10.4%。加州大学社会学家 Rumbaut（2007、2009）完成了两项美国跨代移民儿童的语言能力和语言偏好的纵向调查。这两项研究的样本都由不同世代（第一代至第四代）的 5 000 名受访者组成。调查结果发现，几乎所有族裔的英文能力都得到了提高。但是，在传承语能力上，只有华裔与其他族裔形成鲜明对比，年轻华裔对祖语的理解和熟练程度从 33.3% 下降到 19.6%。中文是最快速丢失的语言之一，实际上，它的预期寿命只到第二代（Rumbaut，2007）。这个调查结果要比 Fishman（1966）的祖语三代转移论更令人忧心。Fillmore（2000）认为美国移民儿童失去祖语的危险要远远大于不能习得英语。语言承载着族群文化，失去语言也就意味着失去这种族群文化价值观，削弱了华人家庭代际语言交流。

第二节　家庭语言状况代系特点研究

对华二代祖语保持状况的趋势判断，主要是通过对祖语使用、语言态度等方面的代系差异研究来进行的，因此家庭作为最小的社会单位成为多数研究的观察对象。研究的内容一是发现祖语保持的代系特点，二是对观察结果进行分析和解释。

英国最早研究家庭与华语传承关系的是李嵬和米尔罗伊等学者。作为社会语言学"网络学派"的代表人物，他们采用社会网络分析的框架，调查了英国华人三代家庭的语言维持情况。调查发现，旅居英国数十年的老年人只会讲汉语（粤方言），不会英语，而到了第三代华人，他们基本失去了中文读写能力，个别人连听说都有困难，已经转用英语。作者认为英国华人社团这么快的语言转用是很少见的。英国

---

① https：//www.abs.gov.au.

华人社会语言转用过程相当复杂，而这一过程与其社会网络的演变密切相关。李嵬（1994）延续了这项研究，报告了英国东北部 Tyneside 地区华人家庭三代语言使用变化情况。20 世纪 90 年代这个地区居住着 5 000 多个华人，大部分从事餐饮业。80% 来自香港，说粤语，25% 是英国本土出生的华三代。他采用民族志和问卷方法，调查了 10 个家庭。研究主要发现有：汉语单语急速地转向以英语为主的双语；老年妇女保持使用粤语；年龄作为预测语言转移的重要因素，不是自然的生命周期概念，而是通过社会机制起作用。华人网络关系逐渐向非华人网络转变；"我们的语码"从祖辈的粤语转向子代的英语。

张东波（Zhang，2008）通过对美国费城 18 个华人移民家庭的民族志调查发现：华人父母和子女双语能力存在不同程度的差异，他们的语言技能和语言偏好存在代际差异，而且不同家庭背景的父母或子女群体在同一代之间也存在差异。说普通话或福建话的父母在英语习得和双语技能方面的差距尤其显著，受过良好教育且讲普通话的中产阶级华人明显偏好华语。

梁若玲（Genevieve Yuek-Ling Leung，2011、2012）采用 Fishman 的语域分析法，以问卷和访谈形式调查了美国加州北部 93 名台山籍华人的语言使用情况。结果显示，祖辈和父辈最常使用台山话，而年轻一代更常使用粤语和英语，普通话在三代人群中的使用频率都不高。

Linda Tsung（2015）报告了澳大利亚两个华人家庭的语言使用情况，分别是来自广东斗门的陈先生和来自福建厦门的李先生，其均为四代之家。陈先生家到了第二代之后都是多语多方言，华语出现在第四代的语库当中；而李先生家到了第三代之后都是英语单语，造成这种差异的原因就在于祖辈不同的语言意识。作者推断，培育家庭多语会成为保留祖语最重要的措施。

姜文英（2015）采用问卷调查和 YCT 测试相结合的方法，调查了澳大利亚布里斯班两所社区学校 10~12 岁儿童的华语保持情况，结果发现华二代的汉语水平参差不齐、差异极大，他们对待华语也是被动学习的状态。

除了代系差异，有学者研究表明，性别差异也是祖语使用的一个特点。Holmes（1993）研究了澳大利亚、新西兰女性移民和语言维持之间的关系，其中涉及汉语维持的方面。该文基于普查数据、问卷调查和访谈资料，发现澳大利亚、新西兰第一代和第二代移民群体中，女性保持民族语言的时间比男性长。对此，文章认为，女性的社交网络鼓励她们更多地使用民族语言，重视民族语言所表达的独特的社会和情感功能。这项发现似乎跟一般社会语言学研究结论相反，即女性总是处在语言变化的前沿。社会语言学家拉波夫也证明，女性有着更为强烈的语言不安全感，当社区中两种语言代表不同的阶层时，女性往往更容易"人往高处走"，转用主流语言。李嵬（2012）指出，这些含混和矛盾的结论其实可以得到合理的解释。例如，女性可能由于各种原因没有习得主流语言，是单语者，也就谈不上发生语言转用。

华二代家庭不同代系在语言态度方面同样存在差异。子代和父代的想法出现分歧几乎是人类社会发展的必然，这也同样体现于祖语传承一事上。Zhang 和 Slaughter-Defoe（2009）发现父母的语言态度和努力与子女语言态度之间存在明显的差距。他们结合对费城两个华人社区的参与观察和 18 个华人家庭的民族志访谈，得出结论：虽然父母将祖语视为一种资源，并采取积极行动来维护下一代的祖语，但子女却没有意识到祖语学习在生活中的相关性，经常抵制父母在祖语维持方面的努力。

张东波、李柳（2010）进一步考察了讲福建话和普通话的两个华裔移民群体：父代的不同语言轨迹、社会阶层和定居方式，塑造了第二代对祖语和英语的不同理解。福建话儿童保留了最低限度的祖语交际，而普通话儿童则抵制祖语。

父母对待祖语的态度往往还受到其他客观因素的左右。例如，父母移民美国的经历、融入美国社会环境的过程、父母的职业背景和受教育情况等，不同的家庭背景会产生不同的"语言忠诚度"。Jingning Zhang（2010）研究了美国亚利桑那州的中国移民父母对维持普通话的态度及其影响因素。调查结果表明，这些父母通常对普通话持积极态度。父母之间的态度差异，取决于他们的融入方式和未来规划。由于人力资源有限，父母们对公立学校推广普通话的作用持消极态度。此外，从移民儿童的个人语言接触网络来看，家庭所能提供的人际、教育、媒体资源都可能是有限的。

更深入的研究发现，父母的语言努力对于子女的祖语维持只在一些语言技能上发挥效应。Dongbo Zhang 和 Keiko Koda（2011）研究了美国华裔青年的家庭识字环境对华语词汇知识发展的影响。调查显示，父母的语言使用与学习者的祖语词汇广度之间存在着显著的正相关，但只是在跟功课相关的阅读实践上起作用，而在与功课无关的独立阅读和共享阅读上则不起作用。华裔青年这种功课导向的华语能力发展倾向，提示学校应该注意家校配合，在阅读材料的选取和指导上与家庭做好衔接。

第三节　影响华二代祖语保持的因素研究

一、家庭因素

近年来关于华二代祖语保持的微观研究，相当一部分聚焦于家庭因素。陈雪

（2001）介绍了英国华文教育与华人社会情况，指出英国华人社会的华文教育前途不光明，原因是华人居住分散，且家长负有最大的责任。

语言使用是决定华二代祖语水平的主要因素。Jennifer Joy（1995）通过对美国华二代的问卷调查和访谈发现，华二代保持祖语的水平，与祖辈、父辈是否对他们使用华语密切相关，而中文指导、家庭社会经济地位、父母的英语能力和邻居族群构成对祖语保持都没有显著效应。

陈粤华（Yuet-Wah Cheung，1981）研究了加拿大城市中五个华人社区父母对儿童祖语保持的影响。研究发现父母对儿童使用和教学祖语这些直接举措，是儿童保持祖语的重要原因，这表明家庭是语言保持的重要路径。父母采取保持祖语的直接举措，跟他们参与族群社区的程度相关，与他们对英语/法语的了解没有关系。研究还发现，父母的族群认同及其在加拿大的时间长短与祖语保持没有显著关系。族群弱认同并不意味着在祖语保持上就缺乏努力，要融入加拿大主流社会也并不一定就要放弃自己的祖语文化。

父母态度在祖语维护中也起着很重要的作用（张东波、李柳，2010）。不少针对美国华裔儿童汉语使用情况的调查研究表明，父母对祖语维护的态度影响着子女对祖语维护的态度，继而影响他们日常生活中汉语使用的频率，并最终影响祖语维持效果（Luo & Wiseman，2000；Lao，2004；Yang，2007）。

C Raschka、Wei Li、S Lee（2002）在李嵬（1994）的研究基础上，进一步从社交网络角度调查了英国第三代华裔语言选用情况。结果发现，正常的家庭互动模型有利于支撑祖语维护。Xiaoxia Li（1999）通过自我观察和12岁女儿在夏威夷家里的日常语言实践，发现父母对两种语言和文化都持积极态度，在家庭中良性的亲子互动和情感支持，对孩子的双语教育和身份认同非常重要。此外，He（2016）的研究发现，家庭中子代对父代的话语模式和家庭语言环境也有着积极的影响。

李国芳（Li，2006a）探讨了三名加拿大一年级和二年级华裔学生的双语能力（中英文读写）和家庭环境中的三语（普通话、粤语和英语）练习，研究结果说明，父母对祖语的态度，以及学校和社会因素（例如祖语学校教学质量、媒体语言倾向等），在塑造儿童的语言选择和家庭语言实践方面都发挥了重要作用。多方面的因素表明，帮助移民儿童成为多语者是一项艰巨的任务，需要父母、公立学校和社区组织之间的共同努力。

张晓兰（Curdt-Christiansen，2009）在家庭语言政策的框架下，采用民族志方法调查魁北克10个华人移民家庭的语言意识和语言实践。结果发现，父母重视祖语的学习，希望借此来传承中华文化。

父母语言态度与儿童祖语保持这两者之间，还要受到"亲子关系""家庭资源"等变量的调节（Luo & Wiseman，2000；Lao，2004）。换句话说，家庭代际关系好，父母中文能力强，积极态度就会发生积极作用。如果亲子关系糟糕，父母又不能以身作则，积极态度可能恰恰会对子女祖语传承起到反作用。

Tannenbaum 等人（2002）调查了情感和家庭因素与移民家庭语言维护的相关性，使用家庭关系测验、家庭系统测验和分离焦虑测验获得了悉尼华人移民家庭40名9~12岁儿童的家庭关系信息。调查重点询问儿童在不同生活场景下选择使用华语或英语的倾向，以求得到语言维护的模式。分析显示，家庭更为团结、平等，父母负面情绪少，依恋父母的儿童更倾向于使用父母的祖语。Tannenbaum 和 Berkovich（2005）进一步通过案例研究发现，祖语保持和家庭关系相辅相成，除了有利于提高学业成绩、获取经济资源外，祖语保持还能促进家庭和谐。换言之，祖语保持是一面镜子，可以折射出家庭关系的情况。

同样地，父母只是在态度上支持子女祖语传承，或是付出了很多努力，却并不一定能够收到相应的回报。Lao（2004）对旧金山中英双语幼儿园86名孩子的父母进行调查，研究他们将孩子送入中英双语学校的原因、对双语教育的态度、对孩子的期望以及双语使用和家庭语言环境等问题。研究发现，不同语言背景的父母，都强烈理解和支持汉英双语教育，他们都知晓双语的实际优势：①可以获得更好的职业机会；②汉语将有助于他们的内部交流；③掌握双语会使孩子建立更积极的自我形象。大多数父母也打算鼓励孩子在家讲中文。但是，期望与实践之间存在差距。父母对孩子的中文能力水平的期望因父母的中文能力的差异和家中祖语资源的可用性而异。

李国芳（Li，2006b）利用两个加拿大华人家庭的识字实践材料，发现由于缺乏主流学校和社会支持，父母在培育孩子祖语态度方面遇到了不同程度的障碍，他们的行动往往跟不上他们的信念，所以仅仅依靠父母来培养双语和双文化者是不行的，政策制定者和学校应该给予更多支持。

父母自身所遭遇的语言压力也在影响着祖语传承。水田爱（Mizuta，2017）通过大温哥华地区10名华裔父母为保留祖语而进行挣扎和选择的故事，来呈现加拿大华人传承华语的处境。父母的叙述表明，中国经济崛起让学习汉语日益普及，但几十年来，祖语教育面临的挑战依然很大。张晓兰（Curdt-Christiansen，2020）报告了8个华人移民家庭和8名小学教师的教育实践不匹配情况：父母和老师对儿童语言/读写实践、教育期望以及父母参与角色方面持有不同观点。作者认为，造成这种局面的核心原因是英国主流意识形态认为家庭祖语会阻碍孩子的英语学习和学业表现。这就说明，即使国家没有成文的语言政策，隐性的语言政策或语言意识形态也会对华语祖语维持产生极大的影响。

华二代自身的语言态度反过来也会影响家庭语言政策。李国芳、孙苗（2017）研究的四个代表性华人家庭案例显示，四个儿童都对中文有不同程度的抵触情绪，他们的语言选择也影响了家庭语言政策。作者进一步结合从更多华裔移民家庭搜集到的访谈文本及观察数据，构建了加拿大华裔家庭语言政策的连续发展模型：从唯中文家庭到中文过渡、中英法多语再到零中文家庭。这个模型可以较好地阐释加拿大华人移民家庭语言政策的动态变化。

二、社区因素

相对集中的族裔人口在地理和空间上有利于构建社交网络，为祖语保持提供条件。Nagano（2015）基于美国人口普查和美国社区调查数据，对 1980—2010 年成年祖语群体之间的地理分布和时间变化进行了比较。分析显示，30 年间，华语传承语者从 375 800 增加到 1 233 957，中文取代法语成为仅次于西班牙语的最常用祖语。在人口聚集密度指标上，中文要远远高于西班牙语（0.821 > 0.764），西班牙语社群聚集呈空间扩散状态。这项研究的特色是，采用时间跨度、城市分布、人口密度等指标，更细致地反映华语祖语人口信息。美国的华人人口集中在加州和纽约，而根据美国外语教育理事会的数据，这两个地区的中文学习人数也是最多的。这一研究表明，移民社区在地理上的集中度越高，其语言维护和教育情况就越好（Xiao，2014）。Ningsheng Xia（1992）反驳了语言代系转用的观点，认为少数民族语言的地位不是由时间决定的，而是由社会人口、政治、经济和文化力量决定。他认为，华人来到美国已经两百多年，但是华语仍然被广泛使用，这是因为存在着维持华语的几大有利因素：华人移民数量极大，聚居的居住模式，社会政治和社会经济地位的提高，对文化延续和民族认同的强烈重视，群体内婚姻模式，民族间文化差异，族群内的密切联系，同祖籍国的关系，大众传媒的发展和美国语言政策的变化等。

社区资源是祖语维系的保证，社区强大往往祖语保持状态良好。社区弱小、组织关系松散，往往祖语生态堪忧。对于华裔移民来说，社区同伴是华语学习、华语使用最重要的参照和对象。研究表明，无论是第一代、1.5 代还是第二代移民，华裔同伴都是影响美籍华裔儿童祖语保持的积极因素（Luo & Wiseman，2000；Zhang，2010）。

华社和华校都积极为本地华裔营造了华语社交的空间，创造了文化实践的平台，还创造了许多与中国联结的机会，有力地促进了祖语生对祖籍国和中华语言文化的亲近与认同。除了提高语言技能和学业上的好处，这些学校还为海外华人创造了一个跨地域的社交空间，促进他们与祖籍国的持续互动。这些学校的汉语习得和社会功能对华裔民族认同的构建都有强烈的影响（Creese，et al.，2006；Zhu & Li，2014）。

一些宗教组织也能起到凝聚认同、维持华语的作用。Huamei Han（2013）基于加拿大西部一个浸信会的民族志研究，发现这个针对青年信众的英语教会实际上促进了华语维护。当地华裔年轻人虽然普遍被认为是"不懂中文的第二代"，但这个教会的华裔年轻人定期聚集在教堂，可以在其中学习和使用中文，从而具备了不同程度的中文能力。类似的情况也广泛地存在于东南亚和欧洲一些国家中，很多佛堂、道观和教会组织也为保留华语文化发挥了独特的作用。

祖语的流失往往始于原有的支撑祖语使用的社交网络和格局被打破。祝华、李嵬（Zhu & Li，2014）指出，孔子学院对于华文教育的冲击在于影响了原来的社区语言格局，因为孔子学院只推广普通话的政策牺牲了海外汉语方言。一些社区领袖私下里表达了一种焦虑，担心普通话的扩张可能会导致在华人社区内讲不同汉语方言的人之间产生隔阂，从长远看，这将对社区造成损害。

三、华校：教师、教材与教学法

在华二代祖语教学问题上，"三教"（教师、教材与教学法）几乎是不变的主题，此外，祖语相关的课程设置、文化活动等也是影响华二代语言选择的原因。Lin Zheng（2009）通过对墨尔本三所小学双语学生语码转换的调查，发现影响语码转换方向的因素有英语社区的居住时间、学校语言环境和家庭语言交际模型，而对祖语维护起决定性作用的是学校类型。

黄皇宗（1992）、鞠玉华（2014）通过调研，都认为英国华文教育的问题在于经费、教师和教材。Mengying Li（2005）考察了美国凤凰城市区的华语传承语学校，并研究了学生家长在学校中扮演的角色。研究表明，尽管华文学校在许多方面得到了父母的支持，但过分地依赖家长却导致了华文学校的一些问题，包括教学质量低下和教师准备不足。

Anthony Thorpe（2011）调查了英国16所华文补习学校校长的职业背景、角色和领导力认知情况。访谈结果发现，大部分校长来自各种专业背景，角色是处理学校问题和负责外联，领导力自我评价不足。Danlu Wang（2016）调查了伦敦华文学校教师群体的教学观念和经验，了解他们为什么在待遇低的情况下能够维持较高的职业忠诚度。通过访谈发现，华文教师有的本身就由家长兼任，在知识结构上虽然先天不足，但是教学经验丰富，积极奉献，也在积极努力提升自我，一味地指责他们不专业是不公平的。可喜的是，近来有不少华人留学生群体和志愿者暂时性地进入华文教师队伍，他们大多接受过专业培训，为华文教育带来一股清流。但据当地华团负责人介绍，他们对中华文化往往缺乏基本的了解，职业忠诚度不高。

Jing Huang（2016）采用巴赫金的"众声喧哗"理论，历时10个月，运用民族志调查法调查了伯明翰最大的一所华文补习学校，考察其内复杂的语言意识形态、华文教师职业认同情况。调查发现，华校内存在一个语言意识形态的小生态系统，存在普通话和英语、普通话和粤语并存分用的观念，还有以语言为荣和以语言得利的观念。教师的职业身份也在华社结构变化、教师自身融入社会、华语和英语地位对比中不断发生变化。华人移民社会的民族认同也正在与语言、文化、国家认同脱离开来。Hsu-Pai Wu（2011）访问了 6 位教师对于中文学校教学实践和文化融合的看法。研究发现：教师们都将祖语教学视为帮助学生与家人建立联结，而不是推动主流社会的积极力量。所以，他们会将教学重点放在文化事实、传统美德和族群和谐等方面，而不是放在质疑各种不平等上。

Hsu-Pai Wu 等人（2011）调查了一所台湾背景的中文学校中的 3 位教师的教学信念。个案分析表明，这些教师专业身份感弱，文化意识强。他们认为教师虽有责任提高学生的语言能力，但应得到父母的有效支持，父母才是帮助孩子终身学习华语最关键的角色。他们也强烈认为需要得到专业培训和教学合作，以提高专业素养。但是这些想法不一定会得到外部支持。例如，有的父母认为教师不要教拼音，而要教注音，教师不用融入文化教学，有的父母则过分依赖教师；学校在教学资源和给予教师提升机会方面也非常有限。这些因素反过来进一步削弱了教师的职业身份认同。

Lawton 和 Logio（2009）介绍了美国亚特兰大中部一个周末华人社区学校的研究结果，该研究考察了父母对学校教授传承语者和非传承语者方面的看法。对父母进行的调查和访谈显示，他们对教师课堂交际和教学风格有着不同的期待，越来越多的父母希望将文化实践纳入课程。这样不仅能帮助非传承语学习者获得族群认同，经历族群身份矛盾的传承语学习者也能回到正轨，为祖语文化感到自豪并乐在其中。

教材历来是中华文化价值观传递的重要载体。从语言政策研究的进程来看，教材一直被认为是意识形态争夺的重要阵地，用什么样的教材培养什么样的下一代，是教材管理者和编写者需要思虑的一件大事。祖语教材的定位，需要在传承祖籍国文化和适应所在国文化之间取得平衡。其中有多大的操作空间可以取得平衡，这应该是华文教材研究需要重点关注的。萧惠贞（2014）结合教材分析，调查了北美、加拿大东部地区华文教师对于儿童华文教材主题内容、排序的看法，发现教师对于文化教材的需求和现有教材存在落差。

张晓兰（Curdt-Christiansen，2008）采用批判话语分析的理论框架，分析加拿大魁北克省蒙特利尔中文学校的华语教科书《中文》（幼儿园到五年级）语言素材当中的意识形态教育，指出华语教材传递了谦虚、尊老、勤奋好学、尊重教育等中华传统文化。而要培养全球化、本土性的人才，需要批判性地检视这些教材的价值观是否有利于华裔的社会化过程。在加拿大 K－12 的祖语课堂中，来自台湾的华语教学材料可能强调孝道和家庭主义，而来自大陆的教学教材则会强调爱国主义，突出著名人物、标志性纪念碑和地标性建筑物（Chiu，2011）。Chiu（2011）研究了北美社区语言学校使用的两本华文祖语教材《华语》《中文》，重点考察其中的道德和文化价值观以及理想的华裔身份在教材中是如何建构的。结果发现教材所建构的世界和华裔儿童所居住的现实世界存在明显差距。作者认为，教材需要打通与现实世界的联结，才能避免身份认同的矛盾和疏离。Li 和 Duff（2018）也认为，学生自己在现实中难以找到最能激发他们学习和使用汉语的这些文化参照点。

以往的文献表明，传承语学习者有三大学习需求，即语言需求、文化需求和心理需求。骆涵、李明颖、李煜通过问卷和访谈法了解华裔汉语学习者对大学中级课程的反馈，调查发现学生需求和教师期待存在错位，例如并非所有学生都对提高阅读和写作技能抱有兴趣。骆涵等人进一步调查了全美高校的华语祖语课程设置情况，向 619 所高校发放问卷，其中 51 所院校反馈已提供中文课程。项目进一步跟踪调查了华语祖语教师对课程教材、挑战、成功经验和专业发展等问题的看法，指出了祖语教育需要解决的紧迫问题（Luo，Li，Li，2017）。

Danlu Wang（2016）调查了伦敦 4 所中文补习学校的祖语学生对于各种中华文化活动的态度，访谈结果发现，最不受欢迎的是"文化知识竞赛"类活动，一些传统文化活动如京剧表演也会让学习者感到"尴尬""无奈"。作者认为，祖语教育的目标不能仅仅是"保持"对中国文化的固定记忆，还应该包括培养学生的跨文化能力，因为这些学生身份多元，不仅是华裔，也是英国人和青少年。着眼于跨文化素养目标的华语祖语教育，应该多设计与年轻人的生活和身份息息相关的文化活动。

Zhu 和 Li（2014）观察补习学校课堂发现，华文教师存在一种用力过猛的现象，总是试图随时随地通过汉语教学灌输传统价值观，例如教"盼望"会给学生举例"盼望吃月饼、盼望家庭团聚"，教"期待"则举例"期待祖国统一"，教"团结"会举例"团结就是力量"等。而学生们并不买账，他们会造出"盼望中文学校没了、盼望圣诞节、盼望世界杯"等例句。平心而论，教师的出发点和愿望是很好的，但是这种文化和价值观的传播效果可想而知并不好。如上所述，教师应该多站在学生的角度来设计课堂语言教学，对课堂话语也需要有比较清醒的自我认知。Duff 和 Li（2013）提到一个值得思考的问题，就是有很多华裔学生上了大学以后会主动选择学习中文。这不光是出于身份认同回归和获取学分的动机，也是因为他们觉得大学汉语课堂更有趣、有用。相比之下，中小学阶段的华校课堂常常不尽如人意。

澳大利亚浙江侨团联合会会长陈静（2015）针对墨尔本两个周末华校的 400 名新生代华裔做了一项书面调查，调查内容主要是对华文教学的态度。结果发现100% 的青少年不喜欢学习华语，也不喜欢华文教学的方式。此外还存在教学环境缺乏连贯性、家校和校际联系不强等问题。张晓兰（Curdt-Christiansen，2006）通过对魁北克省蒙特利尔周末华文学校课堂话语问题的研究，发现了小学华语课堂存在的一些问题。作者于2000—2002年观察教师和学生在课堂上如何使用语言进行交流，发现课堂上主要是教师主导的权威性话语模式，而学生很少参与活动。这种话语结构跟学生在主流学校经历的法语课堂文化差异较大，学生会觉得华语课堂枯燥、缺乏吸引力。学生要在两种课堂话语系统之间反复调适，进一步加剧了祖语学习的困难。要改变这种局面，一方面需要增加公立学校和华文学校之间的交流，另一方面，华文教师本身也要学习相关的实践知识，调整自己的教学信念和教学风格等。

Du（2017）以加拿大安大略省一所社区语言学校的儿童汉语学习为例，通过课堂观察、教师访谈等方法，考察了社区学校六岁华裔儿童的祖语学习过程，特别是识字情况。研究表明，在教学资源很有限的条件下，教师完全可以避免传统的重复学习法，创造性地采用多模态华文教学法，利用身体语言、音乐、儿歌、手绘作品等多种形式和家长支持等多种方法，培养儿童的华语能力。

美国、澳大利亚等移民国家对祖语生和非祖语生有较为严格的区分，但是并不能完全精确地把控界定的标准。原因之一可能是华裔学生多处于完全的母语者和完全的二语者之间，其祖语能力处于不断发展变化的连续统状态，因而在学校的分班和课程设置上体现出不同程度的影响。黄克文（Huang，2017）调查了北美和大洋洲39所大学现代外语教学领域世界前150名的中文项目，并对其华裔教学课程做类型分析，发现77%设有华裔班，其设置与否、课程完整度与地区及亚裔或华裔的比例相关，华裔班的开设受大学学制与学生族群影响。

在澳大利亚，除了华人社区语言学校，主流学校也开设了汉语课程。截至2010年，澳大利亚共有319所学校开设汉语课程，中小学校招生人数为77 453人，12个年级有4 534人（占5.85%）参加HSC考试（Orton，2010）。主流学校汉语教学的主要问题是，到了高年级之后，汉语学习者流失情况严重。这主要是由于学生要在高考中获取汉语高分较难，学生也会认为汉语学习占用了其他科目时间。另外，主流学校没有把祖语背景的学生单独分出来，几种混合背景的学生编在一个班，按同一个教学大纲教学。结果造成祖语生明显领先，非祖语生挫折感强，教师也无可奈何。混班教学的问题存在于各阶段的汉语教学当中。对班上不同背景和起点的学生施行同样的评估标准，显然不利于客观衡量学生的汉语发展。2010年，澳大利亚新南威尔士州启动了新的祖语课程，华语祖语学习者有了独立的大纲和教学内容。张玉喆、陈申（2014）认为，教学大纲似乎把更多的注意力放在了华语核心区文化上，而不是如何让讲汉语的人了解澳大利亚文化。特别是如何将汉语学习与澳大利亚的实际生活联系起来，仍然是一个普遍的问题。他们对新南威尔士州三所大学的课程大纲进行了个案定性调查。研究揭示了澳大利亚社会文化背景下的汉语教学存在的一些教学问题，并对提高当前的汉语教学水平提出了建议。

四、祖语保持的价值

Siew-Mei Wu（1995）比较早地专门讨论了在澳大利亚维护中文的问题。作者认为影响维护粤语和普通话的因素包括：祖语讲话人的相对数量；主体民族和少数群体之间的文化差异；华语是少数群体的核心价值观；少数群体的聚居状态；少数群体的互动模式和澳大利亚语言政策的变化。其中，最值得注意的是华语是华族的核心价值观一说。"语言是族群核心价值观"理论是由 Smolicz（1980）提出来的。核心价值观是构成一个群体文化最基本的组成部分，它的作用在于确定该群体独特的身份。如果一个群体赋予其语言核心价值的地位，那么如果它不能保持这种语言，其独特性就会受到威胁。根据语言核心价值观理论，该族群将付出巨大的努力来保持其语言的发展，相应地会带来良好的语言维持率。相反，核心价值观不包括语言的群体可能就不太关心祖语的损耗，因为祖语对其独特身份的影响很小。

Smolicz 等人（1985）在观察各大移民群体的语言行为和态度后，认为澳大利亚的华人和希腊人将祖语视为族群的核心价值观。他们也根据人口普查数据查看了华人的祖语维持情况，发现其华语维持率确实相对较高。语言核心价值观理论模型比较简单，它很好地解释了为什么在相同的外部环境下，只有华人族群能够较好地保持自己的祖语（Pauwels，2016）。

穆光伦（Mu，2014a；2014b）的两篇姊妹篇论文分别采用布尔迪尔的"惯习""资本"的概念框架，研究了澳大利亚华裔祖语习得的机制。其中"惯习"相当于中国人的特质，即价值观、思维倾向和行为模式，被分解为 9 个可度量的问题指标。调查结果表明，中国人的"惯习"是这些华人祖语水平的重要预测指标之一。也就是说，越具有"中国特质"的华人，华文水平越高。"资本"包括经济、社会、文化和象征性资本 4 个维度，被分解为"金钱、社交、文化活动、地位声望"等一些可以度量的问题指标。研究结果表明，学习者获取社会、文化和象征性资本有助于提升其华语祖语能力，而华语能力反过来又带来不同形式的资本收益。所以，"资本"与祖语能力之间存在互惠关系。这两项研究的应用价值在于：相对于塑造华人身份、激发华裔动机，从社会层面入手，培养华裔子弟的中国特质、提升华语文化的资本属性，对保持和发展华语能力也是有益的。穆光伦等学者进一步调查了华人家庭支持语言传承的动力问题，调查的访谈数据表明，家长通过各种形式的教育，使得学习者对华语的态度发生改变，从"抵制"过渡到觉得有"义务"学好，华语代际传承变得可持续化。这种态度转变，可归因为学习者逐渐养成了中国"惯习"（Mu & Dooley，2015）。

第四节　华二代祖语习得研究

狭义的祖语被定义为"学习者转向另一门主流语言前还没有完全习得的语言"（Polinsky & Kagan，2007），现有的研究反映了华二代祖语习得过程中的某些特点。

Dingting（2013）比较全面地梳理了华语祖语学习者的特点。包括：学习者华语能力具有高度的差异性，由低到高分为 5 个级别（Hendryx，2008）；祖语生在听说和语法能力上有优势，而在字词识别、写作和阅读能力上不占优势。在社会心理层面，华裔祖语生更具有综合动机，而有的研究认为他们工具动机更明显。作者指出，现有研究存在几大空白，如情景因素（是否分班）对于祖语学习的影响；方言和字体差异对于祖语保持的影响；祖语生多元身份冲突对于祖语学习的影响。

华裔儿童对汉字结构具有一定的敏感性，但是对形旁的表意功能理解欠缺。区分多义字不同义项的细微能力有待提高，3～5 年级华裔儿童在词素意识、汉字知识、阅读理解上差异不显著（Zhang & Koda，2018）。

Lü & Koda（2011）研究了美国华裔青年的家庭识字环境对华语词汇知识发展的影响。调查显示，父母的语言使用与学习者的祖语词汇广度之间存在显著的正相关，但只是在跟功课相关的阅读实践上起作用，而在与功课无关的独立阅读和共享阅读上则不起作用。华裔青年这种功课导向的华语能力发展倾向，提示学校应该注意家校配合，在阅读材料的选取和指导上应和家庭做好衔接。

张洁（2019）综述了华裔汉语祖语使用者的语言发展，特别是语法发展状况。首先描述华裔汉语祖语使用者的群体特征，然后按时间顺序介绍其汉语习得历程，继而讨论华裔汉语祖语使用者的语言特点，最后对汉语作为祖语的研究和维护提出建议。

吕婵（2016、2017）研究显示，因为缺乏阅读输入，华裔儿童的先天优势没有自动转化为阅读强势，华裔儿童仅在声调意识上优于非华裔儿童，在其他口语技能上没有显著差异。非华裔儿童在句子和短文阅读理解上显著优于华裔儿童。因此，家长应该积极营造语文环境，社区可以建造中文图书馆。

在语法和语用能力上，华裔祖语生也不同于非祖语生。例如一项研究考察了祖语生对于短时量标记"一下/下/VV"的掌握情况，实验研究设置了权势关系和社会距离两个情景，采用话语完成测验（Discourse Completion Test），对比了 31 名祖语生、29 名外语生和 23 名母语者的情况，结果发现祖语生的语用表现介于外语生和母语者之间，使用"一下/下"的数量要超过非祖语生（如向朋友提建议），但是对于句尾标记"吧/呢"的知识又少于母语者（Li, Zhang & Taguchi, 2017）。另一项研究考察了祖语生在"请问、能不能/好不好/行不行、对不起、劳驾"这样的程式化表达上的特点，研究结果基本一致（Taguchi, Zhang & Li, 2017）。后续调查表明，祖语生不完全的语法或语用能力，应该跟他们不充分的情景语言输入有关。

第五节 华二代祖语学习的动机和态度研究

在动机方面，人们发现，对中国文化的兴趣、想要了解历史遗产的内在渴望以及满足课程要求的工具取向，是美国大学华裔祖语生选择学习汉语的最初目的（Wen, 1997）。而他们能否继续学习汉语，很大程度上与汉语在职业生涯中的有用性以及在全球经济中的重要性相关（Wen, 2011）。Xiaowei Shi 和 Xing Lu（2007）调查了美国 12~20 岁华二代的双语优势和学习成本。研究发现，华二代随着年龄的增长，保持双文化身份的内在动机增强，他们认为双语双文化的收益大于学习成本。

Comanaru 和 Noels（2009）对加拿大阿尔伯塔一所大学汉语学习者的动机进行了问卷调查，调查样本对比了 145 名华语祖语者和 145 名非华语祖语者。结果表明，学习者越觉得学习汉语有意义和有趣，就越能投入学习过程中。与非祖语者相比，祖语学习者更强烈地表示汉语是他们自我概念的一个完整方面，同时也是出于家庭义务，学习汉语的动机更强。并且，华裔对于族群的归属感和汉语学习的掌控感也更强。而在祖语者内部，无论汉语水平如何，学习动机和身份认同的差异不大。

Li 和 Duff（2014）在对加拿大大学生问卷调查的基础上，遴选出 20 名学生进行了深度访谈，询问他们进入祖语班级的动机、语言学习历程有何特点、哪些因素影响着他们的祖语维持和学习态度、祖语学习对他们的身份有何影响。该研究深入讨论了 2 名传统的祖语学习者和 2 名非传统祖语学习者的学习经历、情感变化和个体感受。研究的 4 个案例再一次证明，学习、使用、保持祖语的动机，受到诸如社会网络、地理环境、机会、语言经历、学习者所在环境中的意识形态等多种因素的调节。也就是说，华裔的语言学习动机是动态的、情景化的，容易随着个体经历的时空发展而发生变化。

华裔儿童在语言社会化的过程中，会经历身份的纠结和怀疑，这就需要得到父母的持续理解和支持。要在学习主流语言更好地融入社会的同时学习祖语，会面临不少社会压力。因此，父母对双语双文化的意义是否有清醒的认识，是否支持子女发展双语双文化身份，至关重要。很多研究还表明，母亲的角色尤其重要（Lin，2008；贾莉，2008）。

在社会化的过程中，祖语学习扮演着什么角色？社会化过程对于祖语学习有何影响？何纬芸（2006）认为，祖语学习取决于华裔能否建立一个持久的协调身份。身份的调整和建立是祖语能力发展的关键。她提出了10个可能影响祖语发展的假设。其中，"收益假说""互动假说""积极立场假说"分别认为，祖语发展的成功程度跟"学习者预期的未来收益""学习者希望能随时成功交流""英语社区对汉语持积极态度"呈正相关。她还认为，华裔创造性地使用祖语和英语，使之成为个体社会化丰富的语言资源（He，2013）。

学习者如何通过社会化的活动来习得祖语，如何通过祖语达到社会化的目的，这是语言社会化研究的两个重要方面。何纬芸、苗瑞琴（2007）从这两个方面举例评价了祖语研究领域的一些重要成果。何纬芸（He，2016）进一步通过对家庭祖语交际的案例分析指出，祖语的使用和变化是一个涉及家庭和公共领域而非个人的过程，祖语家庭内部语言的转变需要家庭成员话语参与框架的演变以及话语机会和义务的演变。

祖语与族群认同的关系非常复杂，可能存在着代际差异。"年轻一代的成员似乎能够独立于语言认同而建立种族认同"，而对于父母这一代来说，"种族选择必须或多或少与语言选择重合"（Le Page & Tabouret-Keller，1985）。穆光伦（Mu，2015）采用元分析方法，验证了51项祖语研究中的祖语和认同之间的关系，发现祖语和族群认同在统计学上呈现中度相关。

Kang Hana（2004）的研究表明，1.5代和第二代华裔的祖语能力和身份认同也不一样。还有一类所谓的半祖语者，即父母一方是移民，这类混血儿群体规模不小，其祖语能力差异也很大，认同问题更为复杂，不是典型的祖语者（Shin et al.，2010）。

Yun Xiao（2013）通过对64名不同方言背景的传承语学习者的访谈，在"想象共同体、语言霸权和语言投资"三个概念框架下讨论了他们的身份问题。研究发现他们存在着多样化的身份认同和自我动机，既想要学好普通话以求得更广阔的发展空间，也想保留方言以延续地方身份。在祖语教学中，应该帮助这些"方二代"发挥自身优势，优化语言技能投资方向，口音重的多侧重发展其普通话能力，喜爱繁体字的也保障其学习兴趣。满足差异化和多样化的需求，可以让方言者对自己的根产生更积极的印象，从而形成更明智的自我认同。

Li和Duff（2008）发现，虽然华裔在华语文能力水平上差异极大，但是他们的动机、需求是一致的，都想要获得高级会话能力、复杂的语用能力、精深的中华文化理解能力。她们的研究也发现学生学习华语兼有工具动机和融入动机：既想更多地了解族群文化信息，也想在未来抓住中国经济腾飞带来的职业机会。她也研究了华裔学生对于普通话、台湾"国语"等不同华语变体的态度，他们会追随学习不同的变体，其原因在于这些变体跟学习者的身份变化存在着关联。Duff、Liu 和 Li（2017）在问卷调查基础上进一步研究了 5 名祖语学习者的多语身份和语库问题，总体而言，他们都有着复杂的语言学习投资历史，既掌握汉语多种变体，也拥有相当高级别的外语能力。研究者还跟踪了他们大学毕业多年之后的语言经历，发现他们的跨国经历和文化身份进一步影响了他们的语言学习投资情况和语言水平。这项研究证实了对祖语者进行跨时空研究的重要性。

Mianmian Xie（2010）综合访谈和翻译测试等方法，对 3 名华裔青年的调查表明，族群和文化认同、语言态度和信仰是影响祖语维持或磨蚀的重要内部因素。

Hoi Yin Debby Lau（2013）对渥太华华裔的祖语学习调查发现，17 名儿童中有 9 名选择了退出华语学习，表明他们在语言决策上已经有了一定的能动性。Tse（1997）在一项研究传承语者特殊之处的文章中提出，移民的族群认同会经历四个阶段：族群意识缺乏、族群认同模糊或回避、族群认同显现、族群认同回归。Duff（2018）结合对加拿大华裔祖语学习的研究发现，华裔生到了大学时期，其认同会大概处在后两个阶段。他们会通过选择学习祖语来寻找自己的族群身份，修复被忽视已久的文化之根，反过来这些动机也会影响后续的学习策略和努力。

Sara Ganassin（2020）对英国两所华文学校中的语言、文化和认同问题进行了一项为期 18 个月的调查研究，涉及课堂语言实践以及学生、教师和家长对于祖语、中华文化和身份认同等问题的叙述。通过观察和访谈发现，学生和教师、家长对于祖语的内容、文化传承的目标和途径、认同对象都有不同的看法。在学生看来，学校教授的汉语祖语还应该包括粤语、客家话等方言，这是他们能够和家庭、社区建立情感和关系的一种纽带；他们倾向于通过各种文化活动来体验学习中华文化，而不是以教科书为核心的价值观灌输；他们也乐于使用多种语言变体甚至超语来张扬自己的多种身份。然而，校方和家长却坚持认为，学校应该以普通话来作为祖语进行教学，希望学生们能够将中华文化内化于心，在身份认同上保持纯粹性。在教师群体内，台湾出身的华文教师坚持所谓台湾"国语"是标准华语，而这往往也得不到家长和校方的认同。这些观念上的差距无疑在华校内部形成了多元的声音。作者认为，应该重视学习者的视角，从多元观点来看待汉语、文化和身份。

Li 和 Zhu（2010）通过调查孔子学院和孔子课堂发现，虽然华人学生意识到中国的崛起和汉语的重要性，但他们上中文课的主要原因是出于更私人和更直接的考虑，例如是为了避免交际尴尬或能够更有效地与朋友交流。在现有的模型中，这种动机通常被称为从属动机（Dörnyei，1998）。Zhu 和 Li（2014）进一步指出，英国孔子学院早年拒绝华裔生，后来为了增加招生量接受华裔生，但华裔生并不好教，如果数量多了，就需要单独分班。

方夏婷（2016）探讨澳大利亚全日制中学华裔群体的构成特点以及他们在祖语学习过程中的认同维度。研究发现，华裔中学生群体内部异质性极大，在代际、家庭语言使用、语言能力基础、学习动机等方面都有巨大的差别。在主流社会和华人社会中存在认同简单、认同缺失和认同游弋的问题。而这个群体自身对中华文化及澳大利亚主流文化都具有归属感，然而这种归属感并不相同，在中华文化方面，他们缺少对价值观、道德观等深层次文化的认同。

因为身份的问题，在美国大学汉语课程体系里，传承语者可能处于比较尴尬的位置。从华语能力上来说，祖语生不见得比非祖语生好，但是外界会单纯因为他们是华裔而高估他们的语言能力，大学里不少管理人员和教师甚至给那些选修汉语课程的祖语生贴上"追求简单 A 的学生"的标签，对他们充满各种偏见。根据美国中文教师协会 2012 年全美普通话课程调查数据，大约 20.99% 的大学在一年级汉语班中将祖语生和非祖语生分开，没有采用双轨制的高校多半是因为生源和教师不足。但是，双轨制也不能解决祖语生的认同问题。一项针对常春藤名校中文课程的调查表明，华裔祖语生的 OPI 口语成绩"竟然"低于非祖语生，课程辍学率也要高于非祖语生（Ye，2017）。该研究认为，歧视性的大学文化、没有支撑的制度结构和有限的个人能动性，是造成这种局面的三大原因。有意思的是，教师访谈表明，一些祖语生混在非传承语班成为所谓"潜伏者"，随时要被揪出扔回传承语班；他们也不能与非祖语生在同一个组里参加演讲比赛。大学里给传承语班配置的师资也比不上非传承语班，种种区别化对待不仅造成传承语教师自我的负面信念，也让祖语生缺乏身份归属感和学习动力。

祖语习得的复杂过程给祖语生带来一定的学习焦虑。Xiao 和 Wong（2014）专门针对美国两所大学 87 名普通话祖语生的华语学习焦虑情况进行了调查，研究采用了 Howitz 等学者（1985）设计的外语课堂学习焦虑量表（FLCAS）和其他语言技能焦虑量表（Luo，2013）。研究结果发现，写作是他们最焦虑的，焦虑来自祖语身份和第二语言写作过程（如语言信息抽取和写作技巧）。骆涵（Luo，2015）则考虑了更多背景的华裔祖语生，在她的研究里，华裔祖语生分为三组：无华语背景、有普通话背景、有方言背景，研究一共调查了 428 名美国华裔祖语生的语言焦虑及其相关因素。结果发现，没有华语背景的祖语生是最焦虑的，其次是方言背景生和普通话背景生。普通话背景的祖语生在听说技能上的焦虑感最低，但是三组学生对于读写都很焦虑。动机、汉语难度、语言学习能力、自我成就感都是预测焦虑的显著指标。萧旸（2017）基于 114 名中文传承语学习者的定量分析结果表明，民族认同和传承语读写焦虑之间存在显著的负相关，即民族认同感强，读写焦虑低。这个发现对应民族认同和语言能力之间的关联。一般来说，民族认同感强，语言能力也强，而语言能力强，通常学习焦虑感会低。该研究还发现，不同方言背景的学习者在民族认同和语言焦虑上差异很大：传承语背景为粤语的学生体现出较强的民族认同感，也有较高的听说技能焦虑，而普通话背景的学习者则体现出较高的读写焦虑。此外，不同代的学习者也有差异：第二代比第一代华语学习者有更高的听说焦虑，对民族身份携带的文化内涵表现出更强的探索意愿。

第六节 小 结

一、华语祖语保持研究的几个特点

上面简要梳理、介绍了美、加、英、澳等国华语祖语研究的相关情况。应该说，这四个国家的华语祖语研究都各有侧重，各有特色。更值得注意的是，这四个国家在华语祖语研究方面还表现出不少共性，在一定程度上体现了国外华语祖语研究的共同取向。

（一）研究内容偏重微观层面

祖语是个人、社会和国家的资源，有很多机制和影响因素会造成祖语的代际转移，导致祖语资源的流失，祖语研究的目的是要打破祖语资源损耗的链条（Campbell & Christian，2003）。这需要家庭、社会和政府的系统努力。从语言生活的角度而言，打破祖语"传不过三代"的魔咒，实现祖语的代际传递，需要在"语言教育、语言使用、语言意识"三个层面发力。Schally 和 Eisenchlas（2020）提出家庭语言保持和发展研究的微观、中观、宏观三个层面，分别是家庭、社会和国家。将这三个层面和上述三个层面组合，可以得到祖语传承研究的九个方面，如表 2 - 1 所示：

表 2 - 1 祖语传承研究的九个方面

语言传承	家庭	社区	国家
语言教育	家庭语言教育	社区语言教育	国家语言教育
语言使用	家庭语言使用	社区语言使用	国家语言使用
语言意识	家庭语言政策	社区语言政策	国家语言政策

以这九个方面来观照华语祖语传承研究，可以发现：家庭语言教育、家庭语言使用、家庭语言政策、社区语言教育方面的相关研究都有了很多成果，但是在中观的社区语言使用、社区语言政策以及宏观的国家语言教育、使用和政策方面，我们还缺乏扎实的调查研究成果。

再以本领域唯一的杂志 *Heritage Language Journal* 为例，2003—2020 年共发表 18 篇有关华语的研究，作者全部来自北美地区，涉及"动机、焦虑、语音意识、词汇磨损、语用能力、隐性知识、中文学校"等主题，绝大部分都是微观研究，宏观方面只有 1 篇讨论美国华人语言活力。Andrew Lynch（2014）曾回顾过去 10 年该杂志的主要聚焦点和基本关切，也可以看出华语祖语研究偏重微观的导向。

（二）研究方法偏重实证个案

在前文中，细心的读者可能已经注意到，我们介绍某项研究时，总是尽量交代它所用的方法，甚至会列出具体调查地点、对象和人数等细节信息。这样做，不仅是因为要展示该研究的操作程序和科学程度，而且是因为我们想要突出一种潮流和趋势：华语祖语研究领域在方法论上非常偏重民族志的个案研究。

在一项研究中，很少只进行单独的问卷调查，往往还有进一步的深度访谈或观察。定量研究特别是大规模问卷和实验研究极少。普遍的是结合问卷、观察、访谈、言语作品等多方法的个案分析，民族志方法、混合研究成为这个研究领域的主流。这和国内应用研究偏向定量范式的情况形成了鲜明对比。

我们还可以进一步发现，同样的华语学习者个案或材料会以不同的面目和角度，出现在同一作者不同的论文当中（如 Duff 的系列文章）。这可谓是另一种"用小本钱做大买卖"。重要的是，个案身上要体现典型性或代表性。例如，Wiley（2008）研究的一个美国华语祖语学习者，由于没有适合的课程，祖语一直无法进步，他的台湾口音也遭到老师的歧视，最后对祖语学习灰心丧气。Polinsky（2017）指出，这个失败案例的主人公可以换成其他任何一种语言的祖语学习者。所以，相比纯粹的定量研究，民族志通过解剖个案，为深入研究华语传承机制提供了另一种可行的方案。当然，无论是定量的问卷、实验研究和定性的民族志个案研究，都各有局限，"由于这些研究考察的学生群体千差万别，其结果几乎没有可比性，不同研究的实验结果很难进行复制和比较"（何纬芸、苗瑞琴，2007）。

（三）研究目标偏重验证已有理论模式

华语祖语传承研究跟华文教育研究高度重合。由于它的实践性和应用性，它在研究旨趣上非常关注华语传承中的具体问题，偏向采用已有的理论模式来解释相关现象。例如，用语言社会化理论解释祖语习得过程，用认同过程理论解释祖语生的身份困惑，用认归模式来预测祖语维持，用符号资本理论来解释祖语学习投资，用想象概念解释祖语维持前景问题，等等。这些理论模式和概念框架基本上来自二语习得、社会学、心理学等学科。实际上，祖语研究也还没有形成自身的术语表和知识体系，缺少理论建树，这制约了祖语研究的学术地位。Yun Xiao（2014）认为，祖语教育是在主流教育系统之外的，同样地，祖语研究在语言习得理论领域内也是没有地位的。

华语祖语研究已经形成或验证了一些重要观点。例如，家庭环境和语言习惯是祖语维持的关键指标（Fishman，1991）；父母作用重大，可以通过多种方法来影响祖语传承（Tse，2001）；语言维护的关键因素是语言态度（Bradley & Bradley，2002）；祖语使用、接触媒体、家庭情感关系至关重要（Cho & Krashen，2000），等等。García（2003）回溯了1998—2002年有关祖语维护的成果后，表明教育机构、媒体、祖语能力、家庭关系、友谊网络、社会条件等都是影响祖语维护的因素，可以说，影响华语传承的变量有很多，包括语言、心理、社会、政策文化等各个方面，它们在不同的层次上发挥作用。目前，我们还没有看到一些通过多项研究横向比较和因素赋值，构建出相应的华语祖语保持的理论模型。

二、华语祖语保持研究的趋势与展望

根据上面的分析，未来的华语研究在研究内容、研究方法和研究目标方面应该有更多的推进和突破。就研究内容来说，李嵬（2012）批判分析了过往的语言维护研究，提出要结合宏观和微观层面的研究，他在Fishman的"谁对什么人在什么时候讲什么语言"的理论基础上，提出语言维护应该关注"谁维护/放弃哪一种语言，怎么和为什么"。

华语祖语保持研究的未来，还可以放在祖语研究大势下进行思考。2002年第二届全美祖语大会上，十位学界翘楚就十大课题发表了对于未来祖语研究的展望，Lo Bianco将其概括为四个方向：语言生态模式、语言意识形态、测量、读写（Campbell & Christian，2003）。后两个方向无须进一步说明，可喜的是国内也已经有了一些标志性成果（王汉卫，2016、2018）。语言生态模式最早由Haugen（1972）提出，是指影响语言保持的外部环境因素，包括家庭、学校、媒体、宗教组织、社团及历史等，大致对应Pauwels（2016）论述的语言保持的各个机构。语言意识形态指的是族群、社区和国家对于祖语保持的观念、态度和政策。华语保持研究的模式、路径、机制等理论问题都可以结合上述几个方向展开。

概而言之，以往的华语祖语传承研究，在这四个方向上已经取得不少成绩，未来的华语祖语保持研究还可以围绕以下几个主题展开：

（1）华语祖语保持的国别化研究。

国别化研究是祖语保持研究的土壤，可以使我们及时、全面、深入了解不同地区、不同国家、不同时代背景下的祖语保持情况，以形成横向、纵向的持续观察，寻找祖语保持的关键点。

（2）华语祖语保持的代系研究。

代系研究的关键点是华二代的研究，华二代是祖语保持的开始，好的开始是成功的一半。其后代系的研究可以为华语祖语保持提供进一步的深入观察，祖语保持不是两代、三代的事情，必须立足二代，着眼无穷代。这样才能形成有力的顶层设计。

（3）为祖语保持的华文教材研究。

不同于非华裔，华裔的祖语保持必然需要在根本上有别于汉语二语教材，不同地区、不同代系的祖语保持又需要细节上的分化，显然，当前的华文教材远不能胜任祖语保持的重任，恰恰相反，教材一直是华文教育的大问题——这一点，只要看看海外华校东拼西凑的教材现状便可略知一二。

（4）为祖语保持的华文测试研究。

目前，这方面的研究和实践才刚刚起步，是华语祖语保持的最薄弱环节。

（5）华语传承历史研究。

正如本章开始所述，一部华人移民史就是一部波澜壮阔的华文教育史，华文教育史起起伏伏，各国华语传承经过了不同的历程，值得总结比较。我们正在进行的海外华语传承口述史项目，通过调查华文教育精英群体的生命历程和经历感受，以口述形式采集史料，梳理和展示华语传承的历史脉络和经验教训，以启发当代的华语传承事业。华语传承历史研究，还要将华语放在世界祖语传承史上加以比较。例如，美国德裔后代基本上已经转用英语，"二战"以来整体族群发生了祖语中断，这是一个典型的祖语保持失败案例。德国是西方发达国家，其祖语保持境况竟至如此，令人警醒。华语传承如何在充满变数的国际环境中避免德语传承的悲剧，值得深思。

（6）华语传承机构调查。

华语传承事业的可持续，还是得靠华语传承机构。Fishman（2001）认为"语言维护在很大程度上取决于祖语社区。除非社区能使语言成为生活的重要组成部分，否则决策者和教育工作者的工作几乎不会产生任何影响"。这样说并非是在否定学校和家庭的作用，家庭是华语传承的堡垒，父母是华语传承的第一责任人，这是底线，但是，如果我们承认华语传承是民族的事业，就不能将这项艰巨而伟大的事业落在家长个体的肩上。除了华校，世界上广泛地分布着数量庞大、类型多样的华语文化传承的社团，例如华文教育协会、教师协会、华文媒体、作协、同乡会、宗亲会、佛堂、教会等，应该分国别、分区域调查这些华语传承机构的数量、类型、架构、功能、使命、运作情况等重要信息，助力祖语传承事业。

（7）华语接触机制研究。

当代的华语代际传承带来了更多的多语家庭和多语华社，造成了更为复杂的语言接触现象。例如发生在个体身上的华语磨蚀问题，语码混合和语码转换现象，越来越普遍的超语现象，等等。这是语言接触导致的华语系统变异。新移民的华语传承底层是华语，不同于老移民的华语底层是方言，这种差别是否会形成新的华语接触机制，也值得进一步研究。

（8）华语传承资源库建设研究。

祖语资源库或华语资源的整理和保护已经引起不少注意和讨论（郭熙，2016；郭熙、刘慧、李计伟，2020）。华语传承资源库旨在搭建专门的研究基础平台，服务华文教学和华语传承事业，可以分阶段研究开发：全球华裔学习者语料库、华语传承典型人物案例库、华文教师优秀教案数据库、华语传承国别机构库、华语传承国别项目数据库等。

总的来说，华语祖语保持和传承是一项事业，华语祖语保持和传承研究大有可为，也必将有所作为。

第三章

美国华人新移民家庭语言政策探析

第一节　引　言

学界多将中国新移民定义为 1978 年改革开放以来的大陆（内地）移民（周敏、王君，2019），也有学者将其定义为"1970 年代以后迁往外国的中国移民，包括从香港、台湾和澳门移居外国的新移民"（庄国土、张晶盈，2012）。本书采用后一定义。美国是中国新移民的主要移入国。1965 年美国颁布新移民法，废除了针对华人的歧视性条款，由于当时中美尚未建交，中国新移民极少。1979 年中美建交后，中国新移民大量涌入美国，特别是 1990 年移民法颁布后，更多的中国留学生和专业技术人才进入美国。除此以外，美国还通过不定时的临时性移民政策使大量新移民获得居留权。美国华人人口迅猛增长，据相关统计资料，20 世纪 80 年代以后，赴美华人数量大幅增长，其中 1981—2000 年赴美华人达 76 万多人，2000—2010 年这十年间平均每年有 6.4 万中国赴美移民者获得绿卡。截至 2010 年，美国华人约 400 万，其中第一代华人移民占近 60%；华人移民中的 85% 来自中国（李爱慧、潮龙起，2017；王晓静，2016）。就移民类型来看，以投资移民、技术移民、亲属移民和留学生为主。美国华人新移民中有相当一部分是改革开放以后赴美深造的留学生，仅 2014—2015 年就有 19.4 万中国学生赴美留学。历年赴美的中国留学生大多数选择留在美国，并在工作和生活稳定之后带动家属移民。此外，投资移民在新移民中也占一定比例。"美国华人移民在教育和技能水平上呈现出明显的两极分化特点，高素质移民和低素质移民均占有不小的比重，尤以中国大陆（内地）移民最为突出。"（李爱慧、潮龙起，2017）新移民主要分布在加州和纽约州（王晓静，2016）。大部分新移民与老移民相比，不仅在来源地、社会经济背景、居住模式等方面体现出多元化特点（周敏，2006），在教育、经济、社会地位等方面，其整体水平也超过后者，向上流动的趋势较为显著。华人新移民的社会认同、社会适应是学界研究的重点。无论新移民出于何种原因和目的移居美国，从历史趋势来看，其认同趋向于"落地生根"。张传明（2006）认为，现有的"'华人文化'在某种程度上表现为一种'新文化'，即'美国华裔族群文化'，这种'新文化'是中美两种文化在美国华人身上长期融合的结果，它代表着美国华人族群文化发展的一种方向"。Wang（1991）指出，在美国或海外离散华人中没有单一的中国人身份认同。刘燕玲、吴金平（2014）对美国加州圣地亚哥华人新移民的调查显示，受访群体的认同包括作为中国人的族裔文化认同、美国人的国家认同及混杂性的中美文化认同。

新移民的结构性变化及其积极融入主流的态度势必影响到下一代。在"融入主流"的过程中，移民及其后代是否保持原有的族裔语言文化传统是社会学和语言学共同关注的问题。美国华人新移民子女的族裔语言文化传承问题在全球华二代的相关研究中有其独特之处。资料显示，2011 年美国华裔人口中 35.9% 出生于美国，结合此前的华人人口数据，可以推算出生于美国的华二代人口约 140 余万。周敏、刘宏（2006）指出美国华人是有条件地被社会接纳的，第一代华人在美国和中国之间的跨国主义在很大程度上是第一代现象，华二代及华 N 代完全被同化和脱离自己的民族社区或缺乏双语双文化能力。"事实上，亚裔是美国移民族群中最为同化的一个族群。大部分第二代的亚裔人几乎无法流利地讲他们的母语。"（周敏，2006）华裔群体在亚裔中是向上流动最成功的群体，母语流失也是最严重的（刘丽敏，2019）。研究发现，美国华裔母语水平总体较低，三代以内代际转用非常明显；母语认同与母语技能相关，而与其文化、族群和价值观认同基本不相关（魏岩军等，2012；魏岩军、王建勤等，2013）。在华裔成为"模范少数族裔"的同时，他们也是"永久的外国人"，身份认同的困惑是移民后代的集体经历。如何解决这一难题，帮助移民后代构建认同，寻求自我定位以及达成其在所在国的目标？华文教育作为华裔积累社会资本、提供族裔环境支持的系统，必须从华人群体在整个美国社会的群体生存目标和客观现实着眼，来考虑如何使族裔语言文化的传承成为华裔参与所在国社会的助力，使之顺应需求，而非与之相悖。

移民第二代的同化问题是现代移民研究的重要课题，族裔语言文化的保持与否是同化的关键要素之一。因此，族裔语言文化的保持问题常常被置于移民研究和社会学研究的理论视野之下进行阐释。社会学家提出同化论、多元文化论等多个理论解释包括族裔语言文化流失在内的移民问题。不过，研究也发现族裔语言文化并非阻碍移民在所在国实现向上流动的绊脚石。周敏的专著《美国华人社会的变迁》将聚居区族裔经济理论、多向分层同化理论和跨国主义理论结合，考察华人族裔聚居区为华二代的选择性同化提供的支持，认为中文学校和华裔辅助性教育组织为华人移民后代创造了良好的族裔环境，为华人家庭实现社会地位的向上流动提供了强大的社区力和社会资本（周敏，2006）。书中波特斯的序言指出"父母子女共同学习英语及美国文化，并在此过程中有意识地保留和维系自己的母语和文化传统，才是移民第二代读书成功和改善经济的良策，此为'选择性的同化'"（波特斯，2006）。但是"由于华人移民在历史上经历过严重的社会排斥和种族歧视，主流文化与华人的儒家传统文化存在着剧烈的冲突，因此，华人家庭面临着文化和代际的双重冲突，使移民父母对在本土成长的子女的管教更为复杂"（周敏、王君，2019）。

在研究家庭语言意识时，祖语学习者的态度不能忽略。第一代移民和第二代移民对族裔语言文化的认同并非一致：第一代移民对族裔语言文化的认同超过后者，而后者明显认同所在国语言文化（李其荣、姚照丰，2012；殷召荣、李国栋，2018）。Zhang 和 Slaughter-Defoe（2009）对华人移民及华二代进行民族志访谈，研究发现虽然父母重视祖语的传承，但华二代看不到祖语与其生活的相关性，经常抵制家长的意愿。Liang（2018）指出家长对祖语学习的看法会因实际情况而发生不同程度的变化。马慧（2012）针对华裔新生代不愿学中文的现象进行研究，对其家庭语言转用、语言环境、语言习得年龄、动机等展开分析，认为家庭环境的缺失、教材的不足等是主要原因。张会（2015）根据美国华裔儿童听说领先的特点，提出了诸多相关建议。Yu（2010）对 8 个中国移民家庭的家庭语言政策进行了观察，发现尽管家长们声称他们非常珍视祖语及文化，但在其日常语言生活中汉语的使用呈显著下降趋势，也没有采取有效的行动进行家庭语言管理。作者认为原因可能是家长语言管理策略的缺失，也可能是家长为了刻意强调他们保持族裔语言文化的期望而瞒报他们使用英语的倾向。刘丽敏（2019）指出"家庭语境下的汉语祖语教育呈现出两大特点：一是向上的社会流动伴随华裔子女汉语能力的快速弱化与流失；二是父母对子女汉语祖语教育的高意愿与实践中的低付出形成反差"。

对华人新移民族裔语言文化传承的考察必须结合整个群体在美国社会的发展状况进行综合分析。本文从新移民家庭的家庭语言政策入手，调查其家庭语言政策的微观现实，并试图从美国华人新移民历史、社会发展背景解读不同年代新移民家庭语言政策的特点，探讨华人的族裔语言文化保持问题。

第二节　研究设计

本项调查分为两个部分：问卷和半结构式访谈。

考虑到我们的研究对象是新移民家长，为了较为精准地获取调查资料，课题组在全美中文学校协会的支持下采取方便抽样办法，进行网络问卷的发放。全美中文学校协会是由中国新移民创办的全国性非营利公益组织，会员学校达 400 多所，遍布全美。调查共收回问卷 146 份，排除其中的非新移民及非家长，有效问卷为 138 份。从抽样结果来看，调查对象遍布全美 21 个州，样本分布较为均匀。

问卷由五部分组成，共 80 个问题。第一部分，样本人口信息，涉及性别、年龄、国籍、学历、赴美时间、留美时长、职业等。为了了解样本家庭所在地区的语言使用环境，我们还调查了其所在社区和家庭的社会经济水平和华人居住状况。第二部分，家庭语言使用状况。此部分主要调查家庭成员信息（配偶、子女及父母）及其日常语言使用情况。第三部分，家庭语言管理。该部分调查新移民家长为了华二代的语言文化传承所采取的策略。第四部分，家长对华二代中文水平的评价。家长从听、说、读、写作、汉字五个方面分别进行评价。第五部分，家庭语言态度。此部分以李克特五度量表形式进行调查，以了解家长对于中国语言文化及传承、所在国语言文化等若干方面的态度和看法。

在问卷完成后，我们给所有被试发送了电子邮件，表达访谈请求。基于家庭语言规划的基本理论和以往我们对美国新移民及其子女教育相关议题的认识，我们初步拟定了一个开放性的访谈提纲，主要内容围绕家庭政策展开，同时也涉及与之相关的家庭成员的成长背景、教育观念、社会生活及适应情况等。采用半结构式访谈的方式便于我们把控访谈内容与家庭语言规划的相关性，并且给予访谈对象足够的谈话空间。同时，访谈使我们对被试在问卷中的回答及原因有更详细、更深入的了解。

第三节　问卷结果分析

一、被试基本信息

调查对象均为 20 世纪 70 年代以后赴美的华人新移民。他们学历普遍较高，其中硕士及以上学历占 64.5% 以上。有 76% 左右是 2000 年以后赴美，并且有 66.6% 到达美国时年龄不到 30 岁，与以往调查数据情况基本吻合。有半数以上取得美国或加拿大国籍（加拿大国籍的受访对象也在美国工作和生活，故也纳入本章分析对象）。从数据上来看，调查对象大多经济状况较好，90% 的调查对象家庭经济水平在中等以上，其所在地区社会经济水平普遍较高，属于高素质移民。填写问卷的男性和女性数量差异较大，原因主要与问卷通过中文学校向家长发放有关，间接说明女性家长与学校联系更为紧密。就居住环境来看，41.3% 的调查对象住在华人人口较多的地区，其余住在华人较少的地区，表明前者可能具有较好的社区语言环境。

表 3 - 1　人口统计学信息

		频率	百分比			频率	百分比
性别	男	27	19.6%	留美时长	10 年以内	37	26.8%
	女	111	80.4%		10 ~ 20 年	68	49.3%
国籍①	中国	74	53.6%		21 ~ 30 年	30	21.7%
	美国	66	47.8%		31 ~ 40 年	3	2.2%
	加拿大	6	4.4%	所在地区社会经济水平	富裕	22	15.9%
学历	中小学	5	3.6%		中等偏上	58	42.0%
	大学	44	31.9%		中等	52	37.7%
	硕士	53	38.4%		中等偏下	4	2.9%
	博士及以上	36	26.1%		较为贫困	2	1.4%

---

① 部分调查对象持双国籍，此部分数据总计会超出 100% 。

（续上表）

		频率	百分比			频率	百分比
职业	政府雇员	9	6.5%	所在社区华人人口状况	华人较多	57	41.3%
	企业/教育机构雇员	75	54.3%		有一些，但不多	63	45.7%
	自主经营者/自由职业者	20	14.4%		很少	17	12.3%
	其他	34	24.6%		只有我们一家	1	0.7%
到美年龄	小于20岁	10	7.2%	家庭经济水平	很高	4	2.9%
	20～30岁	82	59.4%		中等偏上	53	38.4%
	30～40岁	31	22.5%		中等	66	47.8%
	40岁以上	15	10.9%		中等偏下	12	8.7%
					很低	3	2.2%

二、家庭语言使用状况

（一）家庭成员及日常语言使用

我们对138位受访者的家庭成员语言使用情况进行了调查。数据显示，大多数家长的日常家庭语言为汉语（含方言），均超过了80%。

表3-2　被试日常语言使用情况

	女性家长		男性家长	
	频率	百分比	频率	百分比
汉语（含方言）	118	85.5%	106	80.3%
英语	17	12.3%	23	17.4%
其他	3	2.2%	3	2.3%
共计	138	100%	132 *	100%

注：＊表示没有提供配偶信息。以下同。

大多数美国新移民家庭为父母和子女组成的核心家庭，而那些与祖父母（外祖父母）同住的家庭，也基本上使用汉语。有18位受访者报告与孩子的祖父（外祖父）同住，后者的日常语言全部为汉语；有24位受访者与孩子的祖母（外祖母）同住，只有一位的日常语言为英语。

表3-3 主干家庭中祖辈的日常语言使用情况

	祖父		祖母	
	频率	百分比	频率	百分比
汉语（含方言）	18	100%	23	95.8%
英语	0	0	1	4.2%
其他	0	0	0	0
共计	18		24	100%

在138个家庭中，97个家庭有两名及以上子女。孩子中的老大日常使用汉语的比例是26.8%，而使用英语的比例高达71.7%；老二使用汉语的比例更低，只占20.6%，使用英语的比例也更高，占77.3%。以上数据表明，华二代的家庭语言使用状况以英语为主，在不止一个孩子的家庭中，年长孩子的汉语使用状况较年幼孩子要好。

表3-4 多子女家庭华二代语言使用状况

	老大		老二		老三	
	频率	百分比	频率	百分比	频率	百分比
汉语（含方言）	37	26.8%	20	20.6%	2	23.1%
英语	99	71.7%	75	77.3%	10	76.9%
其他	2	1.5%	2	2.1%	1	0
共计	138	100%	97	100%	13	100%

（二）华二代上小学前后的家庭语言使用对比

一般来说，儿童在学前阶段已经开始社会化过程，不过成长环境还是以家庭为主。新移民家长大多比较重视下一代的中文学习，在我们的调查对象中，有70%以上家庭的孩子在上小学前即已开始学习汉语，其余绝大多数在小学阶段开始，说明家庭是祖语传承的第一场所。上小学意味着正式进入当地教育体制，是以家庭教育为主阶段向以学校教育为主阶段的转变。因此，我们对华二代上小学前后语言使用的情况进行了比较。

	只用英语	主要用英语，也用汉语	主要用汉语，也用英语	只用汉语
■ 上小学后与父亲交谈	21	42	56	13
■ 上小学前与父亲交谈	11	20	54	47
■ 上小学后与母亲交谈	9	55	56	17
■ 上小学前与母亲交谈	2	20	76	40

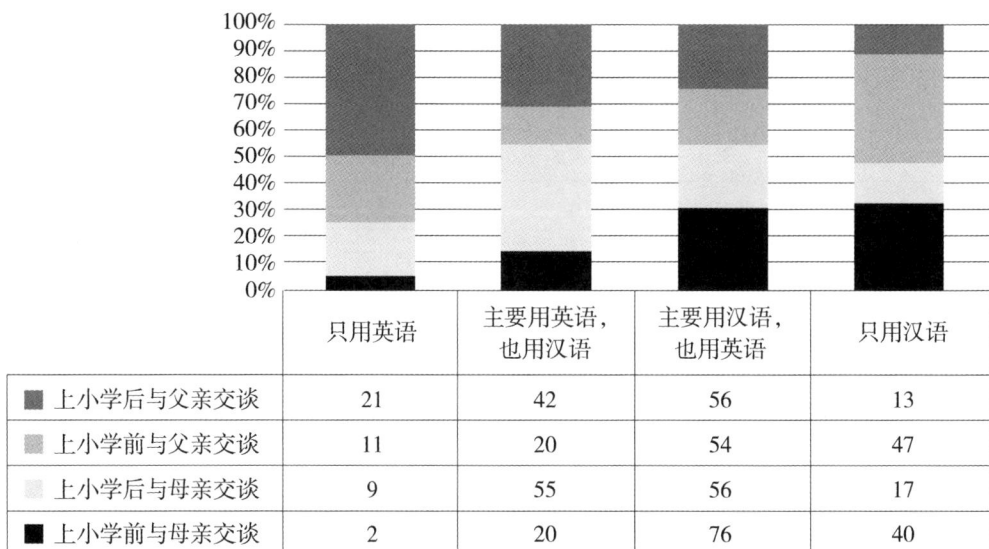

图 3 - 1　华二代上小学前后与父母交谈所用语言情况

上述数据整体上表明，华二代在上小学之前，与父母交谈所用语言以汉语为主。其中，与母亲只用汉语交谈的华二代占 40%，主要用汉语的比例占 76%；与父亲交谈只用汉语的占 47%，主要用汉语的比例占 56%。上小学后，与母亲交谈只用汉语的华二代比例下降到 17%，主要用汉语的比例下降到 56%；而与父亲交谈只使用汉语的华二代比例下降到 13%，主要使用汉语的比例则有所上升，达 56%。从历时上来看，华二代上小学前后与父母交谈时主要用汉语的比例呈显著下降。从共时角度来看，上小学前，华二代与母亲交谈时只用汉语的比例比与父亲交谈时要低；与母亲交谈时主要用汉语兼用英语的比例比与父亲交谈时要高。上小学后，华二代与母亲交谈只用汉语的比例较父亲要高；与母亲交谈主要用汉语兼用英语的比例较父亲要低。

共有 25 个家庭属三代同堂，即主干家庭。数据表明，只用汉语与祖父母交谈的华二代占比从上小学前的 88% 降到小学后的 76%，但总体上没有显著变化，始终以汉语为主。这一结论与以往研究结果保持一致，使用母语的祖辈为语言保持提供了较好的条件，有利于华二代的族裔语言习得。

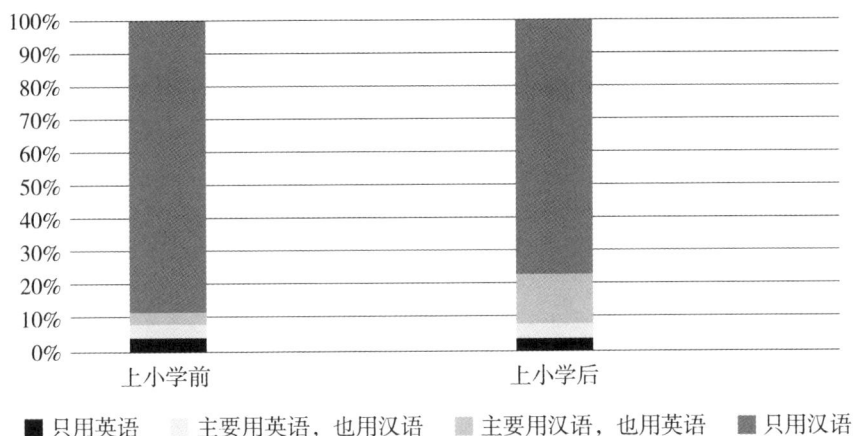

图 3 - 2　华二代上小学前后与祖父母交谈所用语言情况

从上述情况来看，美国华人新移民家庭为华二代早期汉语习得提供了较好的语言环境，而华二代正式接受主流学校教育后，家庭内以汉语为主的语言使用模式逐渐被打破，向英语倾斜。这种现象在家庭内同辈之间更为显著。

数据显示，在有两个及以上孩子的 97 个家庭中，华二代与家庭内同辈使用汉语的比例在上小学前后呈显著下降趋势。具体而言，上小学前兄弟姐妹之间交谈时只用汉语的比例只占 20.6%，主要用汉语的比例占 26.8%，总数并未过半；上小学后则分别下降至 4.1% 和 16.5%。与其父辈和祖辈相比，华二代兄弟姐妹之间使用汉语的比例更低。无论在哪个阶段，兄弟姐妹之间使用英语交谈的人数都在半数以上，并且在上小学以后大幅增加。

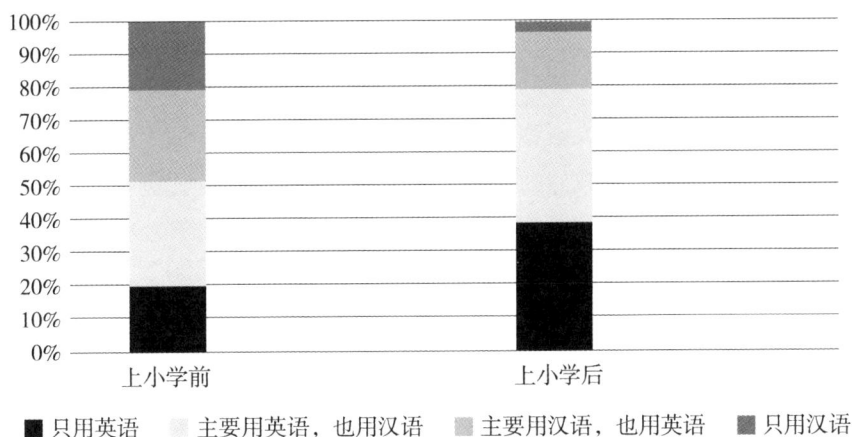

图 3 - 3　华二代上小学前后与兄弟姐妹交谈所用语言情况

总体结果表明，华二代上小学前后与父母及兄弟姐妹交谈的语言发生较为明显的变化，即使用汉语的人数比例大幅下降。华二代与同住的祖父母交流一般用汉语，这与祖父母不说英语有关。华二代在上小学前后的语言使用发生了显著变化，即从汉语向英语过渡。

三、新移民家庭跨国交往情况

新移民家长均成长于中国大陆（内地），与国内亲友有直接的难以割舍的情感纽带。当前日益发达的通信和交通方式，也能够满足新移民家庭与国内保持联系的需要。大部分家庭与国内亲友有经常性联系甚至联系较为频繁，其交流语言大多为汉语。华二代与其亲友之间交谈时只用汉语或以汉语为主的比例达63.8%，仅用英语或以英语为主只有23.9%的比例。从与亲友联系的频率来看，只有17.4%的家庭与亲友有频繁的交往，47.8%的家庭与亲友保持经常联系，其余则偶尔或从不联系，表明汉语在其家庭社交网络中有一定的使用环境。

表3-5　与国内亲友的交往及语言使用情况

交往频率	人数	百分比	使用语言	人数	百分比
频繁交往	24	17.4%	只用英语	8	5.8%
经常联系	66	47.8%	主要用英语，也用汉语	25	18.1%
偶尔	46	33.3%	英语和汉语各一半	17	12.3%
几乎没有	2	1.4%	主要用汉语，也用英语	40	29.0%
			只用汉语	48	34.8%

整体上来看，大多数华人新移民家庭在家庭和社会交往中使用汉语的频率较高，为华二代的汉语习得提供了较好的环境，但华二代使用英语的比例会逐步增加。

四、家庭语言管理

家庭语言管理是指家庭内部对其成员的语言选择和行为做出有意识的约束和规范。在本次调查中，我们主要通过新移民家长与子女的日常互动和其子女接受中文教育的情况来了解新移民家庭语言管理。数据表明（见图3-4），大部分家长与子女的亲子活动频率较高，比较重视与子女之间的情感联结。有43%的家长每天都与子女进行亲子活动，31%的家长一周有两到三次亲子活动，两者总比达到74%。

■几乎每天　■一周两/三次　■很少　□从不

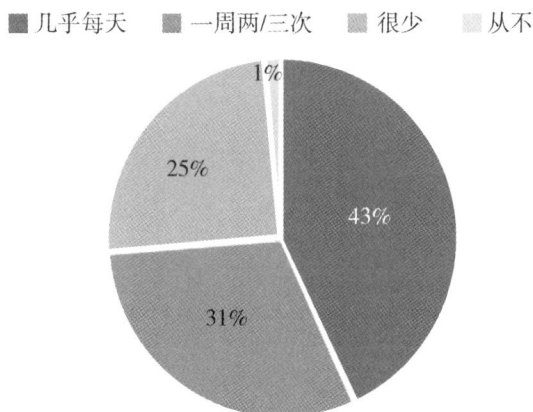

图3-4　亲子活动的频率

我们对华二代学习中文的方式进行了调查，除了在家庭中使用汉语交流以外，华二代在外学习汉语的途径主要是通过学校教育（包括中文学校和有正式学制的学校），也有的通过家教或去说汉语的国家/地区短期居留等方式学习。新移民家长对其家庭常见的语言管理手段进行了选择（见图3-5）。

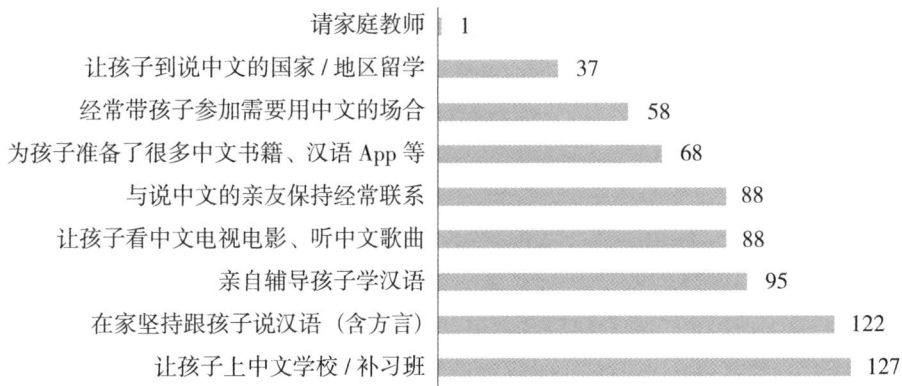

请家庭教师　1
让孩子到说中文的国家/地区留学　37
经常带孩子参加需要用中文的场合　58
为孩子准备了很多中文书籍、汉语App等　68
与说中文的亲友保持经常联系　88
让孩子看中文电视电影、听中文歌曲　88
亲自辅导孩子学汉语　95
在家坚持跟孩子说汉语（含方言）　122
让孩子上中文学校/补习班　127

图3-5　新移民家庭语言管理的常见途径

由图3-5可知，家长们最常用的语言管理途径是让孩子上中文学校和在家庭中使用汉语，其次是亲子学习。其中，有92%的家庭选择上中文学校，88%的家庭在家坚持跟孩子说汉语，69%的家庭会亲自辅导孩子学习汉语。在图3-5所示的常见学习途径中，哪些是最有效的呢？受访对象对他们认为最有效的三种方式进行了选择，结果如下：

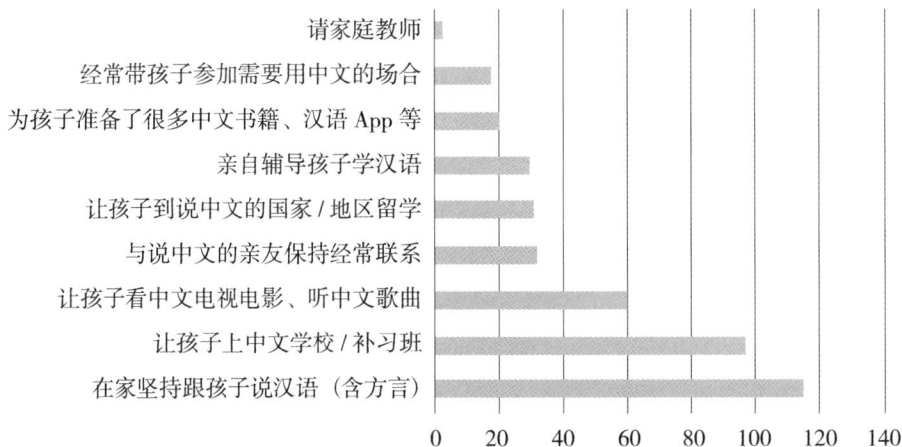

图3-6　新移民家庭语言管理的最有效途径

数据表明，虽然有92%的家长让子女上中文学校，但只有70.3%的家长认为有效；83.3%的家长认为在家说汉语是最有效的。不过整体上来看，家庭语言使用和上中文学校仍然是新移民家庭进行语言保持的主要途径。让孩子看中文的电视电影、听中文歌曲作为华二代接受文化沉浸式体验的一种方式，虽然并非家庭最常见的语言管理行为，但其效果被认为仅次于上中文学校和家庭日常使用汉语交流，表现出语言文化产品对华二代语言习得与保持的重要性。

五、汉语水平评价

以往多项研究表明，华裔学生中文水平的各项技能发展并不均衡，听说领先，读写滞后。我们使用五分量表请被试对其子女的汉语水平进行了评价，具体结果如表3-6所示。数据表明，华二代的听说读写各项技能的平均值呈递减状态，而汉字水平均高于写作水平。究其原因，可能与他们的年龄和所处学段的学习目标有关，很多华裔学生刚入学时往往被要求以汉字的练习为学习重点。

表3－6 新移民家庭第一个孩子的汉语水平情况

技能	个案数	平均值	标准差
听力	138	4.18	0.848
口语	138	3.77	1.032
阅读	138	2.96	1.077
写作	138	2.38	1.034
汉字	138	2.98	0.963

表3－7 新移民家庭第二个孩子的汉语水平情况

技能	个案数	平均值	标准差
听力	97	3.77	0.907
口语	97	3.42	0.967
阅读	97	2.18	0.975
写作	97	1.69	0.878
汉字	97	2.48	0.908

考虑到年龄和学习中文的时间等因素，我们似乎不能判定华二代中年龄较长的孩子中文水平一定比其弟弟妹妹高，但是实际上，老二在家庭中有更多的机会说英语。

我们对各项技能进行了皮尔逊相关性分析，发现各项指标之间均存在正相关关系：$r_{听力-口语}=0.789$，$p<0.01$；$r_{听力-阅读}=0.567$，$p<0.01$；$r_{听力-写作}=0.380$，$p<0.01$；$r_{听力-汉字}=0.463$，$p<0.01$；$r_{口语-阅读}=0.623$，$p<0.01$；$r_{口语-写作}=0.456$，$p<0.01$；$r_{口语-汉字}=0.516$，$p<0.01$；$r_{阅读-写作}=0.753$，$p<0.01$；$r_{阅读-汉字}=0.761$，$p<0.01$；$r_{写作-汉字}=0.745$，$p<0.01$。以上表明，华二代的听力与口语、口语与阅读、阅读与写作、阅读与汉字以及写作与汉字之间有较强相关关系；听力与阅读、听力与汉字、口语与写作、口语与汉字之间有中等相关关系；听力与写作之间存在弱相关关系。

据被试观察，在华二代的学习过程中，其汉语水平有阶段性变化。56%的家长认为孩子汉语水平最好的时候是在上小学前，36%的家长认为孩子在上中学前也就是小学阶段的汉语水平最高；71.2%的家长认为孩子汉语进步最快的时期是上小学前，64%的家长认为孩子中学以后汉语水平下降最快，这进一步说明华二代汉语听说能力主要在家庭语言环境中培养，而学前阶段是习得的关键时期。此外，华二代的读写能力较弱，在某种程度上表明新移民家庭除了提供汉语的日常使用环境，也要注重子女读写能力的培养；而对中文学校而言，如何将华二代的听说优势迁移到读写能力方面，应该是需要关注的重点。

六、家长语言观念

我们通过一组李克特五度量表考察美国华人新移民家长的语言观念，该量表由四部分组成：第一部分考察被试的中华语言文化认同，第二部分考察被试的所在国语言文化认同，第三部分和第四部分分别考察被试的动机和代际差异。目的是对比新移民家长在中美语言文化认同及族裔文化传承等方面是否存在差异和关联。每一部分都分别考察受访者在族裔、语言、文化等方面的态度与认同，以及语言管理。每个变量设计了两到三个问题，选择项从"完全不同意"到"完全同意"。量表整体信度 Cronbach's α 值为 0.731，表明问卷信度良好。

（一）族裔语言文化认同

数据显示：98.5%的新移民家长认同自己的华人身份，表明绝大多数第一代新移民的族裔认同较高。在对汉语（含方言）的情感态度上，98.6%的新移民家长认为汉语是其感觉最亲切的语言。75.4%的新移民家长积极保持与当地华人社会的联系，85.5%的家庭保留了很多中国文化习俗，我们注意到，家庭中保持中国文化习俗的比例要高于其与当地华人社会联系的比例，进一步表明了家庭作为最小社会有机体在保持文化传统方面的能动性。

表 3-8　新移民家长的族裔认同

变量	个案数	均值	标准差
我非常认同自己的华人身份	138	4.59	0.701
汉语（含方言）是我觉得最亲切的语言	138	4.48	0.757
我非常积极地参加当地的华人活动	138	4.15	0.810
我的家庭保留了很多中国文化习俗，比如春节、中秋节等	138	4.41	0.780
我认为华人有必要传承自己的语言和文化	138	4.70	0.559
我尽力让孩子学好汉语	138	4.57	0.639
我尽力让孩子了解中国文化	138	4.55	0.629

（二）当地语言文化认同

相应地，我们调查了新移民家长对所在国社会即美国的语言文化认同与适应情况。数据表明：51.5%的新移民家长对美国的语言和文化表示认同，并且有56.5%的人希望在语言文化上完全融入当地社会。但是在实际的社会文化生活参与方面，只有39.8%的新移民家长表示他们积极参加当地非华人群体的活动，20.2%的家庭完全按照当地社会习俗生活。总体而言，虽然近半数的新移民家长对美国语言文化表现出较为积极的态度和融入倾向，但在实际生活中并没有做出积极的融入行为，新移民家庭仍然保持较为鲜明的族裔文化特点。这可能与其主观态度有关，也与当地社会的客观环境有一定联系。只有36.3%的新移民认为美国的社会环境很适合华人发展，但完全适应当地并不那么容易。

表3-9　新移民家长的所在国认同

变量	个案数	均值	标准差
我非常认同美国的语言和文化	138	3.69	0.818
移居美国以后，我希望在语言文化上完全融入当地社会	138	3.65	0.825
我非常积极地参加当地非华人群体的活动	138	3.41	0.789
我的家庭完全按照当地社会习俗来生活	138	2.96	0.823
我觉得美国的社会环境很适合华人发展	138	3.37	0.736
我希望子女认同美国的语言和文化	138	3.96	0.729

移民家长对本民族的身份及语言文化认同显著地高于对所在国社会及语言文化的认同。如前所述，新移民家长作为第一代移民，相当于从一种文化移植到另一种文化，势必经历较后代而言更为困难及长期的适应过程。他们或许在社会生活中尽可能地适应并融入美国社会，而在情感和语言文化方面仍与主流文化心态保持一定距离。

（三）学习动机

我们对新移民家长让子女接受华文教育的动机进行了调查，将动机分为族裔文化保持和工具性动机两种。结果表明：绝大多数华人家长让子女学习汉语是出于归属需要，而不仅是因为汉语的潜在价值。他们也希望后代与自己的来源地——中国保持联系，不忘根本。在这种心态影响下，只有极少数家长表示希望孩子能回中国生活，表现出明显的在美国扎根的意识。

表 3 - 10　教育动机

变量	个案数	均值	标准差
我让孩子学汉语是因为他们是华裔	138	4.44	0.735
我希望子女能够认同中国语言文化	138	4.59	0.576
汉语的潜在价值是我坚持让孩子学汉语的主要原因	138	3.88	0.936
我希望自己的子女能够保持与中国的联系	138	4.49	0.697
我希望孩子以后能回中国生活	138	2.83	0.714

（四）代际差异

　　家长们在子女传承族裔语言文化问题上存在较为强烈的意愿，特别是在与子女的意见不一致时，他们会借助家长的权威。数据显示，只有 10.9% 的家长认为应当尊重孩子的个人选择，而有 37% 的家长反映在此问题上与子女有不同意见。

表 3 - 11　代际差异

变量	个案数	均值	标准差
我觉得学不学汉语应当尊重孩子的个人选择	138	2.30	0.858
我在是否要学汉语的问题上与孩子（们）有不同的意见	138	3.14	1.029
我觉得在美国要让孩子传承汉语言文化是非常困难的事	138	2.64	1.179
我的孩子很喜欢学汉语	138	3.30	1.008
我的孩子对中国文化很感兴趣	138	3.64	0.934

　　尽管家长们仍具有强烈的族裔身份认同和语言文化认同，也为此付出了努力，但实际效果如何？数据表明只有 39.8% 的家长表示其子女很喜欢学习汉语，55.1% 的家长表示子女对中国文化感兴趣。其比例和均值与第一代相比，差异非常明显。这说明在族裔语言文化情感上，华二代已弱化很多。

七、小结

　　华人新移民家庭具备较好的中文听说环境，在家说中文的比例较高，因此华二代的听说能力较强；虽然华人家长也维持较高的族裔语言文化认同，但他们希望在一定程度上认同和融入当地社会，并希望子女也同样具备双重认同。不过，家长们多数并不希望子女回中国生活，表明在公民和国籍身份上更认同美国。从问卷中也可以看出，华二代在上小学之后以及与同辈交谈时倾向于使用英语，并且与家长在学中文方面存在分歧，可见华二代的实际表现并不完全如家长所愿。上述结论与以往研究的结果存在一致性。进一步的量表分析表明，新移民家长持混杂性的中美双重认同（刘燕玲、吴金平，2014），在对族裔语言文化有强烈倾向的同时，也认同美国的语言文化，并期望后代延续其双重认同。这种双重认同的特点及其对华二代族裔语言文化传承的影响如何？我们拟通过半结构性访谈对此进行深入探讨。

第四节　访谈分析

一、研究设计

访谈对象来自问卷调查被试。受访者大多是 20 世纪 80 年代后移民美国的华人，属于我们通常定义的华人新移民。年龄在 30 岁至 70 岁之间，职业范围涉及工程师、公司职员、商人、中文教师和自由职业者。由于某些受访对象在年龄、赴美时间、迁入方式、家庭状况等方面较为相似，我们对其进行了筛选，从上述家庭中选择六个较为典型的家庭作为主要案例进行分析。

二、家庭实例

实例 1：Y 先生从国内名牌大学毕业后留学美国，然后一直在美国的国家部门从事技术工作，有稳定的职业和收入。妻子是当地一所大学的教师。有一子一女，儿子是中学生，女儿还在读小学。Y 先生一家在日常习俗上遵循美国社会传统，但家庭日常来往的主要是华人圈子。在孩子上小学之前，家里只用汉语，现在以中文为主，并且跟多数华人家庭一样送孩子上中文学校。女儿目前对中文学习还比较感兴趣。儿子到中学以后就要求不再上中文学校，原因是在那里感到无趣，并且进步不大。Y 先生认为既然孩子不想上了，要尊重他的想法，再加上中学阶段孩子的其他学业也要兼顾，便表示同意，不过他也花了一些时间给孩子讲完整本《三国演义》。Y 先生对儿子中文水平的评估是认识几百个汉字，能简单地写作，日常听说无碍，并且对某些中国文化知识了解较多。他根据自己在中文学校工作的经历和对身边华人社会的了解，认为儿子的中文在同龄人中属于中上水平。他对孩子在族裔语言文化方面的期望是对此有基本的了解和认识，即使将来有一天想重新学习的时候也能够较快地"捡起来"。Y 先生认为中国的发展越来越好，让孩子学习中文也是多一些了解世界的机会，为孩子将来的归属提供多一个选择。Y 先生回顾孩子小时候时表示，那时候当然也希望孩子能把中文学好，现在他觉得美国的资源较为丰富，竞争不那么激烈，希望子女能够像其他某些族裔一样享受普通人的生活，因此他认为自己对子女在教育方面的要求比较宽松，也常对在这方面相对比较焦虑的妻子加以开导。

实例 2：B 先生在中国工作多年后，与妻子一起到美国留学，在美已有十余年。他现在在一家华人背景的企业从事技术工作，同事大多是华人，主要使用英语。有三个孩子，最大的上小学，老二在学前班。B 先生在家庭语言使用方面较为严格，要求家庭成员使用中文。他认为身为华人不可以不学中文，并且家长是下一代能否传承语言的关键。除了本职工作以外，B 先生同时也是一所中文学校和当地一个华人教会组织的负责人。他经常组织教会活动，非常强调成员之间互帮互助以及活动给他们带来的爱、信仰方面的收获，认为这个组织给了他兄弟姐妹一样的情感归属。在组织此类活动时，他也会带孩子一同参加，为所有参加活动的孩子安排丰富的活动，接受宗教信仰的熏陶。他和其他华人教会成员也要求孩子在活动中使用中文，但是孩子们往往会转用英语。B 先生对孩子学习中文的期望是具备基本的听说读写能力，他认为孩子应该通过中文了解中国的发展。虽然 B 先生重视子女的中文教育，但是对于是否能够传承下去并没有信心，认为在美国要让孩子传承汉语言文化是很困难的。

实例 3：L 女士家庭较为富裕，2010 年通过投资移民方式取得美国国籍。当时她的大女儿已经成年，小女儿还在上小学低年级，因此中文听说不成问题。小女儿在一所昂贵的私立学校就读，社交能力非常强，在那里很快跟白人同学打成一片，不怎么与华裔同龄人交往。L 女士也提到华人孩子与其他族裔之间的隔阂，虽然表面上比较客气，但骨子里是疏远的。她表示孩子将来会在美国发展。

实例 4：T 女士移居美国的主要目的是让孩子接受更好的教育，因此她辞去国内待遇优厚的工作，到美国陪读。目前孩子在一所有中文沉浸式项目的学校上二年级。T 女士解释说，这样孩子既没有脱离当地的主流教育环境，又能够在很大程度上利用自己的中文优势，培养自信和兴趣。T 女士也很重视亲子学习，利用一些碎片时间帮孩子学习汉字等，但是她认为对她的家庭而言，在家学习中文效果不太好，孩子不乐意好好学。T女士经常带孩子回国，这给孩子提供了好的语言环境。孩子和会中文的同学有时候会用中文分享秘密。T女士希望孩子将来在美国社会取得好的发展。

实例5：W先生的妻子在美国留学，他是陪读身份，平时做一些小生意，在美已有近10年。他的孩子目前七岁，上小学二年级，也在中文学校学中文。W先生表示可能会回国发展，为了让孩子能跟上国内学校的进度，他对孩子的中文学习非常重视。由于孩子平常都是他在照顾，亲子关系非常融洽。家里准备了很多中文绘本等资源，每天花一点时间给孩子讲故事、教汉字等。他们与国内的亲戚朋友联系比较紧密，因此孩子非常想回中国。W先生虽然在美国的时间已经比较长，但平常与他来往的大多是华人，他本人也在儿子的中文学校当志愿者。他感到美国社会难以融入，认为下一代学习中文是要寻找归属感。W先生认为孩子学中文主要靠家长坚持辅导，在家坚持说中文。他每天用中文给孩子讲故事、带孩子练汉字，觉得孩子进步很大，也很有兴趣。

实例6：G先生20世纪60年代留学美国，已有美国国籍。职业是工程师，目前已退休。他有三个孩子，均已成年，并有了第三代。G先生曾经当过中文学校的校长，对汉语和中国文化抱有非常热烈的情感，同时对祖籍国的发展赞不绝口。虽然在公民身份上是美国人，且在美国居住了半个世纪，但G先生认为中国文化更有人情味，而美国文化里非常强调个人至上，人与人之间的界限分明，这给他很大的冲击。G先生在回顾家庭语言使用时说，孩子小时候也是以汉语为主，也上中文学校，但是中学时孩子提出异议，因为同龄人都不用学习中文。不过大女儿在大学期间，又主动开始学习中文。目前G先生的外孙女已两岁，他在家庭聚会时跟外孙女说中文，并希望她能去中文学校学习。不过G先生也表示，这取决于她父母的选择，他无权干涉。

三、分析与讨论

（一）华人新移民家长的整合性涵化策略

新移民的家庭语言政策与其在跨文化交际中的涵化策略有关。所谓涵化，人类学的定义是指"由两个或两个以上拥有不同文化的群体间持续的直接接触而造成一方或双方原有文化模式发生变迁的现象"（Redfield、Linton & Herskovits，1936），其聚焦点在于群体文化的涵化过程。贝理等人（2016）在此基础上将文化群体成员即个体心理涵化也纳入涵化研究视野，较好地解释了不同文化群体及成员的个体心理在涵化过程的互动关系。群体层面上的涵化，发生在社会、经济和政治等方面；个体心理层面的涵化，则是通过个体的语言、饮食、服饰等外在社会文化行为以及观念、态度与认同等方面表现。毫无疑问，后者为我们观察文化群体涵化现象提供了微观途径，因为个体是群体的组成部分。个体涵化心理研究集中在三个领域，分别与不同的理论视角相对应：情绪视角——压力与应对的理论框架；行为视角——文化学习路径；认知视角——社会认同取向。上述视角在一定程度上解释了影响涵化发生的各种因素及个体心理涵化的不同表现。贝理等人（2016）认为涵化围绕两个维度发生：一是对族裔群体或祖籍国文化的认同（族裔认同）；二是对整个社会的认同（国民认同）。根据这两个维度，他们区分了四种不同的涵化策略：整合、同化、分离、边缘化（见图 3－7）。

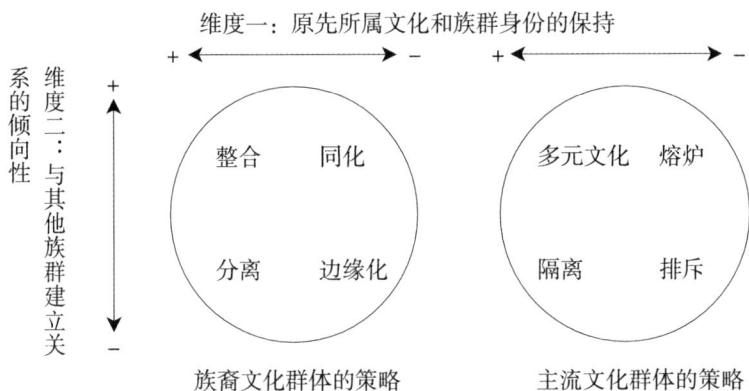

图 3－7　贝理等人提出的涵化策略

　　当族裔文化群体中的个体进入新的文化环境后，放弃原有的语言文化认同，接纳主流文化群体或其他文化群体的认同时，其策略为同化；反之，个体始终坚持原有认同，拒绝与其他族群建立关系时，其策略为分离；当个体在保持原有语言文化认同的同时，对其他群体文化也保持开放态度时，其策略为整合；而当个体既放弃或失去原有语言文化认同，又对其他群体文化持疏远态度时，其策略为边缘化。如前所述，情绪、行为、认知等视角有助于我们了解涵化策略的个体因素，而主流文化群体对族裔文化群体的态度和行为也对个体的涵化策略产生较大影响。另外，主流社会文化对族裔群体的态度也对后者的涵化产生影响，体现两者之间的互动涵化关系。当个体感知到来自其他文化群体成员的歧视态度时，会倾向于分离策略。主流文化群体对族裔语言文化的认同和接纳在一定程度上能够促进族裔群体对本民族语言文化的认同。"涵化过程的核心特征是，文化群体会以一些方式发生实质改变，从而导致文化特点与接触前原有文化特点不再相同，而且常常可以见到的是，随着时间的推移，会有新族裔文化群体的出现。"（贝理等，2016）

　　研究发现，在跨文化交际中，整合是最受青睐的策略，边缘化是最少被采用的策略（Berry，2003）。这一观点与多向分层同化理论一致，即整合性的、有选择的同化，形成独特的亚主流文化。从认知角度来看，涵化策略意味着个体如何认同自己的身份以及如何看待自己在群体中的定位，Phinney（1990）指出个体有可能在国民身份和族群身份两个维度都同时具有强认同或弱认同。这种认知会影响到个体的文化学习路径，即个体将语言技能与认同联系起来。涵化理论有助于重新审视新移民群体的认同，并对家庭语言政策进行新的阐释。

　　访谈结果表明：首先，所有受访家庭都在不同程度上采用了整合策略，即同时保留族裔语言文化和接受当地语言文化，不同家庭在两个维度的整合上表现的程度有所不同。

　　国际移民的国家认同可分为三个层次：公民身份和国籍的认同，意识形态和宪政的认同，文化和情感的认同。其中文化和情感的认同是最深层次的，"包括语言、宗教信仰、民族情感、风俗习惯、领土边界等方面的认同"，"是国家认同的心理基础和合法性来源"（钟坛坛、金太军，2014）。大部分受访者通过留学途径留在美国，少数通过陪读、投资方式，在移民动机上较为积极主动。其中留美时间较长的受访者已取得美国国籍，而除个别打算回国发展的以外，其他受访者都希望未来能够取得美国国籍。这是对公民身份和国籍的认同。

　　其次，受访者大多在一定程度上认可和遵循美国主流价值观，如崇尚自由、个性、自我意识等。在谈到迁入目的和子女教育问题时，部分受访者认为是为了改善生活环境和子女教育环境。Y 先生表示，他之所以对子女在教育方面要求不是非常严格，是因为他感觉美国的资源较为丰富，竞争并不激烈，只要稍微努力一点就可以养活自己，他希望子女跟其他族裔一样，享受普通人的生活，不用背负太大的压力。有的家长非常积极地参加华人教会活动，强调教会中华人同胞的互助性交往体现出来的爱与信仰对自身的意义。B 先生到美国之前，在北京金融核心区上班，工作压力比较大，他表示到美国之后，在生活条件、工作通勤方面有较大改善。有的家长非常重视子女的受教育途径，其移民的目的就是希望子女接受美国的先进教育，如 T 女士。部分受访者投入较高的经济资本用于子女教育，送他们到私立学校就读。

　　再次，受访者大多在一定程度上认同美国的文化，比如在习俗文化方面，与主流社会保持一致。所有受访者都表示家庭会遵循美国的主要文化习俗，特别是节日习俗。不过，在具体的组织形式、互动方式上，新移民群体有不同的特点。B 先生加入华人基督教会，经常组织活动，每逢节日所有成员都会带上食物全家一起聚会，平时教会成员之间也会互帮互助，"像兄弟姐妹一样"，从中不难看出"抱团取暖"的意味，形成了一个小型华人圈，有鲜明的华人特色，"其文化实践具有非常明显的混杂性特征"（刘燕玲、吴金平，2014）。

最后，受访者均表示了对族裔语言文化的认同。在家庭社交网络中，几乎所有受访者家庭都以华人群体内交往居多。在谈到对美国主流社会的认识时，他们或多或少地认识到自己的"他者"身份。G 先生虽然早已入籍，在日常生活、交往中遵循美国制度和习惯，但在思想上对此诸多批判。他提到自己刚到美国的时候，受文化冲击特别大，认为美国人表面上很客气，但关键时候是翻脸不认人的；他在退休之后非常投入地关注中国文化和中国社会发展，推崇其优越性和先进性。W 先生以陪读身份在美国生活多年，妻子还未拿到学位，他倾向于回国生活，无论是在身份和国籍认同，还是在意识形态和宪政的认同，乃至文化和情感认同方面，都保持原有的认同不变。W 先生在谈到他在中文学校当家长志愿者经历时，提到自己在与人交往时感觉到对方的疏离，并没有真正融入当地文化，这使他更加坚定回国的决心。T 女士和其他一些受访家长鲜明地表明自己的态度，希望子女以鲜明的族裔特色和优势主动融入主流，其态度较其他受访者更为积极和自信。从上述实例可见新移民认同的多元性。无论受访者认同存在何种差异，总体上来看，都在不同程度上表现出对中国和美国的双重认同。认同的多元性对家庭语言政策产生直接影响。

（二）华人新移民家庭语言政策的类型

大部分受访家庭对子女教育都非常重视，在家庭条件允许范围内让子女接受较好的教育，学习各种特长，重视子女在美国社会的未来发展。与此同时，他们也希望子女传承族裔语言文化等。但是他们对于孩子的中文水平并没有特别高的要求，特别是在子女年龄渐长，具有独立意识，以及中文学习与其他社会化需求产生冲突时，家长们对子女学习中文的要求就更为宽松。依据访谈实例中新移民家庭语言政策的特点，我们将其分为三种类型。

1. 高期望型

高期望型家长非常重视族裔语言文化的传承，在观念上表现为"身为华人必须会说中文"，并在家庭语言使用、家庭日常社会交往、跨国交往、家庭外中文教育等方面表现出强烈的亲近族裔语言文化的倾向。家长们通过日常言语行为和观念的灌输培养子女对本族裔及中华语言文化的亲近和认同。所有家庭的家长都表示会经常向子女介绍中国、中国文化等，通过语言的描述，在子女头脑中构建一个"想象"的中国。他们的子女中有好几位已经通过"寻根之旅"或探亲等方式到中国短期居留，而没有到过中国的则充满了好奇和向往。家长对与中国相关的事物的看法和评价也在潜移默化中影响子女的态度。亲子学习是受访家长在孩子学前和小学低年级阶段投入较多的家庭语言管理方式。家长们利用多种资源与孩子一起学习，包括网络、中文电视、中文图书等，方法多种多样，如亲子阅读、辅导中文作业等。有的家长提到，每天花一点时间陪孩子完成作业，或是读一本中文书，坚持下来，孩子的中文水平越来越高；有的家长更是利用碎片时间陪伴子女学习，如在游戏时间或是开车上学途中见缝插针地教一些中文知识。

大部分受访家长表示家庭交际对象仍以华人为主，在交往中主要使用中文，甚至会有意识地要求社团成员使用中文，目的是为子女创造中文环境。他们与中国国内的亲友大多还保持着密切的联系和往来，这也成为其子女了解中国的一个途径。交通条件的便利性为新近移民美国的家长提供了更好的条件，使他们与国内的联系较以往更为紧密。Y先生提到也有不少家长要求子女通过AP中文考试。W先生和B先生在子女中文学习方面的要求属于高期望高投入型，"父母起主要作用"，"家长一定要督促孩子学习"，特别重视和强调家长在族裔语言文化传承中的作用。

2. 整合型

此类家长对子女的中文水平有一定要求，即中文达到一定程度、了解中国文化、具备族裔认同等。他们会在子女幼年时期投入一定精力进行亲子教育、辅导子女中文等，也会要求子女坚持上中文学校。家长们认为，让孩子在小时候打下中文基础是非常重要的，这样到需要的时候能很快提高，而且在中国社会迅速发展的背景下，掌握中文是了解世界的一个重要途径。他们同时也希望子女能够在美国获得更好的发展。因此，让子女掌握族裔语言文化和美国的语言文化是此类家长的双重目标。

以往华裔学生接受中文教育绝大多数通过家庭和中文学校两种途径，而后者被排除在主流教育之外，在某种程度上使华裔青少年与其他族裔同龄人产生了隔阂，并有抵触心理。大部分受访家庭选择送子女上中文学校。中文学校对华裔家庭而言，不仅能让其子女以较为低廉的学费接受族裔语言教育，同时也是族裔群体聚会交流、培养族裔认同的场所。近年来美国中文教育的发展为华裔保持族裔语言提供了更多选择。不少家庭如T女士选择让子女在主流学校中接受中文教育，如双语沉浸式学校，原因是在主流学校中与其他族裔的孩子一起学习本族裔的语言，更能够增强其自信心和身份认同，减少子女对中文的抵触心理。此类家庭一般拥有较好的人力资本特别是经济资本，对族裔语言文化具有较高的自信，视其为子女未来发展的优势资源。整合型家长尽管期望下一代保持族裔语言文化，但由于种种原因对族裔语言的保持信心不足。当这种期望与其他诸如子女意愿、学习时间、家长投入能力等产生矛盾时，家长往往或主动或被动地优先考虑子女其他方面的发展。Y 先生的大儿子在提出不想继续学中文时，Y 先生觉得孩子大了，需要尊重他的选择，而且也考虑到学业的需要，只能表示同意。但是他也觉得，孩子的中文水平已经不错了，在中文学校继续学习难以再提高，所以不再强求。

3. 宽松型

宽松型家长对融入美国社会持有更为积极的态度，将家庭生活和子女教育的重心都放在如何改善家庭的经济和社会地位方面。他们更为重视子女在主流学校的学业表现，为此家庭也要在日常生活、文化习俗、社会交往等方面向主流社会接近，而社会环境也的确为此提供了条件。在对族裔语言文化态度上，并不十分重视，虽然他们也送子女上中文学校，但在家庭语言使用、家庭语言教育方面投入较少。G 先生是 20 世纪 60 年代的移民，虽然他的子女也上中文学校学习，但他在这方面投入不多，当孩子在中学时提出不想上中文学校时，他也没有反对。L 女士的小女儿在小学低年级时到美国上学，但她更关心的是与非华裔建立社交关系，L 女士也并不担心孩子的认同问题。

我们在访谈中也注意到新移民家庭在不同时期家庭语言政策的变化，即学前和小学低年级阶段是高投入型，对子女的汉语学习抱有较高期望；中学阶段之后，由于前述原因而更多顾及子女的学业需要，不再坚持要求继续学习中文；而到子女成年后家长更无法以家长权威对子女的语言选择进行干涉。

（三）家长对华二代认同目标的不确定性

虽然受访家长都表示非常希望子女能够学好中文，培养孩子的族裔语言文化认同，因为他们普遍认为，身为华人却不会说中文是令人难堪的，但是他们认可的"学好中文"具体体现在哪些方面？对此我们根据资料进行了分析。

首先，情感认同目标。家长的首要目标是希望孩子能用中文与父母或是说中文的华人沟通。这种沟通首先是指口头上的沟通，即中文听说能力。对新移民家长来说，中文始终是其最熟悉的语言，也是最直接的情感表达手段，他们自然而然地希望通过中文建立与子女的情感联系。新移民大多与当地华人交往，与国内亲友保持联系，社交仍然离不开中文。特别是家长考虑到全球化背景下子女未来跨国发展的可能，认为子女具备基本的中文听说能力是非常有必要的。W 先生认为语言是文化的一个载体，如果身为华人而不会说中文，就很难说能对中国有什么情感。这种对祖籍国的情感相较于亲子关系更为模糊。Y 先生对此举例说，当孩子看到关于中国的新闻时，可能会更关注一些，但也仅此而已；在中国和美国之间，孩子的情感更倾向于后者。

其次，在具体语言技能——听、说、读、写等方面，家长的期望值依次递减。如上所述，与亲友的日常生活和情感交流是学中文的第一需求，其次是中文阅读能力，与之相关的是汉字的识读量，汉字识读量直接影响到阅读量和阅读能力。Y 先生说家中老大不太会写汉字，拼音掌握得不错，但根据他多年在中文学校的观察，这在身边同龄人中已属中上水平，甚至在全美的华裔孩子中都属于水平比较高的。B 先生表达了同样的期望。可见家长在读写目标上期望值较低。何以如此？我们发现，对家长来说这也许是对现实的妥协。Y 先生认为"一般来说他们认字认到两三百个以后，就很难再知道更多的东西了"，其他家长也认为写汉字是最难的事情。在某种程度上这一现象表明在华二代的语言技能培养上，家庭为其听说能力的培养提供了较好的环境，但读写教育是相对滞后的。原因体现在家庭和学校的语言教育理念、方法、资源以及语言使用环境等多个方面，此外，目前在针对听说领先的华裔学生的语言文化教学中，还没有统一的、具体的、可行的标准对其语言技能和文化目标进行定义。

在具体的语言管理上，家长们的行为存在显著的个体差异和自发性。Y 先生在大儿子从中文学校退学后，决定用《三国演义》作为教材进行亲子辅导。他用大半年时间给孩子讲完了该书，要求他听完后能够复述。Y 先生认为，这样令孩子对中国文化有一定认识，并在今后有和中国人交流的谈资。T 女士则使用多种媒介为孩子创造学习环境，如闪卡、视频、动画等，内容涉及古诗词、儿歌、汉字，由于时间原因，她不得不利用各种碎片时间对孩子进行中文教育。总之，家长选择什么样的资源和方式进行家庭语言教育，取决于家长个人对中文和语言教育的认识以及能够获取什么样的资源，而这正是家庭语言管理的薄弱环节。

（四）家庭语言政策与家庭的需求层次相关

马斯洛需求层次理论认为，人的需要由生理的需要、安全的需要、归属与爱的需要、尊重的需要、自我实现的需要五个等级构成。生理的需要是最基本的，如衣、食、住、行、医疗等。安全的需要包括通过稳定的工作、收入以及制度方面的保障以获得诸如补助、养老、公平等方面的安全感。归属与爱的需要，是指一个人建立与他人的联系，并得到情感关怀的需要。其中归属感是指从心理情感上属于某一群体或团体，并从中获得理解、信任、关怀与帮助。尊重的需要，是指对自我尊重和获得来自他人的尊重的需要。自我实现的需要是指最充分地发挥自己的潜力与价值，完善自我。马斯洛认为，大多数情况下，低级需要满足之后，才出现高级需要。而后者虽然不是个体生存之必需，但能从心理上使人获得更加健康的状态。当然，两者并不绝对对立，也不截然分开，存在一定的重合之处。

分析发现，"归属感"一词在受访者谈话中多次出现，他们认为让子女学习中文主要是为了培养他们的族裔归属感，在其未来寻找身份认同时多一种选择；同时他们也表达了对适应当地社会文化的需求。对新移民家长而言，"归属感"的内涵是在当地社会适应的过程中同时保持由中华语言文化所承载的族裔身份认同，这种独特的中华民族精神内核将他们与其他族裔区分开来，并在其后代成长中逐步体现出重要作用。归属感在马斯洛的需要层次理论中属于社交的需要，即个体希望得到家庭、团体、朋友等的关心和接纳，属于较高层次的需要。

几乎所有受访者均表示自己十分珍视族裔语言文化，其中有家长认为在美国多年的生活经历反而使其更加意识到汉语言文化的独特价值和魅力。不少华人家庭的社交对象仍以华人为主。家长根据自身的成长和生活经历、社会地位和生活目标等对子女学习中华语言文化有一定的价值定位。这种价值定位可分为三个层面：生存价值、工具价值和情感价值，其中情感价值是最受重视的部分，也是家长自我认同的重要构成，以及家长寄予子女学习中文之意义所在。情感价值又分为三个层面：家庭情感、族裔情感和国家认同。在最基本的层面上，作为第一代移民，受访家长认为中文仍旧是表达情感最自然的语言，他们希望子女能够使用中文与父母和家人流畅地交流，进而达到沟通情感的目的。受访家长也普遍认为，学习中文及中华文化是培养子女的族裔归属感的主要方式，是后代在美国社会中建立自我认同的一个选择。

受访者在上述方面的期待均建立在基本需要——生理的需要和安全的需要得到满足的前提下。也就是说，他们希望子女在美国社会能够有较好的生存能力和发展前景，完成结构性融入，在各方面享有公民待遇。对大多数家庭来讲，对美国社会主流文化的社会适应在很大程度上出于生理和安全的需要，但同时通过参与主流社会活动、遵循当地社会文化习俗等也获得了一定的对当地社会的归属感。而对那些尚未确定是否会长期在美居留的家庭，保持族裔语言文化既是归属感需要，也是将来回国后子女通过较好的中文能力获得生理和安全需要的必要条件。

受访对象中，一部分家长在美国留学后就业定居，另一部分家长则是在国内就业多年后才到美国，其目的主要是让子女受更好的教育、有更好的个人发展等。与早期华人移民及新时期其他类型移民相比，本书的受访对象具有更为积极的融入性动机，可以说，他们构建双重归属感的目标，源自在美国社会获得接纳和融入的需要。因此，其双重归属感的构建目标内部存在一定的主从关系，并不具有同等地位。具体而言，即以当地社会适应目标为主、族裔语言文化认同目标为辅。当两者发生矛盾时，后者一般让位于前者。受访者都提到子女在上中学时经历过是否继续学习中文的选择，并无一例外地中止学习中文。有些受访者在中文学校工作，也表示大部分学生会在中学阶段特别是高中后不再学习中文。原因是上中学时要将更多的精力放在应对升学压力方面，而中文对此没有太大价值，并且与其他语言相比需要投入更多。

根据受访对象的反思性回顾，而对其归属感进行分析时发现，归属感处于动态变化之中。迁入时间较长的新移民的归属感有明显的阶段性特点，而迁入时间较短的新移民，其归属感的特征与前者的历时特征基本一致。在移民早期，当地社会适应是迫切诉求。社会适应是指个体与群体之间的互动协调以及他们对特定物理与社会环境的反应（梁波、王海英，2010）。在本书中，社会适应特指新移民在就业、生活、语言等客观方面以及认同、态度和价值观念等主观方面与美国社会环境的互动协调。分析表明，新移民家长的社会适应体现在四个方面：①子女教育；②生活；③工作；④态度。受访家长大多已在美国居留5~20年，并有长期居留打算，因此在社会生活各方面有较强的社会适应需求。他们英语水平较高，拥有较高学历，有正式体面的工作，对当地舒适的居住环境和生活状态较为满意。在子女教育方面尤为重视，时间和精力投入较多，比如送子女学习各种才艺，有条件的家庭选择让子女在私立学校就读，积极参与当地社会活动。但是另一方面，受访家长的社会适应表现出较为审慎的一面，他们具有较强的族裔认同，常常以"旁观者"的视角看待本族群与美国社会的关系，并做出选择。随着家庭经济等各方面地位的稳固，特别是子女成年独立后，受访者表现出对族裔语言文化认同的回归。

家长及其子女对学习中文的态度也并非始终不变，而是呈现出阶段性特征。在孩子的幼年阶段，家长对孩子的期望一般是：孩子既能融入美国社会，也能具备较高的汉语水平，与祖籍国保持良好的联系。在家里一般说汉语，看中文电视和书籍，与国内亲人保持联系，培养孩子对中国和中文的好感。汉语也是维系亲子情感的纽带。对于家长有意无意的灌输，孩子一般是欣然接受的。在小学之前，家长对子女学习中文抱有较高期望，投入精力较多，而这一阶段的儿童与家长的关系更为密切，在家庭环境中更容易接受语言管理，因此语言能力发展较快，效果较好。到了学龄时期，家长一般会选择送孩子上中文学校，在那里可以让孩子接受相对正规的读写训练，中文学校也是小型的族裔社区，是家长找寻族裔归属感的场所；同样地，家长也希望孩子在中文学校里体验族裔归属感。但是很多时候由于中文学校教学方法和教材来自中国，与当地严重脱节，课堂管理方式也与美国大相径庭，孩子们对中文学习反感，特别是枯燥的读写训练消磨了他们的兴趣和耐心。随着儿童的进一步社会化，受学习难度、其他学科和同龄人等因素影响，他们对于中文的学习兴趣呈现下降趋势，并试图放弃。这一阶段，家长与子女在此问题上往往开始产生矛盾甚至冲突。严苛的家长会要求孩子一直学到通过 AP 考试为止。很多家长则在孩子初中时妥协。家长们认为高中阶段是子女学业的关键时期，时间非常宝贵，而中文成绩在升学中没有任何优势，在各种因素的博弈之下，他们不得不主动或被动地同意子女中止中文学习。而家长也感觉到中文学校并不能完全满足孩子的学习需要，存在很大的不足，家庭教育反而是最重要的。当孩子成年后，家长对孩子的中文不抱有期望，但是他们内心对中文依然有情结。而对孩子来说，有的与中文越来越遥远，部分华二代对族裔语言文化的态度会发生改变，重新认识青少年时期未能坚持的中文和中国文化。

从受访对象的年龄来看，他们到达美国以及子女成长的时代有所不同，不同时期中国社会发展状况也不同，后者对汉语的语言声望产生较大影响。G 先生的子女就读时，学习中文仅仅是出于族裔文化传承的动机。在 Y、B 先生留学的 21 世纪第一个十年间，中国社会快速发展，汉语的经济价值提升，他们都看到了汉语在子女未来发展中的潜在价值。受访对象的子女成长于不同的时代，因此在学习中文的途径上有所差异。周末中文学校作为族裔语言文化学习的重要场所，仍然是大多数家长的选择。随着美国主流学校将中文纳入正式课程，不少学校设立了中文项目或者是沉浸式中文项目。这给华裔孩子提供了另一种选择。T 女士的孩子在主流学校读中文沉浸式课程，她说，"我觉得我们是想有主体意识地融入社会，而不是洗白了再进去。所以我觉得如果孩子从小养成这种意识，他以后的日子会过得更自在一点。""你只能知道自己到底是谁，然后才进入，你就不会游离了。" T 女士认为会中文是孩子的优势，有助于孩子在主流学校中取得学业优势。网络资讯的发达也为家长们获取资讯、资源以及开展家庭语言教育提供便利。L 女士谈到各种家长微信群，新移民家长们跟国内一样，在育儿、早教、兴趣班、考试等各方面讨论、分享信息和资源，几乎与国内同步。在 T 女士及其他较晚到达美国的受访家长身上，我们看到更多的对汉语和中国文化的自信。

新移民家长及华二代在族裔语言文化传承问题上表现出来的阶段性变化，与其移民时间和年龄密切相关，进一步证实了以往研究的结论（Berry，2006）。贝理等人指出，时间变量是考察移民青少年文化认同的一个关键性指标，"移民文化认同会在定居社会随时间变化，其变化方式受到族裔社区和整个社会以及两者之间关系特点的共同影响"。我们的研究结果证实了上述发展性变化，与前人研究成果相契合。

四、小结

访谈结果表明，新移民家长大多希望子女能够传承族裔语言文化，其动机首先来自情感需要，其次是工具性动机，但是在具体的语言技能目标上，新移民家长的认识较为模糊。我们运用涵化理论和马斯洛需求层次理论对美国华人新移民的家庭语言政策进行阐释，认为后者与新移民社会适应的基本需求密切相关。华人新移民在当地社会生活中采取不同程度的整合策略，以满足其生理和安全上的需要，在此基础上寻求更高层次的归属与爱的需要，即建立华人群体内部的联系，并对子女抱以同样的期望。反映在子女教育问题上，家长们需要经常性地在主流社会融入与族裔语言文化传承两者之间进行权衡，寻求平衡点和最优解，在此过程中，诸如华二代自我意识的发展、学习条件的变化等因素也使这一问题变得更为复杂。

第五节　结　论

问卷调查和访谈分析结果表明美国华人新移民具有族裔语言文化和美国社会的双重认同，在涵化策略上采取整合性策略，其中后者占主要地位。因此，在家庭语言政策上，家长虽然对子女传承族裔语言文化保持高期望，但更多从属于适应主流社会的需要。我们从需要层次理论和涵化理论对此进行解释，并剖析了不同类型的家庭语言政策：高期望型、整合型、宽松型。在对具体语言技能和文化目标进行分析时，我们也发现家长对此存在模糊认识，使得家长在语言实践和管理方面处于自发状态。新移民家长大多在家庭中为子女学习中文提供了较好的听说环境，并在中文教育方面有不同程度的投入，与此同时他们也期望子女能够建立起族裔和当地社会的双重认同。问题的关键在于新移民家长的高期望与实际选择及其效果并不一致。原因一方面来自家庭语言教育理念与方法、资源的缺失，另一方面可能是族裔语言文化的保持手段没有完全顺应其涵化目标。因此，我们的重点应当是如何为家庭语言实践与管理提供方法论和资源上的支持，使族裔语言文化的保持与新移民家庭向上流动的目标保持一致，并成为助力。

　　首先，新移民应当普遍认识到族裔语言文化保持对个体心理涵化的重要性，"双文化整合程度高的华裔移民有着水平最高的幸福感"（Chen，Benet-Martinez & Bond，2008），也正如前文所述"选择性同化"是促进移民向上流动的良策（周敏，2006）。如果家长们只是出于一种集体无意识要求子女传承族裔语言文化，那就很难将期望转化成实际有效的语言实践。其次，应当针对华二代族裔语言文化传承提供理论和方法以及资源上的支持。如何为听说领先的华裔提供读写支持，如何开展中国文化教学，如何定义和评估华裔的华语水平，如何开发适合华裔语言水平和与认知能力匹配的学习资源等，都是亟待解决的问题。再次，族裔文化相较于语言更易与当地社会文化整合，特别是观念文化、行为文化等在新移民群体涵化过程中更易得到改造和保留。结合华二代涵化过程中的发展性变化及认同的形成性过程，儿童早期教育中，族裔文化应当被提升到与族裔语言同等重要的地步，并体现在家庭语言政策和学校语言教育中，此后逐渐加大语言教育的比重。

第四章

英国华二代祖语保持研究

第一节　引　言

华裔英国人也被称为英籍华人或英国华人，在英国出生的华裔英国人被称为BBC（British Born Chinese）。根据英国政府统计，大部分华裔英国人或其祖辈都是从以前的英国殖民地（包括马来西亚、新加坡、澳大利亚、新西兰等）和受英国殖民统治的香港移民到英国的。"二战"前英国华人移民数量较少，属边缘化人群，经济地位非常低，在语言、社会文化方面完全认同中国。"二战"后至20世纪70年代，大批华人移居英国，主要来源于香港等地。这一时期，英国华人总数近10万。华文学校亦随之增加。由于此时华人移民多来自香港等说粤语的地区，华校以教授粤语和繁体字为主。20世纪80年代以后，来自中国各地的留学生和投资移民等形成了华人移民英国的又一波高潮。据英国国家统计局2012年12月发布的数据，英国华人的总人口在41万到43万之间，占英国总人口的0.7%，其中近40%在英华人生于中国。至2020年，英国华人总数已达70万人。数十年中，英国华人移民在来源地、职业发展、经济能力、社会参与等各方面发生了结构性变化，社会融入能力较早期更高。随着中国经济发展和大批以汉语普通话为背景的华人进入英国，绝大多数华校逐渐转为教授普通话和简体字。

英国的华人家长大部分是不愿意让孩子放弃祖语的，但孩子们基本上还是喜欢讲英语，英语能力比祖语更强，这是一个令人担忧的现象。但从整个华人群体上来看，语言代际转用的趋势比较显著。Li（1994）以英格兰北部华人家庭为研究对象，探讨了三代人语言使用与年龄、性别、居住时间、职业和社会网络之间的关系，指出通常不具备英语能力的祖辈其社会网络都是华人，父辈具备有限的英语能力，其社会网络既有华人也有非华人，而第三代则主要同非华人的同龄人建立社交关系，且英语能力超过其父辈和祖辈。李嵬的研究从侧面反映了英国华人家庭代际语言转用的情况以及多语环境下母语保持的问题。

赵守辉、刘永兵（2008）和郭熙（2017）的研究以及其他的实证性研究发现，"由于家长们在选择家庭用语中明显的舍华语亲英语的取向，致使华语代际传承已经成了问题"。庄国土（1999）也认为，相对于欧美文化，华文文化不具强势，因此，尽管华人文化有自由发展的空间，但第二、三代华人多皈依当地文化。同时，他也指出，从外部生存环境来讲，在发达国家，华人文化较易保持。大量新移民涌入极大增强了当地华人社会的华人意识，延缓了华人群体同化于当地的过程。

生长在国外的华二代往往处在两种文化的撞击点上，一方面接受着西方学校的教育，一方面又在家中接受中国文化及生活习惯的熏陶感染，身处两个世界碰撞交融的叠加地带。在家里，有文化和年代的隔膜；在社会中，有文化和种族的隔膜。据英国媒体报道，英国华二代大多不谙中文，对中华传统文化也知之甚少，尽管自小在纯英式文化的环境中长大，举止谈吐与英国人无异，但仍有很多华二代在非华裔圈子内被"另眼相看"，甚至遭受歧视。华二代面临的困扰，从侧面反映出移民在国外生活完全剥离其祖籍国的文化是不可能的，肤色总是会被当作最直接的文化标签。因此，华二代要在当地社会生活中找准生存坐标，认同的培养既是主观情感上的需要，也是客观现实的需要。

黄杭杭（2008）研究了英国华裔中学生的中华文化性身份认同的形成与保持过程，研究表明华二代对其族裔身份及文化保持积极的认同。此外，现有研究也证实了双语双文化对华裔学生学业成就的促进作用。许可（2009）分析了华裔中学生在学习华文过程中受到的多种积极影响及其对学业的作用，并指出周末中文学校和华文教育的正面影响。廖承晔（2020）以1.5代英国移民为对象进行个案分析，指出良好的母语能力有助于华裔儿童构建语言文化身份，并为其学业和职业发展打造优势。

对比华裔第一代移民，华二代在融入当地社会中有着语言和文化的优势，却缺少如父母那般对中西两种文化的吸收与融合（孙少锋、王瑜，2015）。在适应当地社会的同时保持祖语，从宏观上来看，具有促进不同族群融合、促进自身族裔语言文化传承的意义；从个人层面来讲，也具有华裔身份认同和建构的价值。

张晓兰（Curdt-Christiansen，2020）关注了多语环境中儿童在家庭和学校教育实践中的差异。文章指出教师虽然没有公开讨论过儿童的母语问题，但是会暗示在家说母语是导致儿童学业问题的原因，这种偏见可能导致教师与儿童家长之间的跨文化沟通问题。因此作者提出应当想办法改变这一偏见，而父母也应该反思家庭文化习俗和教育与学校教育目标的统一性；此外，两者之间如何加强沟通也是需要考虑的问题。盛静（2012）特别指出了父母在华裔儿童汉语保持和双语发展中的一些困惑，认为在如何支持儿童学习母语、发掘汉语潜在价值以及平衡双语能力发展等方面缺乏具体的指导。学者们也对家长如何帮助儿童提高母语水平提出了诸多建议，如营造良好的家庭情感氛围，提高父母的英语水平并加强与社区、学校之间的沟通等（He，2016；盛静，2012）。Becky Francis 等（2009）对 60 位祖籍地为中国香港的华裔儿童的学习动机进行了调查，发现其学习动机可分为工具性动机和认同需要。前者表现为需要与不会英语的家人交流、与香港亲友交往、多一门技能等；后者表现为汉语对华人身份象征的意义。而调查也发现，一些儿童的汉语学习动机不强，主要原因是中文与其生活、学习及未来没有密切关联。

近年来汉语热和中国社会的发展更助推了英国汉语教学地位的提升和语言教育政策的改善。George X. Zhang 和 Linda M. Li（2010）介绍了英国有关汉语的语言教育政策，以及从小学到高等教育领域的中文课程开设情况。随着汉语国际地位的大幅提升，英国外语政策的整体转变，近年来英国的汉语教育得到了较大发展。2017年英国孔子学院和孔子课堂的数量居于欧洲第一，是 61 个把汉语纳入国民教育体系的国家中的一员，学习汉语的人数逐年攀升，选择汉语作为中高考科目的考生也大幅度增加。尽管汉语在英国的整体环境在逐步改善，华裔儿童学习祖语仍然面临多个层面的压力。George X. Zhang 和 Linda M. Li（2010）指出了英国汉语教学在教学大纲、测试、教学资源、教师等方面的不足。此外，长期以来英国社会对华人的歧视时有升级，给华人特别是华二代的祖语及文化传承带来不稳定影响。

为了了解和探讨上述问题，笔者从中国新移民家长、华二代、校长及教师三方面进行研究，以期对华二代语言态度、语言水平和语言使用上的现状有所了解。这里的华二代泛指未成年时随家长移民英国的华人子女，也包括出生在英国、父母是第一代移民的孩子。本研究以华裔二代祖语（包括汉语普通话及方言）学习者为对象，力图回答以下问题：

（1）英国华二代的祖语使用状态如何？

（2）祖语听说读写水平的保持情况如何？

（3）听说读写四项技能是否均衡发展？

（4）华二代之间语言使用情况如何？

（5）代际语言保持情况有何不同？

（6）祖语使用的场合有哪些？

（7）中文学校的现状怎样？中文学校如何更好地为祖语传承发挥作用？

第二节　研究设计

一、问卷调查

问卷调查[①]采用电子版和纸质版两种形式。家长问卷主要使用电子问卷，学生问卷主要使用纸质问卷。学生问卷包括中文版和英文版两个版本。第一部分从个人、家庭和社区三个方面调查学生的祖语语言环境。第二部分是了解家庭为使孩子学习好祖语——汉语所采用的措施和方法以及学生的汉语水平自测。汉语水平自测题目按照"听、说、读、写"四项语言技能的顺序排列，每项技能包含六个语言任务，难度由易到难，采用李克特五度量表。"能够很轻松地完成"为5分，"完全不能完成"为1分。第三部分在三个维度上调查了学生的语言态度，分别为认知维度、情感维度和意向维度，其中情感维度是围绕语言、文化、族群这三个方面的认同展开调查，问卷采用李克特五度量表，"完全同意"为5分，"完全不同意"为1分。

家长问卷为中文版，由四部分组成：第一部分为人口统计学信息；第二部分了解家庭语言使用情况；第三部分调查家长的语言规划；第四部分在三个维度上调查了家长的语言态度，分别为认知维度、情感维度和意向维度。

为了检验问卷的质量，对问卷的量表部分进行了可信度检验。学生问卷和家

---

① 本次研究得到了英国明翰现代中文学校、Telford 中华艺术文化中心、杜伦中文学校、达理中文学校（Darley Mandarin School）、伯明翰中英文化艺术学校、文麟中华文化学校、剑桥 CFT 中文学校、德福中文学校和伦敦阳光艺术学校共九所学校的支持，在此谨致谢忱。

长问卷的 Cronbach's Alpha 系数分别为 0.946 和 0.858，表明问卷具有较高的可信度。

二、半结构式访谈

本研究通过英国华校管理者、教师访谈了解学生人数、英国华二代构成和华文教学现状等情况；通过家长访谈重点了解家庭语言规划、家庭语言实践和家庭语言意识形态等情况；通过学生访谈重点了解华二代的语言认同、文化认同、族群认同和学习祖语的动机等情况。

第三节 问卷调查结果分析

一、人口统计学信息

笔者从 2019 年 4 月开始问卷调查，至 8 月底收集到学生问卷 79 份，家长问卷 102 份。

（一）学生问卷人口统计学信息

数据显示，样本的性别比例上男生略少于女生，男生 41.77%，女生 58.23%。

表 4-1　学生卷人口统计学信息（n=79）

		人数	比例
性别	男	33	41.77%
	女	46	58.23%
年龄	11~13 岁	36	45.57%
	14~16 岁	38	48.10%
	17~20 岁	5	6.33%

（续上表）

		人数	比例
上小学前居住时间最长的地方	中国	11	13.92%
	英国	67	84.81%
	其他	1	1.27%

从表 4 - 1 我们可以看到，84.81% 的学生在上小学前居住时间最长的地方是英国，这表明绝大部分学生在语言习得关键期是处于以英语为主要社会语言的环境中。

（二）关于学生使用最为流利的语言

调查显示，79.75% 的学生（63 名）认为英语是他们最流利的语言，只有 8.86% 的学生（7 名）认为汉语是他们最流利的语言，其余 11.39% 的学生（9 名）认为他们的英语和汉语都很流利。

（三）家长问卷人口统计学信息

参与问卷调查的家长绝大部分是女性，男性只有 7.8%。这在某种程度上表明在家庭中，母亲是负责孩子教育的主要力量。

表 4 - 2　家长卷人口统计学信息（$N = 102$）

		人数	比例
年龄	30 ~ 39 岁	30	29%
	40 ~ 49 岁	62	61%
	50 ~ 59 岁	8	8%
	60 岁及以上	2	2%
移居英国的时长	1 ~ 5 年	12	12%
	6 ~ 10 年	16	16%
	11 ~ 15 年	29	28%
	16 ~ 20 年	41	40%
	21 ~ 25 年	3	3%
	26 年及以上	1	1%

参与问卷调查的家长年龄在 33 ~ 64 岁，其中年龄在 40 ~ 49 岁的占 61%。移居英国时长最长的为 26 年，68% 家长的移居时长集中在 11 ~ 20 年。

　　家长们的来源地遍布中国 23 个省及 4 个直辖市，其中来自辽宁和福建的人数明显多于其他地区，分别占 10% 和 14% 。

　　从学历上看，大部分参与问卷调查的家长受教育程度较高，具有本科和硕士研究生学历以上的占 85.29% ，中学及以下学历的家长仅占 14.71% 。由此可以看出，新移民的组成与以往有很大的不同，大多数移民家庭有良好的教育背景。从国籍上看，69% 的家长现为中国国籍。

二、调查问卷的分析

　　下面将从语言使用与语言水平、学习途径、语言态度三个方面进行分析。

（一）汉语水平评价

1. 汉语分项技能评价

　　华二代的分项技能自测的均值从高到低依次是：听力（4.219）＞口语（4.050）＞写作（3.189）＞阅读（3.025）（见表 4 - 3）。从结果看，英国华二代的听力和口语水平较高，这说明有较强的交流能力。从总体上来看，华二代的写作和阅读能力较弱，听说能力强于读写能力。英国华二代的祖语水平均值为 3.621，属于中等偏上。

表 4 - 3 华二代的祖语能力自评

	N	极小值	极大值	均值	标准差
听力	79	1.00	5.00	4.219	0.717
口语	79	1.00	5.00	4.050	0.787
阅读	79	1.00	5.00	3.025	0.948
写作	79	1.00	5.00	3.189	0.894
汉语自测总评	79	1.00	5.00	3.621	0.692
有效的 N（列表状态）	79				

　　表 4 - 4 显示了家长对孩子的听力、口语、阅读、写作和汉字能力的评价，华二代的分项技能的均分从高到低依次是：听力（2.065）＞口语（1.918）＞汉字（1.473）＞阅读（1.382）＞写作（1.219）。家长问卷中考察了对子女识字量的评价。因为年龄小的孩子还达不到能写作的水平，只能在识字量上进行评价。结果显示，家长对孩子的评价符合一般认知上的排序，即在能力上，听优于说，随后读优于写。

表4-4　家长对孩子听力、口语、阅读、写作和汉字能力的评价

	N	极小值	极大值	均值	标准差
听力	102	1.00	5.00	2.065	1.022
口语	102	1.00	5.00	1.918	0.966
阅读	102	1.00	5.00	1.382	0.834
写作	102	1.00	5.00	1.219	0.749
汉字	102	1.00	5.00	1.473	0.793
有效的 N（列表状态）	102				

为了考察华二代祖语的听说读写四项技能的相关性，我们做了双变量相关分析。由 SPSS 软件得到的听说读写四项技能的相关性散点图和每两项之间的 Pearson 相关系数结果，如表4-5所示。

表4-5　学生问卷听说读写的相关系数

	听力	口语	阅读	写作
听力		0.836**	0.645**	0.379**
口语			0.690**	0.428**
阅读				0.527**

注：**表示10%水平（双侧）上显著相关。

可以看到华二代的听说能力之间存在高度正相关关系，听说与读写之间也存在显著正相关关系。

2. 汉语水平波动节点

数据表明，55.88%的家长认为孩子的汉语（含方言）水平下降最快的时候是上小学后。这也证实了问卷将上小学前后作为调查关键节点的正确性。在上小学之前，华二代基本上是每天和家人在一起的，在这个祖语传承非常关键的阶段，孩子听说上的交流已经没有问题了。但一旦进入小学，进入主流学校的教育体制里面，孩子就逐渐接受了英语。另外通过比较，孩子会发现英语学习还是相对容易一些。如果父母这个时候还要求孩子继续学汉字的话，容易使孩子对祖语学习产生抵触、畏难情绪，在祖语的学习上出现问题。

3. 家庭语言使用状况

（1）家庭中代际的语言使用情况。

下面对华二代和父亲、母亲、祖父及祖母交谈时的语言使用情况进行分析。

表4-6 华二代上小学前与家人语言使用情况（N=79）

学生卷：上小学前	祖父	祖母	父亲	母亲	兄弟姐妹
只用汉语（包括方言）	81.01%	78.48%	35.44%	35.44%	12.66%
主要用汉语（包括方言）	10.13%	12.66%	31.65%	40.51%	22.78%
主要用英文	1.27%	2.53%	18.99%	17.72%	34.18%
只用英文	7.59%	6.33%	13.92%	6.33%	30.38%

表4-7 华二代上小学后与家人语言使用情况（N=79）

学生卷：现在	祖父	祖母	父亲	母亲	兄弟姐妹
只用汉语（包括方言）	78.48%	79.75%	27.85%	24.05%	1.27%
主要用汉语（包括方言）	11.39%	12.66%	39.24%	49.37%	15.19%
主要用英文	1.27%	1.27%	18.99%	22.78%	54.43%
只用英文	8.86%	6.33%	13.92%	3.80%	29.11%

表4-6、表4-7说明，在上小学前后，华二代与祖父母在语言的使用上无显著变化。与父母交谈使用的语言有从"只用汉语（包括方言）"向"主要用汉语（包括方言）"转变的趋势。在上小学前后，华二代与祖辈的语言使用没有显著差异，将近90%的孩子与祖辈只使用汉语或主要使用汉语。由此可以看出，祖辈在祖语保持的过程中起着重要的作用。华二代与父母的语言使用在上小学前后在"只用汉语"方面下降非常显著。这说明华二代在接受英国主流教育后发生了明显的语言转用。

从配对样本 t 检验结果（见表4-8），可以看到，华二代小学前后与父亲的语言使用情况高度相关（相关系数0.889）。同样，小学前后与母亲的语言使用情况也高度相关（相关系数0.797）。这表明，家长提供的家庭祖语环境在语言传承中起着重要的作用，与父母的交流促进了华二代祖语的学习。小学前后华二代与父亲使用的语言没有显著差异（$t=-0.942$，$df=75$，$p>0.05$），不过，华二代小学前后与母亲使用的语言有显著差异，从主要使用祖语向主要使用英语转变（$t=-2.085$，$df=76$，$p<0.05$）。这是由于父亲与孩子共同度过的亲子时间远不如母亲多，因此，在上小学前后，华二代与父亲的语言使用情况并无大的变化。然而，随着华二代开

始接受英国主流学校的教育，使用英语明显增多，与母亲的交流慢慢地从以祖语为主转向以英语为主。

表4-8　华二代小学前后与父母的语言使用配对样本检验表（$N = 79$）

		均值	相关系数	t	df	显著性
与父亲	小学前	2.14	0.889	-0.942	75	0.349
	小学后	2.20				
与母亲	小学前	1.94	0.797	-2.085	76	0.040
	小学后	2.06				

（2）同辈之间的语言使用情况。

在上小学前，34.85%的孩子与兄弟姐妹交流时只用祖语或者主要用祖语。在上小学后，16.92%的孩子与兄弟姐妹交流时只用祖语或者主要用祖语（见表4-9）。由此可见，在上小学这个关键节点，华二代与兄弟姐妹的语言使用有明显的变化，语言发生了大幅度的转用，使用祖语的比例明显下降，而使用英语的比例有了较大的提升，华二代更多地使用英语了。家长们也指出，第一个孩子中72.16%的日常语言是英语，第二个孩子中76.06%日常使用英语，第三个孩子中68.75%日常使用英语，总体上华二代使用祖语的百分比为26.74%。由此，我们可以看到，家庭中第一个孩子的祖语保持比第二个孩子要好，其中一个原因是老大在老二出生前，在家庭中与父母的交流或多或少有祖语的家庭语言环境的支持，而第二个孩子在与第一个孩子的交流中更多地使用英语，使得祖语的使用受到了影响。

表4-9　华二代与兄弟姐妹的语言使用情况（$N = 79$）

和兄弟姐妹交谈的语言使用情况（学生卷）	比例			
	小学前		现在	
只用中文（包括方言）	12.66%	35.44%	1.27%	16.46%
主要用中文（包括方言）	22.78%		15.19%	
主要用英文	34.18%	64.56%	54.43%	83.54%
只用英文	30.38%		29.11%	

家长问卷中华二代小学前与现在跟兄弟姐妹交流时使用语言的配对样本 t 检验

结果显示（见表4－10），小学前和现在，华二代与兄弟姐妹交流使用的语言模式有显著性差异（$t = -5.285$，$df = 70$，$p < 0.05$），华二代现在与兄弟姐妹使用的语言从主要用英语兼用祖语向只用英语转变，使用英语的比例显著高于使用祖语的比例。小学前和现在与兄弟姐妹交流使用的语言之间的相关系数高度相关。

表4－10　孩子小学前后与兄弟姐妹的语言使用情况（家长卷）成对样本相关系数

						N	相关系数	Sig.
您的孩子上小学前，与兄弟姐妹交谈时使用的语言情况 & 现在您的孩子与兄弟姐妹交谈时使用的语言情况						71	0.741	0.000

成对样本检验								
	均值	标准差	均值的标准误	差分的95%置信区间		t	df	Sig.（双侧）
				下限	上限			
您的孩子上小学前，与兄弟姐妹交谈时使用的语言情况 & 现在您的孩子与兄弟姐妹交谈时使用的语言情况	0.507	0.808	0.096	0.316	0.698	-5.285	70	0.000

配对样本检验显示（见表4－11），小学前后华二代与会说祖语的朋友使用的语言没有显著差异（$t = -1.332$，$df = 74$，$p > 0.05$），相关系数为0.370，这表明在英国影响祖语保持的主要因素是家庭。由于华二代并没有太多的机会与会祖语的同龄人接触，因此，与这些朋友的交流没有对祖语的保持产生影响。这一点与之前讨论的华二代的祖语水平与社区华人的人数没有关系的观点相吻合。华人家庭之间的联系较少，所以华二代与同龄人之间交流所使用的语言没有明显的改变。

表4－11　小学前后代际语言使用情况（学生卷）

成对样本相关系数			
	N	相关系数	Sig.
上小学前与会汉语的朋友交谈所使用的语言 & 目前与会汉语的朋友交谈所使用的语言	75	0.370	0.001

（续上表）

成对样本检验								
	均值	标准差	均值的标准误	差分的95%置信区间		t	df	Sig.（双侧）
				下限	上限			
上小学前与会汉语的朋友交谈所使用的语言 & 目前与会汉语的朋友交谈所使用的语言	-0.160	1.040	0.120	-0.399	0.079	-1.332	74	0.187

（二）为祖语保持采取的方法与措施

1. 亲子活动

从陪孩子进行与汉语相关的亲子活动的频率上来看（见表4－12），有39.21%的家长很少或从不陪孩子进行与汉语相关的亲子活动。较低的祖语互动频率可能源于两个方面：①家长忙于工作；②对祖语传承不够重视。提高互动频率将是大幅度地提高祖语保持成功率的重要途径，因为在进行与汉语相关的亲子活动的时候，家长营造了宝贵的祖语环境。在此，我们再一次看到家长语言态度所起到的重大作用，如果家长足够重视，能够做到在百忙中抽出时间进行汉语亲子活动，潜移默化地影响孩子，那么孩子的祖语传承将取得很大的成功。

表4－12　陪孩子进行与汉语相关的亲子活动的频率（$N=102$）

频率	几乎每天	一周两/三次	很少	从不
比例	33.33%	27.45%	35.29%	3.92%

每次亲子活动的时长也有所不同。有32.65%的家庭每次亲子活动的时长在一个小时以上，22.45%的家庭每次亲子活动时长在半小时到一小时之间，44.90%的家庭活动时长在半小时以内。

表4-13　汉语亲子活动频率和时长

频率	每天有亲子活动			一周两/三次			很少		
时长	一小时以上	半小时到一小时	半小时以内	一小时以上	半小时到一小时	半小时以内	一小时以上	半小时到一小时	半小时以内
比例	61.76%	11.76%	26.47%	32.14%	25%	42.86%	30.56%	5.56%	63.89%

据表4-12和表4-13，几乎每天有祖语亲子活动的家庭（33.33%），活动时长大部分在一小时以上。亲子活动在一周两/三次的家庭（27.45%），每次活动时长大部分在半小时以内。很少进行亲子活动的家庭（35.29%）每次的活动时间也是大部分在半小时以内。67%的家庭汉语亲子活动时间过少。这表明，英国的华人家庭大部分缺乏对祖语亲子活动的重视，无形中极大地破坏了家庭的祖语环境，如果家长确实希望提高华二代的祖语水平，那就一定要行动起来，在孩子幼年的语言敏感期尽量创造更多使用祖语的机会，对语言的规划做出及时的调整，要把握机会，改变自身的态度和策略，在大的语言环境为英语的情况下为孩子争取更多的祖语语言实践的机会。

2. 学习途径的有效性

英国的华裔家长为了祖语的传承采取了多种方法与措施。学生和家长对其家庭所采用的祖语学习措施进行了反馈，结果表明，学生与家长的选择高度一致，选择比例排在前三的选项是："上中文学校/补习班""在家坚持说汉语"和"与说中文的亲友保持经常联系"，其中，选择"上中文学校/补习班"和"在家坚持说汉语"的比例远远高于其他选项。

表4-14　家庭所采用的祖语学习措施

学习途径	学生卷（N=79）	家长卷（N=102）
上中文学校/补习班	84.81%	87.25%
在家坚持说汉语	78.48%	87.25%
准备很多中文书籍等	30.38%	42.16%
看中文电视电影、听中文歌曲	56.96%	57.84%
到说中文的国家、地区留学	16.46%	23.53%
请家庭教师	5.06%	1.96%

（续上表）

学习途径	学生卷（$N=79$）	家长卷（$N=102$）
亲子辅导	41.77%	50.00%
经常参加需要用中文的场合	37.96%	30.39%
与说中文的亲友保持经常联系	65.82%	58.82%

　　我们要求受访者选出最有效的三种学习措施，结果发现，学生认为最有效的分别是："在家坚持说汉语"（72.15%）、"上中文学校/补习班"（63.29%）以及"看中文电视电影、听中文歌曲"（45.57%）。家长认为最有效的三种学习措施与学生看法一致，其中有89.22%的家长认为"在家坚持说汉语"最有效，55.88%的家长认为"上中文学校/补习班"最有效，46.08%的家长认为"看中文电视电影、听中文歌曲"最有效。对上述学习措施的有效性，学生和家长的调查结果出现差异。

　　将选择"B. 在家坚持说汉语""A. 上中文学校/补习班""D. 看中文电影电视、听中文歌曲"和"I. 与说中文的亲友保持经常联系"的选择率和有效率进行比较：

表4-15　学习方法的选择率和有效率（学生＝79，家长＝102）

	学生		家长	
	选择率	有效率	选择率	有效率
B. 在家坚持说汉语	78.48%	72.15%	87.25%	89.22%
A. 上中文学校/补习班	84.81%	63.29%	87.25%	55.88%
D. 看中文电影电视、听中文歌曲	56.96%	45.57%	57.84%	46.08%
I. 与说中文的亲友保持经常联系	65.82%	36.71%	58.82%	28.43%

　　经过比较，可以看到，"在家坚持说汉语"的选择率和有效率都很高，这说明家庭的语言环境在祖语的传播中起着重要的作用，与前人的研究结果一致。"上中文学校/补习班"这一项的选择率极高，达到了85%左右，但有效率只有60%左右，表明中文学校作为祖语保持的重要场所，其教学效果可能并不令人满意。

　　根据调查结果，67%左右的英国华人与亲友经常保持联系，"几乎没有联系"的只有不到1%。在此过程中，子女与亲友交流时"只用汉语"的比例为22.68%，只用英语的占10.31%，其余汉语和英语兼用，可见与亲友联系时汉语是高频语言，不过家长和学生认为的有效性分别只有 36.71% 和 28.43%。在访谈中得知，与国内的亲友联系时，对方主要是华二代的（外）祖父母，由于时差和各自工作、学习时间上的冲突，经济上的考虑，大多数家庭不能频繁回国。总体来说，英国华人平时与国内亲友联系的对象和时间均受到较大限制，这就是虽然家长们都认可"与说中文的亲友保持经常联系"这一方法，但其有效性却不高的原因之一。

（三）语言态度

语言具有交际功能，同时也具有情感交流功能，体现了认同感。本次调查研究设计的语言态度量表的题目包括三个维度，即认知维度、情感维度和意向维度，其中，情感维度分别调查了语言认同、文化认同和族群认同。家长卷与学生卷的问题大体相同。

1. 华二代语言态度分析

（1）认知维度。

认知维度量表共有 12 道题，分别调查对汉语和英语的认知。数据显示，认知维度的总体平均值为 3.624 5，总体倾向于"认同"。

表 4 - 16　认知维度（学生卷）

	N	极小值	极大值	均值	标准差
认知维度	79	1.00	5.00	3.624 5	0.516 96

其中，"我觉得会汉语对我将来的发展有好处"这个选项的均值在认知维度中最高，达到了 4.28，"我觉得父母让我学汉语是正确的"均值为 3.94，"对升学有优势"均值为 3.91，说明华二代普遍认可掌握祖语带来的益处。"在学习汉语的过程中，我常常受到父母的鼓励"这一选项的均值为 4.15，"我学习汉语是受到了父母的影响"的均值为 4.11，从侧面印证了家庭祖语环境和语言规划对华二代祖语传承的积极作用。"将来找工作"这一选项的均值为 3.33，表明经济原因不是华二代学习祖语的主要动机。"我学习汉语是因为对我来说最容易"的均值在不同意和中立之间，接近不同意，说明华二代认为祖语学习有一定难度，但即使在学习祖语的过程中遇到困难，华二代也没有减少学习热情。"我学汉语是因为没有更好的选择"的均值为 3.42，表明华二代在祖语的学习上存在一定的被动性，这就需要家长和英国的中文学校共同努力，改进华二代的学习方法，改良教学，提高学习效果，提高华二代学习祖语的积极性。

（2）情感维度。

家长问卷显示，49.02%的孩子喜欢学汉语，64.71%的孩子对中国文化很感兴趣。

我们通过20道题测量情感维度，其中语言认同有6道题，文化认同有6道题，族群认同有8道题。数据显示，学生卷在情感维度上倾向于"认同"，表明华二代对祖语有着积极的情感。

表4-17 情感维度（学生卷）

	N	极小值	极大值	均值	标准差
情感维度	79	1.00	5.00	3.521 4	0.634 11

但是，在语言认同方面，"当别人跟我说汉语时，我感觉很尴尬"的均值为3.67，表明祖语的保持存在困难，华二代缺乏足够的自信用祖语交谈。"我觉得学汉语给我造成很大压力"的均值为2.94。觉得没有太大压力的学生比例为31.70%，觉得有压力的比例为25.45%，这个结果与认知维度的均值结果吻合，即虽然华二代认为祖语的学习有难度，但这并没有给他们带来太大的压力。一方面，很可能是家长和中文学校对祖语的成绩要求不高，从访谈中我们也得到这样的结果，即大部分家长对孩子的汉语成绩要求不高。另一方面，也有可能学生们对祖语的学习缺乏足够的重视。

如表4-18所示，在情感维度上的文化认同方面，总体均值倾向于"认同"。"我喜欢过中国传统节日"的均值为4.09；"我觉得中国文化对我很有吸引力"的均值为3.62，这表明华二代对祖国的文化有着强烈的积极感情。"我学汉语是因为对中国文化感兴趣"的均值为3.19，说明文化并不是吸引华二代学习祖语的重要因素。值得注意的是，"我花了很多时间了解中国文化，如历史地理、风俗习惯"的均值只有2.95，在文化认同中是得分最低的一项，这说明，英国华二代的祖语学习还停留在基础的语言学习，应该加强对历史地理的介绍，使华二代对祖国有更深层次的了解。"在我生活的社区，还保留着很多中华文化习俗"的均值只有3.19，而"我家还保留着很多中华文化习俗，比如春节等"的均值为3.86，这说明，英国的华人家庭大部分重视中华文化习俗的传承，但社区的影响力不足，也许是因为华人居住得较为分散，社区活动和华人之间的联系不够多。

表4-18　文化认同（学生卷）

	N	极小值	极大值	均值	标准差
文化认同	79	1.00	5.00	3.483 1	0.699 31

在情感维度上的族群认同方面，均值倾向于"认同"。"我想去父母或祖辈出生的地方看一看"的均值为4.22。说明华二代对祖籍国向往，愿意了解父辈在中国的生活经历。"当中国人在国际上获奖时我感到很自豪""我愿意向别人介绍中国"和"我学习汉语是因为我是华人"这三个选项的均值都在3.9以上，说明华二代认为说祖语与华人身份紧密联系，他们对于自己的华人身份有着积极的认同，这点在访谈中也得到了证实。

表4-19　族群认同（学生卷）

	N	极小值	极大值	均值	标准差
族群认同	79	1.00	5.00	3.781 6	0.680 68

在情感维度的三种认同上，族群认同均值最高（3.781 6），语言认同均值最低（3.299 6），这说明，英国华二代祖语传承有着良好的基础，关键在于如何让他们提高使用祖语的自信心，让他们喜欢祖语的学习。家长需要营造良好的家庭学习氛围，中文学校也需要改进教学方式，提高教学效果，吸引华二代学习祖语。

（3）意向维度。

在语言态度的意向维度上（见表4-20），均值倾向于"认同"，华二代很愿意将祖语作为沟通的语言。"在家里，我愿意和家人、亲戚说汉语"的均值最高，为4.14，说明他们很愿意在家庭范围内使用祖语沟通交流。"在家庭之外的公共场合，我愿意说汉语"的均值为3.52。"在学校，我愿意和会说汉语的朋友或同学说汉语"的均值为3.47，这说明华二代在祖语的使用上有环境的限制。

表4-20　意向维度（学生卷）

	N	极小值	极大值	均值	标准差
意向维度	79	1.00	5.00	3.708 9	0.921 98

2. 家长语言态度分析

调查表明，新移民家长有非常强烈的族群认同。其中，94.12%的家长非常认同自己的华人身份，92.15%的家长觉得祖语是最亲切的语言，97.06%的家长认为华人有必要传承自己的语言和文化。

在实践中，新移民家长表现出对祖语及文化的亲近。其中81.38%的家长表示他们非常积极地参加当地的华人活动；89.21%的家庭保留了很多中国文化习俗，比如春节、中秋节等。

家长们也希望实现祖语及文化的代际传承。其中89.22%的家长认为华人学习祖语有很大的优势，95.1%的家长希望子女能够认同中国语言文化；95.1%的家长表示会尽力让孩子学好祖语，并尽力让孩子了解中国文化，也希望自己的子女能够保持与中国的联系。

在学习动机上，93.14%的家长认为让孩子学汉语是因为他们是华裔；75.49%的家长是因为汉语的潜在价值使他们坚持让孩子学汉语。可见家长们让子女学习汉语兼具融入性动机和工具性动机。

但是在语言教育实践中，我们可以看到华人家长语言情感与语言实践的矛盾。家长与子女在是否要学汉语的问题上，存在较大差异：37.25%的家长表示存在不同意见，31.38%的家长认为他们与孩子的意见一致。当家长的意见与孩子不一致时，大部分家长会按照自己的判断干预语言学习，他们认为不能任由孩子做主，要遵从家长的决定。

同时，86.28%的家长希望子女认同英国的语言和文化；39.21%的家长觉得在英国要让孩子传承汉语言文化是非常困难的事。10.78%的家长希望孩子以后能回中国生活。大多数家长希望拥有双国籍，表明英国华人对此有较为强烈的诉求，仍然视自己为中国人，显示了对华人身份的高度认同。

大部分家长非常积极地参加当地非华人群体的活动。移居英国以后，大部分的家长希望在语言文化上完全融入当地社会。有些家长认为如果子女是英国公民，不一定要学汉语。一部分家长承认在是否要学汉语的问题上与孩子有不同的意见，有的家长觉得学不学汉语应当尊重孩子的个人选择。由此，我们可以看出，在感情上，家长高度认同华人有必要传承自己的语言和文化，认为即使是英国公民，也不能忘记自己的祖语，显示了强烈的族群认同。然而，现实生活中有一半的华人家庭完全按照当地社会习俗来生活。家长对英国的文化认可度较高。英国华人对两国文化都认同，愿意融入当地的生活。因此，虽然家长认为在祖语的学习这件事上不能任由孩子做主，但他们认可英国文化的态度也在一定程度上减少了孩子对祖语文化的学习积极性，为祖语的保持带来了一定的压力，对如何在英语环境中使孩子保持祖语提出了问题与挑战。家长应该发挥家庭语言管理的决策作用，但是他们的态度不甚坚决。我们看到，还有相当比例的家长采取了让孩子自己决定的态度。比较家长与孩子的三种认同的均值，如表 4 – 21 所示，总体上家长与华二代均表现出认同，其中族群认同基本相同，文化认同上有较高的一致性，家长对祖语文化的认同比孩子稍高。在语言认同上，二者差别较大，家长的语言认同显著高于孩子的语言认同。

表 4 – 21　家长的认同均值与孩子的认同均值比较

	语言认同均值	文化认同均值	族群认同均值
华二代	3.299 6	3.483 1	3.781 6
家长	3.745 1	3.662 5	3.785 4

（四）小结

以上我们对华二代家庭的语言使用、语言管理和语言态度等进行了较为全面的调查，结果表明，华二代及其家长对祖语表现出较高的认同，特别是家长为了传承祖语及文化，采用了各种手段帮助子女学习。不过我们也发现家庭语言使用模式与华二代汉语水平密切相关，在家说汉语和沉浸式的文化体验是最有效的学习方法，说明家庭语言规划是保持祖语的有效途径之一。

第四节　访谈分析

一、访谈基本情况

为了进一步了解华二代祖语保持的现状和深层次问题，我们对 11 位学生、17 位家长、9 位中文学校管理者和教师进行了半结构访谈。17 位家长均是 20 世纪 90 年代后移民英国，属新移民，在英国居住时间最长为 23 年，最短为 6 年。11 位学生均为华二代，为了尽量确保访谈内容的可靠性，选择了年龄在 15 岁左右的学生作为访谈对象，主要来自 GCSE（中考）班和 A Level（高考）班，平均年龄 15 岁。

对学生的访谈要点集中在其学习汉语的经历和感受、学习动机等方面；对家长的访谈要点集中在其移民经历、家庭语言规划等方面；对华校管理者和教师的访谈要点集中在学校的教学、管理等方面。通过对华文教育中三方主体——学生、家长和学校的深入了解，我们希望更清楚地呈现其对于汉语、中国文化、华人身份等议题的看法。

（一）受访华二代基本情况

受访学生的基本信息如表4-22所示：

表4-22　受访学生基本信息

祖语保持水平	访谈代号	性别	中国国内生活或学习经历	家庭语言	家庭习俗的保持
很好	S1	女	无	S1⇌P 中文	保留了饮食方面的习俗，但家里不做节日的装饰
	S2	女	英国出生、生活，1~3年级在中国上小学，后回到英国	S2⇌P 中文	会庆祝，有饮食方面的习俗
	S7	女	无	S7⇌P 中文，父母一直讲中文	有饮食方面的习俗。自制饺子、年糕，春节打扫
	S11	女	一直在中国读完小学1~4年级，后来到英国	S11⇌P 中文，父母英文不好	有饮食方面的习俗。看重聚会，但家里不做节日的装饰
较好	S3	女	0~3岁在中国生活，之后来到英国	S3⇌P 中文为主	有
	S4	女	无	S4⇌P 中文为主	有饮食方面的习俗。中医
	S6	男	无	S6⇌P 中文为主；S6⇌S 英文为主	有饮食方面的习俗
一般	S5	女	0~2岁在中国生活，之后来到英国	S5⇌P 中文为主	有，必须过中国传统节日
	S8	男	无	S8⇌P 中文为主	无

（续上表）

祖语保持水平	访谈代号	性别	中国国内生活或学习经历	家庭语言	家庭习俗的保持
不理想	S9	男	0~2岁在中国生活，之后来到英国，小学一年级开始学英文	5岁前：S9⇌P中文为主； 5岁后：S9⇌P英文为主	无。只吃粽子，忘了节日的名字
	S10（混血）	男	5~7岁回中国生活了两年并在当地上小学，之后回到英国	S10⇌M中文为主； S10⇌GP中文； S10⇌B英文为主； S10⇌F英文	有。会给压岁钱

符号说明：⇌：双方，GP：祖父母，P：父母，F：父亲，M：母亲，B：兄弟，S：姐妹。下同。

从表4-22可以看出，是否拥有在中国国内生活和学习的经历并不是祖语保持良好的决定条件。如祖语保持好和较好的S2、S4、S6和S7，他们是出生并生长在英国的华二代，其中S4、S6和S7并无中国国内的生活经历。但我们也看到，在中国国内生活和学习的经历确实起到了促进作用，比如祖语保持较好的受访学生S2、S11和S3。但我们注意到，这段经历应该发生在语言学习的关键期，即3岁至小学四年级之间。祖语保持一般和不理想的学生即使有这样的经历，如果这段经历发生在2岁前，那么对于祖语的保持是没有作用的，如S5和S9。另外，祖语保持不理想的学生是因为失去了中文家庭语境的支持，在家里以说英文为主，如S9和S10。当然如果孩子是混血，如S10，那么中文家庭语境自然就缺失了至少一半，如果想保持住另一半的语境，就需要华裔父母的一方完完全全说中文，但对于混血家庭而言，这在实际生活中施行起来有一定困难，需要额外的努力，这就给家长提出了较高要求。这点也同样证实了语言态度的重要性。

（二）受访家长基本情况

受访家长的基本信息如表4-23所示：

表4-23　受访家长基本信息

编号	赴英时间	受教育程度	从事工作	家庭语言
1	1996	硕士	华人社区文职	F⇌M 英文；M→C 英文为主；C→M 英文；F⇌C 英文
2	2000	本科	专职教师	M⇌C 英文为主；C1⇌C2 英文
3	2001	本科，师范	贸易，兼职中文教师	F⇌M 英文；M⇌C 英文为主；C1⇌C2 英文
4	2001	硕士	会计	P⇌C 中文为主
5	1996	本科	兼职中文教师	P⇌C 中文
6	2002	博士	专职教师	F⇌M 英文；M⇌C1 中文为主；M⇌C2 英文为主；F⇌C 英文；C1⇌C2 英文
7	2001	本科	贸易	P⇌C 中文
8	2000	本科	专职教师	P⇌C 中文
9	1992	本科	图书馆	P⇌C 中文为主
10	2009	本科	不工作	P⇌C 中文为主
11	2008	博士后	大学讲师	P⇌C 中文为主
12	2007	硕士	物流	F⇌M 英文；M⇌C 双语；F⇌C 英文；C1⇌C2 英文
13	2001	本科	医生助理	P→C 中文为主；C→P 英文
14	2004	硕士	销售，兼职中文教师	F⇌M 英文；M⇌C1 中文为主；M⇌C2 英文为主；F⇌C 英文；C1⇌C2 英文
15	2009	中专	超市	P⇌C 中文
16	2013	本科	经营餐馆	P⇌C 中文
17	2002	本科	当地学校管理人员	P⇌C 中文为主

符号说明：C：孩子；C1、C2：孩子中的老大、老二。

受访家长的学历比较高，大部分是本科及以上学历，一些家长拥有硕士、博士学位。家长中有一半所从事的职业与学校有关。在家庭语言方面，五个家庭的父母之间用英文交流，这是由于混血家庭中父母有一方不会说中文，或者父母有一方为英国本土华裔，听得懂一些但说得不标准，很少说中文，主要说英文，如P1、P2、

P3、P6、P12 和 P14。其余家庭的家长与孩子之间只说中文或主要说中文，这说明家长们还是具有祖语传承意识的。

（三）受访中文学校教师和校长情况

受访学校有四所，学制均为周末制或课后制。学校规模不一，有的是三百人左右的大学校，有的仅十几人，属补习班性质。使用的教材较为多样，有国内教材，也有英国本地考试局的 GCSE、A level 教材，或是自编教材。教师多为本科及以上学历，且专业比较复杂，如中文、艺术、中医等。

二、华二代及其家长的认同与学习动机

（一）华二代及其家长的认同

在问卷调查中，家长和华二代对祖语及文化均保有较强的认同，在访谈中我们进一步认识到这一点。"长着中国人的脸"这种先天性的因素决定了祖语传承是部分家长和华二代的共识，这使华二代视学习祖语为理所当然，是无可辩驳的理由。

S4：我坚持学汉语，因为我长个中国人样，如果不会说汉语，有点儿不好吧，说不过去。

P7：因为长着中国人的脸，不会说中文，这是一种缺陷。

华二代普遍认识到华人作为族群的一些外在特点。在他们眼中，华人非常努力：

S4：我觉得中国人跟别的民族不一样，因为中国人更努力。

华人待人比西方人亲切、友善，由此华二代很自然地愿意与华人建立起亲密的关系：

S1：中国的人更像一个家庭一样，因为英国没有那么多交际，跟陌生人。可是中国，随便公交车上就跟陌生人聊天了，感觉谁都挺好的。

华人更重视孩子的教育：

S5：中国人跟当地人有很大的差别，就是中国人，如果你是最穷的，但是你妈妈爸爸还可以努力辅导你学习，帮你学习，挣钱，所以你可以上个好的大学，但是有的当地人，穷的，不管他们孩子的学习。

华人有强烈的家庭观念：

S4：在家庭里，他们要尊敬长辈，保护小孩子。

华人有礼貌待人的文化：

S4：比如我们会对其他人有很礼貌的行动，但是外国人他们比较没有那么看重这些。比如在餐桌上的礼仪，长辈吃才能吃，还有夹菜不能夹太远的，只能夹离你

最近的。

华二代也认识到自己这一代比父母更好地融入了当地社会：

S2：上一代人可能同当地人的联系不那么多，但是年轻人和当地社会的联系更多。

对族群的认识，祖语和文化的熏陶，建构了华二代的认同，也提升了他们身为其中一分子的自豪感。

T8：我儿子以自己是华人而骄傲，女儿觉得学习中文非常棒，因为不但了解家乡了解自己母亲，因为是混血嘛，了解自己的母语，了解自己妈妈那方面的文化，她觉得很骄傲，没有忘记根。

P5：她愿意学，她每年都回国，还是很有中国情结，她很骄傲自己是中国人。她自己也说，虽然她是在英国出生的，在这儿念书长大，还是总是说"我是中国人"，对中国有很大的认同感。

这种认同是华二代从小在家庭及其社会网络中耳濡目染逐渐形成的。不过，家长和华二代这种共同的认同并非毫无分歧，相反，他们有各自的立场和目标。从家长的反馈来看，我们可以总结出他们对子女学习祖语的目标——我们称之为语言期望。受访家长对于孩子的语言期望分为四个等级：最基本的要求是听、说熟练，能跟中国人交流，稍高一点的要求是具有小学水平的读写能力，再高一点的要求是学得精一些，能够对工作有帮助，最高一级的要求是希望孩子能深刻理解中国文化、传承中国文化。

表4-24 受访家长对于孩子的语言期望

期望（从低到高排列）	家长
1. 听说熟练，能够运用，跟中国人能有基本的交流。	P2、P8、P9、P12、P15
2. 具有一定的读写能力（小学水平）	P1、P4、P10、P11、P13、P14、P16
3. 学得精一些，能够对工作有帮助	P3、P5、
4. 能更好地体会汉语的文化。深刻理解中国文化，传承中国文化	P6、P7、P17

一部分家长本身对孩子要求不高，进行宽松式教育。如：

P9：她说（中文）没问题，听和说都没问题，现在写完全不行，认字啊和写，就是读和写不行。这种情况应该说还是比较满意吧，不能要求太高。

有的家长认为写汉字很难，可以不要求，只希望听、说、读流利一些。他们把这三项能力与身份认同联系起来：

P8：但是听、说、读特别是听、说是对孩子最基本最基本的汉语要求。几代传下去，他们都应该有对汉语听、说的能力。如果没有了，他们对身份的认同更加困惑。

还有的家长把使用汉语交流与文化传承联系了起来：

P9：至少能交流，能明白能听能说。虽然这种交流我们也能用英语交流，但这种交流不光是一种语言，完全是一种文化传承。

有的家长认为随着科技的发展，写汉字的能力渐渐变得不重要了，可以借助电子设备的帮助，所以具备听、说、读的能力就可以了。

P15：没有特别要求会写很多字，认识、能读出来我就觉得可以了吧。我会尽量让她多读多写学习中文，但写这一块我真的不能保证她能把每一个字都写得很好，……以后的发展可能电脑啊手机啊，可能用笔的地方不多，我的要求是能读能认识就可以了。

对于父母的期望，受访学生们都表示理解，但学习目标并不具体，如：

S8：我爸妈想让我说多点中文，也想我学点中文，想我在家里多说点中文，怕我把中文忘记掉。

家长对祖语学习目标的设定并没有从语言教育和语言学习规律考虑科学性、合理性以及可行性。他们强烈地意识到中国文化的魅力和价值，并希望子女体会和吸收。

P6：深入地理解好中国的文化可能才是更有意义的。我觉得让他们深刻认识到中国文化的深层次的魅力，这种魅力是全方位的，不光是能给生活带来高品质的享受，同时他们对很多问题的认识可以达到更深更高的一个层次，这是对他们最大的愿望。对我的孩子还有他们自己的后代来说是一笔最大的财富和资源，他们不可以就这样丢掉。因为中国文化当中有很多很深邃的、很高层次的东西，他们如果能真正理解到吸收到的话，对他们自己立身处世各个方面会有积极的影响。

与其家长相比，华二代对待汉语及文化的态度更为理智，他们用审慎的、批判性的眼光看待祖语文化、华人身份及其在所处英国社会的地位，这种态度使他们与所在华人族群和这个族群所承载的文化保持了一定距离，而他们站在这个文化和所在国文化之间，取舍最终全凭本心。

华二代家庭大多数除了有一定的家庭语言使用环境外，在家庭的社会网络中也经常与汉语使用人群交往，如其祖辈亲友等，他们之间的情感通过血缘和频繁交往建立起来。家长和华二代都体会到保持祖语的情感价值。学会中文有利于家人间的情感交流，可以促进亲子关系，特别是可以确保孩子们与国内老一辈的交流，保持感情上的联系，建立归属感，了解中国文化。

P4：我觉得学汉语还是挺重要的，对孩子们来说。因为他会有一种归属感，知道自己是中国人，跟父母的沟通也会比较好，因为很多小孩儿在这边长大的，他不说中文。那么父母的英文也没有那么好，所以就会跟父母产生一种很大的间隙，一种鸿沟，没有办法沟通，所以学汉语和了解中国文化，对孩子们跟父母的那种亲子关系很有帮助。

有的家长认为中文语义丰富，学好汉语可以使孩子深刻认识到中国文化的深层次的魅力，这种魅力是全方位的，不仅能给生活带来高品质的享受，同时他们对很多问题的认识达到更深更高的层次，这对孩子甚至他们自己的后代来说是一笔最大的财富和资源。中国文化当中有很多很深邃的内容，如果孩子能真正理解到吸收到的话，对他们自己立身处世等方面会有积极的影响。

P12：汉语文化非常有魅力，我以前不觉得，自从接触了很多外国人，自己又在国外，我就发现这个问题了。

受访学生都不约而同地提到了学中文有助于他们与长辈的交流：

S6：可以更好地和其他人聊天交流。可以和我的姥姥姥爷聊天说话。……和姥姥姥爷微信上聊天的时候好一点儿。我也觉得挺酷的，我会说。

因此，在学习动机上，家长和华二代对祖语都具备较强的融合性动机。但是相比之下，华二代的学习动机更多出于族群认同和融合性动机，工具性动机较弱；而家长则充分意识到中文的潜在价值，认为学习中文是一个生存技能和语言优势，更有竞争力，有利于找工作、有助于事业发展：

P12：另外，对以后的就业比别人多一个出路。毕竟英国没那么大，就那么几大公司，进到里面，本土的英国人可能，不能说歧视，可能会优先提拔那些人，即使进到这个公司了，将来的工作生涯也不是那么特别地（稳当），除非你特别优秀。所以我更多趋向于在这边学好知识后，如果他愿意，回到中国，找一个大公司。

（二）认同的构建

1. 家庭语言规划

语言是认同构建不可或缺的要素。家庭语境对祖语保持良好的学生的支持作用显而易见：

S1：从小我爸爸妈妈都会和我说汉语。大部分是受我父母的影响，因为他们从小和我说汉语，所以我说话就挺好的。

S5：我在家里跟爸爸妈妈说话都是说中文，而且我们说的话都是挺有意思的，不是像"哦，你要吃早饭"，我跟我妈妈讲话，都要讲上一两个小时。

在英国的华二代由于受语言大环境的影响，汉语发展受到阻碍，很大程度上要依靠华人父母督促自己的孩子学汉语。有的家长致力于将孩子培养成双语人才，并注重在家庭中使用中文的比重。

P9：我们还是非常注重中文的，不管是教育还是传承，因为毕竟自己是中国人嘛，所以我们在家全部说中文。

家长清醒地认识到家庭教育的重要性：

T4：我们每一个父母如果把这一关把好了，那起码我们孩子这一关就把好了，孩子如果在我们身上学到了这样的，他们对他们的下一辈也会这样好好地来做。所以这个传承不要求别人，从自己做起最重要。

家长会向孩子明确在家中讲中文的要求，要求孩子讲中文，鼓励孩子们之间用中文交流，或者想办法使孩子多讲中文，同时也会要求孩子读中文书。家长们各显其能，采取了多种多样的学习方式和措施，可以看出家长们在语言传承的实践中确实花心思、想办法做出了一定的努力。

常见的方法有给孩子准备培养阅读能力的中文读物，有的家长特意买了作文书，希望孩子提高写作能力。有的采用给孩子看中文视频、动画片等方式增加听力的练习，以吸引孩子的注意力，改善孩子的学习体验。家长们也会注意陪孩子进行中文的亲子活动，在家进行听、说练习，采用讲故事、唱歌、游戏、识字比赛的方式，寓教于乐。还有一些家长紧随时代步伐，采用中国先进的教育软件，使孩子的学习过程充满互动，更有趣。

P5：小时候给她讲中文故事，念儿歌，跟我一起手舞足蹈的，一起说做动作，大了以后，也讲一些中国的故事，三国、水浒，她爸爸给她讲。

P7：还有一个最有效的就是看中文电视，我给他在中国买了一个电视盒，跟中国同步的，看春晚哪，她会越来越有兴趣，电视、动画片确实是有帮助的。

家长还自制了中文教材、识字卡片，使之更适合自己孩子的特点。

P10：我自己在家跟着中文教材教。中文学校的教材所有字都有拼音，小时候我就觉得所有字都有拼音（很好），他就在那儿念拼音，后来我就直接在电脑上打出来教。

除了使用这些家庭内部的学习资源，17 位受访家长都将孩子送到了中文学校学习，中文学校的积极作用获得了广泛的认可：

P7：中文学校还是蛮有机会的，但是相比平时，一星期一次还是少了一点，但至少有这个机会。在中文学校能够读汉字啊读中文课文啊，跟朋友、老师都讲中国话。这是除了家庭以外，外界的学习方式。

在孩子上中文学校以后，很多家长采取了亲自监督这个辅助措施。

P12：老大到了5岁就送他读中文学校系统学习。因为一周一次课，一次两个小时，他就不太适应。……需要我坐在旁边提醒和简化、重复老师的要求，他才能听进去。

在这个过程中，家长们付出了辛勤的劳动，坚持"每句话双语说两遍"，需要极大的耐心和毅力。

T4：她两岁之前我是双语，每一句话说两遍，一遍英语一遍汉语，等她听明白了大了一点以后我就全是汉语了。

家长特意创造更多使用中文的机会，并有意识地扩展家庭社交，给孩子创造更多的使用中文的机会。

P4：平时比如说现在发信息呀，我都是发中文，平时给他一个更多地接触中文的机会吧，这样儿practise（练习）更有效。

P16：跟一些小朋友，有时候我们周末会约一约，我约一些中国的妈妈，她们带着孩子出来一块玩儿，这样的情况下他们会说汉语。

2. 文化习俗影响

祖语保持很好和较好的学生的家庭保持了跟中国有关的习俗，从而使得学生们对传统文化产生了积极的看法。他们在庆祝传统节日的过程中感受到更多的亲情，促进了族群认同感，坚定了传承中国文化的信心，增强了身为中国人的自豪感。

S1：比如节日的时候，吃饭时的家庭习惯都会像中国一样，就是不会像中国一样把家里墙上贴上那种decoration（装饰）。比如中秋节时家里有吃月饼的习俗，饮食方面的都有。对这些习俗我觉得挺好的。因为就是虽然不在中国生活，但还是可以保留中国的这些习惯，感觉像在中国一样。还是很喜欢这些习俗的。

大部分受访学生表现出对中国文化元素的积极态度，表示喜欢中国文化、很感兴趣，S11说："因为我挺喜欢中国的文化的，比如他们的历史，他们有五千年的历史，我挺想去了解的。"家长也证实了这一点，他们也都提到要注意在家庭生活或娱乐活动中加入中国元素，营造中国气氛，让华二代有一种归属感，多花时间做中国文化的亲子活动，比如通过讲故事介绍中国的文化。

P6：还挺兴奋的。老大他回到中国，感受到了中国的那种亲情，家人都互相帮助，他就有很深刻的认识。

P4：而且我也希望能带他们去不同的地方，了解中国不同的文化，……所以我觉得经常带他们回国对他们了解中国文化是很有帮助的。

家长的语言意识形态和语言实践再次显示出关键作用，他们会特意以有趣的方式，如讲故事、介绍中国传统节日的风俗来加深孩子对中国文化的认识。有的家长注重仪式感，也会带领孩子亲手制作传统食品，让孩子在开心的家庭氛围中对中国有一个温馨的认知（P6）。

S7：月饼经常吃，还有粽子、年糕，我妈妈都挺爱做的，……新年也会打扫一下，全家打扫，干净一下，也没有很多特别的。我觉得挺有趣的，挺喜欢的，愿意坚持下去。

华二代对家庭传统节日普遍有着积极的感受，他们很喜欢这些节日和习俗，感受到了更多的亲情，加深了与国内亲人的感情：

S3：我觉得这样的习俗挺好的，让你和家人的关系挺亲，会更高兴一点儿。回国的时候去看望那些亲戚，也能马上就聊到一块儿，也不会觉得很陌生。

还有的受访学生提到了家庭庆祝传统节日使他们的家庭与其他华人家庭增进了了解，促进了友谊。

相比国内，在英国，传统节日在华人家庭中的仪式感有所减弱，华二代的体验更多地集中在饮食上，传统节日的内涵在很大程度上被削弱了。

S1：比如节日的时候，吃饭时的家庭习惯都会像中国一样，就是不会像中国一样把家里墙上贴上那种 decoration（装饰）。

S4：比如在窗户上贴春联，我们没有干过，我也不知道为啥。

访谈中发现，华二代对中国文化的喜爱很多体现在饮食上，这就需要家长做更多的引导，注意加入深层次的文化元素。

P12：在中国文化方面，目前体现在对中餐的偏爱上。姥姥姥爷一回来（英国）就发现菜不好吃了，饺子和包子也经常吃不上了。就特别想回中国。

由此我们看到华二代仍需要家长的解释与引导，家长不能怕麻烦，必要的仪式要坚持下去，才能保持文化的完整性。

由于缺乏文化背景，庆祝传统节日在英国变得流于表面，因此需要家长进一步改进，要注意让孩子们体验其中的文化内涵。另外，这也反映出由于家长对传统节日的不重视，传统节日在孩子们眼中变得可有可无，这是值得我们警惕的地方。

3. 中文学校的重要作用

中文学校在祖语传承中起到了极其重要的作用。即使每个星期只有两个小时的教学时间，仍然在很大程度上促进了华二代的祖语学习。

T4：要说给我印象深的就是我家姑娘从来不做作业也不看汉语书，就一个星期两小时，但即使是只有这两小时，她的汉语就真的不一样了。……就是这种进步吧。

就给我一个启示，一个星期哪怕就两个小时的时间，用心，肯定会有进步。她也不会忘了这个语言。所以我就建议那些不能够天天学汉语的孩子，哪怕一周学一次也是好的，对孩子也是有收获的。就这点是我没想到的。

华二代在中文学校学习的时间通常是每个星期两个小时，然而时间越少越不能浪费，越需要高度浓缩的教材，浓缩才高效。在浓缩的前提下，教师再去寻求教法的辅助，这会是一个行之有效的思路。

虽然远离祖国，但教师的中文教学方法与时俱进，从学校和家长的反馈可以看到，大部分教师注重趣味性，没有因为每周只有两个小时的教学时间而一味赶进度。

T1：学习情况就是感觉他们比以前喜欢学中文了，这个其实挺惊讶的。就是老师教得更有趣味性了，老师会带动他们、引导他们。……有听过那么三四个家长跟我说，"孩子必须写作业，趴在那儿写作业"。（说明）调动起来了主动学习的态度。

学校也很重视开展文化活动，没有局限于教书本知识，这些活动极大地激发了学生学习中文的兴趣。学校管理也逐步正规、严格，引起了家长的重视。英国的中文学校很多是由华人自发组织起来的，经过多年的努力才有了今天的规模。严格正规的管理促使家长更加积极地配合中文学校的教学。

T1：我们老师也管得严，在作业上，都要有作业。我们学校正在逐渐正规化，有班级微信群。通过微信群发功课，老师不断地提醒比不提醒肯定是强，家长也重视了，交流的方式也多了。家长的态度可能也重视中文了，中文越来越重要，家长也重视中文。

4. 跨国交往

近1/3的受访家长充分肯定了常回国保持与国内亲戚联系的重要性，尤其祖辈在传承中起到了非常重要的作用。华二代有发自内心的需求，即他们想要与祖辈保持感情上的联系，这个需求使得华二代有了自身学习中文的动力。并且新移民家长的父母多数不会说英语，只能用汉语交流。因此，我们必须利用这一优势促进祖语的传承。

P9：肯定就是家庭亲属啊，这是最积极的。亲属关系呀，和奶奶联系呀，通信呀这些，如果和国内亲人还有联系的话。她一直在做，就是因为这个，而且也只是因为这个事情。所以现在就是（用中文）在家里头跟我说话，跟爷爷奶奶说话。

家长P7的父母担心外孙女的中文水平，坚持让外孙女回国上了三年小学，由此为孩子打下了坚实的中文基础。

为了创造更多的使用中文的机会，家长们想了一些办法。家长认为利用微信让孩子们跟国内的亲戚朋友交流是最实用的一种汉语学习的实践机会，但由于时差的关系，这一方式时常受到影响。除了利用微信与国内亲戚朋友视频聊天，家长们也特意在与孩子微信联系时使用汉字，创造更多使用汉语的机会。

家长们充分认可孩子与亲友长辈交流起到的重要作用，这种交流的方式包括尽量常回国与亲人面对面交流，平时使用微信的文字、视频、语音功能与国内亲戚朋友保持联系。在这种方式中，家庭长辈的积极作用尤其得到了家长的肯定，学生们的反馈也证实了这一点。有的家庭在家中长辈的坚持下将孩子送回国内接受一段时间的中文教育，这个决定在多年后显示了极大的优越性。

P1：就是经常带他回国，他重视。确实跟姥姥姥爷没法沟通啊，所以他觉得这是学习的必要性。

家长们也会尽量让孩子多回国，获得更多运用中文的机会，但部分家长表示这是仅有的会让孩子说中文的机会，而且说的中文还是最基本的日常简单对话，如"吃饱了"。甚至大多数情况下，孩子听得懂却用英文回应。此外，一个现实的问题是寒假、春假假期太短，只有暑假适合回国，但如果孩子太小不能单独旅行的话，家长还需安排好工作一同前往。矛盾的是，很少有家长可以拿到 4~6 个星期的假期。因此很多家庭回国的时间间隔变得很长。这些都是借跨国交往提高祖语水平的不利因素。

三、现实困境

（一）家庭语言环境的缺失

所有家长都认可家庭内部语言环境支持的重要性，认可潜移默化地对孩子施加影响。在教师访谈中，教师的感受也证实了华二代的中文学习情况和学习态度与在家说中文的频率有很大的关系。

T5：如果家长坚持跟他说中文，他会学得比较好一些。如果家长不跟他说中文，就光靠两个小时来教的话肯定学不好。

P5：首先父母在身边给他的影响是最大的，如果父母都不跟他说中文的话，他自然也就不会说。

在访谈中，我们发现祖语保持不成功的家庭，一类是混血家庭，祖语环境自然缺失了一半。

P3：在家里没有主动去学习汉语的气氛。

P1：像我们家就不怎么过新年。肯定咱们华裔的孩子都爱吃饺子。但是他爸爸是英国人，不爱吃饺子，慢慢就更西化了，可能就注重圣诞晚餐，可能就对中国春节这个概念淡了。

另一类是家长忙，只在做中文作业的时候为孩子提供帮助。

在家庭语言方面，五个家庭的父母之间用英文交流，这是由于混血家庭中父母中有一方不会说中文，或者父母有一方为英国本土华裔，听得懂一些但说得不标准，很少说中文，主要说英文。特别是在跨国婚姻家庭中，为了照顾到非华裔的一方，不得不减少说中文的机会：

P12：我老公是英国人，我们在一起还有小孩儿在一起的时候，基本上说英文，因为如果我说中文的话，我老公就会经常问，有时我没有时间给他重复，所以我干脆就说英文了……只有平时我接送孩子，只有我的时候，我就说中文，但是大部分时间，孩子都回我英文。

随着孩子的成长及社会化交往的增多，他们会越来越多地使用英语交流。孩子们之间交流时仍然使用英语，这说明华二代在与兄弟姐妹交流时通常选择自己最习惯、最便利的语言。

P13：其实在中文学校我见他们交流也好多就是用英文聊天。

P14：但是小朋友之间，比如我和那个中国妈妈说中文，但是两个孩子在一起可能就会说英文了。

家长们对祖语的传承大部分抱有坚定的信心，但也有一部分家长信心不足：

P13：希望他们能传承，但是我真的不敢相信他们会的，如果他们跟中国人结婚的话有可能，但是如果跟另外一个国家的人结婚，那下一代就很少有机会说中文。

在英国这个大的英语语言环境下，华二代说中文的机会少，家长对于华二代的下一代缺乏掌控，尤其当孩子们的配偶不会讲中文的时候。虽然不确定将来孩子的婚姻家庭环境如何，但家长们表示会尽自己的责任尽量努力教孩子的下一代，如：

P16：但如果他的另一半是外国人，就得通过交流了，我还是会劝说让他学，但是如果人家的父母不同意、特别阻碍的话，信心没那么大，但我也会背后教一教。

（二）中文学校的困境

英国的中文学校属于周末社区学校，发展极不平衡，有的学校发展得很好，逐渐正规化；有的学校教师数量极少且没有专业背景和教师经验；有的学校学生数量极少，更像是补习班的性质。英国的中文学校还有很大的发展空间，也还有很多需要克服的困难，离成为正规学校的目标还有很大的差距。

首先，中文学校的教学设施是影响其发展的主要因素之一。中文学校基本上是自负盈亏，学费是主要收入，有一些来自华人团体的资助，当资金难以负担时，教师通过做义工来维持学校的发展。由此可见，中文学校的发展缺乏有力的经济支持，而运作资金的匮乏会在一定程度上对学校的教学效率造成负面影响。在场地方面，由于中文学校是租赁当地主流学校的校舍，给校长、教师带来更多管理上的压力，对于教学资源、教具资源也有不利的影响。任何学校都首先要保证学生的安全。中文学校虽然是周末制或者是课后辅导班的性质，也需要各项规章制度的制定和执行，其中细碎烦琐的工作对于兼职教师和校长们是一个巨大的挑战，他们承担着极大的责任和压力。租赁当地的校舍并非易事，教室的设备维护、卫生维护需要他们具有极强的责任心并付出大量的心血，稍有疏忽就会使学校陷入失去校舍无法开展教学工作的困境。因此中文学校在一定程度上缺乏主动权，希望给孩子们一个学中文的环境但困难重重。

T1：我们是租当地的学校，所以我们在管理上有很大的压力。因为毕竟是租人家的，而且是300个孩子，有时候可能就会比较紧张，因为（当地学校）会不让动这个，不让动那个，所以我们在管理上很严格。就是因为你是租人家的，不让动嘛，这种压力很大，毕竟是孩子嘛，300个孩子，老师一个班20多个，怎么看也难免有时候看不住。

T8：毕竟是租借的学校，目前OK，有PowerPoint、Word，只不过不能上网。

其次，教学质量有待提高。非升学考试班的教材没有统一的标准，暨南大学的拼音教材、幼儿汉语教材和《中文》教材在教学中使用广泛，其中主要原因是学校可以拿到几乎是免费发放的教材。也有的学校是自编教材。

T3：自己编辑的比较简单的教材，不是说一本一本的，基本上就是根据YCT、根据GCSE自己做的一些阅读啊，自己做的一些词卡，基本上没有用外面的教材。

自编教材的优点是灵活多变，可以随时根据当前学生的实际情况做出调整。在教学内容上，有的学校对于教学计划没有明确的要求，由教师根据学生的表现自主决定进度，这是教学不规范的表现，但同时也为教师稳扎稳打、给学生打好基础提供了有利条件。由此可见，英国中文学校有很大的自主性、随意性，这是适应当地实际教学情况的灵活操作，但其有效性值得探讨。

T4：我们就按书按教材走，因为书有workbook（练习册）也有textbook（课本），没有规定到底要多长时间、必须学多长时间，没有。是让老师看学生的情况，以掌握了为主，所以没有什么压力赶时间、赶速度，关键还是看一个学生的兴趣，爱学、喜欢学是最重要的，第二个是学扎实，没有讲进度不管效果，我们比较注重效果、乐趣。

由于师资有限，有的学校教师人数太少，有的学校教师的教育背景和教学经验不足。教师的性别比例严重不平衡，绝大多数是女老师，这一现状与国内相似。有限的师资造成学校开展教育教学工作时不能更深入。有的学校管理者坦言精力有限，不能开设更多的文化课，组织更多的活动。

但同时我们也看到，有的中文学校已经发展到一定规模，教师学历和专业背景也达到国内教师应聘标准，普遍有一定的教学经验。虽然这些教学经验来自不同专业不同领域，并非完全对口，但这已经是一个可喜的进步。目前还不能苛求中文学校的教师全部拥有教师证，即使有的教师有国内的教师证，要想取得英国的教师证还是有一些实际操作上的困难，因此，中文学校对此没有严格的要求，也达不到如此严格的要求。

另外，学生的差异性也是教学效果受限的因素之一。同一班里学生年龄、中文水平差异较大。大部分是按照学生的中文水平来决定其参加的班级，这就造成了同一班里的学生年龄跨度大的问题。不同的年龄造成认知上的差异，他们对教材的深度就会有不同的要求，适于年龄小的学生的课文对于年长的学生来说就会因过于幼稚而缺乏吸引力，由此对教师提出了更高的要求，要善于分层教学，因材施教，具有改编、丰富教学资料的能力。但这个要求又与中文学校现有的师资水平发生了矛盾，因此教师急需专业培训，以便更好地教学。中文教学不仅仅要求教师提高中文教学的专业素养，对于教师的英文水平也有较高的要求。

T6：对于我来说，我们班年龄、水平不一样，比如说五岁的小孩和九岁的小孩他们需要的课堂活动是不一样的，就要满足他们两个（年龄段）。另外，来的学生很多时候是完全不懂中文，需要拿英文教学，这两点是比较困难的事情。我发现一部分学生在家里习惯说英文，所以他们跟老师交流时也是愿意用英文，但是有很多其他小朋友是在中文语言环境中长大的，有非常好的中文水平，所以水平不均匀。

不可否认，越来越多的教师在教学方法上尽力吸引学生，但我们还是从家长的反馈中发现，中文学校在教学方法上还有很大的差距，落后无趣的教学方法是学生对中文不感兴趣的原因之一。

T5：因为有的老师没有在本地的学校教过，所以用了很多中国的方法，孩子们就接受不了，觉得很枯燥，太严格了，上课就觉得很枯燥。比如这边老师教一些德语啊法语啊他可能用别的方法，小孩就喜欢学。但是我们的老师可能教学方法比较死板，所以孩子就失去兴趣了。

师生见面时间少。英国中文学校作为周末制学校，每个星期教师与学生的见面时间只有宝贵的两个小时。有限的接触时间不利于督促学生的学习，因此很大程度上依赖家长的配合来督促学生的复习与作业的完成。这加重了家长的负担，也使得缺乏家庭中文语言环境的学生由于学习资源上的差异而在中文水平上产生更大的差距。

T1：我们只是一个周末学校，一个星期只有两个小时，我们又很想教学有质量。有的孩子回家不做作业，有些家长很认真，但有些家长……老师有教学计划教学标准，学生不做作业就给老师增加了压力。不能只是期望那两个小时让老师来教，其实还是要学生做作业，家长帮助督促，这样才能达到教学目的。

此外，学生还会由于升学的压力缺课。作为非主流学校，中文学校的教学质量受到英国主流学校课程安排的影响。尤其在英国小学升初中、初中升高中和高中升大学的阶段，如 11 Plus 考试、GCSE 考试和 A Level 考试，大批家长、学生将注意力集中在应付其他科目的统考上，学生们通常高频率缺课，有的会整学期甚至整学年缺课，这就给中文教学造成了极大的困扰。

T3：学生有时候他学到一定程度，比如说他要 11 Plus，他为了专注 11 Plus 不能学（中文）。或者学校功课紧了，有时候就不能来。如果他持续不能来那很可能就会失去兴趣。家长对于学生缺课造成的影响，没有意识到它的严重性。他/她有可能觉得中文缺一堂课没关系，……那样子的话学生可能会突然跟整个班脱节，以后他就会失去信心。

生源的不稳定性是造成学校资金困难的一个主要因素。其中一个原因是相比主流学校，中文学校毕竟数量少，如果家长没有时间、精力接送孩子，或者路途太远，那么他们就不得不放弃去中文学校学习。由此带来的问题是学校收不到足够的办学经费。中文学校基本上是自负盈亏，学费是主要收入，有时得到一些华人团体的资助。当资金难以负担时，教师通过做义工来维持学校的发展。

因此，经费、教学质量、生源等因素存在互相影响的关系。

（三）语言观的偏颇

在访谈中我们发现影响华二代语言认同甚至产生排斥的主要因素是"汉语难"，家长、学生都觉得难。另外的原因是没有大的外部语言环境、缺少使用的机会（P2）、没有时间学习、在英国没有太多用处等（P3）。

"汉语难"这种认知本来是西方人对汉语的不成熟的认识，我们非但接受了，还强化了这种说法，但若要改变谈何容易？如果华二代在学习汉语的过程中感到汉语难，那一定是教师、教法的问题，而且也是家长的问题，是成人引导上的失误造成的。

对此有的家长有着理性的认识，认为家长要注意自己的语言态度和情绪，不要刻意地强化"中文难"这个印象。

P17：我觉得最重要的一点是如果你跟孩子说中文是很难的，那么从心理上可能会给孩子造成"中文很难，学中文没有意思"，这样我觉得是比较消极的，就是说，尽可能地鼓励孩子以积极的心态来学中文，我觉得可能比较好一点。

（四）社会环境的影响

大部分受访者都提到了一个不利于中文学习的元素，即华二代毕竟生活在国外，首先在大的环境上受到了限制。

P14：不利的影响就是没有中文的环境，中国孩子认字不是只在学校学习的那点儿时间认字，平时上街啊看那些广告牌和那些标语都是处在中文环境里，听到的看到的全部都是中文，这在英国永远都不可能有的。这也不算什么不利影响吧，因为咱们毕竟是海外华人，不在中国了。

虽然目前一些大的主流学校和很多私立学校设置了中文课（P17），但大部分是以课外活动的形式存在，没有被纳入主课教育大纲，其地位有待提高，更多的学校还在观望，还在探究开设中文课的利弊，比如中文相比欧洲语言难度较大这一特点是否会造成考生成绩过低从而影响学校的排名。当然也存在一些主流学校还没有意识到中文的潜力的现象。

P11：不利的影响就是他们没有把中文的学习纳入他们的 curriculum（课程）大纲里面。他们把拉丁语、法语列入他们的 curriculum，但是中文还没有，西班牙语算 second language（第二语言），德语你可以选嘛，但中文在学校里面没得选。这个是不利的。

另外，中文学校虽然在数量上有所增长，但还远远达不到分布均匀的地步，一旦华裔家庭住得比较分散的话，那么还是存在上课路程远、家长不方便接送的情况，这种弊端给语言的学习造成了障碍。

P12：可能是离伯明翰稍微远了一点。我们有个妈妈群，很多一想到开车往返一个小时，她们就想在家里自己教了。但是我觉得还是去学校系统地学，再认识一些小朋友，互相沟通一下，互相比着学的话，效果会更好。

从英国现状看，主流学校里学中文的非华裔孩子不算太多，华二代要想学中文还得去当地的中文学校，其中一个原因是主流学校的中文课基本过于简单，不适于大多数有中文背景的华二代。

由于缺乏语言环境，一些本来有中文基础的华二代的中文水平下降了，家长们对此表现出忧虑。家长认为目前华二代拥有的只有家庭语言环境，他们在英国接受教育导致他们缺乏文化背景和充足的语言外部环境。对于一些中文程度较好的华二代来说，在中文学校学习可能存在"吃不饱"的情况。家长也提出每周一次的中文学校的学习不能完全满足学生的需要。

P5：中文学校还是蛮有机会的，但是相比平时，一星期一次还是少了一点，但至少有这个机会。在中文学校能够读汉字啊读中文课文啊，跟朋友、老师都讲中国话。这是除了家庭以外，外界的学习方式。

部分家长有着美好的愿望，希望华二代有机会回到祖国工作，或者找一份与中国、中文有关的工作，但比较担心孩子的中文水平不够，无法达到工作的要求。如P8和P14。

华二代在英国说中文的机会有限，互相之间很少说中文。

P10：她跟她的那些好朋友在一起的时候，除了她跟我们在一起，其余时间都是讲英文的。

混血家庭中的华裔父母在竭力坚持创造最大的中文家庭语言环境，但感到极为吃力。

P12：我在努力地在坚持，但有时时间来不及，有的时候我说汉语他们不听，还该干吗干吗，我就觉得要想坚持下来的话挺困难的，因为你要非常有耐心，意志要非常坚定，而且你还得有时间，愿意跟他们（孩子们）对抗，很多时候就是因为来不及了，所以我就妥协了。可能说一句中文，不管用，就再说一句英文，直到他们对我有反应为止。还是挺难的。家里英文为主，我争取说中文。

有的家长认为学习中文会影响孩子其他科目的学习。

P10：他学校有很多东西要学，其他课会影响他的课外生活。现在没有影响他是因为没有花那么多时间，没办法，是实话，这里边有个平衡的问题，因为他是在英国上学，必须以英国的功课为主，所以他的中文就牺牲了一点。

有的家长忙，没有时间陪伴孩子进行中文学习。

P15：我跟我老公上班都很忙，陪她做中文作业的时间不多，没有抽出特别多的时间帮她学习中文。

有的家长苦于缺乏有趣的、行之有效的学习中文的方法，尤其是对于年龄稍长的孩子。中文学校可以组织一些家长与教师的交流活动，互相学习，找到适用于不同年龄段的孩子的学习方法。

P6：老大内向，不喜欢这种形式，觉得很可笑，他也大了，还没有找到对性格内向的大孩子的有趣又有效的方法。

这仍然属于外部大环境的限制，需要家长不断地摸索，找出最适合孩子的学习模式，合理安排时间，兼顾中文和英文两种语言的学习，向祖语保持成功的家庭学习经验，取长补短。

华二代普遍缺乏中国文化背景，对一些词语的理解不准确、不全面，尤其是对成语的学习与运用存在困难，需要家长和中文学校共同努力，利用一切机会向华二代介绍相关的文化背景。

P4：他们现在的主要问题还是有些文化背景的差异，就有些人可能不太理解有些词汇的意思。

华二代没有读中文书的习惯，觉得看中文书太困难。

P14：有时间的话他还是会看英文书，除非我带着他读中文书，那些课外的中文书，不然他还是要自己选择读英文书。

P15：中文电视她还是会看的，以后我会加强让她多看一些中文书，她可能是有一点排斥看中文书，因为她觉得好多字她都看不懂。因为她中文还是弱一点吧，她没有特别地想去看一些中文书呀，就是阅读一些中文的东西。帮助他们更好地学习的一些方法，就是说那你自己去看书吧，比较枯燥。

从教师访谈中我们也了解到，英国中文学校的教材没有统一标准，各个学校自主决定，有的还使用自制的教材。使用较多的是暨南大学的《中文》，这本教材的内容对现在的华二代孩子来说已经不太适合。这就需要中文教师具有改编教材以适应学生需要的能力和独立搜索教学资源的能力。然而，正如本章之前讨论的，目前英国中文学校的师资水平还达不到灵活多变的要求，无法要求教师全部具有因材施教、因势利导的教学能力。因此，我们需要华文教育的专业人员给予英国中文教师有针对性的师资培训，提高他们的教学能力。

（五）认同的困境

孩子们的族群认同来自家长的族群认同，在访谈中我们发现家长们对中国人的身份坚定不移：

P1：对我来说是祖国，对孩子们来说也是祖国。那时回到中国真的对老大很得益，确实理解了妈妈为什么说中国是很了不起的，是一个大国。

P7：我们对她从小的教育也是一样，她是中国人，长了一张中国人的脸，如果不会说汉语的话，这是一种缺陷。她认为这是她必需的。

华二代对中国人身份的积极认同也对激发他们的内在学习动力起到了明显的推动作用。

P6：他现在有一个感觉，中国人的成绩都很好，他就想自己还是要努力学习。觉得中国人都特别聪明，中国的同学成绩都特别好，他就特别想把中文学好。

在一定程度上，华二代对中国人身份的积极认同也来自他们在英国遇到的不公正对待，例如 P6 的孩子是混血，有来自不同族群的压力。

P6：相对来讲，华人还是比较少的，那时他的那个年级，中国人总是很少，他是一半的中国人，那种身份的认同很难，加上他又比较内向，我们又是没有经验的家长，他在社交方面就遇到了很大的障碍，觉得他的内向有很多社会环境的因素。他一回到中国，这个方面就完全不是问题，他对中国就有着很深的感情。

对华人身份的认同也使得华二代因华人的一些不妥言行产生困扰：

P8：比如，特别是有的老人不占便宜就跟吃了亏一样，他就非常在意这些事，特别是在这儿长起来的二代。我觉得他们非常讨厌中国人带来的一些不良习俗，好比出去吃饭，在饭店里，中国人在那里吵吵嚷嚷的，我儿子就会觉得很丢人……他是在英国成长起来的华人，别人丢了华人的脸，他自己也觉得没面子。

在访谈中我们也看到了一些华二代对中国人身份或华人身份的消极认识。家长们有着强烈的归属感，但令一些家长感到担忧的是华二代的族群归属感正在慢慢地变得淡薄。一些在英国出生的华二代已经显示出消极态度，没有族群认同感：

P13：儿子好像他就不认为自己是华人，他就认为他是英国人。他在英国出生就觉得他是英国人，……他一直是这个态度。他不喜欢上中文学校，不喜欢学。

另外，由于中文水平不够，与中国人交流有困难，华二代对族群产生了距离感，这不利于族群认同的产生。而族群认同感的淡薄又使得他们学习祖语的积极性降低了，这两方面是相辅相成、互相影响的。

S9：两年回去一次，或者很多年。很好，不用做作业。喜欢那里，可以出去玩。我不想回去工作、回去生活，想回去度假，因为那里大家都说中文，我的中文不是最好的。

访谈中我们也看到一些华二代对中国文化有着不积极的态度或者没有表示出任何态度，其中当然有年龄尚小还没有认识到中国文化的重要性的原因，但正是因为如此，家长要抓住时机对孩子进行正确的引导以促进文化传承。

P13：还是觉得不关他们的事，无所谓的，不愿意去了解那么多。像听听中国新闻什么他们也不喜欢听，不想了解。

P15：可能我们家长也是有问题，中国的节日我们体现得也不是很多，所以导致她对中国节日的了解没有那么强烈，表现得没有那么兴奋，也表现得没有那么强烈。

第五节　反思与对策

本章通过量化研究和质化研究相结合的方法，以英国中文学校和华二代及其家庭为研究对象，探讨了其家庭语言意识形态、家庭语言实践和家庭语言管理三个方面的现状以及社区、学校和英国社会对华裔祖语保持的影响。

英国华二代的祖语保持现状不容乐观，如何保持祖语是一个急需解决的课题。家庭中的祖语使用取决于父母的态度，家庭祖语环境和语言规划对华二代的祖语传承有着积极的作用。与父母的交流促进了华二代祖语的学习，不懂英文的祖父母在华二代的祖语保持上起到了强有力的促进作用。华二代之间交流时习惯使用英语，这说明华二代在与兄弟姐妹交流时通常选择自己最习惯、最便利的语言。在英国，影响祖语保持的主要因素是家庭，华二代并没有太多的机会与会祖语的同龄人接触，与朋友的交流没有对祖语的保持产生影响。

英国华二代的祖语水平主要与家庭环境和是否上中文学校有关。拥有在国内生活和学习的经历并不是保持良好祖语的决定条件。这点也同样证实了语言态度的重要性。虽然很大一部分家长有着强烈的族群认同，然而这种情感上的认同没有转化成有效的实际行动，没有切实地体现在保持孩子的祖语学习上。学习方法的选择与家长学历无关，即不论家长的受教育程度是高是低，他们都希望自己的孩子能够把祖语传承下去，家长的语言态度在祖语传承中起着重要的作用。

华二代普遍认可掌握祖语带来的益处，他们学习汉语普遍受到父母的影响并得到父母的鼓励，印证了家庭祖语环境和语言规划对华二代祖语传承的积极作用。同时他们也认为祖语学习有一定难度，但即使在学习祖语的过程中遇到困难，总体上华二代仍然保有一定的学习热情。此外，华二代在祖语的学习上也存在一定的被动性，需要提高学习祖语的积极性。祖语的保持存在困难，华二代在祖语的使用上有环境的限制，例如局限在家庭范围内，缺乏足够的自信用祖语交谈。另外，虽然华二代认为祖语的学习有难度，但并没有给他们带来太大的压力。其中一个原因是大部分家长对孩子的中文成绩要求不高。

华二代对中国的文化有着强烈的积极感情。我们应该注重文化上的引导，吸引华二代体会中国文化的精髓。但我们应注意到文化并不是吸引华二代学习祖语的重要因素。英国华二代的祖语学习还停留在基础的语言学习上，应该加强对历史地理的介绍，使华二代对中国有更深层次的了解。英国的华人家庭大部分重视中华文化习俗的传承，但社区的影响力不足，应想办法加强社区活动以及与华人之间的联系。

华二代对于自己的华人身份有着积极的认同。因此，英国华二代祖语传承有着良好的基础，关键在于如何让他们提高使用祖语的自信心，让他们喜欢祖语的学习。如家长需要营造良好的家庭学习氛围，中文学校需要改进教学方式，提高教学效果，吸引华二代学习祖语。

家长们能充分认识到祖语传承的必要性，在感情上有强烈的族群认同。然而，英国的华人家庭大部分缺乏对祖语亲子活动的重视，无形中极大地减少了家庭的祖语环境。家长们在感情上对祖语有着强烈的语言认同，但他们对保持祖语有畏难情绪，因此实际上存在着英国华二代祖语保持效果不理想的矛盾，这种事实上的矛盾反映出家长们做得远远不够，结果也与他们的愿望相悖。华人家长的语言情感与语言实践的矛盾，表明了在英语语言环境和英国的社会环境里，怀着美好愿望的家长们处于与现实妥协的无奈境地。英国华人愿意融入当地的文化，对英国社会和文化的认同态度也在一定程度上降低了孩子学习祖语文化的积极性，这给祖语的保持带来了一定的压力，对在英语环境中使孩子保持祖语提出了问题与挑战。家长应该态度坚决地发挥家庭语言管理的决策作用。

英国的中文学校作为祖语保持的重要场所，其教学效果并不令人满意，提高师资力量和教学效果是当务之急。英国的中文学校属于周末社区学校，发展极不平衡，不够正规。有限的师资造成学校无法更深入地开展教育教学工作。在教学方法上中文学校还有很大的差距，有些教师落后无趣的教学方法削弱了学生对中文的兴趣。目前中文学校无法对教师的教学资质做出严格要求。缺乏统一的、标准的评估方式，教材不固定，英国本土教材的编写有一定的局限性。同一班的学生年龄跨度大，不同年龄造成的认知上的差异要求教师具有善于分层教学、因材施教的能力，具有改编、充实教学资料的能力。但这个要求与中文学校现有的师资水平发生了矛盾，因此教师急需专业培训，汉语教学专业素养有待提高。此外，中文教学对于教师的英文水平也有较高的要求。

中文学校的发展缺乏有力的经济支持，而运作资金的匮乏会在一定程度上影响学校的教学效率。中文学校基本上是自负盈亏，学费是主要收入，生源不稳定造成经费不稳定。租赁当地主流学校的校舍给校长、教师带来更多管理上的压力，对于教学资源、教具资源也有不利的影响。在租赁场地的管理及学生安全方面，中文学校在一定程度上缺乏主动权，虽然希望给孩子们创造良好的学中文的环境，但其中的困难很多。作为非主流学校，中文学校的教学质量受到英国主流学校课程安排的影响。学生会由于升学的压力大量缺课，这就给中文的教学造成了极大的困扰。

中文学校和教师面临的另一个挑战是如何让孩子将所学用于日常生活中，也就是华二代日常使用中文的机会并不多。另外，教师感到有压力的教学难点之一是如何消除学生对拼音的依赖。英国的中文教学更需要注重不依赖环境的诵读法和合适的文本，特别是文本，有了好的诵读文本，才有望保持祖语。中文学校的师生见面时间少，不利于督促学生，因此很大程度上依赖家长的配合来督促学生复习和完成作业。这加重了家长的负担，也使得缺乏家庭中文语言环境的学生由于学习资源的不同而在中文水平上产生更大的差距。

对此，我们提出以下建议：

（1）进一步提升家庭语言规划对祖语保持的作用。

家庭中的祖语使用取决于父母的态度。如果家长持有正确的语言态度、制定及时的语言规划并采取积极的语言学习措施，那么华二代的祖语传承将会取得极大的成功。

英国华人家长陪孩子进行与祖语相关的亲子活动的频率有较大的提升空间。如果家长在孩子幼年的语言敏感期尽量创造更多使用祖语的机会，对语言的规划做出及时的调整，把握机会，改变自身的态度和策略，那么华二代在外部大的语言环境为英语的情况下就会得到更多的祖语语言实践机会。如果家长注意在孩子上小学后尽力保持住家庭祖语环境，给孩子留有一定的祖语学习空间，那么就会给孩子提供一个有力的家庭的祖语环境的支持。提高祖语互动频率将是大幅度提高祖语保持成功率的重要途径。如果家长足够重视，能够做到在百忙之中抽出时间进行祖语亲子活动，潜移默化地影响孩子，那么孩子的祖语传承将取得很大的成功。

中文学校是除家庭以外另一个重要的祖语学习场所，家长们应该珍惜这个机会，合理利用资源，配合中文学校管理华二代的祖语学习，共同努力，改进华二代的学习方法，提高学习效果，提高华二代学习祖语的积极性，消除华二代在祖语学习上的被动性。

家长要学一点儿童心理学，巧妙地利用孩子的内在需求，激发他们的学习动力，家长要创造这种需求。与国内家长一样，在教育孩子的过程中，家长有的时候不够耐心，对此家长需要提升自身的修养，善于有智慧地辅导孩子学习，参加一些亲子关系培训或交流活动。

（2）提高中文学校的教学质量。

中文学校是除家庭以外另一个重要的学习祖语的场所。其关键在于如何让华二代提高使用祖语的自信心，让他们喜欢祖语的学习。除了需要家长营造良好的家庭学习氛围，还需要中文学校改进教学方式，提高教学效果，吸引华二代学习祖语。

华二代在祖语的学习上存在一定的被动性，如果英国的中文学校能够改进华二代的学习方法，改进教学，提高学习效果，提高华二代学习祖语的积极性，那么祖语保持的成功率将会有很大的提高。有些中文学校教师的教学方法与时俱进，提高了课堂趣味性，没有因为每周只有两个小时的教学时间而一味赶进度，提高了华二代的祖语学习兴趣，激发了他们学习的积极性，非常值得借鉴。学校很重视开展文化活动，并不局限于书本知识教学，这些活动也同样极大地激发了学生学习中文的兴趣。我们要保护他们的热情与积极性，采用更灵活有趣的教育教学方法，更好地促进祖语的传承。

中文学校的管理逐步正规、严格，引起了家长的重视。英国的中文学校很多都是由华人自发组织起来的，经过多年的努力才有了今天的规模。严格正规的管理促使家长更加积极地配合中文学校的教学，督促华二代的祖语学习，这一点值得所有中文学校注意。

中文学校应注重把华二代培养成双语人才，培养其强大的阅读、书写能力。华二代拥有了阅读、书写的能力才能更好地理解汉语文化蕴含的精髓。中文学校要尽量为华二代提供更多的使用中文的机会，创造尽可能多的语言环境。

（3）跟主流学校合作开展中文的祖语教育。

可以考虑把中文课堂开到主流学校里去。但这取决于当地的政策和各个主流学校的意识。优良的中文 GCSE 和 A Level 分数可以提升主流学校在教育机构中的排名，如果中文学校的师资过硬，那么双方的合作其实将带来一个双赢的局面。但这种合作也有一定的矛盾，即华二代的中文水平大多数情况下比非华裔高出很多，所以在班级设置和课程设置上还需要深思熟虑。

目前，英国的总体趋势是对汉语教师的需求越来越大，尤其在伦敦地区。虽然现有的主流学校的汉语教师大多数并没有当地认可的教师证，但这只是主流学校在大部分汉语教师没有英国教师资格证的情况下的一个权宜之计。从长远来看，主流学校必定会要求汉语教师拥有当地承认的教师资格证。这就要求汉语教师们抓紧时间提升自我，为将来抓住就业机会做好充足的准备。

第五章

澳大利亚方言背景华二代祖语学习与认同研究

第一节 引 论

　　华二代是澳大利亚华裔青少年的主要构成，在澳大利亚的中文学习者中也是一个占比很大的群体，华裔学生的比例甚至超过了 80%（Orton，2010）。非华裔学生在中文课堂上学习的是一门外语，而华裔学生在中文课堂上学习的是祖语，甚至是他们日常生活中的语言，两类学生有着非常大的区别。

　　但在实际情况中，不少学校因为经费的问题，无法为幼儿园至初中阶段的华裔学生及非华裔学生开设不同的中文班，两类学习者常常不得不合在一起上课（陈平，2013）。在混班上课的情况下，老师们常常采用适合二语学习者的教材和方法来同时教华裔和非华裔的学生，即便是在专门给华裔学生开设的中文班，中文老师由于缺乏对学习者特点的了解，也往往是摸着石头过河，凭感觉来设计课程的内容和进度。这样就会导致部分华裔学生觉得课程设计不能满足他们的需求，宁愿去社区语言学校上课也不愿在全日制学校学习中文。

　　20 世纪 80 年代以前，澳大利亚华人移民来源地以广东和福建为主，其家庭语言以汉语方言为主，诸多华校以粤语等授课。80 年代以后，华人新移民来源更为多元，迁自中国（包括大陆、香港、台湾地区）和东南亚各国，来自中国且以汉语普通话为背景的华人移民增多，特别是随着中国社会发展带动的"汉语热"，汉语普通话成为澳大利亚主流学校和华校的教学语言。可是，华裔学生当中还有相当一部分是来自说粤语、闽南话、吴语等汉语方言的家庭。这些学生由于没有普通话的家庭语言环境，父母亲的英文又不好，往往在中文课堂上成了"夹缝人"。跟非华裔的学生比，他们是属于有优势的学习者群体；然而跟在家说普通话的华裔学生相比，他们又处于明显劣势。

在初中阶段的实际教学过程中，中文老师往往让说汉语方言的华裔学生与说普通话的华裔学生做同样的听、说练习及试题，与非华裔中学生做同步的读、写练习及试题。然而，在家缺乏普通话语言环境的方言者常常会认为，自己的普通话听说能力被过于高估，读写能力又被过于低估。如果跟说普通话的学习者一起学习祖语课程，他们会觉得自己好像祖语生群体中的次群体；如果跟无华语背景的学生一起学中文，他们又会被挤兑，被视为轻松得高分者。

由于澳大利亚允许中学生在 9 年级停止除英语之外的语言课程的学习，许多在家说汉语方言的华裔学生因为在中文课堂上找不准自己的位置，到 10 年级就没有再继续学习中文。即使是进入了高中阶段，祖语学习的方言者也会因为学业表现不及说普通话的学习者，而不受中文老师的喜爱。最终能坚持到 12 年级参加中文（祖语）科目毕业考试的这类华裔学生也寥寥无几。

有别于第一语言和第二语言教育，祖语教育强调的是少数族裔语言和文化的传承，学生所接受的不仅是一种语言教育，更是一种认同教育（Carreira，2004）。华语的传承和发展与华裔学生在祖语学习过程中的认同建构息息相关（He，2006）。现实中的祖语课堂以普通话为标准，汉语方言似乎不具备多少语言权力，祖、父辈说汉语方言的华裔学生在以普通话为目标语的课堂上难以避免地会碰到认同的问题。如何正确地引导他们的认同，使得汉语方言背景的华裔学生愿意通过学习普通话来传承华语，是中文老师们亟待解决的问题。

近十几年来，诸多学者对华语学习者的认同问题进行了研究，这些研究关注了华裔学生的文化、族群、价值观、语言及国家等多层面的认同（王爱平，2000；魏岩军等，2012；刘文辉等，2015；沈玲，2015），从不同侧面表明华裔汉语学习者的身份认同、文化认同与其汉语水平呈正相关。Mu（2015）对 200 多名澳大利亚青年华裔进行了问卷调查，定量分析的结果显示，澳大利亚华裔青年的"华人意识"

（Chineseness）与他们的华语水平呈显著正相关关系。

综观华文教育领域的语言与认同研究，实证研究占主导，理论研究还很缺乏。实证研究的方法以定量研究和共时研究为主，虽然有的研究结合了定量分析和定性分析法，但定性的比重偏低，使得"认同"这个心理建构过程难以得到个性化的、深层次的剖析。部分实证研究未把"文化认同"看作"是对一种文化、社团及群体的依附感、归属感，以及基于这种归属感所表现的行为倾向"（魏岩军等，2015），而仅当作对形式文化的认可、喜爱或赞同，忽略了认同的结果，即个体将文化精神内化并在行为上表现出一致性或趋同性，因而片面地理解了源自西方认同理论的"cultural identity"这一概念（秦晨，2012）。在对待语言认同的问题上，国内现有的研究倾向于将华裔学习者的母语认同等同于汉语认同，但汉语本身就有标准语与方言之分，在海外环境下又会遭遇语言迁移以及代际传承过程中的损耗与变异，语言形态融入了当地特色后更趋多元化，如将华裔学习者的母语统称为汉语，而不考虑海外特殊环境下的涵化因素，那就有刻意回避这类学习者内部复杂性和多样性之嫌，研究的效度也就值得质疑。陈志明（1999）认为，既然华裔族群已适应了聚居地或散居地的社会文化环境，我们就应关注语言涵化与同化的不同层次给华人族群认同所造成的影响。而且，我们还应区分有华文读写能力和没有华文读写能力的华人，研究读写能力、族群意识与族群认同之间的关系。然而，对陈志明所提的这几点，学界仍缺乏足够的关注。

持社会建构观的研究者不主张将认同看作已经完成的事实，而倾向于把它看作是一个不断被打造的、一直处在成型过程中的"产品"（Hall，1990）。也就是说，认同不是由某种本质或天性所决定的，而是源于社会间的相互影响，有选择和转变的可能性。Wiley（2008）对一名曾以祖语生身份在美国大学里学习普通话的华裔青年进行了为时几个月的个案调查，他发现，这名说粤语的华裔青年在学习普通话的过程中因粤语口音和写繁体字的习惯受到了歧视，继而影响到他对祖语生身份的认同，最终退出以普通话为目的语的祖语课程。Wong 和 Xiao（2010）在对 64 位来自不同方言背景的祖语生的访谈过程中，也发现了类似的因普通话而导致说方言的学习者认同困难的问题。通过对定性数据的编码，Wong 和 Xiao 将受访者的认同问题抽象为三大概念类属，即想象共同体、语言霸权和语言投资。从方言者的角度来看，要把普通话当成祖语来学习就得在认同方面突破地缘界限，放眼国际。他们学普通话不仅仅是为追溯过去，更主要的是为将来积累适用于全球华人社群的文化资本。方言者在学习普通话的过程中需要形成新的认同，以实现成为全球化多语者的抱负。

同是关注方言者的认同问题，Wu（2014）将研究对象锁定在美国的全日制中学生身上。通过对一所学校 7、8 年级华语祖语生的参与式观察和访谈，Wu 了解到：方二代（方言背景的华二代）在语言认同方面经历着挣扎，因为普通话并不是他们的家庭语言，但因为课程设置的原因，他们不得不把普通话当成祖语来学习，事实上他们抗拒这种强加的、忽视他们语言背景的认同方式。从生态学的角度考虑，Wu 认为，华语祖语教育应注重改善普通话与汉语方言之间权力不平衡的现状，避免形成"汉语就等于普通话"的思想意识，应将祖语生的方言背景视作一种资源，促进多元的华语认同。

社会建构主义视角下的研究强调，在任何给定的时间和场合，学习者都在主动地建构某种群体身份，可能关乎族群、国籍、语言社团、社会身份或祖语生类型（He，2010）。语言被概念化为自我、精神和社会发展的组成部分。当语言不是被看成一个独立的系统，而是因情境而异的、达到目的的工具时，学习者的身份认同在日常语言流程中得以建构。对祖语生而言，祖语学习与认同交织在一起，而认同是在日常交际中实现的。

澳大利亚的中小学教育一贯倡导"以学习者为中心"，然而目前面向华裔学生的祖语教学却很难做到这一点，中文教师资格培训里缺乏有关祖语生的内容，祖语教学研究领域有关澳大利亚华裔学生特点的学术成果也是屈指可数。如果不了解华裔学生的群体特征和个体特征，"以学习者为中心"的教育理念就无法真正得以贯彻实施。

华人所使用的语言丰富多元，如从家族传承的角度来看，华裔学生的祖语应是多种多样的。然而澳大利亚目前的全日制中文教育以普通话为目标语，对于祖、父辈都说汉语方言的华裔学生而言，这样的学习必然会带来一定的认同问题。只有弄清楚问题的种类及原因，才能引导他们建构认同。

本章旨在通过对以下几个问题的研究，促进澳大利亚中文教育者对华裔中学生的构成特点以及认同维度的理解与认识，推动澳大利亚祖语教学与研究的发展。

问题一：澳大利亚华裔中学生是怎样的一个祖语生群体？

问题二、三：其中，方二代在以普通话为目标语的祖语学习过程中会遭遇哪些认同问题？原因是什么？

第二节 研究设计

一、研究对象的界定

结合 Carreira（2004）以及 Hornberger 和 Wang（2008）的观点，本书将华语祖语生定义为以华语为族裔语或祖裔语，但由于生活在以华语为少数族群语言的国家或地区，在早期语言习得过程中未能获得充分的华语输入，因而缺乏华语能力或华语习得不完全的学习者。这一定义涵盖了此类学习者的认同因素、语言生活和习得环境、华语能力，同时也具备了一定的解释性。

华语祖语生的内部构成复杂，不能仅以华语能力的有无或高低作为分类标准，还应考虑这类学习者的语言习得背景以及方言背景。在华语国家出生并接受过几年华语小学教育的学习者往往比非华语国家出生的学习者具备更好的华语语感，而家庭主导语是汉语方言的祖语生在华语课堂上往往比在家说普通话的祖语生要面临更多的听、说方面的困难。在华语课堂上，不同语言习得背景以及方言背景的祖语生应该得到区别对待。因而，本书将华语祖语生分为表 5-1 所列的四类：

表 5-1 华语祖语生的基本类别

类别	学习者特征
CHLL[1]1	在华语区出生，接受过几年幼儿教育或华语小学教育后在 10 岁之前（包括 10 岁）[2] 移民至非华语国家或地区的学生
CHLL2	在非华语国家或地区出生，或在刚出生后不久移民至这一国家或地区，父母亲至少有一方是说以普通话为基础的华语标准语的学生

---

[1] 本研究使用的缩略词，英文对应：Chinese Heritage Language Learner，下同。

[2] 这一年龄界限参考了新南威尔士州教育部的标准。

（续上表）

类别	学习者特征
CHLL3	在非华语国家或地区出生，或在刚出生后不久移民至这一国家或地区，父母亲至少有一方说汉语方言（特别是非北方方言）的学生
CHLL4	在非华语国家或地区出生，虽为华裔移民后裔但家里不说华语，仍保留一定中华文化传统认知的学生

其中第一类、第二类和第三类祖语生是具备实际华语能力的，即 Valdés（2001）所指的双语者；而第四类祖语生是仅有祖裔渊源但无华语能力的，即 Van Deusen-Scholl（2003）所提的"具备传承动机的学习者"（learners with a heritage motivation）。在第一、二、三类祖语生中，由于语言背景的差异，即使是年龄相仿的双语者，其华语水平也往往参差不齐，有的可能仅具备基本的听说能力，有的可能听说读写能力都接近母语者水平。这三类祖语生的内部都可能形成一个华语水平由低到高的连续统。而第四类祖语生以华三代、华四代为典型代表，其祖语在代际传承的过程已磨蚀殆尽。

第四类祖语生因为完全没有家庭中文环境，其祖语学习基本已经等同于一般的汉语二语学习，面临诸多问题，本研究存而不论。第三类祖语生面临着较多的祖语学习与认同问题，因而，本项田野调查的对象锁定为具有一定汉语方言家庭背景的华裔中学生，即"方二代"。

二、研究过程

本项田野调查①是于 2014 年 7 月底至 9 月底在悉尼的一所全日制私立女校进行的。因该校要求匿名，以下则以 Private Girl's College（简称 PGC）来代指这所学校。该校成立于 1888 年，位于悉尼的内西区，一个华人相对集中的区域。学校有将近 1 200 名学生，总共有 13 个年级——从学前班到 12 年级。该校的小学部和中学部有明确的区域划分，田野调查是在中学部进行的。这所学校从小学到中学都设有中文课程。小学部有两名中文老师，负责学前班至 6 年级的中文教学。中学部则有三名

---

① 此项田野调查所收集到的所有资料都已获得了 PGC 的学生、家长及中文教师的许可，用于本章的撰写。下文中的"S"指学生，S 后的数字为学生代码；"T"指中文教师，T 后的数字为教师代码；"I"及"TA"分别指访谈者及助教，但其实都是调查者本人。

中文老师，两名全职老师，一名助教，负责 7～12 年级的中文教学。除了中文课以外，该校的非英语语言（LOTE）课程还有法语、日语、意大利语和拉丁文。但中文课和法语课是该校最强的两门语言课程。

笔者首先获 PGC 的批准以助教的身份到 7～12 年级的中文课堂进行参与式观察，在取得学生的信任之后再以西悉尼大学的访问学习者的身份收集研究资料。

研究资料的来源主要有访谈、背景调查问卷、课堂录音、观察日志、学生的作业及试卷。课堂录音和访谈录音都是根据附录 8 的转写标准予以转写，英文的转写内容再附上中文翻译。转写后的文本、背景调查问卷结果、课堂观察日志、学生作业及试卷的扫描件都被导入 NVivo10 质性分析软件进行编码及分类整理。

对该田野调查所收集到的研究资料的分析依照以下的步骤：

（1）对所有的访谈及课堂录音进行转写；

（2）对收集到的信息进行单元化的处理，逐个把信息单位从资料中提取出来，进行开放编码；

（3）把单元化所得的信息单位根据意义的相似性划分成不同的类别；

（4）用持续比较法（Glaser & Strauss，1967）对每一个类别进行提炼，直到所有新信息单位都能纳入适当的类别（类别饱和）为止；

（5）从编码中提炼出主题之后，笔者尝试在主题之间建立关联。

三、人口统计学信息

参加访谈的华裔学生总共有 7 名，全部为具有一定汉语方言背景的中文学习者。其中有 2 名来自 7 年级，2 名来自 9 年级，2 名来自 10 年级，1 名来自 12 年级。也就是说，中文课的必修阶段、选修阶段以及高考阶段都有华裔学生参加半结构式访谈。受访学生的基本信息如表 5－2 所示。

这 7 位学生中有 6 位是方二代，1 位是方三代（作为对比，顺便报告）。

受访的中学教师有 3 名，文中分别用 T1、T2 和 T3 来代表。T1 出生在香港，父母是东北人，所以粤语和普通话都是母语者水平，她 30 岁以后移民澳大利亚，在 PGC 做中文教师已有 10 年时间。T1 主要负责 7 年级祖语班、8 年级祖语班、9 年级班、11 年级祖语班和非祖语班，以及 12 年级祖语班的教学。T2 出生在台湾，高中和大学的学业是在澳大利亚完成的，她不会说闽南话，只会说"国语"，在 PGC 已工作 5 年。T2 主要负责 7 年级非祖语班、8 年级非祖语班、10 年级班、11 年级母语班以及 12 年级母语班的教学。T3 出生在中国大陆，高中时移民澳大利亚，在悉尼读的大学，她只会说普通话，在 PGC 当助教仅一年的时间，主要负责辅助 T1 和 T2 的教学。三位中文教师都不是土生土长的澳大利亚人，她们是澳大利亚中文教师的典型代表。

表 5 - 2　受访学生基本信息

学生编号	S1	S2	S3	S4	S5	S6	S7
性别	女	女	女	女	女	女	女
年龄	18	14	13	15	14	15	13
年级	12	9	7	10	9	10	7
出生地	澳大利亚	澳大利亚	澳大利亚	澳大利亚	澳大利亚	澳大利亚	香港
父亲的出生地	广州	香港	香港	汕头	澳大利亚	福建	香港
母亲的出生地	香港	香港	香港	深圳	澳大利亚	福建	香港
家庭用语	粤语	粤语、英语	粤语、英语	闽南话、英语、普通话	英语、粤语	闽南话、普通话、英语	粤语
学生的第一语言	粤语	英语	粤语	闽南话	英语	英语	粤语
父亲的第一语言	粤语	粤语	粤语	闽南话	英语	闽南话	粤语
母亲的第一语言	粤语	粤语	粤语	闽南话	粤语	闽南话	粤语
对汉字字体的偏好	简体字	简体字	简体字	简体字	简体字	简体字	简体字
小学阶段学过几年中文	1～2 年	没有学过	超过 2 年	没有学过	没有学过	超过 2 年	6 个月至 1 年
是否上过社区中文学校	上过粤语社区学校	上过粤语社区学校	上过粤语及普通话社区学校	上过普通话社区学校	没有	没有	没有

第三节 讨 论

对资料中所涉及的主题进行关联后，本研究将方二代在祖语学习过程中所面临的认同问题分为四大类：语言认同、学习者身份认同、华人族群认同以及文化认同。以下就对这四类认同问题进行逐一阐述。

一、语言认同

(一) 普通话 VS 方言

1. 课程的被动选择

由于政治、经济、华人移民构成等多重原因，澳大利亚的中小学都推行普通话教学，导致仅存于社区语言学校的汉语方言课程面临着消亡，目前连位于老华人移民社区的社区中文学校也不再开设粤语、闽南话等方言课程。

在接受访谈的华裔学生当中，有三位曾在社区中文学校上过一段时间的粤语课，这三位学生均来自说粤语的家庭。S1 是一名 12 年级祖语班的学生，在她读小学时，曾利用周末的时间去粤华侨聚居区的一所中文学校学习粤语，那时的粤语课程每三周才上一次，且没有正式的课本和系统的学习安排，上了没多久该粤语课程就被普通话课程所取代。S2 是一名 9 年级班的学生，她从 9 岁开始去周日制中文学校学习粤语，总共学了三年的时间，直至粤语课程被取消，在那里她学会了写繁体字，7 年级才开始在 PGC 学习普通话，并逐渐习惯写简体字。当问到她是否想在 PGC 也学粤语而非普通话时，S2 表示想继续学粤语，不过 PGC 只能提供普通话课程。S3 是一名 7 年级祖语班的学生，为了能够上粤语课，她在读小学时曾先后去了两所社区语言学校，然而这两所学校都在一年后停止开设粤语课程，改设普通话课程，她在中断粤语学习四年后，从 7 年级开始在 PGC 学习普通话。

从以下的一段访谈对话可以看出，虽然一些粤语背景的学习者出于工具性动机愿意学习普通话，但如果可以选择，他们还是希望能够学习自己的祖籍方言。

I：So, do you prefer to learn your home dialect which is Cantonese or Mandarin? If the school offers to—

　　那么，你是情愿学你的家庭方言粤语还是学普通话？如果学校提供——

　　S1：Mhm, I feel like Mandarin is more…useful, but maybe it is because…like in the society nowadays, people…like we don't promote Cantonese. That is why it's not that…like…used by other people, but if the people provide like Cantonese courses, then obviously…mhm…in the working industry it will be more useful as the same level as Mandarin.

　　嗯，我觉得普通话更……有用，但也许因为……像现今的社会，人们……我们不推广粤语。这就是为什么它不……被人们所使用，但是如果人们提供粤语课程，那么显然……嗯……在劳动力市场里它会跟普通话一样有用。

　　I：So like if there is like Cantonese class to choose from—

　　所以假如有粤语班可以选择——

　　S1：I think…I would（choose Cantonese）—That's easier.

　　我想……我会（选粤语班）——那更容易。

　　如 S1 一样，认为粤语在华人社会仍具有举足轻重地位的华裔学生不在少数，但学中文就不得不学习普通话，正规的粤语课程已无处可寻，这是他们不得不面对的问题。对于其他方二代而言，想要通过在校学习来传承自己的祖籍方言，更是无从谈起。

　　2. 普通话与华语混淆

　　毫无疑问，普通话在中文课堂上占据绝对的主导位置，以至于一些学生潜意识地将"Chinese"与"Mandarin"等同起来，似乎除了普通话，其他都不能算作"Chinese"。

　　S2 来自粤语家庭，是在澳大利亚出生的华二代，在接受访谈时她读 9 年级。在中文班上，她原本是被老师分到祖语生那一组，后来因为普通话水平较低，老师将她调到了非祖语生即进阶生（continuers）那一组，跟进阶生做同样的笔头练习和笔试试题。然而，进阶生们不大愿意让她成为组员，因为进阶组的成员基本没有什么华语背景。有一次，期末考试成绩在班上公布，这位受访学生的成绩明显高于其他进阶组成员的成绩，一位进阶生出于不满，大声地在老师和同学面前指出 S2 在家说华语，应回到祖语生组，S2 则立刻反驳道：

　　S2：I don't speak Chinese at home, I speak Cantonese.

　　我在家不说华语，我说粤语。

　　在 S2 看来，粤语不算严格意义上的华语，普通话才是。所以，她以不太会说普通话为理由，想要继续留在进阶组。

S5 是在澳大利亚出生的华三代，虽然她母亲的第一语言是粤语，但家里是说英语为主。由于在家庭中缺少华语输入，她从 7 年级开始就跟非祖语生一块学习普通话，在她的理解中，Chinese 指的就是普通话。在访谈中，当问到是否愿意跟祖语生一块学习中文时，她表示极为抗拒，并给出了如下的理由：

S5：You can't compete like the people who speak Chinese at home though.

可是你不能与在家讲华语的人竞争啊。

I：（Chinese）Like the Mandarin？

（华语）指的是普通话？

S5：Yeah, like you can't compete with them. Like…we don't speaks Chinese regularly and who we meant to compete with them.

是的，你没法跟他们竞争。像……我们不经常讲华语的，跟他们竞争不了。

S5 不认为自己应该跟祖语生一块学习的理由是因为家里不常讲普通话，只有在家常讲普通话的才能算作祖语生。

同 S2 与 S5 一样混淆华语与普通话的华裔学生并不少见，这跟普通话在中文课堂和华人社会的优势地位不无关联。

（二）语言能力认同问题

1. 对标准语的听说能力缺乏自信

目前的中文课堂都以普通话为标准语。而被访的来自纯方言背景家庭的华裔学生均表达了对标准语听说能力的不自信，尤其是在说普通话方面。

当问及 S1 在学习普通话过程中遇到什么困难时，这位学生觉得遇到的首要困难是在口语方面：

I：So when you started the Mandarin class, although Ms Zhao speaks some Cantonese, she speaks Cantonese, you might encounter some difficulties like learning Mandarin right？

所以当你开始普通话课程时，尽管赵老师会说一些粤语，她会说粤语，但你可能还是会碰到一些学习普通话的困难对吗？

S1：Mhm, Yes. But like for speaking yes. I speaking a lot of…trouble. Like reading is no…like okay. And for writing my parents…like do help me.

嗯，是的。是在口语方面。我说（普通话）很费劲。像阅读就不（费劲）……（阅读）还行。而在写作方面我父母……会帮助我。

这种说普通话的自卑感在粤语背景学生中尤为突出，即使被访者的普通话发音在旁人看来已颇为准确，她仍旧会认为自己的发音与标准的普通话相去甚远，如 S7 的表述：

I：Ok，alright. So，cos you are from the purely Cantonese-speaking background，when you started learning Mandarin，what difficulties have you encountered in the class?

好的，好吧。因为你是来自纯粤语家庭的，当你开始学习普通话时，你在班上碰到过什么困难？

S7：(laughter) When I speak，my Mandarin is really terrible.

（大笑）当我说普通话时，我的发音真的很糟糕。

I：Mhm. But，when we do the speaking practice I think it's quite ... your speaking is—

嗯。但是，当我们做说话练习的时候，我认为你的发音……挺——

S7：It's really deformed. Tons's wrong.

真的发音不准。音调有误。

在课堂观察中，我们也发现，方言背景的祖语生在普通话声调方面的问题最为普遍，即使教师反复给出标准的声调，观察对象仍出于发音习惯而难以模仿到位。如 S2 在与教师助理（TA）做有关问价的口语练习时，不能将"买"和"卖"的声调区别开来：

S2：*Xiang*1 *jiao*1 *zen*3 *me mai*3.

香蕉怎么卖（读成了"买"）。

TA：*Zen*3 *me mai*4. If you say *mai*3，*mai*3 is to buy，and to sell，you use the falling tone *mai*4. *Xiang*1 *jiao*1 *zen*3 *me mai*4.

怎么卖。如果你说"买"，买是指花钱，说卖得用降调。香蕉怎么卖。

S2：Ok.

好的。

S2：*Cao*3 *mei*2 *zen*3 *me mai*3.

草莓怎么卖（仍读成了"买"）。

TA：*Mai*4.

卖。

S2：*Mai*3.

买。

TA：*Mai*4.

卖。

S2：*Mai3.*

　　买。

　　祖语生也常会受自己的方言影响，在辅音的发音上出现偏误，如 S4 因为潮州话的影响，会混淆"是"和"四"的发音：

S4：Like some words I forgot the *h*. Like…like *shi4* I'll say as *si4*.

　　有些时候我会忘记（辅音中）有 h。像……像"是"我会说成"四"。

　　由于家庭环境中缺少普通话的输入，有被访学生认为，在以普通话为标准的祖语学习过程中，提高听说能力的难度要比读写更大。要达到与普通话背景学习者同样的听说水平，她们需要经历更多的挣扎，付出更多的努力。然而，在 PGC 的中文课堂上，老师有时会无视这一点，没有给予有针对性、区别化的听力和口语训练，甚至还让她们做与普通话背景学习者同样的听说练习。

S2：Well, I find like…mhm speaking and listening harder.

　　好吧，我觉得嗯……听和说较难。

I：Speaking and listening harder…harder do you mean mhm compared to Cantonese? Or compared to other languages?

　　听和说较难……较难你指的是，嗯，与……粤语相比较吗？还是与其他语言相比较？

S2：Mhm. I think I just find it like hard to get use to, since I don't speak that much at home and I don't really listen to it much.

　　嗯。我想我就是觉得比较不习惯，因为我在家不怎么说（普通话），也不常听到它。

　　在横向对比上，纯方二代倾向于认为，自己的听说能力与进阶班（非祖语生）的水平类似。而在实际情况下，中文老师会因为她们具有华语家庭背景，而对她们的听说能力给予过高的期望。

S2：I think for me my listening and speaking was like the standard of the people in the continuers group, but then my reading and writing was a bit sometimes better than the people in the heritage group.

　　我认为我的听说能力像进阶组非祖语生的标准，但我的读写能力有时比祖语生还要好一点。

　　2. 华语水平遭受歧视

　　在普通话占绝对主导地位的中文课堂，方二代不可避免地会遭受中文老师对他们华语水平的偏见和歧视。这一歧视最直接的反映是在考试分数上，以 S3 的经历为例：

　　I：How about for speaking? Have you been marked down? Because of ——

　　口语（考试）怎么样？你因为有（口音）被扣分吗？

　　S3：Yeah, like this year I only got like five out of twenty.

　　是的，像今年（的口语考试）满分二十分我只得了五分。

　　I：Oh, only five out of twenty.

　　噢，二十分只得了五分。

　　S3：My friend is in the non-heritage class, she got better marks than me.

　　我的朋友在非祖语班，她的分数比我的高。

　　I：The same question?

　　同样的试题？

　　S3：Like same test. Yes.

　　是的，同样的试题。

　　I：You think…it's kind of not fair to be under her, right?

　　你是认为……得分比她低有点不公平，是吗？

　　S3：Mhm.

　　嗯。

　　S3 是 7 年级祖语班的学生，因为普通话发音带有较重的粤语口音，在口语考试中被扣了分数，而她的朋友是以华语为外语的学习者，尽管有洋腔洋调，考同样的口语试题，得分却比 S3 要高出许多。相比非祖语生，在家说汉语方言的学习者因为华语背景而不得不接受近似普通话背景学习者的口语标准，难免会如同 S3 一样产生不公平之感。

　　除了语音语调，在使用繁体字还是简体字的问题上，中文教师也往往会贬繁崇简，甚至认为写繁体字是错误的：

　　S2：Mhm. In my first Year 7 Chinese exam, I…accidentally wrote traditional characters instead of simplified.

　　嗯。在 7 年级第一次中文考试中，我……不小心写了繁体字，而不是简体字。

　　I：Have you been marked down…because of that character?

　　因为写了繁体字，你被扣分了吗？

　　S2：Yeah, I was marked down because of that.

　　是的，我因为这个被扣分了。

　　S2 在开始普通话课程的学习之前曾在周末粤语学校学习过写繁体字，7 年级开始在中学学习普通话时还不太习惯写简体字，常被中文老师"纠正"。接受访谈时，她已9年级，虽渐渐习惯写简体字，但仍避免不了在作业或笔试中出现几个繁体字，往往因此被扣掉分数。

在口语和写作的方面，方二代常会不自觉地依照方言的语序和语法来进行表达，中文老师若对该方言缺乏了解，易将他们的表达方式判为有误：

I：If having another teacher from like only Mandarin-speaking background, would you…like do you think…mhm…students like you might encounter problems in class?

如果中文老师换作一名纯普通话背景的老师，你会……认为……嗯……像你一样的同学在上课时会碰到困难吗？

S1：I think so. Yes. But surely like…writing I just…they won't understand. They might just think that it is silly mistake.

我认为会的。像……写作，我只是……他们肯定不能理解。他们也许以为那是愚蠢的错误。

即使是经验丰富的中文老师，能明白语序问题是受方言影响，也还是会将学生的语序看作非正常的中文语序。例如第二位被访教师（T2）就是一位资深的中文教师，曾多次担任中文HSC（新南威尔士州的中学毕业考试）考试的考官和改卷人。在谈及11年级祖语班一名粤语背景的学生时，她就忍不住将这名学生描述成了一名"问题"生：

T2：就是说……她讲出来的句子呢，就是说……一听就是带有啊她广东……啊方言，啊首先是发音会是这样，然后句子结构呢，也会出现这个问题。

I：广东的——

T2：对，广东的方言的句子结构跟普通话不完全一样。然后呢，出现在她的笔头，比如说写文章的时候呢……也会出现这样句子颠倒的情况，就是语序……是用广东话的语序说出来的句子，当然写呢……她表达，她有的时候就会忘记，就会顺势表达出来这个语序，是广东方言的语序而不是正常的Mandarin中文的语序。

I：那她自己有没有觉得struggle，如果是在那个Mandarin的，在普通话的课上面？因为她这个句子的那个语序啊，还有她说话的语序，写作也好，说话也好——

T2：就听的时候她没有问题，她能够理解，她能够听懂我说话。当她在表达出来的时候，就会struggle，确实有struggle的情况。然后她就会很痛苦，比如说考试的时候她就很……就是说……看她那表情就是说她知道应该……就是说想说什么……可是却很难流畅地表达出来，就很慢，她要想，才能把它正确地说出来，当然有时候一着急出来都是……就是错的。

虽然 T2 知道说粤语的那名学生表达困难的原因，也能感受到那名学生的挣扎，但仍会以普通话为绝对标准将该名祖语生的表达方式判定为"错误"的，且认定该名学生的中文考试成绩一定不会太好。

I：那她这样的话，她就是……考试的时候她可能跟其他那个没有方言背景的学生比起来，她那个分数可能会不会因为（这个）……受影响？

T2：一定是受影响的，百分之百受影响。

I：所以她就……她会不会很困惑如果——

T2：她困惑，就比如像现在的呵……就是现在 Year 11 exam（11 年级考试）刚刚考完，分数也有了，她就在……嗯……犹豫到底是不是 12 年级要继续下去做 HSC，再决定。我就说那你一定要做足这个……认认真真地考虑好，你跟其他科目比一下，你这一科占优势还是其他科目占优势，如果你这一科占优势呢，我一点都不建议你 drop（放弃）掉，对吧？因为你要是……你要选你最好实力的 unit（科目）来做你的 HSC 吗，对吧？

这名资深教师的评价也影响到了该名粤语背景的祖语生对升班问题的考虑，她对是否参加 12 年级的中文毕业考试犹豫不决，担心因表达不够标准而不能取得好的成绩。而出于对教学工作量和毕业班整体成绩的考虑，T2 其实希望那名粤语背景的学生能主动放弃祖语课程的学习。

最终，那名老师口中的"问题"学生在 11 年级末退出了祖语课程的学习，放弃了参加 12 年级的中文科目的毕业考试。而像她这样因为方言背景在普通话课堂上受到歧视，到高年级阶段时选择放弃学习中文的并不鲜见。

（三）祖语认同问题

粤语背景的华裔学生若在家庭环境中没有或者鲜有接触到普通话，较难将中文课堂上推崇的普通话认同为自己的祖语。S1 曾提道："粤语和普通话对我来说基本上就是两种不同的语言。"从我们的课堂观察和访谈来看，持这种观点的粤语背景的学生颇多。

由于全日制学校里不开设汉语方言课程，这些学生要想学习中文就不得不选择普通话课程。但当我们问及如果有粤语课程可供选择，她们是否会选择粤语课程时，5 位被访的粤语背景的学生中有 3 位选择了粤语课程，而且表达了想要继续学习繁体字的意愿，如 S2 的访谈回答：

I：If you have a choice, say for example PGC offers two courses like one in Cantonese and one in Mandarin, you can choose only one, which one would you choose, Cantonese or Mandarin?

假如 PGC 提供两种课程供你择其一，你会选择哪个课程？粤语的还是普通话的？

S2：I probably choose…Cantonese because…I think it will be more useful and…in real life since my parents…we always…we go to Hongkong a lot and they speak Cantonese there.

我可能会选择……粤语的，因为……我觉得粤语更有用，而且……在现实生活中自从我父母……我们总（说粤语）……我们常常去香港，而且他们在那里说粤语。

I：Ok，alright. So if you choose to study Cantonese course，would you continue to learn the traditional characters?

好的。假如你选择粤语课程，你会继续学习繁体字吗？

S2：I think I would continue to learn traditional…characters.

我想我会继续学繁体……字。

这三位学生均认为，尽管学校和教育部门目前注重推广普通话而忽视粤语，但懂粤语的人在澳大利亚的劳动力市场还是吃香的，现实生活中也有不少人说粤语，如果有得选择，她们还是希望能够传承自己的祖籍方言，而不是将普通话作为自己的祖语来学习。

繁体字的使用在澳大利亚的华人社会里仍属普遍现象，主流的中文报纸、中餐馆里的菜单以及银行张贴的中文指引基本上都采用繁体字，华裔中学生想学习繁体字也是有其社会原因的。然而，中小学的中文课堂上以普通话及简体字为绝对标准，华裔学生不得不接受简体字为祖语的文字载体，繁体字虽然也承载着祖裔认同的功能，但它的习得与学得因缺乏学校教育的支持而变得困难重重。

在访谈和课堂观察的过程中我们还发现，与说粤语的学生尤其是来自纯粤语家庭背景的学生相比，会说其他汉语方言，如会说闽南话的 S6 就不太抗拒将普通话作为祖语来进行学习。S6 是一名 10 年级的学生，她的父母均出生于福建省，家里主要讲闽南话，父母有时也跟她讲普通话以帮助她的学习。但问及她为什么选择普通话课程时，她的回答是：

S2：Because my parents want me to do it and also because I am Chinese so. It's probably better for me to learn Mandarin.

因为我的父母想让我学，也因为我是华人。也许学普通话对我更有利。

I：Like… it's kind of like heritage language right?

就像……它就好像是祖语对吗？

S2：Yeah.

对的。

这名学生学习普通话的动机首先在于父母希望她能够传承华人的语言，其次她认为学习普通话对她的将来会更有利，比如在求职、国际交流、旅游等方面。因而，她能接受将普通话当作祖语来学习。

另一位被访者（S4）的家庭主要用语为潮州话，但她一点也不排斥通过学普通话来传承华语，不仅因为父母的意愿以及普通话日益增长的政治、经济及全球地位，更主要是因为潮州话在目前散居的华人移民当中通用度并不高。

Bourdieu（1991）认为客观结构对认同有着重要影响，既可以借由惯习——从小就从所处的社会群体所习得的禀性和认知方式——无意识地影响个体认同，也可以通过交际"场域"的客观社会阶层结构和语言资本影响个体的实践和认同。出于语言、文化和社会惯习，说粤语的华裔学生倾向于认为粤语是自己的祖语，比起其他方二代，他们更希望能够维持自己的方言，这与粤语在澳大利亚华人社会中至今仍占据举足轻重的地位不无关系。而那些认同普通话为祖语的方二代，更多的是将普通话看作语言资本，以帮助他们今后在由新移民改变的客观社会阶层结构中占有一席之地。

以汉语方言为祖语还是以普通话为祖语的问题同时也体现了自然母语和社会母语之争。从言语层面上说，幼年时自然习得的语言为自然母语，与学习者的语言生活环境密不可分（王宁，2005）。谈到祖语，在缺乏普通话输入的家庭环境下长大的华裔学生从情感上当然倾向于自然母语，然而在学校的社会化环境中，他们又不得不学习华人社会的母语，即现代汉民族的标准语——普通话。要把普通话这一社会母语，而且是澳大利亚华人社会的强势语言，作为自己的祖语来进行传承，纯方言背景的祖语生，尤其是粤语者，仍需从心理上跳离幼年时的自然习得环境，把自己置身于一个大华语的环境中，将普通话视为一种通用语。

（四）学习普通话作为一种语言投资

Norton（1995、2000）认为语言学习也是一种"投资"。学习者希望通过这种"投资"来取得一定的回报，享有原来无法得到的一些资源，这些资源可能是象征性的（如教育、友情、语言等），也可能是物质性的（如收入、资本货物、房地产等），并以此来提高自己所拥有的文化资本的价值。

从访谈的内容来看，方二代选择学习普通话，虽然或多或少地都受了父母的影响，但更主要的还是因为她们想要投资于普通话的语言权力和社会经济优势，例如：

S1：Mhm，I chose it mainly because my parents wanted me to，mhm…and that I kind of thought that it's really…useful for my future，cos I want to go to other countries…and like do jobs like translating．So，I started to learn．

嗯，我选择它主要因为我父母想让我读，嗯……还有我认为它真的……对我的将来有用，因为我想去其他国家……而且求职比如说做翻译。所以，我开始学习了。

S5：Because like Mandarin is gonna be like…you know like English one day．

因为普通话有朝一日会像……英语一样。

S6：And Mandarin…since all my parents can speak Mandarin and it is more common than Hokkien，so，and more useful．

普通话……因为我父母双方都会说普通话，而且它比闽南话更普遍，而且更有用。

S7：Because…mhm…with Mandarin you can get out a lot of stuff like…mhm…I don't know，maybe in the future there might be business and stuff．And lots of people speak Mandarin，but absolutely no one speaks French，so French is useless．

因为……嗯……会说普通话可以让你得到许多东西像……嗯……我不知道，也许在将来会带来商机或某些东西。而且现在很多人说普通话，但没什么人说法语，所以（我觉得）法语没用。

在期望得到精神或物质回报的强烈愿望下，学习者往往会积极投入，增加普通话的输入，创造机会与普通话使用者对话，克服听力、发音或表达的障碍。

S1 出生在澳大利亚，她的父亲出生在广州，母亲出生在香港。在家里她与父母用粤语进行沟通。她曾随父母去香港和广州探亲，也曾去北京、湖南、武汉等地旅游。在旅游的过程中，她会主动用普通话来问路或跟当地人进行交谈，虽然当时她的普通话还带有较重的粤语口音。她的亲弟弟在国内读书，放寒暑假就会到澳大利亚与她和父母团聚。弟弟在家时，她每周一次与弟弟一起用普通话朗读中文报纸上的新闻，还常常让弟弟和说普通话的朋友帮助她做口头表述练习，纠正她的发音。闲暇的时候，她会跟妈妈一起看看国内的电视节目，关注时兴词汇和流行语句。她的不懈努力给她带来了回报，在祖语生组的毕业考试中，她的口试成绩达到了优异水平，成为粤语背景学习者的典范。

S6 也是出生在澳大利亚，她的父母均出生在福建，父母的第一语言均为闽南话，但会说普通话。在家里，父母双方之间的沟通多用闽南话，而她与父母之间的交流则常用普通话。她随父母到祖籍地探亲访友时，也跟福建人说普通话。在澳大利亚的华人社区会友、吃饭和购物时她极少使用闽南话。她认为自己的普通话说得不错。当我们问到，如果有闽南话的祖语课程供选择，她是否会弃普通话而选祖籍方言课程时，她毫不犹豫地表示还是会选择普通话课程，她不愿意花时间在通用度相对较低的方言上。

然而，尽管受访的学生都有一定的语言投资意识，她们的投入程度却有高有低。S5 是第三代华裔移民，父母亲均出生在澳大利亚，祖籍方言为粤语。S5 与父母亲沟通时主要使用英语，只有与祖父母交流时才用粤语。由于家庭的主要语言是英语，她的中文老师将她安排在了 9 年级进阶组（非祖语生组）学习普通话。访谈中当问到如果有粤语课程可供选择，她是否会首选粤语课程时，她回答肯定会选择粤语课程，原因在于易懂，且在华人社会里说粤语的人仍有不少，尽管她认为普通话有朝一日会变成像英语一样的全球通用语。她不太愿意去中国旅游，在课堂之外她几乎不会去尝试增加任何形式的普通话输入，如电视、广播、网络互动等，也不愿结交说普通话的朋友来促进学习，甚至考虑在 11 年级不再选读普通话课程，以免她在普通话上的劣势影响中学毕业考试成绩。

Norton（1995）指出，学习者对目的语学习的投入程度与个体在目的语学习过程中自身所构建的社会认同有关。社会结构中的不平等权力关系会影响学习者对目的语的认识和对学习的投入程度。在澳大利亚，普通话目前为除英语之外的第二大家庭用语，方言背景的祖语生愿意为提高普通话水平而努力，反映了普通话在澳大利亚华人社会的绝对权力和方言的相对弱势。粤语在澳大利亚的使用范围虽不及普通话，但在许多老华人移民心目中仍是联结祖籍地的重要纽带。根据 2011 年的官方统计数据，粤语是澳大利亚第五大家庭语言，在社会经济生活中仍具有不容忽视的地位。因而，对普通话学习怠惰的粤语者并不罕见，即使有粤语背景的学习者愿意为学习普通话而积极投入，他们也还是希望学校能够提供粤语课程。

（五）小结

方二代在以普通话为主导的祖语学习过程中常常需要面对四类语言认同问题，即普通话的强势地位、语言能力认同问题、祖语认同问题和语言投资问题。

Wenger（1998）认为学习语言的过程是一种社会化的过程。我们通过访谈和课堂观察发现，方二代在祖语学习过程中所碰到的语言认同问题，实际上都体现了普通话和汉语方言在澳大利亚主流或华人社会的竞争关系。

随着来自中国各地的新移民的不断涌入，普通话在短短二十年间已发展成为澳大利亚华人的第一大用语，汉语方言在社交场合的使用率正在逐步降低。再加上政府的支持，普通话、拼音及简字已经取代了"国语"、粤语、注音符号和繁体字，成为大、中、小学及社区语言学校普遍采用的中文教学标准。在澳大利亚，普通话已成为第二大家庭用语，相对于粤语、闽南话、客家话等老移民用语，它在澳大利亚的社会经济生活中扮演着更为重要的角色。主流学校中文课程的课程名由"Chinese"逐渐变为"Mandarin"，就是普通话语言地位的最直接体现。方二代要想学习汉语，就得进入普通话课程的学习，别无他选。普通话作为现代汉民族的共同语，在澳大利亚不少中文教师和学生的心里，已与"Chinese"异名同实，甚至有些方二代会认为自己所持的方言不是"Chinese"。

虽然不得不接受普通话祖语课程的学习，纯粤语背景的祖语生在情感上还是想把自己的自然母语作为祖语来传承。而其他方二代，尤其是混合了普通话和方言背景的华裔学生较能接受将普通话作为祖语来学习。普通话作为现代汉语标准语、新移民通用语和华人社会的社会母语，在澳大利亚的汉语教育中占据绝对优势，即使粤语、闽南话等汉语方言在澳华人中间仍有较广的使用范围，普通话的强势地位使得祖语生传承自然母语的权利受到限制，他们不得不面对要将社会母语作为祖语进行传承的问题。

方二代因受语言惯习的影响，在普通话的听力方面存在听不懂、理解困难或理解缓慢的困扰，在口头表达上会有发音不准、声调有误或带方言腔调的焦虑，在书写方面也可能出现简繁互用、句子语序受方言语序的影响等问题。在以普通话为标准语的意识形态下，方二代易对自己的华语能力尤其是听说能力不自信，对自己的祖语水平的定位亦会低于说普通话的学习者。而教祖语课程的中文老师也常不自觉地将受方音、方言影响较深的学生视为次等生。

Bourdieu（1991）认为认同的标准既是心理的又是客观物质的。通过资料分析，本研究发现，外部世界的客观结构对华裔学生的语言认同有着不可忽视的影响。学习者从小在所处的社会群体中习得的禀性和认知方式，或者说惯习，会在无意识间影响着个体认同。学习者对目标语的认同会因为个体的差异而呈现多元化或多样化的发展，有的加深了认同，有的则减弱了对该语言的认同。而交际"场域"（field）的客观社会阶层结构和语言资本同样会影响个体的实践和认同。然而，个体也可以将语言学习作为一种"投资"，以期获得一定的回报，并在社会结构中争得有利的位置。方言背景的祖语生有的也愿意投入时间、精力并尽可能地创造锻炼机会来学习普通话，因为他们觉得普通话比方言更有用。这种"投资"的意愿为协商新认同提供了可能性。有一部分方二代也能够在普通话学习过程中主动认识和适应新情境，并引起自身惯习的变化。

二、身份认同

（一）认同缺失

目前，中文老师对祖语生和非祖语生的区分标准主要是参照新南威尔士州教育部的标准。新南威尔士州教育部规定，参加祖语课程的应是"在与中华文化有联系的、使用华语的家庭里长大的学生，他们具有一定程度的华语知识和理解能力，尽管他们的口语能力可能比书面能力发展得要好很多"，如果该学生出生在华语国家或地区，那么他/她应该在 10 岁以前已移民澳大利亚，并在澳大利亚接受教育。在中文全国教学大纲未被推出之前，小学部的中文教学是未区分祖语生和非祖语生的，只有到了中学才有分组或者分班的情况。例如，S3 在小学时跟非华裔学生混合在一起上中文课，到了 7 年级的时候才被编至祖语班。编班时，中文老师未做任何水平测试，而是根据家庭语言背景，将华语背景的学生安排在一班，非华语背景的学生安排在另一班。不过，S3 并不希望自己在祖语班学习：

I：You find you are right now in…I mean in Year 7 heritage Class. Do you think it's fair to let you to be studying heritage Chinese instead of continuers or beginners?

现在你发现你在……我的意思是说在 7 年级祖语班上。你认为让你读华语祖语班而不是进阶班或初学者班公平吗？

S3：Well, if I had a choice, I would have chosen…the non-heritage class. But the teachers just put me in this class, yeah…it's a bit hard.

是这样，如果我有得选择，我会选择……非祖语班。可是老师就把我放到了这个班，是的……它有点难。

I：So, she put you in this class. Did she ever do any like proficiency test or like test to decide which girl should go to which class?

所以，她把你放到了这个班。她是否有做任何的水平测试或者任何测试来决定哪个女生应去哪个班？

S3：No.

没有。

I：So, you just have been divided to that class, right?

所以，你就被分到这个班，对吗？

S3：Yeah.

是的。

I：Mhm…so…why…what do you think is the reason…that you ended up in the heritage，mhm，Chinese class?

嗯……那么……为什么……你认为什么原因……使得你最终被分入，嗯，华语祖语班呢?

S3：Mostly, I think because of I have black hair and my background is Cantonese, and because my parents are born in Hongkong. But…yeah…I didn't know why, cos we didn't do a test or anything.

主要，我想是因为我有黑色的头发且有粤语背景，还因为我父母在香港出生。但是……对的……我不明白为什么，因为我们没有做任何的测试。

S3 不愿意被定义为祖语生，原因不在于否认自己的华裔背景，而在于对自己的华语水平的定位。她认为个人的水平还没能达到祖语班的要求，学起来很吃力。她觉得自己被编入了不适合的班级，如果有分班测试，她认为自己更应该被分至非祖语生的班级：

S3：I still remember in Year 5 I got appointed in non-heritage class. It is easier. Now I came into this one, it's like really really hard.

我还记得在 5 年级的时候我被安排到非祖语生的班。它容易一些。现在我到了这个班，它真的挺难的。

TA：Which part you think it's hard?

哪一部分让你觉得难?

S3：Like the writing bit. Cos like…in the non-heritage class, it is…write like in Pinyin, that's why I just used to write in the Pinyin. And then when I came to this class, I have to write characters…which was really hard, so—

像写作的部分。因为像……在非祖语班，它是……写拼音，那就是为什么我习惯写拼音的原因。然而后来我到了这个班，我就得写汉字……真的挺难的，所以——

TA：So, you just wanted…actually to go to the continuers' class instead of the heritage one?

所以，你就想……实际上想去进阶班而不是祖语班?

S3：Yeah.

是的。

S3 在访谈中还提到，与她一样有粤语家庭背景的好友被分至了非祖语班，她非常希望能跟她的好友一起在非祖语班学习。后来从 7 年级的中文老师那里我们了解到：有些说汉语方言的华裔家庭因为对以普通话为授课语言的祖语课程有诸多顾虑，比如担心小孩听不懂普通话，或是担心他们在祖语班里总是会被看成是劣等生，所以跟学校做了书面声明，强调他们的家庭用语为英文而非华语，这样才使得他们的小孩能够进入非祖语班。

在实际的课堂观察过程中，我们也发现，在非祖语班级里也有一部分有华人姓名的学生，这些学习者在跟我们互动的过程中会无意间透露父母会说某种汉语方言。因为具有华语背景，这些学生在非祖语班里占据了一定优势。针对二语学习者而设计的课堂内容对她们来说相对容易消化，所以她们乐于以非祖语生的身份来学习普通话。当涉及华人身份与祖语生身份这一敏感话题时，她们常会回避在家里有没有接受过任何形式的华语输入的问题，而反复强调她们跟家人是用英文进行沟通和交流的，以免被指责她们不应该进入非祖语生组。

第五位被访的华裔学生（S5）是这类学生中的一员。她因为申明家庭成员之间沟通的主要语言为英语，7 年级时就被老师安排至非祖语生组，并在该组一直待至 9 年级。在课堂上，她的言语行为处处与毫无华裔背景的非祖语生相仿，甚至还讥讽被老师从祖语组调至非祖语组的同学，称其普通话水平比非祖语生强应回祖语生组去。当我们尝试跟她解释，她的祖籍语———粤语也是汉语方言的一种，而她的母亲又以粤语为第一语言，按语言背景来划分的话她应属祖语生时，她则立刻表示，不接受祖语生的身份。如果在 10 年级末选课时，她要么得选择祖语课程，要么得放弃学习汉语的话，她会毫不犹豫地放弃学习汉语。因为在她的想象里，祖语生是由以普通话为家庭语言的学习者组成的单一核心群体，加入这样的学习者群体她只会被边缘化，无法跟说普通话的同学进行竞争，在考试中难以取得好的成绩。

I：All right, mhm…so…if I were the teacher, not to mention Ms Liu or Ms Zhao, if I were the teacher, if I…because your parents speak, mhm, Cantonese and Cantonese is a Chinese dialect, if I identify you as heritage student, would you accept that?

好的，嗯……那么……假如我是老师，先不说是刘老师还是赵老师，假如我是老师，如果我……因为你父母说，嗯，粤语，而粤语是一种汉语方言，如果我将你认定为祖语生，你是否接受？

S5：No. I quit. Like my sister quit（because）of that.

不会。我会放弃学习。像我姐姐（因为）那样放弃了。

I：（Your sister）? Oh yeah, you told me that. She quit.

（你姐姐）？哦对的，你告诉过我。她放弃了。

S5：She quit because she had to go on to heritage.

她因为必须读祖语班而放弃了。

I：She quit in Year 10 right?

她是在 10 年级弃学的对吗?

S5：Yeah，end of Year 10. Like she would have done HSC continuers if she got like the chance to.

是的，10 年级末。她如果有机会的话会读毕业班的进阶课程。

I：So，mhm，so you wouldn't identify yourself as a heritage student，you wouldn't accept it，you just quit it?

所以，嗯，你不认为自己是祖语生，你不会接受，你会放弃?

S5：Yeah.

是的。

S5 的姐姐也曾以非祖语生的身份学习中文至 9、10 年级，但由于 11、12 年级的中文课程是严格按家庭语言背景来将学生分流的，而她们的母亲的第一语言是粤语，她们与祖辈之间也用粤语进行交流，所以 S5 的姐姐按规定只能选择 11 年级的祖语课程，到 12 年级时再参加祖语生的毕业考试。然而，由于 11、12 年级祖语课程的难度较高，她的姐姐最终在 10 年级末选择不再继续学习中文。S5 认为自己最终也会跟姐姐一样，因为抗拒祖语生的身份而在 10 年级末结束中文课程的学习。

我们认为，祖语生身份是一种群体身份。而群体身份的认同既是心理现实意义上的，即个体的自我定位，也是社会现实意义上的，即他人强加给个体的定位（曹燕萍等，2012）。参照政府制定的标准，学校或老师一般会直接将在家里能接收华语输入的华裔学生划定为祖语生，甚至不开展任何的分班考试。然而，对学校或老师强加的身份，学习者不一定会在主观上予以认同，尤其是来自汉语方言背景的学习者。在他们看来，华语能力是祖语生认同的一个重要标志。如果学校与老师将说普通话的、读写能力较强的学习者设为祖语生这一群体的核心，那之前在自然环境中完全没接受过普通话输入，且缺乏基本的汉字读写能力的华裔学习者面对祖语生的身份时会出现认同缺失的情况。

在现实的教学过程中，确实有中文老师意识到，有些方二代处于祖语生与非祖语生的灰色地带，无论被归入哪一类都不太能满足这些学生的学习和认同需求。愿意多花时间和精力的老师可能会予以这些“非典型”的祖语生个性化的教学内容或考试形式，但也有老师将这些华语能力尤其是普通话水平明显较弱的华裔学生调至非祖语生组，以免他们因为难度太大而放弃汉语的学习。然而，一旦他们被调至非祖语生组，这些学生就不愿意因为客观的标准而接受或重回祖语生的身份。

（二）认同游弋

虽然方二代会因为来自华语家庭环境而被学校或老师划分为祖语生，但在受访的其中两位中文老师（T1、T2）看来，在家里只接受过汉语方言但没有任何普通话输入的学生，其华语水平是介乎祖语生和非祖语生之间的：

I：像这种纯汉语方言背景，家里完全不说普通话的学生，您在混班分组教学时会把她们归入 Continuers（进阶）组还是 Heritage（祖语）组？

T1：这样的学生处于灰色地带，她们的词汇量要比 Continuers（进阶班）的学生多得多，但听和说的能力又跟 Continuers（进阶班）的学生接近。

T2：我会让这些有纯方言背景的学生跟 Continuers（进阶班）的学生做相同的练习，不过她们完成练习的速度通常比较快，我会再准备一些 Extension（扩展）的练习给她们做。

在教学实践中，有的中文老师如果发现汉语方言背景的祖语生跟不上普通话背景的祖语生的学习进度，会在编组或者分班的问题上做出一些调整。如 S2 开始 7 年级中文学习时，中文老师基于她的粤语家庭背景将她分至祖语生组，跟说普通话的祖语生学习同样的内容，完成同样的作业。然而，经过一段时间的观察，中文老师发现她跟不上其他祖语生的课业进度，且普通话的口语和听力水平较为有限，就将她调至非祖语生那组，跟非祖语生用同样的课本，完成同样的课业任务。只有在超时超额完成的情况下，中文老师才会给她加做一些祖语生的作业或者个性化的练习。

S2：I think putting me in two group was…has been confusing, because…when…I came in Year 7, I think Ms Chen she thought that I would be fluent like I speak…she thought that I spoke Mandarin at home and so she originally put me in the heritage group.

我想让我位于两组之间曾经……带来了困扰，因为……当……我刚进 7 年级时，我想陈老师她认为我应该能流利地说……她以为我在家说普通话而且她原来是将我分进祖语生组的。

I：And then she realised you had some Cantonese input but didn't speak that much.

然后她发现你接受的是一些粤语的输入但不怎么会说。

S2：Yeah.

是的。

I：And…she just let you sometimes do continuers girls' tasks,（right）？

然后……她就有时让你做进阶班女生的作业，（对吗）？

S2：（Yeah）.

（对的）。

I：Was it since Year 8 or she started to—

是从 8 年级还是其他时间开始她让你这样做———

S2：I think after this…after Year 7 she found out that I am not that fluent in Mandarin, so…she allowed me to join the continuers group.

我想是在这之后……在 7 年级之后她发现我说普通话不怎么流利，所以……她让我加入进阶组。

中文老师对 S2 的组别进行调整，也使得她对自己的群体身份感到困惑。就语言能力而言，S2 觉得自己的普通话听力和口语接近非祖语生即二语学习者的水平，而在读写方面可以与祖语生比肩。然而，在实际的课堂学习过程中，S2 被要求做祖语生的听力和口语练习、非祖语生的写作和阅读练习。中文老师将她调至非祖语生组，原因本在于她的普通话听说能力较弱，中文读写和阅读速度较慢，但在课业的要求方面，却存在与能力不匹配的情况。由于从祖语生组被调至非祖语生组，又被要求做两组的课业，且课业要求与她的能力不符，S2 对自己到底是祖语生还是非祖语生深感困惑。从以下的访谈内容可以看出她在认同上的游弋：

I：So which group do you belong to? Is it heritage girls' group or the continuers girls' group? I am kind of confused.

所以你属于哪一个组？是祖语生组还是进阶生组？我感到有些疑惑。

S2：Mhm, it was Ms Chen. She said I was sort of half way in between, cos…I think for me my listening and speaking was like the standard of the people in the continuers group, but then my reading and writing was a bit sometimes better than the people in the heritage group.

嗯，是陈老师说的。她说我是位于两组之间，因为……我认为我的听说能力像进阶组非祖语生的标准，但我的读写能力有时比祖语生还要好一点。

I：So, do you mean that when doing listening and speaking tasks or exercises, you will do the same with the continuers girls? When doing—

所以，你的意思是做听说练习和作业时，你跟进阶组的女生做的是一样的？当做———

S2：Currently…actually currently Ms Chen has…has me doing the heritage paper for listening and speaking, and the continuers paper for reading and writing.

目前……其实目前陈老师让……让我做祖语组的听说题，进阶组的阅读和写作题。

I：Currently the other way around? alright. So, mhm…mhm…do you sometimes find it also bit confused to identify yourself as ehm continuers girl or heritage girl?

目前是相反的方式？好吧。所以，嗯……嗯……你会有时候为自己的身份是进阶生还是祖语生而感到困惑吗？

S2：Mhm.

嗯。

I：Or which group do you think you more belong to?

或者你认为自己更应该属于哪一个组？

S2：I am not…quite…sure. I think probably…continuers?

我不……太……确定。我想可能是……进阶组？

I：continuers?

进阶组？

S2：Well, I don't know…cos was listening and speaking I am not good at it, cos I just learnt it. But then…when was writing and reading I am sometimes better than some people in the heritage group, so it's bit confusing which one I should be in.

怎么说呢，我不知道……因为我不太擅长的是听和说，因为我才学不久。但是……阅读和写作我有时比祖语生组的一些人做得更好，所以有点困惑我应该属于哪一个组。

虽然在 9、10 年级这一阶段，S2 因为对自己的普通话听说能力有顾虑，希望跟随非祖语生组即进阶组一起学习，但她清楚自己具有华语家庭背景，到 11 年级时她不可能再继续读非祖语生的课程。所以在问及她的 HSC 课程选择时，S2 在犹豫中表示，如果能得到更多针对性的辅导，她可能会选读祖语课程：

I：If you like to continue Chinese in Year 11, would you think it's fair to let you continue in Year 11 heritage course…for HSC?

如果你会继续读汉语到 11 年级，你会觉得让你读 11 年级 HSC 祖语课程公平吗？

S2：Mhm…

嗯……

I：Or you prefer to go to continuers HSC…course?

或者你更喜欢读 HSC 进阶……课程？

S2：I think…maybe…I think probably heritage? But I…I think I will be more comfortable if I had like more…mhm one on one tutoring lessons especially for speaking and listening.

我想……也许……我想也许是祖语课程？但是我……我想我会感到更舒服如果我能得到更多的……嗯一对一的辅导课程，特别是针对听和说的。

张晗、卢嘉杰（2014）认为，身份认同由两部分组成：一部分为自我认知，另一部分则为自我认知与群体成员之间的关系。祖语生这一群体身份标志，在实际教学过程中，被学校和中文老师赋予了以说普通话为标准，须具有一定普、英双语能力的客体特征。如 S2 这样，虽来自说汉语方言的家庭，但从未接受过普通话的自然输入，且把英语作为自己的第一语言的学生，自己的主体特征与学校或老师既定的祖语生特征有差异，且认同行为又不断地受到老师给予的"中间人"的反馈的影响，难免产生群体身份选择的困惑，在感性与理性的矛盾之中挣扎，游弋在认同与不认同的边缘。若要增加这类学生对祖语生的认同感，要么得增加他们与既定群体所共有的特征，如 S2 所希望得到的提升普通话听说能力的额外辅导，要么得弱化他们的主体特征与客体特征之间的差异，即以中文课堂以普通话为标准的同时也强调并呈现华语的多样性。

（三）认同调适

1. 在实践共同体中构建祖语生身份认同

在课堂观察中，我们发现在 7 年级的祖语班里，一部分方二代能够接受或积极适应祖语生这一身份，虽然她们之前并未接受任何分班测试而被编入这个班。以 S7 为例，她出生于香港，4 岁时随父母移民至澳大利亚。在家里、在澳大利亚的广东移民社区以及回港探亲时，她使用的语言均为粤语。在 7 年级开始学习普通话之前，她在小学只接触过不到一年的中国文化体验课程。当谈及她是否愿意被当作祖语生来对待时，她给予了肯定的回答：

I：Do you think you should be identified as a Chinese heritage student, cos you are right now in the heritage class.

既然你现在就读祖语班，你认为自己应该被当作祖语生吗？

S7：I guess so.

我想是的吧。

I：Because of family and—

因为家庭背景和———

S7：A lot more（Chinese background）than other people though. Yeah.

比其他人要多很多（华语背景）。是的。

I：Ok, compared to your…mhm…classmates who have purely Mandarin background, do you think you sometimes will like…mhm have pressure or feel like disadvantaged in the heritage class？

好的，比起你的……嗯……纯普通话背景的同学，你认为你有时候会……嗯有压力还是在祖语班里感觉处于劣势？

S7：Not pressure. But，I just ask them for help.

没有压力。但是，我会向他们寻求帮助。

S7 的中文老师是香港人，对普通话与汉语方言的区别有深刻的了解，在祖语教学的过程中，将学生分为了普通话背景和汉语方言背景两组，在做听说练习时会给予方二代更多的关注与鼓励，并让一位说普通话的学生与一位说汉语方言的学生配对成口语练习的伙伴。S7 作为学习普通话的"新手"，在这样一个承认学习者多样性的实践共同体（community of practice）里，通过与老师及说普通话的同学等"老手"的互动来实现从"合法的边缘性参与"向"充分参与"的过渡（Wenger，1991）。

S7 所代表的 7 年级祖语班方言背景学生，能够在学习普通话的过程中与说普通话的同学共享和协商对华语祖语生这一实践共同体的理解，与老师对教学的设计不无关联。S7 的中文老师除了让方言背景的学生和普通话背景的学生结成互帮互助小组之外，还让她们做与华人社区文化和语言多样性有关的课题，并在课堂上做报告，让学生在参与学习的过程中发展出多元化的身份认同。

2. 动态、变化的身份认同建构

He（2006、2008）认为身份认同不是既定的或是静止不变的，而是在与人们的交往和互动过程中不断被建构的。我们从第一位受访学生的身上了解到，她的身份认同是在动态发展的，随着时间的迁移而改变的。

S1 在接受访谈时是读 12 年级的 HSC 祖语课程，自小就在家里与父母用粤语沟通的她从 11 年级才开始学习汉语课程。因为来自华语背景家庭，所以按 HSC 的分流规定她只能选择祖语课程。当问及如果她从 7 年级开始学汉语，是否能一开始就接受以祖语生的身份就读时，她的回答是：

S1：Heritage in Year 7？Mhm，I feel like I would…argue，because when I was young like in Year 7，I wouldn't…like…I don't know…like…I will just…I wouldn't work hard to keep up if I was in heritage. I don't know how to say it but…I don't know，I just feel like in Year 7 if they put me in the heritage，I wouldn't do…（do work…well）.

7 年级读祖语课程？嗯，我想我会……提出异议，因为读 7 年级的时候我还小，我不会……像……我不知道……像……我会就…如果我在祖语班的话，我不会努力学习跟上进度。我不知道怎么说但是……我不知道，我就觉得在 7 年级如果被放进祖语班，我不会……（好好……学习）。

I：(It is like too hard, too challenging?)

（它太难，太有挑战性了？）

S1：Yeah!

是的！

I：Cos…cause I know some of the heritage girls they are actually from Mandarin speaking background.

因为……因为我知道一些祖语生她们其实是具有普通话背景的。

S1：Yeah, so I don't think it's fair. And…in like Year 11 I chose heritage. In between Year 7 and 11, I didn't do any…Chinese at all, but I still think it's like alright, because it's…I don't know, I just became more mature about Mandarin and Cantonese, and I know that…mhm…like heritage will push me. And like even…the different types of like Chinese—

是的，所以我认为这样不公平。但……在 11 年级我选择了祖语课程。在 7 年级和 11 年级之间，我没有读任何……中文课程，但是我仍觉得没什么问题，因为它是……我不知道，我就是对普通话和粤语的了解更成熟了，而且我知道……嗯……像祖语课程会推动我努力学习。即使是像……不同种类的华语—

S1 认为，如果 7 年级开始学汉语时就被分入祖语班或者祖语组，对她来讲是不公平的，因为她在此之前只会讲粤语，所接触的普通话输入极为有限，如果与祖语生组里说普通话的学生竞争，她会处于劣势。7 年级时的 S1 将祖语生这一学习者群体看作单一核心群体，认为说普通话的学生才是这一群体的核心，所以不愿意加入这样的一个学习者群体。

然而在 7 年级至 11 年级之间，S1 虽未读任何普通话课程，但曾多次随父母回中国旅游，父母亲鼓励她用普通话跟当地的居民进行交流，她在旅游的过程中接触到了不同的汉语方言，对汉语方言和普通话之间的区别与联系有了切身的体验。她的母亲经常同她一起看湖南卫视的节目，增加普通话输入的同时也学到了一些流行词汇。她在广州读书的弟弟每年寒暑假也会回来帮助她提高普通话的口语水平。她的父亲也有意识地让她阅读中文的小说和报纸。在 7 年级至 11 年级的这四年间，她的普通话发音越来越准确，也基本可以完整流利地用普通话表达自己的想法。在 10 年级末选课的时候，S1 因为意识到普通话的地位越来越重要，所以主动选择了 11

年级的祖语课程，并坚持学完了 12 年级，最后参加了 HSC 中文（祖语）考试。尽管 HSC 祖语课程的内容和要求对她来说很有挑战性，且 HSC 口语考试中的普通话表达部分要求相当高，但她未在 11、12 年级想过放弃或抗拒祖语生的身份，而是运用自身的主体能动性（agency），通过与老师、同学的积极互动以及对自身资源的不断开掘来不断调适身份认同。

在参加访谈时，S1 对祖语生这一学习者群体已经有了新的认识，即这一学习者群体不是由说普通话的华裔学生构成的单一核心群体，而是由不同华语背景的学习者构成的多核心群体。

（四）讨论

在对数据的编码和分析过程中我们发现，方二代对祖语生这一群体存在着认同缺失、认同游弋以及认同调适等情况。

排斥或者否认祖语生这一身份者有一个共通点，就是认为个人的语言特征与祖语生这一群体语言特征不符。这种认同缺失感有可能是在实际的祖语课程体验中在与老师及同学的互动过程中形成的，也可能是未有实际课程体验，但受到客观既定因素的影响所致。有实际课程体验的学习者往往将实践共同体的语言特征看作是祖语生这一群体的语言特征，而没有该类课程体验的学习者则把想象共同体的语言特征看作该群体的语言特征。后者对祖语生这一群体缺乏归属感，并非想要否认自己的华人身份，而是因为将目标群体当成了单一核心群体。在他们看来，祖语生群体以说普通话、汉字识读和书写能力强的学习者为中心，而说汉语方言、汉字读写水平低的华裔学生则无法成为这一群体的核心。所以出于学业成绩和能力评估的顾虑，他们不愿意被施予祖语生的身份。

有的方二代虽不明显排斥祖语生的身份，但因为在学习普通话的过程中被当成介乎祖语生和非祖语生的"中间人"，而产生了认同上的矛盾和困惑。被访的中文老师认为，对这类学习者的中文水平很难做出非此即彼的界定，因为他们的普通话听说水平类似于二语学习者，而读写水平接近祖语生，所以在实际的教学过程中会视具体情况让他们兼做祖语生和非祖语生的作业及练习。然而，中文老师对学习者归属的界定多是参照目标群体的核心特征，这些核心特征可能是既定的、客观存在的，也可能是在实践共同体成员的互动中形成的。如果这名学习者的个体特征与祖语生和非祖语生这两种群体的核心特征都有类似点，但都不显著，就很有可能受老师及核心成员的反馈所影响，游走在两个群体的认同边缘，进而产生认同游弋。

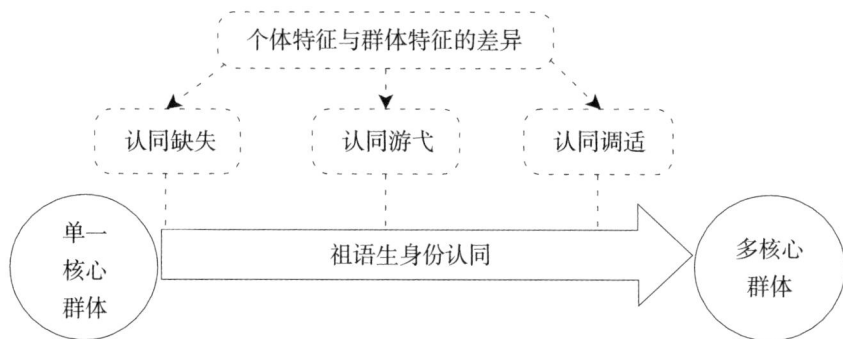

图 5 - 1　方二代的祖语生身份认同

然而，方二代的身份认同并非一成不变。有被访者就经历了对祖语生身份的调适过程。她的这一转变主要是通过对祖籍国语言多样性的亲身体验以及在自然环境下增加普通话的输入得以实现的。有了对祖籍方言与现代汉语标准语之间关系的了解，这名被访者借助自己的主体能动性，在学习普通话的过程中促进自己对祖语生身份的理解，发展出了多元、多核心的群体身份认同。

总体而言，方二代对祖语生身份的认同并非单一同质的，也不是一成不变的。学习者对个体特征与祖语生群体特征之间差异的感知，以及老师对学习者个体特征与群体特征之间差异的判断，都会影响学习者的认同程度。排斥祖语生身份的方二代往往将祖语生这一群体看成由说普通话的学习者组成的单一核心群体，而接受这一身份的方二代则把祖语生视为构成复杂的多核心群体。随着对华语及祖语生多样性认识的加深，即使是认同缺失的学习者也有可能向主动认同建构转变。

三、华人族群认同及中华文化认同

（一）华人族群认同

陈志明（1999）认为，华人族群认同应该包含三个部分，即标志、主体意识以及构成认同的共同特性的客体特征。依据他的观点，我们发现，受访的方二代都对华人族群存有或多或少的归属感。

首先，7 位被访学生无一不承认自己具有华人的客体特征，如外貌、血缘、华人姓氏等。例如，S3 在回答为什么会被分到祖语班的问题时，提及她有黑头发且来自华裔家庭。这些学生清楚自己具有华人的血统，且绝大多数受访者为华二代（除S5 之外），曾回过祖籍地拜访过自己的亲戚。受访的华二代学习者都会写自己的中文姓名。S5 虽然是华三代,与华人族群的情感联系低于华二代学习者,但她承认自己具有华人的外表、姓氏及血缘关系。

其次,这些方二代主观经历和认知过程虽不尽相同,但都在一定程度上体现了华人的主体意识。例如,当 S6 被问及学习普通话的动机时,她的回答是,因为她是华人。由于明白自己的族属,这些学习者愿意遵从父母的意愿,到社区学校学习中文或在全日制学校里学习普通话。虽然普通话并不是他们的祖裔方言,但对他们来说,学习现代汉语标准语也是重建或者加强族裔联系的重要手段。

最后,语言是族群认同的重要标志之一。在背景调查问卷里,7 位受访者中有 6 位注明自己的父母或祖辈之间使用的语言主要为汉语方言,其中有 5 位学习者认为家人和自己都属于华语社群。S5 是华三代,家庭主要用语为英语,但她也在表格里填写自己与祖父母之间是用汉语方言进行沟通。受访的学习者均标明自己的华语背景,也就意味着他们明白自己与华语社群有着不可分割的联系。

依据分析所得,本研究认为,方言背景学习者的族裔认同与祖语生身份认同并非绑定在一起,而是会割裂开来的。

7 位被访者都在客观属性和主观意识方面不同程度地承认自己的华裔归属,然而当论及是否属于祖语生这一学习者群体时,她们却出现了认同缺失及游弋等问题。承认自己具有"华人性"(Chineseness)的学习者不一定会认为自己属于祖语生这一学习者群体。虽然中文老师常常会按照学习者的族属来划分祖语生和非祖语生,方二代却不一定在具备华人族群认同的同时又悦纳祖语生这一群体身份。族群认同和学习者身份认同对他们来说不是并行不悖的。

(二)中华文化认同

在背景调查问卷的文化认同一栏里有四个选项:澳大利亚文化、中华文化、澳大利亚及中华文化、其他文化。7 位被访者在这一栏里均勾选了认同澳大利亚及中华文化。就双文化认同的原因,她们给出的解释如表 5-3 所列:

表 5-3 双文化认同原因

受访者	双文化认同原因
S1	Chinese family but western lifestyle. 出身于华裔家庭,但生活方式是西方的。
S2	I look like Chinese but don't speak that much. I speak English to other people. 我看上去是华人但不怎么说华语。我对其他人说英语。

（续上表）

受访者	双文化认同原因
S3	Because my parents are brought up in a traditional way and they would like to continue it. 因为我的父母是以传统的生活方式长大的，他们希望能够将传统延续下去。
S4	Speak both languages and celebrate both culture's events（e. g. Christmas，Mid-Autumn Festival，etc）. 说两种语言且庆祝两种文化的节日（如圣诞节、中秋节等）。
S5	Born in Australia，preferred to present Australian culture. Speaking to my grandparents in Cantonese. Celebrate traditional cultural festivals. 出生在澳大利亚，更喜欢现代澳大利亚文化。用粤语与祖父母交流。庆祝中华传统节日。
S6	Both lifestyles. 两种生活方式。
S7	Family always do Chinese stuff. 家里人总是做华人做的事情。

文化认同是个人对某一民族文化的归属感以及基于这种归属感所表现出来的行为倾向（魏岩军等，2015）。受访者作为华人移民的后裔，难免会对华人的生活方式及节庆形式耳濡目染，自然对中华文化具有一定的归属感。然而，她们的这种归属感，更多的是一种对形式文化、仪式文化的归属感，而缺乏对华人的观念文化、根文化的认同，受访的学生中鲜少对中国文化的核心价值观有真正的了解。

PGC 的中文老师在祖语教学的过程中，也过于强调语言形式，而未将文化的浸润作为课程设计的重点之一。即使是 12 年级祖语班的学生，对于传统道德观念也只知其然而不知其所以然，对诸如孝道等高中毕业试题，给出的回答往往是浮于表面。

S7 是在幼年时随父母移民至澳大利亚的华二代，所以家里还保持着华人的做事方式。华二代学习者的家庭的往往有两种生活方式，而像 S5 这样的华三代则更喜欢澳大利亚的文化。尽管受访者对两种文化都有认同感，但华一代、华二代、华三代学习者对中华文化的认同是呈递减趋势的。

我们认为，方二代的文化认同是一种融合了散居华人文化以及澳大利亚主流文化影响的双文化认同。在他们的认知里，中华文化并非指向某一特定的地理中心，即中国文化，而是由华人共同的祖源记忆构成的文化体系。在认同的行为和情感层面，他们会更偏向澳大利亚主流文化，但他们同时也承认，自己的家庭保留了华人社会的多元文化生活，身上留下了中华文化的印记。

Polinsky 和 Kagan（2007）认为，广义上的祖语生指的是那些在与某一少数族裔语言有文化联系的家庭中长大的学习者。依照他们的定义，受访的方二代毫无疑问应是中文祖语生。然而受访者对祖语生身份的认同与她们对中华文化的认同并非紧密联系在一起的。认同中华文化的学习者并不一定会悦纳祖语生的身份，承认自己具有"华人性"的学习者也可能排斥祖语生这一群体，或游弋在认同与不认同的边缘。

（三）讨论

在调查中我们发现，方二代对华人族群的认同主要基于体貌特征以及根基性的情感联系。这种根基性的情感，来源于他们因出生而获得的"既定特质"（givens），即血缘、语言、风俗习惯等（王明珂，2014）。然而，他们对华人族群的认同并不仅仅是因为血统传承以及客观文化特征，还因为他们对族群社会边界的主观意识。绝大部分被访者在背景调查中表明自己的家人常与说华语的朋友往来，自己读过社区中文学校，在中餐馆用餐、唐人街购物以及回祖籍地旅游时，会尝试使用华语进行沟通。

在具有全球视角的学者眼里，华人族群已成了一个"去地域化"的网络或群体，"华人"并没有严格意义上的地理中心，而是有着共同的祖源记忆和文化背景（Tu，1991）。从受访者的身上，我们可以看到，方二代的"华人性"不再是具有多少传统的价值观或道德意识，而只是个人、华人群体及主流社会之间的互动关系。

在中华文化及澳大利亚文化的日常浸润和交互影响下，所有受访者都认为自身代表着两种文化，即在心理上具有对这两种文化的归属感，尽管这两种归属感并不一定是均质的。

可以说，受访的方二代在华人族群认同以及中华文化认同两方面都是具有一定基础的。然而，被访者对祖语生身份的认同与对华人族群及中华文化的认同却不一定是平行发展的。我们在调查中发现，有的方二代虽然认同自己的华裔身份，却不愿意被打上祖语生这一标签。族群认同或文化认同并不与祖语生身份必然相关。

第四节 结 论

澳大利亚的华裔中学生由于移民背景、家庭语言环境、华语使用和华语学习经历上的差异形成一个内部结构复杂的华语祖语生群体。正如 He（2006）所指出的，这些祖语生的个体特征迥然有别，然而群体特征又与二语者及母语者的群体特征有模糊重叠之处，这使得祖语课堂与二语课堂和一语课堂相比，面临着更多的挑战，同时也具有更多的资源利用的机会。

根据田野调查所收集到的资料，我们发现：对于方二代而言，以普通话为主导的祖语学习过程是一个多维认同建构的过程，除了与祖语学习密不可分的华人族群认同和中华文化认同外，学习者还需要构建语言认同和学习者身份认同。

方二代以在家庭环境下所接触的粤语、闽南话、潮州话等方言为自然祖语或自然母语，然而，面对以普通话为目标语的祖语课程时，他们体会到了自然祖语的失势和普通话的优势地位。在普通话课堂上，他们对自己的听说能力普遍缺乏自信，在成绩评估方面也感觉遭受了歧视。一部分学习者不愿意把普通话当作祖语来学习，而更愿意学习自己的自然祖语，因为像粤语这样的汉语方言在华人世界里仍享有一定的社会权力。而另一部分祖语生则愿意将普通话作为需要传承的目标语，在他们看来，学习普通话是一种语言投资，对他们的将来更为有利。

对于祖语生这一身份，方二代的认同程度不一，有的存在认同缺失，有的则表现出认同的游弋，有的则在祖语学习的过程中利用主观能动性调适身份认同。认同缺失者往往将祖语生这一群体看作由说普通话、具备一定读写能力的学生组成的单一核心群体。认同游弋者会觉得自己既具备祖语生的语言特征，又有类似非祖语生的语言特点，所以对自己究竟归属于哪一学习者群体感到矛盾和困惑。而利用主观能动性调适身份认同者，则认识到祖语生并非单一核心群体，而是由各种华语背景的学习者组成的多核心群体。方二代对祖语生这一身份的认同并非一成不变的，而是会随着时间的推移而改变。

受访的华裔学生在华人族群认同方面没有出现"失根"的现象，她们承认自己具有华裔血统，有华人的外貌特征，在跟家人沟通时有使用华语。但在文化认同方面，所有受访学生都认为自己是中华文化和澳大利亚主流文化的双文化认同者。华二代和华三代学习者对中华文化的认同更多的是形式文化、仪式文化的认同，而缺乏深层次的观念文化认同。

即便是认同华人族群和中华文化，方二代也不一定乐意进行以普通话为主导的祖语学习，也不一定愿意被施予祖语生的身份。所以，帮助方二代在中文学习的过程中构建祖语认同以及祖语生身份认同是让中文老师感到棘手，但亟须解决的问题。

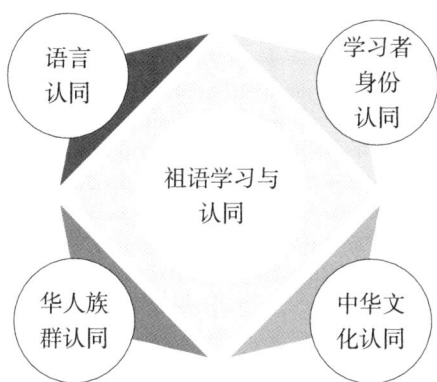

图 5-2　方二代在祖语学习过程中的多维认同

以往有关华裔学生祖语学习与认同的研究一般认为华裔学生在祖语学习过程中的认同建构是多元的、动态的，如 He（2006）、Wong 和 Xiao（2010）。本研究也依据田野调查的结果得出了相似的结论，即方二代在祖语学习过程中需要建构多维度的认同，这其中包括语言认同、学习者身份认同、华人族群以及中华文化认同，这些认同并非一成不变的。

在语言认同方面，方二代在学习普通话的过程中常常需要面对普通话的压力、语言能力认同、祖语认同以及语言投资方面的问题，而这几类问题能折射出客观社会结构及语言权力对祖语学习与认同的影响。普通话作为世界华人的通用语，因为在社会经济结构中占据其他汉语方言或华语变体无法比拟的绝对优势，在澳大利亚的中文语课堂上占据着主导地位，被视为华裔学生祖语的唯一标准。在以普通话为标准语的意识形态下，方二代往往对自己的华语能力评价低，在听力和口语表达方面缺乏自信，甚至感觉遭受中文老师的歧视。虽然这类学习者能认同普通话作为通用语的工具性，但他们的语言惯习会在无意识间影响他们对祖语的认同，自小在汉语方言社群里习得的禀性和认知方式会使他们在情感上倾向于将自己的方言作为祖语来传承。然而，也有方二代因为相信在将来能获得更多的利益而愿意为普通话学习投入时间及精力，并尽可能地创造条件适应标准语学习情境，通过引起自身惯习的变化来协商新的认同。

在学习者身份认同的方面，方二代对祖语生这一群体身份存在着认同缺失、认同游弋以及认同调适的情况。排斥或者否认祖语生身份者有一个共同点，就是认为个人的语言特征与祖语生群体的语言特征不符。认同缺失者并非想要否认自己的华人身份，而是因为将华语祖语生看作是以说普通话、汉字识读和书写能力强的学习者为核心的单核群体，认为说汉语方言、汉字读写水平低的华裔学生无法合群，所以不愿意被"强加"祖语生的身份。认同游弋者产生身份认同上的矛盾与困惑，主要是因为在学习普通话的过程中被当成介于祖语生和非祖语生的"中间人"。在现实教学中，中文老师对学习者群体身份的界定多是参照目标群体的核心特征，这些核心特征可能是既定的、客观存在的，也可能是在实践共同体成员的互动中形成的。如果这名学习者的个体特征与祖语生和非祖语生这两种群体的核心特征都有类似点，但都不显著，就很有可能受老师及核心成员的反馈所影响，游走在两个群体的认同边缘。然而，学习者身份认同并非一成不变，即使是认同缺失者也可能通过参与实践共同体的互动，借助主观能动性发展出多元、多核心的群体身份认同。

在华人族群认同方面，方二代所产生的认同主要是基于自身的体貌特征以及根基性的情感联系。然而，这些学习者对华人族群的认同并不仅仅是因为相似的体貌特征以及根基性的情感联系，还因为他们具有族群社会边界的主观意识，他们的"华人性"不再是具有多少传统的价值观或道德意识，而是体现在全球现代性力量中的个人与华人群体及主流社会之间的互动关系。

在文化认同方面，方二代对中华文化和澳大利亚文化都具有归属感，这一归属感是两种文化在他们的日常生活中彼此浸润、交互影响的结果。然而，这些学习者由于远离中华文化中心，对中华文化的认同多局限于形式文化或仪式文化认同，缺乏深层次的观念文化认同。澳大利亚的祖语教学因而背负着加强华裔学生根文化认同的使命。

第五节　建　议

一、以学习者为中心的祖语教学

在目前的澳大利亚中小学课堂上，中文教师往往是根据自己的经验，学生的外貌、口音以及学籍信息来对华裔学生的学习情况做出假设，然后设计教学内容和进度。然而，华裔学生绝非同质性群体，而是内部差异大，学习需求个性化、多样化的祖语生群体。对这样的教学对象，中文老师如果未尝试去了解个体差异，而是凭主观判断给予学习指导以及成绩评估，则不仅难以取得理想的教学效果，还可能因为教学脱离学生需求而导致华裔学生的流失。而要实施"以学习者为中心"的祖语教学，根据 Webb 和 Miller（2000）的观点，教师们首先得对祖语生就以下几点进行摸底：

（1）语言起点水平。只有掌握教学对象真实的祖语水平，才能使语言知识教学和语言技能教学真正做到有的放矢。

（2）家庭语言背景。以汉语方言为家庭主导语的华裔学生的学习需求有别于以普通话为家庭主导语或以英语为家庭主导语的华裔学生，祖语课程的教学应将方二代与普通话家庭背景或英语家庭背景的华裔学生区别开来。

（3）学习动机。弄清了祖语生的学习动机，教师们就可以借助这些诱因通过内部和外部刺激让学生保持浓厚的学习兴趣并且争取优异的成绩。

（4）学习准备（academic preparedness）。了解学生在接受教育之前的祖语习得经历以及他们对祖语传承使命的认知，能够帮助教师发现祖语生在学习上的优势和劣势，加以积极引导，让学生发挥优势，改善劣势。

（5）文化联系。了解学生与祖源文化或社群文化之间的互动，能够帮助教师利用学生已有的文化资源加深他们与根文化之间的联系。

（6）情感因素。了解学生在祖语学习过程中是否有焦虑，自尊心是否受损，是否出现祖语抑制行为，及时地掌握这些情况能帮助教师实时调整教学计划与策略，培养学生的积极情感。

（7）社会因素。祖语标准语与方言之间的社会权力关系会影响祖语生在标准语学习过程中的自我定位，对祖语社群内外部的语言权力因素保持敏感，能帮助教师发现祖语生认同问题的根源，通过弱化标准语在祖语课堂上的绝对权力来调适祖语生的认同。

而要对这几点进行摸底，中文教师们可以尝试一些祖语教学研究者们推崇的方式：施行华文水平测试，采集与祖语学习有关的学生个人信息，定期与家长进行深入的交流，鼓励学生写学习心得体会，增强与华人社区的互动和合作。

既然华裔学生的群体异质性是绝对的，与其将他们的个体差异视为教学的难点，还不如将这些差异视为可以促进学习者对华人社会多元化认知的资源。中文教师们可以在教学过程中有意识地利用这些资源引导祖语生构建"大华语"认同并以传承华语为己任。

二、以认同为导向的课程设置

社会语言学认为，语言既有交际功能，也有认同功能。针对华裔学生的祖语教育不仅仅是为了保持华语在海外的活力，更是为了增强华人族群的向心力和凝聚力。祖语课程的建设者们如果忽略了认同这一导向，一味地强调语言的工具性，并以普通话的熟练程度作为祖语学习的首要目标，那么在家庭环境中缺乏普通话输入的华裔学生如 CHLL3 和 CHLL4 会更倾向于选择第二语言课程，因为这样的祖语课程对他们来说与以普通话为目标语的第二语言课程无本质差别，而后者对普通话熟练程度的要求要低很多。

要使不同家庭语言背景的华裔学生悦纳祖语生的身份，并且坚持学习以普通话为基础的华语，在课程的设置上，应考虑如何增加华裔学生个体与祖语生群体之间的联结。笔者有以下几点建议供课程建设者们参考：

（1）初级课程的语言标准应适度多元化，具有一定的包容性。对于生活在多元文化环境下的华裔学生，徐杰认为"不应根据僵化生硬的单一标准来评说他们的普通话不标准，因为这不利于普通话在这些华人社区建立凝聚力和归属感"（连谊慧，2016）。尤其对那些只会汉语方言的学生而言，普通话并不是他们的父辈和祖辈使用的语言，何来认同？若硬要一开始就达到规范化的单一标准，他们难免会因为表达"不标准"而产生挫败感，进而放弃祖语课程的学习。所以，初级课程的语言标准应予以适度的放宽与调整，以鼓励不同家庭语言背景的华裔学生坚持祖语课程的学习，最终适应规范化的普通话标准。

（2）课程内容的设计应注重语言和文化的相互渗透，以及主体性和多样性的统一。华语是华人文化的载体，要学会运用华语就必须了解并理解它所承载的文化元素。每一学习单元的内容除了涉及语言知识，还应该包含相关的文化注解。在华语知识和华人文化的传递上，应兼顾主体性和多样性。以普通话为基础的华语是华人的共同语，华裔学生的祖语学习应当以普通话为主，但华人所使用的语言不仅有普通话，还有汉语方言以及华语的各种地域变体，因此祖语课程的内容不仅应强调普通话的主体地位，还应丰富华裔学生对汉语方言和区域性华语的生态环境以及语言权益的认识。同样，在文化内容的设计上，应以中华传统文化为"根"，以现实生活中华人社会的多元文化为"枝叶"，既让华裔学生们明白他们在文化上同宗同源，又让他们理解各种华人文化之间的统一性和差异性。

（3）各学习阶段的认同目标应有清晰的设定，并应符合认同发展的路径。持建构主义动态认同观的学者们一般认为，语言学习者的认同发展会遵循这样的路径（郭为藩，1975；秦晨，2012）：第一步，对目的语文化有所了解；第二步，对目的语文化产生归属感；第三步，将目的语文化的基本构成要素内化；第四步，在行为表现上体现出目的语文化的特性。华裔学生在祖语学习各阶段所要达到的认同目标也可参照"熟悉—接受—内化—践行"这样的步骤来予以设定。

三、以"问题—诊断—解决"为讨论模式的教师培训

澳大利亚目前只有墨尔本大学的中文教师培训中心提供专项中文教学法的课程，其他大学提供的大多是不分语种的 LOTE 语言教师培训，准中文教师们不得不跟其他语种的预备教师们一起参加以"二语习得理论＋外语教学法＋教学实践"为模式的培训。由于缺乏系统、专项的教学法训练，中文教师在开始真正的教学时，会常常感觉难以应对不同背景的学生在学习中文的过程中产生的问题与需求。

既然澳大利亚的大学因经费的限制，不能为 LOTE 语言预备教师提供专项语言教学法的培训（张玉喆等，2014），那么作为理论课程（lecture）之辅的讨论课（seminar）可以考虑按语种对教师学员进行分组，并采取"问题—诊断—解决"的讨论模式，使培训更具针对性。培训教师们以及参加了教学实践的预备教师们可以将实际教学过程中所碰到的问题在讨论课上提出来，让大家通过查询资料、请教专家等多种方式对问题的根源加以诊断并找出解决的办法。准中文教师们尤其需要这样的讨论模式，因为教学对象的内部差异大，教学理论体系又不够完善，直击中文教学特点和难点的培训才能帮助他们应对实际教学过程中的各种复杂问题。

第六章

新加坡华二代祖语保持研究

第一节　引　言

新加坡是一个民族和语言组成较特殊的新兴移民国家。

19世纪初，新加坡是一个仅有百多人的小岛，而新加坡国家统计局2018年的数据显示[①]：截至2018年1月2日，新加坡总人口为3 994 283人，接近400万。其中，华人2 969 281人，占总人口的74%。马来人535 824人，占总人口的13%。印度人360 528人，占总人口的9%。其他种族128 650人（欧亚混血），占总人口的3%。各种族有各自的母语，分属不同语系，内部又可以细分成多个方言。

在此大背景下，新加坡的华侨数量在2019年的过去10年时间里，也实现了从17万到38万的高速增长。[②] 2010年华侨总人数为174 355，占新加坡总人口的4.6%，而到了2019年，华侨总人数为380 145，占总人口的百分比为9.4%。不管

---

① 新加坡统计局人口数据网站：https：//www. tablebuilder. singstat. gov. sg/publicfacing/createData Table. action? refId = 14911，引用于2019年10月1日。

② Statista 网站：Estimated number of Asian immigrants in Singapore in 2020, by country of origin, https：//www. statista. com/statistics/692951/asian-immigrant-stock-of-singapore-by-country-of-origin/，引用于2019年10月1日。

是华人人口，还是华侨人口，只有新加坡占比如此之高。

虽然华侨华人在新加坡有着较大的人口基数，但华二代在学校接受的是英语教育，长时间和讲英语的新加坡孩子来往，新加坡华二代学生，大部分都认为自己的"母语"是英语。郭熙（2010）提出"影响祖语学习和使用的还有交际本身。例如，在新加坡，一些华语使用者不知道对方的祖语状况，为了避免交际的困惑，只好采用回避祖语使用的方式，优先选择地位强势的英语；为了照顾对方，还会采用语码混合的方式"。新一代的新加坡家长大部分不愿意让孩子放弃华文，主张英语华语两手抓。英语在新加坡使用面积广泛，已经是个不争的事实，也是一个令人担忧的现象。

新加坡2011年的人口普查结果显示，家庭用语为英语的华族家庭从2000年的23.9%上升至2010年的32.6%。家长们深知在新加坡，英语才是能让孩子取得成功，向上发展的重要工具；若孩子没办法掌握好英语，读书时就不会明白数学、英文和科学老师在教什么；毕业以后也无法找到好工作，英文能力差等同于无法拥有似锦的前程。因此，多数新加坡华人父母无论自己的英文能力如何，都会从孩子出生开始便用英语与他们沟通，利用所有的时间让孩子接触英语，把英语掌握好。

正因为如此，华人家长忽略了对孩子的华文教育，导致孩子在学校学习华文时，觉得华语无比困难，对这门语言完全没有兴趣，甚至还会抗拒。英语一向被新加坡人视为本地"顶层语言"，任何高薪职位都以英语为主导语。在新加坡这个社会大环境中，学生上完华文课后，便完全无需用到华语。在华语于本地无用武之地的情况下，新加坡家长选择将重心放在英语上。以上种种因素导致了越来越多新一代的新加坡华人连基础华语都说不好的局面。

新加坡语言规划及语言教育规划的发展历程中，几个标志性的决策对华语的发展趋势起了决定性作用。

首先是1965年新加坡独立之初政府推行"双语教育"；其次是1979年开展的"讲华语运动"（周清海，1996；吴元华，1999、2000；郭熙，2008），这两项决议客观上使华语在新加坡社会中的功能发生了两次重大的变迁：一次是华语取代汉语方言，成为族裔共同语；另一次是华语被英语取代，成为族裔次交际语（刘振平、赵守辉，2017）。

周清海（1996）、陈松岑（1999）、萧国政等（2000）的研究初步表明了新加坡不同语言使用状况与社会分层的关系，并在赵守辉、刘永兵（2008）的研究中得到更进一步的体现。后者调查结果显示，居住条件，父母的教育、职业，幼儿园类型等都与其家庭用语存在相关性，低住房标准预测了高华语运用，两者同时预测了该家庭的经济条件。赵守辉、刘永兵（2008）认为，"华语正在成为一种贫穷和边缘化的身份符号，这种贫穷和边缘化的自卑意识，反过来又导致了华语在家庭中运用的加速下降"。在对家长语言态度的调查中，发现家长们对自身英语口语能力评价虽然不同，但都趋向于使用英语，而那些英语不好的家长可能更积极地在家庭中使用华语。

现有研究从不同侧面、在不同程度上反映了华语的功能性变迁，在代际语言使用上表现为家庭用语的代际差异。张毅、黄明（2010）和黄明、朱宾忠（2010）调查了祖孙三代人家庭用语的历时变化，发现华人社会语言转移的模式为"过渡—保持双语教育模式"，总趋势为"英语快速上升，英汉双语稳步上升，华语先升后降，方言一降到底"，认为英语成为主要社会交际用语的趋势已不可挡。此外，黄明（2011）对学校用语的研究也表明了英语的绝对优势。

四十余年来，随着新加坡语言政策的推行，客观上华语及方言正让位于英语，使其成为事实上的社会共同语乃至族裔共同语。对于华语的未来，不少学者表示担忧。刘振平、赵守辉（2017）认为"汉语已经到了费什曼'代际传承量表'中关键的第六级，即'在家庭之内世代传递，而非日常口头交流的一般语言'"。

也许我们还不能过早地得出结论。郭熙（2008）提出，"新加坡应重新为华语定位"。探讨新加坡华语及华语教育规划的问题，是我们当前必须重视的事情。在考虑这一问题时，我们不能不重视另一潜在的华语使用群体——来自中国的新移民。因为新加坡的地缘关系和族群构成，随着越来越多中国人移居到新加坡，并由于当今中国的国际地位提升，以及交通和现代信息技术发展，他们在缓解新加坡巨大的劳动力缺口压力的同时，也为新加坡华语发展注入了新生力量，并有可能发挥更大作用。其中，华二代——幼年随父母移民新加坡，或在新加坡出生的中国移民孩子——在一定程度上，更加成为影响新加坡华文教育未来发展的一个重要因素。

中国新移民主要是 20 世纪 90 年代新中建交后移入新加坡的（Hong Liu, 2012）。其构成主要有建筑劳工、留学生、技术与投资移民、家庭团聚移民和非法移民等（沈燕清，2007）。其中留学生群体、技术与投资移民等受教育程度更高、定居倾向更大的人群在新加坡面临更多的语言、社会和文化的融合问题。中国新移民在海外普遍地将教育作为向上流动的主要途径。"新加坡中国新移民对子女教育的重视，其中有儒家传统的因素，更主要的原因是新加坡教育考试制度和教育竞争的激烈性。"（周敏、王君，2019）不过我们也要看到，新移民家庭在当地化的过程中，实际上仍然得到来自祖籍国的资源支持，包括经济资本、人力资本、文化资本和跨国家庭资源（周敏、刘宏，2013；周敏、王君，2019）。关于这一点，前人早有论断。周清海（1996）认为在中国改革开放的背景之下，华语的实用价值将大大地扩展，"华语文在新加坡的发展完全取决于中国的发展，华语文商业语言价值的提高，以及新加坡华语文教育和中国教育体系联系的可能性，使新加坡华语文教学更具有发展的潜能"。

另一方面，华语实用价值的提升与其声誉和形象规划相互关联。赵守辉、王一敏（2009）特别提到通过声誉和形象规划来提高华语在新加坡社会的实际地位，以扭转华语的低阶语言的形象，"双语社会人们的语言行为受制于语言的终端社会价值，公众在面对语言选择时，不管在公民教育体系、非正规的学前教育还是在家庭内部，最有效的推广莫过于积极动机的鼓励，即让人看到这种语言利于实现提高使用者在社会阶梯上所处位置"。

目前有关新加坡华二代语言使用状况的研究较少，只有少数文献提及新加坡中国新移民子女的教育问题。周敏、王君（2019）指出，由于英语在新加坡的顶层语言的地位和声望，以及以英语为导向的语言教育政策，华人家庭重视教育，特别是英语教育，在融入当地社会方面表现得更为迫切和积极，"年轻一代的新加坡华人强烈认同'新加坡人'的民族国家身份，对祖籍国中国基本没有归属感，缺乏华族文化认同，华文语言能力日渐减弱"。

鉴于华二代在华语传承中的关键作用，本研究对新加坡华二代祖语保持状况进行调查，并给出思考与建议。

第二节　研究设计

由于华二代是在新加坡成长与受教育的第二代中国人，属于身份较为特殊的一个族群，因此其语言情况需要与新加坡本地孩子即华三代以上华裔进行对比，方能确切了解华二代在新加坡的华语保持现状。

本研究凡是针对华二代所进行的调查内容，也都对新加坡本土孩子进行同样的调查，以进行对比。本研究的主要调查方式为问卷调查。笔者设计了大体相似的问卷，发放给中国移民家长以及新加坡华族家长。提供给中国移民家长的问卷为中文版，内容包括了家长以及孩子的基本资料，如年龄、学历等；此外也调查了家长本身移居至新加坡的年龄；发放给新加坡华族家长的问卷则是华、英双语版，内容同样包括了家长以及孩子的基本资料。由于设想的访问对象从 0~20 岁，年龄太小的孩子无法自己填写问卷，因此此调查由家长代写。问卷中涉及孩子的题目都提供了"老大、老二、老三、老四"的个别选项，让家长能按照个别孩子的情况进行填写，以便取得更多及更具体的资料。

两组家长都通过笔者利用谷歌表格（Google form）所生成的电子问卷参加调查。针对中国移民家长的问卷，总共收回 117 份。117 名家长提供了 223 名孩子的资料，其中 0~11 岁的孩子占大多数，有 175 名；11~20 岁的孩子为 44 名；21~30 岁的孩子则仅为 4 名。笔者考虑到需要将不同年龄层所得出的调查结果进行对比，因此将人数很少的 21~30 岁孩子的资料忽略，最终保留 219 名 0~20 岁的华二代参加调查研究。

新加坡华族家长所呈交的问卷则有 113 份。113 名家长提供了 209 名孩子的资料，0~10 岁的新加坡孩子与华二代孩子相同，占大部分，为 124 名；11~20 岁的新加坡孩子则有 74 名。另外，资料中出现了 11 名年龄在 21 岁以上的孩子，由于参与调查的华二代只包括 0~20 岁的孩子，因此笔者将该 11 名孩子的资料忽略，最终保留 198 名 0~20 岁的新加坡孩子进行调查研究。

最后，笔者再利用 Microsoft Excel 软件将所取得的调查数据进行统计。

第三节　新移民家长的华语使用情况及原因

一、新移民家长跟孩子的语言使用情况

发放给华一代的调查问卷上，要求家长们填写自己与个别孩子交谈时所使用的语言。调查问卷以一名家长对照一名孩子的方式进行，依照个别孩子的情况所填写，因此总被试人数根据华二代人数而定，即 219 名。此题为单选题，受访家长必须从调查问卷的五个选项中进行唯一选择：只使用英语、大部分使用英语、华语和英语参半、大部分使用华语以及只使用华语。

图 6-1 "新移民家长跟孩子的语言使用情况"显示，选择以"大部分使用华

语”的居多，占48.40%，其次便是28.76%的"只使用华语"。"大部分使用华语"指的是在使用华语为主要用语的同时，掺杂了许多英语词汇的现象。与许多受英文教育的人一样，他们有许多专业用词都习惯用英语表达，在日常生活中，一些常见事物也惯用英语表达，需要用到华文词汇的时候少之又少，像使用 EZ-link card（易通卡）支付 MRT（地铁）车资等。这是新加坡人讲华语的现象，即便华文能力再强，在日常谈话时也没办法像中国人一样百分之一百使用华文词汇，谈话中必定需要借助一些英语词汇来表达自己。

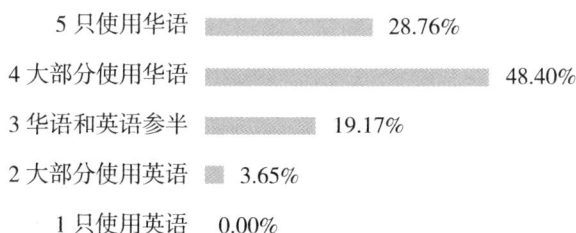

5 只使用华语	28.76%
4 大部分使用华语	48.40%
3 华语和英语参半	19.17%
2 大部分使用英语	3.65%
1 只使用英语	0.00%

图 6-1　新移民家长跟孩子的语言使用情况

中国移民的孩子在新加坡受教育，周围的朋友同学都是习惯讲英语的新加坡人，说话习惯难免受新加坡人影响；有的华二代甚至毫无口音，说话时完全听不出双亲是中国人。孩子回家后用"新加坡式"华语跟家长谈话，久而久之，家长若不注意，也会受到影响，开始这样跟孩子讲话。有些家长反映，若跟孩子百分之百只使用华语，有些时候孩子不容易明白自己在讲什么，家长便需要把一些内容翻译成英语，时间久了家长也习惯跟孩子说话时掺杂英语词汇，变成了大部分使用华语或华语和英语参半的情况。

二、新移民家长年龄、学历与华语使用的关系

参与调查的新移民家长总人数为219名，其中3名年龄介于21~30岁、132名31~40岁、80名41~50岁，以及4名51岁以上。基于需要将不同年龄层所得出的结果进行对比分析，因此笔者将此调查归类为两个群组，即40岁及以下和41岁及以上。归类之后，40岁及以下的人数为135名，41岁及以上的人数则为84名。

新移居家长跟孩子所使用的语言的关系在经过卡方检验计算之后，p 值为0.21。p 值大于0.05，可见新移民家长的年龄与选择使用哪一种语言跟孩子交谈，不存在显著相关。

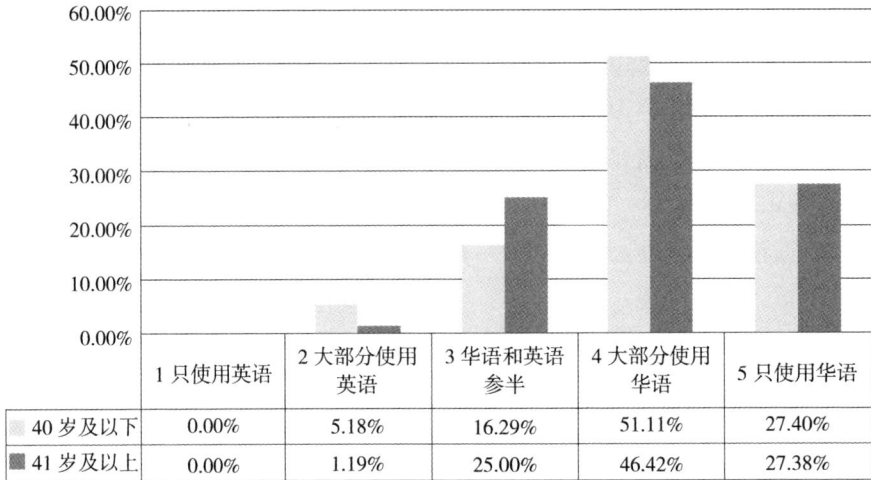

	1 只使用英语	2 大部分使用英语	3 华语和英语参半	4 大部分使用华语	5 只使用华语
40 岁及以下	0.00%	5.18%	16.29%	51.11%	27.40%
41 岁及以上	0.00%	1.19%	25.00%	46.42%	27.38%

图 6 - 2　新移民家长年龄与跟孩子所使用语言的关系

经卡方检验计算之后，图 6 - 3 "新移民家长学历与跟孩子所使用语言的关系"
的 p 值是 0.03，证明家长的学历以及他们所选择跟孩子交谈的语言有一定的关联。
从图 6 - 3 "新移民家长学历与跟孩子所使用语言的关系"可以看出，学历为 "高中
及以下" 的新移民家长在语言中掺杂英语的比较多，"华语和英语参半" 的家长比
"大学及以上" 的家长高出 16.14%，大部分使用或只使用华语的家长的比例比另一
组的家长低。学历为 "大学及以上" 的家长反而偏向使用华语跟孩子交谈，"大部
分使用华语" 和 "只使用华语" 的总共占 80.23%。

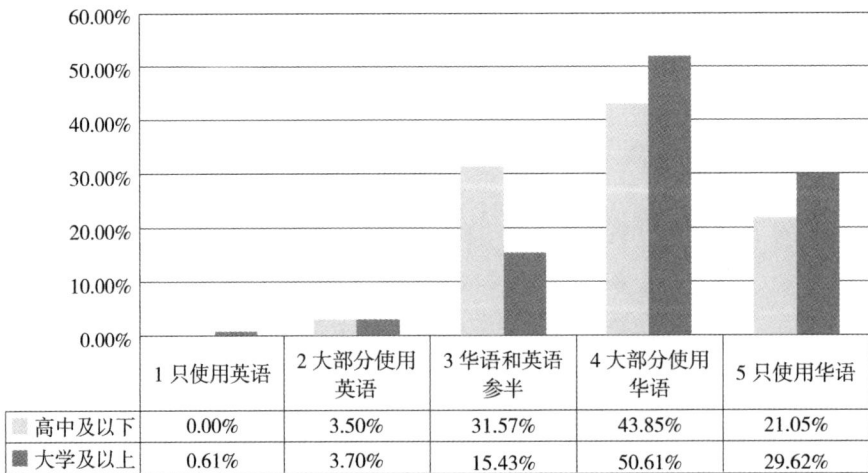

	1 只使用英语	2 大部分使用英语	3 华语和英语参半	4 大部分使用华语	5 只使用华语
高中及以下	0.00%	3.50%	31.57%	43.85%	21.05%
大学及以上	0.61%	3.70%	15.43%	50.61%	29.62%

图 6 - 3　新移民家长学历与跟孩子所使用语言的关系

三、新移民家长跟孩子语言使用情况的原因调查

为了进一步了解语言选择的动因，我们设置了多选项，了解家长用该语言跟孩子沟通的原因。其中，"只使用华语"所提供的原因如图6-4所示：

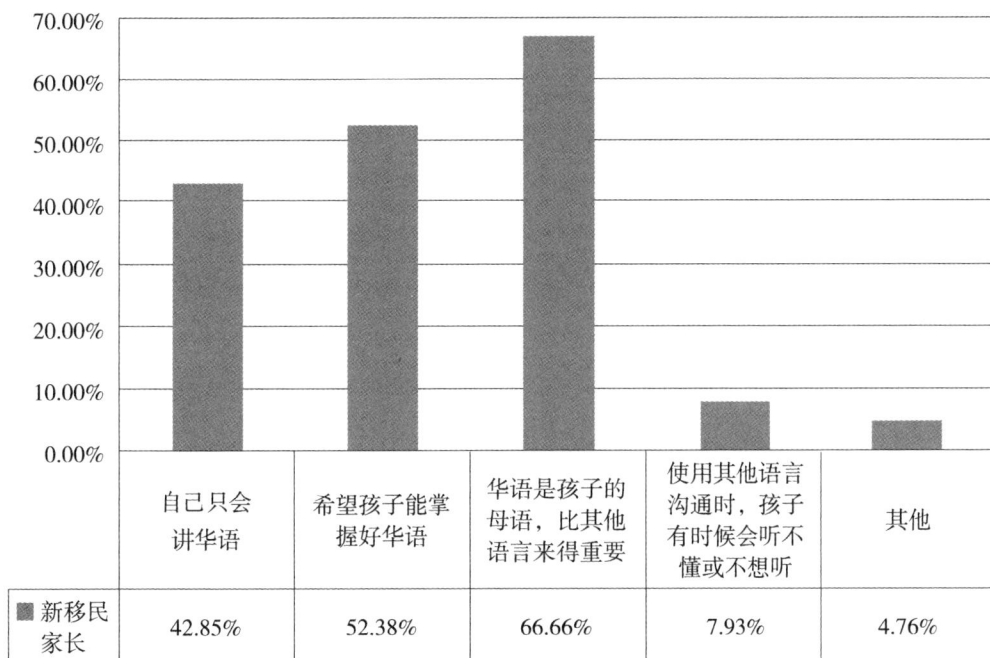

	自己只会讲华语	希望孩子能掌握好华语	华语是孩子的母语，比其他语言来得重要	使用其他语言沟通时，孩子有时候会听不懂或不想听	其他
■新移民家长	42.85%	52.38%	66.66%	7.93%	4.76%

图6-4 新移民家长跟孩子"只使用华语"的原因

"只使用华语"跟孩子沟通的家长有63名。图6-4"新移民家长跟孩子'只使用华语'的原因"显示，最多人选择的原因为"华语是孩子的母语，比其他语言来得重要"，占66.66%；其次是"希望孩子能掌握好华语"，占52.38%；以及"自己只会讲华语"，占42.85%。此外，其他原因包括家长补充的"习惯了"和"没想那么多"，占4.76%。

"大部分使用华语"所提供的原因选项如图6-5所示：

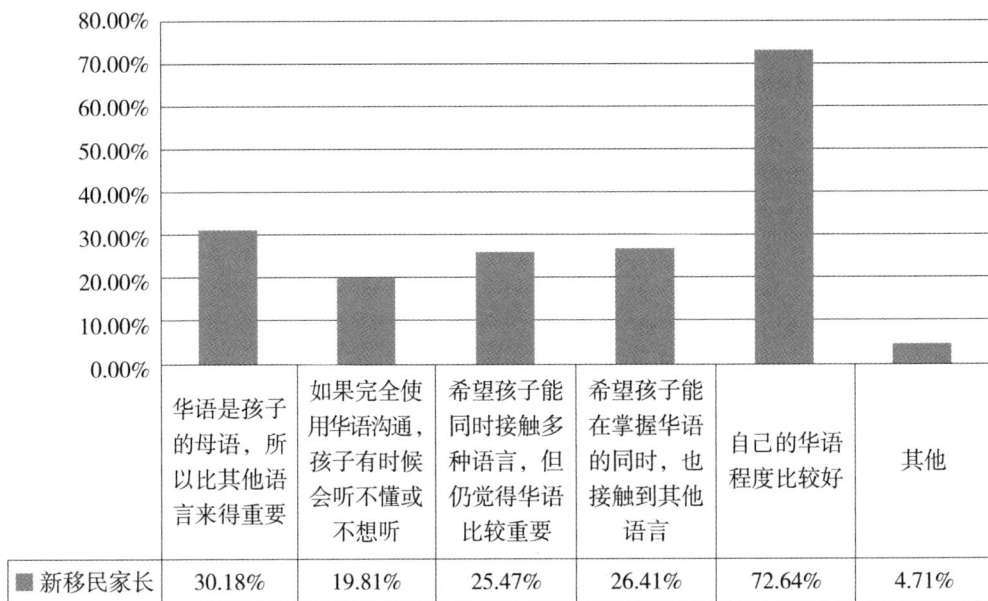

	华语是孩子的母语，所以比其他语言来得重要	如果完全使用华语沟通，孩子有时候会听不懂或不想听	希望孩子能同时接触多种语言，但仍觉得华语比较重要	希望孩子能在掌握华语的同时，也接触到其他语言	自己的华语程度比较好	其他
新移民家长	30.18%	19.81%	25.47%	26.41%	72.64%	4.71%

图 6 - 5　新移民家长跟孩子"大部分使用华语"的原因

在"新移民家长跟孩子使用语言"的调查中，选择"大部分使用华语"的家长人数最多，为 106 名。从图 6 - 5"新移民家长跟孩子'大部分使用华语'的原因"可以看出，选择"自己的华语程度比较好"的最多，占 72.64%；30.18% 的家长认为"华语是孩子的母语，所以比其他语言来得重要"。家长补充的"其他"原因是"习惯了"，以及"让孩子练习华语"。

从图 6 - 4 和图 6 - 5 的结果能够得知，这些家长对孩子的华文学习颇为重视。虽然使用华语和孩子交谈的大部分原因是自己的华语程度比较好，但同时也因为自己仍认为华语是母语，很重要；孩子需要掌握华语也需要从自己这方面着手。

"华语和英语参半"所提供的原因选项如图 6 - 6 所示：

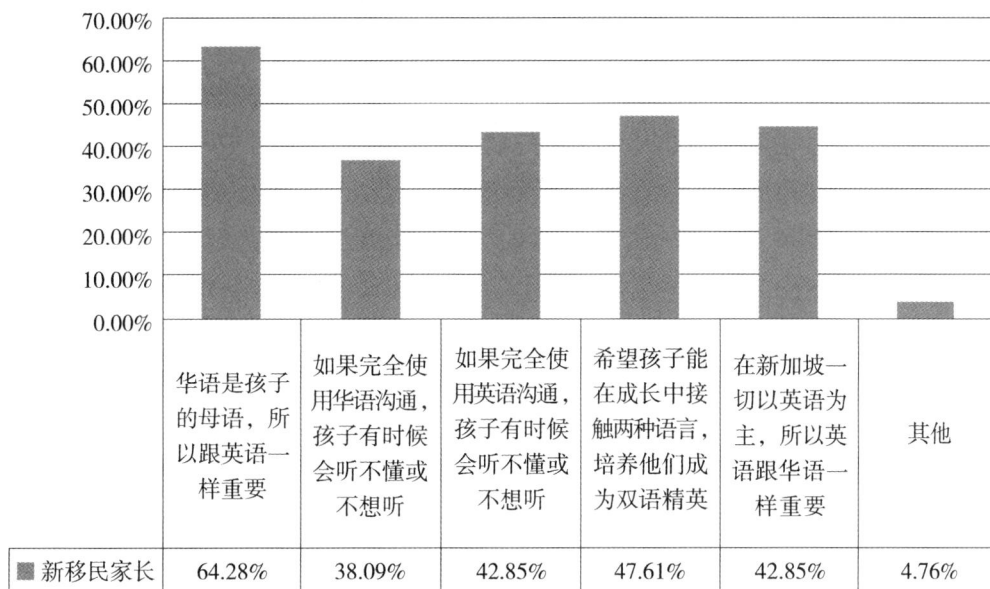

	华语是孩子的母语，所以跟英语一样重要	如果完全使用华语沟通，孩子有时候会听不懂或不想听	如果完全使用英语沟通，孩子有时候会听不懂或不想听	希望孩子能在成长中接触两种语言，培养他们成为双语精英	在新加坡一切以英语为主，所以英语跟华语一样重要	其他
■ 新移民家长	64.28%	38.09%	42.85%	47.61%	42.85%	4.76%

图 6-6　新移民家长跟孩子"华语和英语参半"交谈的原因

113 名家长中有 42 名选择"华语和英语参半"。图 6-6"新移民家长跟孩子'华语和英语参半'交谈的原因"显示，家长选择跟孩子沟通时"华语和英语参半"的原因分布差不多，没有特别明显的原因。从结果中能够看出家长们在谈话中将双语参半，指的可能是有时使用华语，有时使用英语；或是在谈话内容中掺杂的英语、华语词汇量各一半。

根据以上原因能够得知，家长们一般认为双语的地位同等重要，因此希望能够在日常生活中让孩子们接触两种语言。同时，38.09% 和 42.85% 的家长都表示如果只单一使用华语或英语一种语言，会出现孩子有时候听不懂或不想听的现象。若完全使用华语跟孩子交谈，受英文教育的孩子也许有些内容会听不懂；若使用纯英语跟孩子交谈，孩子或许也会觉得别扭且不亲切。因此许多家长便选择采用双语的方式跟孩子进行沟通。只有 3.65% 的家长选择"大部分使用英语"或"完全使用英语"。

第四节　华二代与新加坡本土孩子的华语使用对比

一、华二代与家人的语言使用情况

（一）与长辈的语言使用情况

有些新移民家长发现，即使他们跟孩子只使用华语沟通，孩子也会习惯性地以英语或掺杂英语回复父母。笔者进行此项调查，主要是为了了解父母跟孩子，以及孩子跟父母所使用的语言情况是否一致；又或者华二代在受到了环境因素影响后，是否会喜欢使用英语多于使用华语，甚至在家中也会不自觉地使用英语回应跟自己讲华语的父母。

根据图6-1，可知有将近一半的家长（48.40%）在家中"大部分使用华语"跟孩子交谈；另外还有28.76%的新移民家长"只使用华语"，这也表示在家中英语的使用率非常低。而从图6-7中能够看出，两个年龄段的孩子在回应家人时大多数选择"大部分使用华语"或"华语和英语参半"。0~10岁的孩子有38.85%"大部分使用华语"；11~20岁则是超过一半（52.27%）以"华语和英语参半"的方式回答家人。

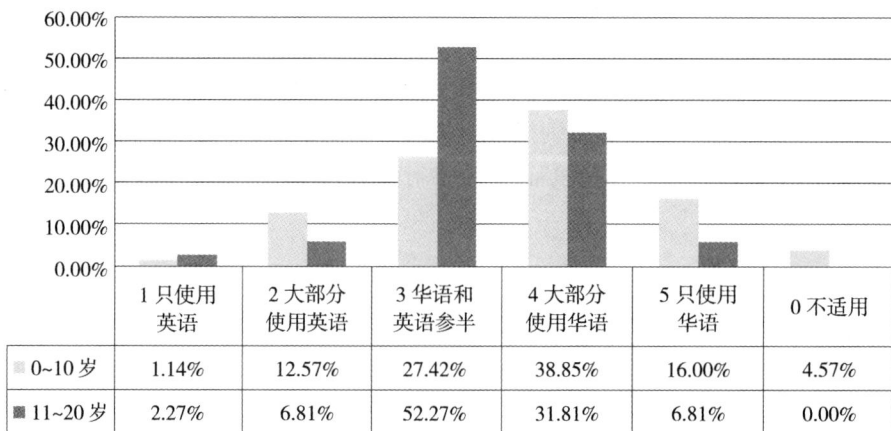

	1 只使用 英语	2 大部分 使用英语	3 华语和 英语参半	4 大部分 使用华语	5 只使用 华语	0 不适用
0~10 岁	1.14%	12.57%	27.42%	38.85%	16.00%	4.57%
11~20 岁	2.27%	6.81%	52.27%	31.81%	6.81%	0.00%

图6-7　华二代回复家人时的语言使用情况

这也表示，当77.16%的家长完全或大部分使用华语跟孩子沟通时，只有51.59%的孩子会完全或大部分使用华语回答他们；其余25.57%的孩子会以英语和华语参半或者完全或大部分使用英语回答他们。

这个情况在11~20岁华二代中较为明显，原因可能是华二代在上学后，因环境因素而长时间使用英语，孩子使用英语的时间比使用华语的时间更长，受到语言环境影响后，便将这个习惯带回家中；即便是父母对他们讲华语，他们也会习惯性地在对话中掺杂英语。0~10岁的孩童很多尚未上学或一天只上学一两个小时，使用英语的机会比较少，因此大部分孩子仍然会完全或大部分使用华语回复家人（如图6-7所示）。

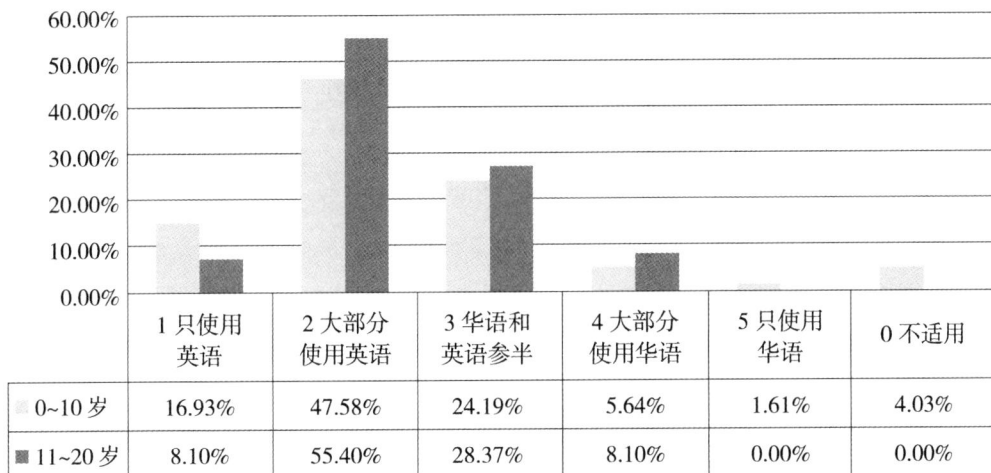

	1 只使用英语	2 大部分使用英语	3 华语和英语参半	4 大部分使用华语	5 只使用华语	0 不适用
0~10 岁	16.93%	47.58%	24.19%	5.64%	1.61%	4.03%
11~20 岁	8.10%	55.40%	28.37%	8.10%	0.00%	0.00%

图6-8　新加坡孩子回复家人时的语言使用情况

由图6-8可以看出，新加坡孩子跟家人交谈时偏向使用英语。完全或大部分使用英语的0~10岁孩子占64.51%；11~20岁则占63.50%，两个年龄层中使用华语的百分比都少于10%。与华二代的使用情况结果一样，年龄较大的11~20岁年龄段比0~10岁的新加坡孩子更偏向使用英语，相信这也跟其在学校长时间使用英语有关。华二代相较于同年龄新加坡人，在家中使用华语的频率高出许多，与家人沟通时偏向于使用华语。

（二）与兄弟姐妹的语言使用情况

华二代在以英语为主要用语的新加坡受教育，从小在家里接触的却是华语，新加坡华二代的华英双语能力想必不差，就如同前人所说的"第二代移民都是双语者"（魏岩军，2013）。双语兼通的孩子习惯或喜欢使用哪一种语言进行交谈，能够从他在不同场合所选用的语言观察出来；若想调查双语孩子比较喜欢使用英语还是华语，可从他在家里跟兄弟姐妹使用的语言进行了解。假设家中父母没有强制孩子必须讲华语，孩子跟兄弟姐妹所使用的语言为自由选择的话，那么这项调查便能发现华二代孩子比较喜欢使用英语还是华语（如图6-9所示）。

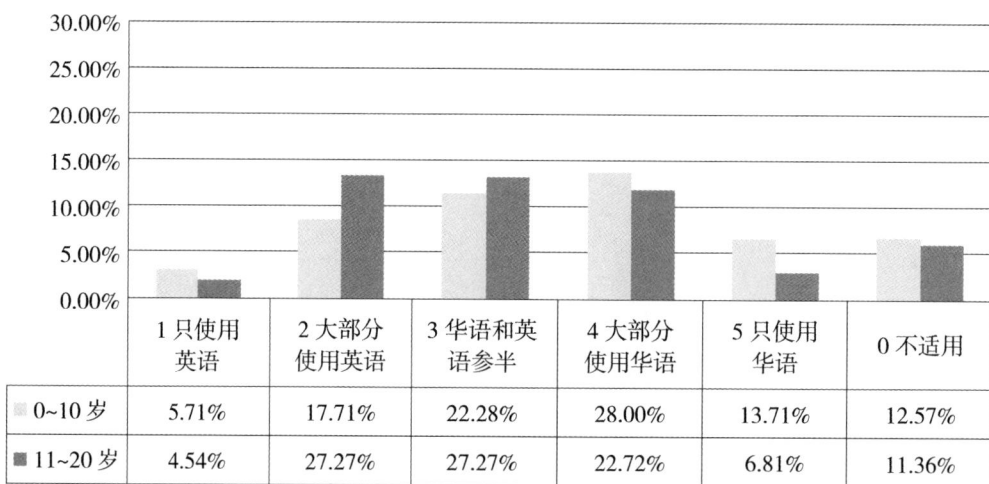

	1 只使用英语	2 大部分使用英语	3 华语和英语参半	4 大部分使用华语	5 只使用华语	0 不适用
0~10 岁	5.71%	17.71%	22.28%	28.00%	13.71%	12.57%
11~20 岁	4.54%	27.27%	27.27%	22.72%	6.81%	11.36%

图6-9　华二代与兄弟姐妹的语言使用情况

家长中有23.93%视这一题为"不适用"，原因可能是他们的孩子是独生子或尚未懂得说话。从图6-9"华二代与兄弟姐妹的语言使用情况"可以看出，最多的0~10岁孩子选择"大部分使用华语"，占28%；其次便是"华语和英语参半"，占22.28%。11~20岁的华二代孩子则是同样有27.27%选择"大部分使用英语"或"华语和英语参半"；再次是22.72%选择"大部分使用华语"。"只使用华语"的0~10岁和11~20岁华二代分别占13.71%和6.81%；另外还有跟兄弟姐妹"只使用英语"的5.71%的0~10岁孩子和4.54%的11~20岁孩子。

由此可见，11~20岁孩子超过一半喜欢在交谈中使用英语或至少掺杂一半的英语；喜欢使用华语的人数比较少。0~10岁的孩子喜欢使用华语的人数仍然偏多，这可能是因为上小学之前，即7岁以下的孩童在家里的时间比较长，受到英语的影响比7岁以后的孩子相对来说较少。

虽然喜欢完全使用华语交谈的华二代非常少，不过跟新加坡同年龄的孩子对比之后，就会发现，成长于新加坡的华二代使用华语的频率已经算比较高。图6-10

"新加坡孩子与兄弟姐妹的语言使用情况"显示，新加坡孩子跟兄弟姐妹完全或大部分使用华语的少于2%。无论是什么年龄的新加坡孩子都喜欢使用英语或掺杂英语进行交谈。尤其是11～20岁的孩子，68.91%选择"大部分使用英语"，使用华语的频率非常低。

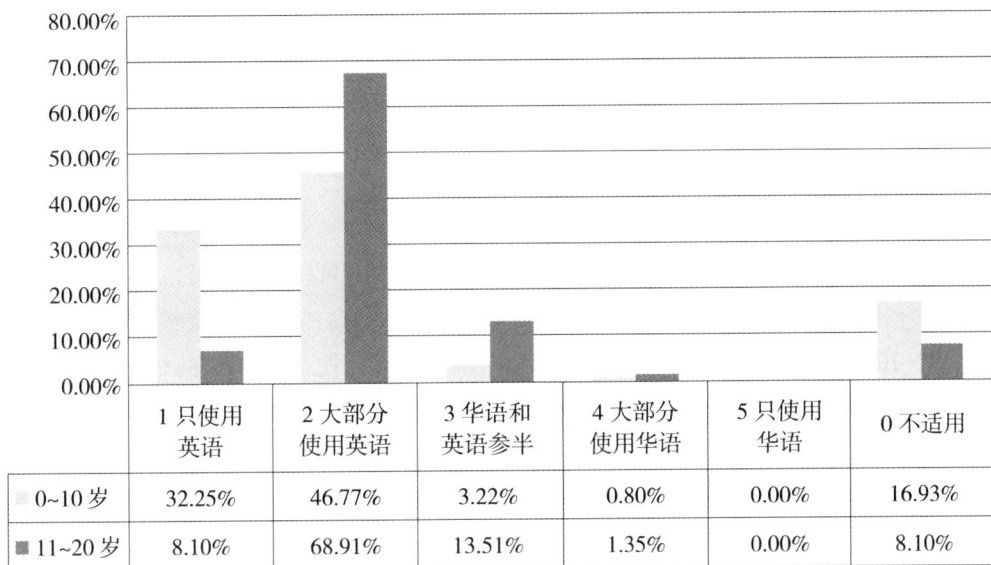

	1 只使用英语	2 大部分使用英语	3 华语和英语参半	4 大部分使用华语	5 只使用华语	0 不适用
0~10 岁	32.25%	46.77%	3.22%	0.80%	0.00%	16.93%
11~20 岁	8.10%	68.91%	13.51%	1.35%	0.00%	8.10%

图 6 - 10　新加坡孩子与兄弟姐妹的语言使用情况

二、华二代在学校的语言使用情况

从图6-11"华二代在学校的语言使用情况"可以看出，华二代两个年龄段的孩子在学校跟同学所使用的语言都偏向英语。"大部分使用华语"和"只使用华语"的孩子极少，0～20岁的华二代孩子总共只占了200%中的9.67%。（说明：占5.71%"不适用"的孩子为学龄前的孩子。）

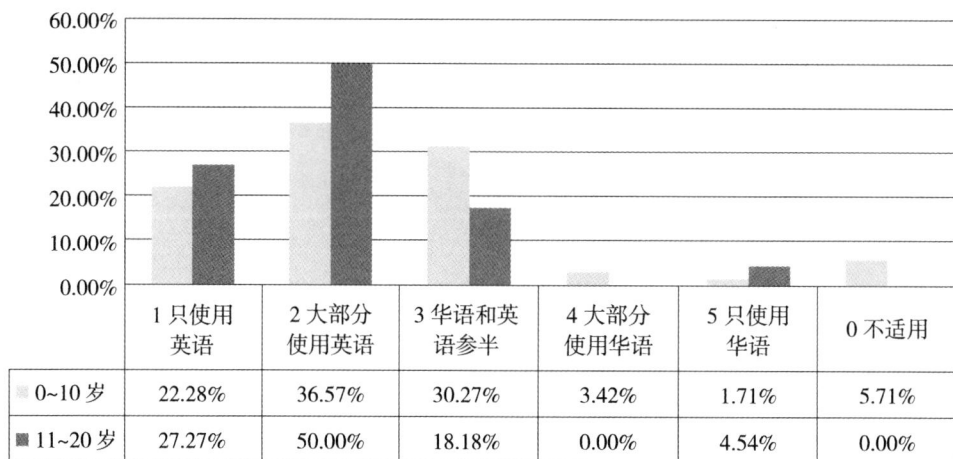

	1 只使用英语	2 大部分使用英语	3 华语和英语参半	4 大部分使用华语	5 只使用华语	0 不适用
0~10 岁	22.28%	36.57%	30.27%	3.42%	1.71%	5.71%
11~20 岁	27.27%	50.00%	18.18%	0.00%	4.54%	0.00%

图 6-11　华二代在学校的语言使用情况

　　0~10 岁华二代在学校"只使用英语"和"大部分使用英语"的百分比加起来为 58.85%，占大部分。11~20 岁的华二代则是有一半（50%）"大部分使用英语"，"只使用英语"的占 27.27%，使用华语的百分比只有 4.54%。由此可见，无论是处于哪个年龄段的华二代，在学校都偏向使用英语，年龄越长偏向越明显。华二代从华语转用英语无疑受到了新加坡孩子的影响。

　　新加坡孩子在家里大部分使用英语跟家人交谈，来到学校也一样。从图 6-12 "新加坡孩子在学校的语言使用情况"可以看出，新加坡孩子在学校的交际一律以英语进行。"大部分使用华语"和"只使用华语"的人数为零，"华语和英语参半"的也只占总人数的 15.35%。相比之下，"只使用英语"跟同学交谈的 11~20 岁年龄段华二代，还比同龄新加坡孩子多出 16.46%。

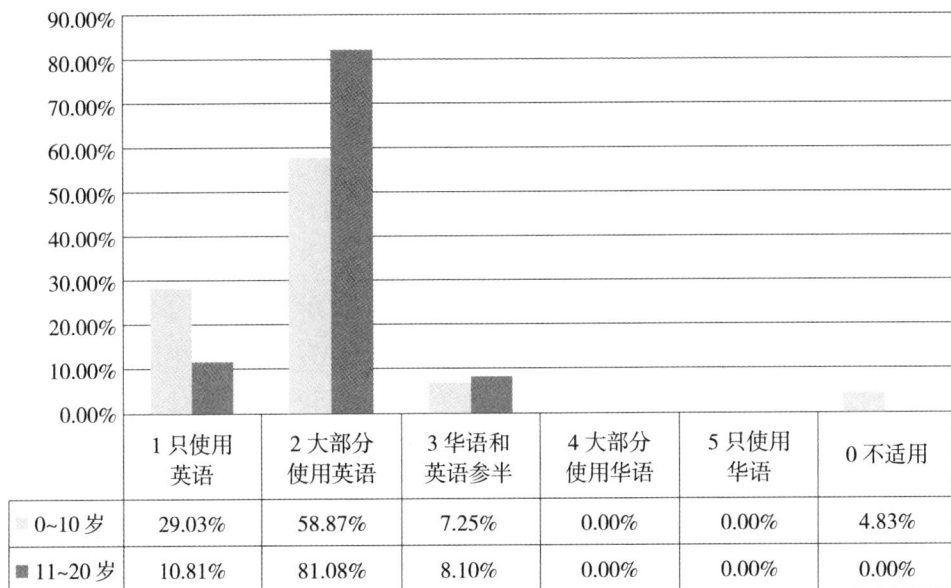

	1 只使用 英语	2 大部分 使用英语	3 华语和 英语参半	4 大部分 使用华语	5 只使用 华语	0 不适用
0~10 岁	29.03%	58.87%	7.25%	0.00%	0.00%	4.83%
11~20 岁	10.81%	81.08%	8.10%	0.00%	0.00%	0.00%

图 6 - 12　新加坡孩子在学校的语言使用情况

　　语言转用为某种语言使用群体改用另一种语言的现象。大部分华二代的家长都以华语跟他们进行沟通，接触的母语为华语，在上学之前接触英语的机会非常少。不过上学后，一旦接触到了英语教育、英语大环境以及讲英语的同伴，自己开始在家以外的场合偏向使用英语，英语使用率自然随着年龄的增长而提高。影响社群发生语言转用的因素包括态度因素、经济因素、社会与政治因素等。

　　华语虽然在新加坡为四大官方语言之一，但实用性却非常低。新加坡教育虽然一直标榜着"双语教育"，但是华语不过是小学四个科目之一；到了中学甚至只是七个科目的其中一科。小学五天制，总上课时间将近 30 个小时，华文课的课时却只有 5~6 个小时，学生在其余的时间里都使用英语，通过英语学习其他科目。走出校园到了社会大环境中，也完全不需要使用华语。在新加坡人眼里，华语属于巴刹①或小贩中心这类低档的地方，出入高级场所一律使用英语，华语完全无立足之地。"语言往往能反映一个人的社会地位和教育程度"（Holmes，1992），在新加坡讲华语被视为低阶层的人，因此即便是华人跟华人，第一次见面都会选择讲英语。中国移民大批涌入新加坡，导致新加坡对中国人有些不满。新加坡华人不喜欢别人认为自己是中国人，因此见到陌生人时，都会先讲英语，就是担心自己的身份被识别。

---

　　①　意为市场、集市。

社会大环境促使使用者在进入社会后，在语言选择和身份认同上产生新的认识，在不同的场合使用不同的语言（张浩，2015），希望能在别人眼中确认自己的身份。

影响语言转用的因素有许多，其中一个便是别人对该语言所抱持的态度与评价。华语在新加坡的低声望，使得年轻新加坡人即使掌握这门语言也不愿意使用。当强势语言使用者对华语持有负面的态度时，华语就得不到社会的重视与认可，这样便会加快华二代和中国移民的语言转换。华二代为了融入社会，不想被新加坡同学排挤或边缘化，被标榜为"中国人"，他们即使在家中使用华语，到了学校也会因种种因素，弃而使用英语。当然，这也可能是因为朋友中存在着异族同胞，为了方便沟通而使用英语。不过大部分原因是华二代受到了讲英语的朋友的影响，以及想融入新加坡主流社会而偏向使用英语。Holmes（2016）也曾说过："年轻人是最快转换至另一种语言的群组。"

三、华二代的社交媒体语言使用情况

社交网站包括如脸书、微博之类以及聊天程序如 WhatsApp、微信等。新加坡网络发达，科技日新月异，新一代的孩子几乎人人一台手机或平板电脑，小学生能驾轻就熟地上社交网站，中学以上的孩子更不用说。12 岁以下的孩子谎报年龄在脸书上建立账户，不足为奇，家长知道也不反对。孩子们喜欢在网站上了解朋友的动态、在应用程序上与朋友聊天。因此，通过调查华二代在社交网站上所使用的语言，也能得知华二代之间所使用的语言。

（一）在网络社交上的语言使用

这一题对 0～10 岁和 11～20 岁分别有 37.14% 和 4.54% 的孩童"不适用"，原因是他们没有使用任何社交网站（结果如图 6 - 13 所示）。

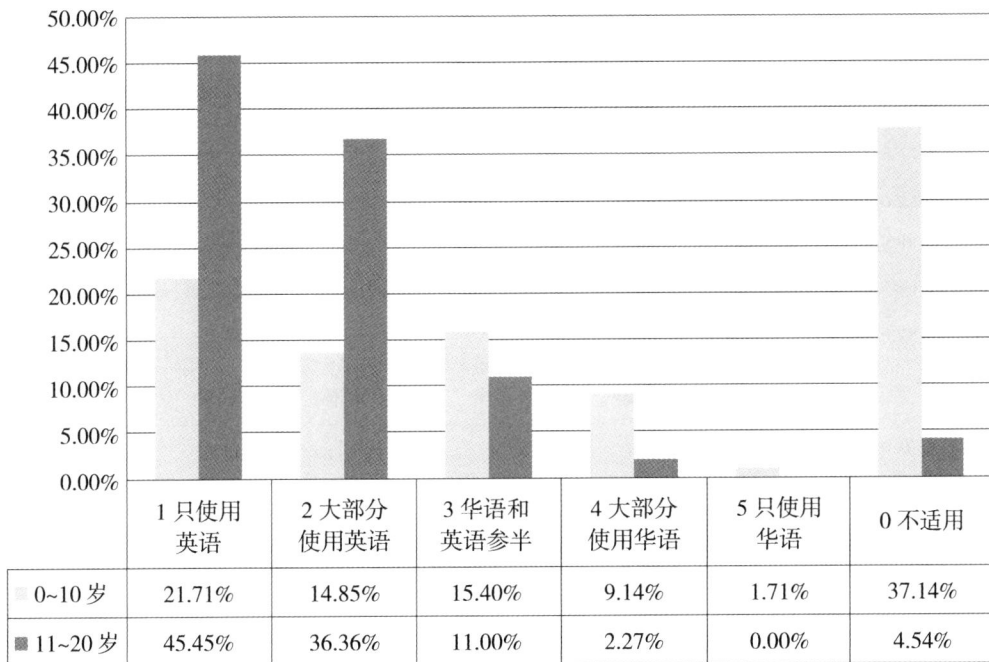

	1 只使用英语	2 大部分使用英语	3 华语和英语参半	4 大部分使用华语	5 只使用华语	0 不适用
0~10 岁	21.71%	14.85%	15.40%	9.14%	1.71%	37.14%
11~20 岁	45.45%	36.36%	11.00%	2.27%	0.00%	4.54%

图 6－13　华二代在社交网站上的语言使用情况

从图 6－13 "华二代在社交网站上的语言使用情况" 中可以看出，在使用社交网站时，华二代两个年龄段最多人选择的都是 "只使用英语"，0～10 岁占 21.71%；11～20 岁占 45.45%，将近一半。其次则是 "大部分使用英语"，0～10 岁的占 14.85%，11～20 岁则占 36.36%。完全或大部分使用华语的只占 200% 中的 13.12%。

而 0～10 岁的新加坡孩子则是有 83.06% 完全或大部分使用英语；11～20 岁更占了 93.24%。这也表明，在社交网站上几乎没有 0～20 岁的孩子在发帖或聊天时使用华文，甚至是连掺杂一些华文的新加坡孩子都没有。华二代在社交网站中大部分偏向使用英语，这与他们同年龄新加坡朋友都在社交网站上使用英语有关系。

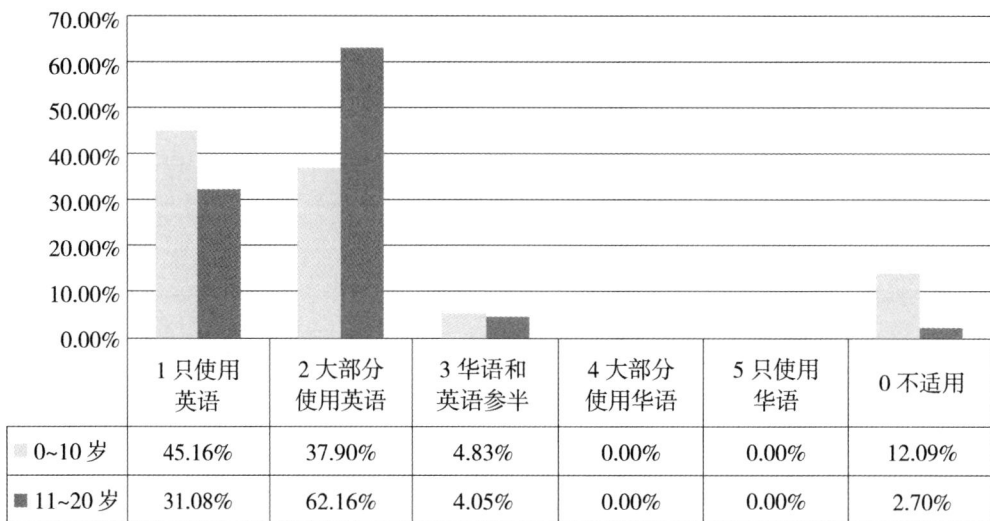

	1 只使用英语	2 大部分使用英语	3 华语和英语参半	4 大部分使用华语	5 只使用华语	0 不适用
0~10 岁	45.16%	37.90%	4.83%	0.00%	0.00%	12.09%
11~20 岁	31.08%	62.16%	4.05%	0.00%	0.00%	2.70%

图 6-14　新加坡孩子在社交网站上的语言使用情况

（二）对华语节目的喜爱程度

除了调查社交场所内华二代使用华语的频率，笔者也在问卷中调查了华二代对于华语媒介的喜爱程度以及接触的频率。通过问卷中所得出的结果，得知了华二代对华语节目、华文读物以及华语歌曲三种华文媒介的喜爱以及接触程度。

问卷向家长作出了说明，华语节目包括电视剧、电影以及动画等。从图 6-15 "华二代对华语节目的喜爱程度"能够看出，0~10 岁的孩子相对而言喜欢观看华语节目。喜欢观看华语节目的 0~10 岁孩子占 40%，其次是 38.28% 觉得还好。2.85% "不适用"为 1 岁以下孩童，因为年龄太小而无法得知他们是否喜欢观看华语节目。

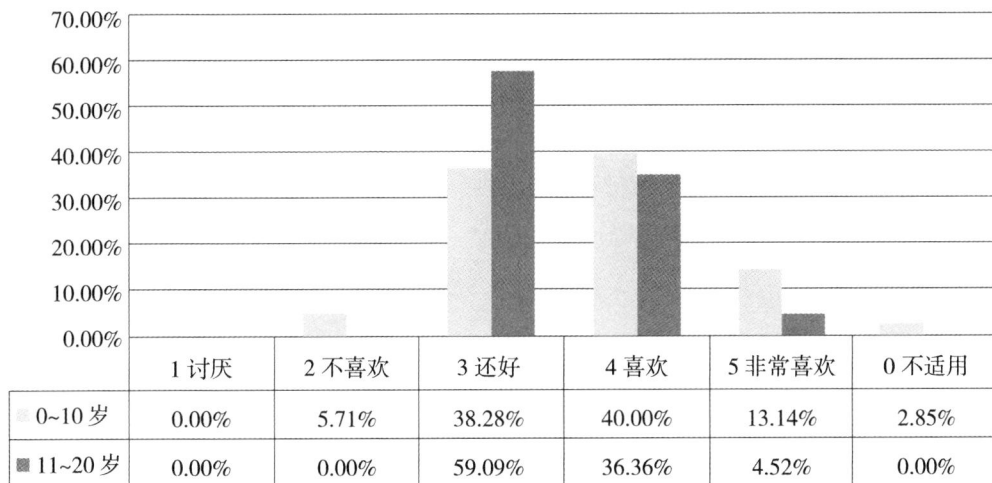

	1 讨厌	2 不喜欢	3 还好	4 喜欢	5 非常喜欢	0 不适用
0~10 岁	0.00%	5.71%	38.28%	40.00%	13.14%	2.85%
11~20 岁	0.00%	0.00%	59.09%	36.36%	4.52%	0.00%

图 6 – 15　华二代对华语节目的喜爱程度

在 11 ~ 20 岁的年龄段中差别比较明显，没有人"讨厌"或"不喜欢"，但是"喜欢"和"非常喜欢"的加起来只占 40.88%，仍不高于觉得"还好"的比例（59.09%）。笔者认为，这样的现象是因为 0 ~ 10 岁的孩子接触的华语节目很多为有趣活泼的动画，因此他们喜欢观看。当孩子长大为青少年，适合他们观看的电视节目也相对变少了。电视剧的故事情节有些不适合他们观看，动画太过幼稚，时事节目又太沉闷。此外，针对大人制作的电视节目所使用的华语或许对青少年而言显得比较深奥，他们多半听不懂内容，因此对华语节目的喜爱程度也会大大降低。

图 6 – 16 "新加坡孩子对华语节目的喜爱程度"中可以看出，与华二代相比，11 ~ 20 岁的新加坡孩子有 21.62% 不喜欢观看华语节目。这或许是因为华二代从小常在家里接触华文媒介，因此就算不热衷，也不会不喜欢；但是从小就成长于英语家庭环境的新加坡孩子自小就甚少接触华文媒介，长大后随着英语使用的偏向越来越大，对华语节目也会越来越抗拒。

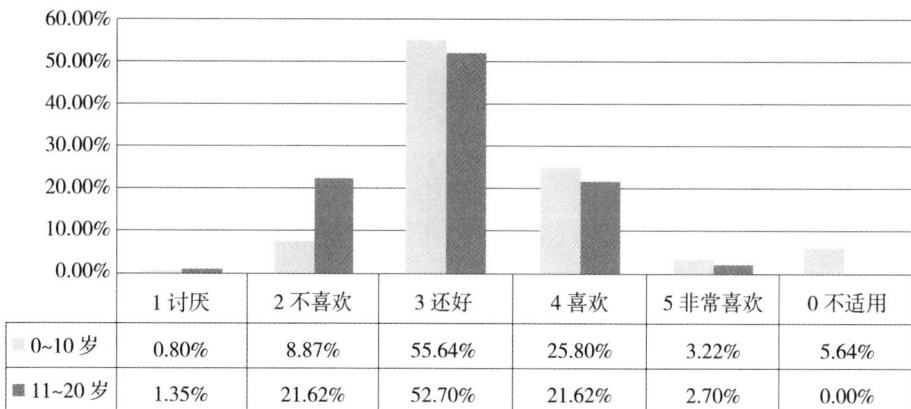

图 6 - 16　新加坡孩子对华语节目的喜爱程度

	1 讨厌	2 不喜欢	3 还好	4 喜欢	5 非常喜欢	0 不适用
0~10 岁	0.80%	8.87%	55.64%	25.80%	3.22%	5.64%
11~20 岁	1.35%	21.62%	52.70%	21.62%	2.70%	0.00%

　　语言是需要经常接触，才能在口语和听力技能上得到提升的。所接触的媒介以及自身的语言水平也是相辅相成的——因为喜欢观看某一语言的节目，因此语言技能得到了进步或因为想提升语言技能，所以才喜欢看某一语言的节目。11~20 岁的华二代不常观看华语节目，便无法提升自己的华语水平，更不能借此培养对华语的兴趣。

（三）对华文读物的喜爱程度

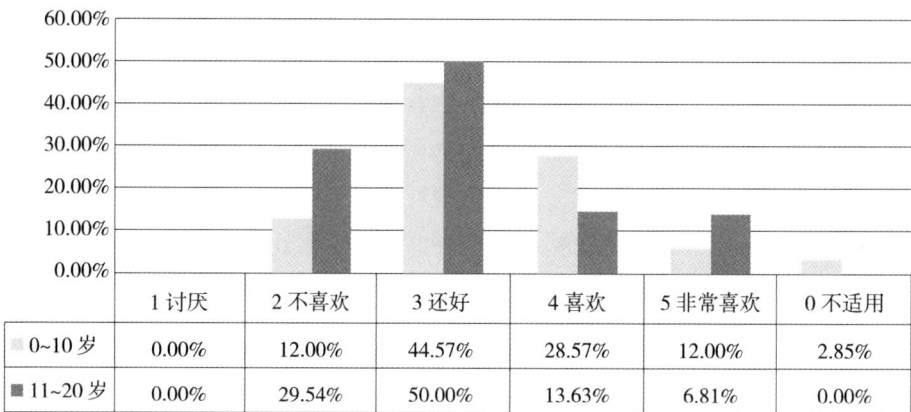

图 6 - 17　华二代对华文读物的喜爱程度

	1 讨厌	2 不喜欢	3 还好	4 喜欢	5 非常喜欢	0 不适用
0~10 岁	0.00%	12.00%	44.57%	28.57%	12.00%	2.85%
11~20 岁	0.00%	29.54%	50.00%	13.63%	6.81%	0.00%

　　图 6 - 17 有 2.85% 为 "不适用" 的是未满 1 岁的孩童，因年龄尚小，无法得知他们是否对华文读物感兴趣。图 6 - 17 "华二代对华文读物的喜爱程度" 所得出的分析结果与之前图 6 - 15 "华二代对华语节目的喜爱程度" 差不多，选择 "还好" 的仍然占绝大多数。但是在孩子对华文读物的喜好方面，与华语节目的差别就很明

显了。由于家庭用语大多数为华语，因此我们能假定华二代的华文听力和口语技能都没问题，甚至比一般同年龄新加坡孩子来得好。但阅读和写作技能就会因为受英文教育的关系而受到影响。学校能够教授的华文很有限，假如孩子没有在家里接触课外读物，或在课余时间书写文章，那么阅读和写作的技能便没有办法得到加强。

图6-18"新加坡孩子对华文读物的喜爱程度"中显示，虽然华二代对华文读物的喜爱程度也不高，但是新加坡孩子对其的喜爱程度更低。四分之一的0~10岁和将近一半的11~20岁新加坡孩子都表示"不喜欢"，"喜欢"华文读物的11~20岁新加坡孩子仅占4.05%。这也可归因于新加坡孩子自小就非常少接触华文媒介，没有成功培养对华文读物的兴趣，影响了其华文的阅读与写作能力，形成了恶性循环。

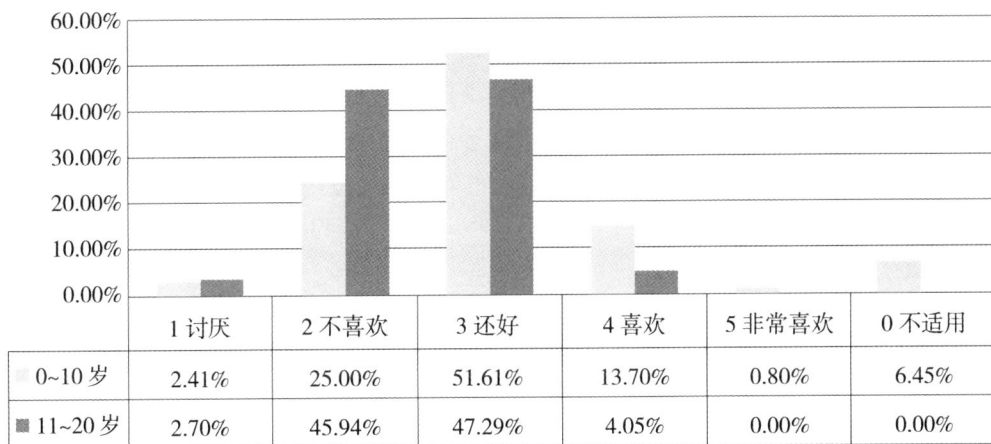

	1 讨厌	2 不喜欢	3 还好	4 喜欢	5 非常喜欢	0 不适用
0~10 岁	2.41%	25.00%	51.61%	13.70%	0.80%	6.45%
11~20 岁	2.70%	45.94%	47.29%	4.05%	0.00%	0.00%

图6-18 新加坡孩子对华文读物的喜爱程度

阅读技能较弱的孩子自然也不会对华文读物产生兴趣，华文故事书上若没有附上汉语拼音，孩子凭自己的能力根本无法阅读。有时候即使是标上了汉语拼音，孩子还是不明白故事在说些什么。新加坡的孩子一般喜欢阅读，休息时间、下课后都会到图书馆借阅书本，甚至周末时也会要求家长带他们到社区图书馆借阅。不过，通常看到的现象是孩子们阅读的一律都是英文书籍。

英文使用的是拉丁字母，比华文容易阅读，阅读障碍大大减少，即使没看过的字，也能知道发音。新加坡图书馆内的英文书籍不胜枚举，绘本、儿童故事书都精彩有趣。华文书籍虽然不少，但因多数华文儿童书籍出版于中国，中国孩子的华文水平比一般新加坡同龄孩子高，华文图书的难度没有因地制宜。有些书本标着适合3~6岁儿童，但新加坡孩子阅读时却遇到了很大的障碍，因此便有些家长反馈，他们很希望让孩子多借阅华文书籍,却苦于找不到适合他们年龄的书本。

孩子还小时,家长还能陪着阅读。等到孩子成长为青少年,想读较有深度或篇幅较长的故事书时,就没办法拜托家长帮忙了。故事里密密麻麻的字有一半看不懂,更别说了解故事内容了,许多青少年因此作罢;即使自己对华文感兴趣,也宁愿看选择更多、主题更广泛的英文书籍。这也让我们能从图6-17"华二代对华文读物的喜爱程度"推算出,年龄越大的孩子对华文读物喜爱程度越低。11~20岁的孩子一般对华文读物只抱"还好"的态度,但这项调查跟之前调查华语节目不同的是,这次出现了29.54%的11~20岁华二代"不喜欢"华文读物的现象,甚至是0~10岁不喜欢华文读物的孩子也占了12%。由此可见,华二代0~20岁的孩子对于华文读物都带有一点抗拒性。

(四) 对华语歌曲的喜爱程度

在考察华二代对华语歌曲的喜爱程度时发现,与前面两项调查的结果一样,"还好"持续以高票胜出。0~10岁的孩子"喜欢"和"非常喜欢"听华语歌曲的总共占42.27%,将近一半。反之,11~20岁的孩子有65%,即超过一半的人对华语歌曲只持有"还好"的态度;"非常喜欢"的只占2.27%。

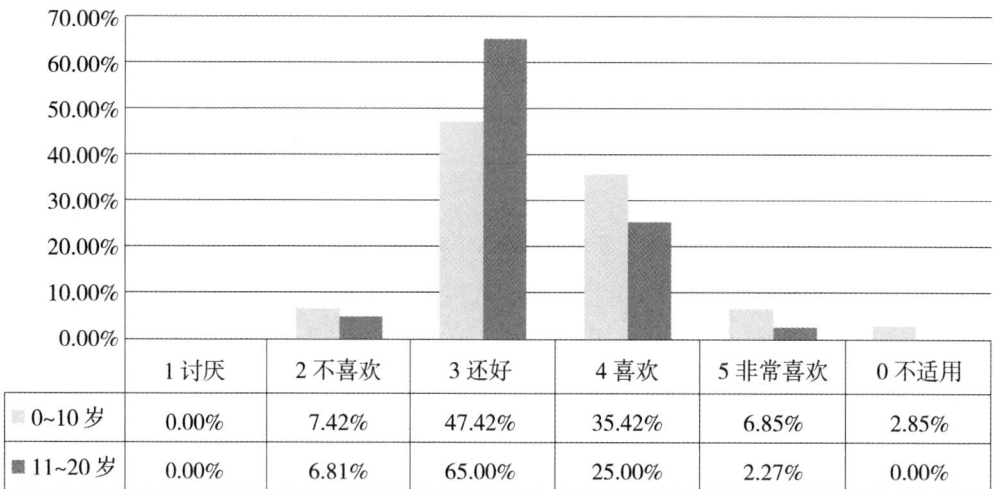

	1 讨厌	2 不喜欢	3 还好	4 喜欢	5 非常喜欢	0 不适用
0~10 岁	0.00%	7.42%	47.42%	35.42%	6.85%	2.85%
11~20 岁	0.00%	6.81%	65.00%	25.00%	2.27%	0.00%

图6-19 华二代对华语歌曲的喜爱程度

从图6-20"新加坡孩子对华语歌曲的喜爱程度"可以看出,与图6-16"新加坡孩子对华语节目的喜爱程度"以及图6-18"新加坡孩子对华文读物的喜爱程度"调查相比,新加坡孩子的调查结果都差不多。其中11~20岁新加坡孩子中大多数对这些华文媒介表示"还好",算不上喜欢。

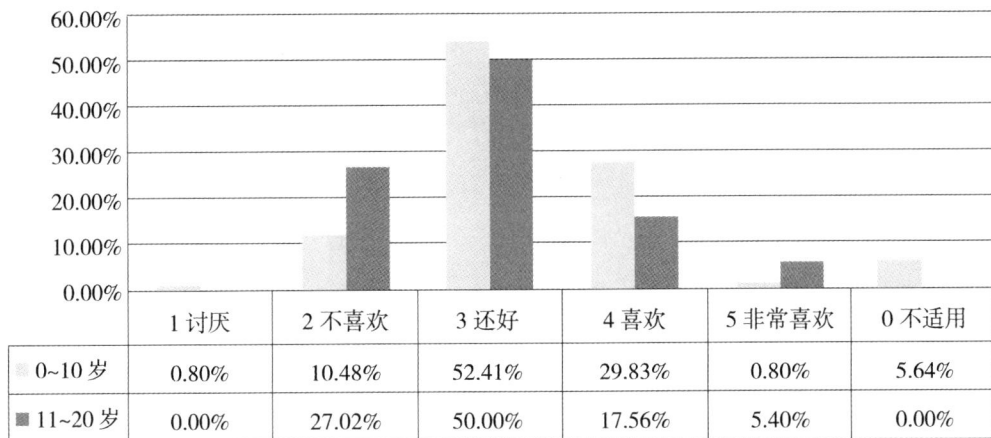

	1 讨厌	2 不喜欢	3 还好	4 喜欢	5 非常喜欢	0 不适用
0~10 岁	0.80%	10.48%	52.41%	29.83%	0.80%	5.64%
11~20 岁	0.00%	27.02%	50.00%	17.56%	5.40%	0.00%

图 6 - 20　新加坡孩子对华语歌曲的喜爱程度

四、华二代对华文的总体兴趣程度

对华文的总体兴趣程度可以指对华文媒介、学习华文、使用华文华语的兴趣程度。从图 6 - 21 "华二代对华文的总体兴趣程度" 和图 6 - 22 "新加坡孩子对华文的总体兴趣程度" 可以看出，年龄较小的孩子，对华文的总体兴趣都比较高。0 ~ 10 岁的华二代和新加坡孩子对华文 "有兴趣" 的分别占 35.42% 和 36.29%；11 ~ 20 岁的华二代和新加坡孩子对华文 "有兴趣" 的则分别只占了 22.72% 和 24.32%。

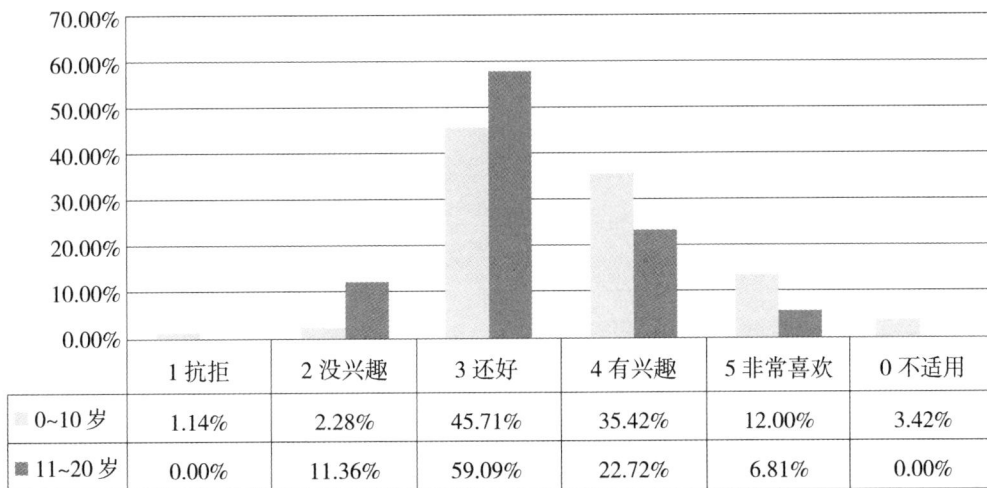

	1 抗拒	2 没兴趣	3 还好	4 有兴趣	5 非常喜欢	0 不适用
0~10 岁	1.14%	2.28%	45.71%	35.42%	12.00%	3.42%
11~20 岁	0.00%	11.36%	59.09%	22.72%	6.81%	0.00%

图 6 - 21　华二代对华文的总体兴趣程度

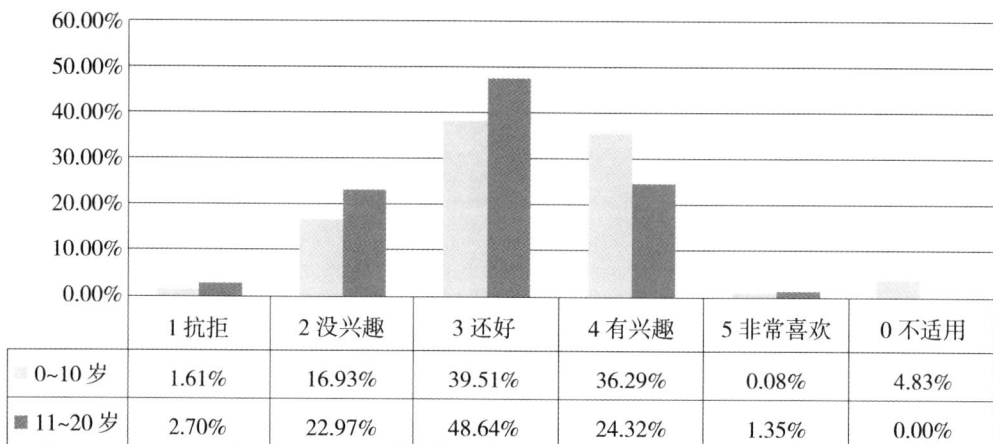

	1 抗拒	2 没兴趣	3 还好	4 有兴趣	5 非常喜欢	0 不适用
0~10 岁	1.61%	16.93%	39.51%	36.29%	0.08%	4.83%
11~20 岁	2.70%	22.97%	48.64%	24.32%	1.35%	0.00%

图 6 - 22　新加坡孩子对华文的总体兴趣程度

上文提及，年龄越小的孩子所接触的语言环境越少。学龄前的孩子所接触的语言环境几乎只涉及家庭环境，因此家庭语言环境对他们的影响非常大，直接影响了他们对华语的兴趣、态度以及他们的华语水平。从以上两张图可以看出，12% 的 0～10 岁华二代对华文"非常喜欢"，反之同样选项的同龄新加坡孩子只占了 0.80% 。由此可见，孩子对华文的兴趣与其家庭语言环境存在着很大的关联性。

第五节　华二代华文水平调查

一、调查方法

（一）新加坡华族家长调查

该调查发放问卷给新加坡华族家长，让他们代孩子填写，调查方式同样是一名家长对照一名孩子。最后笔者所收回来的新加坡家长的有效问卷为 113 份，家长所提供的孩子人数为 229 名。不过由于 11 名孩子的年龄为 21 岁以上，而参与调查的华二代孩子只分 0～10 岁和 11～20 岁两个年龄段，因此笔者将这 11 名孩子的资料予以剔除。经过筛选之后，最后所参与调查的新加坡家长 99 名，0～10 岁孩子 124

名，11～20 岁孩子 44 名。

（二）中国移民家长调查

该项调查问卷发放给中国移民家长，要求家长以同年龄新加坡孩子听、说、读、写技能的水平为参照，评价自己孩子这四项华文技能的水平。家长以 1～5 级进行评估，若选择 3 级，便是认为自己孩子该技能的水平跟同年龄新加坡孩子一样，1 级是该技能水平比新加坡孩子低出许多，5 级则是比新加坡孩子高出许多。

二、新加坡孩子的华文水平

由图 6－23"新加坡孩子华文水平（听力技能）"能够看出，大多数的 0～10 岁和 11～20 岁的孩子都在听力技能方面得到了 3 分。有 37.83% 的 11～20 岁孩子还获得了 5 分的成绩，由此可见年龄较大的新加坡孩子与年龄较小的新加坡孩子相比在听力技能方面表现得更强。

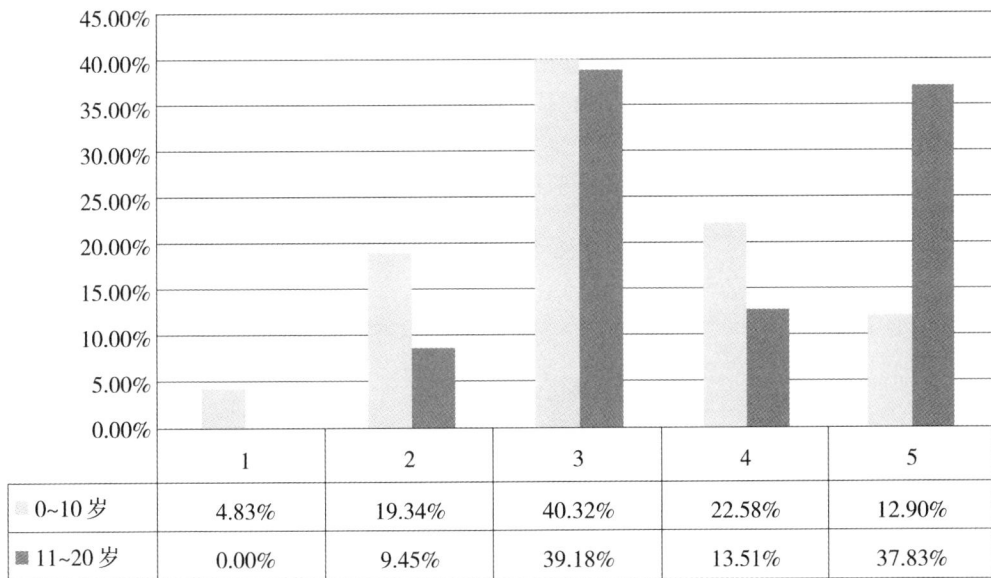

	1	2	3	4	5
0~10 岁	4.83%	19.34%	40.32%	22.58%	12.90%
11~20 岁	0.00%	9.45%	39.18%	13.51%	37.83%

图 6－23　新加坡孩子华文水平（听力技能）

在口语技能这方面，图 6－24 显示，大部分 0～10 岁孩子获得了 3 分，占 35.48%。11～20 岁孩子的分布较不明显，主要集中在 2～4 分的分数区。

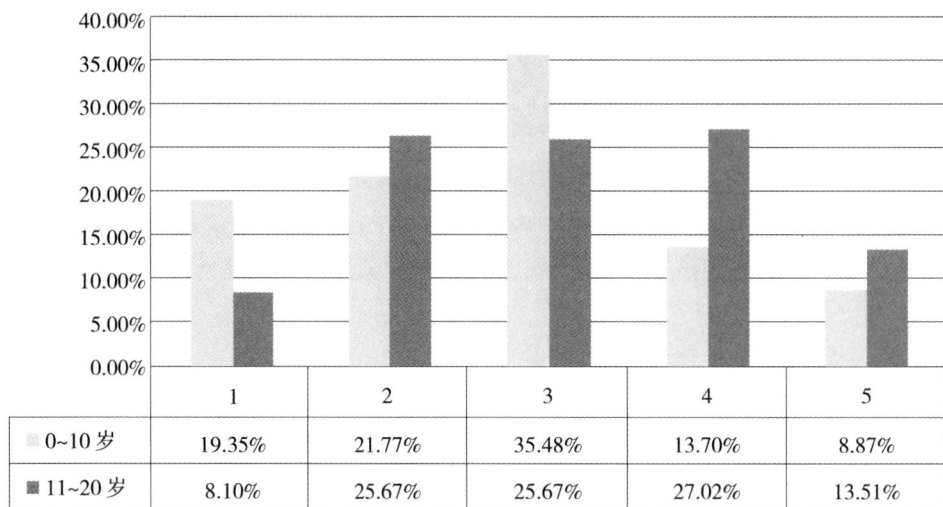

	1	2	3	4	5
0~10 岁	19.35%	21.77%	35.48%	13.70%	8.87%
11~20 岁	8.10%	25.67%	25.67%	27.02%	13.51%

图 6-24　新加坡孩子华文水平（口语技能）

图 6-25 "新加坡孩子华文水平（阅读技能）"结果显示，新加坡孩子的阅读技能跟之前的口语技能一样，0～10 岁的孩子大部分取得了 3 分的成绩，占 34.67%。11～20 岁孩子主要分布在 2～5 分，其中以得到 5 分的孩子最多，占比为 29.72%。由此可见，新加坡 11～20 岁的孩子在阅读技能这一方面也比 0～10 岁的表现得好。

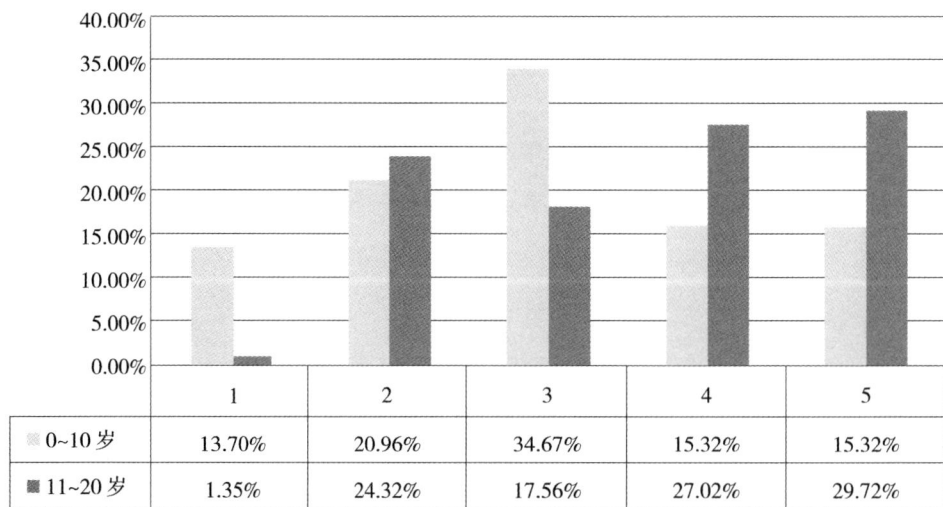

	1	2	3	4	5
0~10 岁	13.70%	20.96%	34.67%	15.32%	15.32%
11~20 岁	1.35%	24.32%	17.56%	27.02%	29.72%

图 6-25　新加坡孩子华文水平（阅读技能）

由图 6 - 26 "新加坡孩子华文水平（写作技能）"得出的结果可以看出，0 ~ 10
岁的孩子得到的分数主要在 1 ~ 3 分，得 3 分的占比依然最高，为 33.87%。11 ~ 20
岁的孩子则主要获得 3 ~ 5 分，占比最高的是 5 分（35.13%）。

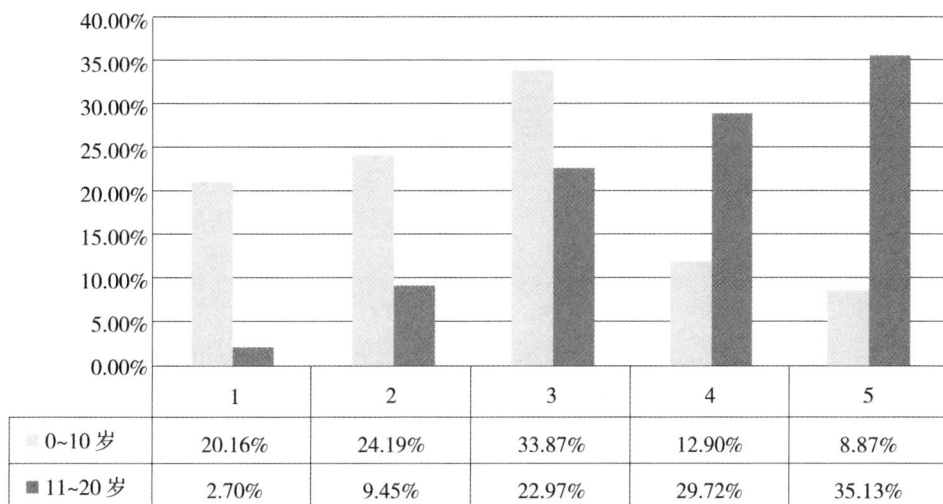

	1	2	3	4	5
0~10 岁	20.16%	24.19%	33.87%	12.90%	8.87%
11~20 岁	2.70%	9.45%	22.97%	29.72%	35.13%

图 6 - 26　新加坡孩子华文水平（写作技能）

综合上面的数据，得到新加坡孩子的华文平均水平，见下表：

表 6 - 1　新加坡孩子华文平均水平分数

年龄组	均值/标准差	听	说	读	写
0 ~ 10 岁	平均值	3.19	2.66	2.94	2.65
	标准差	1.05	1.22	1.26	1.23
11 ~ 20 岁	平均值	3.80	3.09	3.58	3.85
	标准差	1.06	1.22	1.19	1.09

表 6 - 1 "新加坡孩子华文平均水平分数"显示新加坡孩子两个年龄段四个技能
的平均水平分数。四项技能中，0 ~ 10 岁得分最高的是听力技能（3.19 分）；11 ~
20 岁得分最高的技能则是写作技能（3.85 分）。

两个年龄段的孩子虽然听力技能都不错，但是口语技能相对来说就比较差，特
别是 11 ~ 20 岁年龄组。这种现象有着深刻的社会背景，因为口语是最显性的语言能
力，为了表明自己新加坡人的身份，华语口语交际在日常生活中被严重压抑，从而

导致了这样的结果。

三、华二代的华文水平

(一) 基于新加坡同龄孩子的相对值

中国移民家长以同年龄新加坡孩子的华文程度作为参照,为自己的孩子进行评估。提供的选项为 1~5,家长如果选择的是 3,便代表孩子的华文水平跟新加坡孩子一样。若比新加坡孩子好,便选择 4;比新加坡孩子好得多,便选择 5。家长如果认为自己孩子的华文水平比新加坡孩子差,便可选择 2;比新加坡孩子差得多,便选择 1。

收到的问卷中,有一些孩子未满一岁,家长没办法完全进行四种技能的评估。这类家长在问卷中留空。由于提供给新加坡家长的问卷上,听说读写的 1 分标准为"完全听不懂""完全不能或只能进行最基本的日常对话""完全读不懂"和"完全不会写",因此笔者将这些留空的选项一律记为 1 分。

由于 3 级表示水平跟新加坡孩子一样,因此在观察图表时,若分布偏向 3~5分,便表示华二代在该技能中的水平跟新加坡孩子一样或者更好。

图 6-27 显示,0~10 岁的华二代多数的听力技能水平为 5 级,占 33.71%。11~20 岁的华二代听力技能水平则略高于 0~10 岁的华二代,3 级和 5 级的占比均为 34.09%。逊于新加坡孩子的情况很少,1~2 分的比例,0~10 岁仅有 17.13%,11~20 岁仅有 4.54%。

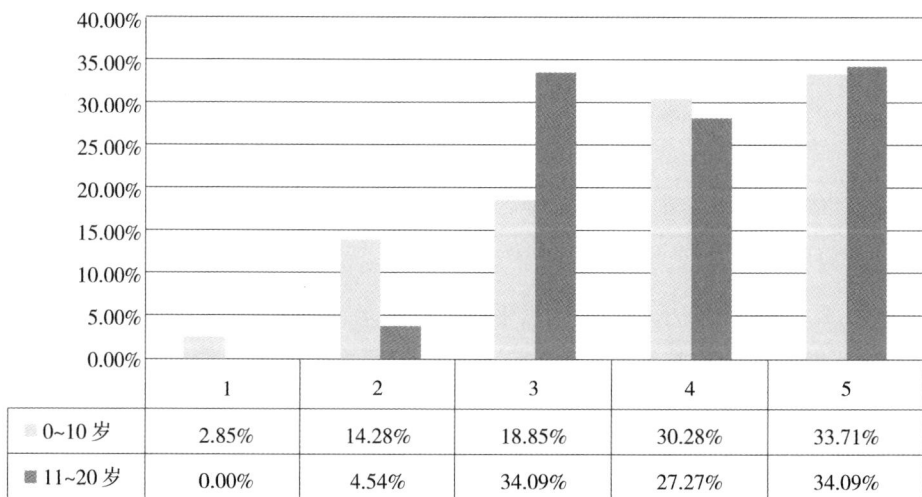

	1	2	3	4	5
0~10 岁	2.85%	14.28%	18.85%	30.28%	33.71%
11~20 岁	0.00%	4.54%	34.09%	27.27%	34.09%

图 6-27　华二代华文水平(听力技能)

从图 6 - 28 可以看出，0 ~ 10 岁的华二代有超过一半，即 58.84% 的孩子在口语技能方面比新加坡孩子表现得更好；11 ~ 20 岁的华二代有 36.36% 的水平跟新加坡孩子一样，不过也有超过一半，即 59.08% 的华二代华文水平比新加坡孩子更好。华文水平比新加坡孩子差的 0 ~ 10 岁华二代只有 18.84%，11 ~ 20 岁华二代更只占 4.54%。

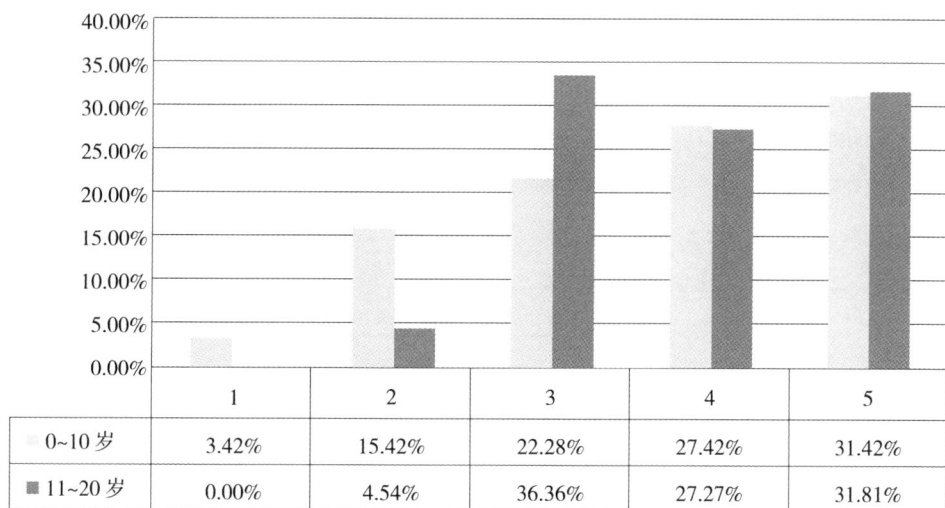

	1	2	3	4	5
0~10 岁	3.42%	15.42%	22.28%	27.42%	31.42%
11~20 岁	0.00%	4.54%	36.36%	27.27%	31.81%

图 6 - 28 华二代华文水平（口语技能）

图 6 - 29 显示，在华文阅读技能方面，0 ~ 10 岁的华二代在 1 ~ 5 级的分布差不多；33.71% 的华二代在阅读方面比新加坡孩子差，23.42% 跟他们一样，42.85% 比新加坡孩子强。11 ~ 20 岁的华二代在分布上比较明显，将近一半的华二代在阅读方面跟新加坡孩子一样，人数占 45.45%；比新加坡孩子差的只占 6.81%，比他们强的占 47.72%。

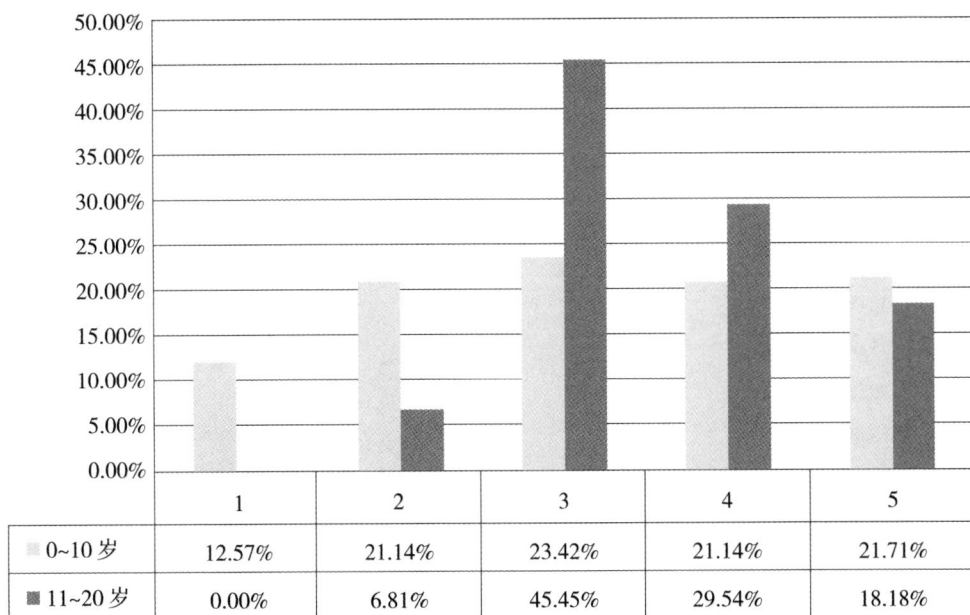

	1	2	3	4	5
0~10 岁	12.57%	21.14%	23.42%	21.14%	21.71%
11~20 岁	0.00%	6.81%	45.45%	29.54%	18.18%

图 6 - 29　华二代华文水平（阅读技能）

　　根据图 6 - 30 可以看出，有 39.42% 的 0~10 岁的华二代在写作技能上比新加坡孩子差；23.42% 一样；还有 37.13% 比他们好。11~20 岁则是将近一半跟新加坡孩子写作技能水平一样，占 47.72%；比他们好的占 38.63%；比他们差的只占 13.63%。年龄较大的 11~20 岁孩子在写作技能上水平比同是华二代的 0~10 岁孩子表现得更强。

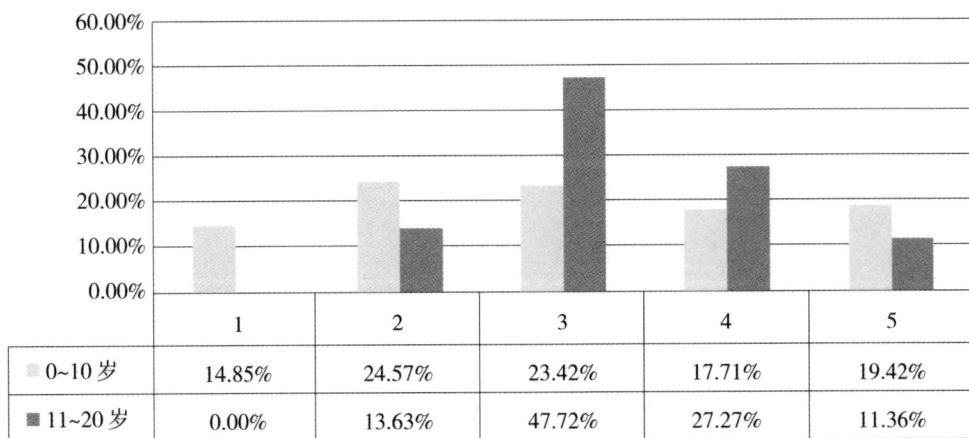

	1	2	3	4	5
0~10 岁	14.85%	24.57%	23.42%	17.71%	19.42%
11~20 岁	0.00%	13.63%	47.72%	27.27%	11.36%

图 6 - 30　华二代华文水平（写作技能）

总结上面的数据，得到表6-2：

表6-2　华二代华文平均水平

年龄组	均值/标准差	听	说	读	写
0~10 岁	平均值	3.78	3.68	3.18	3.02
	标准差	1.03	1.13	1.25	1.21
11~20 岁	平均值	3.91	3.86	3.59	3.36
	标准差	1.02	1.12	1.15	1.06

从表6-2可以得出，两个年龄段的华二代所得到的分数都在3以上，说明0~20岁的华二代在听说读写四种技能上的华文水平都比新加坡孩子更好。

（二）华二代华文水平的绝对值

在收集到了新加坡孩子华文水平的绝对值和华二代的相对值之后，我们进行了华二代华文水平绝对值的求取。

华文水平的"3"表示与新加坡孩子程度一样，所以先将新加坡孩子所取得的平均水平分数除以3，得出华二代华文水平绝对值的参照点，然后再乘以华二代相对水平的均值，由此获取华二代在该技能中所获得的平均水平绝对均值。最后再将华二代和新加坡孩子的平均水平分数进行对比，观察华二代华文水平的高低。

计算华二代平均水平分数所应用的方程式如下：

$$\frac{新加坡孩子平均水平分数}{3} \times 华二代相对水平均值 = 华二代平均水平绝对均值$$

根据上面的公式，计算出华二代的华文平均水平分数的绝对值（结果如表6-3所示）：

表6-3　华二代华文平均水平分数

年龄组	听	说	读	写
0~10 岁	4.01	3.26	3.11	2.66
11~20 岁	4.95	3.97	4.28	4.31

从表6-3可以看出，11~20岁的华二代在四项技能中所得到的分数都比0~10

岁的华二代高。尤其是阅读和写作技能的分数，对比之下差距很明显，这是值得欣慰的现象，表明了华二代自身祖语水平的持续发展。如果与新加坡本土孩子的华文水平进行对比，这一现象能得到进一步的解释，对比如下：

表6-4　新加坡孩子和华二代华文平均水平分数

		听	说	读	写
0~10岁	新加坡孩子	3.19	2.66	2.94	2.65
	华二代	4.01	3.26	3.11	2.66
11~20岁	新加坡孩子	3.80	3.09	3.58	3.85
	华二代	4.95	3.97	4.28	4.31

由表6-4可以明显看出，0~20岁的华二代在华文听说读写四项技能上都表现得比新加坡土生土长的孩子更好。

第六节　对策与结论

一、对策

"家庭是母语习得的出发点，也是移民环境下母语保持的最后堡垒"（于善江，2006）。家庭小环境的影响来自父母对母语的态度，以及使用者本身的成长经历。家庭小环境对尚未踏入社会大环境的使用者而言，在语言选择和身份认同上都存在着关键性的主导作用，家长对母语的态度，直接影响了孩子的语言选择以及语言认同。

Ramirez（2016）的研究结果显示，婴儿在出生之前就可以辨识语言的声音，而在出生时，婴儿大脑中便可分辨所有世界语言总共大约800种语音的差别。这意味着新加坡家长大可以将双语延伸至胎教，孩子一出生便以华语和英语两种语言跟他沟通。

戴庆厦（2006）认为："在一个多民族、多语言的国家里，不同的语言共存于一个统一的社会中，必然出现竞争。"语言竞争指的是因语言功能而引起的语言矛盾，华语和英语在新加坡便是如此。然而英语在这场竞争中非常明显地胜出，成了新加坡的强势语言，而华语只能充当弱势语言。

语言竞争的结果可能是：①两种语言在功能上各尽其职，于语法结构上互相补充，在该社会中长期并存。②弱势语言在与强势语言的较量中，功能大幅度下降，走向衰退。③弱势语言在语言竞争中逐渐面临濒危，在使用中完全被强势语言所替代。根据目前华语在新加坡的现状，身为弱势语言的华语处于语言竞争的第二层面，功能用处不大，面临趋向衰退的现象。

在语言竞争中，能够保住语言的最后一个堡垒即是宗教、家庭与民俗活动。家庭是社会的基本单元，如果一种语言不再是家庭用语，那么该语言便失去了它存在的根基。语言作为家庭语言，是一种语言使用最基本的根，是为使用者打造最根本基础的地方。

使用者的年龄在语言竞争中也扮演着重要的角色。0～7岁是一个人学习语言的最佳时期，也被称作语言关键期。这段时间是发展口语和培养语感的最关键的时段。7～19岁这个年龄段为基础教育阶段，孩子在这个年龄段中主要专注于学习书面语，并在此基础上发展高级口语以及学习专门的科学用语。当学龄前的孩子不再学习他的母语时，该语言就失去了根基；当处于基础教育阶段的孩子也不学习该语言时，这种语言就成了一种没有活力的语言了。

前人的研究，包括本文的调查结果都显示，家长对母语态度以及衍生的行为对孩子的母语保持有直接和巨大的影响。Shin（2005）认为，家长的正面态度以及所给予的鼓励都是孩子在母语保持上取得成功的关键。

因此，虽然新加坡语言大环境基于政治、社会原因无法在推广华语上做出很大的改变，但是推广华语应该从家庭做起，在语言政策上鼓励华人家庭以华语作为家庭用语，培养真正精通双语的新加坡人，为新加坡的双语未来打下良好的基础。具体建议如下：

（1）一个家长，一种语言。

双亲家庭可从孩子小时就采用此办法，由一名家长负责跟孩子讲一种语言，如父亲讲英语，母亲讲华语。这样一来，孩子在跟个别家长交谈时，便会自动转码，在最自然的情况下练习使用两种语言。

（2）一个地方，一种语言。

家长能够规定孩子在不同的地方讲不同的语言，譬如在学校因环境因素讲英语，但是一回到家中就必须以华语交谈。这样做便能确保孩子每天都使用双语，不出现偏向某一语言的现象。

（3）一个时段，一种语言。

家庭成员也可以在不同的时段讲不同的语言，例如约定在白天讲英语，晚上讲华语。

（4）一个活动，一种语言。

例如在学习理科的时候用英语，在文科学习或者娱乐的时候讲华语。

二、结论

（1）与新加坡本土孩子相比，华二代祖语保持水平总体偏高。其原因在于大部分新移民家长仍然重视华语，并持续沿用华语为家庭用语。

（2）虽然华二代的祖语水平相对来说总体比较高，但由于华二代长时间在新加坡接触主体语言英语，以及跟使用英语的新加坡孩子密切往来，华二代的华语使用率不高，且语言活力也呈现走向衰弱的现象。

（3）调查结果显示，年龄越大的华二代，越偏向使用英语，对华语的兴趣也会逐渐下降。这是因为年龄越大的孩子，接触的外在语言环境越复杂，接受语言转用的影响也更多。此趋势也预示着，华二代本身极有可能不再重视华语，导致华语保持在新加坡走向衰败。

（4）家庭小环境和语言大环境对使用者的语言态度、语言选择和语言水平都形成直接和巨大的影响。尤其是家长对华语的态度，更是对孩子产生了潜移默化的影响。因此若想推广华语和延缓华语转英语的语言转用现象，就必须从家庭小环境着手。

（5）不只是华二代，整个新加坡华族的家长如果能及早意识到家庭双语教育给孩子所能带来的优势，并且从孩子出生就采取双语教学，孩子便能自小从家庭小环境开始，培养对华语祖语的正面态度、浓厚的兴趣以及优越的华语水平，以确保新加坡华二代的祖语传承获得成功。

第七章

意大利华二代祖语保持研究

第一节　引　言

意大利华侨华人在 2008—2018 年的 10 年时间里，实现了从 18 万到 30 万的高速增长。2018 年意大利华侨华人总人数为 309 110，占居住在意大利的非欧盟公民总数的 8.3%，仅次于摩洛哥（11.9%）和阿尔巴尼亚（11.6%）。意大利华侨华人数量呈现跳跃式增长是因为 20 世纪 80 年代到 21 世纪初，意大利政府先后六次大规模的大赦以及随之而来的新一轮连锁移民潮。①

意大利华侨华人人口具有以下两个特征：一是性别比例平衡，其中男性人数为 155 305，女性人数为 153 805，比例分别为 50.1% 和 49.8%；二是平均年龄（31 岁）显著低于居住在意大利的非欧盟公民的平均年龄（34 岁），44.4% 的华侨华人年龄不到 30 岁，青少年占到总人数的 26%，属于"成年型"人口结构。

意大利华侨华人劳动力的文化程度普遍不高，初中及以下学历的占到总数的

---

① 意大利统计局：https：//www. istat. it/。本章在没有特别说明的情况下，数据均来自意大利统计局网站，笔者借助谷歌翻译将意大利文翻译为中文，进而展开对数据的理解和阐释。

84%，高中学历仅占 13%，而大学学历只有 3%。因为移民主体是出生于 20 世纪七八十年代的中国农村人口，当时综合国力落后，加之家庭经济负担较重，所以他们会选择在读完小学或者初中后辍学。意大利华侨华人从事的经济活动部门分布极为不均衡，高度集中在商业（67%），且主要从事的是传统劳动密集型产业，主要依靠低成本和跑量来增加利润。其次是工业（21%）和社会服务业（9%），而交通运输业和农业极为稀少。

意大利未成年华裔总数为 80 691 人，占华侨华人总数的 26.1%，其中 66.1% 的未成年华裔于 2017—2018 学年注册了意大利学校，显著低于意大利其他国家移民子女的注册率。但整体来看，华裔入学注册率近年逐步提高，2017—2018 学年华裔注册幼儿园、小学、初中及高中的人数为 53 339 人；而 2014—2015 学年注册人数为 41 707 人，增长率为 27.9%。就 2017—2018 学年来说，华裔学生更多集中在小学（37.6%）和初中（25.1%），而幼儿园（18.4%）和高中（18.9%）均低于意大利非欧盟移民社区。而且女性注册率在高中阶段高于男性，说明存在部分男性在初中阶段辍学或者不再继续升高中。意大利华二代有两种类型：一是出生于意大利，并在意大利接受教育，父母至少有一方是 20 世纪 80 年代后定居在意大利的华侨华人；二是出生在中国，但小学前随父母居住在意大利，并在意大利接受教育，父母至少有一方是 20 世纪 80 年代以后定居在意大利的华侨华人。高辍学率是意大利华二代的普遍问题，"50% 的华侨华人学生在中学第二年、第三年辍学，很多是为了帮父母做生意。华人学生因为没有意大利语基础，家庭经常为工作需要而在不同国家和城市间流动，或因回国过中国春节而长期缺课，以及家庭内缺少独立的学习场所等原因，学生学业常常受挫"（刘群锋，2008）。意大利华二代除了较高辍学率这一问题外，在成长过程中也普遍存在着亲子交流缺乏的问题，很多家长由于忙于生计，相当于把孩子完全托付给学校，父母对孩子的关爱和教育缺失，继而引发一系列其他问题，比如心理疾病、沉迷网络、离家出走，甚至违法犯罪。同时，他们也面临着国籍选择的困惑。选择意大利国籍，以后往返中意需要办签证；而如果选择中国国籍，在意大利生活会有诸多不便，最直接的就是升学问题。我们在访谈中发现这并不是个例，不少受访家长出于孩子升学的考虑，不得不建议孩子选择意大利国籍。

目前学界对意大利华裔祖语生的实证研究较少。严晓鹏、包含丽、郑晓婷等（2012）调查了意大利华裔青少年的文化认同问题，结果显示意大利华裔青少年具有强烈的中国人身份认同，并表现出了较强的中国文化认同。严晓鹏等人的研究也提出了对母语社团的认同、家庭因素、社会组织环境及语言教育政策对华语传承的影响。李宝贵、姜晓真（2017）以米兰 ZAPPA 高中高一至高五年级选修汉语课程的 73 名华人学生为研究对象，分析了语言态度对语言使用的影响；代清萌（2017）以意大利 Livorno 中文学校 20 名华裔为调查对象，分析语言使用、身份认同、学习动机、学习态度、学习策略与语言水平的关系，发现意大利华裔普遍形成了双重身份认同，汉语水平处于中上等水平；陈美芬、汪雪娟（2018）调查了 194 名意大利佛罗伦萨中文学校和浙江省温州市某外国语学校就读的华裔新移民，发现华裔新移民对中华文化认同尚属理想，在中国接受教育的华裔新移民对中华文化的认同高于在意大利的华裔新移民。牟蕾（2016）基于社会化理论，以一位 20 岁的意大利华裔女性为个案，探究了汉语祖语者语言选择的动因。蒋中华（2018）认为，意大利罗马中华语言学校实行的是一种以中文为母语教学的模式，其原因在于华人家庭的母语环境和意大利华人与祖籍国商贸往来的需求。因此在教材选用、课程设置、教学方法等各方面都借鉴了中国中小学学科教育体系，使之与华裔青少年的学习水平相匹配，并满足与中国课程衔接的需要。

总的来说，国内关于意大利华二代祖语保持的研究成果较少，且以宏观研究为主，实证调查较少，鉴于华裔祖语保持研究具有重要的实践指导价值，本章尝试客观地展现意大利华二代的祖语保持现状。

第二节 研究设计

一、研究对象

在前人研究基础上，我们主要研究父母的语言意识、语言教育策略、家庭语言规划的影响因素以及存在的困惑等，从而试图对意大利华裔家庭的祖语保持提出参考性建议。笔者运用"华二代祖语保持研究"项目组设计的系列调查问卷，并根据意大利的实际情况，进行了适当调整，设计了"意大利华二代祖语保持研究（学生卷）""意大利华二代祖语保持研究（家长卷）"和"意大利中文学校教学情况调查（教师卷）"三类调查问卷，采用"问卷星"电子问卷和纸质问卷两种方式。本次研究的调查时间为 2018 年 12 月至 2019 年 4 月，主要调查对象为意大利中意国际学校、罗马中华语言学校、那不勒斯咏恩中文学校、中意学校、普拉托联谊会中文学校五所中文学校的华二代学生，年龄在 6~25 岁之间，其中男性 128 人，女性 117 人，样本人群的性别比例较为均衡。我们委托以上五所中文学校校长及老师将调查问卷发放给学生，并指导学生认真填写，其中低年龄段的学生识字有限，因此教师会口述题目，以便学生更好地理解问卷内容。最终收到 245 份学生卷、132 份家长卷和 7 份校长卷。笔者借助 Excel 和 SPSS 对所收集的有效问卷进行数据整理和分析。

二、研究内容

学生卷分为以下三个部分：

第一部分是中文语言环境，主要围绕个人、家庭和社区三个层面进行设计。其中，个人层面主要包括最流利的语言、中文使用频率以及是否安装了中文 App；家庭方面，以语言习得关键期为划分节点，设计了小学前和现在与家庭成员日常语言使用情况的题目，旨在了解华二代是否具有家庭中文环境及是否发生了语言转用；社区层面包括社区的华侨华人数量及中文使用频率两个方面。

第二部分是家庭语言管理及中文水平自我评估，其中中文水平自我评估从听、说、读、写四项语言技能进行设计，每个项目包含六道题目，这六道题目的语言任务难度按照由易到难的原则进行排列。

第三部分围绕文化认同、语言认同、族群认同这三个方面进行题目的设计，同第二部分一样，采用的是李克特五度量表。

家长卷由四部分组成：

第一部分是个人的基本信息以及社区基本情况，个人信息包括性别、出生年份、出生地、现居地、现国籍、学历及职业，社区基本情况包括华人人口、社区及家庭的经济水平。

第二部分考察家庭中文环境，由家庭语言使用情况（家庭成员及其日常语言）以及从"听力、口语、阅读、写作、汉字"角度对华二代中文水平进行的评价两小部分组成。

第三部分是家庭语言规划，包括学习中文所采取的措施、中文的亲子活动时长频率、子女中文水平变化等。

第四部分与学生卷的第三部分大体吻合，也是从族群认同、文化认同、语言认同等角度进行题目的设计。

校长卷主要从生源背景、开设的课程、使用的教材、师资队伍、评估方式五个角度考察意大利中文学校的现状。

三、深度访谈

依据目的性抽样方法，委托意大利中文学校的教师选取具有最大信息表征的学生样本和家长样本，对 6 名教师、14 名家长和 21 位学生进行了半结构访谈。访谈结束后，对访谈的录音材料进行人工转写并校对审核，最终形成 47 690 字的访谈逐字稿。学生访谈提纲主要包括移民经历、中意文化差异、中华文化、国籍，学习中文的途径、目的、影响因素及中文水平等；家长访谈提纲主要包括工作情况、移民经历、家庭语言使用、国内亲友联系情况、家庭语言规划、对语言传承的看法、国籍、学习中文的方法及影响因素等；华校管理者和教师访谈提纲主要包括"三教"（教师、教材、教法）、学生、办学经费、家校沟通、评估方式、中国文化活动的开展等。

第三节　问卷分析与讨论

一、问卷信度分析

为保证学生卷中根据李克特五度量表所设计的题目信度，笔者进行了内在一致性检验。认同部分的 Alpha 系数为 0.919，中文水平自我评估部分的 Alpha 系数为 0.974。其中，"听力"因素的 Alpha 系数为 0.913，"口语"因素的 Alpha 系数为 0.916，"阅读"因素的 Alpha 系数为 0.925，"写作"因素的 Alpha 系数为 0.956。较高的信度系数说明学生卷中认同和中文水平自我评估的内在一致性较好，问卷具有较高的信度。

二、人口统计学信息

表7－1和表7－2分别为学生卷和家长卷的调查对象基本信息：

表7－1　学生卷调查对象基本情况（$n=245$）

项目	选项	人数	比例（%）
性别	男	128	52.2
	女	117	47.8
年龄	6～10岁	37	15.2
	11～15岁	159	65.0
	16～20岁	48	19.6
	21～25岁	1	0.4
居住时间最长（小学前）	中国	81	33.1
	意大利	163	66.5
	不清楚	1	0.4
最流利的语言	中文（含方言）	74	30.2
	意大利语	160	65.3
	其他	11	4.5

从性别上看，参与本次调查的学生性别比例基本平衡，男生比例为52.2%，女生比例为47.8%，年龄范围集中在10～20岁，其中，高达65%的学生年龄分布在11～15岁这个区间。此外，33.1%的学生在小学前居住时间最长的地方是中国，这是意大利华二代的特别之处，访谈中得知，这部分孩子"留守"在国内的原因有二：一是父母工作繁忙，无暇照顾子女；二是父母认为国内中小学教育更严格，子女在国内可以受到良好的教育。最流利的语言为中文的占总人数的30.2%，而这部分学生恰恰是小学前在中国居住时间最长的。

表7-2　家长卷调查对象基本情况（n = 132）

项目	选项	人数及比例	项目	选项	人数及比例
性别	男	38/28.8%	出生地	浙江温州	91/68.9%
	女	94/71.2%		浙江丽水	21/15.9%
出生年代	50后	1/0.8%		浙江其他地区	4/3.0%
	60后	4/3.0%		福建	7/5.3%
	70后	60/45.5%		江西	2/1.5%
	80后	66/50.0%		东北	2/1.5%
	90后	1/0.8%		山东	1/0.8%
居意时长（年）	1~5	3/2.3%		安徽	1/0.8%
	6~10	23/17.4%		北京	1/0.8%
	11~15	36/27.3%		深圳	1/0.8%
	16~20	46/34.8%		河北	1/0.8%
	21~25	19/14.4%	国籍	中国	126/95.5%
	26~30	5/3.8%		意大利	6/4.5%
职业	政府雇员	0/0%	学历	小学	19/14.4%
	企业、教育	4/3.0%		中学	88/66.7%
	自主经营者	79/59.8%		大学	22/16.7%
	自由职业者	31/23.5%		硕士	3/2.3%
	其他	18/13.6%		博士	0/0%

　　参与本次调查的女性家长远多于男性家长，年龄区间是28~61岁，平均年龄为40岁，绝大多数为70后和80后，占比分别为45.5%和50.0%；从祖籍地看，来自浙江温州和浙江丽水的比例高达84.8%，其中温州人占68.9%；从移居时间上看，平均时间为16年，最长的有30年，超过一半的华侨华人移居时间为11~20年；从学历上看，以中学为主，占总数的66.7%；从职业上看，自主经营者占主体，占比为59.8%，这符合温州人从商的传统；从国籍上看，95.5%的家长依然保留中国国籍，访谈中得知，很多家长出于各方面考虑会建议子女选择意大利国籍，因此，可预测到意大利华二代为中国国籍的比例要低于父辈。

三、意大利华二代的祖语环境

本次问卷主要将华二代的语言使用场域分为家庭、社区和学校，重点放在家庭语言使用上，且家长卷和学生卷都涉及相关题目，旨在从学生和家长两个不同主体的角度考察家庭语言使用情况，其总体趋势可以说明华二代的家庭语言环境，因此以下分析和阐释综合了家长卷和学生卷的信息。

为了具体考察中文的使用情况，我们设置了与不同对象交流使用的语言的题目。由于绝大多数祖父母不会讲意大利语，因此华二代与祖父母交流使用的语言种类没有差别，这一点在学生卷也表现出了一致的情况。因此，我们根据小学前和现在均与祖父母同住的条件，从学生卷中筛选出两个阶段均同住的华二代有 27 人，从家长卷中筛选出两个阶段均同住的华二代有 56 人（结果如图 7 – 1、图 7 – 2 所示）。

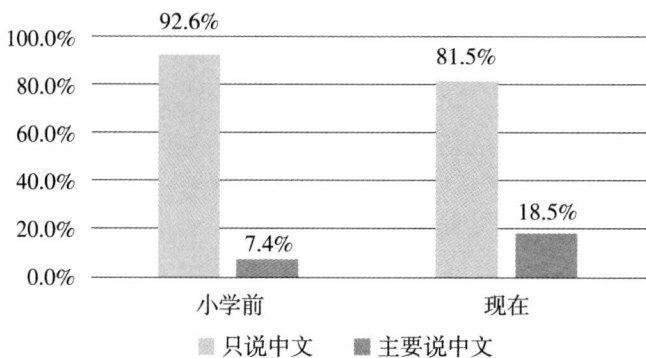

图 7 – 1　小学前/现在与祖父母交流使用的语言（学生卷 n = 27）

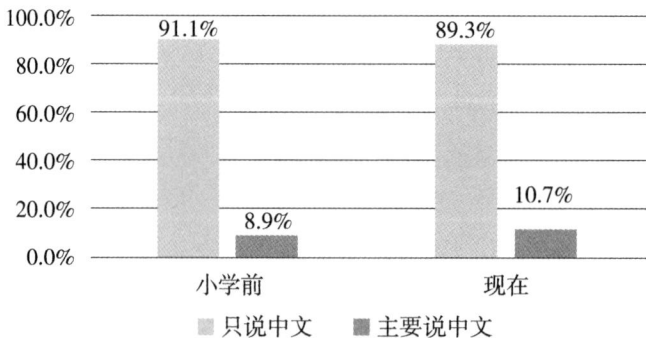

图 7 – 2　小学前/现在与祖父母交流使用的语言（家长卷 n = 56）

　　由图7-1和图7-2可以看出，小学前和现在，华二代与祖父母交流只有"只说中文"和"主要说中文"两种情况，其"只说中文"在小学前的比例高达90%以上，随着华二代年龄的增长，该占比有所降低，但幅度不大，"主要说中文"的比例缓慢增加。学生卷和家长卷的数据相互印证，高度一致，证明了数据的可靠性，近九成的华二代与祖父母交流的语言为"只说中文"，为了和不会讲意大利语的祖父母交流，华二代必须学习中文。因此，不会讲意大利语的祖父母对华二代的中文保持起促进作用，这与Kondo-Brown（2006）的发现一致。

　　由于部分意大利华二代小学前和祖父母一起居住在中国，因此，部分问卷缺少和父母交流使用的语言种类，我们从学生卷中筛选出174份小学前和现在均与父母同住的样本，从家长卷中筛选出124份与配偶和子女同住的样本，同时根据问卷填写者的性别，把配偶转换为父亲或母亲。从图7-3和图7-4我们可以发现，无论是小学前还是现在，与父亲交流使用"只说中文"模式的比例均高于与母亲，相应地，与父亲交流使用"主要说中文"模式的比例低于与母亲，这种语言差异与父母的角色有关，即父亲在家庭中扮演的是事业型角色，而母亲承担着照顾孩子的角色。随着时间的推移，华二代受意大利语影响逐渐增强，与父母交流使用"只说中文"模式的比例下降，"主要说中文"比例上升。总体而言，90%以上的华二代与父母"主要说中文"或"只说中文"。

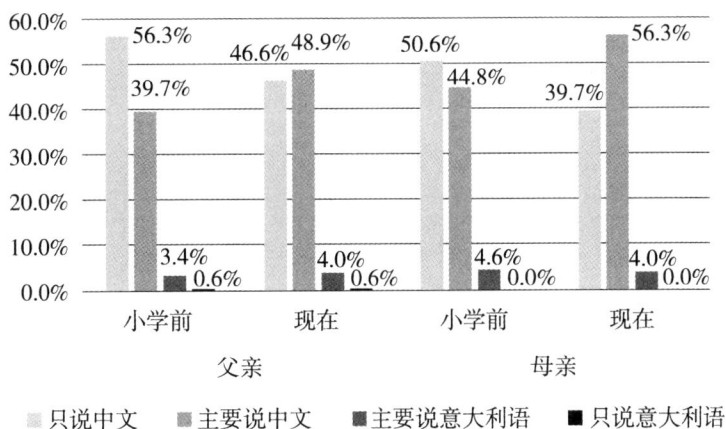

图7-3　小学前/现在与父母交流使用的语言（学生卷 n =174）

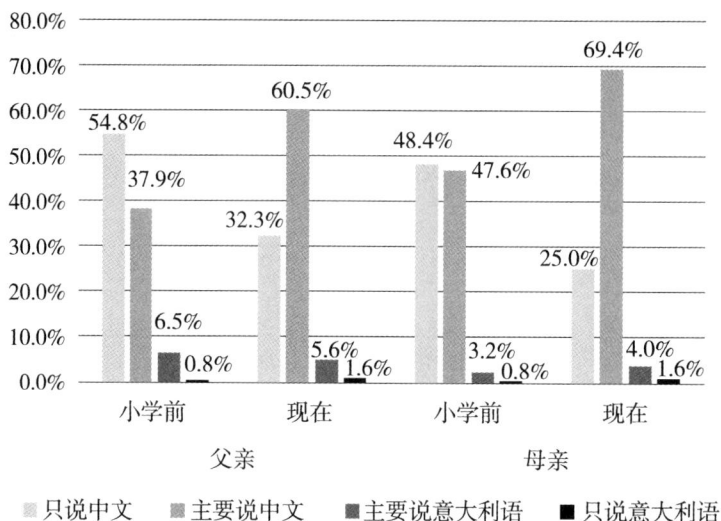

图 7-4 小学前/现在与您交流使用的语言（家长卷 $n=124$）

尽管华二代与父亲和母亲交流使用的语言模式不同，但配对样本 t 检验结果显示，无论是小学前（$t=-1.725$，$df=173$，$p>0.05$）还是现在（$t=-1.779$，$df=173$，$p>0.05$），华二代与父亲和母亲的语言使用没有显著性差异，如表 7-3 和表 7-4 所示：

表 7-3　小学前与父母的语言使用配对样本检验表

	同父亲（$n=174$）		同母亲（$n=174$）		MD	t（173）
	M	SD	M	SD		
语言使用	1.483	0.596	1.540	0.585	-0.057	-1.725

表 7-4　现在与父母的语言使用配对样本检验表

	同父亲（$n=174$）		同母亲（$n=174$）		MD	t（173）
	M	SD	M	SD		
语言使用	1.586	0.600	1.644	0.558	-0.057	-1.779

我们从学生卷和家长卷中剔除独生子女家庭，从而从学生卷和家长卷中分别得到 145 份和 111 份样本。从图 7-5 和图 7-6 可看出，无论是小学前还是现在，一半左右的华二代与兄弟姐妹交流时"主要说中文"，约 20% 的华二代与兄弟姐妹交

流时"主要说意大利语"，显著高于与父母交流时"主要说意大利语"的比例；从小学前到现在，"只说中文"的比例快速下降，而"主要说中文"的比例快速上升，同时，"主要说意大利语"的比例也有一定程度的增加。综上所述，与兄弟姐妹的交流加快了华二代的语言转用。

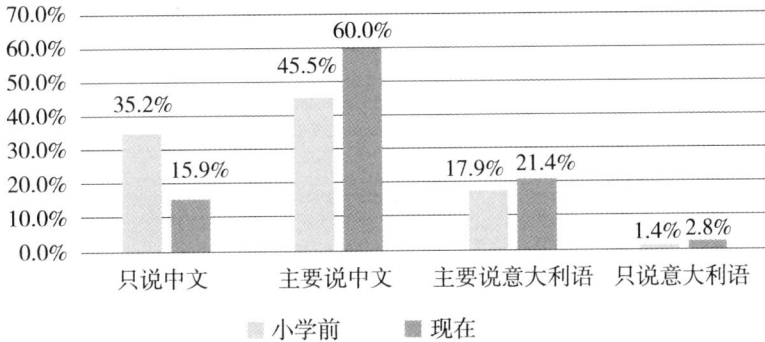

图 7-5　小学前/现在与兄弟姐妹交流使用的语言（学生卷 $n=145$）

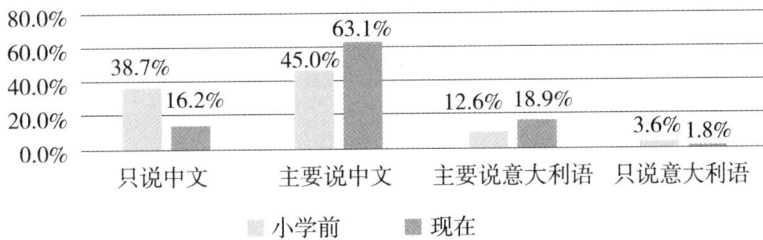

图 7-6　小学前/现在与兄弟姐妹交流使用的语言（家长卷 $n=111$）

小学前与现在的配对样本 t 检验结果显示，小学前和现在与兄弟姐妹交流时使用的语言模式有显著性差异（$t=-5.238$，$df=144$，$p<0.05$），这表明华二代现在与兄弟姐妹说意大利语的比例显著高于小学前，见表 7-5。

表 7-5　小学前后与兄弟姐妹的语言使用配对样本检验

	同父亲（$n=145$）		同母亲（$n=145$）		MD	t（144）
	M	SD	M	SD		
语言使用	1.855 2	0.754 43	2.110 3	0.688 37	-0.255 17	-5.238*

注：* 表示 $p<0.05$。

为了比较小学前和现在华二代与会讲中文的朋友交流所使用的语言比重，我们剔除掉4份小学前没有朋友的问卷。华二代小学前与朋友"只说中文"的比例接近50%，"主要说意大利语"和"只说意大利语"占比很低；由于接受意大利语学校教育，现在"只说中文"的比例迅速下降，"主要说中文"的比例增幅最大，"主要说意大利语"的比例增幅不大，而"只说意大利语"的比例保持不变，有一半以上的华二代在与会讲中文的朋友交流时出现了多语并用的情况，这表明与朋友交流也加快了华二代的语言转用。

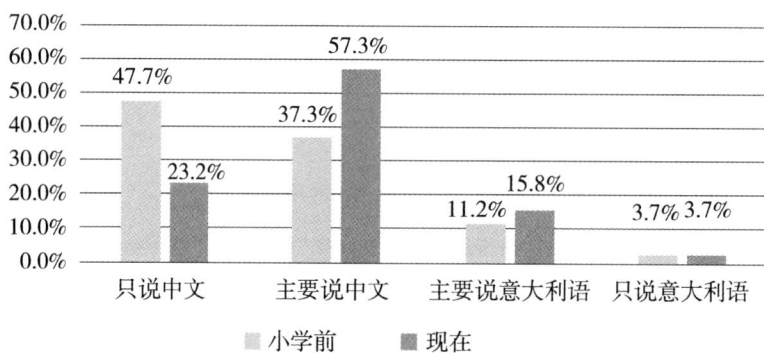

图 7 - 7 小学前和现在你与会讲中文的朋友交流时使用的语言（学生卷 $n = 241$）

小学前与现在的配对样本 t 检验结果显示，小学前和现在与朋友交流使用的语言有显著性差异（$t = -6.466$，$df = 210$，$p < 0.05$），这表明华二代现在与朋友说意大利语的比例显著高于小学前，见表7 - 6。

表 7 - 6 小学前后与朋友的语言使用配对样本检验

	同父亲（$n = 211$）		同母亲（$n = 211$）		MD	t（210）
	M	SD	M	SD		
语言使用	1.701 4	0.811 20	2.023 7	0.752 40	- 0.322 27	- 6.466*

注：* 表示 $p < 0.05$。

综上所述，近九成的华二代与祖父母交流时"只说中文"，不懂意大利语的祖父母在华二代的中文保持上起到促进作用；一半以上的华二代与父母交流时"主要说中文"，其中，与父亲交流时"只说中文"的比例高于母亲，相应地，与父亲交流时"主要说中文"的比例低于母亲，这与父母的角色有关系，但无论是小学前还是现在，他们与父亲和母亲的语言使用并没有显著性差异。他们与兄弟姐妹和朋友交流的语言模式为"主要说中文"，但现在说意大利语的比例显著高于小学前，这表明与兄弟姐妹和朋友交流加快了华二代的语言转用。

四、意大利华二代中文水平分析

从最流利的语言看，30.2%的受访学生认为自己最流利的语言为中文，而这部分学生是有在国内学习或生活经历的。独立样本 t 检验结果也显示，小学前在中国或意大利居住时间最长的学生中文自评成绩有显著差异（ $t = 8.732$ ， $df = 227.702$ ， $p < 0.05$ ）：小学前在中国居住时间更长的学生的中文成绩显著高于小学前在意大利居住时间更长的学生（ $MD = 4.1986$ ），见表 7 - 7：

表 7 - 7　小学前居住在不同国家的学生的中文成绩差异

	中国		意大利		MD	t
	M	SD	M	SD		
中文成绩	28.034	2.906 3	23.835	4.562 4	4.198 6	8.732*

注： ∗ 表示 $p < 0.05$ 。

皮尔逊 r 相关分析结果显示，华二代的中文能力自评与社区华人数量没有显著相关性（ $r = 0.163$ ， $p > 0.05$ ），见表 7 - 8。访谈中我们得知：意大利整个华人社会从事的职业具有高度统一性，华一代的工作时间普遍偏长，华人社区之间的互动很少，华二代较少受到华人社区的影响。因此，我们认为意大利华二代的中文水平主要受家庭中文语境以及中文学校的影响。

表 7 - 8　中文能力自评与社区华人数量的相关性

		社区华人数量
中文能力自评	pearson 相关性	0.089
	显著性（双侧）	0.163
	N	245

单因素组间方差分析结果显示，意大利华二代的分项技能自评成绩有显著性差

异 $[F(3,976) = 27.105, p < 0.05]$：口语自评成绩显著高于听力自评成绩，写作自评成绩显著高于阅读自评成绩，见表7-9。整体来看，意大利华二代的中文水平保持理想，其中口语水平高于听力水平，写作水平高于阅读水平。尽管这样的调查结果跟我们普遍认为的听说读写能力有些许差异，但至少可以看到调查对象对自己的语言使用，特别是输出的自信。

表7-9 华二代中文能力自评差异

	听力		口语		阅读		写作		F	Post Hoc
	M	SD	M	SD	M	SD	M	SD	$(3,976)$	(Tukey)
自评	4.43	0.67	4.48	0.67	3.95	0.88	4.02	0.99	27.105*	说>听 写>读

注：* 表示0.01的显著性水平。

皮尔逊 r 相关分析结果显示，听说读写四项语言技能自评分数之间存在显著的高度正相关关系（$r_{听力-口语} = 0.825$，$p < 0.01$；$r_{听力-阅读} = 0.820$，$p < 0.01$；$r_{听力-写作} = 0.779$，$p < 0.01$；$r_{口语-阅读} = 0.793$，$p < 0.01$；$r_{口语-写作} = 0.740$，$p < 0.01$；$r_{阅读-写作} = 0.872$，$p < 0.01$）。从表7-10可以看到，听力跟口语（0.825）、阅读跟写作（0.872）的相关系数明显高于其他项目，这恰恰说明了调查结果的可靠性。

表7-10 听说读写的相关性

	听力	口语	阅读	写作
听力	—	0.825**	0.820**	0.779**
口语	—	—	0.793**	0.740**
阅读	—	—	—	0.872**

注：** 表示在10%水平（双侧）上显著相关。

意大利华二代的中文水平整体较高，听力、口语、阅读和写作也相对均衡发展，其中写作（4.02）的平均分要高于阅读（3.95）的平均分。原因有两点：一是使用部编版语文教材，每单元的综合学习部分均设置了写作指导和写作练习，因此意大利华二代的写作练习机会较多。二是学生的口语很好，掌握了多种表达方式，可以避免使用含有生字的表达方式；而阅读能力较弱的原因主要在于学生接触到的中文学习资料较少，这点在校长问卷中得到证实，在7份校长问卷中，有6位校长选择了"中文学习资料不太充足"和"缺乏中文学习资料",并且在"最需要的中文资料类别"中"阅读类"排第一位。因此,需要通过多种途径增加华二代的中文阅读资料。他们的中文水平几乎不受社区华人数量的影响,主要受到家庭中文环境和中文学校的影响。

五、意大利华二代的祖语保持途径

无论是学生卷还是家长卷,在回答"为了学习中文,你的家庭采取过哪些学习方式"时,选择项最多的前三个依次都是"上中文学校/补习班""在家坚持说中文"和"看中文影视、听中文歌曲",其中,勾选"上中文学校/补习班"的远比其他项多。由此可见,中文学校以及家庭营造的中文环境在意大利华二代学习中文过程中发挥着不可或缺的作用,数据见图7-8。

学生选择的前三个有效学习中文的方式依然是"上中文学校/补习班"(80.4%)、"在家坚持说中文"(67.3%)和"看中文影视、听中文歌曲"(56.3%)这三项,而家长认为有效的学习中文方式依次是"上中文学校/补习班"(90.2%)、"在家坚持说中文"(82.6%)和"看中文书籍/App"(43.9%)。学生和家长对"看中文书籍"的有效性认识不同,这侧面反映了意大利华二代接触的中文书籍仍然满足不了阅读需求。值得注意的是,家长和学生均认为"在家坚持说中文"的有效率高于采取率,这说明家长和学生均认为"在家坚持说中文"是一种非常有效的学习方式。在访谈中,不少受访学生也提到"家庭的中文语境"对自己的中文学习最为重要。因此,"在家坚持说中文"作为最容易且最有效的中文学习方式,应该引起广大海外家长的高度重视。

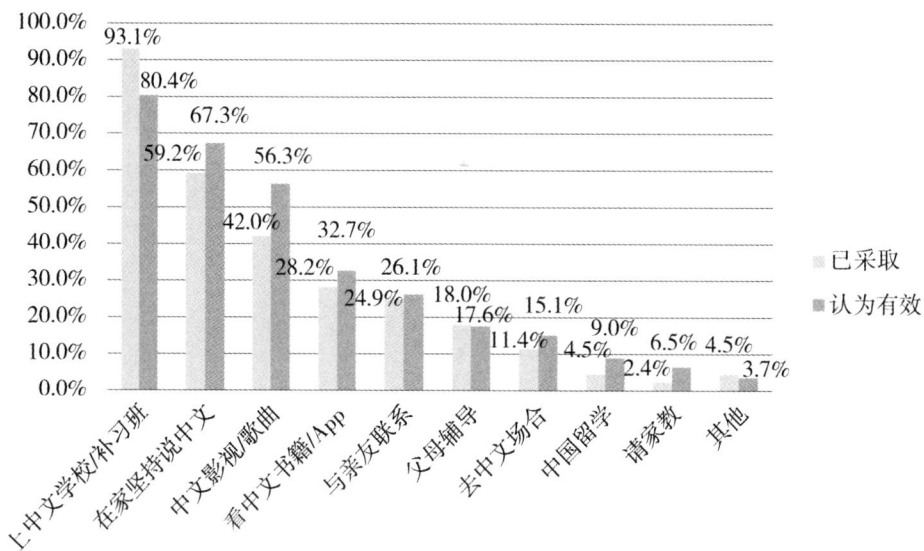

图 7-8　学生认为有效的学习方式（学生卷 *n* = 245，多选）

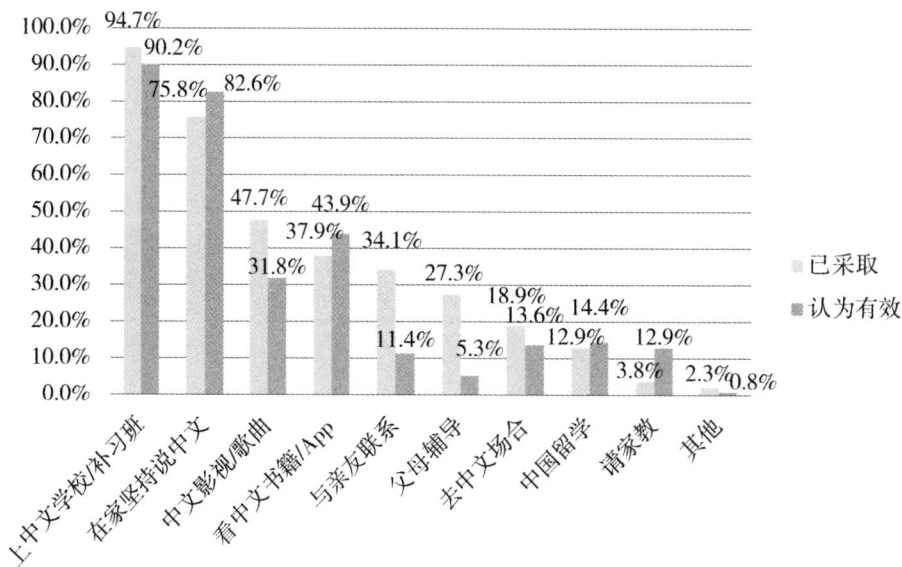

图 7-9　家长认为有效的学习方式（家长卷 *n* = 132，多选）

　　在"父母亲自辅导"和"去参加需要中文的场合"以及"与讲中文的亲友保持联系"这三项上，学生觉得比较有效，而父母觉得对子女的中文学习帮助不大。由此可见，家长需要转变观念，不拘泥于传统学习方式，应该以孩子的兴趣为着力点，重视通过多种方式为孩子营造中文的语境。

六、态度与认同

（一）语言态度

"语言态度是影响语言使用的一个重要因素"（周薇，2011），我们通过17道题目来了解华二代的语言态度，问卷采用李克特五度量表：完全同意、同意、中立、不同意、完全不同意，分别记为5分、4分、3分、2分和1分，计算结果如表7-11所示：

表 7-11　语言态度均值和标准差统计（$n=245$）

维度	均值	标准差	题目	均值	标准差
认知维度	3.91	0.48	48. 我觉得父母让我学中文是正确的	4.38	0.76
			56. 我觉得会中文对我将来的发展有好处	4.35	0.80
			57. 学习中文使我在升学时具有优势	3.97	0.96
			59. 我学中文是因为中国的地位越来越重要	3.32	1.17
			61. 我学习中文是为了将来找工作	3.34	1.02
			62. 我学习中文是为了能跟更多的人交流	4.19	0.83
			64. 我学习中文是因为它对我来说最容易	3.40	1.15
			67. 我觉得学中文是正确的选择	4.33	0.81
情感维度	4.02	0.16	44. 我觉得上中文课很有意思	4.00	0.89
			45. 当别人跟我说中文时，我感觉很亲切	3.98	0.85
			47. 我喜欢学习中文	4.08	0.89
			60. 我学中文是因为对中国文化感兴趣	3.80	0.98
			63. 我学习中文是因为我是华人	4.29	0.92
			66. 我对学好中文很有信心	3.98	0.92
意向维度	4.31	0.37	41. 在家里，我愿意和家人、亲戚说中文	4.67	0.56
			42. 在学校，我愿意和会说中文的朋友或者同学说中文	4.33	0.84
			43. 在家庭之外的公共场合，我愿意说中文	3.93	0.97

由上表可知，认知维度的总体平均值为3.91，这说明华二代在认知维度上，总体倾向于"同意"。其中，"我觉得父母让我学中文是正确的"这个题目的均值是认知维度的最大值（4.38），其次是"我觉得会中文对我将来的发展有好处"（4.35），接着是"我觉得学中文是正确的选择"（4.33），这三题均表明华二代普遍认识到中文的价值，但他们认为的"好处"并不局限于"将来找工作"，这一点也可以从"我学习中文是为了将来找工作"和"我学中文是因为中国的地位越来越重要"两个题目中看出华二代学习中文的动机主要不是经济因素，而是语言自身的交际功能，这点从"我学习中文是为了能跟更多的人交流"（4.19）的平均值可以看出。"我学习中文是因为它对我来说最容易"（3.40）的平均值接近"中立"，说明华二代认为中文学习有一定难度。

情感维度上全部倾向于"同意"，表明华二代对中文的情感是积极的。其中，"我学习中文是因为我是华人"的均值是情感维度的最大值，说明意大利华二代把"华人"和"说中文"紧紧联系起来，认为会中文是生为华人的义务；而"我学中文是因为对中国文化感兴趣"的平均值是情感维度的最小值（3.80），这说明语言学习不能仅仅依靠文化来吸引学生，最根本的应该是以语言带动文化的学习。

在意向维度上，华二代整体倾向于"同意"，且意向维度的均值高于情感维度和认知维度，这表明华二代整体上愿意把中文作为沟通的媒介。其中，"在家庭之外的公共场合，我愿意说中文"的平均值是3.93，是意向维度里的最小值，这表明意大利华二代使用中文的范围有限，中文使用最多的情况是和家人或讲中文的朋友交谈，且家庭域的中文使用意愿内部差异性较低。按照愿意使用中文的场合排序依次是：家庭 > 学校 > 公共场合。

（二）认同

"语言传承教育是为了实现认同的目标"（郭熙，2016），我们在了解华二代语言态度的基础上，计算了语言认同、文化认同和族群认同每部分的平均值，如表7 – 12所示：

表 7 – 12　三种认同的均值和标准差统计（$n = 245$）

类别	题目	均值	标准差
语言认同 （$M = 4.11$）	45. 当别人跟我说中文时，我感觉很亲切	3.98	0.85
	47. 我喜欢学习中文	4.08	0.89
	48. 我觉得父母让我学中文是正确的	4.38	0.76
	56. 我觉得会中文对我将来的发展有好处	4.35	0.80
	66. 我对学好中文很有信心	3.98	0.92
	67. 我觉得学中文是正确的选择	4.33	0.81
	68. 我觉得学中文给我造成很大的压力	3.67	1.10
文化认同 （$M = 3.83$）	36. 在我生活的社区还保留着很多中华文化习俗	3.49	0.92
	37. 我家还保留着很多中华文化习俗	4.01	0.85
	38. 我花了很多时间了解中国文化，如历史地理、风俗习惯	3.38	1.00
	49. 我觉得中国文化对我很有吸引力	3.92	0.95
	52. 我喜欢过中国传统节日	4.36	0.76
族群认同 （$M = 4.24$）	40. 我觉得华裔应该学会中文	4.29	0.86
	50. 我想去父母或祖辈出生的地方看一看	4.25	0.82
	51. 我觉得身为华人应该保持自己的文化特点	4.27	0.77
	53. 当中国人在国际上获奖时，我感到很自豪	4.21	0.89
	54. 我愿意向别人介绍中国	4.17	0.82

由上表可以看出，意大利华二代的整体认同偏向"同意"，语言认同、文化认同和族群认同的均值分别为 4.11、3.83 和 4.24，其中族群认同的均值最高，这说明华二代对自己与中国的同根同源有着积极的认同。而文化认同的均值最低，出现了华二代对中国传统节日充满浓厚的兴趣但社区及家庭逐渐放弃传统节日的问题。此外，"我觉得学中文给我造成很大的压力"一项的反向得分的均值偏低，表明虽然华二代整体上对中文的价值有着积极的认知，但认为中文学习仍然存在一定的难度。

皮尔逊 r 相关分析结果显示，语言认同、文化认同和族群认同之间存在显著的高度正相关关系（$r_{\text{语言认同-文化认同}} = 0.642$，$p < 0.01$；$r_{\text{语言认同-族群认同}} = 0.728$，$p < 0.01$；$r_{\text{文化认同-族群认同}} = 0.633$，$p < 0.01$）。

表 7 - 13 三种认同的相关矩阵

	语言认同	文化认同	族群认同
语言认同	—	0.642 **	0.728 **
文化认同	—	—	0.633 **

注：** 表示在10%水平（双侧）上显著相关。

为了进一步探究中文能力自评和认同的关系，我们将两者做了相关分析。皮尔逊 r 相关分析结果显示，中文能力自评和认同之间存在正相关关系（$r_{\text{中文能力自评-语言认同}} = 0.484$，$p < 0.05$；$r_{\text{中文能力自评-文化认同}} = 0.373$，$p < 0.05$；$r_{\text{中文能力自评-族群认同}} = 0.404$，$p < 0.05$），如表 7 - 14 所示：

表 7 - 14 中文能力自评和认同的相关

		语言认同	文化认同	族群认同
中文能力自评	Pearson Correlation	0.484 **	0.373 **	0.404 **
	Sig（2-tailed）	0.000	0.000	0.000
	N	245	245	245

注：** 表示在10%水平（双侧）上显著相关。

综上所述，意大利华二代在认知维度、情感维度和意向维度都对中文有很高的评价，其中"我学习中文是因为我是华人"是学习中文最主要的原因，但中文学习对华二代而言仍有一定难度；华二代讲中文的意愿较高，但更愿意与家人讲中文。华二代的整体认同很高，尤其是族群认同，三种认同之间也存在显著的正相关关系，而且三种认同与中文能力自评也存在正相关关系。

七、小结

根据以上对问卷的分析，我们对意大利华二代祖语保持情况可以得出如下结论：

华二代的祖语保持情况整体很好，听力、口语、阅读和写作得到均衡发展，其中阅读能力较弱、写作能力较强。影响华二代祖语水平的因素复杂多样，其中家庭因素最为根本，社区的影响较小。家庭因素集中表现为有在国内长期生活或学习经历的华二代祖语水平显著高于在意大利土生土长的华二代。意大利华侨华人由于工作的原因，与华人社区联系较少，因此华二代较少受到社区的影响。对中国语言文化的认同和对祖籍国的认同也影响到华二代的中文水平，高认同的华二代的中文成绩显著高于其他华二代。

在家庭语言使用上，呈现出祖语的代际递减特征，总体来看，华二代的中文家庭环境较好。从时间上说，华二代小学前后与父母交流使用的语言模式并没有显著性差异，而与平辈的兄弟姐妹和朋友交流，小学后使用意大利语的比例显著高于小学前。因此，我们可以认为祖辈促进了华二代的祖语保持，同辈加快了华二代的语言转用。同时，从华二代小学前后与父母的语言模式的稳定性可以得知，坚持以中文为家庭语言的方式对华二代祖语保持起着关键性的作用。

学习方式上，华二代认为"在家坚持说中文"是一种非常有效的学习方式，同时，这一学习方式也是最容易实现的，因此，这种学习方式需要进一步推而广之。同时家长由于工作时间较长，与华二代的亲子互动较少，这已成为意大利华侨华人家庭的普遍现象，意大利华侨华人务必重视家庭教育的重要性，不能把子女的中文学习完全托付给中文学校。

在语言态度上，无论是认知维度、情感维度还是意愿维度，华二代对中文的整体态度都偏向"同意"；从认同上看，华二代的语言认同、文化认同和族群认同均明显偏向"同意"，其中族群认同的均值最高，这说明华二代的"中国人意识"十分明确；而文化认同的均值最低，这与家庭逐渐放弃了中国传统节日有关系，同时也反映出目前的中国文化教育流于形式的问题。

第四节　意大利华二代祖语保持访谈

我们已经了解到意大利华二代祖语保持的基本情况及其特点，从中我们发现意大利华二代整体上来说具有较好的祖语习得条件，并且出于未来回国发展或是跨国经营的考虑，普遍认为掌握祖语有一定的必要性，因而对他们的教学目标要高于某些国家和地区。我们需要进一步了解的是意大利华二代祖语保持遇到的挑战和问题，并思考解决方案。出于这一目的，我们对当地华校的师生和家长进行了访谈。

我们从年龄、家庭语言和在中国生活或学习的经历来考察受访学生的基本情况，从赴意时间、教育程度、职业和家庭语言四个方面来了解受访家长，而对中文学校的访谈，主要围绕学生人数、教工人数、所使用的教材以及学制等展开。

受访学生基本情况如表 7-15 所示：

表 7-15　受访学生基本信息

祖语水平	编号	年龄	家庭语言	中国生活或学习经历
很好	S2	17	中文	无
	S3	15	S3⇆P 中文；S3⇆B 中文为主	无
	S4	16	中文	4 岁回国，初二返回意大利
	S6	13	中文	中国读完三年级
	S7	11	中文	0~4 岁在中国生活
	S8	10	6 岁前：意语；6 岁后：中文	无
	S9	12	各一半	0~2 岁在中国生活
	S10	13	中文为主	一至四年级就读于中国
	S12	15	S12⇆P&S 中文	中国读完四年级
	S13	12	S13⇆P 中文；S13⇆GP 中文	无
	S14	18	S14⇆P 中文；S14⇆GP 中文	中国读完四年级
	S15	11	S15⇆P&B 中文	一至四年级就读于中国
	S17	12	中文	中国读完四年级
	S19	17	S19→P&S 中文；P→S19 方言	无
	S21	10	S21⇆M 中英意；S21⇆GP&F 中文	无
较好	S1	11	S1⇆P&GP 中文；S1⇆B 中文为主	无
	S5	16	S5⇆P 中文；S5⇆S 中文为主	无
	S11	16	S11⇆P 中文；S11⇆B 意语为主	4~5 岁在中国生活
	S20	10	中文为主	0~5 岁在中国生活
一般	S16	16	S16⇆M&B 意语；S16⇆F 中文	无
很差	S18	10	S18⇆M 中文；S18⇆F 意语（混血）	无

符号说明：⇆：双方，→：前者对后者，GP：祖父母，P：父母，F：父亲，M：母亲，B：兄弟，S：姐妹，C：子女。

从表 7 - 15 可以看出，中文保持一般和保持差的学生是因为失去了中文的家庭语境。而中文保持好的学生大部分有国内生活或学习的经历，但国内生活或学习经历并非祖语保持的必要条件，比如受访学生 S2、S3、S8、S13、S19 和 S21。而这些没有在中国生活或学习过的学生，之所以汉语水平较高，一是因为保留了中文的家庭语境；二是因为自身对语言学习很有兴趣，通常在家里会选择通过综艺、游戏、追星等方式主动接触和学习中文。

受访家长具体情况如表 7 - 16 所示：

表 7 - 16 受访家长基本信息

编号	赴意时间	受教育程度	从事工作	家庭语言
P1	2002	初中	贸易	中文
P2	2005	初中	酒吧	中文
P3	2007	中专	服装加工	中文
P4	2009	本科	制衣工→幼教	P→C 方言；C→P 普通话；C1⇌C2 中文为主
P5	2003	初中	服装→餐馆	6 岁前意语，6 岁后中文；C1⇌C2 意语为主
P6	2004	大专	鞋类贸易	中文
P7	2003	高中	贸易	中文为主
P8	2009	本科	婚庆公司	中文为主（意保姆）
P9	未知	初中	贸易	P⇌C 方言；C1⇌C2 中文为主
P10	2009	本科	药店	F⇌M 方言；P→C 中文为主；C1⇌C2 意语为主（意保姆）
P11	1997	初中	酒吧	P→C 中文为主；C→P 意语（意保姆）
P12	2002	初中	贸易	中文
P13	1997	初中	贸易	F⇌M 方言；P⇌C 中文为主；C1⇌C2 中文为主
P14	2006	高中	手机店	中文

受访家长的学历以初中为主，所从事的行业以服装贸易为主；家庭语言上，对于有方言背景的 P4、P9、P10 和 P13 而言，除了子女从小寄养在意大利保姆家中的 P11 外，父母与子女之间使用中文（含方言）交流的同时，子女之间的交流也以中文为主，可以看出有方言背景的华二代的中文保持得非常好。P5 和 P10，子女之间的交流以意大利语为主，这说明华二代在与兄弟姐妹交流时，通常会选用自己最习

惯的语言。

受访学校有 6 所, 生源在 300~900 人不等, 但教师数量相对较少, 存在着师生配比低的问题; 中文学校使用的主流教材是中国部编版《语文》, 因此意大利的中文教育是"类母语"教学, 教材的选用也说明了华二代整体中文水平较高; 北美中文学校以周末制为主, 而意大利中文学校主要是课后制, 这也反映了意大利华侨华人社会对中文的高度重视。

一、意大利华二代家庭的家庭语言规划困境

(一) 明确的语言传承意识和模糊的语言目标

在访谈中我们进一步发现家长和华二代都具有明确的语言传承意识, 认识到语言是族群和个人身份认同的标志。

部分家长把"会讲中文"和"是中国人"联系起来, 认为作为华人, 必须学会中文:

P11: 20 年、30 年你还是华人, 100 年也是华人, 要不(除非)你混血, 这个脸是改变不了, 毕竟我们是中国人, 中文肯定要学会, 你去到哪一个太阳晒到的地方还是中国人, 我们中国人的传统美德一定要进行下去。

从认知上, 有家长认为中文具有其他语言所没有的委婉表达以及语义丰富性的特征:

P8: 中国的那个文化是博大精深的, 很多种语言都很简单, 唯独我们中文的诗词歌赋, 一个字可以有很多含义。

较为突出的一点是, 意大利华侨华人更多地从功能上认识到中文的实用性:

P12: 我们是中国人, 必须学会自己的语言, 不然你回中国怎么办, 等长大了或老了你肯定会回去的, 不可能永远待在这里的。

从实用性角度看, 家长看到了中文对子女未来发展的潜在价值, 认为学会中文对孩子未来的工作和发展会有很大帮助。

P3: 中国人在这边干的就是服装呀, 皮革呀, 各方面发展不一样, 现在跟中国的交流越来越多了, 各方面越来越融洽了, 发展越来越广了, 你必须让他学多一点, 对他以后肯定没有害处。"一带一路", 中国发展起来了, 孩子有可能在中国发展的, 中文是绝对不能丢的。

因此意大利华人家长的祖语传承意识兼具工具性动机和融入性动机, 很大程度上是由其所处社会环境和地位决定的, 家长们普遍经商, 跨国往来非常频繁; 受自

身学历、职业等所限，难以完全融入当地，持有"落叶归根"的心态。因此他们希望子女能够同时学好所在国语言和汉语，以便将来得到更好的发展和更多的选择。

此外，我们发现，家长们虽然具有明确的语言意识，但是对于要学到什么程度并没有明确的认识。樊中元（2011）把语言期望定义为"语言使用者对未来语言行为和方式所持有的心理态度，包括语言学习环境、学习方式、语言水平、语言运用等"。由于我们的受访家长均为中文学校的学生家长，因此我们主要通过考察语言水平来讨论家长的语言期望，即家长希望子女的中文水平达到何种程度。

访谈发现，大部分家长对子女的中文期待并不高，并且尊重华二代的选择。具体分为三种情况：

第一种是希望子女的普通话交流没有障碍。

P10：我没有想要说他们能多好多好，至少他们以后，如果去中国的话，工作呀，生活呀，跟人的沟通基本是没有问题。我要求不是特别地高。

第二种是希望华二代学好普通话以后还可以学点简单的方言。

P5：我觉得方言好是好，但是小孩子一定要接受普通话，因为普通话我们中国去哪里都可以嘛，我们方言的话以后再学。

第三种是除了会说中文以外，还可以认识一定的汉字，正如家长所说的"国内初中毕业水平"。

P7：像国内的初中水平我觉得肯定是需要的，最起码的理解能力呀，文章呀，阅读能力呀，最起码的要求了，最起码初中水平还是需要的，对中国的历史有个初步的了解，这也要看她自己了。因为中文实在是太难了，最起码我说你要学到我这个程度总可以，能做到什么样就看她自己了。

少量家长对子女的中文水平期待较高，希望子女能以中文为媒介，来了解中国思想文化和道德品质。

P9：我的教育理念不是想学好中文，是学里面的道德品质，这些非常重要，希望他们按照我预期的去发展，想是想，但是也尊重他们的选择。

综上，大部分家长对子女的中文期望是中文口头交流无障碍，这有两方面原因：一是有向国内回流的可能性，考虑到子女回国必须使用中文的现实需要；二是对语言的认识有限，只看到了语言的工具功能，而对语言作为文化载体的功能认识尚浅以及有中文很难的误解。

有的家长没有认识到家庭语言环境对祖语保持的关键性作用，以及家长与子女在亲子活动中建立起来的情感联系对子女亲近母语文化的作用，会要求子女首先学习住在国语言，其次再学习中文。

P5：他们生下来的时候，我们一般是讲那个意大利语，从来不教中文，为什么呢？因为我们当时就想我们是外来人，就不是本地人嘛，那首先我们去学别人的话，这样就不会受到歧视。

P6：就我个人来说，我是国内毕业直接来这边参加工作的，所有的社会经验和生活都是这里给予我的，所以我要让我的孩子先学好意大利语。

当华二代从小接触的是当地语言文化，而对祖语不甚了解时，自然从情感上对祖语有距离感，并且祖语基础较差。

（二）自发性的家庭语言实践与管理

家庭语言实践是指家庭成员在家庭环境中对语言变体的选择和语言使用行为。在华裔家庭中，我们发现，语言实践往往伴随着明确的语言管理行为。大部分家庭使用中文较多，兼用意大利语，这种状态随家长语言态度和华二代成长阶段变化而变化。由于社会环境因素、父母因素以及儿童能动性因素的差异，每个家庭具有独特的家庭语言生态，有的受访家长会明确向子女说明中文是家庭的唯一语言，要求子女在家里必须讲中文，当有的家庭成员使用非中文交流时，其他家庭成员会及时提醒，不过提醒者不只限于家长，子女也会纠正家长的语言。确立明确的家庭语言规则有利于中文语境的保持。

P1：我们跟她们说你们两姐妹在老外学校可以讲意大利文，但是出了老外学校以后，在我们面前只能讲普通话或者方言。一年级会讲一下意大利语，但是你给她纠正后就不会有了。我是尽量让她们在家讲中文，白天都有好几个小时讲意大利语了，所以回家是中文的天地。

P10：我家老大去年暑假在中国学了两个月，回来后我说我们必须在家里讲中文，他会跟你讲中文，有时候我们讲话，下意识地觉得他听不懂，就会用意大利语代替，他说妈妈你要讲中文，他会这样提醒我了。

P11：老三会讲中文，但讲着讲着就很多语言，几种语言夹杂着，主要是中文和意大利文，这个我们也经常提醒他，第一年我们逼他讲中文。

在访谈中我们注意到，阅读中文书是中文学习的常规途径，古诗、绘本和睡前故事是中文启蒙读物。古诗因其韵律性和篇幅简短，很适合儿童诵读。P5 和 P6 均认为古诗对幼儿而言是简单易学的：

P5：我拿给她的第一本书是唐诗吧，那唐诗又短又少，我就把最简单的唐诗扔给她，我教她读一遍，她拼音自己学会了，每天让她读一遍背一遍，整个背下来又短。唐诗三百首，我觉得学这个是最简单的，对她是最快的学习。

P6：古文和古诗是最传统的母语，我觉得也是最好玩最有趣的那些。

中文书的来源主要有三种，一是家长从中国亲自带回或者委托亲人寄快递，二是学生从中文学校图书馆借阅，三是手机电子书，其中纸质阅读较少，而电子阅读占多数。深受意大利华二代喜欢的中文书类型主要有儿童文学、漫画、历史地理百科以及小说（推理类、科幻类、奇幻类）。

电子资源是中文学习的重要途径。此次访谈中的电子资源主要集中在少儿动画片、中文学习网站、电视综艺节目和手机游戏。其中值得一提的是综艺节目和手机游戏。

P9：我们家很喜欢看综艺节目，几乎所有的综艺节目都看，吃饭的时候全家人一起看，来什么看什么，很有趣，有时候也玩玩这些游戏，有些幽默的（表达）在生活中我们也用一用。

P9 的女儿 S11 甚至表示自己通过综艺喜欢上了中国某歌星，因此会特别关注此歌星的演唱会等，并且认为综艺节目对自己的中文影响最大。S2 谈到自己因为对游戏非常感兴趣，但是由于不认识游戏里的汉字，所以会主动学习其中的汉字，同时游戏群聊也促进了自己的中文学习。

S2：我不知道你认识不认识一个游戏——《帝国时代》，我爸那个年代的游戏，所以我就跟他玩。我一直在琢磨这个字什么意思，比如骑兵之类的，我就上网查，渐渐了解到更多词语所代表的意思。而且想了解这个技能具体的效果，就要懂，不懂的话，就会有动力去查，以后就会记住这个词什么意思。有个微信群要聊游戏，常常需要知道这个字该怎么打、怎么念，就会经常去查这个字。

此外，受访者还提到自己最初是通过中文字幕来识字的。从以上两种方式，我们可以发现，一是影视资源的媒介主要是手机；二是当前吸引青少年的影视资源最重要的特征是娱乐性，同时具备流行性和互动性的基本特征。

（三）家长在子女中文学习上的困境

语言学习策略的选择受限于家长的职业及其决定的家庭生活方式，绝大部分华一代的工作情况是"特别重视赚钱，赚钱是特别重要的"，在访谈中很多家长表示：

P3：主要这边形势就这样，特别忙，没办法，有可能早上上班孩子还没起床，晚上下班孩子已经睡觉了，有可能一个星期都见不到面。

很多家长面临着无法兼顾工作赚钱和抚养子女的困难。由于工作忙碌无法照顾孩子，较多家长会选择把孩子送回国让老人帮忙照顾，等到自己有能力照顾孩子时再接到身边。但这造成了亲子关系疏离，正如受访者所说：

P4：像我女儿在中国待了 4 年多吧，跟我的感情就没有儿子那么深。

T2：到了一定时候，能够把孩子申请出来，这孩子就不听你的话了，管不了的，如果是 12、13 岁出来，家长说他（孩子）瞪着我，眼睛都发绿的，反叛得很厉害。

部分那不勒斯的华侨华人家长会选择把孩子寄养在意大利人家里：

P10：我的（第二个）孩子是这样的，从小的时候，交给老外带，白天是老外带，晚上下班了接回来自己带。

在访谈中也有两位家长在意识到由意大利人照顾的孩子无法与自己正常交流时，选择了更换工作或者迁移到有更多华人社区的大城市。

在那些意识到语言问题的家庭中，家长对语言习得的看法也不一致。有的家长认为：

P6：语言的学习可以提高理解能力，他的理解力、阅读力刚好有助于其他课程的学习。

于是会创设中文的家庭语言环境，并让子女同步接受双语的正规学习；有的家长担心同时学习两种语言会加重儿童大脑负担，产生思维混乱：

P5：他们生下来的时候，我们一般是讲那个意大利语，从来不教中文，到 6、7 岁的时候我们就要求他们学中文。

而有的家长则显得有些犹豫不决，如，在被问到"你在家里跟爸爸妈妈用什么语言交流"时，有学生表示：

S20：妈妈有时候让我说意大利语，有时候让我说中文。

有的家长尝试用各种办法来提高孩子的中文水平，但对于缺少中文家庭语境的孩子，家长不知道应该采取什么样的辅导方式才能提高孩子的中文学习兴趣和表达能力。P10 的孩子从小寄养在意大利人家中，家长为了让孩子学好中文作了很多努力：一是每年暑假送孩子回中国学习两个月的中文，家教老师是专业的语文教师，在此期间也会送孩子学游泳，为孩子提供纯中文的交流环境；二是除了让孩子在意大利中文学校上常规的六个课时大班制中文课外，还增加了一对一辅导，但是孩子的中文水平依旧没什么进步，为了两个孩子学好中文，家长甚至有从那不勒斯迁往米兰的想法。

此次访谈中，家长也提到亲自监督辅导子女学习以及鼓励子女与亲友交流，但这两种方式只是个例，比如个别家长（P2、P4 和 S6 的母亲）有时会在做饭时听子女朗读课文，而大部分家长因为"没有那个时间，也没有那个耐心"（P10），所以不会亲自辅导或监督子女学习。

从纵向来看，家庭语言管理并不是一成不变的。当家长认为子女的中文水平较高时，会要求子女减少中文接触时间，从而练习另外一门语言。比如，P4 认为子女的中文水平较高，并且也有一定的中文学习时间了，因此会要求子女分配一些时间用于英语学习。

P4：晚上放学回家吃饭时，他们自己会放一些中文动画片，但是现在我把中文停掉了，我让他们看英语的。因为他们英语比较差，我让他们多学一点口语，现在要求是不能看中文电视，他们中文沟通方面学习方面都可以了。

华二代在意大利与亲友交流也较少，原因有三：一是亲友同为温州人，也是分散在世界各地，而国内的亲友较少；二是语言交流的障碍，比如寄养在意大利人家中的孩子和听不懂方言的孩子，与在国内听不懂意大利语或普通话的祖辈之间无法正常交流；三是由于时间和经济因素，很多家长很少带子女回国。

二、各种因素掣肘下的中文学校

海外华文学校普遍具有异质性特点，这种特点表现在宏观语言教育政策、中观的当地社会和学校环境、微观的家庭和个体特点等方面。

（一）宏观语言教育政策影响学校发展

体系性和合法性问题，是中文学校发展的根本问题。意大利目前只有一所中文学校被纳入当地国民教育体系，其他学校则是课外补习班的性质。

T6：学校不是政府认可的学校，缺少合法性，这是我们面临的很大很严重的一个问题，我们这个不属于学校，school 这个词是不能用的，以后面临的问题更严重了，比如政府会不会认可你这个学校继续办下去。

大部分中文学校是租用意大利学校的教室，利用意大利学校的间隙时间来上课，但普拉托有其历史的特殊性：

T2：跟罗马、米兰不一样的是，他们不愿借给我们场地，我们自己建的场地也不符合他们的标准，他们对场地要求非常非常高。

场地的受限使得中文学校无法承载越来越多的生源，另一方面也造成中文学校时常被意方警察检查罚款。因此，中文学校不被意大利政府认可，影响到中文学校的长久发展。

（二）中文学校发展的各种不确定因素

一是教师队伍不稳定，流动性较强。教师主体是留学生，且中文教师的收入较低，这造成教师队伍的不稳定性。

T6：老师这方面很难稳定，因为但凡有一点点志向的老师，他不可能安于现状，他干了几年以后要么单干了，要么做生意了，要么升学，要么做其他的了，因为（工资）根本连房租都不够付。是这样的一种情况，就全凭喜欢和热爱，基本上一两年，一两年就要换一次。

二是教师专业呈偏态化分布。作为教师主体的留学生，专业主要为美术和音乐，因此在教授文化课程或者开展文化活动时是得心应手的。而其他的老师却非如此。

T6：很少有教授中文背景的，可能是从商的或者曾经在国内读什么广告呀或什么专业，当然也有个别是为了减轻生活压力的家庭主妇，各种背景都有的。

P10：都是非专业的外行人出来做这件事，我觉得大家都是凑合着干，反正有人教了，孩子有去上学了，那就可以了，至于他学到多少，是没法控制的状态。

这些现实情况造成教师的专业比例不合理。

三是工作量大。师生配比偏低，一位中文教师常常需要带几个不同的班级，而且教师的工作时间不限于上课时间。

T1：每周都会有一个学习总结，……并且我们每星期只上一次课嘛，所以说学习的次数比较少，老师会布置预习课文、背课文呀，然后让孩子在家长群里面读，读完之后，老师会有一个反馈，在线的辅导。有时候在群里我常常为了给孩子们示范一个汉字，自己可能要练习一天。

教师待遇低，工作量大，是队伍流动性大的主要原因。

教材上，由于大部分学生的听说基础较好，学习目标较高，意大利绝大部分中文学校使用的是国内人民教育出版社的《语文》，内容相对较多，导致教学进度紧张，进而影响教学效果。

T1：这边毕竟不是中国的环境了，星期六上六个小时，但是中间休息一小时，课间休息呀什么的一去除，剩下的时间也不是很多，而且有些活动也是在课时上进行的，像我们辅导学生参加朗诵比赛或者春晚的节目，这些都是要老师在课上指导的，所以相对来讲和中文课有点冲突。我总觉得时间不够用，我每天讲课就跟赶着打仗一样，就跟后边有只老虎在追一样，不断地往前跑，总觉得时间不够用。

教材虽然采用的是部编版《语文》，但并没有评估标准，也不能参照国内中小学语文教学标准，受访教师也提出了自己的困惑。

T6：没有一个适合的标准告诉我，我这样教是不是正确的，也没有东西告诉孩子们，他们学的这个是不是正确的，就完全凭老师的责任感。你老师有责任感，你这个班的孩子就好，你没有责任感，你这个班的孩子就不好。

受访教师 T6 提出的"适合的标准"实在是当前华文教育最迫切的问题。缺少科学的教学标准，必然会导致教学的主观随意性，从而对教学效果造成负面影响，标准来自常模人群，并体现了对目标人群的关怀。"常模误用的长期后果，必然抑制海外华人华侨群体祖语水平的保持"（王汉卫，2018）。通过对印尼、菲律宾和新加坡的实地调查发现，"华侨华人并不满足于跟一般外国人比较，而是很想知道自己跟什么水平的中国人相当，这个诉求既是基于理性的，也是基于情感的，是华人身份在测试需求上的生动体现"（王汉卫等，2014）。

（三）华二代学生的异质性

华二代学生的根本特点是异质性大，具体表现为两方面：一是年龄跨度较大，二是中文水平参差不齐。

T3：他们不像国内都是适龄孩子读书，这边孩子可能年龄比较大了，中间停了一段时间，然后再继续读中文。

同一个班级里有在国内接受过小学教育的学生，有中意混血或者非华裔的学生，有适龄学生，也有十几岁后开始学中文的，因此班级的异质性较大。

这无疑会给老师造成教学困难，同时也影响学生的学习效果。丧失了中文家庭语境的学生学起来很吃力，容易失去学中文的兴趣，而有一定中文基础的学生则认为学的东西过于简单：

S14：老师主要教的不是我们从国内过来的这几个，主要是他们，我们是主要学那些生字什么的，现在中文基本是自学，老师讲的太简单了，上课有时就很想睡觉。

同时，这种分班形式也不利于学生交友。在我们此次访谈中，部分受访家长和受访教师均提到：

T2：孩子在这里能够找到温暖，找到自己的同伴，自己的朋友，他热爱这个环境，已经离不开中文学校，有这么一个圈子。

学生喜欢来中文学校是觉得有一群可以玩到一起的伙伴：

P9：他就是觉得上学很开心，有很多人一起玩，不是说我来一定要学什么。

中文学校增强了学生"中国人观念"的重要原因在于身处华裔青少年的环境之中，中文学校发挥着圈子凝聚的作用，不过不同年龄阶段的孩子也有区别。

P6：这个时候的小孩，8岁、9岁、10岁的小孩思想区别很大的，8、9、10、11、12岁的可能都在一个地方（班级），理论上都是同学，但8岁的孩子跟12岁的孩子玩不到一块。

总的来说，中文学校对华二代而言不仅是学习中文的地方，也是小型的祖语文化社会环境，是培养其族群归属感的地方。

三、认同的复杂性和选择的两难

如前所述，意大利华二代及其家长普遍具有较强的族群认同、语言认同和文化认同，当被问到"你觉得中国人和意大利人有什么不同"时，受访学生均提及两者的差异主要在"性格""品质""金钱观""教育方式"以及"素质"等方面：

S19：比如说那些意大利人比较开朗吧，他们差不多跟谁都开朗，跟陌生人也开朗。中国人呢，算是比较内向一点，但是在朋友之间也是比较开朗的。

S6：我觉得华人比当地人勤劳，华人比较喜欢辛勤工作，把钱攒起来以后急用或者给下一代，当地人会及时行乐。

S9：我觉得意大利老师很有耐心，很温柔地跟你讲，而且他们就是很快就可以把你融入他们的圈子里，你跟他们刚认识一两天，你就可以跟他们聊很多东西，更有亲和力。中国人比较暴躁，有的人比较直接。

S14：我感觉意大利人的素质要比中国人好那么一点。比如说像中国人对陌生人不会主动打个招呼什么的，意大利人不小心碰到你或者什么的会说声对不起，还有，比如说像买什么东西，你不想要的话，意大利人会放回去。

上述对两者差异的描述中出现了"我们中国人"这样的字眼，因为华二代较常使用的是没有明显内外之别的词语"中国人"或"意大利人"，于是我们将家长访谈和学生访谈中出现"中国人"和"意大利人"的词频进行了简单的统计，发现在学生访谈中，"我们中国（人）"出现 9 次，"（他们）老外/意大利人"出现 7 次；而在家长访谈中，"我们中国（人）"出现 60 次，"（他们）老外"一词出现 32 次，这在一定程度上可以认为华二代的融入程度要高于父母辈，也对两个族群的差异呈现出更开放的心态。

此外，这种清晰的族群认知也影响到华二代对中意通婚的看法。P3 要求自己的子女必须与中国人结婚，并且必须是温州人：

P3：找媳妇，必须找温州女人，先跟你说，要是意大利女朋友，你不要给我领进家。

子女也深受父母婚姻观念的影响。至于强烈要求与同乡人结婚的原因，受访者认为主要原因有两个：一是因为与同乡人结婚的话，相同的经商观念有助于减少分歧，促进家族事业的发展；二是由于语言的问题，会阻碍大家庭的交流。

P10：他（子女）中文又不好，你意大利语又不好，语言是个障碍。

家庭中文环境对子女的族群认同起着决定性作用，中文学校也培养和巩固了华二代的"中国人意识"。

自小生长在中国家庭中的华二代，对于自己的中国人身份是非常明确的，他们会把"中国人身份"同"会说中文"联系起来，认为作为中国人必须"会说中文"。S2 从周围华二代身上发现：作为中国人，仅仅"会说中文"是远远不够的，还必须具备"中文的读写能力"：

S8：我听谁说，忘了，自己生出来是个中国人的面孔就必须做个好的中国人，我自己也想了想，中国人说中国话嘛，说好中国话就是一个好的中国人，然后做一些其他东西，就是中国人了。

S2：我认识很多人，有些成了意大利人，表面是中国人的皮，心里成了意大利人，已经渐渐融入意大利这个社会，比如我表哥，他中文会说，理解和写都不会，但是他意大利语水平相当高，他好像没那么在意中国的文化了，更在意意大利的文化了。（然后）我来中文学校不是因为我不认识字或者不会读，是因为我不会写。

而对于缺少中文家庭语境的华二代，他们对自己的"中国人身份"形成了双重认同或在家长引导下发生了认同转变：

P8：我小的那个孩子，三岁前是放在意大利人家里带的，刚带回来不承认自己是 Cinesi，就是不承认自己是中国人，老觉得自己是 Italiano，我说"你是 Cinesi"，她说"我是 Italiano，你是 Cinesi"。她那样说，所以我们也有给她做一些工作，在这一方面引导她。我和她爸爸都是中国人，她是中国人生下的孩子，只是放在意大利人家里带，所以她还是中国人。后来，大概有半年时间左右，才纠正过来，她愿意承认自己是 Cinesi，"妈妈，我是 Cinesi 吗？"我说"是的呀"。

P8、P13 和 P11 的子女由于从小被寄养在意大利保姆家中，因此在接回来前期都认为自己是意大利人，形成了"意大利认同"，经过父母较长时间引导的 P8 子女和通过接受中文教育的 P13 子女，逐渐形成了"中国认同"，而 P11 的子女根据父母的族群和自己的出生地两方面，形成了双认同。

当这种认同与国籍的选择联系起来时，我们看到华二代及其家长的纠结。我们将"18 岁时的国籍选择"作为意大利华二代的未来身份归属的基本指标，分别从家长视角和子女视角来看华二代未来国籍的选择。

家长对子女的未来国籍的选择呈现三种态度：有的希望子女保留中国国籍，如 P3、P7、P12 和 P14，其中 P7 和 P12 坚决不赞同子女加入意大利国籍。

P7：我们坚决不让他们入籍。我女儿是可以拿国籍了，但是我一直跟她说，不要了，我们还是喜欢当中国人。

有的家长希望子女加入意大利国籍。P9 认为加入意大利国籍对未来的学习有便利之处；受访家长 P6 认为子女以后生活在意大利，故加入意大利国籍会有更高自由度；受访家长 P13 希望选择一个孩子加入意大利国籍来保障家长的居留权限：

P9：她就说为什么给我入籍，我说你入籍对你学习呀可能会方便一点。

还有的家长尚不明确子女的国籍选择。P8 目前更倾向让子女选择意大利国籍，但还不确定以后的发展情况；P11 认为子女成年后会有自己的选择，持完全自由和尊重的态度：

P11：随孩子，没有说你是中国人必须是中国国籍，这个他们长大了会有他们自己的想法，怎么好怎么做，他们自己的事，我是不限制他们的。

绝大部分家长对子女未来国籍的选择会考虑很多现实的因素，比如回国便利性、家长的居留权、子女上学便利条件、未来工作地点以及国籍带来的福利等。同时，家长尊重子女对国籍的选择。

华二代对国籍的考虑基本与家长一致，有多种情况：有的华二代会把中国人身份和中国国籍联系起来，不会考虑其他经济利益，认为中国人必须拿中国国籍。

P9：她（女儿）就觉得给他们入籍就很不可思议。她说那是不是我是中国人就不能学习啦？她有一个很固执的想法，我明明长着一张中国人的脸，我就说我是一个外国人，我本来是中国人，我怎么能告诉别人我是意大利人呢？

S12：我没考虑过意大利国籍，从没考虑过，因为我觉得没有必要入另外一个国家的国籍，因为自己本身是中国人，为什么还要入别的国家的国籍呢？

有的华二代也从实用性角度考虑，认为中国国籍方便以后回国。

S6：首先，我觉得我是个中国人，而且中国越来越强大了，选中国（国籍）可能有助于发展。

S15：因为我拿了意大利国籍，回国就很麻烦了。

S5 出于强烈的族群情感而选择中国国籍的倾向性更明显，即使选择意大利国籍也是因为外籍生到中国留学的优惠政策。

S5：应该不会（选意大利国籍），除非我回国留学，因为回国留学，国外来的就不用高考。

除了中国人血统这一核心因素外，华二代幼时在意大利的不愉快经历也促使他们对中国的认同增强，因此会选择保留中国国籍：

S14：18 岁我会选中国国籍，因为我不怎么喜欢这个国家。一个是语言的问题，感觉在意大利生活，语言有点难交流；还有就是我感觉小的时候，有些意大利人总会欺负我们。中国对我来说是个很重要的国家，我的祖国，感觉以后回中国比较好。

S14 对国籍的考虑显示，穷家难舍是因为自己是主人，总比寄人篱下好，除非只考虑物质因素。这同时也反映出深层次的文化教育对语言学习的促进作用实际上是不可估量的，也是无可替代的。

从以上选择中国国籍的华二代的访谈内容中，我们发现他们选择中国国籍最重要的两点是对自己中国人身份的认同和回国的便利性，其中对中国人身份的认同占据主要位置。

第五节　结　论

总体而言，与意大利华一代相比较，华二代在行为和心理等各方面明显缺乏归属感，对意大利华二代而言，如何找准自身定位、找到归属感、增强自信心、选择国籍都极其重要。对于华二代而言，找到文化归属感，积极主动学习学校课程，参加校园活动、家庭交流和华人社区传统节日活动等，通过多种途径了解中国传统文化，融入华人圈，有意识地进行汉语交流，是提升汉语水平的关键。华二代对中文学习的积极态度与良好的家庭语言氛围、中文学校优秀的教学质量和祖国的关怀是密不可分的，因此，本节针对意大利中文教育的现状和影响华二代祖语保持的因素，试图提出有利于意大利华二代祖语保持的建议。

一、多方合力，改善意大利中文学校办学困境

（一）促进中文学校办学体系性

当前，意大利中文学校面临的困境主要是缺乏体系性，办学力量有限、资金不足等，这些问题严重制约了中文学校的发展，教学设施比较简陋且无固定教学场地，大部分学校甚至租用意大利学校的教室利用间隙时间上课，这也严重影响了教学的系统性和规范性，进而影响了教学质量；同时，中文学校管理者较为缺乏专业知识和对中文学校发展的长期规划，中文学校之间各自为营，甚至是恶性竞争，致使中文学校的发展停滞在通过开办分校来扩大教学规模的层面上，限制了中文学校朝规范化和全日制化的发展。建议重点关注海外中文学校在教育、经营及管理等方面规范化、统一化的需求，与意大利中文学校联合总会加强沟通的同时，也可以借助国内相关院校和社会组织力量，提供人才、资金等支持，及时协助解决中文学校的实际困难，同时加强与意大利政府的交流协商，建立有中国特色的全日制国际学校。

（二）推进中文教材的规范性

意大利中文学校目前主要使用的教材是部编版《语文》教材，由于中文学校大多利用周末或意大利学校的放学时间进行教学，而教学内容相对较多，导致教师不

得不赶进度，同时也造成学生的学习压力，且教学评估标准不一，教学主观随意性强，进而导致教学质量严重下降。因此，我们认为，现在急需组织一批拥有一线教学经验的意大利华文教师、院校专家学者和管理者对意大利中文学校进行全面调研，深入了解现阶段教学基础课时、教学质量状况、学生基本情况和教材适用状况，不能完全以中国思维来编写理论化的教材，而应研究编写根植于意大利社会、符合学生水平、贴近学生生活、实用性强的真正的本土化教材。

（三）提升教师队伍的专业性

意大利中文学校教师主体流动性强、专业程度不高，且多为留学生。我们认为专业中文教师的培养和委派需有长期规划：一是要政府出资促成中文学校和国内高校的定点合作，借鉴国家汉办委派志愿者支持孔子学院发展的模式，从国内高校选派汉语国际教育本科生或研究生赴意大利各中文学校短期实习或长期任教，与此同时，委派的学生作为调查者可以获得一手的数据，以供专家学者作进一步的研究。二是要适度规范中文学校教师队伍的聘任、考核、培训和认证制度，逐步推广华文教师持证上岗制度，并建立已在岗专任教师专项培训和考核制度，不断扩大华文教师专职教学队伍，建立一支规范化、专业化的高水平专任专职中文教师队伍，但要注意的是，这种规范应该是长期逐步进行的。

二、开展家长课堂，积极引导华一代转变观念

家庭是华二代学习中文和形成"中国人意识"的天然环境。整体而言，华一代与意大利主流社会互动较少，这在很大程度上保留了中文的家庭语言环境，因此中文是意大利华侨华人家庭的主要语言。很多受访学生表示自己是在家庭学会了"说中文"，并且认为掌握中文是自己生为中国人的本分。但是在访谈过程中，我们发现华一代的关键词是"忙着赚钱"，导致其与华二代的中文交流极为有限。部分家长因为工作的原因，甚至选择把子女寄养在意大利人家中，致使华二代完全丧失了中文的家庭语境，缺少了与父母沟通交流的机会，这为将来的亲子关系和中文学习埋下隐患。

我们此次访谈中有一个很典型的案例，这位家长的真情陈述需要引起意大利华社的关注。

P10：我是觉得我的孩子学中文最关键的时间让我错过了，因为语言最好的环境是1岁到3岁，这是语言萌发的期间。那个期间我是给老外带的，所以他的母语不好，变成了他接受意大利语，后面再捡起来中文就难了，这是我特别后悔的一件

事情！我觉得当时我应该自己带，<u>至少会讲中文了再学中文其实不是很难的一件事情</u>，但是从意大利文换到中文有一点困难。所以我建议这里的华人，<u>在孩子语言萌发的那段时期还是要自己带的，这是最关键的</u>。我家老大两三岁的时候是中国保姆带的，那段时间他是会讲中文的，后来又丢了中文，捡起来就快点；我家老二那段时间是意大利人带的，后面再捡起来就很难很难了，这是我特别深刻的感受。

P10 家长迫切地希望自己的两个孩子可以学会中文，不仅是为了方便家人之间的交流，也是从中国发展前景的角度考虑的。这样的诉求并不是个案，众多意大利家长都非常希望子女能学好中文。我们认为单打"民族情感"的感情牌是远远不够的，而"民族情感+经济利益"双管齐下的方法才是联系意大利华侨华人和中国的坚实纽带。部分受访者提到选择国籍时的考虑。因此，在政策上予以适当调整，切实让拥有中国国籍的华侨也享受到中国经济高速发展的红利，这样可以降低华侨因为子女上学费用高或其他现实因素而无奈放弃中国国籍的概率。

中文学校提供了"中国人圈子"环境，塑造了华二代的"中国人"意识。由于部分意大利家长疏于对华二代的人格培养和道德教育，因此中文学校除了承担着教学任务，也需要担任家长的角色，同时提供了一个几乎全部是中国人的环境，成为华二代的避风港和庇护所。因此，意大利中文学校对华二代的心理健康和快乐成长起着重要的作用，同时也对华二代的"中国人意识"有潜移默化的影响。

绝大部分华一代抱着"赚钱特别重要"的观念，与华二代处在聚少离多、沟通较少、关系疏离，日后出现问题时不知所措的状态。华二代的教育几乎全部由学校承担，而家长在华二代的成长教育上是缺位的。因此，我们认为转变家长观念是目前亟待解决的根本问题，华一代必须平衡工作时间和陪伴时间，认识到参与子女成长比赚钱更重要。由中文学校和社会团体利用家长会、假期时间开设家长教育课程，改变意大利华一代"忙着赚钱"的固有观念，让他们充分认识到家庭中文语境对于孩子祖语保持的关键性作用以及家庭中文教育的开展方式，增进家长与孩子的情感交流。调查发现，家长由于语言的问题，很少参加子女在意大利学校的家长会，与学校缺乏沟通。因此，家长课堂也应引导家长与意大利学校和中文学校的互动，建立家校联合教育模式。

综上，家长课堂的开展任务有四：一是改变家长几乎不参与子女成长教育的观念，加强与华二代的互动，建立和谐的亲子关系。二是开设意大利语课程，帮助家长与意大利学校交流，让家长起到子女中意教育的桥梁作用。三是解决家长在子女中文教育方面的困惑，让他们认识到家庭中文教育的重要性和开展方式，以及如何协调子女中意教育等问题。四是加强家长对华二代后续中文教育的了解，比如，我国政府对华侨华人子女回国入学的优惠政策及国内中学和大学的招生政策。

此外，家长也要正确引导子女对待中华传统文化的观念，在讲好中国故事的同时，也要讲好家乡故事，让华二代对中国优秀文化和经济发展有更多的了解，增强华二代对于中华传统文化的归属感和认同感。

第八章

西语美洲华二代祖语保持研究

第一节 引 言

作为世界移民输出大国，中国目前有近 1 000 万新移民生活在海外（联合国国际移民组织，2018）。自 20 世纪 70 年代以来，中国人的主要移民目的地为北美、欧洲和澳大利亚，进入 21 世纪，东南亚、拉美和非洲这些发展中地区也有中国移民大量迁入（庄国土，2012）。华人抵达拉美的最早时间尚不可考，但至少在 16 世纪中期，中国人就已经出现在西语美洲地区（Hu-Dehart，2013）；19 世纪中后期华人移民在西语美洲以苦力为主，19 世纪后期至 20 世纪中后期华人移民开始在西语美洲经商，处境有所改善。而华人的大量抵达则始于鸦片战争结束后。

新时期以来，受到改革开放、拉美大规模洲外移民而造成的劳动力流失等因素的影响，中国新移民输入拉美国家的人数增多（李安山，2014）。1979—2013 年，中国向国外移民总数为 934.3 万，其中有 75 万移民到了拉美国家（杨发金，2015）。

从 21 世纪初拉美各国人口普查（ECLAC，2006）中华人人口占所在国国际移民总人口的百分比来看，华人新移民主要集中在委内瑞拉、巴拿马和厄瓜多尔（另，哥斯达黎加的华人移民多数来自中国香港）。据委内瑞拉 2001 年的人口普查情况，中国为其第十一大移民国，且与其第十大移民国古巴人数相当。该国的已知华人（出生于中国）数量为 9 364 人；10 岁及以上经济活动人口共 6 848 人。从巴拿马 2000 年的人口普查情况来看，中国为其第二大移民国。该国的已知华人（出生于中国）数量为 9 093 人；10 岁及以上经济活动人口共 6 613 人。据厄瓜多尔 2001 年的人口普查情况，中国为其第五大移民国，且与其第四大移民国古巴人数相当。该国的已知华人（出生于中国）数量为 1 214 人；5 岁及以上经济活动人口共 840 人。

另有学者统计，2000 年拉丁美洲华侨华人人口最多的国家主要有委内瑞拉、哥斯达黎加和巴拿马；2007 年，厄瓜多尔的华侨华人由 2000 年的 1.6 万上升至 16.5 万，委内瑞拉有 16 万，巴拿马有 12 万（李安山，2014）；2014 年，拉丁美洲华人人口最多的国家依次为委内瑞拉、巴拿马、阿根廷和秘鲁（杨发金，2015）。

表 8 - 1　2000—2014 年拉美主要国家华人移民人数（单位：万人）

	2000 年	2007 年	2014 年
第一位	委内瑞拉（9.5）	秘鲁（16.5）	委内瑞拉（20）
第二位	哥斯达黎加（6）	委内瑞拉（16）	巴拿马（17）
第三位	巴拿马（4）	巴拿马（12）	阿根廷/秘鲁（10）

尽管不同文献资料的统计数据有所差异，但大体可以确定新时期西语美洲华人移民的主要国家为委内瑞拉和巴拿马。在本研究的两个主要目标国家中，目前仅发现巴拿马有与华人群体相关的语言情况资料。在巴拿马，除西语外，移民和外国居民使用的主要语言包括英语、阿拉伯语、汉语客家话、汉语广东话和汉语普通话。近年来，汉语的使用率正在增长。自 19 世纪中叶开始，大规模的中国移民来到巴拿马。目前该国境内有超过 10 万名的汉语使用者。官方估计该国的华人居民（含非法居留）占总人口的 10%，约有三分之一的巴拿马人有中国血统。华裔已经很好地融入了当地社会，现在大多数出生于巴拿马的年轻华裔，其主导语言均为西语。另，华人自香港及他处接续移民而来、巴拿马港口公司拥有香港管理层等现状都表明，汉语的使用人数可能会继续增加（Brown，Anderson，et al，2008）。此外，从纵向数据来看，移向这一地区的华人数量始终处于一种增长的趋势；或可预测，在未来的一段时间内，西语美洲地区仍将成为华人移民的流入目的地。

综合西语美洲各国目前的华人构成来看（《华侨华人蓝皮书》，2014），广东、福建两省为华人主要来源地。西语美洲华人新移民来源地总体上呈现出一种以粤、闽两省为主，其他省份移民逐渐增多的局面和态势，这里的"其他省份"既有江浙、东三省，也有其他中西部省份。圭亚那一国华人新移民除上述主要来源省外，又有湖南、湖北、河南、河北、重庆、广西、云南、贵州、陕西、甘肃及东三省（郭怀广，2018）；而受新时期自中国其他省份的新移民增多的影响，智利的广东和鹤山华侨华人的比例分别有所降低（张小牧，2018）。李安山（2014）指出，近年来拉美地区来自江浙一带、东北地区和内陆省份的移民也大大增加。

从现有数据来看，西语美洲华人及华人新移民的主要投身行业为商业。阿根廷华人新移民受到语言限制，在当地主要经营超市、中餐馆和洗衣店（刘娟，2008）。旅居巴拿马的华侨华人约 30 万人，大多来自广东。其中，科隆的华侨华人多从事贸易、餐饮业和超市业。据悉，巴拿马的多数华侨华人生活居当地中上水平，有房产、汽车、地皮和物业。① 新移民在智利也以经营餐馆为主，部分经营相对成功的新移民在积累了更多的资本后扩展到新的领域，主要为小型进出口或零售业（张小牧，2018）。圭亚那的中国新移民主要集中在餐饮业、批发零售业和制造业，具体为中餐馆、五金百货、服装鞋帽、小超市等生意（郭怀广，2018）。墨西哥的华人新移民多从事餐饮、零售等行业（张青仁，2016）。委内瑞拉华人新移民大多数从事餐饮业和杂货业（乔志华，2015）。新移民阶段，虽然有少数人转而投身其他行业，但拉美各国的绝大部分华人依然保留着经商传统。

西语美洲地区作为新时期华人移民的重要流向地，逐渐因移民而获得学界关注，而华人在当地的语言问题特别是祖语保持问题，还缺乏全面的研究；华文教育在当地的发展还处于起步阶段。但是随着华人新移民在当地社会的发展甚至扎根及其与中国密切广泛的商贸往来，如何通过华二代的教育维系家庭与祖籍地的关系，保持祖语及文化传承势必成为家长关心的重点问题。

从国内外范围来看，现阶段对拉美国家华裔的祖语保持开展的相关研究较少，学术界关注的对象主要为北美洲、亚洲和欧洲，其次是大洋洲，而对南美洲和非洲的研究相对较少（尹小荣、李国芳，2017），对华人特别是华二代这一特殊群体进行的研究更是非常缺乏。

基于这样的研究背景及现状，本章对西语美洲华二代群体的祖语保持进行探索型研究，通过调查华裔青少年汉语学习和使用现状、对汉语及中华文化的情感态度等方面的情况，探讨华裔语言保持与家庭和社会环境，语言、文化、身份的认同以及情感态度等因素间的关系，为促进华文教育发展、更有效地提升华裔学习者的汉语水平提出建议。

---

① 来自广东—拉美国家侨胞座谈会内容。

本章将主要讨论以下内容：①在西语美洲地区，华二代群体的祖语保持受到哪些因素的影响？②这些因素间是否有着相互关系？又怎样作用于这一群体的语言保持？

第二节　研究设计

一、问卷调查

本章从定量和定性两个角度对西语美洲华二代祖语保持问题进行研究。

定性研究部分主要采用问卷调查方法，在问卷中设计相关题目以考察目标群体的日常语言使用、语言学习方法及途径、祖语保持情况等项目，并进行学习动机及认同测评。收集到问卷后进行数据整理和分析，得到该群体的祖语概况，为下一阶段的深度访谈进行准备。

问卷初步设置完成后，在暨南大学华文学院的拉美华裔学生群体中通过滚雪球抽样进行了预调查。本次共下发并收集到"海外华裔祖语保持调查"纸质版问卷22份，问卷语言为中文；同时，考虑到学生的汉语水平，同步编写了英文版问卷作为参考。问卷回收分3个批次完成，学生均在调查者的指导下于教室内集中填写。参与预调查的共有女生12人，男生10人；学生的年龄跨度为17~25岁；其所在语言班级由初级班至高级班不等；所在国主要为智利、巴拿马、厄瓜多尔、秘鲁、玻利维亚、委内瑞拉、危地马拉等国。从人员构成情况来看，男、女比例较为均衡，年龄段较为集中，语言水平涵盖由高到低的不同层次，来源国家对西语美洲的覆盖率较大，能够较好地满足实施预调查的目的。

二、访谈

深度访谈的主要目的在于探讨特定社会现象的形成过程，并给出相应的解决办法（孙晓娥，2012）。进行深度访谈前，研究者应根据研究问题明确访谈目的，列出相应概念及问题；做出研究设计，设想达到访谈目标可能需要经历的过程。深度访谈具体流程包括访前准备、访谈抽样、进行访谈、访谈记录、访谈编码、访谈分析、备忘录写作和撰写报告等环节。

本研究中的访谈对象通过目的性抽样来确定，需满足以下条件：①来自西语美洲的第二代华人移民；②年龄在 18～24 岁之间；③出生并成长于西语美洲国家；④能够使用汉语普通话或英语进行交流。研究参与对象主要通过暨南大学华文学院教师介绍、滚雪球等途径获得。由于无法直接得知招募对象的祖语水平，这里通过其所在班级（按汉语水平划分）作间接提示，从自愿接受访谈的 13 人中抽取高级班（高下）3 人、中级班（中下和本一）3 人和初级班（快下和 B3）3 人共 9 人作为访谈对象；其中男生 5 人，女生 4 人。访谈群体的性别比适当，同时也较为均衡地覆盖了各语言水平阶段，希望能够反映出研究范围中多数人的情况。

第三节　问卷结果分析

用于正式调查的问卷，语言为西班牙语，内容共由四部分组成。

第一部分为目标群体在所在国时的语言情况。主要调查华二代在上小学前和现在两个时期同家人的语言使用情况，目的是观察西语美洲华二代群体的家庭语言构成以及家庭语言在使用上是否发生变化。

第二部分为汉语学习方式及水平能力自测。其中，汉语学习方式部分以多选题的方式呈现；水平自测部分采用李克特量表的形式，从听、说、读、写四个维度对华二代群体的语言情况进行考察，每个维度按照能力水平从低到高的顺序分别设计了 5 道相关题目，共 20 题。

第三部分同样采用李克特量表的形式，对该群体的学习动机及认同程度进行调查。学习动机分为融入型动机和工具型动机；认同部分分为语言认同、身份认同和文化认同，每个维度均设置 3 道题，共 15 题。

第四部分为人口学统计信息调查。

正式调查对象为父母至少有一方是来自中国的一代新移民且调查对象自身为出生并居住于西语美洲，或上小学前移民至西语美洲的华裔二代青少年。考虑到调查的可实施性，采用自愿非随机抽样和滚雪球抽样的方式，由暨南大学华文学院的学生开始，至其所在国的目标群体。问卷发放及回收途径为"问卷星"平台，调查对象可在手机或电脑端进行填写并提交。最终共收到问卷 64 份，其中有效问卷 58 份。

一、人口统计学信息

被调查群体的基本情况如表 8 - 2 所示：

表 8 - 2　被调查群体基本情况

项目	组别	人数	项目	组别	人数
性别	男	23 (39.7%)	出生地	西语美洲	56 (96.6%)
	女	35 (60.3%)		中国	2 (3.4%)
年龄	17~21 岁	47 (81%)	现居地	PA/VE	41 (70.7%)
	22~28 岁	11 (19%)		CL/BO/PE/GT/EC/MX	17 (29.3%)

注：PA：巴拿马；VE：委内瑞拉；CL：智利；BO：玻利维亚；PE：秘鲁；GT：危地马拉；EC：厄瓜多尔；MX：墨西哥。

表中两例出生地为中国的样本年龄均为 19 岁，移民时间分别达到 15 年和 17 年，满足本次研究中对调查对象的要求。由上表可见，调查群体中来自巴拿马和委内瑞拉两国的人占多数。问卷还统计了华二代的家人相关信息，被调查群体的父母情况如表 8 - 3 所示：

表 8 - 3　被调查群体的父母基本情况

项目	组别	人数 父亲	人数 母亲	项目	组别	人数 父亲	人数 母亲
移民时长	华裔	1 (1.7%)	2 (3.4%)	学历	小学	14 (24.1%)	10 (17.2%)
	≤17 年	2 (3.4%)	4 (6.9%)		初中	24 (41.4%)	29 (50%)
	18~29 年	25 (43.1%)	30 (51.7%)		高中	16 (27.6%)	15 (25.9%)
	30~39 年	28 (48.3%)	21 (36.1%)		大专	2 (3.4%)	1 (1.7%)
	≥40 年	2 (3.4%)	1 (1.7%)		本科	2 (3.4%)	3 (5.2%)

考虑到调查群体的最小年龄为 17 岁，因此在对父母移民时长进行分组时，单独划分出华裔组及移民时间不满 18 年组；华裔组的父母一方为华裔，另一方移民时长较长，达到 30～39 年。由表可知，20 世纪八九十年代为中国至西语美洲的移民高峰。此外，该群体父母受教育程度普遍不高，以初中学历为最。

二、祖语学习方式

问卷分别评估了家庭选择并实践的华文学习途径和华二代个人认为重要的途径。结果如图 8 - 1：

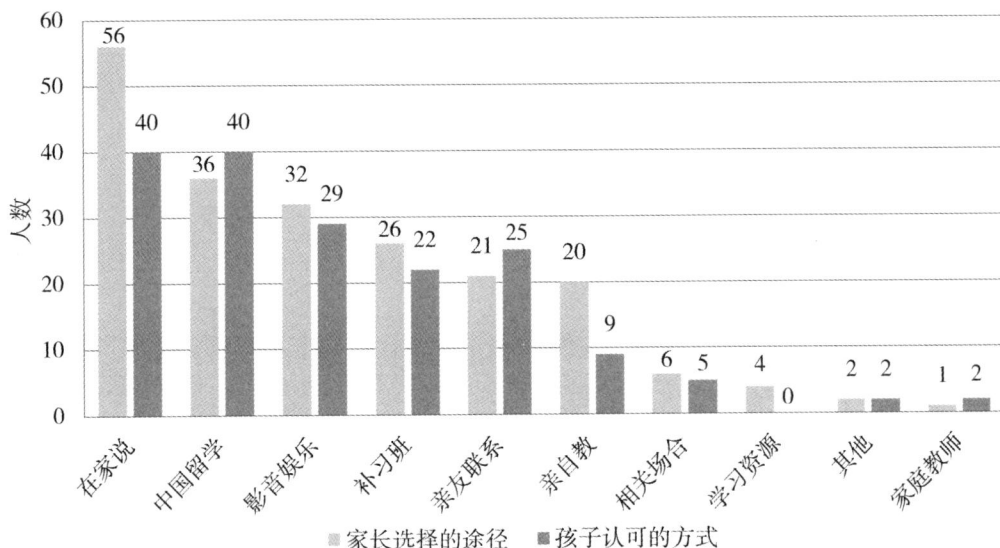

图 8 - 1　祖语学习方式及华二代认可的方式（$n=58$）

从图 8 - 1 首先可以看到，华二代的调查结果与父母有着惊人的一致性。唯一差别较大的是"家长亲自教学"（15.5%），这一途径下华二代的认可度与家长差别较大，有过该种经历的华二代中至少有半数并不看好其父母对自己祖语的教学效果，这大概跟家长的学历总体偏低有直接关系，但同时跟家长忙于生计也有着密切关系（就全球来说，家长没有时间教孩子是普遍情况）。

其次，家长与华二代孩子在祖语保持上所采取的三大方式为：在家庭内营造祖语环境（96.6%），送孩子回祖籍国留学（62.1%），在家里看华语电视电影、听华语歌曲（55.2%）。这三种方式概括为一个因素，即生活化华文学习。

再次，选择通过补习班学习的人数居然跟与亲友联系几乎相当，这让我们意识到补习班或者说学校教学令人担忧的教学效果，因为我们知道，与亲友联系，不管是国内还是海外，都不可能是日常。这个结果应该引起我们对"华文教学"效果的认真评估和反思。

最后，客观因素上，当地能够使用祖语的相关场合较少，可考虑西语美洲华人社团间的联系紧密性相对欠缺，或华人社区尚未真正成规模地发展起来，在公众场合中较为缺乏使用华语或方言的机会。

综合来看，在家庭内营造良好的祖语环境、与家庭成员交流时使用祖语和前往祖籍国留学属于认可度较高、效果较好的两种方式。西语美洲华一代家长对华二代的祖语教育整体而言效果甚微，考虑在家庭教学的过程中可能存在亟待解决的问题。同时，从家长的角度来看，影音娱乐和学习资源之间占比差异巨大。当地的中文补习班对不同的人来说效果不同，可能是因为不同学校的教学效果差异较大。同样存在争议的方式还有同讲方言的亲友保持经常联系。这些问题将在后续的访谈中做详细解释和探讨。

三、家庭内部的祖语使用情况

考虑到学校正式教育的影响，调查区分了华二代群体上小学前和现在同家人交谈时的语言使用情况。Valdeés（2001）指出："移民的双语能力遵循特定的代际模式。不同世代的双语人对英语和族裔语的熟练程度有所不同。"该学者曾构建出美国的英语社会族裔"代际双语能力组合模式"，其中第二代可能的双语能力特征为 Ab（族裔语主导）或 aB（英语优选或主导）。借用该模型的定义，本研究中以 A 代表"只用祖语"，Ab 代表"主要用祖语，也用西班牙语"，aB 代表"主要用西班牙语，也用祖语"，B 代表"只用西班牙语"，下文不再赘述。家庭语言使用情况如图 8-2 所示：

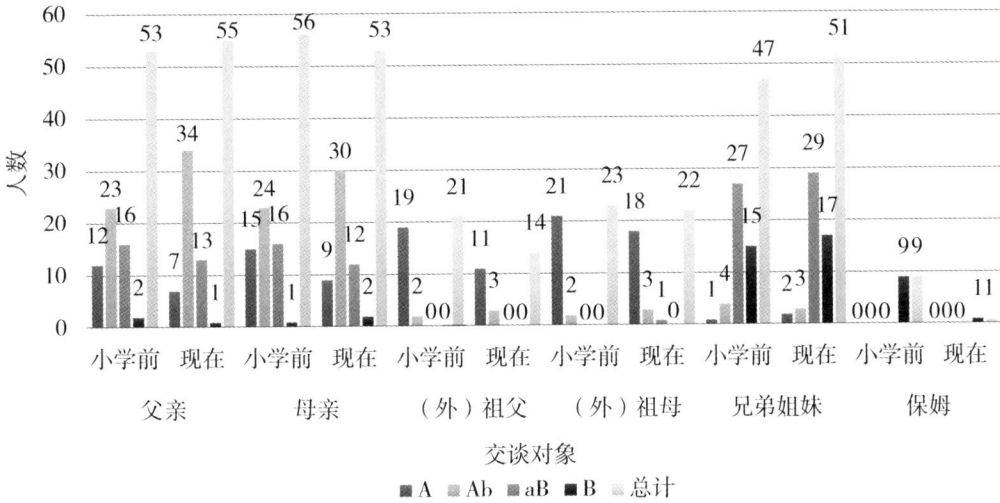

图 8 - 2 家庭语言使用情况

从上图可以看出，同父亲交谈时语言模式为 Ab 的人始终是最多的，并且由上小学前的 43% 上升至现在的 62%。同母亲交谈时语言模式为 Ab 的人同样也是最多的，由上小学前的 41% 上升至现在的 57%。人数其次的为 aB 模式，但是呈下降态势。同父亲交谈时采用此模式的人由 30% 下降至 24%，母亲这一方则从 29% 下降至 23%。Ab 模式及 aB 模式始终是整个西语美洲华二代群体在家庭中同父母交谈时使用语言的主要模式，这一现象同 Valdeés（2001）的第二代双语能力特征相符。同时，西语美洲的二代移民同其（外）祖父母的交际语言基本以单一祖语为主，而同兄弟姐妹的交谈使用到祖语的情况极少。（注：受问卷跳转影响，各项的样本量有所出入。）

已有相关研究显示，母亲在孩子的祖语保持过程中扮演着更为重要的角色。为观察这一现象在西语美洲华二代群体中是否同样普遍存在，下面选取了上小学前孩子和父母交谈时的语言使用情况以作横向比较（见表 8 - 4）：

表 8 - 4　上小学前同父母交谈使用语言情况（$n = 52$）

语言使用	同父亲		同母亲		MD	t (51)
	M	SD	M	SD		
	2.83	0.810	2.94	0.802	- 0.115	- 1.948*

注：* 表示 $p > 0.05$。

配对样本 t 检验结果显示，上小学前华二代同父亲和母亲的语言使用情况没有显著差异（$t = -1.948$，$df = 51$，$p > 0.05$）。可以认为，在本研究中，"父亲"和"母亲"可合并为一项来进行相关情况的说明或考察。此外，在上小学前与（外）祖父母均同住的对象共 19 名，使用语言无一例外地保持了一致；由此，"（外）祖父""（外）祖母"也可以合并为一个项目。综上，在本研究中不同代际均可不考虑性别身份的影响，作为一个整体进行观察统计。

表 8 - 5 展示的为连续个体家庭语言使用变化情况。共有 52 人在上小学前及现在始终与父母同住。

表 8 - 5   与父辈交谈使用语言情况（$n = 52$）

		现在				总计
		A	Ab	aB	B	
上小学前	A	5（9.6%）	6（11.5%）	1（1.9%）	0	12
	Ab	1（1.9%）	19（36.5%）	2（3.8%）	0	22
	aB	1（1.9%）	7（13.5%）	7（13.5%）	1（1.9%）	16
	B	0	0	2（3.8%）	0	2
总计		7	32	12	1	52

可以看到，不存在始终以西语同父辈交流的人，但有 5 人始终使用其祖语。以华语或方言作为同父辈交谈时所用主要语言的上小学前是 22 人，现在增加到 32 人，aB 型在小学前是 16 人，现在则减少到了 12 人。

从图 8 - 2 和表 8 - 5 的数据可以看到，在西语美洲，家庭祖语的使用情况，在代际交流中还是比较理想的，但华二代同辈之间的情况还是堪忧。

四、影响祖语水平的动机

有关身份认同的研究始自祖语学习者对待祖语与文化的态度及学习动机研究（曹贤文，2017）。Tse（2000）曾提出"族裔身份认归模式"，指出语言身份态度对语言动机有着积极影响。为了了解祖语保持的效果跟祖语保持的动机之间的关系，本次的问卷设计了"祖语水平自测"和"祖语水平影响内因"方面的题目，这两个次级量表的克隆巴赫 Alpha 系数分别为 0.95 和 0.855，均有良好的信度。相关结果如表 8 - 6 所示：

表 8 - 6　相关性表（$n = 58$）

	语言认同	身份认同	文化认同	融合动机	工具动机	语言水平
语言认同	—					
身份认同	0.574 **	—				
文化认同	0.384 **	0.509 **	—			
融合动机	0.614 **	0.673 **	0.596 **	—		
工具动机	0.421 **	0.499 **	0.309 *	0.589 **	—	
语言水平	0.639 **	0.300 *	0.090	0.283 *	0.200	—

注：** 表示在 0.01 级别（双尾），相关性显著。* 表示在 0.05 级别（双尾），相关性显著。

皮尔逊 r 相关分析结果显示，语言水平和语言认同、身份认同之间存在显著的中等正相关关系（$r_{语言水平-语言认同} = 0.639$，$p < 0.01$；$r_{语言水平-身份认同} = 0.3$，$p < 0.05$），语言水平和融合动机之间存在显著的低度正相关关系（$r_{语言水平-融合动机} = 0.283$，$p < 0.05$），语言水平和文化认同及工具动机之间不存在显著相关关系。语言认同和身份认同之间存在显著的中等正相关关系（$r_{语言认同-身份认同} = 0.574$，$p < 0.01$）。

五、小结

综合问卷的数据分析结果，可得到有关西语美洲华二代祖语情况的如下几点认识：

从学习途径上来看，"同家庭成员使用祖语"成为家长和孩子均认可的首选祖语学习方式，说明家庭语言环境在华二代的祖语习得中表现出无可替代的重要性。在华二代群体中，"去中国留学""加强和祖籍国亲友的联系"可作为两种重点有效途径进行推介。

从语言环境上来看，多数华二代在家庭内有着较好的祖语环境，而只有近半数的人有较好的社区方言环境。具体而言，在家庭内按对象的代际不同，语言使用情况也有所差异：基本上所有华二代同祖辈的使用语言均为其祖语；约七成人同父辈的使用语言为祖语主导；只有不到一成的人同兄弟姐妹的使用语言为祖语主导。此外，华二代和不同家人使用的主导语言并未发生显著变化，语言使用模式大体稳定。具有祖语传承意愿的父母在"家庭"这一场域中，凭借自己交谈主体的身份较好地保持了子女的祖语使用；但是当子女之间交流时，失去了交谈主体这一身份的父母则无从干预，只能任由子女在社会环境及学校教育的作用下使用主流语言。从华二代与父辈及同辈家人交谈使用语言的情况可以预测，随着时间的流逝（即上一辈人的自然代谢），华二代语言使用中的祖语使用将堪忧。因此，增强同辈人之间使用祖语作为交流语言的意愿和能力，将成为华二代祖语保持的关键。

为使华二代习得及保持祖语，家庭应当注重加强孩子的相关文化教育，优选适合孩子心理发展及性格特点的中国文化进行接触。从问卷情况来看，华二代对中国历史文化、人文地理的了解兴趣不足。中国不只有优秀的传统文化，也有继承了传统又独特的现当代文化，家庭可根据需要同时介绍两种不同的中国文化给孩子，增强其身份认同，进而促进其对祖语的学习和使用。

第四节　访谈分析

在访谈过程中，最初要获知的是访谈对象在问卷基础上的进一步相关背景信息，了解其家庭类型及成员构成。引导访谈对象重构其祖语习得的经历，包括家庭内的语言政策、作用于家庭的外部因素以及由家庭延伸出去的外部因素——这些因素间有怎样的相互关系，是否均对受访者的祖语产生了影响以及有着怎样的影响。

我们对访谈录音进行人工转写，最终形成 8 万余字的转录文稿。访谈编码借助质性研究软件 MAXQDA（2018）进行。开放式编码完成后，笔者对这些概念进行分组归纳，形成更高级别的主轴式编码，并建立类属间的联系，这一层级的代码主要有"家庭""家族""转变""体现层面""影响因素""语言学校""中国小学"和"中文学校"等。最后由主轴式编码中提炼出了三大主题概念"家庭经历""身份认同"和"正式教育"，两大背景环境，即核心类别"祖籍国（中国）""所在国（西语美洲）"，并建立主题与类别间的关系。编码全部完成后，笔者又重新浏览了全部转录稿，确定任何与研究主题相关的部分都进行了编码，最终共形成 153 个代码及581 个编码文本段。

一、访谈对象基本信息

笔者对 9 名校内学生进行了半结构式访谈，其中男生 5 人，女生 4 人。每次持续时间集中在 80~90 分钟，并在得到对方许可的情况下全程录音。访谈语言主要为汉语普通话，个别学生受到语言水平的限制，部分表达采用了英语或西班牙语。4位来自委内瑞拉和 1 位来自巴拿马的访谈对象祖语均为恩平话（广东方言）；1 位来自智利和 2 位来自巴拿马的访谈对象祖语为客家话；1 位来自厄瓜多尔的访谈对象祖语为潮汕话。

表 8-7 为访谈对象及其家人的基本情况：

表 8-7 访谈对象基本信息

编号	班级	年龄	所在国	掌握语言				移民年份		家庭语言	
				一	二	三	四	父	母	父母	兄弟姐妹
HM	高下	24	委	西/广/普	—	—	英	1988	1992	广	西
HF	高下	17	委	广	普	西	—	1988	1988	西/广	西
MF1	高下	18	委	西	广	普	英	1988	1988	西	西
MM1	中下	19	厄	西	英	潮	普	2001	2001	潮	西
MM2	快下	19	巴	英/西	—	客	普	1981	1992	西/客	西
MF2	快下	19	巴	西	客	普	英	1992	1992	客	无
LF	中下	24	智	西	英	普	客	1984	1985	客	西
LM1	B3	21	巴	西	英	普	广	1998	1998	西/广	西
LM2	本一	20	委	西	普	英	—	1983		西	西

注：编号的第一个字符代表祖语水平，H = 高，M = 中，L = 低。第二个字符代表性别，M = 男，F = 女。

二、祖语水平模式

出于坐标系建立的需要，将祖语水平划分为 0~9 分，并从"小学前"和"现在"两个阶段来观察访谈对象的语言能力。基于本研究中的具体情况，定义 2 分为低水平，只能听懂，或是进行不甚清晰的表述；5 分为中等水平，能够使用常见词汇进行日常交流；8 分为高水平，流利程度已和母语者接近，同时掌握的词汇及表达种类更丰富。共有三组五种祖语水平模式：高保持组、流失组和习得组，后两组下又分成一级（轻度）和二级（重度）两种。

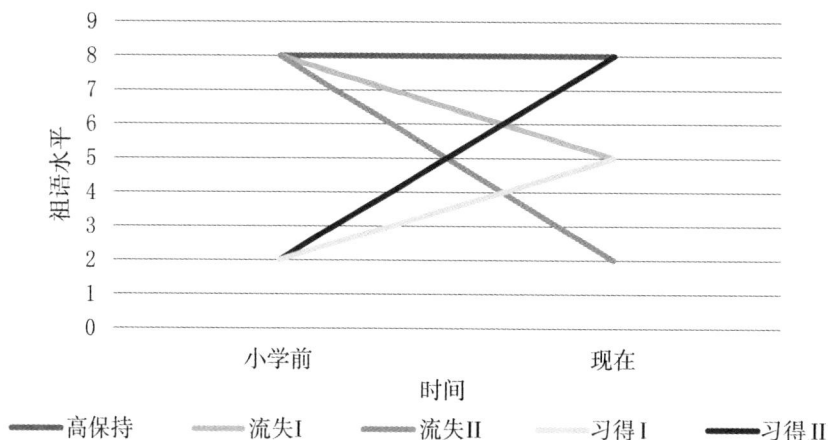

图 8-3　祖语保持模式

其中，"高保持"模式为始终具有较高的祖语水平，仅有 HM 一人；"流失 I"模式为从高水平到中等水平祖语能力的下降，只有 MF2 一人；"流失 II"模式为从高水平到低水平祖语能力的下降，有 LF、LM1 和 LM2 三人；"习得 II"模式为从低水平到高水平祖语能力的提升，仅有 HF 一人；"习得 I"模式为从低水平到中等水平祖语能力的提升，有 MF1、MM1 和 MM2 三人。

三、语言管理及实践

（一）华一代的视角

我们对访谈资料进行分析，发现受访对象的汉语水平与其家庭语言使用和受汉语教育经历有一定关系。

1. 家庭语言使用

访谈发现，大部分受访者家庭主要使用方言交流，使用何种语言与家庭成员的熟悉语种有关。受访者的家长多数是第一代移民，掌握得最好的语言是汉语方言，西语水平不高，因此在家庭中主要使用方言进行交流。比如高保持组的 HM 的家庭在委内瑞拉定居近三十年，父母在当地创业，为照顾店面生意早出晚归，西语能力较差的现实和忙碌的工作使他们没有更多的精力去顾及孩子的语言发展，只是下意识地使用了自己最熟练的汉语方言作为家庭语言。习得组的家庭用语也多以汉语方言为主。从语言意识上来看，大多受访者的家长选择方言为家庭用语并非有意识地传承语言文化，而是自身西语水平不高情况下的唯一选择。在访谈中我们发现只有一个家庭的家长有意识地就家庭语言使用有明确的管理行为。流失组的 MF2 的家庭在巴拿马已定居近三十年。MF2 为家中独女，小时候曾和祖父母一同住在华人居多的社区，家庭语言为方言。祖父母每天都看电视剧，这使她的中文听力在潜移默化中得到了锻炼。不过这样的电视节目作用也较为有限，她表示"不喜欢……有时候看一看就不看了，走了"。回到自己家后，MF2 的父母对其进行了严格的语言使用限制：

MF2：上学的时候学会了讲西语，回家也是（想）讲西语不说中文，（爸爸妈妈）他们（就）不让我吃饭这样，然后（让我）一定要说中文，说得不好也要说。

不过现在，她和父母交谈时无可避免地会使用一些西语。

与祖父母同住的受访者必须使用汉语方言，因为方言几乎是所有受访者祖父母唯一的交流语言。另一位流失组的受访者表示在家主要使用西语，因为母亲是当地出生的华裔，父亲是第一代移民，父母有时和他交谈也会用方言，但是受到自己方言表达能力的限制：

LM2：他们讲的时候我听得懂，但是我说的时候不太流利，有时候他们听不懂我说什么。

为了实现沟通，LM2 只讲西班牙语。他们与祖辈和亲戚来往也多使用西语。可见，家长的语言背景和语言观念对家庭语言使用起决定性作用。

2. 与国内交往

大部分受访者家庭与国内保持一定的联系。如高保持组的 HM 的家庭在祖籍国投资了地产，他们也和国内的亲戚保持着较为密切的通信。第一代移民的亲戚大部分在中国，他们的生活甚至工作都不能完全脱离国内，再加上现代通信的发达，为他们保持联系提供了非常便利的条件，华二代在日常生活中也得以有机会使用汉语方言与亲友有一定的交流。习得组 MM1 家庭的使用语言始终为祖语，MM1 表示：

MM1：因为我父母对西语不熟，所以他们不爱跟我们讲西语。如果我用西语的话也没用，他们听不懂，所以我只有一个选择——跟他们讲方言。

该家庭的亲戚大部分都在中国，父母也和他们保持着联系，借此，MM1 增加了使用方言的机会和对象。

MM1：每次（父母）他们给我姑妈、我阿姨、叔叔伯伯这些（亲戚）打个电话，我一定会在旁边打个招呼，因为是最起码的礼貌。

但是受访者与亲友的联系往往不够紧密，交流的内容较为有限。如 MF2 的家庭和中国亲戚的联系很多，但 MF2 和这些亲戚沟通不多。

MF2：中文没有什么话要说，想不出来了，但是聊一聊，不像（现在我们做访谈）这样聊一聊，是（像）"今天怎么样啊""读书很好啊"这样的。

3. 受教育情况

很多受访者有在中国受教育的经历。有的在中国读了一定时间的小学。有的在中文补习班学习过，但时间并不长。MM2 的父母将其送至当地一所由美国人开办的国际学校接受 K12 教育，培养其英语能力；流失组的 MF2 的父母曾为其选择了当地一所巴拿马和中国台湾共建的全日制学校，汉语为学生的必修课。

（二）华二代的视角

除了家庭语言使用和教育途径学习汉语以外，华二代也通过电视电影、图书、社交等途径提高汉语水平。

高保持组的 HM 在被送到中国读小学之前，对汉语普通话的了解基本通过台湾偶像电视剧不断加深。由于父母忙于做生意，HM 的姐姐们就掌握了家里电视遥控器的大权，HM 跟着她们看了很多中国的电视剧。

HM：因为我姐，当时大部分 CD 都是我姐买的，例如她比较喜欢《流星花园》，我也看，没办法（笑）。……没办法，在家里我又不能说什么，只能陪她们看吧。反正我们那边的作业又不多，那业余的时间还不如做一些有意义的吧。

除了受到姐姐的影响，HM 也对中国的历史文化很感兴趣，通过大量阅读书籍来学习汉语：

HM：我看过的书也很多，如果说我家里有 7 000 多本书，但是汉语的就有 5 000 多本。还有一次本来我是买那个《史记》，不小心买了有两种，就是文言文和白话文两者一起，然后我也学到了一些文言文。

习得组的 HF 在中国读完小学到委内瑞拉后，依旧通过各种文娱方式如看手机新闻、玩游戏、看小说、听音乐等保持着对汉语的使用。与 HF 相比，作为姐姐的 MF1 在脱离汉语语境后，并没有主动通过任何途径学习或使用汉语。

与高保持组和习得组相比，流失组的受访者回中国学汉语前较少主动接触汉语资源。流失组的 LF 曾在高中毕业后去当地的中国使馆做兼职，主要协助处理赴华当地人的签证申请和中国人把孩子送回国内的委托书办理。她在那里一共做了四个暑假，学到许多专业的汉语词汇；最后一个暑假，领事夫人也经常去找她聊天，锻炼了口语。流失组的 LM1 高中毕业后，受到哥哥姐姐的影响，他也主动要求来中国学汉语：

LM1：（父母）他们没有什么反对，因为我哥哥姐姐也来过中国学汉语，他们不管。

流失组的 LM2 没有像其他访谈对象一样通过看电视学习中文的经历，他对中国电视剧的评价较差，"不喜欢，都是一样的内容，浪漫啊或者政府，其他没有了"。高中毕业后，由于委内瑞拉国内经济衰退，他决定来学汉语并留在中国发展。

由此可见，华二代学习汉语及文化的主动性和学习动机与其汉语水平有一定关系。

但是另一方面，我们在访谈中发现，虽然大部分华二代在所在国或多或少地接受过正式的中文教育，但这种经历反而给他们带来了负面影响。在全部访谈对象中，共有四人（近半数）在西语美洲当地接受过中文的正式教育。这一比例也与问卷调查中有过在当地上中文补习班经历的人数比例相一致。四位访谈对象中，一人所在学校为巴拿马和中国台湾共建的全日制学校（现因中巴建交已作名称变动），汉语为学生的必修课；其余三人接触到的为周末补习班。从他们的叙述来看，西语美洲中文补习班的生源构成以华裔为主，也有少量的当地人。整体来看，受访对象对当地中文学校的评价较低，影响了他们对中文的评价。

1. 教师队伍

总的来说，当地中文学校的教师专业性低，教学方法不够灵活，同时缺乏教学管理的有效手段，整体素质堪忧。中文教师均为能讲普通话的华人，但专业性不强，教学水平低，对词汇的解释能力差。

HM：当时在那边学了，但是他们讲的意思有点不太好吧，就是没讲清楚……（他们讲课的方式）比这里还要差几倍，说真的。他们都是华人，（但）不知道（是不是专业的老师）。

LF：老师们不会解释。我听说过她们不是真正的老师，只是在那里想做那个兼职。这样就找到一些普通人。

中文教师对教材的依赖程度较大，教学方法欠缺，似乎还停留在中式传统的教学模式上，不能发挥自身的主动性带领学生做交际性活动和练习，只停留在对教材内容的简单描述。华二代学生群体学习汉语的首要目的是更好地和父母交流——无论是出于对自己华人身份的维护还是语言使用习惯的影响，因为作为华人新移民的父母西语水平普遍不高。基于这一现状，华二代孩子如果想同父母进行深入交流就需要向其祖语（含方言和普通话）靠近。遗憾的是，中文学校的教师似乎没有意识到华二代对语言学习的使用需求，以及华裔儿童和中国儿童的不同之处。

LF：他们教的主要是背诗歌和……就是都是背，没有教过我们怎么表达我们的想法之类的。

2. 课堂语言环境

对于学习者的语言学习来说，教师对教学语言的选择也是十分重要的影响因素。

在缺失了目的语环境的情况下进行教学，教学语言与目的语相一致能够增加对学生的语言输入，改善教学效果。当地的中文学校虽然有意识到这一点，但是在执行过程中似乎向相反的方向发展。可以看到校方的出发点是好的，但当地华裔的整体普通话水平可能并未达到能够听懂教师上课教学用语的水平，或是如上文提及的教师解释能力差，不能用浅显易懂的语言进行说明，导致规定无法真正贯彻实施、课堂上缺乏更为纯净的汉语语言环境。

LF：规定是讲普通话，为了帮助我们提高汉语水平。就偶尔会跟我们讲一点西语……可是老师也会经常跟我们讲西班牙语。因为我们听不懂他（在）讲普通话的时候在讲什么。

中文教师在课堂管理方法上也存在一定的问题，不能很好地维护课堂秩序，导致教学无法正常进行，教学效果差：

MF2：因为我们同学们有时候不喜欢学习、不认真了，所以老师没办法这样教，没有听老师讲啊，也很吵，所以教不了。

3. 教材问题

中文学校所选用的教材内容也存在一定的问题。

一是对照译文的质量差。课本的翻译本来是为了帮助学生理解所学语言而存在的，但是低质量的翻译反而会引发理解的歧义，影响学习效果。

LM2：我们看的书，里面有汉语但是下面有西班牙语翻译，而且发现把汉语翻译成西班牙语有时候不一样，意思有时候不一样。

二是内容不适合年龄需要。选用教材时只考虑到语言水平而未关注华二代群体的年龄及心理发展：

LF：就是学比如诗歌，还有小白兔的故事。你说十几岁的人学这种东西有意思吗？（笑）

4. 教学效果

多数访谈对象都是在 10 岁左右去上的补习班，觉得"不太喜欢，因为很闷""不喜欢""没有意思"。这一问题可能是学校和学生双方共同的原因导致。上文已经提及，由于教授内容并不适合年龄段的需要、教师团队整体的专业性较差，西语美洲中文学校的教学效果似乎也不尽如人意。

LF：在那里学习的时候又学不到什么，我没有学到那么多。而且，我觉得对我来说，我们学习的内容没有用，不适合我的需要。

HM：我去到那儿基本上是玩儿，没学到什么东西……当时成绩很烂，好像只到及格线吧，60 分。

LM2：我学过的内容都忘了。

当孩子没有表现出太大的抵触心理时，他们通过正式教育学习中文就变得顺理成章；如果出现了逆反心理，华人家长依然会无视这一点，"逼我们去""强迫我"——这种强硬的举措会产生消极的和积极的两种结果。一个有趣的现象是，在读了中文学校的四个访谈对象中，两名女生都保持了长年（9 年及以上）的学习，而两名男生的学习时间与之相比极短，均只有半年。这两名女生保持长久学习的原因，一个是兴趣和交流的需要，一个是学校的强制要求（必修课）；但这其中或许也有性别的因素。笔者在访谈的过程中也体会到，这些华裔女生比男生更保守、想法更单纯，也更为关注且依恋家庭。

有的受访者更认同语言环境的作用。LM1 的普通话水平要比祖语水平高，他认为"可能因为现在我在这里学汉语了，汉语水平比恩平（话）高了"。LF 曾经在智利当地的一所周末制中文学校学习，每个星期六从早上学到下午四点。虽然坚持了长达 9 年的汉语学习，但是她认为：

LF：在那里学习的时候又学不到什么，我没有学到那么多。而且，我觉得对我来说，我们学习的内容没有用，不适合我的需要……我是来到这里以后才学会汉语。

两次在学校学习语言的失败经历和她通过语言环境来习得语言形成了鲜明对比，或许可以认为是这样特殊的经历让她产生了在语言学习中，语言环境比学校教育更为重要的认识。

（三）普通话和方言在当地的使用状况与关系

根据访谈对象的描述，几乎全部华人家庭的语言使用都不包括普通话这一选项。在西语美洲，作为一代华人新移民的父母在家中和子女交谈时并不使用汉语普通话，甚至他们中的大部分不会讲普通话。家庭最多只能提供汉语方言的语言环境，也没有主动创造和普通话相关的语言环境。

MM1：我们家里没有这个需要……他们就讲方言，挺容易的。

MF1：我妈听不懂，我爸一般般，弟弟不会，我奶奶不和我说汉语，呃，普通话，就只能和妹妹偶尔说。

LM1：我的家里人没有人会讲（普通话），只是我和哥哥姐姐会一点。

LM2：（爸爸）他不会说普通话。

因此，华二代的普通话学习只能靠中文补习班和自己有意识地去接触。除了家庭，其他能够使用普通话的场合几乎为零。在初次接受中国的正式教育之前，大部分的访谈对象"普通话一点都不会"。

LF：普通话只是从学校里学的。

HM：普通话场合的话就真的没有，只能靠自己看一些电视剧啊、听一些音乐啊这样的。

MF1：外面也没什么地方可以说汉语（普通话）。

HF：去我爸妈铺头工作帮他们（时）……有一些北方来的，他们要买货只说普通话。（不过）这种人也不是很多。

可以看到西语美洲的汉语普通话环境不甚理想，这也可能与我们访谈群体的局限性有关——大多数访谈对象的身份都为学生，他们刚刚高中毕业，同家庭和学校的接触较多，并没有真正地踏入社会。因而他们所提到的普通话环境也多是局限在家庭内或是中文学校。

过去西语美洲与美国华人社区的语言使用情况很相似，福建话、客家话、广东话都是除官方语言外使用得最普遍的方言。截至2019年，暂未有西语美洲华人社区语言使用变化的相关研究，但随着普通话普及率的普遍提高、中国新移民的持续涌入以及中国同西语美洲国家经贸往来的加强，加之华二代群体对普通话持有的乐观态度，相信未来普通话在西语美洲的使用环境将会得到一定改善。

但退一步说，对华二代群体而言，普通话并非一门跟方言不相干的语言。普通话和方言一体同源，在绝大多数的词汇、句法和表达方式上是相同的，主要的差异在于语音，但即便在语音上，普通话和方言也并非完全分离，而是有着清晰的对应关系。因此，语言学校对华裔和非华裔应进行分别教学——海外华校正逐渐认识到这一点，MF2表示她的学校在两年前开始试行分班。

MF2：我们可以懂一点中文，因为我们讲客家话，差不多一样的；（但是）巴拿马人他们（一点都）不会，所以我觉得（他们）学不了，（只能）是很简单很简单的……因为有些成语我也有听过客家话的，比如说"好吃懒做"，因为我妈妈常常这样说……有时候，有新的字（在）我们综合课（上）教，说出来跟客家话也是差不多一样的，但是声调不一样，意思也是一样。我就想想"啊，是这样说"，所以我有时说客家话也是说出来普通话。

LM1：（哥哥姐姐他们讲普通话）有的时候很像粤语，有的时候我能听懂他们说什么……（老师）她教我们的很多都是我看香港的电视剧（时）听过的，比如说"吃霸王餐"。我第一次听她说（普通话的时候觉得）很熟，我问她是这个意思吗，她说是，（我就）wow。

方言虽然为不同地域的人提供了最有效的身份名片，但当其走出国门，在西语美洲的大环境下，这种差异反而阻碍了本身基数就小的华人群体的融合。这使得同一方言小群体内部的人无法走出去，其他方言区的人无法融进来，不利于当地华人社团的维系与发展。在缺乏普通话的情况下，虽然两个人都持有某种汉语方言，但许多情况下无法顺畅交流。这一现象某种程度上也会影响华人新老移民之间的联系。

LF：有一天来了一个华裔宝宝，那个宝宝才 10 个月。他妈妈是刚来到智利的，而且她一点西语都不会说，所以给她宝宝看病也非常难……当时（医院里）只有我（一个华裔），而且我的汉语（普通话）水平非常差，那个妈妈她又只会说广东话。

MM1：根本没有（华裔朋友）。是因为华人在我的城市也比较少，而且他们说的是他们自己的方言，所以没有机会跟他们交流……而且用方言的话只能跟那些潮州人讲话，用普通话的话可能跟更多人容易交流。

普通话的使用不仅能促进单一国家内区域性华人团体的融合与交流，更有可能打破国与国之间的语言屏障，帮助不同国家、不同方言区的华人进行交流与合作，增强海外华人间的彼此认同。由于新移民的不断涌入和华人返乡活动，海外华人社会并非完全脱离了祖籍国的存在，很大程度上依旧会受到祖籍国的各种影响。用普通话交际的需要之所以在海外华人社会中日益凸显，一定程度上与中国普通话的大力推广及收到的显著效果有关。截至 2020 年，全国普通话普及率已达 80.72%。

HM：那年就是 99 年，当时的广州是不怎么讲普通话的，基本都讲粤语的，没什么区别。反而近年，14 年那年，我回来发现广州的普通话使用率大大提升。因为当时我读小学的时候，去小卖铺你都还可以讲粤语的，没什么问题的。

华二代的普通话学习对家庭、社区和个人均有着重要意义，有助于该群体对家庭、对中国传统的回归，促进家庭和谐。普通话能够提供语音及文字、口语和书面语两种途径，帮助华二代更流利地同父母以及中国亲友交流。在中国接受正式教育，不仅仅是语言的学习过程，也伴随着中国文化的浸润。在中国的学习和生活让华裔群体感受到祖籍国文化习俗的方方面面，让他们更理解父母的想法和行为，也有助于将来自不同方言社区的人维系到一起，加深彼此的认同与理解，帮助新移民更好地融入当地。对华二代个人来说，学习普通话也有诸多意义。对于有过不同文化经历的移民群体来说，会说自己祖籍国的语言有助于增强其身份认同；而从职业生涯规划的角度考虑，学会普通话能够帮助以经商为主业的华裔群体更好地发展自己的事业，得到更多与双语相关的工作机会。

从语言教育的视角来看，如何针对有较好方言基础的华二代开展普通话教育和语文教育可能是我们需要慎重考虑的一个问题。

四、语言意识形态

（一）华一代家长的视角

高保持组的 HM 的父母对祖籍国始终有着一种难以割舍的情愫。或许是没有亲人可以依靠，或许是异国创业有着说不出的艰辛，又或许是语言不通难以融入当地，无论是在对子女的语言教育上、文化传承上还是投资上，他的父母都持有一种回归的心态。在语言学习效果的要求上，父母持一种比较宽松的态度。

HM：小的时候他们觉得学汉语很重要，就把我送过来……学也可以，不学也可以。当时都没有想过什么的，但现在的话，他们会觉得幸好我学了。

不同于 HM 的家庭，习得组的 MF1 和 HF 的父母由于移民年份较早，又接受了西语美洲的教育，融入程度更大。他们希望孩子能够像当地人一样，因而在孩子的祖语能力尚未发展起来时，并没有刻意地去教或要求在家庭内使用。但该家庭也注重双语能力的发展，在他们看来，中文，尤其是普通话，作为一种辅助语言具有良好的前景。在这一家庭中，中文以及与中文学习相关的事情被很好地利用起来：受当时委内瑞拉社会安全问题的影响，将孩子送回中国读小学；送弟弟去中文补习班以减少其玩电脑的时间。该家庭对孩子学习中文的态度也比较随性。"你会西班牙语还会中文，你以后的机会会更多。""能学就学。"

MM1 的父母从情感态度上并不支持在家庭内使用祖语以外的语言，希望孩子能够学习使用祖语，并将其传承下去。他们保留了 MM1 的中国国籍，认为国籍、语言和身份三者密切相关——西语是生活使用的语言，而中文则是代表身份的语言。在谈到父母对中文学习的态度时，MM1 感觉：

MM1：（父母）他们不反对。（支持的话）当然有支持，他们本来就希望我有一天会回中国读普通话什么的，但是也不是一个主动的支持，就是这样的。还是一个被动的支持吧。

MM2 的父母对英语的经济使用价值具有高度评价，因此将其送入了国际学校。同时，MM2 的父母也坚持了自己华人的身份，并且有意识地想让孩子将祖语以及与祖辈相关的文化传承下去。他的祖辈亦十分看重自己的根源，虽然在十余岁时前往巴拿马，但结婚生子都返回中国完成，回到巴拿马后也一直使用方言而没有学习使用西语的意愿，对祖语有着极高的认同。国际学校沉浸式教学所带来的巨大成功让他们把孩子送回有着语言环境的中国读汉语。

MM2：（父母）从小教你怎么去做一个东西，也教你 dialect（方言）。

（奶奶）常常说她从哪里来的，她常常说她小的时候。

（妈妈）她觉得我的中文不好。

MF2 的父母明确将孩子的语言能力同身份定位联系在一起，认为祖语是身份的象征，希望孩子都能尽量使用祖语。其祖辈也明显表示出了对祖语的高度认同及对西语的排斥。该家庭的祖父辈对祖语的使用和传承均显示出一种较为激进的态度。

MF2：我的父母说如果你说西班牙语不会说中文，不是很丢人吗？因为我（长得）像华人一样，他说你一定要学会中文……（爷爷奶奶他们会说）我是中国人（笑），不想学也应该学。我爸爸让我来这里想一想（大学要读什么专业），然后（顺便）读汉语。

LF 的父母保留了华人的传统，在家里讲方言，延承了中国的生活方式和教育方式，也希望下一代不要放弃身份认同中的中国部分。在他们看来，语言是身份延续的基础，因而该家庭在孩子的汉语学习上也付出了长久的努力。

LF：爸爸妈妈需要我学点汉语……逼我们去（中文补习班）九、十年。

（他们）希望跟我们交流得更方便。而且他们也想我们以后会找到一个华人的男朋友跟他结婚（笑）。

LM1 的家庭始终没有放弃培养孩子的祖语能力。无论是在孩子入学前将其送回祖籍国生活，还是带孩子去使用华语的场合，抑或支持孩子们回中国读语言学校的选择，这些行为无一不说明父母看好中文的经济价值，希望孩子能够熟练掌握汉语。

LM1：我妈妈说我还年轻，还可以（继续）读两年。

LM2 的父母注重语言的升值空间，看好中文给个人带来的发展机遇。在这一家庭内不难发现，"祖语（方言）"代表了过去，而"普通话（中文）"和西语则代表了未来。无论是父母还是同住的亲戚，同华二代交流时的首选都是当地社会的主流语言西语；祖语只是父辈之间交流"有时候"会用到的语言。送孩子去中文补习班学习也是因为：

LM2：那个时候（父母）告诉我中文很重要，对我的未来很有意义。

（二）华二代的视角

对高保持组的 HM 而言，无论是在家庭内还是和其他华人交谈时，使用祖语已经成为一种习惯，融入其日常生活。

HM：已经成为一种习惯……（觉得）很平常，没什么。

习得组的 MF1 和 HF 姐妹对普通话的评价多是从其使用价值、对个人的未来发展作用出发的。MF1 并没有将其同自己的身份联系起来，"就觉得也是说话、交流"，也暂无强烈的欲望让后代学习汉语。汉语似乎被当成了"另外的语言"。

MF1：能够在中国玩没有交流障碍……机会也会比较多，找工作（的机会）。

还不确定……应该会让他学汉语吧，多学一门语言都是挺好的。

习得组的 MM1 则认为不同的语言象征了不同的身份，"普通话"代表着中国人身份。汉语汉字能够增强家人、亲戚之间的联系，从而增强家族凝聚力。此外，他也看好汉语的潜在经济价值——对开阔个人视野的帮助与对未来职业发展的作用。

MM1：能够保护我自己的身份……如果别人让我讲普通话我不会讲，那我怎么可能说自己是一个中国人？

现在的中国经济发展是挺好的，我觉得以后所有的国家（都）会跟中国做一些生意，所以对我以后要读（从事）的职业是挺有用的……学一个新的语言会让你有更多的机会。

可以跟我的亲戚发短信，阅读一些中国的书啊什么的。

习得组的 MM2 主要看重汉语的使用价值，关注语言对个人未来发展的影响。

MM2：可以跟那边的中国人聊天，也可以做生意，也可以跟政府的中国人（打交道）……可以说，我以前不能参加，我也没有兴趣参加那个 Chinese Events，如果我回去就有兴趣参加……有时候从中国来的人在那边展览。

流失组的 MF2 则在家庭联系和工作机会两方面有着自己的考量，她认为汉语既存在于过去——同祖辈交流，也存在于未来——帮助自己的发展。

MF2：中国跟巴拿马有关系，如果去巴拿马会有机会跟有些人工作，（他们可能）不会讲西班牙（语）；（但是）你（又）可以讲西班牙（语）（又）可以讲中文（这样就）可以翻译。

（还可以）跟老人说话、讲道理。

流失组的 LF 回归了家庭和过去，将汉语还原到其最本质的属性：同使用这一语言的亲属进行交流，了解这一语言蕴含的思维模式及文化习俗。

LF：可以比较流利地跟我家人交流，特别是我妈妈，还有在这边的亲戚……也可以更理解我爸妈的想法和所有中国人的习俗文化。

流失组的 LM1 单纯从商人的角度来看待汉语，他开始学习汉语的动机为"做生意"，而并不想继续读下去的原因也是"喜欢做生意"。他的未来将以这一关键词为中心，因而商业价值不断提升的汉语也被他规划进来。

LM1：做生意……以前英文是全世界第一名的语言对吗？……可是现在变了，现在做生意最（有）用的语言是普通话，我上网看到的，因为中国人越来越多，大部分做生意的人也是中国人，所以（学汉语对）未来可以（有）帮助。

流失组的 LM2 同样从未来和过去两个角度评估了汉语；但同时他也认为，汉语是父辈、祖辈的语言而不是华二代的语言。他的身份是委内瑞拉的华裔，首先是委内瑞拉人，然后才是华裔。因而在其语言认同度上，西语要远远高于汉语。

LM2：现在汉语很有意思（义）吧，很多国家要跟中国做生意，所以以后我打算跟我的国家（指中国）做生意。

汉语是我父母、爷爷奶奶的语言，所以我也想为了跟他们多交流，学汉语。

不愿意（和华人讲中文），我觉得有点儿奇怪，我（会）和他们讲西班牙语，西班牙语是我们的母语，为什么要讲中文？

五、身份认同

人在幼年时期对世界的认知以及对语言的习得主要通过和父母及其他家庭成员如兄弟姐妹、祖父母的交流来实现，家庭在个人语言成长中起着基础性作用，个人最早在该阶段接触到其祖语。同时，由家庭引导的活动开始对个人身份认同中的华人身份的部分产生潜移默化的影响。随着年龄的增长，适龄儿童由于家庭的要求，或进入当地的中文补习班学习汉语，或回到祖籍国中国就读于当地的小学，接受正式教育。无论哪种情况，通过正式教育，个人的汉语水平有了或多或少的进步，同家庭的联系与交流也会更为紧密；同时教育对个人的华人身份认知也产生了一定影响。而随着年龄的增长，个人在当地想要融入"群体"而不得的现状也会使其反思自己的身份认同，在家庭的要求或在自我的考量下返回祖籍国进入语言学校，接受正式教育，提高语言水平，同时也对自己的华人身份、对家庭的过往做法更为理解和认同。

访谈中的大部分华二代对自己的身份定位基本上为属于所在国的华裔，而不完全是当地人。这一定位可从国家认同和族群认同两个方面来解读："在现代社会的政治格局中，'族群'与'国家'这两个层次是最核心和最重要的认同层面，前者偏重于族群上的亲族认同（民族—文化），后者偏重于与国家相联系的政治认同（民族—国家）。"（马戎，2004）在国家认同层面上，华二代出生并成长于西语美洲，取得了所在国的国籍，在政治意义上为该国的公民。而从族群认同上来说，华二代有着华人的血统，从种族上区别于当地人；而华一代家长对华二代的传统文化教育也使得他们在文化与生活方式上区别于当地人。他们的身上既有中国人的成分，也有所在国公民的成分。大部分受访者都认同自己的族裔身份，同时也认同自己是所在国公民的身份。

MM1：我可以说我是60%～80%是中国人，然后剩下的是厄瓜多尔人。

LF：我认为我的身份是60%是中国人，40%是智利人。

MF2：（我和当地人）差不多是一样的，可以一半一半。

在中国出生长大的中国人和在西语美洲成长的华裔并不相同，继承了中国传统的华裔一定程度上可以理解部分中国文化，但是中国人却很难理解来到中国的华裔的一些行为习惯。同样，在西语美洲的华裔能够理解当地的文化，但是，当地人也并不能理解华裔身上"中国人文化"的部分——这一点传承自他们带有中国传统的家庭，属于内在因素。无论身处哪个国家，华二代始终处于一种不对等的单向理解状态。成长于西语美洲的华二代往往感觉自己游走在两种文化中间：

MM1：（虽然）在我们移民的国家不能感觉到是（在）我们的家里，因为他们是本地人，我们是外国人；但是来到中国也不会感觉到是我们的国家。

MM2：我来中国我还觉得我是外国人，所以我觉得我还是华裔。

实际上，华二代群体对自己身份的定位并非一成不变而是动态发展的，经历了一个转变的过程。当幼年华二代开始走出家庭，更多地接触到外部对象时，其"群体"意识便浮现并逐步成型。个体想要融入主流群体的想法首先占据上风，华二代会做出种种努力以得到对方的认可，但是因种种因素的影响——华人受到的歧视和地位问题、同龄群体排斥问题，到成年后会逐渐接纳自己身上属于华人身份的部分，回归自己真正的所属族群，即华裔。

MM2：小的时候是的……我觉得……很多像我一样的华裔人不可以跟（当地人）他们一起，因为我们不像他们，可以说我们有一个时候想当他们（巴拿马人）……但是想法可以变的。

影响华二代身份认同的因素有很多，下文简要讨论。

（一）社会、群体或针对性的排斥

在当今的西语美洲，华人作为少数群体时常遭受着歧视，社会地位也不是很高。被主流社会边缘化的同时，也在一定程度上丧失了话语权。当地社会对华人群体仍持有一种刻板印象，这种片面的认知，甚至是不了解，可能源自西语美洲历史中的华工形象；也可能是因为当今中国国家形象在海外的文化推广工作尚不充分；当然，西语美洲国家的种族观念也会受到殖民时期的种族等级制遗留的影响。

MF2：很穷的地方是这样的，没有礼貌对你，说跟你玩儿这样，说脏话……路上会这样，学校里不会这样的。

MM2：他们觉得我们吃老鼠，吃猫、狗这些动物，觉得我们很奇怪。他们觉得我们很脏兮兮，有一些觉得我们这样。他们不了解我们的文化，他们也confuse（疑惑）我们是日本人还是韩国人……他们有一个想法是ignorant（无视）。

普通民众对华人群体持有一种排斥的态度，也并不承认从小就生活在当地、一道接受当地主流教育的华裔的身份。除了言语上的攻击，这些民众在社会生活的一些具体层面上也表现出了排斥的行动，如就业机会的给予。当地人的态度和行为使得华人在西语美洲的整体生活状况并不理想，需要付出更多的努力来争取和维持。

MF2：因为本地人有时候不喜欢华人，所以有时候对他们不好，（会）这样说"为什么你来巴拿马"，好像抢他们的国家，因为有很多中国人了，所以工作的时候给他们（的机会）是越来越少。

在访谈过程中，MM1 提到了自己同当地人的"不一样"，也讲述了这种不同所带来的将他推离当地同龄人圈子的作用力，以及自己做出的想要变得"一样"的种种努力。他最终形成的身份认同可以说是外在推力和个人自主选择的双重结果：

MM1：上小学的时候，我就收到了那个感觉：无论我怎么做，毕竟他们不会承认我跟他们是一样的。……我在初中的第一年，我就很努力地很努力地跟他们交流；初二我就……我就想放弃了，因为太累了……大概是上高中的时候，我就放弃了，不再试试跟他们在一起变成厄瓜多尔人。

可以看到，成长在西语美洲当地文化环境下的华二代青少年，对自我身份的认知随着年龄的增长而改变；他们曾经为了融入当地而想要放弃自己身上传承自祖辈的身份，而失败经历则会使他们意识到这一身份的重要性与特殊性并回归。

MM1：我保护了我自己中国的身份，我就开始保护我自己的身份。

MM2：现在……不知道怎么说，现在想做自己（笑）。

上文中提到大多数访谈对象虽然感受到了西语美洲对华人的排斥及边缘化，也在一些场合遭遇了歧视，仍然认为自己是"在那边的人"。不过也有个例表示想要舍弃所在国的身份。HM 认为自己在所在国"好像被排除了一样"，他在刚升入初中的时候遇到了具有强烈种族主义的老师：

HM：第一次上他的课……他说的历史有些我们是知道，但是我不是非常非常了解的，但是他就叫我站了差不多一节课。然后他又问我另一个问题，然后回答不上，他就叫我出去在外面站着。然后下一周，就是第二次上他的课，他不说任何东西就叫我直接出去了。

这一经历对他造成了长久的伤害：

HM：我已经不想有那边的国籍了，说真的。我宁愿要一个中国国籍或其他的什么国籍，都不要那个委内瑞拉国籍。不喜欢那里的人，也已经对那里的生活感到厌倦。有很多不好的回忆。

与之相比，过去来到中国的经历则让他觉得"更自由一些"。他在 14 岁时转到中国读小学，在这里遇到了"一个好的老师"：

HM：（当时）属于叛逆期，专门叫你去办公室，招待招待。可以这么说吧，（他）也算一个人生启蒙老师吧。不仅仅（是在成绩上），他也给我一些人生观念啊这样，让我明白更多的东西。

HM对这位老师同样"印象很深刻"，但对他的评价则"百分百"是正面的。委内瑞拉历史老师和中国语文老师对他的态度形成鲜明对比。可以想见，前后的差别对待无疑能让他更为强烈地认同自己身上属于祖籍国的部分。

（二）家庭内的文化环境

作为民族文化的重要组成部分，传统节日沉淀着历史，寄托着情感，体现了人们对过往的追忆和对现在的珍重。通过节日的庆祝，相应的文化内涵得以在代际间传承。而家庭这一华二代成长的主要环境，通过父母的倾向性会强制使个人接触到传承自祖辈的文化习俗。大部分受访者家庭都会过中国传统节日，只不过较祖辈而言，其隆重程度和细节方面已不可同日而语。

HM：大部分重要的节日都会过的。春节啊、中秋啊、重阳啊、端午啊……春节可以收到一些红包，广东人叫所谓"利是"。一家人能整整齐齐地在同一个时间点吃饭。

MM2：不是像中国（这样）很热闹的，但是会（过），（不过）有一些忘记了怎么做的传统——还在这里保留（的传统）。常常是奶奶爷爷（去做），但是现在的父母不会像以前的做的方法，是随便做的，不太知道。

可以看到，访谈中的全部华人家庭都有庆祝中国的传统节日，虽然各个家庭选择的节日有所差异，但春节这一最具代表性的中国传统节日出现在每个人对节日的描述中，而春节这一天的习俗也在大体上得到了保留。其中，家庭及个人身份距离祖籍国越近、认同度越高，庆祝的节日种类也会随之增加。如，保留了中国国籍的MM1家庭只过中国的节日；同祖籍国联系密切的HM家庭也会过多数中国节日。

虽然节日习俗被保留下来，但多为最基本的饮食习俗；可能由于当地华人多散居的缘故，也缺乏节日相关的游艺娱乐活动。而华二代对中国传统节日的感受大都反响平平，或者可以说是更为实际——可以从忙碌的生活中得到片刻的喘息。这也能进一步说明问卷分析中，西语美洲华二代的文化认同同其语言水平并无显著相关关系。这些现象表明，当地华人家庭在对待中国传统节日方面，仪式感薄弱，对节日背后的文化内涵重视不足，这在一定程度上也会造成华二代对中国文化的了解不足和兴趣的丧失。

MM1：没有一个最喜欢的，就是过过呗（笑）。我也不太认真地、正式地过这些节日，对我来说只是一个日子吧。

MF2：（这样）很好，因为跟家人一起吃饭这样，有家庭的感觉。

他们对中国传统节日的态度，或许和当代中国社会的多数人都更为接近——忽视了节日背后的意义价值，只留下表面的形式，甚至连形式都残缺不全了。

从访谈对象的情况来看，几乎所有家庭都会庆祝中国最重要的传统节日春节，大多数家庭也会过中秋节。这两个节日都和家庭团聚相关，由此看来，西语美洲的华人家庭意识仍然比较强烈。当地的第一代华人为了生存而努力拼搏，以工作为重心，和孩子在一起的时间比较少。绝大多数的访谈者都提到了父母工作的繁忙：

HM：因为我们做生意的，父母也是做生意，他们就是一起吃饭的时间都不一致的。一般情况下我们都是属于边吃边工作。

Simon（2004）认为，自我层面主要包括体貌特征、能力、行为和外在组别等成分，其自我层面认同模型通过四个维度来实现自我认同，维度之一即为效价，即个人对某一自我层面的喜好。华人父母身上所表现出来的辛勤奋斗的特征在无形中影响到了华二代对族群行为特征的价值判断，多数访谈者都对父母所代表的华人群体予以较高的评价，进而影响到其对自我身份的认同。

HM：当地人是那种很喜欢懒在家里，很宅又很懒的那种人。那华人呢就是拼命奋斗为了一个美好的将来吧。

相对于当地人来说，受到具有中国传统思维方式的华人父母的影响，华二代的性格特征在形成过程中也同当地群体逐渐区别开来。虽然从小生长于西语美洲的社会环境，也在当地接受了正式教育，但是带有中国传统的家庭给华二代带来的影响也是巨大的，以一种不同于西方文化的视角在一定程度上塑造着华二代对世界的认知。这也是导致家里有中国传统的华二代无法轻易融入当地的一个重要内在因素。

（三）对祖籍国的认同困惑

海外华裔有着双重身份，一方面他们是所在国的公民；另一方面，他们身上的华人血统又让他们是"中国人"。正如上文所提及的，这种相关往往来自体貌特征、语言能力、意识形态和行为特征等方面。如果说华二代在体貌特征上与中国的相关是先天由父母赋予的，那么有关价值观和行为方式，则是后天在家庭这一场域中被培育生成的。在谈及对中国的印象时，访谈对象对中国的人和物持有不同的意见。总的来说，对环境建设持褒扬态度，对中国人的行为则批评较多。在他们看来，祖籍国民众的行为与他们在所在国时父母所教导的有较大差异，甚至与他们想象中的相去甚远；特别是礼貌、礼仪的问题，在访谈对象中被提及的次数最多。而这样的落差无疑会增加他们的困惑。

HF：一点都不热情……也没有很有礼貌。（比如）你进一家店，她们都不会跟你打招呼的，然后招待也不是很好。

LM2：有时候中国人没有礼貌，比如上车的时候一般都是女士优先，但是在中国没有这个。我发现他们都赶时间，不会让别人上去，连老人也不让先上，不太好。

MM1 在重构自己的语言经历时，常提及"身份""文化"；而有关身份和文化这两个副话题的讨论占据了对其访谈的近半篇幅。MM1 在所在国时经历了由想要成为当地人群体的一分子到坚定地保护自己华侨、华人的身份。当他回到祖籍国时，不再因体貌特征而被从集体中区别开来，虽然有了一种"回归"的感觉，但他在文化上仍是不适的。这也正如他自己所说的，他们在"中间"，不会属于任何一方；虽然他们是单独的群体，但也可以有倾向性的不同。MM1 在西语美洲受到了身份和语言的双重排斥，这让他难以释怀。

MM1：当时我不知道他们为什么会笑我在讲我的方言……觉得很难受。我现在只想保护我自己的身份，但是有时候也会觉得有一点难受，因为哪个人喜欢别人笑他，收到了（被）看不起的一个感觉，哪个人喜欢？肯定没有。

MM1 认为西语美洲人不能尊重、包容不同文化之间的差异是因为"他们的教育低"。这可能是客观事实，但也不排除其中隐藏了被歧视少数群体的自我安慰心理。实际上，不少访谈对象都认为华人在各项能力上要好于当地人，或许其中也有一丝对当地人歧视的反击意味。但在回到祖籍国后，国人的一些不良行为习惯打击到了MM1 对中国身份的自信，似乎也能为西语美洲当地人歧视华人增加一点事实依据。最终，现实的落差加上曾经被排斥的经历使得他对笔者有了一种井喷式的倾诉和批判欲。也正因为他还保留了中国国籍，他才希望祖籍国能成为他的依靠，成为让他人无可批驳的资本。

综合访谈的内容来看，可得到有关西语美洲华二代祖语情况的如下几点认识：

从身份认同的共时层面来看，西语美洲的华二代群体对自己的定位多为所在国的华裔。他们认为自己既不完全等同于当地人，也和中国人甚至是华人存在着一定的差异，这在价值观念和生活方式两方面都有体现。在历时层面上，华二代的身份认同经历了一个动态的转变，由认为自己同当地人无差异到意识到自己同当地人不一样。这种身份认同的转变也影响着他们对祖语的态度。家庭可以借助这一点进行华二代身份认同教育，通过营造良好的文化氛围使其感受到家庭内祖籍国文化同家庭外的社会主流文化的差异；如对中国传统节日背后蕴含的文化意义进行深入发掘和有意识的教育。如此也能使华二代了解祖籍国的文化历史，进而掌握更多的祖语中的词汇和表达方式，帮助其提升祖语能力。同时，家庭还应注意加强同祖籍国、祖籍地的实际持续联系，为华二代增加使用祖语进行语言交际的机会和对象。

从正式教育的角度来看，西语美洲当地的中文补习班普遍来说教学效果不尽如人意，师资力量参差不齐，课堂语言环境不够纯净，在教材选用和管理上也存在各种各样的问题。建议补习班与中国的语言学校展开合作，让国内的教师资源起到联动帮扶作用，进而逐步提升当地华人教师的水平。补习班还应尽量要求教师做到沉浸式教学，为学生提供良好的语言环境，提升语言学习的效果。此外，中国小学教育对缺失家庭语言环境的华二代来说是习得祖语的良好机会和有效途径。

第五节 结 论

全球化使得国际人员流动速度加快，移民现象越来越多地成为研究的关注点。移民这一少数群体身处两个文化、两种语言之间，其特殊的夹缝式生存状态常引发有关讨论，而对移民祖语保持及身份认同的研究也更值得引起重视。这关系到移民群体、所在国及祖籍国三方的交互联系及影响。祖语的有关研究起步于20世纪90年代的北美地区，同一时期，对语言政策的研究也开始转向更为微观的家庭层面；国内对此的相关研究也尚处于基础阶段。纵览海外华裔祖语的相关研究，主要集中于传统的华人移民国家及地区，如东南亚、美加澳等地，而对拉丁美洲地区的关注较少甚至是空白。

本章对西语美洲华二代青少年的汉语学习和使用现状进行了问卷调查，了解这一群体对汉语及中华文化的情感态度与认知情况，并通过深度访谈了解华二代的祖语保持经历，探讨该群体语言保持与家庭和社会环境，语言、文化、身份的认同，情感态度等因素间的关系。就现阶段研究所得结果来看，这一地区华二代的祖语保持在祖籍国和所在国两个大的环境下，受到家庭经历、正式教育及身份认同三方面的综合影响。其中，家庭作为该群体接触祖语的原始及主要场合，在个人的祖语习得中起着基础性和直接性的作用。同时，家庭能够直接影响及干预个人的身份认同及接受祖语相关的正式教育；祖语正式教育及华人身份认同反过来也会促使个人同华人背景家庭的交流和回归。通过家庭与祖籍国进行接触，以及在祖籍国接受正式教育，都会加强个人对自身华人身份的理解。可以看出，在西语美洲，家庭对该群体祖语保持既有直接影响，也起到关键的中介作用。

第九章

日本华二代祖语保持研究

第一节　引　言

　　中国和日本一衣带水，两国人民的交往历史悠久，而且频繁、广泛、深入。伴随着中日两国及两国人民之间的交往，日本的华文教育也可以说是源远流长。自1898年第一所华侨学校"大同学校"在日本横滨诞生起，日本现代意义上的华文教育已经经历了一百多年的历史。可以说，日本是世界近代华侨教育的起源地。从初期的私塾教育，到19世纪末出现的近代华侨学校，一直到今天新华侨华人群体的兴起，在日华侨华人的祖语教育或者说华文教育也经历了不同的历史发展阶段。目前，随着日本新华侨华人群体的兴起与发展，日本华二代祖语保持的问题日益紧迫。根据日本法务省相关统计测算，在日华侨华人人口总数已超过120万。2019年10月，日本出入国在留管理厅公布的一组数据显示，2018年外国留学生毕业后，为留在日本就业而变更在留资格的人数再创历史新高。其中，中国人占比最多，高达42.0%（杨宁、王奕玮，2019）。实际上，中国已经成为在日外国留学生和外国专业人才的最大来源国，也已成为日本单纯劳动力的最大来源国，同时也是日本人外国籍配偶的最大来源国。中国籍人口已经成为最大的在日外国人群体（戴二彪，2013）。从地区分布情况来看，约70%的在日华侨华人集中在三大都市圈，即：东京圈（东京都、神奈川县、千叶县、埼玉县）、名古屋圈（爱知县、岐阜县、三重县）、京阪神圈（大阪府、京都府、神户府、兵库县、滋贺县、奈良县、和歌山县）。与老华侨相比，改革开放以后的在日新华侨华人有其鲜明的特点，如专业素质强，职业多样化；学历较高，经济状况好等（鞠玉华，2015）。新华侨华人融入当地的能力和意愿都显著增强，但同时也带来祖语及文化传承的问题。周刚（2005）指出，"日本新华人的第二代就存在语言同化现象，而且程度已经十分严重"，主要体现在出生在日本和生在中国且10岁以前到达日本的华二代身上。而鞠玉华（2015）对日本三代华侨华人的调查发现，三代之后即完成了从故乡方言到日本语、从"落叶归根"到"落地生根"的转变。这种转变是多种因素共同作用所致，如日本社会强势语言和文化的影响、跨国婚姻、当地语言教育政策等，而语言转用的端倪从最小的社会单位——家庭即可窥见。本章通过问卷调查，研究分析目前日本华二代祖语保持中的相关问题，尝试提出建议和对策。

第二节　研究设计

以往关于日本汉语祖语者或华裔学习者的调查研究多是以学习者本身为调查对象的，如邵明明（2018）、三井明子等（2019）等。但我们考虑到一些华二代因年龄、认知水平、汉语水平等所限无法很好地完成调查问卷，而父母一般都全程参与了孩子的成长过程，对孩子的语言发展情况、语言水平等方面有相对更为全面、客观的认识和评价，并且相当一段时间内在家庭语言态度和语言实践方面起着主导作用，在华二代祖语保持上扮演着关键性角色，所以我们把调查研究的重点放在了华二代父母身上。为较为全面地考察日本华二代的祖语保持现状，针对华二代的父母设计了调查问卷。在具体实施过程中，我们邀请了在日本生活多年、熟悉日本社会及华文教育、精通中日双语的中国人负责发放问卷并在问卷填写过程中予以适当指导、协助（如翻译、解释等），在进行问卷调查之前，笔者与协助问卷调查的参与者进行了充分的沟通，包括相关概念的解释（如"华二代"）、问卷的设计理念、具体内容的说明、对调查对象的要求等，以保证调查对象的筛选及调查问卷的填写符合要求。

一、调查问卷的内容构成

本次调查问卷在"华二代祖语保持研究"课题组共同设计的样本问卷基础上，结合日本国情、日本华文教育情况、调查对象的语言水平和心理特点等因素进行适当调整而成。主要内容包含以下四部分：

第一部分考察调查对象的基本背景信息，包括性别、出生年份、出生地、现居地、国籍、移居日本的时长、学历、职业、孩子的年龄等问题。此外，还包括家庭经济状况及所在社区的经济水平、华人人口状况等。

第二部分考察调查对象及其家庭成员的语言使用情况，包括孩子的父母、祖父母、其他成员及亲属。主要围绕个人和家庭两个层面展开，关注个人日常使用语言偏好、家庭语言环境、语言转用发生的情况等内容。其中，从"小学前"和"现在"两个时间段重点考察华二代与不同家庭成员交谈时日语和汉语的转用情况（本章所指的"汉语"包括汉语普通话和汉语方言，下同）。同时，还考察了家长对孩子目前汉语水平的评价。这部分采用打分量表的形式（0~5分，0表示"完全不会"，5表示"接近母语水平"），分别对听力、口语、阅读、写作、汉字五项语言技能进行评价。其中，"写作"主要指书面表达的流利程度，"汉字"主要指识字量。

第三部分则主要是考察围绕孩子的祖语保持所进行的家庭语言管理和实践的相关内容，以及孩子汉语水平的变化情况。

第四部分主要采用李克特五度量表的形式考察家长的各类认同情况（族群认同、语言文化认同、所在国认同）、语言管理的动机等。

二、调查对象的基本情况

2018年12月至2019年2月，我们采用纸质问卷和电子问卷，通过现场填写和在线填写两种方式，分别对日本华二代家长进行调查。共回收问卷198份，剔除无效问卷12份，最终筛选出有效问卷186份，有效作答率为93.9%。通过统计分析，参与调查的华二代家长的基本情况如下。

表 9 - 1　参与问卷调查的家长性别、国籍分布情况

类别	性别		国籍		
	男	女	中国	日本	英国
人数	26	160	158	27	1
百分比（%）	14.0	86.0	85.0	14.5	0.5
总计	186		186		

从性别看，填写问卷的家长中女性占绝大多数，占比 86%。这也从一个侧面反映了在日华二代家庭语言教育中，母亲的参与程度更高，或者说扮演着更为积极主动的角色。从国籍看，85% 的调查对象是中国国籍，只有不到 15% 的调查对象加入了日本国籍。如果结合表 9 - 2 中的数据来看，65% 以上的调查对象都已经移居日本 10 年以上，但大多数人并没有选择入籍，而是仍然保留了中国国籍。

表 9 - 2　在日华二代父母移居所在国时长

移居时长	人数	百分比（%）	有效百分比（%）
10 年以下	63	33.9	34.2
10~20 年	101	54.3	54.9
20~30 年	19	10.2	10.3
30 年以上	1	0.5	0.5
小计	184	98.9	100.0
时长缺失	2	1.1	—
总计	186	100.0	

我们以 10 年为间隔考察了调查对象移居日本的时长，其中有两份问卷在这一问题上填写的信息不明确，故不计入在内。在其余 184 名调查对象中，超过六成的人已经移居日本 10 年以上，绝大多数人是 20 世纪 90 年代后移居日本的，八成以上的人是 21 世纪后移居日本的，而超过三成的华二代父母是近十年内赴日的。

表9－3　在日华二代父母年龄、学历、职业分布情况

出生年代	人数	百分比（%）	受教育程度	人数	百分比（%）	工作性质	人数	百分比（%）
50后	1	0.5	中学	9	4.8	政府雇员	1	0.5
60后	11	5.9	大学	114	61.3	企业/教育机构雇员	68	36.6
70后	74	39.8	硕士	49	26.3	自主经营者	27	14.5
80后	99	53.2	博士	6	3.2	自由职业者	27	14.5
90后	1	0.5	博士后	8	4.3	其他	63	33.9

　　从年龄段看，在所有参与问卷调查的华二代父母中，70后和80后所占比例高达93%。大学以上学历的比例也超过了90%，硕士研究生以上学历占比超过了30%。而所从事的工作性质方面，最多的是"企业/教育机构雇员"，占比36.6%；其次是"其他"，占比33.9%，基本上是"家庭主妇"，这一点非常具有日本特色。如果结合家庭经济状况（参见图9－1）来看，可以说，目前在日的新华侨华人群体受教育程度普遍较高，家庭经济情况普遍较好（86%的家庭经济水平在中等以上），社会地位也相对较高。

（%）

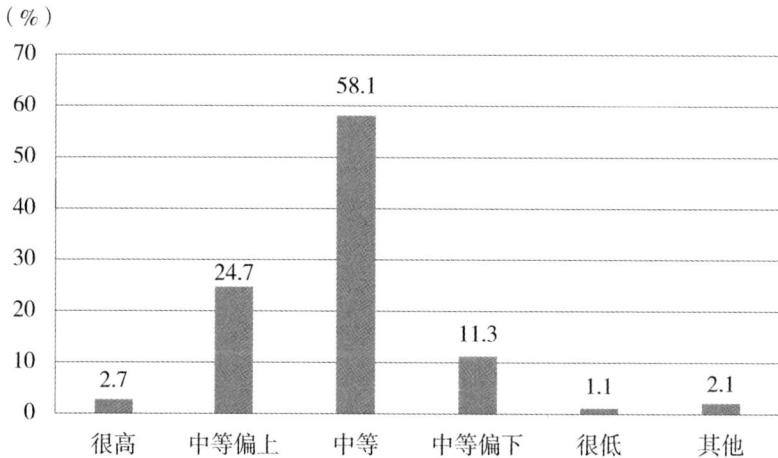

图9－1　在日新华侨华人家庭经济状况分布

第三节 分析与讨论

一、语言使用情况

我们首先对华二代家庭中各成员日常使用语言的基本情况进行了考察,统计结果如表9-4。

表9-4 家庭成员日常使用语言的情况(%)

家庭成员语言	本人	配偶	祖父	祖母	孩子(老大)	孩子(老二)
汉语	65.6	60.2	92.5	93.7	28.6	25.4
日语	23.1	29.0	3.5	4.0	60.0	54.9
其他	1.1	2.7	4.0	2.3	1.1	10.7
汉语、日语	9.7	7.5	0	0	10.3	9.0
汉语、日语、其他	0.5	0	0	0	0	0
日语、其他	0	0.5	0	0	0	0

从表9-4可以看出华二代家庭成员日常使用语言的大致情况。父母(即"本人"和"配偶")中超过六成的人日常使用的语言是汉语,两成多的人日常使用的语言是日语,接近一成的人汉语和日语都是日常使用的语言,只有极少数人日常使用的语言是"其他"(主要是英语);祖父母(本调查中的"祖父母"包括祖父母和外祖父母,统计过程中只选取填写了祖父母情况的问卷,剔除了未填写相关情况的问卷,下同)日常使用汉语的人占到九成以上;而孩子日常使用语言的情况则与父母形成了鲜明而有趣的对照,日常使用日语的约六成,使用汉语的仅两成多。

在此基础上,我们进一步考察了华二代家庭与说汉语的亲友来往情况,以及孩子与亲友交流时的语言使用情况,以了解更大范围内的家庭/家族语言环境及华二代语言使用情况。具体情况参见图9-2、图9-3、图9-4。

(%)

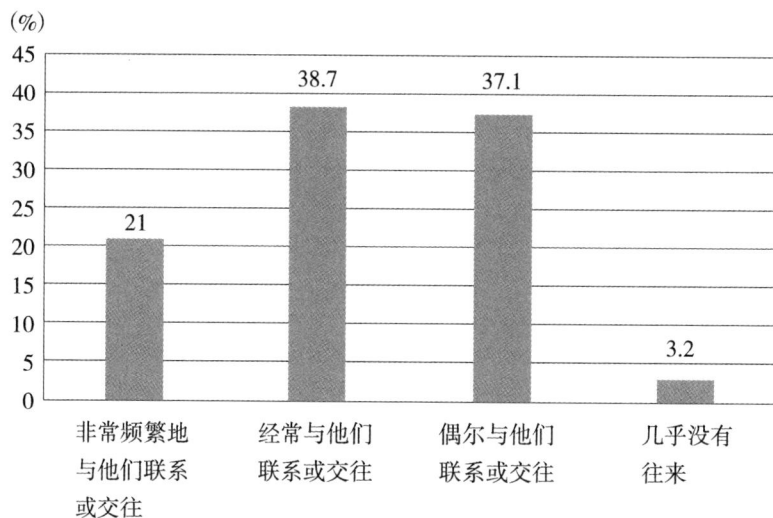

图 9 - 2 华二代家庭与说汉语的亲友来往情况

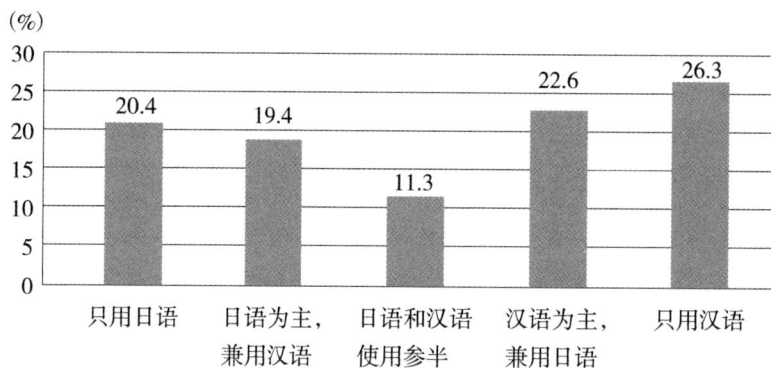

(%)

图 9 - 3 华二代与说汉语的亲友交流时语言使用情况

在日华二代家庭中，只有接近六成的家庭与说汉语的亲友保持着经常或频繁的联系或来往，而高达四成的家庭与说汉语的亲友只是偶尔有来往甚至几乎没有来往。与此同时，华二代在和说汉语的亲友交流时，只用汉语的比例接近三成，使用一半以上汉语的比例超过六成，而用到汉语的比例则近八成。这说明华二代家庭与说汉语的亲友保持交往能够有效地增加子女使用汉语的机会，很多华二代家庭并没有和这些亲友保持密切的联系，没能很好地利用这一资源给子女的祖语保持提供支持。如果结合华二代家庭所在社区华人人口情况（参见图 9 - 4）来看，正如张慧婧（2016）所指出的，20 世纪 80 年代之后移居至日本的中国新移民以散居为主，在社区构建上已经从传统的"职住空间"向流动性和开放性更强的"社会空间"转变，血缘和地缘关系都不再是他们构建社群的必要因素。在这种形势下，在日华二代家庭应当考虑如何为子女的祖语教育提供必要且充分的家庭环境和社区环境。

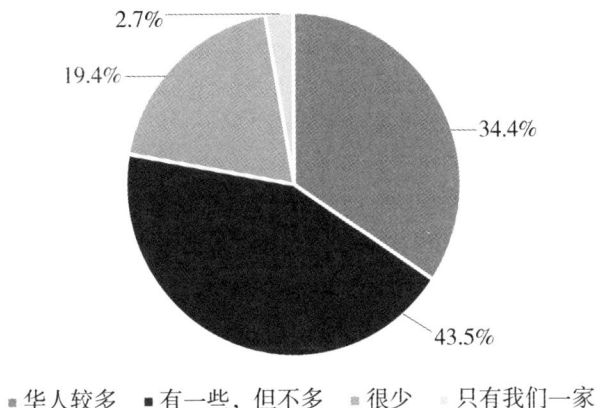

2.7%
19.4%
34.4%
43.5%

■华人较多　■有一些，但不多　■很少　□只有我们一家

图9-4　华二代家庭所在社区的华人人口状况

关于家庭语言实践情况，我们通过问卷第二部分第3题（"孩子上小学前，与您及其他家庭成员交谈时所用的语言"）和第4题（"现在，孩子与您及其他家庭成员交谈时所用的语言"）详细考察了华二代在不同阶段（"上小学前"和"现在"）与不同家庭成员交谈时语言使用的情况，统计结果如下（因调查对象家庭中雇佣保姆的比例极低，相关数据不另做分析）。

表9-5　华二代上小学前和现在与家庭成员交谈时语言使用情况（%）

	与您本人		与您配偶		与祖父母		与兄弟姐妹	
	小学前	现在	小学前	现在	小学前	现在	小学前	现在
只用日语	22.4	24.6	33.0	33.7	14.2	14.7	32.2	35.3
日语为主，兼用汉语	28.4	31.4	17.9	23.1	7.4	11.3	14.4	23.3
汉语为主，兼用日语	29.0	28.0	22.9	26.0	12.3	10.0	16.1	16.4
只用汉语	20.2	16.0	26.3	17.2	66.1	64.0	37.3	25.0

从表9-5的数据来看，与上小学前相比，华二代现在与调查对象本人及其配偶交谈时只使用汉语的比例均有明显下降，只使用日语的比例虽没有明显变化，但

"只用日语"和"日语为主，兼用汉语"两项的比例却显著增加了，也就是说，华二代与父母交谈时使用汉语的比例总体上在降低。这种情况也出现在与兄弟姐妹交谈时，而且更为明显，"只用汉语"的比例从上小学前的37.3%下滑到25.0%，而"只用日语"和"日语为主，兼用汉语"两项的比例则从46.6%上升至58.6%。与祖父母交谈时语言使用的情况整体上也呈现出汉语使用比例下降、日语使用比例上升的趋势，但没有与父母和与兄弟姐妹那么明显。这一结果可以与邵明明（2018）针对日本汉语继承语者进行的调查数据相印证。其结果显示，被调查者中，跟父母交流时使用的语言以日语为主，而69.4%的人在与祖父母交流时都会使用汉语。

从中不难看出家庭语言实践中的代际差异。无论是上小学前还是现在，华二代与祖辈（祖父母）交谈时使用汉语的比例都远远高于父辈（父母）和同辈（兄弟姐妹）。在与父辈交谈时，华二代只使用日语和日汉混用（包括日语为主兼用汉语和汉语为主兼用日语两种情况）的比例不仅远高于祖辈，甚至也高于同辈。而只使用日语和日语为主的比例基本与同辈持平。一方面，这在很大程度上与家庭成员日常使用的语言有关，绝大多数祖父母都只会说汉语（参见表9-4），当华二代发生语言转用时（由汉语转到日语），他们不会也没有能力迁就孩子的语言使用，所以华二代在与祖父母交谈时只能尽量使用汉语。另一方面，也反映出华二代父母在祖语教育意识方面还比较欠缺，在与孩子交谈时使用汉语的比例较低。此外，华二代在与同辈交谈时使用汉语的比例与父辈接近，在上小学前甚至高于父辈。这说明与兄弟姐妹之间的互动大大增加了华二代使用汉语的机会。由此，我们可以得出主干家庭和多孩家庭对于华二代祖语保持更有利的结论。

为了更为深入地考察华二代在"上小学前"和"现在"两个时间段内语言使用情况的变化，我们采用了配对样本 t 检验方法对相关数据做了进一步处理分析。首先，从初步频数统计中可发现，无论学前还是学后，"与保姆交谈"一项的填答率都极低（23/186），可见大部分对象家庭中没有保姆。因此，此题目不具有样本意义，将其剔除。其次，由于本书关注的是祖语即汉语传承情况，孩子越倾向于使用汉语，赋分越高。因此，我们对原始问卷中"只用所在国语言（日语）""日语为主，兼用汉语""汉语为主，兼用日语"以及"只用汉语"四个选项分别赋值1、2、3、4分，重新编码为四项新的数值变量，再将"与您本人交谈"和"与您的配偶交谈"两项的分数取平均值，得到华二代与父母也即父辈交谈的总体情况。我们分别对学前和学后的数据样本进行上述操作，最终得到六项新的数值变量，分别体现在家庭内部，孩子在上小学前与现在两个时间维度中和父辈、祖辈以及同辈交谈时使用汉语的程度得分。

　　由于我们比较的是同一个孩子在上小学前后使用汉语得分的均值是否有差异，因此采用配对样本 t 检验的统计方法。原假设为：上小学前后，孩子与不同家庭成员交流时使用汉语的情况没有显著差异，即学前 – 学后 =0。从相关性分析结果来看（参见表9 – 6、表9 – 7），三组配对样本内部都具有显著相关性，印证了配对样本 t 检验方法的适用性。

表9 – 6　华二代与家庭成员交谈语言使用情况配对样本相关性

		个案数	相关性	显著性
配对 1	学前与父母 & 现在与父母	169	0.881	0.000
配对 2	学前与祖辈 & 现在与祖辈	149	0.920	0.000
配对 3	学前与同辈 & 现在与同辈	109	0.812	0.000

表9 – 7　上小学前和现在华二代与家庭成员交谈语言使用情况配对样本检验

		配对差值					t	自由度	Sig.（双尾）
		平均值	标准差	标准误差平均值	差值95% 置信区间				
					下限	上限			
配对 1	学前与父母 & 现在与父母	0.150 89	0.519 86	0.039 99	0.071 94	0.229 83	3.773	168	0.000
配对 2	学前与祖辈 & 现在与祖辈	0.087 25	0.449 22	0.036 80	0.014 52	0.159 97	2.371	148	0.019
配对 3	学前与同辈 & 现在与同辈	0.238 53	0.768 59	0.073 62	0.092 61	0.384 45	3.240	108	0.002

　　从最后的检验结果来看，父母、祖辈和同辈三组的显著性 P 值都小于0.05，因此可以认为原假设不成立，无论在与父母、祖辈还是同辈的交流方面，华二代在上小学前使用汉语的情况和现在都具有显著的差异。此外，学前与学后相减得到的三个差值均为正数，分别为0.15、0.09 和0.24。因此可以得出结论：在与家庭成员的交流中，与上小学前相比，华二代现在倾向于更少地使用汉语，并且这种变化在同辈中表现最明显，其次是父母，最后是祖辈。我们由以上的分析结果可以认为，华二代在进入小学接受正规教育之后，语言使用情况就开始发生转用，倾向于更多地使用日语，而减少使用汉语。一方面，这是由华二代所处的宏观语言环境所决定

的。当他们离开家庭，进入学校和社会中，其个体所处的语言环境就由倾向于使用汉语转变为完全由所在国语言（日语）主导的环境，语言场景和语言能力都随之此消彼长，语言转用的发生不可避免。另一方面，很多华二代父母由于担心影响子女的日语能力、学业表现和社会交往等，在子女进入学龄阶段后会有意识地减少甚至回避使用汉语，而更多地使用日语与之交流。这些都无疑使本就脆弱的华二代祖语教育更加难以为继。

从另一个角度来看，上小学前这一阶段是华二代祖语学习的黄金期、关键期，对华二代祖语保持至关重要。如图9-5所示，家长在回答"您认为孩子的汉语进步最快、下降最快、水平最好的时候"等问题时，"上小学前/后"都是一个最重要的节点。从目前语言习得关键期的相关研究成果来看，语言习得的关键期一般是指从出生到青春期前的这段时间，其中1~5岁这段时期较为关键。"在关键期内，通过接触自然的语言环境以及与语言环境的相互作用，儿童会自然学会语言，而错过了关键期，语言学习的效率会大大降低。"（陈宝国、彭聃龄，2001）对于日本华二代而言，学龄前这一阶段具有双重意义上的关键性，既是一般意义上的语言习得关键期，是自然习得祖语的最佳时期；又是外在环境压力最小，家庭进行祖语教育、储备祖语资源、培养祖语保持能力的黄金时期。

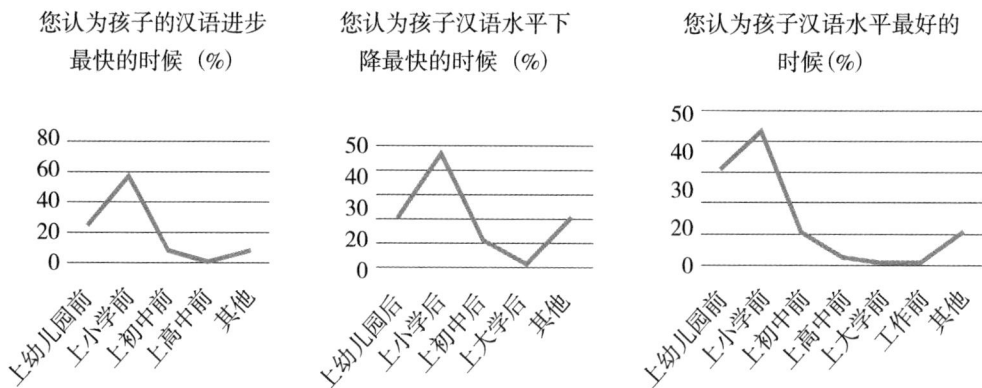

图9-5 孩子汉语水平发展变化时期分布情况

二、家庭语言管理

为了了解家庭语言管理在华二代祖语保持中的作用和影响，我们针对这方面的情况进行了考察。主要包括家庭为子女学好汉语所采取的方法、与孩子进行汉语相关亲子活动的频率、孩子正式开始学习汉语的年龄等。相关统计结果如图9-6：

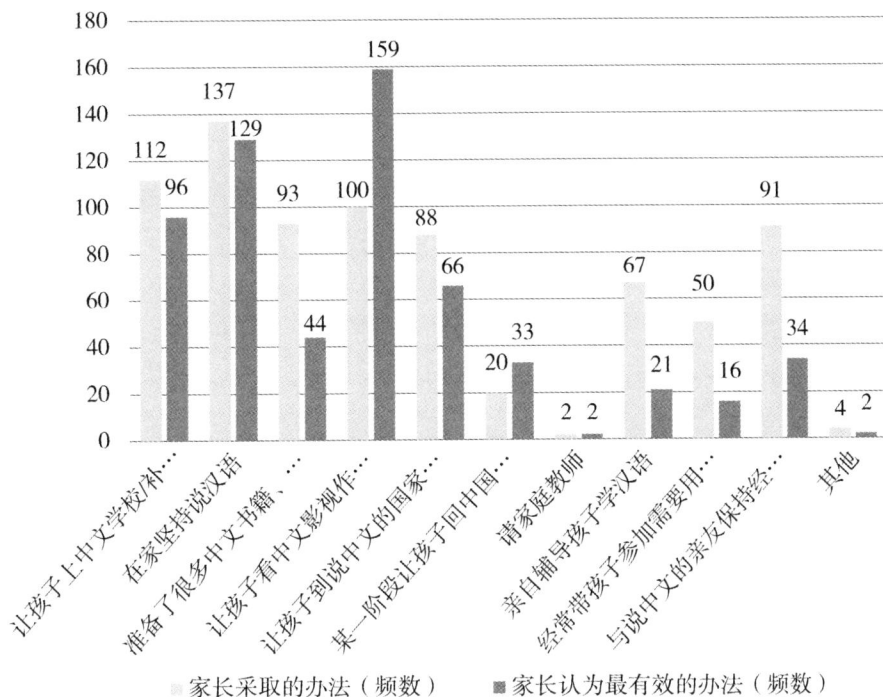

图9-6 华二代家庭为祖语保持所采用的方法及评价

　　为了让孩子学好汉语，华二代家庭尝试了多种方法。如让孩子上中文学校、读中文书、看中文影视作品、送孩子回中国上学，等等。其中，使用最多的三种方法分别是"在家坚持说汉语""让孩子上中文学校/补习班""让孩子看中文影视作品、听中文歌曲"。而家长认为最有效的三种方法也是这三种，只是顺序有所不同，依次是"让孩子看中文影视作品、听中文歌曲""在家坚持说汉语""让孩子上中文学校/补习班"。总体来说，在日华二代家庭为了让孩子学好汉语，尽可能采取了多元化的策略，但在大环境的制约下仍然显得十分有限，从评价结果来看大多数策略所取得的效果也不尽如人意。其实有些方法不是没有效果，而是难以实现。比如很多家长都提到"某一阶段让孩子回国上学"和"让孩子到中国旅游或探亲"对汉语水平的提升有极为明显的作用，但因种种条件所限难以实现。而被认为最有效的三种方法也表明，绝大多数家长都认识到了家庭语言环境以及学校教育在孩子汉语学习中的重要作用。如图9-7和图9-8所示，44%的家长几乎每天都会陪孩子进行与汉语相关的亲子活动，近40%的家庭平均每次亲子活动在一小时以上，这些都说明家长在家庭语言管理方面表现出了较为积极的态度，采取了较为积极的行动。不过，同时也需要指出的是，多数家长还严重缺乏相关意识。

此外，仅有六成左右的家长选择送孩子去中文学校或补习班学习，五成左右的家长认为这一方法有效。这至少向我们说明了两个问题。一是相比之下，很多家长还没有意识到学校的系统教育对于语言学习的重要性，二是目前中文学校的教学效果还远远没有满足家长的期待，教学质量恐怕还有待进一步提高。

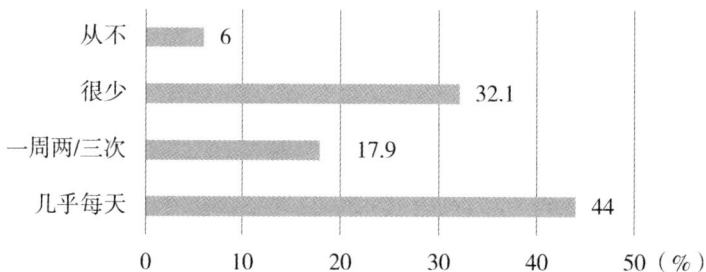

图9-7 陪孩子进行与汉语相关亲子活动的情况

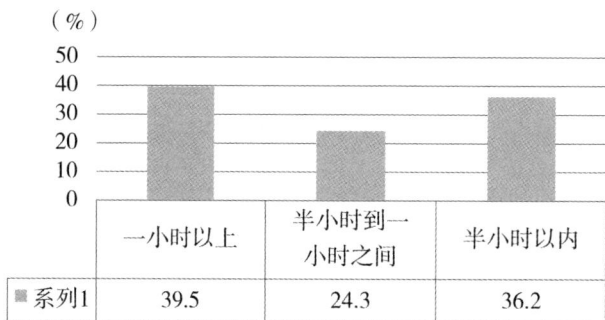

图9-8 平均每次汉语亲子活动的时长

为更全面地考察华二代在家庭以外接受较为正规系统汉语教育的情况，我们在"孩子在以下哪些性质的教育机构学过或正在学汉语"一题中设置了更加多元、开放的选项（"家教"也包含在内），相关信息及结果如图9-9。统计结果显示，有约13%的家长没有作答，也就意味着其子女没有接受过任何性质教育机构所提供的汉语教育。有近一半的家庭（47.85%）选择送子女去周末学校/补习班学习，11.29%的华二代在有正式学制的学校接受过汉语教育。这表明在日本当地有正式学制的学校里汉语相关课程的开设还非常有限，周末制中文学校仍然是大多数华二代家庭的优先甚至是唯一选择。

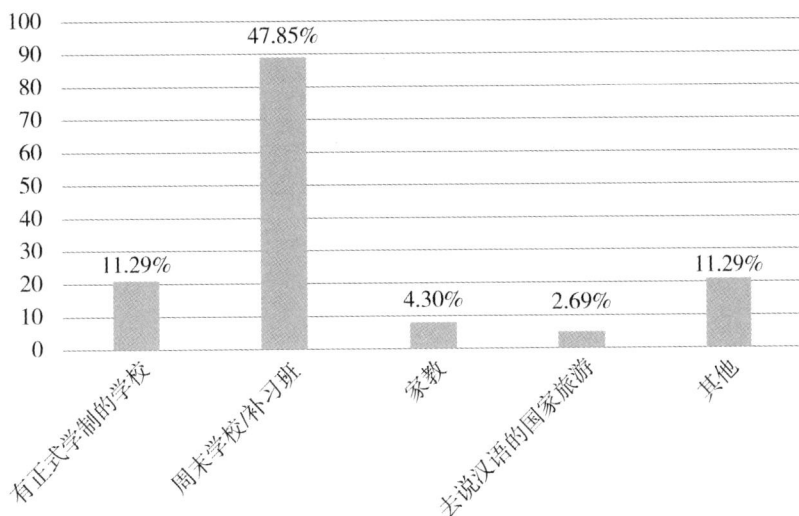

图9-9 华二代子女接受正规汉语教育情况

三、影响华二代汉语水平的因素分析

探究日本华二代汉语水平的影响因素是本章的主要研究目的之一。我们选取原问卷第二部分中家长对孩子的听力、口语、阅读、写作以及汉字五项的评价作为反映孩子汉语水平的主要指标，然后分析不同的因素与汉语水平之间的关系。

（一）华二代汉语水平

华二代汉语水平的考察方式是让家长对子女目前的汉语水平进行评价，采用打分量表的形式（0~5分，0表示"完全不会"，5表示"接近母语水平"），分别对听力、口语、阅读、写作、汉字五项语言技能进行评价。其中，"写作"主要指书面表达的流利程度，"汉字"主要指识字量。我们虽然尽可能对家庭中的所有孩子（老大、老二、老三）进行了考察，但经过初步频数统计分析，我们发现，多数家长在问卷填答过程中没有填写第三个孩子的情况（第三个孩子的样本数仅为13）。且从第二个孩子汉语学习情况的填答来看，他们通常年龄尚小，语言能力的发展还不成熟，其汉语能力无法呈现出一定的差异性，数据的效度无法满足研究需要。为保证样本的数量及统计分析的科学性，我们在此只采用第一个孩子（在很多家庭中也是唯一的孩子）的相关数据进行分析。统计结果如表9-8、图9-10所示。

表9-8　第一个孩子的汉语语言技能水平

	听力	口语	阅读	写作	汉字
平均值	3.516	2.973	1.61	1.02	1.80
中位数	4.000	3.000	1.00	0.00	1.00
标准差	1.489 3	1.557 1	1.602	1.390	1.556

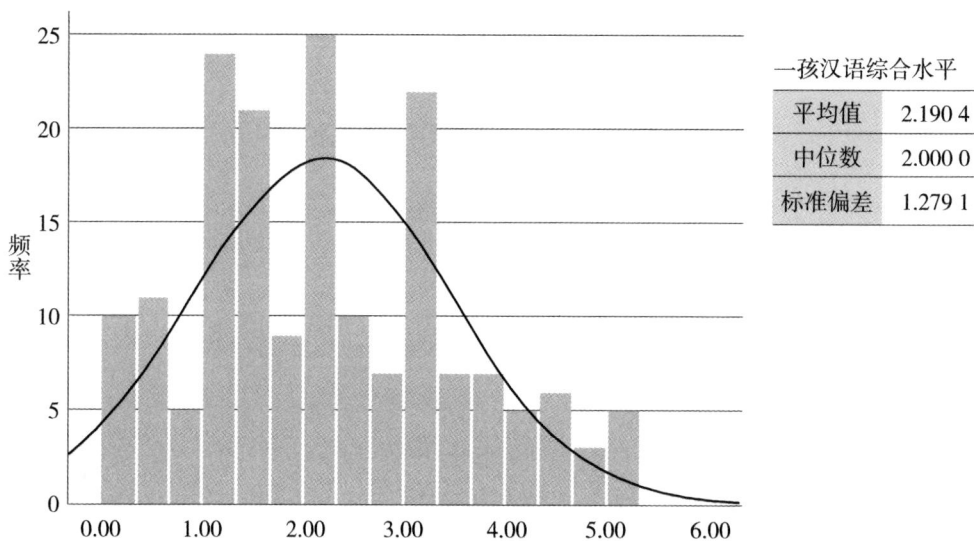

一孩汉语综合水平	
平均值	2.190 4
中位数	2.000 0
标准偏差	1.279 1

图9-10　第一个孩子的汉语综合水平

（二）变量及分析方法

首先，生成相关分析所用因变量即"第一个孩子的汉语综合水平"（以下称"孩子的汉语水平"），如前所述，为保证样本的数量及统计分析的科学性，我们在此只采用第一个孩子的相关数据进行分析，将其在听力、口语、阅读、写作和汉字五项的得分取平均值，作为因变量"孩子的汉语水平"的值。

其次，在自变量方面，我们将问卷第四部分的26道李克特五度量表题目按照主题分为四类：认同类、动机类、态度类以及代际差异类。其中，认同类又分为族群认同（第1、3、26题）、语言文化认同（第2、5、7题）以及所在国认同（第6、16、17、18、19、20、21题）；动机类又分为融合动机（第4、13、15、25题）和工具动机（第14题）；态度类分为父母态度（第8、9题）、孩子态度（第10、11题）以及父母信念（第12、24题），其余是代际差异类（第22、23题）。

我们根据李克特五度量表的赋值方法，将从"完全同意"到"完全不同意"的五个选项依次分别赋值 5、4、3、2、1 分，问卷设置的两道反向问题（第 23、24 题）采取由 1 到 5 的相反赋分方式。各题分值统计结果参见表 9 - 9。接着，按照上述分类，对同属一个类别的各变量求平均值，得到"族群认同分数""语言文化认同分数""所在国认同分数""总动机""融合动机""代际差异""父母态度""孩子态度"等新的自变量。

对上述变量间的相关分析多采用皮尔逊相关系数作为参考，但由于个别题目如工具动机、代际差异等所需变量并非严格的连续变量，故按照需要采用斯皮尔曼相关系数。但总体而言，采用不同相关系数的分析结果差异不大。

表 9 - 9　第四部分各题分值统计

题号	1	2	3	4	5	6	7	8
平均值	4.810 8	4.783 8	4.270 3	4.672 0	4.403 2	3.586 0	4.602 2	4.650 5
题号	9	10	11	12	13	14	15	16
平均值	4.661 3	3.887 1	3.822 6	4.445 7	4.451 6	4.451 6	4.612 9	4.037 8
题号	17	18	19	20	21	22	23	24
平均值	3.870 3	4.221 6	4.091 9	3.373 0	2.021 6	2.765 0	3.210 8	2.918 9
题号	25	26						
平均值	3.135 1	3.859 5						

（三）华二代汉语水平与家长认同

表 9 - 10　华二代汉语水平与家长各项认同的相关性

		孩子的汉语水平	族群认同分数	语言文化认同分数	所在国认同分数
孩子的汉语水平	皮尔逊相关性	1	0.081	0.287 **	− 0.046
	Sig.（双尾）	—	0.286	0.000	0.547
	个案数	177	175	176	176
族群认同分数	皮尔逊相关性	0.081	1	0.598 **	0.348 **
	Sig.（双尾）	0.286	—	0.000	0.000
	个案数	175	184	184	184

（续上表）

		孩子的汉语水平	族群认同分数	语言文化认同分数	所在国认同分数
语言文化认同分数	皮尔逊相关性	0.287**	0.598**	1	0.172*
	Sig.（双尾）	0.000	0.000	——	0.020
	个案数	176	184	185	184
所在国认同分数	皮尔逊相关性	−0.046	0.348**	0.172*	1
	Sig.（双尾）	0.547	0.000	0.020	——
	个案数	176	184	184	185

注：** 表示在 0.01 级别（双尾），相关性显著。* 表示在 0.05 级别（双尾），相关性显著。

我们将认同类别中的"族群认同分数""语言文化认同分数"和"所在国认同分数"与孩子的汉语综合水平分别做两两相关分析可得，汉语水平与家长的族群认同、所在国认同不具有统计学意义上的显著相关关系，而与语言文化认同的相关分析值 $P < 0.01$，相关关系显著，可见孩子的汉语综合水平与家长的语言文化认同具有相关性。此外，虽然孩子汉语水平与家长的族群认同和对所在国即日本的认同不具有显著相关关系，但三种认同之间两两的相关关系却十分显著。其中族群认同与语言文化认同的正相关性最强，系数达到 0.598。由此我们可以认为，对中国人身份的认同与对汉语语言文化的认同是同构的。值得注意的是，家长族群认同与所在国认同之间的正相关系数达到了 0.348，可见对中国人身份的认同和对所在国日本的认同不仅不矛盾，甚至还有可能会相互促进，这或许正反映出移民身份建构中一体两面的文化现象。

（四）华二代汉语水平与家长语言管理动机

表 9-11　孩子的汉语水平与家长动机的相关性

		孩子的汉语水平	总动机分数	融合动机分数	工具动机分数
孩子的汉语水平	皮尔逊相关性	1	0.184*	0.183*	0.123
	Sig.（双尾）	——	0.014	0.015	0.104
	个案数	177	176	176	177

（续上表）

		孩子的汉语水平	总动机分数	融合动机分数	工具动机分数
总动机分数	皮尔逊相关性	0.184*	1	0.967**	0.760**
	Sig.（双尾）	0.014	——	0.000	0.000
	个案数	176	185	185	185
融合动机分数	皮尔逊相关性	0.183*	0.967**	1	0.567**
	Sig.（双尾）	0.015	0.000	——	0.000
	个案数	176	185	185	185
工具动机分数	皮尔逊相关性	0.123	0.760**	0.567**	1
	Sig.（双尾）	0.104	0.000	0.000	——
	个案数	177	185	185	186

注：*表示在 0.05 级别（双尾），相关性显著。**表示在 0.01 级别（双尾），相关性显著。

对"孩子的汉语水平"与家长的语言管理动机即"融合动机""工具动机"以及"总动机"做两两相关分析可得：孩子的汉语水平与家长总动机和家长融合动机两项分别具有显著的相关关系，$P < 0.05$，且均为正相关。相关系数分别为 0.184 与 0.183，数值相近。此外，融合动机与总动机的显著正相关程度高达 0.967。分析可知，家长语言管理的总体动机与孩子汉语水平之间的关系大部分被"融合动机"一项所解释。这一结果与原始问卷中测量"工具动机"的问题偏少有关。与现有一些研究所呈现的研究结果相反的是，此处分析显示，孩子汉语水平与家长语言管理的工具动机不具有显著相关性。若排除上述"工具动机"一项的变量数量较少而对结果产生的影响，此结果有可能表明，主要由 70 后和 80 后构成的日本华二代家长，在目前阶段中较少考虑汉语对子女将来在工作、收入等方面的长期的经济影响，其语言管理动机更偏重于文化性方面，即融合动机。这表示家长进行语言管理的目的是让孩子更好地融入或认同中国文化或社会。而我们也可以据此进行合理推测：随着孩子年龄的增长，工具动机的影响或许变得显著且有增强趋势。

（五）华二代汉语水平与语言态度

对孩子的汉语水平与父母态度以及孩子态度得分分别做两两相关分析，结果如表 9 - 12 所示。孩子的汉语水平与父母和孩子自身学习汉语的态度的积极性均具有极为显著的正相关关系，$P < 0.01$。比较两个相关系数 0.277 与 0.428 可知，孩子自身的态度对其学习效果的影响更大，说明孩子自身对汉语的认同和学习积极性关系到其汉语的综合水平。此外，父母态度与孩子态度之间也呈极为显著的正相关关系，

说明父母对学习汉语语言文化的态度在很大程度上会影响孩子学习汉语语言文化的态度。所以,父母一方面要对孩子学习汉语采取积极配合的态度,另一方面要努力培养孩子对汉语和中国文化的兴趣。

表9-12　孩子的汉语水平与家长态度及孩子态度的相关性

			孩子的汉语水平	家长态度分数	孩子态度分数
孩子的汉语水平		皮尔逊相关性	1	0.277**	0.428**
		Sig.(双尾)	—	0.000	0.000
		个案数	177	177	177
家长态度分数		皮尔逊相关性	0.277**	1	0.495**
		Sig.(双尾)	0.000	—	0.000
		个案数	177	186	186
孩子态度分数		皮尔逊相关性	0.428**	0.495**	1
		Sig.(双尾)	0.000	0.000	—
		个案数	177	186	186

注:**表示在0.01级别(双尾),相关性显著。

由于父母和孩子的态度对汉语学习具有重要意义,我们又分析了二者的态度与家长的动机及认同的关系。结果如表9-13、表9-14所示。

表9-13　家长和孩子态度与家长动机的相关性

			家长态度分数	孩子态度分数	融合动机分数	工具动机分数
斯皮尔曼Rho	家长态度分数	相关系数	1.000	0.497**	0.679**	0.554**
		Sig.(双尾)	—	0.000	0.000	0.000
		N	186	186	185	186
	孩子态度分数	相关系数	0.497**	1.000	0.501**	0.401**
		Sig.(双尾)	0.000	—	0.000	0.000
		N	186	186	185	186
	融合动机分数	相关系数	0.679**	0.501**	1.000	0.623**
		Sig.(双尾)	0.000	0.000	—	0.000
		N	185	185	185	185

（续上表）

			家长态度分数	孩子态度分数	融合动机分数	工具动机分数
斯皮尔曼 Rho	工具动机分数	相关系数	0.554**	0.401**	0.623**	1.000
		Sig.（双尾）	0.000	0.000	0.000	—
		N	186	186	185	186

注：** 表示在 0.01 级别（双尾），相关性显著。

表 9 – 14　家长和孩子态度与家长认同的相关性

		家长态度分数	孩子态度分数	所在国认同分数	族群认同分数	语言文化认同分数
家长态度分数	皮尔逊相关性	1.000	0.495**	0.168*	0.492**	0.717**
	Sig.（双尾）	—	0.000	0.023	0.000	0.000
	个案数	186	186	185	184	185
孩子态度分数	皮尔逊相关性	0.495**	1.000	0.193**	0.362**	0.393**
	Sig.（双尾）	0.000		0.008	0.000	0.000
	个案数	186	186	185	184	185
所在国认同分数	皮尔逊相关性	0.168*	0.193**	1.000	0.348**	0.172*
	Sig.（双尾）	0.023	0.008	—	0.000	0.020
	个案数	185	185	185	184	184
族群认同分数	皮尔逊相关性	0.492**	0.362**	0.348**	1.000	0.598**
	Sig.（双尾）	0.000	0.000	0.000	—	0.000
	个案数	184	184	184	184	184
语言文化认同分数	皮尔逊相关性	0.717**	0.393**	0.172*	0.598**	1.000
	Sig.（双尾）	0.000	0.000	0.020	0.000	—
	个案数	185	185	184	184	185

注：** 表示在 0.01 级别（双尾），相关性显著。* 表示在 0.05 级别（双尾），相关性显著。

　　对家长态度、孩子态度与家长动机、家长认同各项得分分别做两两相关分析，结果显示，它们与家长和孩子自身学习汉语的态度之间均具有显著的正相关关系。说明家长的认同感越强，家长的语言管理动机越强，家长和孩子对汉语和中国文化学习的态度也可能会越积极。

（六）华二代汉语水平与其他因素

问卷中的第 12 题"华人学习汉语有很大优势"和第 24 题"我觉得在日本要让孩子传承汉语言文化是非常困难的事"，从不同侧面反映了家长对于子女能否很好地传承汉语言文化这一问题的认知，我们在此将其表述为"信念"，并分析了它们与孩子汉语水平之间的相关性。分析数据如表 9 - 15。

表 9 - 15　孩子的汉语水平与家长信念的相关性

			孩子的汉语水平	信念 - 12	信念 - 24
斯皮尔曼 Rho	孩子的汉语水平	相关系数	1.000	0.197**	0.233**
		Sig.（双尾）	—	0.009	0.002
		N	177	175	176
	信念 - 12	相关系数	0.197**	1.000	0.188*
		Sig.（双尾）	0.009	—	0.011
		N	175	184	183
	信念 - 24	相关系数	0.233**	0.188*	1.000
		Sig.（双尾）	0.002	0.011	—
		N	176	183	185

注：** 表示在 0.01 级别（双尾），相关性显著。* 表示在 0.05 级别（双尾），相关性显著。

结果显示，二者与孩子汉语水平之间均存在极为显著的正相关关系。也就是说，如果家长对"华人学习汉语有很大优势"这一认知信念感越强，孩子在汉语学习上的表现可能就越好。同样地，如果家长对"在日本要让孩子传承汉语言文化是非常困难的事"认同度越高，即越认为在日本让孩子传承汉语言文化难度大，孩子在汉语学习上的表现可能就越不理想。这提醒我们，在学习传承汉语和中国文化方面，家长所表现出来的信念感对华二代祖语保持是有积极影响的。

问卷中的第 22 题"我在是否要学汉语的问题上与孩子（们）有不同的意见"和第 23 题"我觉得学不学汉语应当尊重孩子的个人选择"，体现了在学习汉语上的代际差异性。我们考察了它们与孩子汉语水平之间的相关性，得到了很有意思的结果。分析数据如表 9 - 16。可以看到，第 22 题与孩子汉语水平之间不存在显著相关关系，即是说，家长和孩子之间在学汉语问题上是否存在分歧对孩子的汉语学习表现没有显著影响。而与之不同的是，第 23 题与孩子汉语水平之间存在极为显著的正相关关系。这似乎意味着在学不学汉语这个问题上，家长越不尊重孩子的个人选择，孩子在汉语学习上的表现反而可能会更好。这一推论听上去十分荒谬可笑，但仔细分析却会发现在很大程度上可能是符合实际的。对于生活在海外的华二代来说，一方面缺乏良好的学习汉语的语言环境，另一方面缺乏足够的学习动机和兴趣，如果家长让孩子自己去选择而不加干涉，他们大概率会放弃汉语学习或者是学习效果极差。而事实上，很多华二代学习汉语多是在父母的外在压力之下不得已而为之，而来自那些看上去"不尊重"孩子的权威型家长的压力，恰恰是很多孩子能够持续学习汉语、学好汉语的重要原因。

表9-16　孩子的汉语水平与代际差异的相关性

			孩子的汉语水平	代际差异-22	代际差异-23
斯皮尔曼 Rho	孩子的汉语水平	相关系数	1.000	-0.102	0.256**
		Sig.（双尾）	—	0.180	0.001
		N	177	174	176
	代际差异-22	相关系数	-0.102	1.000	-0.364**
		Sig.（双尾）	0.180	—	0.000
		N	174	183	183
	代际差异-23	相关系数	0.256**	-0.364**	1.000
		Sig.（双尾）	0.001	0.000	—
		N	176	183	185

注：** 表示在 0.01 级别（双尾），相关性显著。

此外，我们还考察了孩子的汉语水平和家庭中与汉语有关的亲子活动之间的相关性。结果显示，二者存在极为显著的正相关关系。这也就意味着，在家庭中进行与汉语有关的亲子活动对孩子学习汉语是有积极影响的。

表9-17　孩子的汉语水平与亲子活动的相关性

			孩子的汉语水平	亲子活动得分
斯皮尔曼 Rho	孩子的汉语水平	相关系数	1.000	0.333**
		Sig.（双尾）	—	0.000
		N	177	175
	亲子活动得分	相关系数	0.333**	1.000
		Sig.（双尾）	0.000	—
		N	175	184

注：** 表示在 0.01 级别（双尾），相关性显著。

第四节　日本华二代祖语保持的建议与对策

郭熙（2017）曾提出，"保持祖语处于第二代状态"是祖语传承的一个重要任务，也是一个难题。家庭是祖语传承的堡垒，祖语传承发生的最初和最重要的场所都是家庭。祖语传承或者说华文教育的发展历程与华侨华人的家庭语言规划密切相关，华文学校等家庭以外的学习场景一定程度上可以看作是家庭语言教育场所的延伸（白娟，2017、2019）。为实现华二代祖语保持的目标，首要的就是从家庭语言规划和语言管理入手。这也正是我们本次调查的初衷和重点所在。基于前面的问卷调查的结果分析，并结合已有研究成果和日本社会实际情况，我们对日本华二代祖语保持提出以下建议和对策。

（1）加强对华二代家长的指导，为其有效地进行祖语传承提供必要的支持。

要为华二代家长提供相关家庭语言规划和语言管理方面的培训和指导，尤其是祖语传承方面的内容。白娟（2019）指出，海外华文教育的发展"本质上是一种家长驱动机制"。而在华人家庭中，影响祖语传承的关键性因素之一就是家庭核心成员或权威成员如何看待不同语言的角色和价值（白娟，2017）。我们对调查结果的分析也显示，家长在语言文化的认同、语言学习的态度、语言管理的动机、家庭语言实践等诸多方面都深刻影响着华二代在汉语和中国文化学习上的表现。所以说，华二代祖语保持成功的关键在于"华一代"。在祖语传承或者说华文教育这个系统工程中，必须把对"华一代"的教育、培训、指导、干预等纳入其中，并置于优先位置。唯有如此，华二代家庭中的语言规划和语言管理面貌才有可能得到实质性和持续性的改善。

（2）华二代家长要重视自身在认同、态度、信念等方面对子女的影响力。

比如在认同方面，强化自身对祖语语言文化的认同有利于祖语传承，但对祖语语言文化的认同并不意味着对所在国认同的排斥。相反，对所在国的认同在一定程度上也能促进祖语传承。因为对所在国社会、文化等方面的正面感受和体验有利于提升华二代的自尊，让华二代的心态更为自信、包容，对不同的社会文化有更为理性客观的理解和认知，客观上能够减少他们对祖语语言文化学习的心理障碍。生活在日本的华二代家庭尤其要注意这一点。一方面是中日两国在文化、历史、政治、外交等方面关系复杂微妙，另一方面日本的单一文化主义和排外心理由来已久、根深蒂固，所以，在日华人在身份和文化认同方面面临着更多障碍。如何帮助华二代更好地解决困惑、跨越障碍，将会对他们的祖语保持产生深刻的影响。

（3）要重视语言习得关键期，加强关键期内的祖语教育。

根据我们的分析结果，以及相关研究成果，学龄前（7岁前）是华二代祖语学习的黄金期、关键期。对于日本华二代而言，学龄前这一阶段具有双重意义上的关键性，既是一般意义上的语言习得关键期，是自然习得祖语的最佳时期，又是外在环境压力最小，家庭进行祖语教育、储备祖语资源、培养祖语保持能力的黄金时期。所以，在日华二代家庭必须抓住学龄前这一不可复得的关键时机，强化对子女的祖语教育，尽可能争取最佳教育效果。

（4）激活家庭祖语资源，加强祖语实践活动。

有条件的华二代家庭，应当尽量把说祖语的祖辈带入家中，或者雇请只会说祖语的保姆，同时尽可能与说祖语的亲友保持往来，以提高子女祖语使用的频率，影响其语言使用习惯，有效减缓其发生语言转用的概率和时间。此外，我们的研究发现汉语亲子活动对华二代子女的汉语学习有积极的影响。因此，在日常家庭生活中应当有意识地加强与汉语有关的实践活动。

（5）构建新型华人社区，加强家庭与社区的互动，营造良好的祖语生态环境。

我们的调查显示，现在的日本华二代家庭与倾向于聚居的老华侨不同，呈现出分散居住的态势。这一方面体现出新侨群体的多元化特点和更强的开放性、适应性，另一方面也表明他们正在逐渐失去传统华人社区所能提供的语言文化传承的资源和支持。比如汉语使用场景的减少、难以找到合适便利的中文学校等。郭熙（2015）也曾指出，新一代侨民的居住环境发生了变化，这直接影响了他们的语言传承。早期的华侨多为聚居型，保持了自然接触，祖语尤其是口语就比较容易保留下来，可维持的时间也会比较长。而新一代侨民更多的是散居在不同的地方，失去了传统社区的支持。张慧婧（2016）的研究则指出，日本的新华侨华人群体在社会阶层、生活环境等各方面都发生了巨大变化，已经不再寻求构建以血缘和地缘为纽带的传统意义上的社区空间，而是通过节点创建（新移民组织、文化祝祭等）和社会资本积累，尝试构建以网络式"社会空间"为特征的现代都市型新移民社区。而在祖语传承过程中，除了家庭的核心作用外，学校和社区也是至关重要的一环。在日新侨群体应积极通过新移民组织、文化祝祭等线下活动，同时充分利用微信、抖音等社交平台以及线上教学平台和工具，建立更为广泛紧密的华侨华人群体的联结纽带，探索建立适应现代都市生活的线上线下联动的新型移民社区，为祖语传承营造良好的生态环境，提供可持续的有力支持。

第十章

印尼新生代华裔祖语保持研究

第一节 引 言

虽然几乎整个东南亚都经历过 20 世纪 50 年代以后华文教育的低谷，但印尼的特殊之处在于，该国曾经发生过十分严重的华文断层。本章研究的"新生代"是指 1998 年华文教学解冻后学习华文的适龄人群，到 2019 年年龄在 20 岁上下，是一个相对宽松的界定。

虽然印尼华文教育历经沧桑，但由于印尼的华人人口众多且华文教育发展历史悠久，因此它一直是海外华文教育领域的重点研究对象。而历经华文教育断层时期的印尼华人在祖语、文化和族群认同上，出现了许多与其他新兴移民国家华人不一样的特点。尤其是作为在两种语言（甚至是多种语言）夹缝中生存的印尼新生代华裔，他们的生长背景是，祖父辈在印尼土生土长、父母辈在华文教育断层时期成长、自身在华文教育重新接轨时期成长，祖语实践会呈现出怎样的趋势？Fishman（1966）的语言转用三代模式理论在这群新生代印尼华裔身上是否同样具有普适性？有哪些因素可能会影响他们保持祖语？我们又能否在祖语保持问题上，提出一些有利于印尼新生代华裔维持祖语的建议？

截至目前，学术界虽已有不少关于印尼群体的研究著作和文献，但大多涉及的是宏观层面的印尼华文教育、华侨华人的历史和政策以及微观层面的"三教"研究。其中针对印尼留学生汉语习得的研究数量颇多，近年来也新增了不少关于印尼华裔的语言态度、文化认同、身份认同等方面的实证研究。总的来说，对印尼华裔在不同层面的研究较多，但关于新生代华裔祖语保持的专题研究则较少。

沈玲（2015）综合语言使用和文化认同两方面，调查雅加达的印尼新生代华裔在华语、宗教、祖裔文化保持等方面的现状。沈玲的研究结果表明：在语言使用上，印尼语和英语水平在家庭三代人中呈代际递增结果，而在汉语普通话和汉语方言的水平上则相反。但大多数新生代华裔的祖籍方言熟练程度都较高；在文化认同上，认同程度虽代际递减，但较其他国家的新生代华裔而言，印尼的新生代华裔的认同仍维持在较高水平上。王爱平（2004a）围绕华语习得环境、华语使用状况、华语认同等问题，对来华学习汉语的印尼华裔青少年进行相关调查，结果显示造成他们对华语认同及华语水平参差不齐的原因主要有：家庭移居时间、家庭经济状况、父母职业性质、家庭环境等。

微观层面的研究主要以汉语环境、认同（语言、文化、族群认同）两个角度为切入点，进而考察影响印尼华裔汉语保持的相关因素。实证调查发现，影响印尼华裔汉语保持的环境类型主要有四种：家庭、社区、学校及网络（陈桂明，2013）。以上四种各具"放养"和"圈养"特点、管理有度的语言环境共同作用于华裔的汉语学习，大致可形成"以家庭环境为基础，社区和学校环境为依托，网络环境为辅助"的结构。其中，家庭环境占据举足轻重的地位，它为印尼华文教育坚韧性的形成贡献了极为重要的力量，以至断层了30多年的华文教育至今仍生生不息（沈玲，2015）。另一个影响华裔汉语保持的重要因素是认同。研究发现，印尼华裔对文化、族群的认同与他们的语言认同、语言实践和语言学习动机有较高一致性。因此对于促进印尼华裔学习汉语而言，帮助他们塑造良好的认同十分重要（王爱平，2004b、2006；黄煜，2012；刘慧，2016；刘玉红，2016；沈珊玲，2018）。

如前所述，印尼华文教育曾经历过严重的历史断层，至1998年方始解冻。但在华族较为聚焦的区域性华语社会，华语方言仍然作为日常交际语言使用，且在公共场合以某种华语方言作为区域共同语（徐天云，2012）。华族的日常语言使用特点仍然趋向语言多样化，如使用印尼语、汉语普通话、福建话、客家话等。由此可见，在这些地方，华语仍然具有较为良好的生态。也正因如此，我们猜想：印尼相当一部分地方的华语及其文化在华文教育断层时期通过家庭、社区的日常使用得以实现部分的代际传承，而这种传承使得在华文教育复苏之后，新生代华裔的华语水平和认同较其他国家华裔更高。因此，本章拟运用家庭语言政策研究的理论和成果，锁定家庭范畴，考察印尼华裔新生代祖语保持的相关情况，希望能在前人研究成果的基础上，继续补充印尼华裔群体祖语保持的研究，以期使学术界对这一群体的语言生态有更为全面的了解。

本研究基于良好的本土资源，选取广州各高校的印尼华裔学生及其家长作为调查对象。试图通过实证调查，考察他们在祖语意识、祖语实践和家庭语言管理等方面的事实状况，以便进一步探究各种语言管理方式如何在保持祖语竞争力方面起作用。本章的研究框架主要基于以下四个方面的理论成果：①家庭结构对祖语代际保持的影响（Hayashi，2006；Sakamoto，2006）；②家族语言实践的代系差别（Fishman，1966；Li Wei，1994）；③家庭内、外部语言管理影响力的对比（Lynch，2003；Calvet，1998；Harris，1995、1998；Caldas，2006）；④家族语言管理者对祖语保持的影响（Velázquez & Isabel，2009；Mihyon Jeon，2008；Zhang，2009；Guardado，2002；Luo & Wiseman，2000）。受现有文献的启示，下文将"家庭结构""家庭成员的代系""家庭语言管理"等考察因素有机融合到问卷调查和访谈中。

第二节　研究设计

一、问卷调查

本次调查采用量化的问卷调查和质性访谈研究相结合的研究方法。

本次问卷是在"华二代祖语保持研究"课题组共同设计的样本问卷基础上，结合印尼国情、印尼华文教育情况、调查对象的语言水平和心理特点等因素进行适当改动而形成的。其中量表部分题目还参考了朱旻文（2015）关于第二语言学习者跨文化认同的量表设计。由于本次调查的研究重心在新生代上，因此家长卷涉及的内容除了家长的汉语实践现状，更多的是通过家长的视角，从侧面考察其孩子的汉语实践现状。总体而言，两套问卷的大体结构一致，但问题的侧重点会根据调查对象的特点稍有变化。

学生卷的内容主要包含以下四部分：

第一部分是语言实践的基本情况调查。这一部分主要围绕个人、家庭、社区三个层面展开。其中,个人层面主要包括:(在一定程度上)掌握的语言种类、日常使用语言的偏好、日常使用汉语(含方言)的频率及语言转用发生的频率等内容。家庭层面主要包括:两个时间维度(小学前和现在)内,学生与其家人日常交谈时的语言使用状况,即代内(学生与其兄弟姐妹)、代际(学生与其父母、祖辈)语言使用的状况。其中侧重考察印尼语和汉语的转用情况(本研究所指的"汉语"包括汉语普通话和汉语方言,下同)。两个时间维度(小学前和现在)是出于祖语习得重要期的考察目的而设置的。社区层面则主要包括:社区汉语环境、学生日常使用汉语的场合等内容。

第二部分是家庭语言管理情况以及学生的汉语水平自测。其中,汉语水平自测部分采用李克特五度量表的形式,围绕听力、口语、阅读、写作四项语言技能展开设计。每一部分均由五道语言水平自测题构成,每一部分阐述的五个语言任务均由易到难逐层递增,调查对象需结合自身实际情况,根据题目阐述的任务难度进行自我评定。

第三部分是情感认同和语言学习动机的考察。同样采用了李克特五度量表的形式。这部分的题目由语言认同、族群认同、文化认同和语言学习动机四个考察点构成。每个考察点分别由 4 至 5 道小题构成,并且内部包含若干反向题目。其中根据 Gardner 和 Lambert(1972)提出的动机分类概念,将语言学习动机分成两类:融合型动机和工具型动机,每类动机的考察均由 3 道小题构成。

第四部分是基本背景信息的考察。主要包括性别、出生年份、在印尼的现居地、父母的学历和父母职业等问题。

作为平行辅助问卷的家长卷,其主要内容包含以下五部分:

第一部分考察调查对象及其家人的语言实践情况。问题的主体对象兼顾家庭成员个体和家庭整体,以点带面考察家庭整体语言实践情况。

第二部分从家长的角度侧面考察其孩子的汉语水平。这部分同样采用了李克特五度量表的形式,围绕听力、口语、阅读、写作、汉字五项语言技能展开设计。另外,考虑到印尼各华人聚居区普遍存在汉语方言较为普及的情况,因此这部分还涉及了汉语方言(听力和口语)水平的自测,以便考察新生代的汉语方言听说水平和普通话听说水平是否有显著差异。

第三部分则主要是家庭语言管理和实践的相关内容。

第四部分的题目与学生卷第三部分的题目基本一致,也考察了家长的各类认同情况。不同的是,语言学习动机的题目考察的是家长语言管理的动机(第 16 ~ 19

题）。同样包括融合型和工具型两种动机，每个考察点同样分别由 4~5 道小题构成并且内部包含若干反向题目。

第五部分考察家长的基本背景信息，包括性别、在印尼的现居地、学历和职业等问题。

本次问卷调查在 2018 年 10 月至 2019 年 1 月期间进行，采用线上和线下两种方式，分别对在广州各高校就读的印尼留学生及其家长展开问卷调查。

二、半结构访谈

为了保障受访者的取样具有一定典型性，笔者按照两个抽样标准（家庭语言是否为汉语以及个体的整体汉语水平）对自愿参与访谈或他人推荐的样本进行初步筛选。最终抽取了 20 名学生（其中一名访谈对象刚毕业不久）作为访谈对象。访谈内容以语言认同、族群认同、文化认同、语言学习动机等问题为主，然后采用面对面和微信语音这两种交谈形式进行"半开放式"结构的个案访谈。本次访谈研究时间跨度为期一个月，每次访谈时间在 60~120 分钟不等，并且在征得受访者同意的前提下进行同步录音。访谈过程中，鼓励受访者尽可能用汉语回答问题，以便更全面地揭示其祖语保持面貌。在受访者语言表达十分受限的情况下，允许受访者以印尼语或英语回答个别问题，如有需要由另一印尼华裔进行同步翻译。

第三节　问卷分析与讨论

搜集到问卷数据后，笔者对问卷中涉及李克特五度量表的题目分别进行了信度检验。结果显示，学生卷中汉语水平自测部分题目的 Cronbach's Alpha 系数为 0.964，情感认同、动机部分题目的 Cronbach's Alpha 系数为 0.868；家长卷中汉语水平他评部分题目的 Cronbach's Alpha 系数为 0.938，情感认同、动机部分题目的 Cronbach's Alpha 系数为 0.806。各部分的 Cronbach's Alpha 系数均高于 0.8，表明这几部分的调查结果具有较高的可靠性。

一、人口统计学信息

本次问卷调查，共回收学生卷274份（包含纸质问卷21份和电子问卷253份）。为方便统一线上统计，最后同步录入21份纸质问卷的信息并删除作答无效问卷44份，最终筛选出230份有效问卷，有效作答率为83.94%。

本次问卷调查，共回收家长卷电子问卷87份，删除了误填关键个人信息的问卷16份，最终筛选出71份有效问卷，有效作答率为81.61%。

两套问卷调查对象的基本情况如下：

表10-1　学生卷调查对象的基本情况

项目	类别	比例	项目	类别	比例
性别	男	36.09%	父亲职业	政府雇员	0%
	女	63.91%		企业/教育机构雇员	10.43%
出生时代	00后	15.65%		自主经营者	74.78%
	90后	83.04%		农民/渔民	0.87%
	80后	1.30%		工人	3.48%
父亲学历	高中以下（含高中）	64.35%		其他	10.43%
	高中以上	35.65%	母亲职业	政府雇员	0%
				企业/教育机构雇员	8.70%
母亲学历	高中以下（含高中）	58.70%		自主经营者	32.17%
	高中以上	41.30%		农民/渔民	0.43%
				工人	0.43%
				其他	58.26%

表10-2　家长卷调查对象的基本情况

项目	类别	比例	项目	类别	比例
性别	男	50.70%	出生时代	50后	4.23%
				60后	54.93%
	女	49.30%		70后	40.85%

从性别看，学生群体中，女性比例远高于男性比例；家长群体中，男女比例较为均衡。从出生时代看，90 后是学生群体的主体，其次是 00 后，80 后最少；家长群体中，60 后和 70 后较多，50 后最少。

从年龄跨度和分布来看，学生群体的年龄范围为 17～31 岁，平均年龄为 21 岁，分布较密集的是 18～22 岁。家长群体的年龄范围为 39～66 岁，平均年龄为 50 岁，分布较密集的是 44～54 岁。

从父母的学历看，新生代父母的学历多数是高中以下。在六类学历中，父母学历占比最多的是高中（父亲 46.09%，母亲 41.74%），其次是本科（父亲 25.65%，母亲 22.61%），本科以上占比最少（父亲 1.74%，母亲 1.3%）。

从父母的职业看，新生代的父母从商的居多，其次是机构雇员，从政的人数均为 0，后期访谈佐证了印尼华人在当地政治地位较低的事实。

新生代华裔的居住地主要分布在爪哇岛、加里曼丹岛、苏门答腊岛、苏拉威西岛等几个大岛。就分布城市而言，分布较为集中的地区主要有雅加达、棉兰、泗水三个城市，其次为巨港、万丹、占碑、坤甸、北干巴鲁、望加锡等城市，以上城市均为印尼华人聚居较为集中的地方。

二、语言实践

语言实践离不开一定的语言环境，因此问卷中关于语言实践的考察融合到了语言环境的考察中。问卷中涉及的语言环境主要包括三种：家庭语言环境、社区语言环境和学校语言环境。但由于学校语言环境在印尼的情况较复杂，因此问卷中并无过多涉及这部分的考察。

（一）语言使用状况

首先是语言使用种类的情况。由于调查对象主要是来华留学的华裔学生，因此调查结果显示：所有学生都可以在一定程度上使用印尼语和汉语普通话，近一半（44.78%）的学生还可以使用一定程度的汉语方言，这些方言主要包括闽南语、客家话、潮汕话和粤语。可见新生代普遍具有多语能力。

就汉语的使用频率来看，很少和几乎不用汉语的学生（53.48%）要稍多于经常和每天都用汉语的学生（46.52%），其中比例最多的是"很少用到汉语/汉语方言"的学生。

数据显示，一半以上的新生代家庭所在社区华人很少用汉语交谈，反映出印尼总体的汉语实践环境不尽理想。新生代使用汉语最多的地点是在华校和家里，其次是宗教场所、华人餐厅和唐人街。而在"其他"选项的具体填空当中，不少人填写"帮家里买卖东西时""参加传统节日活动时""参加华人婚礼时""参加佛堂的庆祝活动时"等，可见商业交易、宗教、传统习俗、华校、家庭等都是帮助新生代有效维持汉语的主要因素。

关于家庭语言实践情况，笔者用作答较为完整的家长问卷第一部分第 3 题（"孩子上小学前，与您及其他家庭成员交谈时所用的语言"）、第 4 题（"现在，孩子与您及其他家庭成员交谈时所用的语言"）的数据进行分析。

经过配对样本 t 检验，笔者发现，新生代与其父母日常交谈使用汉语的情况，在小学前和现在无显著差异（小学前：$t = -0.369$，$df = 140$，$p > 0.05$；现在：$t = -0.360$，$df = 140$，$p > 0.05$）。

无论是过去还是现在，新生代与兄弟姐妹交谈使用汉语的比例最低，与祖辈交谈使用汉语的比例最高。由此可见，孩子与家人交谈使用的语言会随交谈对象的身份而异，具体表现为：同辈的家庭成员间交谈使用汉语的频率普遍较低，非同辈的家庭成员间交谈使用汉语的频率则较高。这一发现与 Carmit Altman（2014）等人的研究结论一致。

在汉语使用比例的变化上，新生代现在与兄弟姐妹交谈"主要使用汉语"的比例比小学前低，但现在与父母交谈"主要使用汉语"的比例比上小学前高。可见学校的语言管理对新生代的语言实践有一定影响。

（二）祖语使用的代系差异

为进一步考察被试与不同代际的家庭成员间交谈时使用汉语的程度，笔者筛去独生子女家庭的样本，最终剩余 55 份非独生子女家庭的样本。然后分别以家人代际（父母、祖辈、兄弟姐妹）和关键考察时间点（小学前、现在）为两个被试内变量，分别用 G 和 T 表示。G 和 T 构成的 3×2 重复测量资料方差分析结果显示，家人代际 G 的主效应差异显著（$F_{[2,108]} = 35.576$，$p < 0.01$）：即在同一时间节点上，被试与不同代际的家人交谈时使用汉语的程度明显不同；但时间的主效应差异不显著（$F_{[1,54]} = 0.038$，$p > 0.05$）：即在不同的时间节点上，被试与相同代际的家人交谈时使用汉语的程度变化不明显；家人代际（G）与时间（T）的交互作用也不显著（$F_{[2,108]} = 2.545$，$p > 0.05$）：无论是小学前还是现在，被试与不同代际的家人交谈时使用汉语的程度都是一致的。

由于时间主效应差异不显著，因此笔者取第 3 题（"小学前"）和第 4 题（"现在"）的数据均值代表被试日常与家人交谈时使用汉语的程度。整理相关数据，再将"被试的父母与被试的祖辈"（记为 A）、"被试与其父母"（记为 B）、"被试与其祖辈"（记为 C）、"被试与其兄弟姐妹"（记为 D）日常交谈使用汉语的程度进行单因素组间方差分析。结果如表 10 - 3 所示，不同对象之间日常交谈使用汉语的程度有显著差异（$F_{[3,216]} = 6.187$，$p < 0.01$）：A 和 C 日常交谈使用汉语的程度显著高于 D 日常交谈使用汉语的程度，分别为 $MD = 0.75$ 和 $MD = 0.64$。但 A 跟 C 日常交谈使用汉语的程度无显著差异，B 跟 A、C、D 日常交谈使用汉语的程度也无显著差异。

表 10 - 3　不同交谈对象之间使用汉语程度的差异

	A（$n = 55$）		B（$n = 55$）		C（$n = 55$）		D（$n = 55$）		F	Post Hoc
交谈使用汉语的程度	M	SD	M	SD	M	SD	M	SD	(3，216)	(Tukey)
	3.11	0.96	2.68	1.00	2.99	1.04	2.35	1.04	6.187**	A > D C > D

注：A = 被试父母与被试祖辈交谈使用汉语的程度；B = 被试与其父母交谈使用汉语的程度；C = 被试与其祖辈交谈使用汉语的程度；D = 被试与其兄弟姐妹交谈使用汉语的程度。** 表示 $p < 0.01$。

结合表 10 - 3 的分析结果，我们用四度模式代表家庭成员相互交谈使用汉语的程度：最高度 4 分表示"只用汉语交谈"，以此类推，最低度 1 分表示"只用印尼语交谈"，那么交谈使用汉语的中间状况取 2.5 分。以 2.5 分为衡量杆秤可区分出家庭成员交谈的三种模式：主汉语交谈模式、偏汉语交谈模式和偏印尼语交谈模式（见图 10 - 1）。

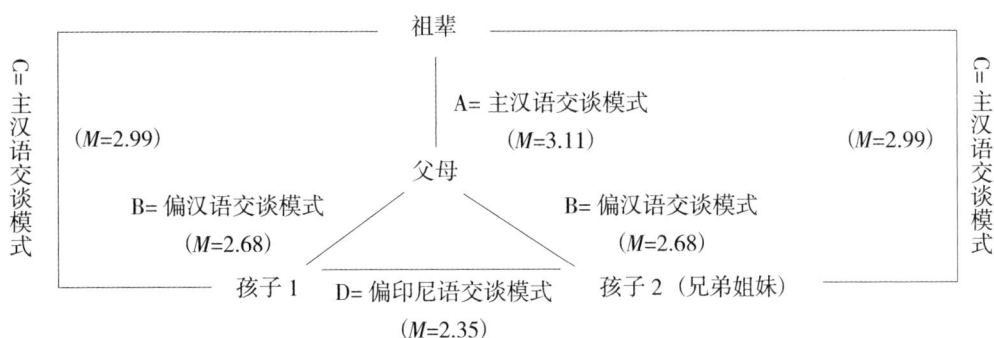

图 10 - 1　家庭成员日常交谈的语言模式

不难看出，印尼华人家庭成员间交谈使用汉语的程度存在一定代际差异。具体表现为：被试与兄弟姐妹交谈使用汉语的程度较低，被试与其祖辈交谈使用汉语的程度则较高。但这种祖语保持逐代递减的趋势并非十分明显，具体表现为："被试与父母交谈使用汉语的程度"（B）跟"被试父母与被试祖辈交谈使用汉语的程度"（A）并无显著差异。

大体而言，语言实践的变化情况波动较小，这跟印尼华人生存环境的变化有一定关系。由于调查中的家长大多生长于印尼排华时期，他们中的绝大多数人没有接受过正式的华文教育，就连在家跟父母说祖语也要异常谨慎，因此，他们使用汉语的机会要低于被试的祖辈，不仅如此，他们的语言背景在三代人当中最为复杂。据访谈得知，有些父母是由于印尼语水平不高才跟孩子说汉语，有些父母即便印尼语水平高，由于希望自己的孩子能继续传承祖语，也会选择在家用汉语与孩子交流。简言之，他们既要"顾上"——跟父母说汉语，也要"顾下"——既要帮孩子维持汉语也要发展其印尼语能力。从这个角度上说，他们是家庭语言过渡（过渡不显著）的代系群体，即从祖辈在家里"只用汉语"过渡到父辈在家里"主要使用汉语"。

这就在一定程度上解释了主干家庭往往比核心家庭、单亲家庭等其他类型的家庭更容易维持祖语的原因。因此，家庭语言管理者可考虑适当为家庭引进更多祖语使用者以协助自己在保持祖语方面的管理。

三、家庭语言管理

这部分的内容主要包括：家庭语言管理途径、家长日常与孩子说汉语的频率、家庭与说汉语的亲友联系的频率、孩子正式开始学习汉语的年龄等。统计结果分别如下：

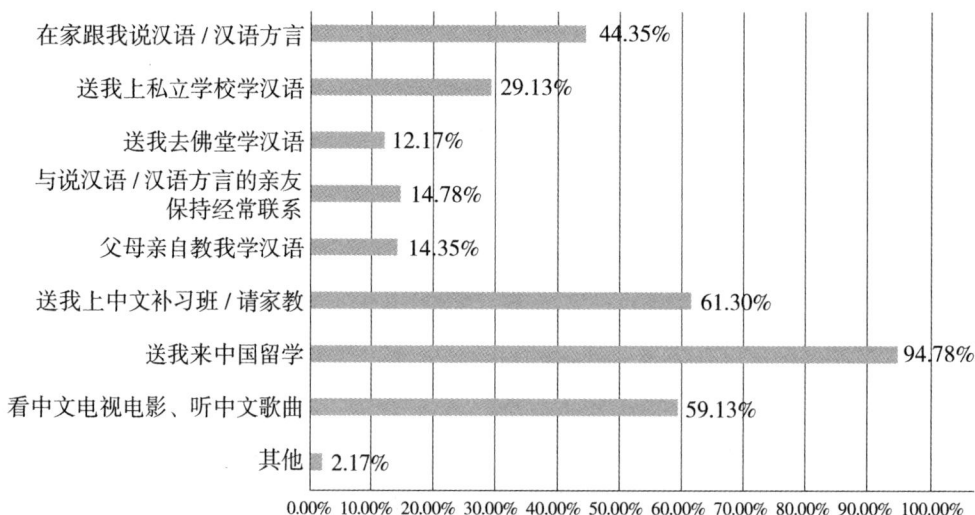

图 10 - 2　家庭语言管理途径

在以上列出的八种主要的家庭语言管理途径中，占比最多的是"留学"，比例高达90%以上，通过问卷追踪反馈得知，部分学生没有勾选这项是因为来中国留学完全是他们自己的意愿，而非家人的原因。同时，不少人也勾选了"去佛堂学汉语"这一选项，可知佛堂在印尼不仅是宗教场所，而且还是进行汉语教育的场所。而在以上家庭语言管理途径中，新生代普遍认为"留学"（93.04%）、"看中文电视电影、听中文歌"（69.13%）和"与家人说汉语"（50.87%）这三种方法对自己学汉语的帮助最大。可见"祖语环境""学习兴趣"和"家庭习得"这三个因素对习得或学习汉语有重要影响。

另外，调查结果显示，45.07%的华人家庭经常与说汉语的亲友保持联系，46.48%的家长几乎每天都跟孩子说汉语。这两个统计结果都占接近一半的比例，再次表明，家庭语言实践和管理在维持后代的汉语水平上有较为重要的影响。

至于家长卷中，孩子正式开始学汉语的年龄统计结果显示，大多数孩子正式开始学汉语的年龄都集中在 5~8 岁之间。笔者以 6 岁（祖语习得重要期）为界，把孩子正式学汉语的情况分为两类：一是在祖语习得重要期前（≤6 岁）正式学汉语；二是在祖语习得重要期后（>6 岁）正式学汉语。然后，分别将这两个分类变量与汉语水平数值变量进行独立样本 t 检验（分类变量通过对第三部分第4题"孩子开始学习汉语的年龄"进行分类处理获得；数值变量通过对第二部分第1题"填写您对孩子汉语水平的评价"进行均值处理获得）。结果显示，除了老大以外（$p < 0.05$），在不同时期正式开始学汉语的孩子（老二、老三）的汉语水平均无显著差异（$p > 0.05$）。

表 10 - 4　在不同时期正式学汉语的孩子的汉语水平差异

	重要期前正式学汉语（$n_1 = 25$；$n_2 = 16$；$n_3 = 13$）		重要期后正式学汉语（$n_1 = 46$；$n_2 = 39$；$n_3 = 20$）		MD	t（$t_1 = 69$；$t_2 = 53$；$t_3 = 31$）
	M	SD	M	SD		
老大的汉语水平	3.36	0.67	2.87	1.07	0.49	2.355*
老二的汉语水平	3.27	0.52	3.28	1.13	0.01	0.047
老三的汉语水平	2.67	0.90	2.88	1.01	0.21	0.605

注：* 表示 $p < 0.05$。

由表 10 - 4 可见，正式开始学汉语的年龄对新生代而言影响不大。进一步表明，对学习祖语而言，开始的时间并非关键因素。对此结果，个别受访者在进一步的访谈中表示，其中的潜在原因可能是"印尼当地的华文教育教学内容过于简单""华文教材落后""华文教师整体素质低"。另外，前文重复测量资料方差分析的结果显示：无论是小学前还是现在，被试与不同辈分的家人交谈时使用汉语的情况均一致。结合这一分析可见，在华文教育发展滞后的背景下，印尼华校对华裔学生保持祖语的帮助极其有限。这样一来，帮助新生代华裔保持祖语的重任就落在了社区和家庭上。

四、情感认同和动机

文中所指的情感认同包含了三种认同：语言认同、族群认同和文化认同。Krashen（1988）的情感过滤假说认为低度的大脑情感过滤有助于语言学习；周明朗（2014）指出海外华裔普遍存在认同困惑现象。从这个角度看，情感认同虽然不是影响语言保持的唯一因素，却是十分重要的因素。新生代的祖语学习和认同的构建是相辅相成的关系。认同指个体对自身想法和行为的认知和描述，它不仅包括情感上的认可，也包括一定的行为倾向。本调查设计的认同量表题目兼顾情感和行为倾向的考察，以便更全面反映出调查对象的情感认同倾向。

调查结果显示，家长的三种认同和两种动机的均值跟孩子的认同、动机的均值相差不大，有较高一致性，不同的是，在文化认同和族群认同上，家长比孩子要稍高一些（平均差分别为0.53和0.49），除了文化认同部分的正向项目均值为2.9以外，各部分的所有正向项目的均值都在3（中度指标）以上，所有负向项目的均值都在3以下。表明调查对象的情感认同和学习汉语的动机整体较为良好。尤其是工具型动机部分，正向项目的均值高达4.1，这与近年来随中国综合国力增强而兴起的汉语热有密切关系。

进一步的相关分析结果显示，三种认同之间有较为密切的显著正相关度（相关系数均在0.6以上）。融合型动机与三种认同的相关度十分密切，而工具型动机则与三种认同、融合型动机间无显著相关，且呈负相关（见表10-5）。

表 10 - 5 三种认同和两种动机的相关矩阵

	语言认同	族群认同	文化认同	融合型动机	工具型动机
语言认同	—	0.677**	0.607**	0.623**	- 0.040
族群认同	0.677**	—	0.648**	0.564**	- 0.053
文化认同	0.607**	0.648**	—	0.615**	- 0.091
融合型动机	0.623**	0.564**	0.615**	—	- 0.033
工具型动机	- 0.040	- 0.053	- 0.091	- 0.033	—

注：** 表示 $p < 0.01$。

因此，对祖语维持而言，帮助新生代建立起融合型动机和认同之间的良性互动机制十分重要。

五、新生代的汉语水平

学生问卷的汉语水平自测部分采用李克特五度量表形式，围绕听力、阅读、口语和写作四部分展开调查，这部分的相关统计结果如下：

表 10 - 6 新生代华裔汉语水平自测得分情况

语言技能项	比较类别	平均得分	语言技能项	比较类别	平均得分
听力	L1	4.25	口语	S1	4.17
	L2	4.18		S2	3.96
	L3	3.61		S3	3.50
	L4	3.14		S4	3.22
	L5	2.59		S5	2.49
	L（1～5）	3.56		S（1～5）	3.47
阅读	R1	4.15	写作	W1	4.02
	R2	3.99		W2	3.42
	R3	3.25		W3	3.11
	R4	3.14		W4	2.56
	R5	2.43		W5	2.50
	R（1～5）	3.39		W（1～5）	3.12

上表显示，新生代的汉语自评水平得分由高到低分别是：听力（3.56）＞口语（3.47）＞阅读（3.39）＞写作（3.12）。可见与读写技能相比，学生对自己的听说技能更为自信，但四项语言技能的发展都较为均衡。另外，每一项语言技能内部的小题自评分均随等级的递增而递减。

将四项语言技能成绩进行相关分析，结果显示，四项语言技能自评成绩之间均存在显著的高度正相关关系（$r_{口语-听力} = 0.827$，$p < 0.01$；$r_{口语-写作} = 0.872$，$p < 0.01$；$r_{口语-阅读} = 0.778$，$p < 0.01$；$r_{听力-写作} = 0.811$，$p < 0.01$；$r_{听力-阅读} = 0.777$，$p < 0.01$；$r_{阅读-写作} = 0.832$，$p < 0.01$）。

将每个学生的综合汉语水平成绩做四舍五入处理，然后进行 Q - Q 图检验，结果显示汉语水平自测得分呈正态分布情况：得分最高者（5分）有15个，得分较高者（4分）有93个，得分一般者（3分）有97个，得分较低者（2分）有25个，得分最低者（1分）则为0，反映出学生的总体汉语水平在中级和中高级间浮动。

接着是家长卷中关于孩子汉语水平的相关数据（第二部分的第1题）分析。首先进行数据初步处理：其中，关于孩子汉语方言能力分类的数据项是通过对"汉语方言听力水平"和"汉语方言口语水平"两小题处理获得的二分类变量。汉语普通话水平的数据项则是通过对"汉语普通话听力水平"和"汉语普通话口语水平"进行均值处理获得的数值变量。

独立样本 t 检验结果显示（见表10-7），汉语方言能力不同的孩子的汉语普通话水平有显著差异：在普通话水平的对比上，汉语方言能力较强的孩子显著高于汉语方言能力较弱的孩子（MD 分别为 1.14、1.21 和 1.17）。这表明汉语方言能力对孩子的汉语普通话水平有显著贡献。

表 10-7　方言能力不同的孩子的普通话水平差异

		方言能力强 ($n_1 = 41$；$n_2 = 33$；$n_3 = 13$)		方言能力弱 ($n_1 = 30$；$n_2 = 22$；$n_3 = 20$)		MD	t ($t_1 = 69$；$t_2 = 53$；$t_3 = 31$)
		M	SD	M	SD		
老大	普通话水平	3.659	0.90	2.517	0.90	1.14	5.301**
老二	普通话水平	3.848	0.80	2.636	0.94	1.21	5.145**
老三	普通话水平	3.615	1.04	2.450	0.72	1.17	3.795**

注：** 表示 $p < 0.01$。

六、汉语水平的影响因素

那么，有什么潜在的可能因素会影响到学生的汉语水平呢？对此，我们罗列出三个可能会影响学生汉语水平的主要变量，它们分别是：家庭所在社区的汉语环境（以下简称"社区汉语环境"）、日常使用汉语与家人交谈的情况（以下简称"家庭日常汉语实践"）和认同情感态度（以下简称"认同"）。

数据处理完成后，分别将"家庭日常汉语实践"和"社区汉语环境"与汉语水平进行独立样本 t 检验。结果显示，影响因素不同的学生的汉语水平均有显著差异。具体来说，家庭日常汉语实践良好（即日常主要用汉语与家人交流）的学生的汉语水平显著高于家庭日常汉语实践欠佳（即日常主要用印尼语与家人交流）学生的汉语水平（见表 10-8）；社区汉语环境良好的学生的汉语水平显著高于社区汉语环境欠佳学生的汉语水平（见表 10-9）。

表 10-8　家庭日常汉语实践不同的学生汉语水平的差异

	主要用汉语与家人交流（$n=116$）		主要用印尼语与家人交流（$n=114$）		MD	t (228)
	M	SD	M	SD		
汉语水平得分	3.72	0.67	3.05	0.56	0.67	8.207**

注：** 表示 $p<0.01$。

表 10-9　社区汉语环境不同的学生汉语水平的差异

	社区汉语环境较好（$n=96$）		社区汉语环境较差（$n=134$）		MD	t (228)
	M	SD	M	SD		
汉语水平得分	3.83	0.62	3.06	0.57	0.77	9.821**

注：** 表示 $p<0.01$。

然后，笔者将认同与学生的汉语水平进行皮尔逊 r 相关分析，结果显示：学生的认同与汉语水平之间存在显著的密切正相关关系（$r_{认同-汉语水平}=0.608$，$p<0.01$）。

为了进一步讨论以上各种潜在的影响因素对学生汉语水平的解释和预测能力，

我们将以上三个影响因素设为自变量，将汉语水平设为因变量，并对它们进行多元线性回归分析。回归分析的初步结果显示如下：

表 10 - 10　变量描述统计量及相关矩阵（$n = 230$）

变量		描述统计量		相关矩阵		
		M	SD	1	2	3
因变量	汉语水平	3.38	0.70	0.545[**]	0.478[**]	0.608[**]
自变量	1 社区汉语环境	0.42	0.49	—	0.575[**]	0.420[**]
	2 家庭日常汉语实践	0.50	0.50		—	0.368[**]
	3 认同	3.67	0.57			—

注：** 表示 $p < 0.01$。

表 10 - 10 显示，汉语水平与认同处于密切相关的水平，与社区汉语环境、家庭日常汉语实践处于切实相关的水平。另外，社区汉语环境也分别与家庭日常汉语实践和认同切实相关。基于以上相关性分析和独立样本 t 检验的结果，首先构建出以下包含虚拟变量的回归模型：

$$Y_i = \alpha + \beta_1 D_1 + \beta_2 D_2 + \beta_3 D_i + \varepsilon$$

本次回归零假设为：

$$H_0 : \alpha = 0, \ \beta_1 = 0, \ \beta_2 = 0, \ \beta = 0$$

其中，Y 为因变量汉语水平成绩；D_1 为虚拟变量社区汉语环境，$D_1 = 1$ 则社区汉语环境较好，$D_1 = 0$ 则社区汉语环境较差；D_2 为家庭日常汉语实践，$D_2 = 1$ 则日常主要用汉语与家人交流，$D_2 = 0$ 则日常主要用印尼语与家人交流；X 为自变量认同；ε 为残差项。

该模型中虚拟变量的引入方式为加法，在假定 $E(\varepsilon_i) = 0$ 的情况下，则不同社区汉语环境、不同家庭日常汉语实践下的平均汉语水平成绩分别为以下四种情况：

①社区汉语环境较差，日常主要用印尼语与家人交流的平均汉语水平：

$$E(Y_i | X_i, \ D_1 = 0, \ D_2 = 0) = \alpha + \beta_3 X_i$$

②社区汉语环境较差，日常主要用汉语与家人交流的平均汉语水平：

$$E(Y_i | X_i, \ D_1 = 0, \ D_2 = 1) = \alpha + \beta_2 + \beta_3 X_i$$

③社区汉语环境较好，日常主要用印尼语与家人交流的平均汉语水平：

$$E(Y_i | X_i, \ D_1 = 1, \ D_2 = 0) = \alpha + \beta_1 + \beta_3 X_i$$

④社区汉语环境较好，日常主要用汉语与家人交流的平均汉语水平：

$$E(Y_i | X_i, \ D_1 = 1, \ D_2 = 1) = \alpha + \beta_1 + \beta_2 + \beta_3 X_i$$

然后利用 SPSS 25 进行强制回归分析得到以下结果，如表 10 – 11 所示：

表 10 – 11　多元线性回归结果摘要表（$n = 230$）

变量		R	R^2	Adjusted R^2	F (3, 226)	Beta	t (226)	Tolerance	VIF
因变量	汉语水平	0.699	0.489	0.482	72.139**				
自变量	社区汉语环境					0.268	4.443**	0.619	1.615
	家庭日常汉语实践					0.163	2.767**	0.650	1.537
	认同					0.435	8.190**	0.799	1.251

注：** 表示 $p < 0.01$。

因变量：汉语水平

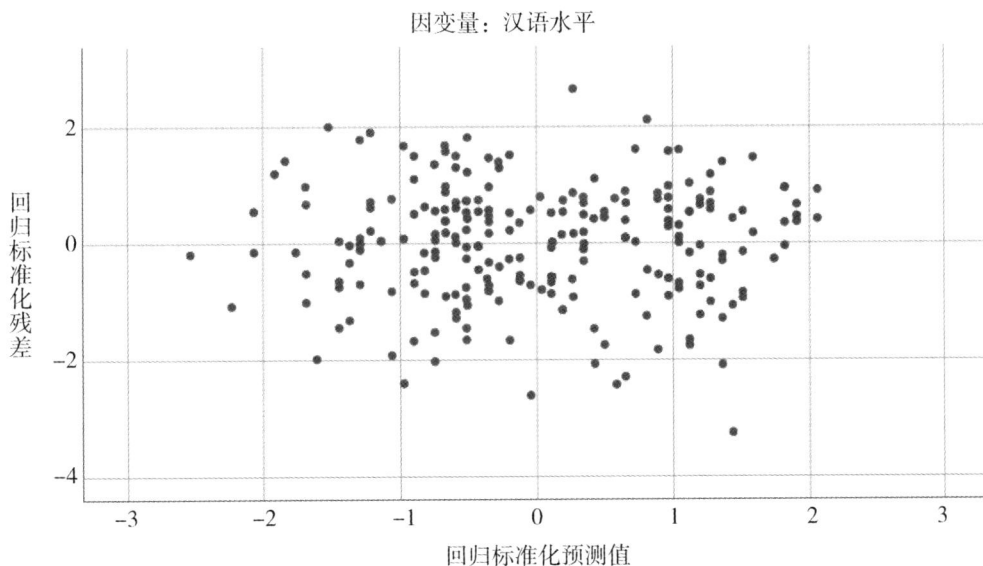

图 10 – 3　多元线性回归预测变量与残差关系图

综合表 10 – 10、表 10 – 11 和图 10 – 3 的结果显示，本次回归分析满足误差呈正态分布、误差和预测变量不相关的前提假设（图 10 – 3）。三个预测变量与因变量显著相关（表 10 – 10），并且预测变量都对汉语水平具有正向影响（回归系数为正），预测变量构成的组合能解释汉语水平 48.9% 的变异（R^2 为 0.489）。将回归输出的系数图所示的相关系数代入回归方程可以得到以下回归结果：

$$\hat{Y}_i = 1.148 + 0.38 \cdot D_1 + 0.228 \cdot D_2 + 0.535 \cdot X_i$$

$$\bar{R}^2 = 0.482$$

由 β_1、β_2 的 t 检验（表 10 – 11：β_1 的 t 值为 4.443，β_2 的 t 值为 2.767）可以看出，参数显著为正，表示不同社区汉语环境、不同家庭日常汉语实践的学生的汉语成绩水平存在显著的差异。将情况①设为对照组，不同分类情况下的学生汉语水平分别为：

情况①（社区汉语环境较差，日常主要用印尼语与家人交流的学生）的平均汉语水平：

$$\hat{Y}_i = 1.148 + 0.535 \cdot X_i$$

情况②（社区汉语环境较差，日常主要用汉语与家人交流的学生）的平均汉语水平：

$$\hat{Y}_i = 1.148 + 0.228 + 0.535 \cdot X_i = 1.376 + 0.535 \cdot X_i$$

对比情况①可发现，平均而言，在社区汉语环境较差的情况下，日常主要用汉语与家人交流的学生在其他情况相同下，比那些日常主要用印尼语与家人交流的学生的汉语水平平均高 0.228 分，表明家庭日常汉语实践对学生的汉语水平有正向影响。

情况③（社区汉语环境较好，日常主要用印尼语与家人交流的学生）的平均汉语水平：

$$\hat{Y}_i = 1.148 + 0.38 + 0.535 \cdot X_i = 1.528 + 0.535 \cdot X_i$$

对比情况①可发现，平均而言，在日常主要用印尼语与家人交流的情况下，社区汉语环境好的学生在其他情况相同下，比那些社区汉语环境差的学生的汉语水平平均高 0.38 分，表明社区汉语环境对学生的汉语水平成绩有正向的影响。

情况④（社区汉语环境较好，日常主要用汉语与家人交流的学生）的平均汉语水平：

$$\hat{Y}_i = 1.148 + 0.228 + 0.38 + 0.535 \cdot X_i = 1.756 + 0.535 \cdot X_i$$

对比情况①可发现，平均而言，社区汉语环境较好且日常主要用汉语与家人交流的学生相对于那些社区汉语环境较差且日常主要用印尼语与家人交流的学生的汉语水平平均高 0.608 分，表明社区汉语环境和家庭日常汉语实践都对学生的汉语水平有正向的影响，且两者的共同影响比单一影响要大。

由 β_3 的 t 检验（表 10 – 11：β_3 的 t 值为 8.19）可看出，参数显著为正，表明认同对汉语水平有显著的正向影响。具体而言，在保持其他情况不变的前提下，学生的认同每增加 1 分，汉语水平会增加 0.535 分，它在所有自变量中作用最强。

综上，"社区汉语环境""家庭日常汉语实践"和"认同"这三个变量对新生代华裔的汉语水平均具有良好的解释和预测作用。这为完善祖语保持机制提供了方向性的启示。

七、小结

根据以上问卷分析，我们可以得到以下几点关于印尼新生代华裔祖语保持的主要结论：

（1）新生代华裔的多语能力发展不均衡且使用汉语的场域受限。

新生代华裔掌握（在不同程度上）的语言种类丰富，除了普通话外，几近一半比例的华裔还掌握汉语方言。但他们的多语能力发展不均衡，新生代掌握语言的熟练程度依次为：印尼语 > 汉语方言 > 汉语普通话。整体语言面貌基本呈现为：以印尼语为主、汉语方言为辅、汉语普通话备用。这与汉语使用场域受限程度有一定关系。在印尼，汉语仅用于有限的使用范围中。新生代使用汉语最多的地点是华校和家庭，其次是宗教场所、华人餐厅和唐人街，而用于正式场合的语言主要是印尼语。维持汉语使用活力的有效场域极少，仅限于华校、家庭、商业交易、宗教礼拜、华人婚礼等几个常见场域。

（2）新生代华裔家庭内部的祖语保持存在一定代际差异，但差异不显著。

新生代华裔家庭内部普遍呈现三种交谈模式：主汉语交谈模式、偏汉语交谈模式和偏印尼语交谈模式，且不同辈分的家庭成员的祖语实践情况存在一定的代际差异。这主要表现为：新生代华裔间交谈使用汉语的比例最低，新生代华裔与其父母交谈使用汉语的比例仅次于与其祖辈间交谈使用汉语的比例，但祖语保持逐代递减的趋势并不显著。不同代系的家庭成员因时代背景不同，导致语言使用情况产生一定的偏离。总体而言，新生代华裔与不同辈分的家庭成员交谈使用汉语的整体情况为"远多近少"，即与离自己辈分越远的家人交谈时使用汉语越多，跟同辈的家人交谈则使用汉语最少。也正因如此，新生代华裔较其父母和祖辈而言，具有更强的语言弹性和竞争力：一方面，他们可凭借祖语从而紧紧抓住在综合国力逐渐增强的中国的发展机遇；另一方面，他们也不至于因抵制印尼语而导致自己在印尼的发展受限。

（3）影响新生代华裔汉语水平的因素复杂多样，社区和家庭因素尤为重要。

多元线性回归结果显示，社区汉语环境的优劣、家庭日常汉语实践的情况及其个人的情感认同都对其汉语水平有较为良好的解释和预测作用，它们构成的组合能解释约一半的汉语水平变异。在该解释组合中，其中社区汉语环境，以及家庭日常汉语管理和实践为外在影响因素，情感认同为内在影响因素，由于内在因素只能通过间接的影响去控制变量，因此在祖语保持中，社区汉语环境和家庭汉语实践这两个人为可控的外在因素就显得至关重要。

（4）新生代华裔的情感认同普遍较高，各项认同密切相关，但认同程度呈代际递减趋势。

总体而言，在语言、族群和文化三项认同上，新生代华裔及其家长在所有考察项目中的平均得分都较高，但认同程度存在细微差异，表现为家长的文化认同和族群认同比新生代华裔的要稍高一些，这与他们所处时代的文化历史背景有一定关系。此外，皮尔逊相关分析结果显示语言、文化和族群三种认同之间有较为密切的显著相关度（相关系数均在0.6分以上），学习汉语的融合型动机与三种认同间也均有显著的密切相关度，而工具型动机与三种认同间则无显著相关。因此，建立起动机和情感认同的良性互动机制很重要。

第四节　访谈分析与讨论

祖语保持是一种宏观的社会现象，由个体行为的相互作用形成。对于揭示社会现象背后的形成原因而言，探究个体行为的深层动机至关重要。从上一节的研究可以看出，量化问卷具有普适性、数量化等优点，为我们了解印尼新生代华裔的祖语保持状况提供了较为全面的分析。在此基础上，为了拓宽研究视角、补充新发现并佐证上一节问卷调查研究的相关结论，深入探讨印尼新生代华裔祖语保持的相关因素，我们对部分受访者进行了半结构式访谈。通过引导受访者分享其亲历经验，我们可以深入分析他们某些特定行为背后的深层动机，进而揭示出形成他们祖语保持现状的原因。

一、分析方法

访谈结束后，笔者将受访者的录音进行文字转录形成对话文本，将其导入质性研究软件 MAXQDA10 中，然后对 20 份原始访谈文本中出现次数较多的、具有共同含义的关键语段进行了三级编码分析。其中三级码是包含能体现受访者主观意识世界的"本土概念"的开放编码（陈向明，2000），二级码是表述意义较为接近的三级码的集合，一级码则是内容概括性最强的主题编码（见表 10 - 12）。

表 10 - 12　访谈编码的主要内容

一级编码 （参考点数）	二级编码 （参考点数）	三级开放编码陈述举例
语言认同 （283）	语言感知 （145）	a. 我个人觉得用汉语表达会比较委婉、比较准确，就觉得它已经融入我的生命里。（CF3）
		b. 跟印尼语名字比，我更喜欢自己的中文名字，因为听起来很好听。（CF7）
	目前的家庭语言实践和管理 （107）	a. 爸爸会说客家话，但是没有跟我说，他跟他的兄弟用客家话，那时候我只是听，听不懂，不知道那是中国的方言，来了中国才知道，来了中国也才跟在中国的亲戚再联系，中文是我们沟通的一个桥梁。（CF10）
		b. 父母也是一直强调说："你是华人，不要一直说印尼语。"在家也是不让我说印尼语的。（CM3）
	未来的家庭语言管理 （11）	a. 第一是教他印尼语，然后才教他学汉语，英语第三，因为我也不太会说英语。（CM9）
		b. 我们那边的话是小学就开始学印尼语了，没有必要教他印尼语，我小的时候爸妈也没有教我印尼语，主要是要会客家话，这个是很重要的，因为上了年纪的人，比如说老太太，你有了孩子，在华人家庭讲印尼语她们就觉得你忘祖了。（CM2）
	语言学习动机 （20）	a. 他们说广州做生意的市场很大，我现在也觉得学汉语有很多好处，比如以后我做生意，帮印尼的客户验货就要用到它。（CM5）
		b. 对汉语感兴趣可能是从小受家庭的影响吧，因为爷爷看的这个电视台都是中国电视台，所以从小就开始接触中文。（CM2）

（续上表）

一级编码（参考点数）	二级编码（参考点数）	三级开放编码陈述举例
族群认同（226）	中文名字的认知（17）	a. 这只是在中国用的名字，如果在印尼的话有或者没有中文名都可以。（CM9）
		b. 有中文名才知道自己的根，比如说我姓L，我才知道我是L氏的后代。（CM2）
	族群差异的认知（155）	a. 华人喜欢攒钱，他们本地人赚多少就花多少吧，还有华人做生意的比较多，大多数华人的生活水平比本地人高，可能是因为华人有那个努力的血统吧。（CF1）
		b. 华人更勤奋，他们工作的话就会一天忙到晚，然后非华人的话，比如说到了这个下班的时间，他们就走，走了就不会加班什么的，明天再说，会把事情拖到明天。（CF4）
	民族通婚的态度（37）	a. 其实现在没有想过要结婚，如果要的话华人或者非华人都可以吧。（CM9）
		b. 虽然爸爸妈妈没说过不能跟非华人结婚，但是我想因为我们是华人，要传承的也是华人去传承，所以最好是跟华人结婚。（CF2）
	语言和族群的关系（17）	a. 我没有认为因为自己是华人所以我要学中文，我觉得没有那么必要，只是我自己认为可以学比较多语言的话比较好。（CM6）
		b. 华人必须要学汉语，这样才说明你是华人，你说你是华人，但是你不会说方言，那就跟本地人一样喽。（CM1）
文化认同（61）	目前的家庭文化传承实践和管理（47）	a. 清明节……之前会烧一些香，准备水果，现在只是去坟墓那边撒花朵，（比如）玫瑰。（CF10）
		b. 礼仪也有（保留），比如说吃饭应该是要长辈先开动，然后会叫长辈吃饭。（CF3）
	未来的家庭文化传承管理（14）	a. 我跟我爸说了我（以后）不想上香了，然后我妈说那随便吧，反正还有弟弟在。（CM6）
		b. 一定要继续保留，因为这个是华人本来有的习俗，不能失传。（CF6）

二、受访者基本信息

本次访谈的 20 名受访者分别来自汉语环境优劣程度不等的 15 个印尼居住地，男女各半，比例较均衡。其中包含 11 名本科生、6 名硕士研究生、1 名博士研究生、1 名非学历制学生和 1 名已就业的社会人士。所修专业涵盖汉语言文字学、汉语国际教育、汉语言文化、华文教育、国际经济与贸易等专业（见表 10 - 13）。笔者以家庭为考察视角，综合受访者的实际情况（家庭语言类型及其整体汉语水平）将他们分成三组（见表 10 - 13 至表 10 - 16）：祖语维持较好的家庭组（E1～E8）、祖语维持一般的家庭组（G1～G5）和祖语维持较差的家庭组（P1～P7）。

表 10 - 13　受访者的基本信息表

	姓名	年级	印尼居住地	访谈时长
维持较好（E 组）	CF1	研一	棉兰	59min
	CF2	研一	棉兰	1h7min
	CF3	研一	巴淡岛	1h42min
	CF4	大四	坤甸	1h27min
	CM1	博一	棉兰	1h29min
	CM2	研二	山口洋	1h47min
	CM3	研一	雅加达	1h15min
	CM4	大三	峇来岛	1h8min
维持一般（G 组）	CF5	大三	勿里洞	1h16min
	CF6	大三	山口洋	1h25min
	CF7	大二	北干巴鲁	1h2min
	CM5	大四	棉兰	1h23min
	CM6	研二	巴厘岛	1h36min
维持较差（P 组）	CF8	大四	三宝垄	1h20min
	CF9	大三	邦加	48min
	CF 10	研究生已毕业	梭罗	1h28min
	CM7	非学历制	万隆	1h13min
	CM8	大一	望加锡	1h35min

（续上表）

	姓名	年级	印尼居住地	访谈时长
维持较差（P组）	CM9	大一	三宝垄	1h32min
	CM 10	大三	泗水	1h18min
（符号说明：CF＝女学生；CM＝男学生）				

表 10-14　祖语维持较好（E组）家庭概况表

序号	家庭成员	家庭类型	祖语	社区汉语环境	目前代际交流使用的语言状况	宗教信仰情况
1	GPF、PM、PF、CF1、SF	主干家庭	闽南话客家话	良好	CF1⇆GPF：只用客家话 CF1⇆P：主要用闽南话 CF1⇆SF：主要用闽南话	家人皆为佛教徒
2	GPM、GPF、PM、PF、CF2、SM	主干家庭	闽南话	良好	跟家人均只用闽南话	家人皆为佛教徒
3	GPM、GPF、PM、PF、CF3、SF	主干家庭	闽南话	良好	跟家人均主要用闽南话	家人皆为佛教徒
4	PM、PF、CF4、SF、SM	核心家庭	潮州话	良好	跟家人均主要用潮州话	P&CF4&SM：孔教 SF：天主教
5	GPF、PM、PF、CM1、SM	主干家庭	闽南话	良好	跟家人均只用闽南话	家人皆为佛教徒
6	GPM、GPF、PM、PF、CM2、SF	主干家庭	客家话	良好	跟家人均只用客家话	GP&PM：孔教 SM2&SF：佛教
7	GPF、PM、PF、CM3	主干家庭	闽南话客家话	良好	CM3⇆GPF：只用客家话 CM3⇆PM：只用客家话 CM3⇆PF：只用闽南话	家人皆为佛教徒
8	GPF、PM、PF、CM4、SM	主干家庭	闽南话	良好	跟家人均只用闽南话	家人皆为佛教徒

表 10 - 15 祖语维持一般（G 组）家庭概况表

序号	家庭成员	家庭类型	祖语	社区汉语环境	目前代际交流使用的语言状况	宗教信仰情况
1	GPF、PM、PF、CF5、SM	主干家庭	客家话	良好	CF5⇄GPF：主要用客家话 CF5⇄P：主要用客家话 CF5⇄SM：主要用印尼语	家人皆为佛教徒
2	GPF、PM、PF、CF6、SM	主干家庭	客家话	良好	跟家人均主要用客家话	家人皆为佛教徒
3	GPM、GPF、PM、PF、CF7、SM、SF	主干家庭	闽南话	良好	CF7⇄GP：只用闽南话 CF7⇄PM：主要用闽南话 CF7⇄PF：主要用印尼语 CF7⇄SM&SF：主要用印尼语	家人皆为佛教徒
4	GPF、PM、PF、CM5、SM、SF	主干家庭	闽南话	良好	CM5⇄GPF：只用闽南话 CM5⇄P：主要用闽南话 CM5⇄SM&SF：主要用闽南话	家人皆为佛教徒
5	GPM、GPF、PM、PF、CM6	主干家庭	闽南话	较差	跟家人均主要用普通话	GP：佛教 P：佛教 CM6：基督教

表 10 - 16 祖语维持较差（P 组）家庭概况表

序号	家庭成员	家庭类型	祖语	社区汉语环境	目前代际交流使用的语言状况	宗教信仰情况
1	GPM、GPF、PM、PF、CF8、SM、SF	主干家庭	闽南话	较差	跟家人都主要用印尼语	GP：佛教 P：孔教 CF8&SM&SF：孔教
2	PM、PF、CF9、SM、SF	核心家庭	客家话	良好	跟家人都只用印尼语	家人皆为佛教徒

（续上表）

序号	家庭成员	家庭类型	祖语	社区汉语环境	目前代际交流使用的语言状况	宗教信仰情况
3	PM、PF、CF 10、SM、SF	核心家庭（只有一半华人血统）	客家话	较差	跟家人都只用印尼语	PM：孔教 PF：伊斯兰教 SM：天主教 CF 10&SF：基督教
4	PF、CM7、SM	单亲家庭	福建话	较差	跟家人都只用印尼语	家人皆为基督教徒
5	PM、PF、CM8、SM、SF	核心家庭	粤语客家话	较差	跟家人都主要用印尼语	家人皆为基督教徒
6	PM、PF、CM9、SM	核心家庭	闽南话	较差	跟家人都只用印尼语	家人皆为基督教徒
7	PM、PF、CM 10、SF	核心家庭	闽南话	较差	跟家人都主要用印尼语	PM：佛教 PF：天主教 CM 10&SF：天主教

符号说明：⇆表示双向语言交流；GPM =（外）祖父；GPF =（外）祖母；GP =（外）祖父母；PM = 父亲；PF = 母亲；P = 父母；SM = 兄弟；SF = 姐妹；CFX&CMX 详见表10－13。

　　从以上基本信息表可知，本次访谈对象的文化水平、专业方向和家庭结构类型不一，访谈样本较完整。分析可知，在家庭类型、家庭所在社区的汉语环境、家庭成员间交流使用的语言状况方面，三组家庭各有特点。

　　总体而言，祖语保持较好（E组，下同）和保持一般（G组，下同）的家庭各考察项的特点大体一致：家庭类型以主干家庭为主；家庭所在社区有良好的汉语环境；家庭成员间相互交流使用的语言以汉语为主。但在家庭成员间相互交流使用的语言状况方面，两组家庭稍有细微差异：保持较好组的家庭成员"只使用汉语"交流的比例比保持一般组的高。

　　然而，祖语保持较差（P组，下同）的家庭各考察项的特点与E、G两组家庭有较明显的差别：家庭类型以核心家庭为主；家庭所在社区的汉语环境较差；家庭成员间相互交流使用的语言以印尼语为主。

良好的语言环境对语言维持的重要性毋庸置疑，家庭类型对祖语传承的影响也已被较多研究证实，即主干家庭往往比核心家庭更有利于传承祖语。这是由于主干家庭比核心家庭多了年长的祖辈老人，而老一辈的华人因为需要耗费大量时间和精力去适应新语言，因此他们往往会坚守祖语而放弃学习新语言。这样一来，家中较为年轻的一辈只能迁就祖辈的语言习惯，这可从以上家庭类型的代际交流语言使用状况中获得佐证。

三、分析与讨论

（一）宗教是帮助新生代华裔汉语保持的一种间接途径

在上一节的调查研究中我们已经发现家庭类型、家庭语言的实践和管理以及社区环境都会对新生代华裔汉语保持产生程度不一的影响。而在本节访谈中，笔者发现祖语维持较好组的受访者多具有以下特征：①多为孔教或佛教徒；②家庭类型以主干家庭为主，家庭成员之间用汉语为主的语言模式进行交流；③大多居住在周围汉语环境较好的华人聚居区。

这些特征与上一节的相关结论相吻合。此外，访谈发现，不少信仰佛教的受访者提及自己儿时曾在佛堂通过吟诵、抄写《弟子规》《三字经》，唱中文儿歌等方式学习汉语。祖语保持较好和一般的家庭大多信仰佛教、孔教，而祖语保持较差的家庭其信仰的宗教主要是基督教、天主教。受访者信仰的宗教属性不仅会影响到他们的祖语保持，而且也在一定程度上影响到他们的家庭文化实践和管理，从而间接影响到他们在未来家庭中实践和管理传统文化的意愿：

P 组 CF10：有一些需要保留，如果没有跟我们信仰冲突的习惯，我们就会过。

G 组 CM6：我觉得（保留）春节那样的还行，然后清明的话，因为我不信佛教，我是基督教的，受到西方的影响，所以我觉得有些部分好像不太需要（保留），而且（烧香）这个习俗也不太重要。

P 组 CF8：肯定要（保留），必须的，因为要保护我们的华人文化。

G 组 CF6：一定要继续保留，因为这个是华人本来有的习俗，不能失传。

三组受访者中都有人表示愿意在未来家庭中继续传承中华传统文化习俗，但传承意愿较强的受访者几乎都是佛教徒或孔教徒，而传承意愿较弱的受访者主要是基督教徒。可见在一定程度上，宗教信仰会影响新生代华裔传承传统文化的意愿。

由于佛教的信义与中国传统文化的意识形态相近，因而与信仰其他宗教的信徒相比，佛教徒能通过相关的文化活动接受更多的汉语输入，也有更多汉语实践的机会。从这个角度上看，宗教不仅能帮助新生代华裔维持民族特性，也能间接地帮助他们更好地维持汉语。

由于新生代华裔普遍处于两种甚至多种文化的夹缝中，他们中的大多数人对不同文化差异的包容度较其祖辈、父辈更高，因此在中华传统文化习俗的传承机制上，新生代表现出较强的灵活性。然而，文化传承的灵活度并非毫无限制。当文化传承失去了应有的仪式感，当文化传承的任务完全移交于学校的华文教育时，新生代华裔就会失去作为文化传承者的责任感。因此在平衡个体内部多元文化的动态调整过程中，家庭如何协同其他教育力量引导孩子掌控好祖籍国文化传承的尺度，而不至于使其往极端传承方向发展，就显得尤为重要。

宗教信仰在汉语祖语传承中的重要性较少被提及。斯波斯基（2016）认为，宗教这一语言管理域对维持语言起到的作用不可忽略，阿拉伯语的广泛使用与伊斯兰教坚持用它作为唯一的礼拜仪式语言有密切关联。吴雨时（1995）也认为有宗教支撑的语言其抗融合力和生存力更强。宗教语言以传诵的经义、礼拜仪式为载体渗入信徒的日常生活，宗教在构筑信徒精神世界的同时，也通过宗教语言这一媒介帮助信徒确认、延续自己的身份归属。在印尼，佛教和孔教是在意识形态上最能体现中国传统文化的两种宗教。由于佛教对经文翻译语言的开放包容性较强，印尼华人能够使用汉语进行相应的礼拜仪式。此外，佛教宣扬的教义也与中华传统文化弘扬的价值观有较高的契合度。虽然在排华时期，印尼政府曾严禁华人传播、学习汉语，但并没有严禁华人参与宗教活动（孔教除外），这为大部分信仰佛教的华人打开了方便之门。一方面，华人可通过这些共同的宗教仪式活动强化族群的身份认同；另一方面，也正是通过讲授佛经的名义，汉语在印尼才得以实际上地存留和变相地较早复兴。可见宗教不仅是帮助华人维持中华民族特性的一种途径，同时也是帮助华人保持汉语的一种途径。

（二）多个要素承载华裔新生代的族群认同

1. 语言区分族群身份

"言为心声"，语言和思维紧密联系。人类用语言去表达思维，与此同时，语言也可在潜移默化中塑造思维。当华裔认为用汉语更能准确表达自我、习惯用中文语法去翻译印尼语甚至感觉汉语仿佛与生俱来时，表明他们的语言思维越来越靠近甚至已经形同母语者，"融入"一词体现出海外华裔祖语保持的最为理想的状态。

而当华裔的祖语水平到达一定高度时，甚至会让印尼当地人认为是"外星人""外国人"。一个"外"字表明在大多数受访者的心中，语言有着区分族群的社会功能。但也有个别受访者认为"汉语"和"华人"之间的纽带并没有那么紧密：

CM6：我没有认为因为自己是华人所以我要学中文，我觉得没有那么必要，只是我自己认为可以学比较多语言的话比较好。

但大多数受访者都能真切感觉到语言有着区分族群的功能：

CM3：不懂客家话那干吗说自己是客家人？

CM2：我室友就是一句客家话都不会说，然后我就调侃他说："你跟非华人有什么区别？"

CM2：我听到人家讲客家话就特别熟悉，就有种冲动想上去跟他讲两句，而且我们碰到了客家人会管他叫自家人。

周明朗（2014）认为，语言和身份是相互联通的，每个人都具有与各种身份相对应的语码库，每个语码都与对应的身份或角色挂钩。如果没有相匹配的身份，语码将失去活力。从这个程度上说，华人的身份是能有效支撑汉语的学习的。

2. 中文名字标识华人身份

当问及受访者中文名字的来由时，大多数受访者表示父母在自己出生前就已取好了中文名字，只有 P 组的两名受访者表示自己的中文名是上中文补习班时才临时取的（CF10、CM10）。相对 P 组而言，E 组和 G 组的多数受访者表示，自己的家庭有依照生辰或辈分排行取名字的民俗（CF1、CF3、CF6、CF7、CM1、CM2）：

CM2：我名字最后一个字原本是 W，因为妈妈算命算到我缺水，所以就把三点水加上去了（CF1），我们华人的话，一生出来一般先让神爷帮算一下，从这个五行里看他缺什么，然后就根据这个来取名字。

中国自古以来的宗法秩序、传统思想文化的观念在一个名字中便可窥见一斑。华人家长给孩子的命名之道反映出中华民族的深层社会文化心理，这种心理对华人的影响是极为深远的，也在不同程度上影响人们对中文名字的认知：

CM2：有中文名才知道自己的根，比如说我姓 L，我才知道我是 L 氏的后代。

CF3：对我来说，中文名是与中国文化贴近的一个象征。

受访者普遍认为中文名字对华人而言不可或缺，它与华人的身份、中华文化有着密切关系。

印尼排华时期，当局曾勒令华人改名易姓，禁止华人使用中文名字，久而久之，他们的后代甚至不知道自己是华人。这个事实说明了中文名字对海外华人而言并非可有可无的，从某种程度上说，它已然不是一个代号，而更像是标识华人身份的一种符号。长此以往，这种符号能将华人身份的概念植入他们的潜意识中，进而强化华人的族群认同。

3. 寻根意愿反映族群认同

中国对多数华裔而言只是一个想象中的祖籍地。G 组和 P 组的不少受访者表示不清楚自己在中国是否还有亲戚朋友，或者跟中国的亲戚朋友很少（甚至几乎没有）保持联系（CF6、CF7、CF9、CM5、CM7、CM8、CM10）。这一部分的受访者寻根意愿不太强烈，对探访祖籍地没有什么兴趣，即便有也只是出于好奇，P组的一名受访者甚至认为寻根活动对华人而言并无特殊意义。

相反，E组的大多数受访者表示寻根活动对华人而言有特殊意义（CF2、CF3、CM1、CM2、CM3）：

CF2：寻根活动就是针对我们华人的活动，希望华人能够通过这个活动找到自己的根，这个根的意思就是指我们的祖先本来就是在中国。

CM3：非华人参加的那就不是寻根之旅了，就（是）来探访中国的，来看看中国文化吧，寻根的意义主要是不要忘记自己是华人。

中国的祖籍地对这部分受访者而言则是一种情感的归属，甚至有些受访者在不知道祖籍地确切位置的情况下仍然想方设法（主要是通过祖辈留下的书信）找寻祖籍地（CM1、CM3）。

4. 族群差异意识反映族群认同

谈及华人和非华人是否有差异时，大多数受访者认为是有差异的。其中三组受访者共同提到的差异点主要是"外表""职业""生活习惯和习俗""政治地位""金钱观""品格特质"：

CM2：从肤色、眼睛就看出来了，还有穿着习惯，一般我们华人的打扮跟他们非华人的完全不一样，像他们非华人的话比较喜欢穿纱笼、巴迪克什么的。

CF7：华人卖东西，非华人大部分是打工，华人做生意比较强，在我的城市，大部分做生意的就是华人，很多人都说华人做生意很厉害。

CM4：我们会拼了命去创业，如果是非华人的话呢，他们就很随意，他们不求那个高工资，混日子就好了，而我们华人一般有更上一层楼这种观念，各个方面都要求提高。

从"我们华人""他们非华人"的字眼可见受访者对族群差异的感知是较为清晰的，例如，他们普遍都能感觉到"华人以经商为主""华人有深谋远虑的储蓄观念""华人较勤恳努力"等族群特征。受访者之所以普遍都有这般敏锐的集体潜意识，不得不说与印尼的排华历史有一定关系。笔者发现在谈及族群差异时，大多数受访者都提到排华事件在自尊心与安全感上对他们的影响。也许在最初，他们并没有感觉到华人和非华人的差异，但曾经发生的严重的排华事件，让他们认识到华人族群的特殊性。

虽然排华事件已经走远，但它在不少受访者的心里留下的却是挥之不去的阴影。

排华事件透露出来的印尼当地人对华人的族群偏见强化了华人区分族群差异的意识，在矛盾愈演愈烈的背景下也拉大了华人与非华人间的心理距离。也正因为排华的影响，加上宗教和语言的阻碍，大多数受访者表示自己不愿意或者父母不同意民族通婚，可见印尼华人族群认同意识的留存现状整体表现较为良好：

CM2：反正我们一般找对象的话第一把他们排除掉了，不会去考虑，你长得再怎么好（也不会考虑），因为我们知道（家人）肯定是不会同意的，可能很多习俗不一样吧，比如说宗教，华人一般是信佛教或者孔教嘛，像他们的话信伊斯兰教，伊斯兰教很多这个禁忌的，还有语言，像他们不会客家话，感觉很难沟通，总不能在华人家庭讲印尼语吧？

CF7：在印尼那儿，他们非华人是不太尊重我们华人的，所以爸爸妈妈不太希望我跟他们结婚。

从某种程度上看，民族通婚的阻力越大、进程越缓慢，越有利于华裔家庭保持祖语的"纯度"。斯波斯基（2016）认为，当家庭的主导者操同种语言时，家庭语言管理最为简单，在一般情况下，家庭成员都会用该种相同语言进行交流，而不同民族的夫妻使用的是不同的语言，这意味着他们的家庭语言管理比说同一种语言的家庭更为复杂一些，在这种情况下难免产生混合多样的家庭语言模式。可见民族通婚也会在一定程度上影响后代祖语保持的成效，因此，家庭成员间在拒绝民族通婚的态度上相互达成一致十分关键。

当笔者让受访者通过简单图示作画的方式阐释他们对自己族群身份位置的认知时，他们的描述都透露出了高度一致的边缘性定位倾向：处于"中国人"和"印尼人"的中间或中间偏向其中一侧：

P 组 CM8：应该是在中间偏印尼的位置。

G 组 CM5：虽然是华人，但是我们是在印尼出生的，所以基本上还是说我们是印尼的，我们不是很华人的那种。

E 组 CM2：我觉得（自己的位置）应该是在中间，首先从国籍来看吧，因为我们拿的是印尼的国籍，你说我们是印尼人吗？但我们又保留了这个华人血统，我知道自己是华人，跟他们不一样，但是你说我们是中国人吧，我们拿的国籍是印尼的国籍，如果抛开国籍来说，我觉得这个位置可以更靠近中国一些，但是不会到中国这个圈里，因为现在我们长期在那个海外住嘛，所以可能思想观念会有了变化，但是对这个印尼本土人，我们都会有这个防备心。

E 组 CF4：我感觉有点尴尬，还是偏中国这边一点点吧，没有刚好在中间，有时候会觉得自己其实只是国籍上是印尼的，但是实际上还是中国人。

总的来说，大部分受访者都表示对自己的族群身份曾经感到困惑，但不同组的受访者的族群属性的清晰度稍显不同。具体表现在：P、G组的大多数受访者认为自己的位置偏向印尼人一方，而E组的多数受访者则认为自己的位置偏向中国人一方（文中提及的印尼/中国人仅用作讨论族群认同而非国家认同）。其中E组的CM3表示自己是拿民族而非国籍来做"什么人"的判断标准的：

CM3：自我介绍的时候要么说自己是"印尼的"，要么……反正我不会说自己是印尼人，"印尼的"跟"印尼人"不一样，如果是"印尼人"也就是觉得自己是印尼那里的，如果是"印尼的"，我觉得这个词还没完整，"印尼的……"后面还可以再加，"印尼的"很抽象，也可以说"印尼的华人""印尼的国籍"。

强烈的华人族群认同甚至让其曾经想要挣脱"印尼人"的身份：

CM3：我之前来中国要做护照嘛，我当时已经18岁了，但是没有身份证，然后我就不想要印尼的身份证，最后还是没办法。

恰如问卷调查结果所示，在一定程度上，汉语水平能反映出华裔对族群的情感。刘权（2015）认为在中华情结和现实生活边缘化的共同作用下，族群认同对海外华人而言具有一定的特殊性。最终他们感知并表现出来的族群认同倾向则是这两股力量相互抗争的结果，但这种结果并非一成不变的。王明珂（1997）认为海外华裔族群认同的边界会随着他们对历史记忆的重构或遗忘而移动。

（三）家庭语言管理维系祖语传承

家庭是孩子培养语言价值观并实施语言实践的第一个区域，是语言自然代际传承的区域，也是孩子语言社会化过程最先发生的区域。斯波斯基（2016）曾指出，"判断一项语言复活运动是否成功的关键，就是看社会上有多少家庭的家长将这种语言当作自己家庭的传承语"。只有当家长掌控了家庭语言的管理权，并且用良好的语言实践维持家庭语言的活力，才能让语言生存下去，继而成功实现语言在家庭的自然代际传承。

家庭语言管理措施通常可分为显性和隐性两类：前者主要是定下语言使用规则，用于管理家庭成员的语言意识；后者主要是想方设法在家里或家附近为孩子创造一片良好的祖语生态环境。

在显性的语言管理措施方面，家长会经常跟孩子强调"本族人应说本族语"的意识：

G组CF5：父母说我们是中国人，不应该用印尼语说话，难道不怕丢失客家话吗？

G组CF7：如果我说印尼语爸爸会骂我，因为他说印尼语都这么流利了干吗要一直说印尼语？

E 组 CM3：父母一直强调说我们是华人，不要一直说印尼语，所以在家也是不让我说印尼语的。

由此看出家长在进行家庭语言管理时往往会先从塑造孩子的语言意识入手，即针对某项语言使用规定的原因对孩子进行一番理性解释。例如当严禁孩子在家使用印尼语时会先跟孩子强调华人的身份，把语言和族群的联系潜移默化地植入孩子的语言价值观，必要的时候还会通过一些惩罚手段（如责骂）来严格执行语言管理。面对惩罚，孩子往往会选择妥协，要么严格遵守家庭定下的语言使用规则，要么抓住时机"规避"这样的语言管理：

G 组 CF5：如果有父母（在旁边）的话，那我和弟弟就说客家话，如果没有的话就说印尼语。

另外，访谈发现，大多数新生代倾于使用印尼语跟兄弟姐妹交谈：

G 组 CM6：虽然我经常跟我的爸爸妈妈、亲戚他们说中文，可是跟弟弟的话还是说印尼语，不知道为什么，好像是因为从小一直跟他说印尼语，然后到现在如果突然改说汉语的话有点怪，我自己也觉得不太舒服。

可见祖语流失的关键环节往往卡在同辈的兄弟姐妹上，受访者觉得跟兄弟姐妹说汉语有点"怪"和"不太舒服"，是由于他们觉得说汉语是有对象和空间的限制的：例如在跟长辈接触最多的场合——家庭，适合说祖语，而在跟同辈接触最多的场合——学校，适合说本地主流语言。但更主要的原因还是"双语"的严重失衡：较弱的汉语能力导致他们尚不能灵活使用汉语表达自我，加之作为同辈的兄弟姐妹并不会像长辈那样对自己进行语言干预，因此在没有语言干预的情况下，他们自然而然地就会选择使用较为流利的印尼语。

也正因为以上事实，不少受访者表示，家人（主要是长辈）比同辈的朋友更能推动自己学习汉语，甚至在一定程度上能培养近乎宗教信徒的母语情感：

E 组 CF4：我感觉是家人给我这个语言环境的基础，虽然只是方言（环境），因为朋友是后来才见到的，他们虽然说是去学汉语，但是其实在教室里说汉语的频率很小，他们更偏向说印尼语。

G 组 CM6：奶奶要求我每次汉语课要拿到 100 分，连 90 分她也会骂我，然后我就强迫自己学，她要求我拿到 100（分），至少也要拿到 95（分）以上，我觉得这样挺好的，因为不严格的话我现在也不知道笔顺，对汉语也无所谓，我讲中文也不能到这个程度。

而在隐性的语言管理方面，则表现为充分利用电视机、收音机等为孩子营造一个习得汉语的氛围：

E组CF3：我们从小就有接触到汉语，比如说看一个电视节目啊什么的，比如说有一个成语（出现），然后奶奶就会问懂吗？然后就会跟我们解释一下，所以我比较喜欢成语，大部分的成语我也把握得比较好。

或者是有意识地定居在汉语环境较好的社区，希望邻居之间可以通过用汉语交流从而相互加强彼此的家庭语言管理：

E组CM2：我们那里整条街都是华人，左边右边都是，上哪儿去（周围人）都是讲客家话，我觉得环境很重要，如果说我周围的环境都是印尼人，你说我天天说客家话，我跟谁讲呀，没有对象啊，我也坚持不下去。

由此可见，在潜移默化中，隐性的语言管理措施会影响新生代华裔学习汉语的动机。与较差的汉语生态环境相比，良好的汉语生态环境无疑能给华裔提供更多汉语实践的机会，进而也能在无形中加强他们汉语学习的融合型动机（与华人族群交流）。

由于不同受访者家庭所在社区的汉语生态环境不同，他们学习汉语的动机类型也不尽相同。具体而言，家庭所在社区的汉语生态环境越好，华裔学习汉语的融合型动机越强，反之则工具型动机越强。例如，P组受访者大多居住在汉语生态环境较差的社区，因此他们学习汉语的动机以工具型为主：

CF10：如果想要拿到更好的工作机会，就要提高我的中文水平。

CM8：有时候爸爸会从中国这边进货拿去印尼卖，我想帮爸爸做生意，另一方面，因为中国在世界上的地位越来越重要，所以要学好汉语。

他们中一些受访者甚至表示学汉语只是他们发展的下策或者是出于家人的要求：

CF9：高中的时候我想当药剂师，然后考不上，我初中的校长问我要不要来中国学习，然后我爸爸叫我试一试。

CF10：我那个时候是选择学英语，如果拿到本科奖学金，我就来中国，如果没有拿到我就在印尼学英语。

新生代华人虽也有将来让自己的孩子继续传承汉语的想法，但并不强烈（CM9、CM10、CF8）：

CM10：他的母语是印尼语，然后英文，再中文。

从选择后代传承语的备选语言顺序可看出，汉语并非他们的第一选择。

相反，E组、G组的受访者大多居住在汉语生态环境较好的社区，因此他们学习汉语的动机以融合型为主：例如"对汉语感兴趣"（CF1、CF2、CF4、CF5、CF6、CM1、CM2），而且绝大多数受访者让后代传承汉语的想法都较为坚定：

E组CM4：母语的话，我一定会教他方言。

E组CM2：小时候爸妈也没有教我印尼语，主要是要会客家话，这个是很重要的，因为之前听过上了年纪的人说，你有了孩子，在华人家庭讲印尼语她们就觉得你忘祖了，觉得不太好。

G组CM6：我会跟我的父母一样，每天跟他讲中文，我觉得无论我未来在哪个地方，我都会强迫他说中文。

G组CF7：如果是比较老的老人，她们印尼语就不太好，我奶奶就是这样，如果我的孩子会方言的话就可以跟她沟通。

受访者对自己未来家庭的语言规划管理会受到长辈语言价值观的无形影响，如果家中有说祖语的重要人物（如祖辈），那么后代维持祖语的情感动力就会有所加强。具体而言，当家庭中有不谙印尼语的祖辈成员，其他家庭成员为了与他们保持较为密切的情感联系，此时便需要迁就祖辈的语言使用习惯。而这一行为也正体现出尊老的中华文化传统。语言和文化相辅相成的道理在此便可见一斑。

方言之于新生代华裔而言不仅是深邃的身份符号，而且还是他们汉语学习的"激活剂"。谈及汉语方言能力对学汉语的影响时，所有受访者一致认为掌握方言有助于学习汉语：

P组CM7：我有朋友会说Hokkien（闽南话），他们来中国学汉语进步更快。

E组CF4：语感可能不一样，虽然是方言，但是它们可能跟汉语的发音或者语法可能会有一些相似，词汇也有一些是一样的，比如说老师讲到一个词，我会想到潮州话也有类似的词，只不过读音不一样。

E组CM1：会说方言的人和不会说的在学汉语时有很大的区别，我们说这是正迁移，因为方言也有声调，所以我觉得有一定的帮助，比如说雅加达的华人跟我们棉兰的华人的区别是，雅加达的华人他们不会讲方言，他们日常讲的是印尼语，所以他们要学中文的话肯定有一些困难，不像我们棉兰的就是讲闽南语，我们学那个声调会比较容易，有些方言的词汇结构跟中文（普通话）的也有点相似。

正如上一节的相关研究结果所示，方言对汉语学习有相当大的贡献。无论是会方言还是不会方言的受访者，都表示自己感受到方言与汉语普通话的微妙关联，甚至有受访者认为方言能力激活了自己的汉语学习：

E组CM3：我觉得方言对自己帮助挺大的，虽然它表面上看不到，但是我觉得它在里面影响了自己，可能在我的潜意识里积累了一个东西，我觉得我的汉语是被激活出来的。

上一节的相关研究结果显示，汉语方言对新生代华裔的汉语普通话水平有显著贡献。汉语方言既是促进汉语学习的"跳板",也是联络家人感情的语言工具。本节通过访谈佐证了该结论,并且考察了受访者对这一问题的看法。访谈发现,把方言作为家庭语言的受访者主要来自 G、E 两组,而 P 组受访者的家庭语言则主要是印尼语。

一方面,三组受访者都一致表示自己能感知到汉语方言和汉语普通话在语音、词汇、语法等语言层面存在微妙的联系,甚至有受访者表示汉语方言激发了自己学习汉语普通话。

另一方面,G、E 两组有不少受访者表示方言除了能促进汉语的学习,也能促进自己与家人的情感沟通,尤其是能够拉近自己与家中印尼语能力薄弱的祖辈之间的距离。基于此,G、E 两组受访者表达出将来把汉语方言甚至是汉语普通话传承给下一代的强烈意愿,相反,P 组受访者在未来家庭中传承汉语的意愿则并不如其他两组强烈。

谈及中华文化,大多数受访者首先想到的是传统节日。事实上,印尼华人十分重视庆祝中华传统节日,大至春节、中秋节、清明节,小至腊八节、冬至等,家家户户都会举行规模不一的庆祝活动。传统节日作为中华传统文化一个颇为重要的构成部分,它随着时代的更替发展有着不同的社会功能:在封建社会时期可能主要起着社会教化的作用,但到了现代社会,传统节日更多是通过塑造仪式感实现文化交流的作用。通过庆祝传统节日,世代相传的族群文化记忆被后代铭记于心,既增强了传承者的族群自豪感,也维系着海外华人的文化感情,拉近了时空不同的亲人间的心理距离:

CM7:这个是我家人的文化,tradition,一代一代……到现在,所以要保留。

CM8:(过传统节日是)为了保持跟家人的亲密度,跟远方的亲人做一样的事情。

可以说庆祝传统节日的举动对融汇各地散居华人而言有一种无形的凝聚力。同时,节日也是家长对孩子进行中华文化输入和教育的最佳时机,不少受访者表示自己在上学前就已经通过长辈口耳相传的途径了解了各种传统节日背后的故事(CF1、CM2、CF3、CF4、CF7、CF6、CM4)。

而家庭又恰是运行文化传承机制的有效场域。家长陪同孩子一起度过中华传统节日、为孩子创造一个沉浸式的被中华文化包围的家庭环境(如经常播放中文歌曲、陪同孩子一起观看中文电视电影等)的过程其实正是深化孩子文化根脉的过程。只有在这样的环境中,他们才能逐渐在多元文化的冲突旋涡中找到自己的精神归属,才能在耳濡目染中了解节日背后的传统价值观。

之所以说文化传承在家庭这个场所发生的过程是潜移默化的，是因为家长在日常生活中会有意无意地通过言传身教或者一些习以为常的仪式礼节向孩子们传达出中华文化的精神内核，进而逐渐培养他们对中华文化的认同感：

CF3：礼仪也有（保留），比如说吃饭应该是要长辈先开动，然后会叫长辈吃饭。

CF1：冬至我们还自己做汤圆，我妈妈告诉我们（手作搓汤圆的姿势）这个动作是有意思的，就是团圆嘛。

此外，在寻根意愿的强烈度、中文名字的意义感知力、民族通婚的抗拒度等方面，三组受访者也表现出程度不均的递减趋势，而这些差异的形成与家庭类型不无关系。例如，E组不少受访者的家庭与他们在中国的亲人仍保持密切来往，家长偶尔也会给他们讲述关于祖辈和祖籍地的故事，在庆祝传统节日时会对他们进行中华文化的输入和教育，其中有些受访者的家人还怀有浓厚的祖籍国情结。而当受访者对自己的文化身份感到困惑时，家人也会引导他们客观看待遭受区别对待的现象，同时也会强调华人身份的特殊性和保持民族特性的重要性，等等。可见在塑造新生代华裔良好的族群认同上，相较于发展滞后的印尼华校管理而言，家庭管理更能起到关键的引导和推动作用。

（四）祖语能力与文化实践的力度以及学习动机存在密切相关

赫德尔（2009）认为，传承同一种语言的人具备相似的文化传承和心理特征，语言能力会影响人们对族群文化的依恋和忠实程度。经过访谈，笔者发现受访者目前家庭的中华文化传承实践的力度和意愿各自呈现出不同的特点。例如P组受访者大多灵活根据家庭现实生存、发展的实际需要和自己的价值观进行适当的文化调整，从而形成新的平衡：

P组CM9：只有春节的习俗，其他节日不过。

P组CF9：不吃（月饼），我们不过（中秋节），有的家庭会过，但是我们不会。

而家中保留了较为完整的节日传统习俗的受访者则主要来自E组、G组，他们中不少人对一些节日禁忌、信仰神祇等也有一定的了解：

E组CM2：家里会放那个神龛还是什么，因为我们一般会烧香，节日的话比如说春节会过，清明节也会去扫墓啊，中元节我们有个叫四姑的，然后元宵节有个乩童。

G组CM6：我们会拜祖先，因为我们比较注重祖先，如果说习俗的话，就好像春节会发红包，然后去亲戚的家拜年，中秋节也吃月饼。

这同时也验证了上一节关于"汉语水平与文化认同呈紧密正相关关系"的调查结果,忠实强烈的文化认同在一定程度上能促进新生代华裔汉语水平的提高,与此同时,汉语水平的提高也能反过来强化他们的文化认同。

祖语保持良好的新生代华裔学习汉语的"回顾性"融合型动机比"前瞻性"工具型动机强,祖语保持差的新生代华裔则反之。具体而言:祖语维持较好组(E组)大多出于"回顾性"的融合型动机学习汉语。这类动机主要聚焦于过去,即支撑他们学习汉语的理由大多是"自己是华人的后代",对这类华裔群体而言,他们学习汉语与其说是为了"融合",不如说是为了"回归"。这与上一节的相关研究结果相吻合:融合型动机与情感认同存在显著的正相关性,而工具型动机与情感认同存在不显著的负相关性,同时情感认同又与汉语水平存在显著正相关度。因此较工具型动机而言,融合型动机为语言保持提供的"续航"力更强。

祖语维持较差组(P组)大多出于"前瞻性"的工具型动机学习汉语,即支撑他们学习汉语的大多是出于诸如"未来找工作有优势""未来做跨国生意有优势""中国发展前景良好"等理由,这类动机主要聚焦于未来。祖语维持一般组(G组)学习汉语的两种动机则介于E组与P组之间。

第五节　结　论

基于前面的问卷调查和访谈的结果分析,在印尼华文教育较为滞后的发展背景下,依托一定的言语社区的家庭是支撑印尼新生代华裔祖语保持的主力军。但仅靠家庭的力量远不足以推动新生代华裔的祖语保持,必须同时辅以一定程度的华校教育。因此,加快印尼华校的教育建设亦可成为祖语保持工程的"副手"。与此同时,笔者发现"名正"是"言顺"的重要支撑条件,赋予新生代华裔与中国相连的身份能有效构建起其语言认同,进而促进其祖语的保持。

一、推动家庭语言教育

斯波斯基(2016)认为"家庭是众多语言管理活动的关键点和终点"。希伯来语、毛利语、爱尔兰语等著名语言复活运动的成败案例一致表明，在维持某种语言的过程中，与管理有限的学校语言教育相比，起关键作用的往往是在家庭中实现的自然代际传承。可见在移民环境下，家庭对海外华裔的祖语保持而言有着极其重要的影响。

因此，家长首先要做好相关的语言、文化意识形态的管理工作。例如，在家庭语言和文化实践的过程中，不失时机地向孩子强调传承祖语和中华传统文化的必要性和重要性，这对塑造孩子的语言和文化价值观很重要。只有当孩子在心中认可了祖语和中华传统文化的价值，才会有进一步实践的意愿。与此同时，家长也应注意营造一个良好的家庭语言和文化环境。

语言管理方面，家长应根据实际情况制定语言管理策略。在条件允许的情况下，把说祖语的祖辈带入家中，使祖辈的语言习惯逐渐影响孩子的语言习惯。在不断迁就其（外）祖父母的语言习惯过程中，孩子的祖语水平会不断提高。如果条件实在不允许，家长也可利用各种方法激活祖语的活力，例如，让孩子与说祖语的亲戚朋友保持较为密切的联系。

另外，由于研究发现"家庭日常汉语实践"对汉语水平有较为良好的预测作用，因此，家长平时要坚持用祖语与孩子沟通交流，增加亲人间用祖语互动交流的机会。具体而言，可采用以下方式：规定固定时间举行家庭日活动、带孩子去探访亲友、陪同孩子观看中文电影、电视节目等，以上多是隐性的家庭语言管理方式。必要的时候，家长还可辅以显性的语言使用规定来监督孩子。首先，在语言管理问题上，家长要向孩子传达出坚定的态度，从而树立起家庭语言管理者的权威形象。然后，明确给孩子输出一些显性指令，要求他们遵守一定的家庭语言使用规则。例如：限制祖语以外的其他语言在家庭中的使用情况，规定孩子跟不同家庭成员交流的语言种类，鼓励孩子观看中文影视节目，听中文歌、中文电台，浏览中文网站，用中文发表社交动态等。如果一定要用惩罚手段辅以监督，务必灵活谨慎使用，因为使用不慎不仅会产生适得其反的效果，还可能会影响到家人间的情感沟通。

而在文化管理方面，更多使用的是隐性的管理方式。常见的方式有：在家中添置带有中华传统文化元素的物件、为家庭营造一个浓厚的文化环境氛围、陪同孩子一起庆祝中国传统节日、利用过节的机会教孩子相关的礼节，并向他们普及背后蕴含的文化知识。在条件允许的情况下，可带孩子参与相关的节日活动，让他们通过亲历的文化体验激发起对中华传统文化的兴趣，减少对中华传统文化的陌生感，从而缩小他们与中华传统文化的心理距离。

二、依托社区营造良好的语言生态环境

本次研究无论是在调查还是访谈部分都验证了家庭和社区联手合作对维持语言的重要性。但社区的语言管理不能自发实现，必须依靠家庭的力量间接实现。因此，家长的正确引导是将家庭和社区的作用联结在一起的关键。简单来说，社区中具有维持语言这一功能的地方，一种是华人聚居并已形成一定规模方言区的，另一种是靠近孔教堂、佛堂（与中华文化意识形态相近的宗教场所）的。这样一来，居住在同一社区的华人就可以在潜移默化中相互影响彼此的语言价值观或者信教倾向，也可间接监督彼此家庭的语言管理。

另外，调查发现，在平均汉语水平上，宗教信仰倾向西方的被试水平低于宗教信仰倾向东方的被试。虽然宗教信仰跟信徒的语言水平并无直接关系，但由于文化和语言密不可分，宗教作为一种信仰文化的载体，它能通过影响信徒的文化价值观，进而间接影响他们对传教语言的态度。一般而言，靠近孔教堂、佛堂的社区建筑颇有中华文化特色。不少孔教堂和佛堂还会定期举行与中华传统文化息息相关的吟诵、歌舞表演等活动。从这个角度上说，宗教场所既是"文化巢"，也是"语言巢"，华人信徒所皈依的宗教性质能间接影响他们的文化、祖语传承意识。对此，华人家庭可协同华人社区中的各种非正式组织，资助当地孔教堂（孔教在印尼为合法宗教）或佛堂的兴建，进而普及孔教和佛教。

三、扩大华文教育视域，改进华文教学方式

要加强华校与家庭、社区的合作。这样的合作办学形式既利于实现"语言学习"和"语言应用"的有机结合，真正体现"语言生活"的语言教育理念，也有利于各个语言管理域实现相互监督，从而发挥语言管理的合力作用。而加强三者合作最重要、最关键的一点，就是要转变以往"学校为主，家庭社区为辅"的办学理念。应该明确，华校、家庭、社区在推动新生代华裔的祖语传承工程上的贡献各有千秋，是和衷共济的关系，学校并不能"为主"，甚至在某种程度上说它的贡献不及家庭和社区的大。这是因为，在华校，华裔除了要学习汉语，大部分的时间还需接受其他课程的教育，他们在华校接受华文教育的时间往往是碎片化的，以致他们在华校逗留的时间比在家庭和社区逗留的时间要少得多。因此，华校要把家长和社区语言团体的管理者作为学校语言政策制定的重要参与者，并且给予他们同等的语

言课程建设和管理权。例如，学校可以尝试联合佛堂、唐人街、华人文化纪念堂等一起举办各种语言教学项目活动，使语言的教与学不再局限于教室内或者教科书上。也可尝试定期邀请家长来华校陪同孩子进行与汉语学习相关的亲子活动，教师也可适当布置一些任务范围在家庭内或指定社区地点的课后实践作业。

本次研究发现，会方言的华裔学生的汉语水平普遍比不会方言的华裔学生的汉语水平高，而且几乎所有受访者都表示较高的方言能力对学汉语来说是一个优势。因此，为了更好地帮助华裔学生发挥已有的方言优势，同时为了保证一定质量的班级语言管理，可以通过调查问卷的形式了解学生的年龄、母语背景、语言学习经历、语言学习期望等基本信息，然后根据这些信息进行前测（面试和笔试），把有方言基础和无方言基础的学生分到对应教学模式的班级。具体而言，有方言基础的学生应该授之以"普—方对应正音及达到一定饱和量的汉字、阅读教学"，无方言基础的学生则授之以对应其母语类型的教学模式。在条件允许的情况下，还应给学生一定时间的课程试听体验，结合学生的自主选择去分班（王汉卫，2017）。这样才能实现真正意义上的"因材施教"。

由于身份对语言学习能起到一定的支撑作用。因此教师应尽可能让语言操练的教学环节体现出"语言生活"的教学理念。具体而言，可以把各种故事情节融入操练情景当中，并赋予学生不同的角色身份，让他们学会根据演绎角色的不同切换话语。应该注意的是，由于华文教育的教学对象是对中国文化生活有一定了解的华裔，他们中多数人的家庭都具备一定的汉语环境，严格意义上说，他们的汉语水平并非完全的零基础。因此，在教学方法上，华文教育要与汉语国际教育区分开来。例如语言活动的内容上，尽可能围绕华人社会的真实语言生活展开。例如，多组织一些精神层面内容的讨论，让学生不仅能从中获取知识，还能收获中华文化哲思。当学生的会话水平到了一定的阶段，教师可考虑把模拟性的会话操练还原到真实的语言生活中，引导学生到真实的生活场景去应用语言，这样也有助于培养学生学习语言的融合型动机。

四、完善"寻根"机制

寻根的关键就在于帮助他们重新接上之前在中国断开的宗亲血缘网络，从而把他们想象中的"根系"变成可见可感的"根系"。对此，相关部门可成立"家谱社"，帮助印尼华人修缮家谱；或者协同当地政府组织一些仪式感强烈的问祖活动，邀请海外华人参加。

另外，由于大多数印尼华裔会方言，而他们使用方言的领域主要是在家庭当中，可以说，方言跟"家"之间的联系是微妙可感的，华裔往往能通过方言乡音找到他们在中国的文化和血缘根脉。基于这种普遍情况，针对印尼华裔的寻根之旅或许可以根据方言种类对参加活动的华裔进行群体分类，让不同方言背景的华裔群体前往不同的祖籍代表地亲自感受当地环境的文化氛围。

与此同时，应将各种中华文化才艺的体验式学习与方言交流活动有机融合在一起。可以借鉴时下流行的探险打卡通关式的娱乐活动形式，让华裔借助方言这一语言工具，通过与当地方言人群进行各种交流互动游戏，从而逐一完成各种传统文化才艺体验学习任务，同时注意任务难度的设置与语言能力要求相匹配。也可借鉴国际短期借宿家庭的形式，在双方交往意愿达成一致的前提下，让华裔充分沉浸到短期的中国家庭语言文化生活中。至于中华文化才艺的体验任务，则由中国方寄宿家庭的成员分工协作带领华裔学生完成。这样既能使华裔体验到汉语能力带来的成就感，也能让他们真切感受到在中国有"自家人"的氛围。而因活动顺带收获的人脉（友情和"亲情"）也将使他们想象中的"根系"具象化，从而增加他们学习汉语的情感型动机。

学术界广为转引接受的理论认为，移民家庭的语言维持到了第三代就会终止，但本次研究发现，这一理论并非放之四海而皆准，或者说，这样的理论的适用是有一定条件的。本次研究的调查对象多为三代以上的印尼新生代华裔，这些新生代的生长时代背景与其父辈的生长时代背景截然不同。他们生长在华文教育断层枯萎后重新勃发的时代，从而有机会接受华文教育，而其父辈则生长在印尼排华时期，就连日常在家说汉语尚且要小心谨慎，更毋论接受华文教育。

由于印尼华文教育遭遇断层，因此印尼华人社会的汉语传承也呈现出了断层情况：祖辈的汉语维持水平最好，新生代次之，维持最差的是父辈。也正因如此，印尼祖语传承的关键一环落在了新生代上。这与新兴移民国家的祖语传承情况是有区别的，这样的特殊性也恰恰是需要我们去重视的。为数众多的新生代华人既有掌握祖语的动力，也有很好地掌握了祖语的事实结果——这更让我们看到了印尼祖语传承的希望。

PART

第二部分

02

. . . .

华二代祖语保持的教材研究

第十一章

华文教材的宏观研究

第一节　研究方法与内容

　　自二十世纪末，随着海外华文教学的恢复和发展，华文教材也日益成为海内外关注的对象。

　　二十世纪末，海外华文教育有两个大局观：一是随着新华人移民越来越多，华二代祖语保持问题越来越凸显；二是以印度尼西亚华文教育的解冻为标志，东南亚华语教育普遍迎来春天。与之相伴的是国内对外汉语教学以及全球汉语教学的迅速发展。

　　华文教育离不开"三教"：教师、教材、教法。面对庞大的教学需要、海外的教师队伍，我们所能做的建设实在是少之又少。教材可以有效地提升教师、有效地指导教法，实在是重中之重。事实上，我国国内的华文教材以及普通对外汉语教材也强烈地影响甚至塑造了海外华文教育的生态。有鉴于此，本部分对华文教材的现状进行了调查、描写和思考，并阐述我们的教材观，也面向海外华文教师进行调查。

　　为了更好地调查目前海外华文教材（主要指课堂教材）的使用情况，我们设计了"海外华文教材使用情况"调查问卷，采用的调查工具是"问卷星"。调查对象为海外不同国家和地区的华校校长和华文教师。问卷的第一部分是基本信息的调查，即所在的国家和城市；第二部分是华文教材的调查，包括学校目前使用的主要华文教材、学校使用的其他华文教材，所在国家主要使用的华文教材、所在国家使用的其他华文教材，以及对各类教材反映的问题和建议。

本次调查的时间为 2020 年 10 月 15 日至 30 日。收到了来自 6 大洲 31 个国家 172 所中文学校的有效问卷，共计 172 份。

这些华校的主要教学对象为华裔学生，包括亚洲 6 个国家的 52 所中文学校、欧洲 14 个国家的 68 所中文学校、北美洲 5 个国家的 42 所中文学校、南美洲 3 个国家的 7 所中文学校、非洲 2 个国家的 2 所中文学校、大洋洲 1 个国家的 1 所中文学校。具体情况如表 11 – 1 所示。

表 11 – 1　"海外华文教材使用情况"问卷收集情况

地域	国家	华校数量/所	问卷数量/份
亚洲	新加坡	8	8
	印度尼西亚	32	32
	日本	4	4
	柬埔寨	2	2
	泰国	5	5
	菲律宾	1	1
欧洲	英国	20	20
	西班牙	12	12
	德国	10	10
	意大利	8	8
	荷兰	5	5
	斯洛伐克	1	1
	法国	3	3
	比利时	3	3
	爱尔兰	1	1
	丹麦	1	1
	希腊	1	1
	瑞士	1	1
	奥地利	1	1
	塞浦路斯	1	1

（续上表）

地域	国家	华校数量/所	问卷数量/份
北美洲	美国	31	31
	加拿大	8	8
	墨西哥	1	1
	哥斯达黎加	1	1
	巴拿马	1	1
南美洲	巴西	3	3
	阿根廷	3	3
	智利	1	1
非洲	肯尼亚	1	1
	埃及	1	1
大洋洲	澳大利亚	1	1

第二节 亚洲华文教材调查

我们通过问卷调查和查找文献的方式，分析并总结出了新加坡、印度尼西亚、菲律宾和日本等亚洲国家的华文教材的基本情况。

一、新加坡华文教材调查

新加坡的官方语言有英语、华语、马来语、泰米尔语，当地华侨华人的第一语言主要包括汉语方言、普通话和英语三种。新加坡面向幼儿园、小学、中学、大学等不同等级的学生和学校开设中文课程（徐峰，2013），自 2006 年起，新加坡华文教育的第二语言性质日渐明显。

调查显示，新加坡目前使用最普遍的华文教材是新加坡教育部课程规划与发展司编写、名创教育出版社出版的《欢乐伙伴》。新加坡的华文教师说："对于第一语学习者来说，文学性不够强；对于第二语学习者来说，每个单元词汇量较多""内容较松散，教学时间少""每课拼音内容安排过多，学生没有足够时间消化吸收""小学和中学教材都是越改版面越花里胡哨，内容越没深度，程度越来越低，听说先行太明显了""有些课文内容枯燥，与生活结合不紧密；活动本覆盖面广，六年级的难度超出大多数学生的华文水准。"……其中反映最多的是教材内容与教学时间不相匹配的问题。

其次是由熊华丽主编、北京大学出版社 2012 年出版的《大苹果》系列教材，该教材的适用对象是 3～6 岁的低学段儿童，因此比较注重趣味性的体现，但据当地华文教师反映，其也存在"对国家传统文化的宣扬有所欠缺"的问题。

此外，新加坡也有涉及包括幼儿、小学、初中和高中等各个阶段的校本教材。比如《园本课程》就是新加坡的华文教师针对 3～6 岁的儿童编写的教材。但由于各方面的原因，自编校本教材也存在许多问题，新加坡华文教师对其反映的问题和建议有："各年级由个别老师各自编辑，老师未必具备编辑教材的专业能力；每个单元因话题不同造成词语复现率低；词语学习较零散，缺乏系统"；"阅读文章的选择不够全面"；"内容较难"；"课后练习题不够丰富"。

总的来说，新加坡新编华文教材重视华语听说读写以及想象力、思维力、表达力和创造力等方面的培养，充分考虑了儿童的语言认知规律，能够将中华优秀传统文化和新加坡特有的地理、文化和生活方式等结合起来，采用图文并茂的形式激发学生的学习热情，内容贴近生活、生动有趣。但还存在一些有待改善的地方，最突出的问题是教材的性质：汉语祖语还是二语——汉语二语导向的教材使得新加坡的华文教学效果堪忧，在一个华人人口占绝大多数的社会，华文似乎难以为继，这不仅值得新加坡人反思，也值得整个汉语教学界予以关注。

二、马来西亚华文教材调查

马来西亚是一个多元民族、多元文化、多种语言、多种宗教信仰的国家，主要人种包括马来人、华人、印度人。2016 年马来西亚统计局相关数据显示，马来西亚华人约有 741.8 万，占全马来西亚总人口的 23.4%，是马来西亚国民的重要组成部分。马来西亚语言主要有马来语、英语、华语和泰米尔语，其中马来语是官方语言，英语为通用语，华语在华族人群中广泛使用。

马来西亚的华文教育体系十分完整，也比较发达。其中国民教育体系包括华文小学、国民小学、国民中学、国民型中学，此外还有民办性质的独立中学。其教学性质和教学媒介语的使用情况如表 11 - 2 所示。

表 11 - 2　马来西亚国民教育体系

	教育类型	性质	教学媒介语
国民教育体系	华文小学（华小）	母语/第一语言教学	华语
	国民小学（国小）	第二语言教学	马来语
	国民型中学（改制中学）	第二语言教学	马来语
	国民中学（国中）	第二语言教学	马来语
民办	独立中学（独中）	母语/第一语言教学	华语

马来西亚目前使用的华文课程大纲有三种：《国民小学交际华语课程大纲》《小学华文课程大纲》和《中学华文课程大纲》。其中《国民小学交际华语课程大纲》主要供国民小学参考，内容是日常生活交际，每周 2 节课，共 60 分钟；《小学华文课程大纲》主要供华文小学参考，内容是独立思考能力的培养和语文基础技能的操练，每周 12 节课，共 360 分钟；《中学华文课程大纲》主要供国民中学和改制中学参考，内容除了日常生活交际和语文技能操练外，还包括语文知识、文学经典赏析、思维技能和学习技能的培养，前者每周 3 节课，后者每周 5~8 节课。总的来说，马来西亚国小和华小课时差异极大，重点不一；国小与国中难以衔接，华小华文水平远超国小；中学阶段华文水平参差不齐，没有达到教学大纲的目标。

马来西亚华文教材的主要问题在于难以满足多元学习者的需求（余可华、徐丽丽，2017）。国小的华文教材以《国小华语》为主，包括一至五年级的课本共 5 册。该教材总生字达 1 237 个，然而国小的课程大纲仅要求掌握一般常用字 717 个（叶俊杰，2011），可见国小华语教材的生字数量远远超过了课程大纲的要求。同时，国小的周学时为 2~5 节，大多未被纳入正课，在这种情况下，教材难度偏高。华小的华文教材以《华语》为主，包括 1~6 年级的课本。华小的非华裔生近 7 万人，他们缺乏汉语基础，与具有母语优势的华裔生使用同一教材，学习难度不言而喻。中学华文课程是小学华文课程的延伸，进入改制中学或国中后，华小生与国小生使用的是相同的华文课程大纲与教材，然而国小生的华语基础普遍要弱于华小生，因此，到了中学阶段，华文教材同样难以适应不同华语水平学习者的需求。独中的华语教材与国中、改制中学的华文教材相比，较好地保持了华语作为母语学习的连续性。然而，随着独中的非华裔生日渐增多，华文教材也难以兼顾学习者不同的文化背景与学习水平。

三、印度尼西亚华文教材调查

印度尼西亚是世界第四大人口大国，华侨华人的总数约有 1 600 万，是除中国外全球华人最多的国家。十七、十八世纪时，印度尼西亚出现了以私塾和义学为教学形式的华文教育雏形，随后印度尼西亚的华文教育逐渐发展起来。

在印度尼西亚华文教育发展的初期，私塾、义学使用的都是中国传统的教材，如《三字经》、《千字文》、四书五经等，后变为由国民政府审定的《国民教科书》（何悦恒，2014）。

随着"冷战"的结束和印度尼西亚华文教育解禁，印度尼西亚的华文教育复苏，华文教材也逐渐向正规的方向发展，但已然不再是20世纪60年代以前的情况。祖语传承的挑战极大，教材也比较混杂，使用外来教材的学校占84.66%，依次为中国大陆出版、新加坡出版、马来西亚出版、中国台湾出版。正式出版发行的小学华文教材主要有 14 种，其中《汉语》使用最普遍，其次是《小学华文》《中文》《华文教室》《我的汉语》《基础汉语》《育苗华语》（蔡丽，2011）。这些华文教材按出版地的分类情况如表 11-3 所示。

表 11-3　印度尼西亚 2011 年华文教材使用情况

出版地	教材名称
中国大陆	《中文》《汉语》《对外汉语》《儿童汉语》《汉语会话 301》《轻松学中文》《汉语初步教程》《标准中文》《生活的智慧》
中国台湾	《（印尼版）新编华语课本》《一千字说华语》《国语》
新加坡	《好儿童学华文》《好学生华文》《小学华文》《看图学华文》
印度尼西亚	《育苗华语》《好学生》《实用汉语课本》《基础汉语》《我的汉语》
马来西亚	《华文教室》

据我们的调查，印度尼西亚华校、三语学校和中文补习班目前使用较普遍的教材是《汉语》《中文》《千岛华语》和《欢乐伙伴》。

印度尼西亚华校的老师对《汉语》反映的问题和建议有："部分内容不符合当地的实际情况。""有些词语用法和东南亚的用法不同，如彩虹组成的颜色，当地习惯的说法是红橙黄绿蓝靛紫。""说话的练习比较少。"对《中文》反映的问题和建议有："有关印度尼西亚生活面貌的内容较少，单字练写较多。""教材对母语非汉语或缺少语言环境的学生不够通俗，对教师能力要求较高，教材内容对学生吸引力不强。"对《欢乐伙伴》反映的问题和建议有"阅读课文太长""缺少中国文化""练习册难度较高"。对《千岛华语》反映的问题和建议有"教材中有些图片所配的文字不恰当"。

总的来说，印度尼西亚华文教材的特点有：教材教学容量与课时设置不匹配，内容缺乏针对性；配套的教师指导手册使用有限，缺乏教材教法的指导；应试教学倾向严重，不重视对教材目标及要求的实现等。此外，印度尼西亚的本土小学华文教材以自发编写的为主，缺乏全国统筹编写的教材；教材的编写缺乏参考依据，在字、词、语言点的选择及安排上存在较大随意性；本地教材编写缺乏教材编写理论方面的专家指导，教材的教学理念相对模糊；教材的目的性、体系性、科学性、趣味性有待加强。

四、菲律宾华文教材调查

菲律宾的华文教育兴起于19世纪末，在20世纪50年代中期达到顶峰，70年代初受到菲律宾政府"菲化"政策制约陷入低谷，90年代开始了改革的探索。1995年，华教中心提出了华文教育改革的总体构想，并着手具体实施（朱东芹，2014）。

首先，制定了教学大纲，包括幼儿园、小学、中学在内的教学大纲在1996年后相继出版。大纲中明确规定：菲律宾华语教学的对象是以菲语为第一语言的华校中、小学生；菲律宾华语教学的目的是通过听、说、读、写的技能训练，培养学生使用华语进行交际的能力。大纲还对每个年级的教学提出了具体的目标，对应当掌握的字、词、语法点、文化项等都有明确的要求。

其次，根据大纲编制新的教材。教材内容陈旧、脱离现实是教材改革面临的主要问题。战后至90年代教改之前，菲律宾华文学校的教材主要包括以下几种："校总"出版的教材、新疆书店出版的教材、中国台湾方面赠送的教材、中国大陆方面赠送的教材，后两种教材存在内容与菲律宾当地较疏离的问题，前两种虽是当地所编，但也存在种种问题。以教改前华校使用较多的新疆书店版的教材为例，新疆书店版的《幼稚园华语课本》《小学华语课本》《中学华语课本》是1976年出版的，到90年代教改的时候，使用已近20年，内容较为陈旧、不生动，练习也很呆板。教材内容引不起学生的兴趣，且存在疏漏，尤其是教材编撰仍秉持将华生作为中国国民、将华语作为第一语言的指导思想，与华人已经融入当地的现实格格不入。

针对教材存在的问题，菲律宾华教中心从中国请来汉语教学的专家，与本地教师一道调研，用了 4~5 年的时间，试图编制出一套适合本地的本土化教材。1997
年 4 月，《菲律宾华语课本》1~12 册出版；2000 年 6 月，《菲律宾华语课本》13~
20 册出版。另外，还分别于 2000 年和 2002 年发行了配套录音磁带和多媒体光盘。
目前，这套教材共有三个版本：简体版、繁体版和通用版。其中，简体版和繁体版
内容一样，主要供给本地华校使用；因为使用者对这套教材反映较好，海外其他华
社也希望能够使用，于是华教中心又编写了通用版，将原版中有关菲律宾本地的内
容删掉了，于 2001 年 11 月正式发行。随后，印度尼西亚、泰国、日本、韩国等国
的华校陆续使用这套教材。在菲律宾本地华校的教学中，早期使用繁体版较多，近
年来，情况发生较大变化，目前使用简体版的较多。

《菲律宾华语课本》自 1997—2000 年陆续出版发行，至今已逾 20 年，调查显
示，目前菲律宾的华文教师认为该教材"使用年份太久，缺少时代性"；"内容必须
更新，以符合时代的需要"；"教材中有些语法知识安排得不合理"。因此，该套教
材主要面临着内容更新的问题。

另外，我们认为，菲律宾华文教学受中国国内的学术影响，在一语、二语上偏
执一端，一语的教学行不通，于是明确地、系统性地转向二语教学，而没有祖语继
承的学术认识。

五、日本华文教材调查

据中国驻日本大使馆和华侨报刊的粗略统计，目前在日本的华人达 70 多万
（鞠玉华，2009）。日本的华文教育可追溯到 1898 年，日本横滨华侨建立第一所华
侨学校"大同学校"。20 世纪 60—70 年代，由于华侨学校出现了经营困难，部分华
校被迫关闭。近些年，随着新华侨华人的涌入，华文教育和教材的需求也越来越大。

据本研究调查统计，目前日本正在使用的华文教材有暨南大学出版社出版的
《汉语》《中文》《华文》，人民教育出版社出版的《语文》。日本的华文教师认为
《中文》"例文、例句、例词都很中国化，对在日本生活的小朋友来说，有些故事不
理解，不贴合日本小朋友的实际生活。学完了，不能在实际中应用到"，"分散识
字，识字量少"；认为《语文》教材"不能满足华裔学生的日常生活用语需要"；认
为《华文》教材"练习题较少，随文识字的汉字难度有时突然增大，学生不能很好
地接受"。

六、亚洲华文教材使用情况小结

关于亚洲华文教材的使用情况，我们目前调查和统计的结果如表 11 - 4 所示。

表 11 - 4　亚洲华文教材使用情况

国家	教材名称	出版社	出版年份
新加坡	《欢乐伙伴》	名创教育出版社	2015—2020
	《大苹果中文》	北京大学出版社	2012
	《幼儿华文》	Edventure Books Pte Ltd	2013
	《园本课程》	自编教材	2019
印度尼西亚	《中文》	暨南大学出版社	2007
	《汉语》	暨南大学出版社	2007
	《千岛华语》	暨南大学出版社	2008
	《轻松学中文》	北京语言大学出版社	2016
	《语文》	人民教育出版社	2005
	《欢乐伙伴》	名创教育出版社	2015—2020
	《汉语教程》	北京语言大学出版社	2006
	《梅花》	ASTA ILMU SUKSES	2012
菲律宾	《菲律宾华语课本》	菲律宾华教中心出版社	2006
	《轻松学中文》	北京语言大学出版社	2007
马来西亚	《国小华语》	马来西亚教育部	2007
	《华文》	马来西亚华校董事联合总会	1983
柬埔寨	《华文》	暨南大学出版社	2016
日本	《中文》	暨南大学出版社	1997
	《华文》	暨南大学出版社	2020
	《语文》	人民教育出版社	2017

什么是华文教材？是华人用的教材吗？是给华人用的教材吗？以印度尼西亚为例，《中文》是为北美立项编写的对口华文教材，《汉语教程》是典型的二语教材，《语文》是典型的母语教材，却都在印度尼西亚使用。

教材几乎决定了教学的基本面貌，教材选用的混乱非独印尼，事实上华文教材定义不清、使用混乱，是当前华文教学中非常普遍的现象。

亚洲华文教材选用的混乱现象在全世界华文教育界别无二致（详见下文），这就好比一个多棱镜，折射出世界华文教学、世界汉语教学的许多问题，说到底是汉语教学界的问题、学术问题——我们对华文教材，从定性开始，再从地域到代系、从二代到多代、从读写到听说、从基础到高级，任重而道远，否则海外华校对教材的选用何以无所适从呢？

第三节　欧洲华文教材调查

我们通过问卷调查和查找文献的方式，分析并总结了英国、德国、西班牙、意大利等欧洲国家的华文教材的基本情况。

一、英国华文教材调查

英国的华侨华人在 1997 年前以香港移民为主，近十年内地移民逐渐增长。截至 2008 年底，英国的华侨华人约 60 万。英国的华文教育初创于 20 世纪 60 年代，以粤语为教学语言。70 年代至 80 年代，课本多采用香港编印的小学中文教材。只有中山学校等个别学校采用台湾课本，以普通话、繁体字教学（耿红卫，2013）。

调查显示，英国目前使用的华文教材主要是暨南大学出版社出版的《中文》系列教材，此外还有北京语言大学出版社出版的《轻松学中文》和暨南大学出版社出版的《幼儿汉语》。

英国的华文教师对《中文》反映的问题和建议包括："内容有时和年级不相称。""比较枯燥，与国外生活有点脱节。""有些课文内容海外环境长大的孩子难理解。""有些课文内容不符合本地学生逻辑思维模式。""日常用语缺乏，第四册第十二课内容应该更换成嫦娥奔月。""应更多地结合本土文化；电子版视频教学需要再次更新。""课文里学过的字就不需要再标上拼音了，这样可以督促学生念中文字而不是念拼音。""缺乏中英文对译部分。另外有些内容不够实用，配合不到英国主流

GCSE 考试的实用性需求。""1~3 册阅读量不够，没有配套音频或视频，作业部分太重但针对性不够强，从而令学生厌烦而且效率不够高。""缺少听说，高年级教材内容不适合英国中文学校高年级的学生年龄（13 岁以上）；习题类型单调，不利于调动学生学习积极性。""字汇与学生日常生活不够密切联系；课文不够生动活泼；对话中缺少儿童语言；课本中所有的儿歌、儿童诗均没有注明出处、作者姓名。""内容过旧，比如第五册第一课《文具》，每年学生都会很困惑，为什么小刀会出现在文具里？虽然从另一个角度来说可以帮学生了解更多的内容，但也在一定程度上反映了教材内容需要更新。此外还应增添中国现代生活的文化内容，让同学们能够更多地了解现代中国生活。"

英国的华文教师认为《幼儿汉语》"课后生字偏难"。此外，他们认为《轻松学中文》"不是非常适合母语孩子"，"有些话题不适合低龄孩子"，"要是能够把一些内容调整，让年纪小的学生也可以用上更好"。

二、德国华文教材调查

调查显示，德国目前使用最广泛的华文教材是暨南大学出版社出版的《中文》和人民教育出版社出版的《语文》，此外还有北京大学出版社出版的《新双双中文》、湖南科学技术出版社出版的《四五快读》和德国文德书院自编的《海外学子国学》等。

德国的华文教师对《中文》反映的问题和建议有："与孩子的年龄阶段不完全匹配。""认字少，写太多，过度强调笔画。""阅读理解内容较少。""有些内容不符合在德国长大的学生的思维。""汉语拼音教材的课程顺序不好。""课文简单，缺乏文学色彩，练习缺乏多样化及趣味性。题型重复较多，缺少答案。""需要与时俱进和更新，丰富内容，增加阅读等。""教材较为陈旧，不太符合新时代海外中文教学需求。"对《语文》反映的问题和建议有："不适合海外环境的儿童。""内容很丰富有趣，适合儿童学习。但是，它是为全日制编写的，而海外的孩子只能周末上课 2~3 小时。还有，配套课本、教学参考、练习册等不容易买到。"对《新双双中文》反映的问题和建议是："课文内容很好，只是大多数课文还是较为简单，如增加阅读和练习强度，更为理想。"

三、西班牙华文教材调查

调查显示，西班牙目前使用最广泛的华文教材是暨南大学出版社出版的《中文》和人民教育出版社出版的《语文》，此外还有暨南大学出版社出版的《汉语》。

西班牙的华文教师对《中文》反映的问题和建议有："个别内容没有与时俱进。""对于年龄稍大的孩子来说内容比较幼稚。""生字比较难，课文相对容易。""内容比较简单，知识点很少，主要是以认字为主；练习题千篇一律，没有很多变化。如果是针对海外华侨华人子弟的情况，单一以认字为主还可以，但是教材内容没有深度，涉及的传统文化内容不多。""与《语文》相比，比较简单浅显，只能培养华裔学生的语文基础，对华裔学生写作、高水平的表述能力的培养，略有欠缺。""对海外初学的学生，写字量可减少些。有些认读的字很难写。"对《语文》反映的问题和建议有："课本有些内容学生较难理解，但好处是学生们不仅能学习中文也能潜移默化地体会到华夏文化。""要注意政治色彩、英雄人物选取。""结合使用国国情。""最近几年连续升级，在教学上就造成衔接上的困难。配套练习还未跟上。""某些课文不适合海外学生。""网上对应的材料较多，但教学大纲不适合海外周末教学。"对《汉语》反映的问题和建议为"不够生动，课文文学性低"。

四、意大利华文教材调查

意大利总人口约为 6 080 万，根据意大利统计局 ISTAT 的统计，截至 2016 年 1 月 1 日，华侨人数约33.4 万。意大利的华文教育最早开始于 19 世纪 90 年代，初期以家庭补习班为主，"一对一""一对多"，规模小。目前华校的学生有 200 人以上，共有 20 多所正规华校，分周末制、下午制、全日制三种（金志刚、李博文、李宝贵，2017）。

目前意大利各华文学校使用最广泛的华文教材是暨南大学华文学院编写的《中文》，少部分学校使用人民教育出版社出版的《语文》或者华文教师自己编制的教材。如米兰华侨中文学校使用的主体教材为《中文》，最高级班使用人民教育出版社出版的《语文》五年级下册。

《中文》教材主体上的教学对象是北美的华侨华人子弟，为了方便学生学习，《中文》教材（1~6 册）及练习册的课文题目、练习题目等配有英文翻译或解释，"专有名词"加注了英文名称。由此可见，《中文》的主要教学对象为英语国家的华裔青少年。因此，《中文》教材并不十分适用于意大利的华文教育。对于那些在意大利出生的华二代，尤其是低年龄段的学生来说，他们更渴望的是有意大利文注解的教材。但目前还未发现有意大利文注解的华文教材。另外，《中文》1～12册的课文和阅读涉及中华文化和外国文化的比例各占50%，但是涉及意大利历史、风俗、人物的内容占比不到2%，仅有5篇课文或者阅读，而介绍英国、美国等国家风俗文化的课文或者阅读材料则多得多，这样的教材体例显然不太适合意大利华裔青少年的学习和生活环境。

另据调查，意大利华文教师对《中文》反映的问题和建议还有："每册难易程度差别不大，第一单元总是最难的。""对于没有中文环境的孩子们来说，教材的跨度有些大，很难。""教材文章内容老化，部分汉字书写与新课标不符，教参过于系统，使用度过低，不利于新教师上手。""1～4册，课文标注拼音按实际发音，对于学生认知有矛盾（拼音教学时候已经完善了变调的概念）。对于插班生和家长的疑问，解答得比较多。"

意大利（其他欧洲国家也一样）虽是西方国家，但并非英语国家，我们不能视"西方"为铁板一块，《中文》是针对北美编写的华文教材，用于西方非英语国家已经如此不适，何况世界其他地区。这是国家有关部门在现有教材推广，以及未来的华文教材构建上尤其需要注意的。

五、欧洲华文教材使用情况小结

关于欧洲华文教材的使用情况，我们目前调查和统计的结果如表11－5所示。

表11－5　欧洲华文教材使用情况

国家	教材名称	出版社	出版年份
英国	《中文》	暨南大学出版社	2017
	《轻松学中文》	北京语言大学出版社	2012
	《幼儿汉语》	暨南大学出版社	2003
德国	《中文》	暨南大学出版社	2007
	《语文》	人民教育出版社	2005
	《新双双中文》	北京大学出版社	2015
	《海外学子国学》	德国文德书院自编	2018
	《四五快读》	湖南科学技术出版社	2017

（续上表）

国家	教材名称	出版社	出版年份
西班牙	《中文》	暨南大学出版社	1997
	《语文》	人民教育出版社	2017
	《汉语》	暨南大学出版社	2007
意大利	《中文》	暨南大学出版社	2007
	《语文》	人民教育出版社	2005
法国	《中文》	暨南大学出版社	2007
	《幼儿汉语》	暨南大学出版社	2003
	《轻松学中文》	北京语言大学出版社	2016
	《语文》	人民教育出版社	2017
	《汉语》	暨南大学出版社	2007
	《新双双中文》	北京大学出版社	2015
荷兰	《中文》	暨南大学出版社	2007
	《语文》	人民教育出版社	2017
	《HSK 标准课程》	北京语言大学出版社	2014
	《轻松学中文》	北京语言大学出版社	2016
瑞士	《中文》	暨南大学出版社	2007
	《语文》	人民教育出版社	2017
	《轻松学中文》	北京语言大学出版社	2016
比利时	《中文》	暨南大学出版社	1997
	《汉语》	暨南大学出版社	2007
丹麦	《中文》（修订版）	暨南大学出版社	2016
爱尔兰	《中文》	暨南大学出版社	2009
奥地利	《中文》（修订版）	暨南大学出版社	2016
塞浦路斯	《汉语》	暨南大学出版社	2007
	《幼儿汉语》	暨南大学出版社	2003
斯洛伐克	《中文》	暨南大学出版社	2009
希腊	《语文》	人民教育出版社	2017

第四节　北美洲华文教材调查

我们通过问卷调查和查找文献的方式，分析并总结出了美国、加拿大以及其他北美洲国家的华文教材的基本情况。

一、美国华文教材调查

美国华文教育兴起于 19 世纪中期，在旧金山以私塾的形式创办了华文学堂，授课内容为孟学、唐诗宋词、四书五经等。20 世纪 70 年代后，进入了快速发展的时期。20 世纪 90 年代以来，进入了全面发展时期（耿红卫，2007）。近年来北美的周末中文学校蓬勃发展。以美国为例，截至 2009 年，全美国的周末中文学校已有 800 多所，学生达到 16 万人。全美中文学校协会旗下最大的中文学校——华夏中文学校设有 11 所分校，横跨新泽西、纽约和宾夕法尼亚 3 个州；最早的会员学校希林中文学校也从原来的几十名学生发展到现在的 3 000 多人。

在海外学习中文的人群中，华裔儿童增长势头异常迅猛。以全美中文学校联合总会为例，到 2009 年，已遍布全美 47 个州，达 900 多所，在读学生超过 14 万人。全美中文学校协会和全美中文学校联合总会学生总人数占全美学中文学生人数的 2/3，许多课后辅导学校还不在统计之内（方秀珍，2010）。

由于各自家庭背景不一样，美国华裔儿童的中文水平差别很大，形成了中文水平与年龄不一致的特殊现象。一般来说，这些华裔孩子既会居住国语言，又或多或少会中文。但是他们的英语水平普遍比中文好，中文不是他们的强势语言，而且他们的中文也多半不是标准普通话，而是带有某种方言特点；他们的中文分项技能发展不平衡，一般听力口语相对较好，但识字量很少，阅读和写作能力明显落后于听力和口语。另外，由于家庭和所处社会环境的限制，与中国同龄孩子相比，美国华裔儿童比较缺乏中华文化的熏陶，他们不太了解中国的历史、发展和现实，对中华文化中的传统美德、经典故事也了解得很少。在汉字学习上，缺少汉字的原始积累等。这些特殊性都给华裔儿童的中文学习带来一定的困难。首先，他们缺乏学习语言的环境；其次，他们只在周末上两节课，缺少学习中文的时间；最后，他们缺少学习中文的兴趣。

据调查，目前美国华校主要使用的华文教材是《中文》和《马立平中文》，其次还有《标准中文》《跟我学汉语》《美洲华语》《幼儿汉语》以及自编教材《识字》和《阅读》等。

美国华校教师对《中文》教材反映的问题和建议比较多，主要有："海外学生缺乏语言环境和文化背景，希望教材不枯燥；有些课文较脱离当今情况，学生难理解；教材要语言和文化知识相结合；课外作业高年级应相对减少，多数学生在高年级无时间完成，故只有停学，最好能在上课时间完成。""进度与同学生长发育脱节，高年级内容太孩子气。""与时代稍有脱轨。""有些课文不合时宜，海外长大的孩子理解困难。""脱离海外生活，作业安排不合理。""作业量大，教材与现实脱节。""内容过于简单，与海外儿童生活有距离。""练习册的内容不够丰富，比如可以加一些儿童动漫。""教材刚出来时，配套的多媒体光盘对教学的帮助很大。后来多媒体光盘已经从中国华文教育网撤下了，给一些老师带来了不便。希望再版时强化网上交互功能。""配有现成的 CD，不需要网络就可以播放多媒体。能将字词配上生动的图片就更好了，可以激发孩子们学习中文的兴趣，也更容易被孩子们理解和掌握。""1～4 册课文中学过的汉字应该将拼音去掉。""前面 4 册每课的课文都带有拼音，包括已学过的字，让学生对拼音产生了极大的依赖性，到第 5 册突然去掉拼音会有些不适应。""生词课文没有循序渐进。""过多地强调了笔顺。""教材里面一些内容还需要商榷，会有一些小的印刷问题。""阅读量不够大，中文写作方面基本没有，部分课文内容不适合海外学生阅读。""阅读课文不是很好；有些课文已过时；练习册不合适，太多了，内容有重复、有多余的。""初中版内容比较难，建议修改现在的一至十二年级为一至六年级使用，然后加入初中版。""不了解教学对象。""周末班课时少，不易完成全部教学内容。""幼儿汉语 1～4 册无视听材料；修订版中少数内容与现实有差距。""内容比较难，从小学版至初中版在转接上有些挑战。"

美国华文教师对《马立平中文》反映的问题和建议有："教材更新慢；线上内容缺乏；价格贵。""部分高年级家长认为不够接地气。""需要比较多时间做作业和家长辅导监督。""书写练习、能力培养不足。""拼音教学不够扎实，在低年级识字教学中只需会认的字多，但要求会写会用的字并不多，练习册的题型设计比较单调、枯燥，内容太少。""词汇讲解部分过于简单，形式单一。"

此外，有关《标准中文》反映的问题和建议有："有些概念和文化因素让美国学生很难理解。"对《跟我学汉语》反映的问题和建议有："练习册习题过于死板。""教材编写为了向'任务型'靠拢，偏离了中文本身的科学性。"有关《美洲华语》反映的问题和建议有："内容有些脱离北美，作业部分有待更新。""缺少相关的课堂活动设计。"

总体上看，美国华裔儿童的祖语学习人数众多，教材种类也多，但不同需求也多，对教材的批评也多。这不得不让我们进一步思考，"好"的华文教材的底蕴、核心到底是什么？一些关键点的把握和处理方式又该怎么拿捏？

至少，我们可以清楚地看到，目前的教材还远远不能得到大家基本的、一致的认同。由此，我们也可以进一步确认，华文教材的提升空间还相当大，非常值得深耕。

二、加拿大华文教材调查

加拿大国家统计局 2008 年统计数据显示，截至 2006 年 5 月 16 日，加拿大华裔人口约为 1 216 570 人，占全加拿大人口的 3.9%。加拿大华文教育始于 19 世纪后半期，仅有 100 多年历史（耿红卫，2015）。

加拿大是联邦制国家，各省政府对发展华文教育的重视程度不同。华侨华人社会又没有统一的教育机构，中文学校也是由各社团开办，缺乏统一的力量。不但各省之间缺少联络和交流，就是同一城市的华校也是各自为政，虽有一些省内机构和全国性组织，但合作与交流仍十分有限，华文教育没有统一的教材（张燕，2011）。各中文学校根据需要采取不同版本的汉语课本，包括中国及新加坡等地编写的教材，也有自编的课本。加拿大中文学校现有的教材大部分存在着内容呆板、词汇陈旧、缺少本土气息，难以引起学习兴趣，教学内容和授课时间配合不当等问题。加拿大所引进的教材难以完全照顾到不同地区的不同需求，因此，如何组织本国力量并得到中国大陆或台湾当局教育部门的协助，编写具有适应性的教材已成为加拿大华文教育界亟待解决的问题。

调查发现，目前加拿大普遍使用的教材是《中文》，此外还有《汉语》《华语》《幼儿汉语》和《开明国语课本》，有针对性、适合本土发展的教材较少，缺乏统一的中文教材，也缺乏成套的中文教材及录音、录像和网上资料，教材使用基本上各显神通，各自为政。

加拿大的华文老师对《中文》反映的问题和建议有："内容陈旧。""没有英文翻译。""9～12 册教材中介绍国外的内容偏多。""作业有点多。""趣味性有待提高；文章的内容过于国际化，应增加与中国的传统节日和美食、美景相关的内容。"
"有的课文隐含老旧政治内容，不适合海外华文语言文化传播，是硬伤。"

三、北美洲华文教材使用情况小结

关于北美洲华文教材的使用情况，我们目前调查和统计的结果如表 11 - 6 所示。

表 11 - 6　北美洲华文教材使用情况

国家	教材名称	出版社	出版年份
美国	《中文》	暨南大学出版社	2007
	《马立平·中文》	马立平出版社	2010
	《美洲华语》	MZHY Editors Groups U. S.	2007
	《幼儿汉语》	暨南大学出版社	2003
	《标准中文》	人民教育出版社	2014
	《跟我学汉语》	人民教育出版社	1999
加拿大	《中文》	暨南大学出版社	2007
	《开明国语课本》	上海科学技术文献出版社	2005
巴拿马	《汉语》	自编教材	2019
	《轻松学汉语》	生活·读书·新知三联书店	2010
墨西哥	《中文》	暨南大学出版社	2007
哥斯达黎加	《中文》	暨南大学出版社	2007

第五节　南美洲华文教材调查

本节通过文献和问卷调查，分析并总结了巴西、阿根廷等南美洲国家华文教材的基本情况。

巴西，位于南美洲东部，人口 19 370 万，官方语言为葡萄牙语。截至 2007 年，华侨华人总数为25万，主要分布在圣保罗、里约热内卢、巴西利亚等城市。巴西的华文教育兴起于20世纪中期，1958年成立的"圣保罗市第一中文学校"是其华文教育的开端。巴西的华文教学类型可以分为作为第一语言的母语教学和作为第二语言的母语教学两种，其管理体制为半日制教学，主要有家庭补习、正规幼儿园和中小学、补习班或补习学校等办学形式。据调查，巴西的华文学校目前主要使用的华文教材是人教版的《语文》和暨大社版的《中文》。巴西的华文教师对《中文》反映的问题和建议有："该教材面对的是欧美学生，不是很适合巴西华裔学生使用。"巴西华文教材存在的主要问题包括基础阶段教材的需求量多、中葡对应的教材数量少、适合学生的配套读物和适合幼儿阶段的教材少。因此，我们需要针对这些问题进行相关的改进。

此外，阿根廷的华文学校主要使用的教材是暨大社版的《中文》，当地华文教师认为该教材"部分内容有待更新"；"小学和初中没有听力的练习考核"；"初中版教材应多加入些中文语法的学习知识和说明"。

同来自世界其他地区的反馈一样，当地老师关于华文教材的认识未必正确，例如"小学和初中没有听力的练习考核"，"初中版教材应多加入些中文语法的学习知识和说明"，就是不明白华文教育作为祖语教育的性质，也不明白中文自身的特点以及基于中文特点应有的教学设计，而只是基于自己的认识来说话，从本书第一部分"华二代祖语保持国别研究"的调查情况来看，有些意见甚至未必反映了学生的真实需要。

通过教材调查和问卷反馈，我们可以看到，这样的模糊认识、错误认识广泛地存在于海外华教界——这也可算是调查的额外收获。教师队伍的专业品质不高，甚至相当低，这是海外华文教育的大问题，不限于南美洲，而是整个海外华文教育的殇。

总的来说，南美洲华文教材使用的基本情况如表11-7所示。

表11-7 南美洲华文教材使用情况

国家	教材名称	出版社	出版年份
巴西	《语文》	人民教育出版社	2016
	《中文》	暨南大学出版社	2007
阿根廷	《中文》	暨南大学出版社	2007
智利	《华文》	暨南大学出版社	2019

第六节　非洲华文教材调查

通过问卷调查和查找文献的方式，我们分析并总结了莫桑比克、肯尼亚、埃及等非洲国家华文教材的基本情况。

非洲华文教育起始于20世纪初。毛里求斯的新华学校是非洲华侨开办的第一所华文学校。抗战前，非洲华文学校都是小学，其体制照搬当时中国的教育体制；教材完全采用国内版本，学校的教学内容与国内小学基本一致；教学语言，一般根据家长的意见，大部分使用粤语或客家话，只有个别学校（主要是国民党所建的学校）采用普通话教学。从抗战开始到战后初期，是非洲华文教育的繁荣发展时期。20世纪中叶以来，非洲华文教育以西式教育为主。1978年中国改革开放后，非洲华文教育才重新得到重视。目前，非洲华文教育明确的发展方向是：以提倡中华文化、推行华文教育以及中外文化交流为特色，向着民族大同的方向发展（贺鉴、黄小用，2001）。

莫桑比克的华文教育起步于20世纪20年代，1975年国家独立时因政治原因中断，21世纪后中华国际学校成立，华文教育得到重新推动。据不完全统计，目前在莫华人有3万左右，大部分集中在马普托。莫桑比克独立前的华侨学校的特点是以华语作为母语教学，民族认同感强烈。抗战期间使用《复兴国语》教材。

经莫桑比克教育部批准注册，2017年中华国际学校在中华会馆正式开学，是全日制学校，实行中葡双语课程教学。2019年第一学期，学生27人，其中华裔仅5人，以非华裔为主，葡萄牙语为母语。中华国际学校的开办，意味着莫桑比克的中文教学已经完全脱离了祖语教育的性质，而转变为将汉语作为第二甚至第三语言的教学。

根据学生年龄段，中文课分三个班：学前班《美猴王汉语（幼儿）》、1～3年级班《中文》第1册、4～5年级班《中文》第2册，《美猴王汉语》是为英语国家1～3年级学生编写的少儿汉语教材，幼儿版教材内容以拼音和词语教学为主，而4～5年级才选用《中文》第2册，这样的教学安排和教材选用，几乎注定了华文祖语教学现状和前程的不乐观。

文献显示，中华国际学校面临汉语教材严重匮乏的现实问题。受经费限制，教材主要依靠蒙德拉内大学孔子学院和中国国务院侨办这两个渠道的赠书，可选范围非常有限，且大部分只能保证教授用书，无法保证学生人手一册。之所以选用《中文》教材，一个最现实的原因是，这套教材国务院侨办赠书数量充足，完全可以保证所有学生的需求（郭建玲，2020）。

据调查，目前非洲肯尼亚使用的华文教材是人教版《语文》、暨大社版《中文》。当地的华文教师认为《中文》"内容太平淡，不够生动，建议多一些贴近学生日常生活的内容；不适合第一语言是中文的学生"。

埃及使用的华文教材也是暨大社版《中文》，当地的华文教师认为《中文》"整体编排很不错，但针对华侨华人子弟，相对还是较单调，需要有更全面的配套教材相辅"。

总的来说，非洲华文教材使用的基本情况如表 11 - 8 所示。

表 11 - 8 非洲华文教材使用情况

国家	教材名称	出版社	出版年份
莫桑比克	《中文》	暨南大学出版社	2007
	《美猴王汉语》	马立平出版社	2019
	《汉语乐园》	北京语言大学出版社	2007
肯尼亚	《中文》	暨南大学出版社	2007
	《语文》	人民教育出版社	2016
埃及	《中文》	暨南大学出版社	2007

第七节　大洋洲华文教材调查

澳大利亚目前全国总人口 2 544 万。当地政府 2007 年人口普查显示：华人近 70 万，具体为 669 890 人，占当时国家总人口的 3.4%。华文教育于 20 世纪初出现。华文学校主要有两种形式：正规大学的华文课、由华人社区开办的周末华文学校。正规学校主要使用《你好》《汉语》。周末学校使用中国大陆编写的《标准中文》

《中文》和中国台湾及新加坡地区的教材。由于社会背景、生活习惯以及文化的不同，这些教材难以适应本地的需要（黄磊，2003）。

因此，澳大利亚的华文教材同样也面临着亟须更新换代的问题。

第八节　本章小结

总的来说，现有的华教课堂用华文教材可以根据出版地分为国内出版的教材和国外出版的教材两大类。目前国内华文教材主要由暨南大学出版社、人民教育出版社等出版，大多由国内的大学教师或专家学者编写；国外出版的华文教材主要是由使用国的出版社出版，大多由当地的教师编写。此外，还有由国内外联合编写的华文教材。下文将海外华教课堂的教材整体情况整理如表11－9所示。

表 11－9　海外华文教材的基本情况

教材	出版社	使用国家
国内出版		
《中文》	暨南大学出版社	印度尼西亚、日本；英国、意大利、德国、西班牙、法国、荷兰、瑞士、比利时、丹麦、爱尔兰、奥地利、斯洛伐克；美国、加拿大、墨西哥、哥斯达黎加；莫桑比克、肯尼亚、埃及
《汉语》	暨南大学出版社	印度尼西亚；西班牙、法国、比利时、塞浦路斯；巴拿马
《语文》	人民教育出版社	印度尼西亚、日本；意大利、德国、西班牙、法国、荷兰、瑞士、希腊；肯尼亚
《跟我学汉语》	人民教育出版社	美国
《轻松学中文》	北京语言大学出版社	印度尼西亚、菲律宾；英国、法国、荷兰、瑞士

（续上表）

教材	出版社	使用国家
国内出版		
《华文》	暨南大学出版社	柬埔寨；日本
《标准中文》	人民教育出版社	美国
《大苹果》系列	北京大学出版社	新加坡
《HSK 标准教程》	北京语言大学出版社	荷兰
《汉语教程》	北京语言大学出版社	印度尼西亚
《幼儿汉语》	暨南大学出版社	英国、法国、塞浦路斯；美国
《华文》（柬版）	暨南大学出版社	柬埔寨
《千岛华语》	暨南大学出版社	印度尼西亚
《轻松学汉语》	生活·读书·新知 三联书店	巴拿马
《新双双中文》	北京大学出版社	德国、法国
《开明国语课本》	上海科学技术文献 出版社	加拿大
《汉语乐园》	北京语言大学出版社	莫桑比克
国外出版		
《欢乐伙伴》	名创教育出版社	新加坡、印度尼西亚
《马立平中文》	马立平出版社	美国
《美猴王汉语》	马立平出版社	莫桑比克
《美洲华语》	MZHY Editors Groups U. S.	美国
《梅花》	ASTA ILMU SUKSES	印度尼西亚
《国小华语》	马来西亚教育部	马来西亚
《华文》	马来西亚华校董事 联合总会	马来西亚
《幼儿华文》	Edventure books pte ltd	新加坡
《园本课程》	新加坡自编教材	新加坡
《菲律宾华语课本》	菲律宾华教中心	菲律宾
《海外学子国学》	德国文德书院自编	德国

目前海外华校使用范围最为广泛的教材是由国内出版社出版的《中文》《语文》《汉语》，其次是《轻松学中文》《幼儿汉语》等教材。《中文》和《语文》教材皆被亚洲、欧洲、北美洲、非洲四大洲的部分华校使用，其中《中文》在北美使用最多，《语文》则在欧洲使用最广泛。《汉语》教材分布在欧洲、亚洲和北美洲的部分国家。

此外，我们还可以从教材属性的角度，将以上教材分为"一语教材""二语教材"和"祖语教材"三种类型。具体如表 11－10 所示：

表 11－10　海外华文教材从教材属性角度的分类

类型	教材名称
一语教材	《语文》《开明国语课本》
二语教材	《跟我学汉语》《轻松学中文》《标准中文》 《HSK 标准教程》《汉语教程》《轻松学汉语》《美猴王汉语》
祖语教材	《中文》《汉语》《华文》《千岛华语》《欢乐伙伴》 《马立平中文》《美猴王汉语》《梅花》《国小华语》 《幼儿华文》《园本课程》《菲律宾华语课本》《海外学子国学》

但特别需要强调的是，上述归类是根据教材自己"声称"的教学对象来分的，是"名义"上的"祖语教材"，例如《中文》《汉语》等，但这些教材的底层结构和《轻松学中文》《标准中文》等"二语教材"并没有实质性的差别。主要表现在两个方面：一方面，它们大多以"词本位"为理论基础，强调词语的基础地位和重要性，并将汉字处理为附属品和单纯的书写符号；另一方面，这些教材大多坚持"听说领先"的原则，注重对学生汉语听说能力的培养，却忽略了读写能力的训练。

华文教育，教材建设任重而道远；祖语保持，若没有真正配套的祖语保持教材，后果不言而喻。

第十二章

华文教材的微观考察

第一节　研究对象

根据上一章的调研，本章选取了目前使用范围较广的四套小学阶段的华文教材作为考察对象，包括国内出版的两本华文教材和国外出版的两本华文教材，具体信息见表 12 - 1。

表 12 - 1　四本考察教材的基本信息

教材名称	出版年份	选取教材
《中文》（修订版）	2007 年	主教材 1 ~ 12 册
《汉语》（修订版）	2005 年	主教材 1 ~ 12 册
《马立平中文》	2015 年	主教材 1 ~ 12 册
《欢乐伙伴》	2015 年	主教材 1 ~ 6 册

《中文》是 1996 年由中华人民共和国国务院侨务办公室委托暨南大学华文学院

主要为北美英语国家和地区的海外华侨、华人子弟学习中文编写的，其修订版于2007年出版发行。全套教程共48册，其中，《中文》主课本12册、练习册24册（分为A、B册）、教师教学参考书12册。此外，这套教材还有配套的多媒体教学光盘和网络版教材，以及繁体字版。该教材旨在使学生通过全套中文教材的学习与训练，具备普通话听、说、读、写的基本能力，了解中华文化常识，为进一步学习中国语言文化打下良好的基础。目前已在美国、澳大利亚、新西兰、日本等几十个国家和地区发行了1 000多万套。

《汉语》系列教材首次出版于1998年10月，是中国海外交流协会委托北京华文学院（原中国语言文化学校）为海外华侨、华人学生学习汉语而编写的，包含一至六年级的教材。随着时间的推移，原版教材中的一些知识、体例和结构已经不再适用，因此，2005年起北京华文学院对《汉语》系列教材进行修订。《汉语》（修订版）课本共12册，每册15课，每5课为一个教学单元，共计180课，供全日制华文学校一至六年级使用。目前，《汉语》全套教材的教学目标为："高于中国国内少年儿童汉语水平考试的达标要求，与中国汉语水平考试大纲（初、中等）和国内全日制小学《语文》教学大纲有序接轨。"目的是培养学生现代汉语普通话的听、说、读、写能力，并且增加学生对中国文化的了解。教材第一册至第四册对应小学一、二年级。课本以功能为纲，设计情境，为学生营造交际环境，这一阶段的主要教学目标是：要求掌握日常生活交际用语，能正确地认读和书写汉字，逐步培养起学习汉语的兴趣。第五册至第八册对应小学三、四年级。课本在编排上逐步过渡到以结构为主，用生活中的真实语句呈现汉语中较为复杂的句式和语言点，让学生掌握这些句子，学会用汉语正确地表达思想。第九册至第十二册对应小学五、六年级。要求学生在高年级时，可以掌握比较复杂的句式和语言点，并通过掌握语言去了解更多信息，有一定的课外阅读能力，能流利地表达思想。在写作方面，要求学生从句子到段落，逐渐完成命题作文。《汉语》（修订版）教材在课文中添加了各种中华文化的内容，有成语俗语，有历史地理，有文化遗产，有名胜古迹，还有绘画、书法和工艺美术等。除此之外，配套的课文内容、文化知识点、阅读篇目及各种教学游戏大都从中华文化宝库中取材，旨在介绍和推广中国文化。2020年，《汉语》（修订版）更名为《华文》。

《马立平中文》系列教材，是由马立平博士为美国斯坦福中文学校设计编写的、专供周末中文学校的适龄儿童使用的汉语教材。该套教材共30册，包括主课本、单双周练习册、配套暑假作业、多媒体课后练习、学生用田字格生字卡、教师课堂用生字大卡片。其主课本又分为四个部分：1～12册，即一至四年级的教材，主要是集中识字；13~21 册，即五至七年级的教材，主要内容是写作；22~30 册，即八至十年级的教材，主要内容为中华文化和 SAT/AP 考试，包括《中华文化之窗》《中国文化巡礼》《AP 中文读说写》。

该套教材以培养学生汉语听说读写基本能力为教学目的，同时让学生初步了解中华文化，弘扬中华传统美德，为其进一步学习中国语言文化打下良好的基础。教材通过集中识字、集中阅读、实用中文、中国文学和文化巡礼四个阶段，有步骤、有针对性地引导学生实现识字、听说、阅读、写作能力的提高，旨在在 4~6 年的时间里，使学生达到自由阅读的程度，并对中国文化有初步了解，为学生打下进一步自学或深造的基础。

《欢乐伙伴》是基于 2015 年的《小学华文课程标准》以及 2010 年的《母语检讨委员会报告书》由社会各界建议撰写的。由齐沪扬（中国）、王淑涵（美国）、陈之权（新加坡）联合编写，这是一套针对新加坡华文学习者使用的教材，编写之初便着重增强教材的本土适用性，目前在新加坡的各个学校使用较为广泛。

该教材定名为《欢乐伙伴》，是希望能成为学生的学习良伴，使学生喜欢学习内容和享受学习过程。课本的着重点以学生为主体，由于学生个体的程度以及掌握能力各有不同，他们学习的材料都是平时的生活用语，这样不仅照顾到了本土学生的生活习惯，以便学生在学习中更加容易理解课文和对话，还考虑到了口语习惯和书面表达的区别与联系。教学过程中遵循了"引、学、练、用、评"的基本程序，同时通过有效的编排，分散难点来提高学生学习效率。同时也重视教学资源的开发和学习内容在生活中的运用，将学习从课内延伸到课外。通过有意义的活动和任务，让学生在学中用，在用中学，从而把语言变成一种实际运用的有效的沟通工具。

第二节　教材结构描写

一、《中文》（修订版）主教材结构

（一）整体结构

表 12 - 2　《中文》（修订版）1 ~ 12 册主教材整体结构

教材名称	《中文》（修订版）	选取教材
单元数	4	1 ~ 12 册
每单元课数	3	1 ~ 12 册
组织结构	第一单元 1 ~ 3 课 综合练习（一） 第二单元 4 ~ 6 课 综合练习（二） 第三单元 7 ~ 9 课 综合练习（三） 第四单元 10 ~ 12 课 综合练习（四） 总练习	1 ~ 12 册
附录	音序生字表（繁简对照）	1 ~ 12 册
	音序生词表	1 ~ 12 册
	部首表	仅第 1 册
	句子	1 ~ 12 册
	汉字笔画名称表	1 ~ 6 册
	写字笔顺规则表	1 ~ 6 册
	汉字偏旁名称表	1 ~ 6 册
	汉语拼音方案	1 ~ 6 册
	前面每一册的音序生字表（繁简对照）	2 ~ 12 册

分析可看出，《中文》（修订版）前 12 册的每一册分为 4 个单元，每个单元 3 课，一共 12 课。每个单元之后都紧跟着一个综合练习，用以及时巩固每个单元所学

知识。在整册教材的最后还有一个总练习，用以对整册教材作总结性的提炼和复习。第一册的前两个单元，即前面6课的主要任务是识字，从第7课开始进入到课文学习。附录部分有音序生字表、音序生词表及句子，其中的音序生字表同时展示了繁简字。第1册至第6册的附录部分添加了汉字笔画名称表、写字笔顺规则表、汉字偏旁名称表和汉语拼音方案，其中第1册教材附录部分还添加了部首表，方便学生在初级学习阶段复习和巩固汉字和拼音等基本知识。此外，从第2册起附录最后都有前一册的繁简对照的音序生字表，以便学生查找和对比学习。

（二）每课结构

《中文》（修订版）教材的每一课包括课文、课堂练习和阅读三大板块。课文部分包括课文、生字、部首、词语、专有名词、句子等新知识点。课文后面还附带了"写一写""读一读""扩展与替换""对话""想一想，说一说"等不同形式的课堂练习，用以及时巩固前一部分学习的内容。其中"写一写"是指汉字的书写练习；"读一读"是将本课生字词和已学过的汉字组词，以便复习已学内容和扩充词汇；"扩展与替换"是语法和句型的结合练习；"对话"则是将课文以口语对话的形式展示出来，帮助学生提升交际能力；"想一想，说一说"则是以主观性的提问方式引发学生思考。阅读部分包括阅读课文和新的生字词，是对本课内容的扩展和补充。

表 12-3 《中文》（修订版）1~12 册主教材每课结构

板块	每课结构	选取教材
课文	课文、生字、部首、词语、专有名词、句子	1~12 册
课堂练习	写一写；读一读；扩展与替换；对话；想一想，说一说	1~12 册
阅读	课文、生字、词语	1~12 册

二、《汉语》（修订版）主教材结构

（一）整体结构

《汉语》（修订版）每一册分为3个单元，一共15课。每单元后都有一个综合练习，用以及时巩固每个单元所学知识。1~12册的附录部分有生词总表，第1册的附录部分还有汉字笔画名称表和汉字笔顺规则表，方便学生在初级学习阶段复习和巩固汉字的基本知识。

表 12-4　《汉语》(修订版) 1~12 册主教材整体结构

教材名称	《汉语》(修订版)	1~12 册
单元数	3	1~12 册
每单元课数	5	1~12 册
组织结构	第一单元 1~5 课 第二单元 6~10 课 第三单元 11~15 课	1~12 册
附录	生词总表 汉字笔画名称表 汉字笔顺规则表	1~12 册 第 1 册 第 1 册

(二) 每课结构

　　《汉语》(修订版) 教材的每一课包括学句子、读课文、记生词、写汉字和玩游戏五大板块。"学句子"部分主要是陈列出本课需要重点学习的句型;"读课文"部分则是以对话或者文章的形式为前一部分的句子设置使用情境,让学生在情境中学习和巩固;"记生词"部分主要是以生词表的形式,陈列生字词和拼音;"写汉字"部分则是通过笔画或者部首练习的方式来巩固汉字基础;"玩游戏"部分是通过歌曲、练习和游戏等形式巩固和练习学习内容。

表 12-5　《汉语》(修订版) 1~12 册主教材每课结构

板块	主要内容	选取教材
学句子	句子学习	1~12 册
读课文	对话或文章学习	1~12 册
记生词	生字词学习	1~12 册
写汉字	笔画或部首学习	1~12 册
玩游戏	歌曲、游戏、练习	1~12 册

三、《马立平中文》主教材结构

（一）整体结构

可以看到，《马立平中文》教材每一册为 4~6 课。每个单元之后都紧跟着一个总复习，以生字或词表的形式展示，用以及时巩固每个单元所学知识。1~12 册的附录部分有总生字表，方便学生查阅和复习。

表 12-6 《马立平中文》1~12 册主教材整体结构

教材名称	《马立平中文》	备注
单元数	1	1~12 册
每单元课数	4~6	1~12 册
组织结构	第一课、第二课、第三课、第四课……总复习	1~12 册
附录	总生字表	1~12 册

（二）每课结构

《马立平中文》教材的每一课主要包括课文、生字词、课堂练习、语法、文字等板块。其中一年级 1~3 册的"课文"部分主要以韵文（儿歌、谜语）和叙述文（故事、幽默小品、寓言）的形式展现，"生字词"部分共介绍常用字 305 个，表意部首约 50 个，并通过学习笔画和课堂习字等形式进行课堂练习，训练学生的汉字识别能力、初步阅读能力和初步书写能力。二年级的第 4~6 册教材的"课文"部分主要以叙述文（故事、幽默小品、寓言）的形式展示，"生字词"部分共介绍 420 个字，并将其按部首归类展示，"练习"主要是汉字书写的练习。三年级第 7 册教材前四课主要介绍汉语拼音，从第五课开始回归到课文和生字词的内容。四年级第 10~12 册除将字量扩大到约 1 500 个，文体也更多样化，并且开始简、繁体字交替训练。此外，从第 3 册开始每一课设有"语法"知识的讲解和练习，第 8~12 册又增加了"文字"部分，通过辨析帮助学生认识汉字的形、音、义关系。为配合每课的教学，每一课后面还另配 4~6 篇阅读文章供学生课余时间学习。整套教材自始至终，让前面学过的字词、句式、体裁和题材在以后的课文和阅读材料里反复出现，使整个系列循序渐进、浑然一体。

表 12 - 7　《马立平中文》1~12 册主教材每课结构

板块	主要内容	备注
课文	课文	1~12 册
生字词	生字、词汇、部首	1~12 册
课堂练习	学写部首、课堂习字	1~4 册
语法	语法点知识、练习	3~12 册（第 7 册除外）
文字	字形、字义、字音	8~12 册
阅读	阅读文章、新字新词	3~12 册

四、《欢乐伙伴》主教材结构

（一）整体结构

分析可见，《欢乐伙伴》教材每一册分为 3 个单元，每个单元 5 课，一共 15 课。为方便学生查阅和复习，1~6 册的附录部分附有生字总表。

表 12 - 8　《欢乐伙伴》1~6 册主教材整体结构

教材名称	《欢乐伙伴》	备注
单元数	3	1~6 册
每单元课数	5	1~6 册
组织结构	第一课、第二课、第三课……	1~6 册
附录	生字总表	1~6 册

（二）每课结构

表 12 - 9　《欢乐伙伴》1~6 册主教材每课结构

板块	内容	备注
听说剧场	句式、词语	1~6 册
	动画、录像、儿歌、图片、录音	1~6 册
	我来说、你说我说	1~6 册

（续上表）

板块	内容	备注
拼音城堡	口诀、韵文	1~2 册
	念一念、儿歌、绕口令	1~2 册
读写乐园	认一认	1~2 册
	读一读	1~6 册
	我爱阅读	1~6 册
	语文天地	1~6 册
	文化屋	3~6 册
	段落小练笔	5~6 册
	阅读放大镜	5~6 册
生活运用	生活运用任务	1~6 册

《欢乐伙伴》最大的特色体现在每课的结构体系上。1~6 册教材主要是由"听说剧场""读写乐园""生活运用"三部分组成，第 1~2 册还包括"拼音城堡"部分。其中的"听说剧场"板块又包括三部分内容：句式和词语的学习主要是为了创设情境，导入学习内容；动画、录像、儿歌等不同形式的学习内容，主要目的是扩展和巩固知识点；"我来说"和"你说我说"则为对话练习。第 1、2 册的"拼音城堡"部分，是通过口诀和韵文等形式来系统学习拼音，并通过"念一念""儿歌"和"绕口令"等形式来操练拼音知识。"读写乐园"板块又包括"读一读""我爱阅读""语文天地"等部分，主要是为了让学生识字读句，起到强化学习核心和深广知识的作用。其中第 1、2 册还包括"认一认"，即认识汉字；第 3~6 册教材有"文化屋"部分，帮助扩展相关的文化知识；第 5~6 册教材包括"段落小练笔"和"阅读放大镜"等训练写作和阅读能力的部分。最后的"生活运用"板块主要是以活动任务的形式把本课内容实际运用起来。各个板块学习内容有机关联，互相照应，相关微技能在听说读写各个环节滚动、复现，以提高学习效率，巩固学习成果。

五、教材结构小结

从整体结构层面来说，四套教材的相同点在于：

（1）每一册教材都以单元为单位，附录部分都配有总结性的生字或生词总表。

（2）从每课结构层面来说，四本教材都包括课文、生字词、课堂练习等部分。除了《汉语》（修订版）外，其他三本教材每课后面都附有阅读文章材料。

几本教材也各有千秋，举例如下：

（1）《中文》（修订版）的每一单元后都有单元综合练习，每一册最后还配有总练习，这样做有利于学习者及时巩固所学内容；附录部分除了生字和生词表外，还配有前面每一册的音序生字表，以及部首表、句子等总结性内容，这样也有利于学习者随时复习所学内容。

（2）《马立平中文》的独特之处在于每一册只有一个单元，每一单元或者是每一课的内容比较多。《马立平中文》每课的补充阅读文章最多，平均数量为5篇。

（3）《欢乐伙伴》的每一课分为听说、读写和运用三部分，其中前两册还包括拼音部分，每一部分都是讲练结合，形式多样且趣味生动。

（4）《中文》（修订版）和《欢乐伙伴》的课堂练习部分内容较为丰富，涵盖了汉字、词语、语法、句子和课文的练习；《汉语》（修订版）的课堂练习形式较为简单，以游戏为主；《马立平中文》的课堂练习以汉字和语法为主。

第三节　拼音教学描写

一、《中文》（修订版）和《汉语》（修订版）拼音教学

《中文》（修订版）和《汉语》（修订版）系列教材都配有专门的拼音教材，即《学拼音》和《汉语拼音》。两本拼音教材的内容和形式相当，所以本文只选取《汉语》（修订版）的《汉语拼音》进行考察，该教材共1册，19课时。其拼音教学内容具体如表12-10。

表 12 - 10　《汉语拼音》编排内容

课时	教学内容	课时	教学内容
第 1 课	a、o、e	第 11 课	z、c、s
第 2 课	i、u、ü	第 12 课	zh、ch、sh、r
第 3 课	b、p	第 13 课	y、w
第 4 课	m、f	第 14 课	h-u-a-hua
第 5 课	ai、ei、ui	第 15 课	ie、üe、er
第 6 课	ao、ou、iu	第 16 课	an、en、in
第 7 课	d、t	第 17 课	un、ün
第 8 课	n、l	第 18 课	ang、eng、ing、ong
第 9 课	g、k、h	第 19 课	《汉语拼音方案》
第 10 课	j、q、x		

可见，《汉语拼音》作为与主教材独立开来的拼音教材，每课的教学内容较少。其最大的特色是采用变通的办法，避开拼写规则，力求简明实用；还通过图画与音节的对照，帮助学生认识音节和汉语、汉字的关系。整体来说，该教材的拼音教学内容较为全面和系统。

二、《马立平中文》拼音教学

《马立平中文》的拼音教学内容主要分布在第 7 册的前 4 课，具体编排情况如表 12 - 11。

表 12 - 11　《马立平中文》拼音编排内容

课时	课题	内容
第 1 课	《汉语拼音的特点》	a、o、e、i、u、ü；s、sh
第 2 课	《复韵母（一）》	ai、ei、ao、ou、ie、iao、ua、iao、ei、uo、ui、iu、ia
第 3 课	《复韵母（二）》	an、ang、ong、eng、en、ing、iang、uang、iong
第 4 课	《"一""不"和三声连读》	"一""不"的变调和第三声的连读规则

《马立平中文》的拼音教学内容分配为：第一次课，与英语字母拼读时发音不

同的辅音和单元音；第二次课，不带鼻音的复韵母；第三次课，带鼻音的复韵母；第四次课，复习。该教材在前言中明确了其拼音教学的目标，是要求学生学会见拼音读汉字，而不是学会给所有汉字注拼音。教材中有给汉字注拼音的练习，那是为了让学生巩固教学内容而设计，并非教学目标。其拼音教学一般是配合韵文或绕口令的形式进行学习和练习，生动有趣，较符合初学者的学习特点。

三、《欢乐伙伴》拼音教学

《欢乐伙伴》的拼音教学内容主要分布在第 1 册的前 10 课，具体编排情况如表 12 – 12 所示。

表 12 – 12 《欢乐伙伴》拼音编排内容

课时	教学内容
第 1 课	4 个声调；6 个单韵母 a、o、e、i、u、ü；两个声母 y、w
第 2 课	6 个声母 b、p、m、f、d、t、n、l；开始学习汉字；句子练读
第 3 课	6 个声母 j、q、x、g、k、h
第 4 课	4 个声母 zh、ch、sh、r
第 5 课	4 个复韵母 ai、ao、an、ang
第 6 课	2 个复韵母 ou、ong
第 7 课	4 个复韵母 ei、en、eng、er
第 8 课	9 个复韵母 ia、iao、iang、ie、ian、iu、iong、in、ing
第 9 课	7 个复韵母 ua、uo、ui、un、uai、uan、uang
第 10 课	3 个复韵母 üe、ün、üan

《欢乐伙伴》的拼音教学顺序为声调、单韵母、声母、复韵母。包括两个特点：第一个特点是拼音与课文同步教学。第一册教材从第 2 课开始加入了汉字、词汇和句子的学习。第二个特点是针对新加坡学生发音难点讲解，比如针对送气与不送气音、平舌音和卷舌音等单独做了说明和有区别性的图像说明。

四、拼音教学小结

首先，四套教材都包括拼音教学的内容。其主要不同点在于，《中文》（修订版）和《汉语》（修订版）将拼音教材与主教材独立开来；《马立平中文》和《欢乐伙伴》则是将拼音内容作为辅助内容穿插于主教材中进行教学。

其次，拼音教学的时机先后，以及教学内容也有不同。《中文》（修订版）、《汉语》（修订版）、《欢乐伙伴》都是先学拼音，《中文》（修订版）、《汉语》（修订版）拼音独立教学，《欢乐伙伴》将拼音教学的内容安排在第 1 册的前 10 课，与课文教学同步进行。而《马立平中文》的拼音教学分布在第 7 册的前 4 课，且内容有侧重点，主要包括与英语字母拼读时发音不同的辅音和单元音、不带鼻音和带鼻音的复韵母，以及常见的"一""不"的变调规则和第三声连读规则。

最后，拼音教学训练的方式也有不同，《中文》（修订版）、《汉语》（修订版）主要是结合字词进行拼音教学，而《马立平中文》和《欢乐伙伴》则主要以韵文、绕口令等形式展示和操练拼音内容，相比较而言，后两者的拼音教学方式更生动有趣。

基于广泛的调查，以及我们自己的实践经验。本研究认为，对于海外的华裔学生来说，在教学初期花大量时间系统学习拼音的做法，会造成华裔学生对拼音的过度依赖，对汉字和书面语产生畏难心理。《中文》（修订版）、《汉语》（修订版）、《欢乐伙伴》等教材以往的汉语教学领域十分重视拼音教学的做法应该反思，适度弱化拼音教学可能更有利于他们学习汉字和汉语，《马立平中文》拼音教学的设计正是基于这样的思考，颇有参考价值。

第四节　汉字教学描写

一、《中文》（修订版）和《汉语》（修订版）的汉字教学

由于《中文》（修订版）和《汉语》（修订版）的小学用书都是两册为一个年级，共 12 册，我们将其用字量按学段统计，如表 12 - 13 所示。

表 12 - 13　《中文》（修订版）和《汉语》（修订版）前 12 册用字量统计

	第一学段	第二学段	第三学段	总计
《中文》（修订版）	588	716	773	2 077
《汉语》（修订版）	664	666	705	2 035

通过对两套教材用字量的对比，我们可以发现两者的用字量皆呈前松后紧的增长趋势，不同点在于《中文》（修订版）每一学段的汉字数量差距更大，相比较而言，《汉语》（修订版）则更趋向于平均。另外，我们通过对两本教材中的汉字教学部分进行考察发现，《中文》（修订版）教材除了在第 1 册的前六课有少量的"集中识字"，并为每一个汉字配上图片外，其他都是将汉字作为课文的辅助内容，对生字逐个进行展示，跟词语分开教学。此外，每一课的课堂练习部分都有专门的汉字书写练习；而《汉语》（修订版）将汉字教学和词语教学混为一体，并未单独对汉字知识进行讲解。由此可见，《中文》（修订版）比《汉语》（修订版）更重视汉字的教学。

二、《马立平中文》汉字教学

《马立平中文》生字教学主要集中在前 12 册，每 3 册为一年级，共 4 个年级，如表 12 - 14 所示。

表 12 - 14　《马立平中文》前 12 册用字量

	第一学年			第二学年			第三学年			第四学年			总计
册数	1	2	3	4	5	6	7	8	9	10	11	12	
字数	105	95	102	118	126	136	131	117	116	108	129	99	1 382
小计	302			380			364			336			

由此可见，《马立平中文》前 12 册的汉字呈抛物线式分布，从第 2 册开始增加，至顶峰第 6 册后开始回落。其在生字编排方面的特点包括：

第一，区分"习写字"和"认读字"。为了增加识字量和便于书写，各课生字分为两组。第一组生字为"习写字"，列在课文后面，以田字格形式给出，并附有书写笔顺，这部分字要求学生必须会认会写；第二组生字为"认读字"，列在课文之后，只要求学生会认会读。教材中的各册生字，从分类上看，划分比较清晰，每课都有要求会认会读会写的"习写字"和只要求会认会读的"认读字"。

第二，按照随文识字的方式编排汉字。把生字放在具体语言环境中学习，在具体语言环境中识字的同时，学词学句，阅读课文，这有利于学生的语言和思维发展。而且把字放到词、短语、句子和短文中学习，信息量大，学生有兴趣学，容易理解，掌握也牢固。学生除学会认字外，还学会了运用所学汉字，进而真正掌握汉字。

第三，通过课后设置形音义辨别表对生字教学进行巩固，最后设置专门的形近字的辨析，这一做法对于学习者辨析汉字十分有用。

第四，通过各种方式提高生字的重现率。教材在阅读材料、练习部分反复出现学过的汉字，以巩固学生对生字的掌握。

该教材的汉字教学特点包括："认读字"和"习写字"比例得当；抓住了"先认后写"的关键，即"多认少写"；通过字理识字促进汉字教学等。

总的来说，《马立平中文》教材前 12 册以中国传统的"直接认字法"为主要手段，遵循先认后写、多认少写的原则，以孩子们喜闻乐见的儿歌和散文为载体，通过高频复现的方法，让学生学认近 1 500 个常用字。在汉字教学方面较为综合性地考虑到了华裔儿童实习的心理特性和认知规律等，有许多值得我们借鉴的地方。

三、《欢乐伙伴》汉字教学

调查显示，《欢乐伙伴》前 6 册学习用字的分布情况如表 12 – 15 所示。

表 12 – 15　《欢乐伙伴》前 6 册用字量

	小一（1～2 册）	小二（3～4 册）	小三（5～6 册）	小计
识读字	306	324	282	912
识写字	152	216	207	575
识写比	2：1	1.5：1	1.4：1	1.6：1

分析可见，该教材的汉字量呈抛物线的趋势。罗庆铭、王燕燕、闵玉等人（2017）指出《欢乐伙伴》的汉字编写模式主要有三种：

第一种是"语""文"分流，有机关联。《欢乐伙伴》通过从听说到读写的滚动编排，既重视听说技能的独立发展，也重视识字、写字依循自身规律的独立发展。在从听说到读写的滚动编排过程中，把汉字形、音、义的难点分散到听说、拼音、读写三个板块中。听说、拼音板块用以学习口语，了解字的音、义，建立音、义的联系；读写板块则借助听说、拼音板块的已知，开展识字、写字教学。以《欢乐伙伴》第1册第六课《我感冒了》为例，学生在听说板块学说"头、发"等词语，在汉语拼音板块学习韵母，通过音节重现部分词语；在"语"的部分解决了"头、头发"等概念的音、义后，再在读写板块通过句子所创设的情境识记字形；最后完成写字训练。

第二种是"识""写"分流，多认少写。《欢乐伙伴》把识字和写字按双线编排，做到既彼此兼顾又异步发展。如上表所示《欢乐伙伴》第1、2册的识写汉字比率为2∶1，第3、4册的识写汉字比率为1.5∶1，第5、6册的识写汉字比率为1.4∶1。

第三种是识字"四优先"，写字"四优先"。识字"四优先"包括可作为常用偏旁部首的字优先、构字能力强的字优先、使用频率高的字优先、构词能力强的字优先。写字"四优先"包括独体字优先、笔画数少的字优先、能作为常用偏旁部首的字优先、构字能力强且难度低的字优先。

四、汉字教学小结

首先，四套教材的生字量，在前三个学年都是1 000字左右。总量是不是有点少？这是一个核心问题。

其次，从四套教材的汉字量分布趋势来看，《中文》（修订版）与《汉语》（修订版）的汉字量随年级的增长呈斜线上升趋势，《马立平中文》和《欢乐伙伴》的汉字量随年级的增长呈抛物线趋势。

最后，从四套教材的汉字教学形式来看，都是按照随文识字的方式编排汉字；除《汉语》（修订版）外，其他三本教材都将汉字与词语独立开来，并配有专门的汉字练习；《马立平中文》和《欢乐伙伴》汉字进行了"认写分流"和"多认少写"的处理，《中文》（修订版）和《汉语》（修订版）则没有。

第五节　词汇教学描写

一、《中文》（修订版）词汇教学

我们通过考察教材发现，《中文》（修订版）前12册的词汇量总数为4 223个，共138课，每课的平均词汇量为30个，其每册每课的平均生词量以较小且稳定的幅度逐渐上升。

该教材词汇教学主要分布在课文后，以拼音加词语的形式展现，并没有任何形式的讲解。另外，其课堂练习部分的"读一读"则是将这一课的生字与学过的内容组合成词，阅读部分也包括一些新词语。在每一册教材的最后，还有一个"音序生词表"，将本册的生词按音序排列整理成表，方便学生查阅和复习。由此可见，其关于词汇内容的讲解部分还有待丰富。

通过对课文体裁和主题分析可以得知，《中文》（修订版）中课文题材广泛，有较为简单的对话、记叙文等，也有难度较大的游记、说明文等。这些难度较大的课文中包含了较多难度较高或者较为生僻的拓展词汇，这些词汇可能会成为教学难点。

二、《汉语》（修订版）词汇教学

《汉语》（修订版）前12册的词汇量总数为3 231个，共180课，平均每课的生词量为18个，其每册的生词量呈逐渐上升的趋势。

该教材每一课的末尾都编排有生词表，其顺序与在课文中出现的顺序一致。表上附有注音，方便学生查找生词的发音。每三个单元结束后编排生词总表，与之前每课生字表的排列不同，总表依据音序排列，同时附有简繁体对照，与此同时，生词后注明其出现在第几课，利于学生学习、事后查阅并加以巩固。

《汉语》（修订版）教材选用的词语贴近学生的生活，例如，第7册第2课《你一定能得冠军》的17个生词之中有"冠军""羽毛球""球拍""加油"等，这些词语都与学生的生活密切相关，学生对这些词语易于接受，学习了这些词语也易于应用到生活中，具有很强的实用性。

此外，《汉语》（修订版）教材全篇课文不注音，生词只有在课文后的生词表有注音，并且不解释意义。同样，教材最后的生词总表除了注音，同样对生词的意义不加解释。这对初学者及自学者来说，会有一定的困难。生词的注释具有重要意义，对学习者掌握生词、理解课文影响重大，缺少这一个环节，学习的效果将会大打折扣。

三、《马立平中文》词汇教学

《马立平中文》教材每课的词汇量也是逐渐增多。其主课文部分的生词主要来源于课文、生字和阅读文章，词汇教学直接安排在课文的后面，表现形式仅为词语本身，少数词语附有英文翻译。阅读材料部分的生词较少，分为"认一认"和"读一读"两类。

该教材每一册最后都会有一个"总复习"，所以学过的词汇会被分类和展示，以供学习者复习。例如第四册的词语的分类：

自然（Nature）：早晨、夜晚、太阳。

事物（Things）：井、故事、车、钓鱼竿、话、窝、洞、肉、肚子、羽毛、嗓子、歌。

人（People）：您、她、伯伯、哥哥、弟弟、孩子、自己、谁。

动物（Animals）：蜻蜓、蝴蝶、狐狸、麻雀。

动词（Verbs）：捞、跟、叫、拉、住、接、伸、碰、抬、喘、用、帮、送、给、翻、浇、拔、捉、挑、问、钓、等、停、动、叨、站、流、唱、张。

形容词（Adjectives）：急、老、快、糟、忙、直、饿、漂亮、专心、馋、差、快乐、亲爱、得意。

感叹词（Interjections）：吗、吧、唉、哇、呢、啊、啦、咦。

颜色（Colors）：灰、黑、白、红、绿、黄、蓝。

方向（Directions）：东、南、西、北。

量词（Measure words）：包、担、颗、片、个、朵、只、里、条、头、匹、件、群。

其他（Others）：连忙、倒、另、越、长、最、刚、完、松、以、什么、一些、再、没有、一点、哪、才能、已经、但是、为什么、一会儿、好像、一步、用力、旁边、极了。

相比于其他教材，这样的设计值得参考，按词义分类是对词语复习的一个很好提示，更加积极的意义是可以让教材编写者对教材词汇的分布有一个直观的认识和把握。

四、《欢乐伙伴》词汇教学

《欢乐伙伴》的词汇内容具有以下几个特点：

第一，每册生词量呈小幅度增长趋势。

第二，词汇难度较低。教材在选词上着重考虑了实用性和常用性，难度得到了有效控制。

第三，词汇具有新加坡本土特点。除了基本的日常交际用语和词汇外，《欢乐伙伴》在一些词语的选择上和新加坡密切相关，比如地名、食物名称等，选入很多能体现本土特色的词语，如添加了新加坡本土的特色地标，冲凉房、巴刹、组屋、牛车水等。

第四，词量适中。该教材的超纲词汇量为135，控制在了15%之内。

在词汇编排方面，《欢乐伙伴》的词汇展示在每一课最开始的"听说剧场"部分，以图画和词语及拼音的形式展现。该教材的词汇是以单音节词为本，然后用这些字跟别的字组合，组成新词或新短语。教材先给特定的字作为基本的词缀和词根，用新的字跟这些词缀和词根进行联合，合成新的词。如第一册第1课学的单词是数字，第2课就是学习关于大自然的词，如"日、月、山、水"，结合就形成了"一月""二月"。再按照上上下下、左左右右的规则，将词缀进行发展，就变成了新的句子。比如说："美丽""很美丽""美丽极了"。像这样的例子很多，所以《欢乐伙伴》能够让学生学习到大量的词汇及短语。

五、词汇教学小结

据以上分析可见，四套教材词汇编排的共同特点主要是来源于课文，大多只有简单的词汇展示，并无过多的解释。不同点包括：

第一，《中文》（修订版）的词汇量相比其他三套教材而言最多，整体难度也最大。

第二，《马立平中文》课后的词语没有注音，以及在每一单元后面对词汇进行了分类总结。

第三，《欢乐伙伴》中有部分本土化的词汇及词汇扩展。

我们认为，海外华文教材在选择和编排词汇内容时，首先，应依据科学的词汇大纲，优先选取基础、常用、高频的词汇，这个认识似乎是老生常谈，但背后的含义是，以"选文"为词汇来源的教材编写很难满足这个基本要求，这一认识能否落实、怎么落实，实际上对华文教材来说是严峻的考验。其次，如《马立平中文》的做法，有规律地对已经学过的词汇进行总结和分类颇有益处。最后，注重词汇的实际运用，如《欢乐伙伴》的做法，也利于学习者掌握所学的词汇。

第六节　语法教学描写

一、《中文》（修订版）语法教学

《中文》（修订版）第1册前7课没有基本句，第9册到第12册也没有基本句，故有语法点的实际课数只有105课，平均每课为1.5个，一二年级每课语法点为1个，三四年级的语法点为每课2个。整套教材采用的也是结构与功能相结合的编排体系，重视句子的学习，其语法编排的特点表现在：

第一，每课设专门的"句子"部分，排列顺序为"主课文→生字→词语→句子→练习"。

第二，1~4册教材的语法练习题型都为"扩展与替换"，5~8册教材每课多增加了一个句子，语法练习的题型都改为"替换"；替换部分练习的是"基本句"，扩展部分练习的既有"基本句"，又有课文里其他重要的句子。

第三，每册教材后都附有"句子"总表，便于学习者归类和查找。

第四，语法的复现是通过课文和课后练习，综合练习是对前几课语法的操练和归纳总结。

第五，教材所列基本句也都来自课文，与课文内容联系紧密。

二、《汉语》（修订版）语法教学

《汉语》（修订版）教材的语法点在教材内容编排的排序中处在每一课之首，也就是在每一课开始的第一个板块"学句子"。"学句子"包含了这一课的语法点的例句，是这一课要教学的语法点，也是这一课的教学重点和教学目的。每一课的开始，教师要导入新课，除了重点复习前一课，就是以"学句子"导入，从而过渡到新一课的课文。例如：《汉语》（修订版）教材第7册第一单元第一课《我们的新课本》，参考《汉语》（修订版）教材第7册教师手册，这一课的教学目的即语法点是：学习主谓词组作定语的句型，以及学习多项定语的用法。教师以新课本作为教具，提问并板书："这是什么?""这是新课本吗?""这是什么课本?""这是谁的课本?"教师根据学生的回答，把每个答案综合起来，说出句子"这是老师的新汉语课本"，以此导入新课。

《汉语》（修订版）教材的语法点是根据教材的编写而安排的。《汉语》（修订版）第7册第二课《你一定能得冠军》的第一个板块"学句子"有6个句子。这6个句子显示了这一课要学习的语法点：双音节动词重叠的用法；能愿动词"能/不能"的用法。这两个语法点在课文中以如下方式呈现：

小强说："对不起，今天我不能打篮球，我要去……你能陪我练习练习吗?"小华说："好啊! 今天咱们好好准备准备，明天我去给你加油。你一定能得冠军!"

此外，《汉语》（修订版）教材在内容编排方面，没有语法点的演练板块，学生在学习了语法点之后，其掌握情况由教师结合练习册来检查，或者是教师在课后自行结合学习的语法点安排演练或布置作业。

三、《马立平中文》语法教学

《马立平中文》一年级为识字课，没有设置语法点，从第4册开始介绍语法点，第7册引入拼音教学，故没有设置语法点。《马立平中文》以句子结构为中心，将语法点融入课文进行讲解，按照由易到难、循序渐进的原则有计划地介绍课文中出现的重点字词用法及其他语法点，并围绕每课出现的词语和语法点组织例句。其语法教学的特点如下：

第一，"语法点"单独排在主课文后，一般分两部分，供两课时讲解，每课排列的先后顺序为"主课文—生字词—语法点（1）—语法点（2）"。"语法点"的名称不同阶段有所变化，如 4～6 册为"语法点"，7～12 册为"文字和语法"，但是都是单独呈现。

第二，整套教材语法点的展示都围绕重点字词设置不同例句，以字词为核心，用例句进行展示，一个重点字词对应几种不同用法，为了比较全面地解释和说明语法点的不同用法，教材又采取围绕一种用法设置一定数量例句的方式进行展示。例如，第 4 册第 1 课《捞月亮》这一课的语法点：

"'晚'字的用法"

"晚" as "evening"

一天夜晚，有只小小猴子在井边玩。

每天晚上，我都早早地睡觉。

"晚" as "late"

早上我起来晚了，吃了饭就连忙去上学。

谁来得最晚？

以上这个例子，围绕"'晚'字的用法"这一语法点设置了不同的例句进行展示。例句既包含课文所学语料，又收录日常生活会用到的句子。这一设置不但可以让学生复习课内所学，又对知识点进行了巩固拓展。例句简单清晰，接近生活，又便于理解。

第三，语法点会通过本课以及后续课的课文部分、语法部分或者练习部分进行复现，但不是简单的复现，而是每次复现对该语法点的讲解有所加深和详细，呈现螺旋式上升之势。

第四，在低年级阶段以语法点展示为主，偶尔穿插语法点的简单练习，高年级则变换不同方式强化对学生进行语法点的讲解和操练。

四、《欢乐伙伴》语法教学

《欢乐伙伴》在第 1 册没有设立单独的语法点讲解板块，第 2、3、4 册就在每一课的课文之后设立了语法讲解学习的相关板块"语文园地"。其中第 2 册包括语法点的课数较多，随着年级的增长，课数减少，语法的数量和难度逐渐增加。

该教材在前期讲解常用语法点时，经常直接使用例句来进行展示，让学生从实际的语境中去理解语法点知识。如第 2 册第 16 课《我最喜欢吃西瓜》，其中"让"字的用法例句为：

猪爸爸让小猪去买西瓜。

妈妈让我去收拾书包。

爸爸让姐姐去洗水果。

……让……

该教材在后期讲解句子基本结构时，经常使用表格和例句的形式来进行概括。比如第4册第14课《我和小乐和好了》中的语法点为：

什么事	什么人	怎么样
今天是国庆日	我们	真开心
新年到了	大家	都很高兴
玩具车不见了	弟弟	很伤心

五、语法教学小结

上文可见，四套教材在语法教学方面的共同点在于都直接将语法点带入句子中进行讲解。不同点在于，除了《汉语》（修订版）的语法点在教材中没有演练的板块外，其他三套教材都通过句型转换和扩展来操练。

对于华文教材而言，语法教学应该充分考虑到海外华裔学生的实际情况。海外华裔的实际情况是什么呢？情况复杂多样是必然的，但华裔与非华裔的根本差别在于华裔或多或少有一定的家庭环境、或多或少有一定的听说基础。这实际上意味着语法在华文教材中应该淡化，否则，跟汉语二语教材和教学就没有区别了。大量的语法操练必然挤占了字词学习的时间，挤占了阅读的时间。与此同时，也使得教学节奏缓慢，学无所获，影响了学习的趣味、效果和积极性。

第七节　文化教学描写

一、《中文》（修订版）文化教学

《中文》（修订版）前12册主教材共有288课，其中主课文144课，补充阅读

144 课。文化内容在两者中都有体现。主课文的文化项目共有 90 项，补充阅读中的文化项目有 92 项，一共 182 项，文化知识内容比重较大。该教材的文化内容主要包括以下几类：

第一，名人类，这一类占教材文化项目的比重最大。比如在第 5 册教材中就出现《曹冲称象》《李时珍》《普林斯顿的老人》《牛顿请客》等多篇关于名人及其故事的内容。

第二，文学类，如第 3 ~ 12 册的《古诗二首》、第 5 ~ 12 册的《成语故事》等。

第三，地理类，如第 6 册的《日月潭》，第 7 册的《游香港》《逛外滩》等。

第四，建筑类，如第 4 册的《颐和园》《天坛》《凡尔赛宫》《故宫》等。

第五，科学类，如第 4 册的《大自然的语言》《要下雨了》《月亮上有什么》等。

此外，还有节日、民俗、饮食、艺术、历史、动植物等比重较小的类别。

《中文》（修订版）文化内容的编排特点有：

第一，形式、体裁多样，包括诗歌、名著、成语、寓言、故事、短文等。

第二，具有趣味性，适合儿童、少年的学习心理。比如《嫦娥奔月》等传说与故事、《猪八戒吃西瓜》等小说比说明文、议论文更能引起儿童的学习兴趣。

第三，直述式呈现文化项目。很多课文都是专门介绍特定的文化知识，选材具有计划性，呈现出一定规律。比如诗词曲文化项目的编排，《中文》（修订版）从第 3 册开始，一直到第 10 册，每册都安排一课，题为《古诗二首》。《中文》（修订版）从第 3 册开始，一直到第 12 册，每册都安排重要人物专篇，从科学家、天文学家到教育家，展现不同领域的重要人物对中国文化的影响；第 5 册到第 10 册，每册都安排一课《成语故事》。

第四，注意呈现该文化项目的广度与深度。如小学《中文》（修订版）第 5 册第 8 课《唐人街》，先介绍"唐人街"的名称由来，说明世界上很多城市都有唐人街，然后深入介绍美国旧金山唐人街的方方面面。

第五，涵盖了中西方优秀文化。比如在名人类的文化项目中，教材不仅介绍了徐悲鸿、郑和等中国人物，还介绍了居维叶、华盛顿等外国人物；教材不仅编入了中国和美国的传统文化，还引进了印度、埃及、墨西哥等国家的优秀文化。

二、《汉语》（修订版）文化教学

据调查，《汉语》（修订版）前 12 册教材中的文化项目主要分为以下几类：

第一，自然与地理类。教材中介绍了北京、香港、上海、西安等中国著名的城市，以及长城、天安门、故宫等名胜古迹。

第二，文学类。该类别包括《拍手歌》和《运动歌》等儿歌或歌谣、《盆和瓶》和《四和十》等绕口令、《静夜思》和《悯农》等古诗词、《郑人买履》和《水滴石穿》等成语故事。

第三，艺术类。教材介绍了书法、京剧、中国结、灯笼、二胡等传统艺术。

第四，节日类。教材介绍了中国的中秋节、端午节、元宵节、春节等节日。

第五，历史人物类。教材介绍了司马光、王冕、赵光义、弈秋等历史人物。

第六，文化观念类。如《小和尚下山》主要告诉我们要知足不贪，"知足不贪"包含"义"和"廉"；又如《好孩子》主要告诉我们对父母要尽孝尽责，"尽孝尽责"包含"孝"和"仁义"在内。还有"万事开头难""一寸光阴一寸金，寸金难买寸光阴"等名言格句。

以上都可以归入知识文化项目这一大类。除此之外，《汉语》（修订版）还包含了很多交际文化的内容，如称谓与称呼、招呼与问候、道谢与道歉、敬语、告别语、辞让、非语言交际等。

《汉语》（修订版）文化内容的编排特点有：

第一，形式和体裁多样，包括诗歌、儿歌、绕口令、成语、寓言、故事、短文等。

第二，文化知识点逐课增加。从第 3 册起，有专门介绍文化的课文，且逐渐增加。另外，课文中出现的中国文化词汇及练习和游戏中的中国文化介绍可以让学生初步了解中国文化。

第三，文化层次由日常交际礼貌用语等逐渐上升到对中国优秀传统文化思想的认知。比如第 1 册第 4 课进行自我介绍的教学时，向学生强调询问姓名要考虑环境和对象，不要直接问长辈的名字。又如汉语中敬语的使用，以"您姓什么？或您贵姓？"为例。再比如，第 4 册第 12 课《妈妈买了很多苹果》讲到中国家庭礼仪文化，倡导"谦让""孝敬"的伦理。

三、《马立平中文》文化教学

《马立平中文》前 12 册总共有 20 篇课文属于中外文化题材，其中第 1~3 册 0 篇，第 4~6 册 3 篇，第 7~9 册 7 篇，第 10~12 册 10 篇。这类题材包括中华文化、外国文化和中外交融文化三方面，是带有明显国别色彩或地区色彩的历史（人物、事件）、地理、风物、国情之类的课文，但以中华文化为主。例如：第8册的《岳飞学写字》，第9册的《愚公移山》，第10册的《蔡伦造纸》《生肖歌》《东郭先生和狼》，第11册的《地震仪》《神医扁鹊》等。

此外，该教材每课后面的扩展阅读部分也有许多关于中华文化的内容，如第7册的《画蛇添足》《夸父逐日》《盲人摸象》《曾子杀猪》《狐假虎威》《三个和尚没水喝》《女娲补天》，第8册的《叶公好龙》《曹冲救人》《后羿射日》，第9册的《精卫填海》，第10册的《望梅止渴》《嫦娥奔月》《毕昇发明活字印刷术》《可爱的大熊猫》《南郭先生》《刻舟求剑》，第11册的《神农尝百草》，第12册的《到底哪天是中秋节?》《程门立雪》《元宵灯会》《黄帝的故事》《孟姜女的传说》《诸葛子瑜之驴》《空城计》《塞翁失马》等。

该教材注重阅读内容的知识性、文化性和趣味性，避免有争议的政治倾向。其取材从上古传说到当代短文，纵跨中华文明的各个历史时期，从中国经典文学到外国译文，直选到华裔学生作文，横贯多种视角、多种文体。中国文化类课文编排的目的是让华侨华人及其后代更好地接受中华文化的熏陶，培养他们的民族感情，弘扬中华文化。

四、《欢乐伙伴》文化教学

《欢乐伙伴》前6册教材文化教学内容主要包括以下几类：

第一，中国节日文化。《欢乐伙伴》这套教材里涉及的中国文化课题主要是对中国节日文化的传播。如第1册第十七课《我们一起来庆祝》中提到国庆节、教师节、儿童节以及中国传统节日中秋节，在第2册第二课《新年到了》中又着重介绍了中国传统节日"年"，并介绍"年"的由来以及新年的风俗习惯，比如发红包、舞龙舞狮、放鞭炮、贴对联等。

第二，新加坡爱国主义。如《欢乐伙伴》第一册的第十七课，有一段课文是关于爱国主义的，比较有新加坡的特色，内容是："我有一个好朋友，它的名字叫护照，它写着我的姓名，留着我的容貌，它印着新加坡的国徽，那是我们光辉的记号。它引领我到世界各地，关卡人员一接过它，就会朝我点头微笑。"图片是新加坡的护照标志，不仅表达了新加坡人对世界和平的热爱，还坚持互相尊重的原则。

第三，本土饮食文化。如饮食类，在《欢乐伙伴》第1册的课本里有一则对话是："早餐我想吃面包，午餐我想吃鱼圆饭，晚餐我想吃鸡饭。"从这里能看出，鱼圆饭和鸡饭都是当地较为普遍、有强烈国别特色的食品。

第四，本土地理文化。《欢乐伙伴》教材的"读写乐园"里有一则是这样写的，"我们去过牛车水"。牛车水是新加坡的旅游景点，是新加坡的历史记忆，是新加坡唐人街的代名词。牛车水出现在课文里，就凸显了本土化特色。

五、文化教学小结

总的来说，四本教材都包含了文化教学的内容，主要为中华文化和国外文化两大类。其中《中文》（修订版）和《欢乐伙伴》中的中外文化教学内容比例相当，《汉语》（修订版）和《马立平中文》更注重对中华文化知识的教学。

《欢乐伙伴》比较特殊，是新加坡编写的当地教材，而新加坡以城市立国，地处东西方文化的交汇点上，又曾经是英国的殖民地。除了部分的中华文化知识外，还包括许多新加坡的本土文化知识，内容恰如其分。

《中文》（修订版）中含有大量的非中华文化内容则十分值得商榷。学生本来就置身西方文化中，关于西方文化的相关内容就显得画蛇添足，不仅占用了篇幅，还弱化了中华文化的存在。我们在跟北美华文老师的交流中，也亲身感受到，他们对这样的文化处理方式非常不赞同。

另外，一般教材对中华文化部分的共同点在于都偏重传统文化知识的展示，关于当代中国的文化和面貌的内容不多，缺少时代性。

我们认为，一般情况下，华文教材中的首要文化知识应该是中华文化知识，涵盖优秀的传统文化知识和当代中国面貌两大板块。本土化、百科化的文化知识并非华文教材的重点，学生当然不缺乏了解这些知识的材料和方式，应该淡化处理。

第八节　本章小结

我们结合对四套教材的考察和海外华文教师使用这些教材的反馈，将四套教材的改进建议总结如下：

《中文》（修订版）教材应该提高内容的实用性，增强内容和练习的趣味性，及时更新教材内容，及时更新电子版视频教学内容。提高识字量，适当添加日常用语和听说内容。削减非中华文化的内容量，增加当代中国文化内容。提高课文的逻辑性，消除课文中已学过的字词的拼音，适当减少练习题量而增加阅读材料和丰富练习形式。

《汉语》（修订版）教材应结合教学所在地的实际情况编排内容，增加说话的练习，提高课文的文学性和教学内容的趣味性，添加扩展阅读材料等。

第十三章

华文教材新理念及调查

第一节　为祖语保持的华文教材新理念

目前供海外华裔学习者使用的初级华文教材主要可以分为国内出版的华文教材和国外出版的华文教材两类。

为了概览现有华文教材的编写面貌，我们从这两类教材中各选取了三套海外华文教学的代表性教材作为考察对象。分别是：暨南大学出版社2006年出版的《中文》（修订版）、2007年出版的《汉语》（修订版），人民教育出版社2006年出版的《标准中文》，新加坡教育部2010年出版的新一代小学华文教材《欢乐伙伴》，菲律宾华教中心2006年出版的《菲律宾华语课本》和美国HCC团队于1994年至2012年陆续出版的《马立平中文》。我们分别考察了每套教材小学用书的每课体例和主线。如表13-1所示。

表 13 - 1　六套华文教材的基本考察

教材名称	教材每课体例	教材主线
《中文》（修订版）	课文—生字—词语—句子—练习—阅读	课文
《汉语》（修订版）	句子—课文—生词—汉字—练习	句子
《标准中文》	会话—句子—字词—练习	会话
《欢乐伙伴》	课文—词语—练习—阅读	课文
《菲律宾华语课本》	会话—生词—练习	会话
《马立平中文》	课文—生字—词汇—语法—课堂习字—课后阅读	课文

从表 13 - 1 可以看出，当前大多数初级华文教材整体层面上的编写原则表现为以下两点：

一是"听说领先"。

该特点的表现形式为将对话或者句子作为主要内容，字词内容为辅。比如《欢乐伙伴》一年级上册第六课《我感冒了》的课文内容包括"语"和"文"两大部分，前者又包括听说和汉语拼音板块，听说板块包括"头发、嘴巴、眼睛、咳嗽"等常用的口语词语和"你怎么了？你哪里不舒服？"两个句式，后者是"头、口、目、手"等简单汉字的读写板块。再比如《标准中文》第一册第一课《你好》的会话内容为："你好！""我叫大卫。""我叫小云。"而其汉字部分只展示了"大"和"小"两个汉字。这种做法虽然能在短期内实现口语速成的教学目标，却忽略了大多数华裔学生具备一定的听说能力这一特点，在一定程度上阻碍了华裔学生听说读写能力的全面发展。

二是"词本位，字从词，词从文，文从语"。

比如《汉语》（修订版）第一册第一课《你好》的课文是由"你好！""谢谢！""不客气！""再见！"四个句子组成的会话，而课文后需要学习的生词包括"你、好、谢谢、不客气、再见"等。这四个句子虽然很实用，但是这些词语和汉字却比较复杂，刚开始接触汉字的华裔学生可能会产生一定的畏难情绪。此外，教材中的这种"文从语"的做法，忽略了汉字在汉语教学中的重要性，打乱了汉字本身的规律和系统性，增加了汉字和汉语教学的难度（罗庆铭等，2017）。

总之，现有的初级华文教材大多以"听说"打头，以"词本位"为理论基础，汉字被视为一种附属品和单纯的书写符号——这与一般的汉语二语教材别无二致。

华文教育的本质是祖语传承与保持，华文教育的基本条件是"一定的家庭语言环境"，华文教材和教学不应再走二语教学的老路，为祖语保持的华文教材，应该明确自己的立足点和历史使命。有鉴于此，我们认为华文教材两大核心理念应该是：

第一，"读写为主，听说为伴"。

汉字是汉语的基本单位，以汉字为基础和主线，贯通字、词、句子、篇章和文化等内容，以求构建崭新的、完整的华文教学课程体系。汉语的基本特点之一是书面语的词汇、句型和表达手段大量不断地向口头输送（李如龙，2001），"读写为主，听说为伴"不仅重视读写和阅读能力的培养，也提高了华裔学生的听说能力，且符合海外华裔学生的特点和需求。

第二，"缘字成文，集中识字"。

"阅读能力的强弱取决于所掌握的文字单位的数量"（张朋朋，2007）。汉字是汉语的书写符号，也是阅读和了解中华文化的必要手段，部分汉字本身也具有文化属性。"缘字成文"有利于巩固汉字基础和积累汉字量，也有利于阅读能力的培养和文化内容的学习。

"集中识字"即集中一批汉字进行学习。它是我国数千年来的识字经验，也是我国传统蒙书的特点之一。比如说《急就篇》《千字文》《百家姓》等，它们是集识字教学和中华优秀传统文化教学为一体，并依据儿童心理特征和年龄结构编写的经典识字教材。

对于大部分华裔学生而言，他们在入学前就已经在家庭语言环境中接触过汉字的音和义，往往最陌生的和觉得最难学的就是汉字的字形。因此在前期的教学和教材中我们要特别强调和突出汉字的形，以及形跟音、义的关系。最好的办法莫过于将汉字按照一定规律集中起来学习，并反复诵读。强制性的反复诵读有助于华裔学生快速地建立起字形与字音及字义的关系，也有助于其全面掌握汉字的形音义知识。

至于如何在教材中体现这一原则，我们可以从传统的蒙学教材、国内的语文教材、现有的华文教材以及针对海外学生使用的识字教材中获取经验和吸取教训。（王汉卫、刘海娜，2010；姚兰，2014）

第二节　新理念华文教材问卷的设计和调查

为了进一步论证上述新型初级华文教材的编写理念，我们通过"问卷星"这一线上问卷方式，采用"五度量表"和"半开放式"的调查形式，调查了海外不同国家和地区的华文教师关于新华文教材编写理念的看法。

为了提高问卷调查的效度，本调查将五度量表和访谈法结合起来，尽量减少定量问题而增加定性回答。跟上文的华文教材使用情况调查一起，我们设置了三个问题，包括华文教学性质、语文教材特点以及新华文教材理念三个方面的内容。每一个问题请受访者在填写五度量表的同时，写下自己的看法。三个问题如下：

（1）我们认为，"听、说、读、写"是外语的、二语的、给没有家庭语言环境学习者的教学模式，华文教学是对华人的教学，是性质不同的教学。华文教学默认的基本情况应该是有家庭中文环境（含方言），把华文教学完全推给华校，与一般外语/二语教学就没有差别了，也就不是华文教学了。

（2）我们认为，数学教学跟语文教学的不同在于理解与记忆，二者固不可偏废，但数学主要是理解，语文主要是记忆。所以，语文教材最主要的特点在于能不能提供精致的、便于诵读也即便于复习的文本，以达到记忆的目标。

（3）长期以来，对外汉语教学的立足点和主流教材的基本面貌是"词本位"，即以词为基本的教学单位。20世纪末以来，学界开始对此种基于西方语言的教学方法进行反思，提出了"字本位"的教学观点，但具体何为"字本位"？如何落实？教材如何编写？学术界并未取得理论上的一致认识，实践上更少建树。我们的基本立场是：不拘泥于"本位"之争，但教学上应认识到汉字的基础性和重要性，体现为以"集中识字"为鲜明特征的教材面貌。在此基础上，融合"字本位"与"词本位"，融"字—词—句—篇—语言—文学—文化"为一体，实现教学材料"便于理解、便于诵读、方便复习，达到记忆"的目标。例如"晨、春、冬、分、后、昏、季、今、刻、秒、明、年、前、秋、日、时、岁、夏、旬、夜、月、昼、昨"，这些全是常用的时间用字——也是单音节词，还有"刚才、过去、将来、当前、光阴、岁月、少年"这样的双音节时间词，不管是按照"词本位"还是"字本位"，一下子教学这些"单位"，显然都吃不消。但如果我们把上述字、词全用上，再搭配一些成句、成文所必需的词语，就可以得到下面的文本：

时间诗

前昨今明后，日旬月季年。

晨昏昼夜续，春夏秋冬连。

刚才已过去，将来变当前。

时刻分秒过，光阴不回还。

岁月催人老，谁能再少年。

本次调查的时间为 2020 年 10 月 15 日至 30 日。最终收到了来自 6 大洲 42 个国家的 336 份有效问卷，包括亚洲 11 个国家的 142 份问卷、欧洲 17 个国家的 107 份问卷、北美洲 5 个国家的 70 份问卷、南美洲 4 个国家的 8 份问卷、非洲 4 个国家的 8 份问卷、大洋洲 1 个国家的 1 份问卷。具体情况如表 13 – 2。

表 13 – 2 "关于新华文教材编写理念的看法"问卷收集情况

地域	国家	问卷数量
亚洲	新加坡	40
	印度尼西亚	49
	日本	10
	柬埔寨	7
	文莱	2
	缅甸	1
	泰国	23
	菲律宾	6
	马来西亚	2
	印度	1
	以色列	1
欧洲	英国	38
	西班牙	13
	德国	14
	意大利	11
	荷兰	7
	斯洛伐克	3
	法国	4
	比利时	4
	爱尔兰	4
	丹麦	1
	希腊	2
	瑞士	1
	奥地利	1

（续上表）

地域	国家	问卷数量
	瑞典	1
	克罗地亚	1
	芬兰	1
	塞浦路斯	1
北美洲	美国	56
	加拿大	11
	墨西哥	1
	哥斯达黎加	1
	巴拿马	1
南美洲	巴拉圭	1
	巴西	3
	阿根廷	3
	智利	1
非洲	肯尼亚	1
	南非	5
	毛里求斯	1
	埃及	1
大洋洲	澳大利亚	1

从表 13 - 2 可以看出，我们收集到的亚洲地区的问卷数量最多，其中问卷数量排名前三的国家分别为印度尼西亚、新加坡、泰国；问卷数量居其次的是欧洲地区，其中英国、德国、西班牙等国家问卷数量排名靠前；然后是北美洲的美国和加拿大；南美洲、非洲、大洋洲的问卷数量较少。

第三节 关于"华文教学性质"的调查结果分析

关于问题 1"华文教学性质"的调查,问题为:"我们认为,'听、说、读、写'是外语的、二语的、给没有家庭语言环境学习者的教学模式,华文教学是对华人的教学,是性质不同的教学。华文教学默认的基本情况应该是有家庭中文环境(含方言),把华文教学完全推给华校,与一般外语/二语教学就没有差别了,也就不是华文教学了。"其调查结果如表 13 - 3 和图 13 - 1 所示。

表 13 - 3 关于"华文教学性质"的调查结果统计表

观点	非常不认同	不认同	一般	认同	非常认同
问卷数	26	60	89	90	71

注:问卷总数:336;平均分:3.36。

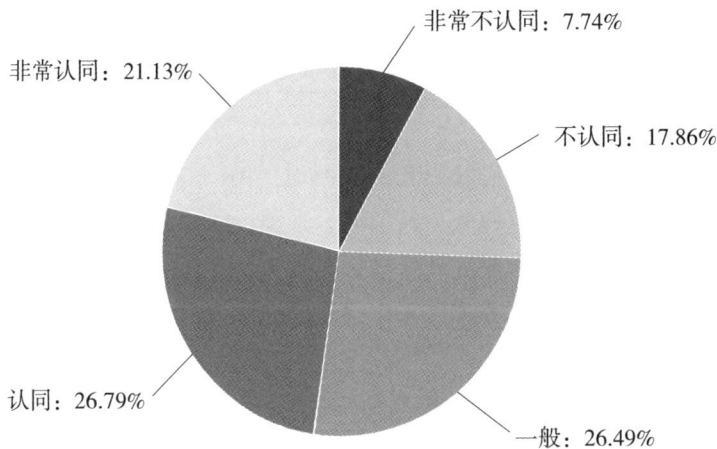

图 13 - 1 关于"华文教学性质"的调查结果饼状图

由以上图表可以看出,对本问卷提出的"华文教学性质"观点持"认同"及"非常认同"态度的问卷共占据了总问卷数的 47.92% ,持"一般"态度的问卷占据了总问卷数的26.49%，持"不认同"和"非常不认同"态度的问卷只占据了总问卷数的25.60%。其中持"认同"态度的问卷相比于其他选项来说数量最多。由此说明，在我们的调查范围内，绝大多数海外华文教师都赞同或者说不反对"华文教学应是同时包括华校教学环境和家庭中文环境（含方言）的针对华人的教学"这一观点。

具体来说，首先是持"非常认同"和"认同"态度的观点的，比如：泰国清莱的一位华文教师说道，"华人小孩在学龄前受家庭语言环境影响，在入学时应该具备基本的听说能力，作为进一步学习的基础。华文教学有更高的教学要求，倘若听说读写全交由学校，很难取得理想的效果。汉字教学需要大量的阅读和抄写训练，客观上也需要更多的课时。家庭提供语言环境帮助孩子练习听说，学校主要练习读写，再辅以正音，相信未来的华文教学会再上一个台阶"。美国图森市的一位华文教师也指出，"听说是华裔学生与非华裔学生比较的优势。海外华校应该把更多的时间和精力放在读写上。尤其是在周末中文学校，教学时间严重缺乏的情况下，更应该注重读写"。美国新泽西的一位华文教师指出，"该观点完全正确，华裔和非华裔原本的背景不同，就不能混为一谈，否则非华裔的觉得太难，华裔的觉得学不到"。阿根廷布宜诺斯艾利斯的华文教师指出"家庭语音（言？）环境很重要，孩子中文能不能学好大部分取决于家长对中文的态度"。荷兰鹿特丹的华文教师认为"语言的习得，需要多方的一起努力。华文教学不仅仅是简单的听、说、读、写，更是一种文化的传承"。西班牙萨拉戈萨的华文教师认为"西班牙华人子女相比外国人学习中文有天然的听说优势"。

其次是持"非常不认同"和"不认同"态度的观点的，我们将其进行整理和分析，归纳出其主要原因是混淆或不明确"华文祖语教学"和"汉语二语教学"的概念。比如柬埔寨金边的一位华文教师认为"华文教学的对象应是汉语为非母语的学生，不论华人与非华人"，英国赫默尔亨普斯特德的一位华文教师认为"华文教育要包括对外教育"，印尼丹格朗的一位华文教师认为"华文教学其实就应该是二语教学。比如我所在学校就有很多非华裔学生选择汉语。不应该只局限在华裔范围"。这是典型的本位主义，近乎井蛙说海了。

另外还有少数华文教师在没有理解题意的情况下答非所问，如新加坡的一位华文教师对本问题的评论为"海外对中文的兴趣与日俱增，实用性为主，研究性为辅"。实际上并非对本题的积极回答。

第四节　关于"语文教学特点"的调查结果分析

　　关于问题 2"语文教学特点"方面的调查，问题为："我们认为，数学教学跟语文教学的不同在于理解与记忆，二者固不可偏废，但数学主要是理解，语文主要是记忆。所以，语文教材最主要的特点在于能不能提供精致的、便于诵读也即便于复习的文本，以达到记忆的目标。"这一问题的问卷结果如表 13 – 4 和图 13 – 2 所示。

表 13 – 4　关于"语文教学特点"的调查结果

观点	非常不认同	不认同	一般	认同	非常认同
问卷数	23	53	93	106	61

注：问卷总数：336；平均分：3.38。

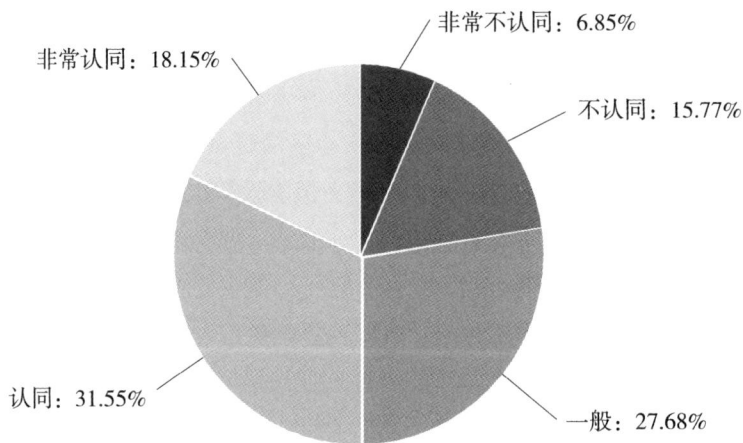

图 13 – 2　关于"语文教材特点"的调查结果饼状图

　　由以上图表可以看出，对本问卷提出的"语文教材特点"观点持"认同"及"非常认同"态度的问卷共占据了总问卷数的 49.70%，持"一般"态度的问卷占据了总问卷数的 27.68%，持"不认同"和"非常不认同"态度的问卷只占据了总问卷数的 22.62%。其中持"认同"态度的问卷相比于其他选项来说数量最多。由此说明，在我们的调查范围内，绝大多数海外华文教师都赞同或者说不反对上述观点。

具体来说，首先是持"非常认同"和"认同"态度的观点的，比如：印度尼西亚雅加达的一位华文教师提到："我没机会上华校，我第一次接触中文是 7 岁的时候。当时无教材，只学习凭老师的记忆写出的书信（后才知道是《尺牍》）、通书的《增广贤文》。相隔几十年，有些还能记住。个人经验，符合以上所述。"日本大阪的一位华文教师认为："记得多了，才能道出。读书记忆多了，才能说出华文。"泰国清莱的一位华文教师认为："阅读文本对语文教学至关重要，简练、逻辑清晰、富有节奏韵律、有趣、有思想内涵这些要素都至关重要，逻辑清楚可以帮助学生理解，简练且富有韵律可帮助学生记忆，有趣和富有思想内涵可提高学生兴趣，也更利于传播。期待华文教学界有更多的精致的可读性强的文本。"意大利那不勒斯的一位华文教师认为："学而时习之，不亦说乎！很期待精致的便于诵读和复习的文章！"

其次是持"非常不认同"和"认同"态度的观点的，我们将其进行整理和分析，归纳出其主要原因是没有把握题意。本题在指出数学教学和语文教学不同点的基础上，进一步说明语文教材"最主要"的特点是能提供精致的、便于诵读也即便于复习的文本，该表述中的"最主要"三个字很重要，并不意味着语文教材只需要记忆而不需要理解，语文教材也并非只包含单纯的记忆。少数受访教师忽略了"最主要"三个字，而强调"语文教学需要在理解的基础上记忆"——这当然是常识。

第五节　关于"新华文教材理念"的调查结果分析

关于问题 3"新华文教材理念"方面的调查（问题较长，此处不再重复，见前文第二节），其问卷结果如表 13-5 及图 13-3 所示。

表 13 – 5　关于"新华文教材理念"的调查结果

观点	非常不认同	不认同	一般	认同	非常认同
问卷数	7	11	80	138	100

注：问卷总数：336；平均分：3.94。

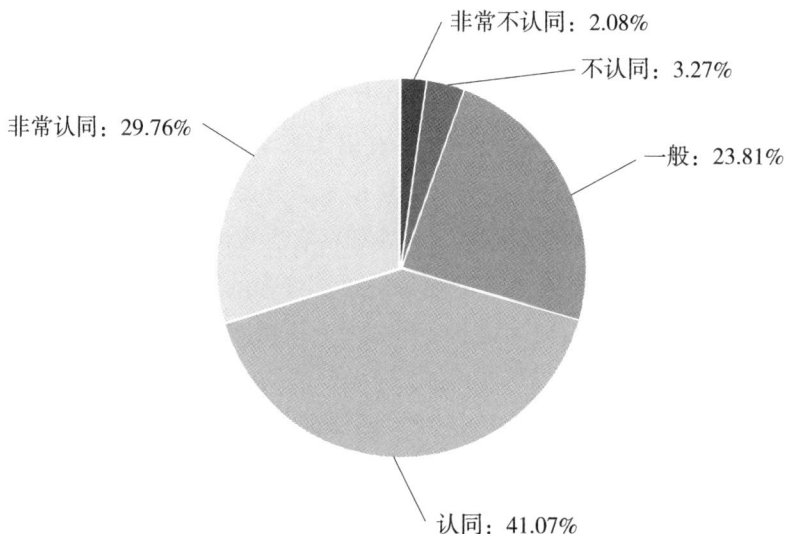

图 13 – 3　关于"新华文教材理念"的调查结果饼状图

　　由以上图表可以看出，对本问卷提出的"新华文教材理念"观点持"认同"及"非常认同"态度的问卷总数比例高达 70.83%，而持"不认同"和"非常不认同"态度的问卷只占据了总问卷数的 5.35%。由此说明，在我们的调查范围内，绝大多数海外华文教师都赞同我们的华文教材观。

　　顺带说明，本题内容陈述比较从容，让受访者充分了解了题意，由本题的回答反推第 1 题、第 2 题，如果在充分了解题意的情况下，积极作答的比例估计也会继续增加。

　　具体来说，首先是持"非常认同"和"认同"态度的观点，比如，荷兰鹿特丹的一位华文教师认为"其通过简单的输入，得到完整的输出。用简单的方法，掌握实质的应用"；英国伦敦的一位华文教师认为该教材观"把枯燥的字词编成朗朗上口的儿歌、诗词，更便于记忆"；印度尼西亚泗水的一位华文教师提到"教《汉语》（三）时，我已用《时间诗》帮学生更易记住和掌握，而且很有效"；荷兰的一位华文教师认为"这是对知识的高度总结。学生能用很少的时间，学到有用而全面的东西，省时省力且高效"；新加坡的一位华文教师指出"非常好的理念与方法，通过一首诗歌就学会了所有相关的时间、时辰、季节等概念又传递了华人的时间观念，有知识更有情感，海外华族孩子太需要这种文本的熏陶了"；泰国清莱的一位华文教师认为"基于华文教学的特点，字词教学很难分开也不可能分开，字是词的基础，词则是进入句子理解的关键环节，二者理应不可偏废。实际上也不用过于纠结，教学讲究实用，字和词能有机结合才能发挥更大作用。以这首《时间诗》为例，时间词本身是个相对的连续的概念，若提供一个语义场，词前后有语境，能加深对单词和整体的理解，而且诗歌富有节奏和韵律，朗朗上口，很容易记忆，还有深刻的文化含义，该首诗可以作为华文教材文本创作的范本"。

持"非常不认同"和"不认同"态度的，他们的主要观点是"以诗的形式进行教学，华裔学生不能很好地理解"。显然，有些华文教师是没有认真阅读，误解了题意。该问题的最后已经指出"该《时间诗》文本还远不是教材的用户界面，是教材立足的基本材料"。《时间诗》展示的是理念，是文本基础，后期对文本中字词的详细解释和运用及练习，当然是不可或缺的。

可以试想，如果是基于此理念的成熟教材，现在持消极态度的受访者，反应又会如何？

第六节　本章小结

本部分的研究认为，华文教材的建设还远远不够。主要表现在以下几个方面：

第一，世界之大，海水之多，虽然有海水的地方就有华人，但华文教材种类并不多。

第二，最堪忧的尚不是种类有限，而是质量——或者说性质，华文教材本质上是为祖语传承和保持的教材，既非母语教材，亦非二语教材，从性质上说，如果我们认为华文教材暂缺，也许并不为过。

第三，以明确的祖语永久保持为目标的华文祖语教育，必高度重视阅读、重视书面、重视汉字为教材的基本面貌。现有的华文教材，显然不是这个样子。

第四，走出西方语言学和语言教学理论的阴影，尊重汉语汉字的特点，明确华文教学的性质和目标，华文教材方能旧貌换新颜，方能在"三教"中发挥中流砥柱的作用。

总之，从分布广泛的海外华文教师对本调查总体积极的反馈，再结合前文对现有教材的调查，我们应该更加积极、更加坚定地推进华文教材革新。"革新"这个词，包含了"周虽旧邦，其命维新"的意思。在现有教材的基础上"修订"，其实是旧理念、旧框架、旧教法的延续。

PART
第三部分
03

· · · · · · · · · · ·

华二代祖语保持的测试研究

第十四章

华文水平测试的几个基本理论问题

相对于汉语水平考试（以下简称"HSK"），华文水平测试（以下简称"华测"）预设了相对单纯的测试对象——海外华裔人群和不同的测试目的——服务华教，服务传承。对象和目的的不同预设决定了华测跟 HSK 必然不同。华测能不能以崭新的面貌出现，取决于从理论到实践、从宏观到微观的一系列探讨、挖掘和贯彻，也取决于对相关基本理论问题的探索。

第一节　华测的基本对象等核心问题

第一，以海外华裔为测验对象，更进一步说，以华二代为核心人群，这是华测研发与设计的出发点，也是最基本的理论依据。

第二，华测面向的是海外的广大华裔，地域、国情、代系等差别巨大，因此，华测的基本性质应定位为脱离具体教材、考查学生实际汉语水平的水平测试。

第三，理论上，如果华测能力标准的设计不跟中国国内中小学的语文能力标准相关联，考试成绩就难以简单解释为相当于什么程度的中国人，反之，这个问题就会迎刃而解，但具体如何参考？如何锚定？

第四，参考普通话标准，考虑建立华语标准。海外华语例如在东南亚，语音、词汇、语法诸方面都跟普通话有所区别，形成了自己的变体，而以东南诸省为源头的新移民，其母语方言或方言普通话也与以北方话为基础的普通话有一定的差异（更遑论标准的普通话）。理论上，变异永远是存在的，也是正常的。如果忽视这些客观存在的变异，一味地强调普通话的标准，等于无视变异的存在，被试的祖语能力就会得到抑制性的评价——这不是我们实施华测的初衷，也不利于"汉语家族"（也即"大华语"）在世界的传承和传播。反过来，我们也不应该以一般外国人的水准来要求海外华人。例如新 HSK 最高级（6 级）的词汇范围仅仅为 5 000 高频词（国家汉办/孔子学院总部，2010），对于一般的外国人来说，达到这个水平已经不错了，但对于海外华人来说，能够达到这个级别的人有很多，远远超过这个级别的人仍然很多。HSK 的全距不够，从测验后效来说，这将会抑制海外华裔华语水平的发展。

所以，我们应该尝试参考普通话标准和华语的实际情况建立华语标准，这个"华语标准"的建立是华测赖以成立的基础之一。以一个什么样的能力标准要求海外华人，这是一个非常严肃的问题，而且不可能从理论上推演出明确的答案。

第五，汉字作为汉语（华语）的书写工具，是中华文化的重要载体，是海外华裔与祖籍国身份认同的重要凭证，也是最容易流失的祖籍国特征（陈松岑，1999；王汉卫，2012）。因此，相对于一般外国人，华测应该在"读写测试"中适当提高对汉字的要求，具体怎样把握，则需要了解海外华人社会的普遍反映。

第六，华测的语料使用更多体现中华文化为特色。长期以来，对外汉语教学及考试，中华文化的呈现似有不足。如果说对一般外国人的汉语教学与测试，过于张扬中华文化有"文化扩张"的嫌疑，那么，在华文教学与测试中，重视中华文化就应该是天职所在了。首先，文化是语言的灵魂、是民族的灵魂，语言从来都不是、也永远不会仅仅是"工具"；其次，华测的设计对象是华人（不排斥非华人参加该考试），跟华人谈中华文化，不但可以，而且应该。总之，文化的话题对华测来说也是不能绕开的。

以上六个问题都是从华裔不同于一般外国人的理论基础出发而初步确立的华测理论架构，这些设计是否真的满足了华裔的实际诉求？为此我们在海外开展了较大规模的需求调查。

一、华测海外需求调查问卷的设计、发放与回收

问卷的题目设置即围绕上述 6 个问题进行。

东南亚是海外华侨华人最集中的地区之一，也是华侨华人人口最多的地区（陈奕平，2010）。换句话说，新移民在新加坡，老移民在整个东南亚，都是最具有代表性的。据估算，东南亚华侨华人总数约 3 348.6 万，约占全球 4 543 万华侨华人的 73.7%（庄国土，2009）。其中，印度尼西亚又是最有代表性的国家：区域大国、华侨华人数量最多（一般估计有 800 万到 1 000 万，甚至更多），华文教育经历波折最大、20 世纪末以来华文教育恢复也最为迅猛（宗世海等，2007）。新加坡和菲律宾的华侨华人人数在东南亚各国中位居前五，其中新加坡的华侨华人人数更是占到了该国总人数的 77%（郭熙，2007）。因此，我们对印度尼西亚、菲律宾、新加坡的一些地区进行了实地调查。我们认为，具备华文教学实践经验的教师对华测的态度最值得重视，因此海外华语教师成为我们此次调查的主要对象。

本次调查共发放问卷 1 160 份，回收 615 份，有效问卷 605 份，有效回收率为 52.16%。采用数据处理软件 Excel 2003 和专门的统计软件 SPSS 17.0 对问卷数据进行统计处理。

信度（reliability）反映了问卷的可靠性程度。Cronbach α 信度系数是目前最常用的信度系数，一般认为可接受的 α 系数不应低于 0.70。本次调查问卷的 α 系数为 0.745，说明本次调查问卷数据具有较高的可靠性。同时，α 系数还受到问卷题目数量的影响，项目数越多，系数可能越高。本次调查问卷共设 13 个问题，分别指向华测设计的六大方面，α 系数能够达到 0.745 在很大程度上显示出了问卷较高的内在一致性程度。

二、问卷调查结果的统计分析

本部分我们对调查结果按照上文所谈的六个方面分别进行展示，调查数据及分析如下文。

（一）华测专门以海外华裔为测试对象

从表 14-1 可以看出，三个国家和总体的加权均值分别为 3.87、3.60、3.58 和 3.71，这意味着华测专门针对海外华裔开发测试这一设计思想获得了来自印度尼西亚、菲律宾、新加坡这三个国家调查数据的较高支持。值得注意的是，菲律宾跟新加坡，特别是新加坡这个新移民集中的国家（注：我们的受访对象全是新移民），数据明显低于印度尼西亚，这跟新加坡多年来刻意降低族群意识，提倡新加坡民族，以期打造和谐、稳定、融合的政治生态环境有关。尽管如此，受访人多数还是明显倾向于华测应该明确以海外华裔为测试对象来开发考试。应该明确的是，和谐稳定跟多元文化、祖语保持并不矛盾，一个族群，有自己的族群意识、祖语意识、祖语需求是再正常不过的人类基本情感，本次调查的结果也说明了这一点。

表 14 - 1　华测专门以海外华裔为测试对象

国别	选项及人数					加权均值②
	1①	2	3	4	5	
印度尼西亚	12	18	64	62	103	3.87
菲律宾	12	31	50	34	69	3.60
新加坡	14	21	29	24	54	3.58
总体	38	70	143	120	226	3.71

（二）不结合具体教材，考查考生的实际水平

客观上说，"水平测试"还是"成绩测试"，对于一些受访教师是有选择困惑和选择焦虑的。一方面，这个问题有一定的学术性，准确把握二者之间的区别并不容易；另一方面，甚至是更主要的一方面，许多教师或者校长，甚至家长，对严格的"不结合具体教材，考查考生的实际水平"的水平测试心存顾虑，许多人担心的不是考试结果是否可靠，而是怕考不好，怕考出的真实水平"不好看"——这一点，在华测这几年的实践中也多有表现。坦率地说，这是华文教育的隐忧。

表 14 - 2　不结合具体教材，考查考生的实际水平

国别	选项及人数					加权均值
	1	2	3	4	5	
印度尼西亚	16	42	89	67	43	3.31
菲律宾	12	28	51	40	66	3.61
新加坡	17	11	18	34	57	3.75
总体	45	81	158	141	166	3.51

　　尽管被调查人群在一定程度上存在模糊认识和错误认识，但上表的数据仍然显

---

① 1 代表"非常不同意"，5 代表"非常同意"。

② 加权均值 =（1×人数 +2×人数 +3×人数 +4×人数 +5×人数）/总人数。均值越大表示同意的程度越高，除特别说明，下同。

示，表达支持华测开发成"水平测试"的仍占多数，印度尼西亚、菲律宾、新加坡和总体的加权均值分别为3.31、3.61、3.75和3.51。数据表明，将华测开发成水平测试的设计理念也获得了朴素认识的支持。

考试就是测量，测量结果的可靠性是它存在的理由。

上述两个问题的调查结果总结起来就是一句话：华测应该是针对海外华裔开发的水平测试。

（三）关于华语标准

评价标准就像一把双刃剑，太宽太严都不利于汉语（华语）的发展。太宽了不利于全球华人语言的一致性，变异太大最终导致交流上的障碍，导致"大华语"的式微。不管从世界语言的发展谱系还是从中国南方诸方言跟北方方言的巨大差异来看，都说明了这一点。而太严了，比如完全以普通话的标准为标准，又等于无视语言变异的存在，如果视自由变体为区别变体，这无疑会视风格为正误，降低被试应该得到的语言能力上的积极评价，既不科学合理，也必然会打击学习者的积极性。因此，在这一部分我们分别设置了语音、词汇、语法方面的宽严度问题，以了解海外华裔关于华语标准的态度。

表 14 - 3　严格按照普通话的语音标准而非华语的语音标准

考试等级	国别	宽严度及其选择人数①					加权均值
		1	2	3	4	5	
低等级	印度尼西亚	56	71	68	40	22	2.61
	菲律宾	46	50	42	39	20	2.68
	新加坡	34	40	33	22	11	2.54
	总体	136	161	143	101	53	2.62
高等级	印度尼西亚	14	18	59	67	99	3.85
	菲律宾	12	17	57	56	52	3.61
	新加坡	7	11	41	45	35	3.65
	总体	33	46	157	168	186	3.73

上表数据显示：低等级的语音标准，印度尼西亚、菲律宾、新加坡三个国家和总体均值都在2.70以下，而高等级的均值则都在3.60以上。我们对高等级和低等

---

① 从"1"到"5"标准越来越严，均值越大表示标准越严格。

级的加权均值作差异检验，$p = 0.00 < 0.05$，低等级和高等级的宽严度具有显著差异。

词汇方面，低等级的均值在 2.3 左右，高等级的均值在 2.6 左右。语法方面，低等级的均值在 2.6 左右，高等级的均值在 3.4 左右。而且，低等级和高等级的数据都具有统计学意义上的显著差异（简洁起见，不再展示词汇和语法方面的具体数据）。

从调查数据，我们可以看出：①大多数受访者都认为应该承认华语的存在，不能完全以普通话的标准为华测的标准。②初级倾向于在语言形式诸方面采取较为宽松的评价标准，随着等级的提高，渐渐收窄标准。

这样的调查结果跟我们原有的认识也是吻合的，既尊重普通话标准，又尊重海外华语的现实，以一定程度的调和为基调，在高级水平上引导华语向普通话标准靠拢，这才是务实和理性的华测态度，也是"大华语"概念下应有的态度。

（四）参考一般中国人的语文能力建立华测能力等级标准

历史和现实的原因，海外华裔无论是在语言还是文化上都同一般的外国人有着很大的区别，以一般外国人为考试对象的汉语水平考试（HSK）在海外华裔这个语言群体上的适用性存在着根本问题（陈宏，1995；任杰、谢小庆，2002）。

华测的能力标准应该如何制定，华测的能力标准以现有的什么标准为锚定的依据，这不但涉及标准的制定、量表的开发，也涉及测量结果的如何解释。

既然是海外华人，既然华测是继承语考试，既然海外华人有跟国内母语者相比较的心理需要（陈宏，1995；任杰、谢小庆，2002），锚定母语者水平，参考母语者能力标准设立华测等级标准、参考汉语母语标准构建华语标准，这就是华测必须解决的问题（王汉卫、黄海峰等，2013；王汉卫、凡细珍等，2014）。进一步来看，华语能力标准跟华语标准相关联，华测成绩才能得到最多、最合理的解释，华测也才能发挥更加积极的作用。

关于华语能力标准，我们设计了三个题目，调查结果如下：

表 14 - 4 华测能力等级参考中国人的语文能力

国别	选项及人数					加权均值
	1	2	3	4	5	
印度尼西亚	11	19	59	104	64	3.74
菲律宾	12	27	43	50	61	3.63

（续上表）

国别	选项及人数					加权均值
	1	2	3	4	5	
新加坡	10	13	23	41	52	3.81
总体	33	59	125	195	177	3.72

  这三个国家的调查数据相互比较，也耐人寻味。代表新华人移民态度倾向的是新加坡，毫不意外，高居榜首，他们最希望华测的能力等级标准跟母语挂钩。其次是印度尼西亚，此地华人尽管代系久远，但历史上饱受排华之苦，所以迄今仍有较强烈的祖籍国认同。再次是菲律宾，相对有较安静平稳的环境，安居的心理程度较高。尽管有这些差别，从上表我们可以看出，倾向"华测能力等级参考中国人的语文能力"的，不管在哪个国家都占绝大多数，三个国家和总体的均值都在 3.6 以上——这就是华人。

  进一步，我们调查了海外华文教师认为海外华裔的华语听说和读写能力应该达到中国人的什么程度。

表 14-5 海外华语教师认为海外华裔的华语听说能力大概应该达到中国人水平的百分比

国别	百分比及其人数					加权均值
	60%	70%	80%	90%	100%	
印度尼西亚	83	68	61	30	14	73.13%
菲律宾	92	41	36	26	3	70.25%
新加坡	36	35	33	29	6	75.25%
总体	211	144	130	85	23	72.66%

表 14-6 海外华语教师认为海外华裔的华语读写能力大概应该达到中国人水平的百分比

国别	百分比及其人数					加权均值
	60%	70%	80%	90%	100%	
印度尼西亚	120	54	52	21	9	70.04%
菲律宾	93	40	36	23	6	70.35%
新加坡	54	33	29	18	5	71.87%
总体	267	127	117	62	20	70.57%

　　数据显示，无论是听说能力还是读写能力，达到中国人水平的 60%、70%、80% 这三个选项上的得分较为集中，三个国家的加权均值，读写和听说能力都集中在 70% 附近，听说为 72.66%，读写为 70.57%，读写的比例略低于听说。对于海外华裔来说，汉语（华语）的听说较容易，要求相对高一些；读写较难，要求相对低一些，数据、理论与华裔的实际能力水平相吻合，显然，这是理性的选择，也表明了调查所得数据的可靠性。

（五）华测的汉字态度

　　汉字是汉语（书面）能力的最基础指标。汉字作为汉语（华语）的书写工具，是中华文化的重要载体，是海外华裔与祖籍国身份认同的重要凭证，也是最容易流失的祖籍国特征（陈松岑，1999；王汉卫，2012）。因此，相对于一般外国人，理论上，华测应该在"读写测试"中适当提高对华裔的汉字要求。

表 14 - 7　读写测试适当提高对汉字的要求

国别	选项及人数					加权均值
	1	2	3	4	5	
印度尼西亚	11	15	55	70	107	3.96
菲律宾	5	10	36	61	81	4.05
新加坡	3	6	27	42	59	4.08
总体	19	31	118	173	247	4.02

　　相比于本次调查的其他项目，"读写测试适当提高对汉字的要求"得到了老师们的最高认同。从表 14 - 7 可以看出，这一设计思路获得了海外教师的高度支持，印度尼西亚、菲律宾、新加坡三个国家及总体数据的加权均值都在 3.96 以上，菲律宾和新加坡更是超出 4.0。

　　那么，在读写测试中如何适当提高对汉字的要求？这需要关联国内母语者的识字标准与要求。根据表 14 - 6 的调查数据，一般海外华人的读写能力应达到中国人的约 70%，乘以国内小学毕业要求的 3 000 字，得到 2 100 字。为了验证问卷的可靠性，我们设置了相关题目。

表 14 - 8　相对中国小学毕业 3 000 字的识字要求，华裔小学毕业的识字量应为多少

国别	选项及人数				加权均值
	1 500	2 000	2 500	3 000	
印度尼西亚	86	67	54	50	2 132
菲律宾	102	56	17	15	1 855
新加坡	58	56	14	12	1 929
总体	246	179	85	77	1 994

表 14 - 8 的数据显示，1 500 字、2 000 字的选中率远高于其他选项，从均值来看，印度尼西亚、菲律宾、新加坡和总体均值都在 2 000 左右。这样，表 14 - 6、表 14 - 8，以及本节（三）（四）的其他几个问题就形成了一个互相印证的数据链。

根据本节（一）（二）的题目，我们把华测确定为"针对海外华裔开发的水平测试"。根据接下来的这两部分的调查，我们可以进一步把华测定义为：针对海外华裔开发的、以母语者标准为锚定依据的、凸显汉字的（跟现有外向型汉语考试相比）、服务于祖语传承目标的水平测试。

（六）华测与中华文化

文化方面我们设计了对儒家文化等八方面文化因素的调查，调查受访者认为哪些方面的文化内容应该在测试中得到重视。该项调查是多选题，调查显示，印度尼西亚、菲律宾和新加坡，在上述调查项中脱颖而出、独占鳌头的都是中华民俗，其次是当代中国和中国历史。

文化的问题说起来很复杂，但调查结果传递给我们的信息是清晰明确的，也如此朴实可信赖。什么是华人，什么样的华人才"最华人"——保持了中华民俗，并对中国的过去（中国历史）和现在（当代中国国情）保持强烈兴趣（了解和关注）的中国人，当然就是华裔。具体数据如下图：

新加坡

☐	中华民俗
☐	中国历史
▨	当代中国
▨	中国地理
▨	儒家文化
■	佛教文化
▨	道家文化

3%　2%
10%
13%　　　　　　27%
24%　　　　　21%

菲律宾

☐	中华民俗
☐	中国历史
▨	当代中国
▨	中国地理
▨	儒家文化
■	佛教文化
▨	道家文化

4%　4%
12%　　　　　　26%
13%
22%　　　　　19%

印度尼西亚

☐	中华民俗
☐	中国历史
▨	当代中国
▨	中国地理
▨	儒家文化
■	佛教文化
▨	道家文化

3%
14%　　　　　　22%
18%
4%　　　　　　20%
19%

总体

☐	中华民俗
☐	中国历史
▨	当代中国
▨	中国地理
▨	儒家文化
■	佛教文化
▨	道家文化

8%　3%
14%　　　　　　25%
9%
21%　　　　　20%

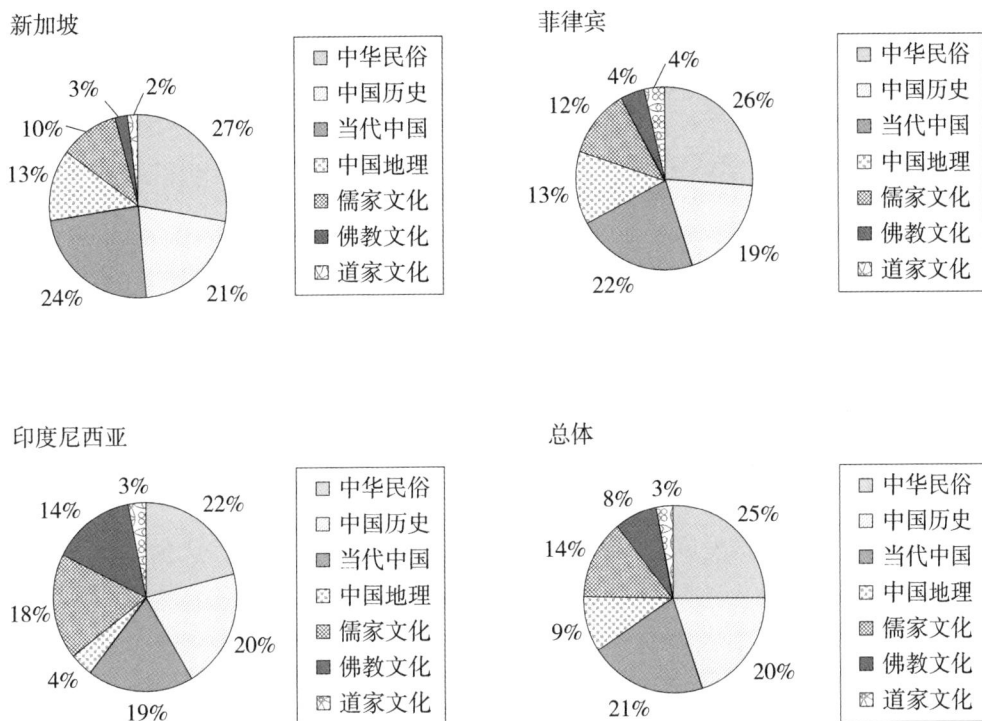

图 14 - 1　海外华语教师对中华传统文化的态度

三、基于调查结果的总结

通过本次华测海外需求调查，我们对海外华裔的需求有了更加深入的了解。

一方面，本次调查夯实了我们关于华测的基本设计思路，将华文水平测试定义为：针对海外华裔开发的、以母语者标准为锚定依据的、凸显汉字的，并紧密结合华人社会特别是中国社会生活的、服务于祖语传承目标的水平测试。这样一种考试，不仅是海外华裔的普遍诉求，也是维系华语世界大融合的必要举措。

另一方面，本次调查也对华测的进一步设计起到了定位的作用。

第二节 华测的起点、过程、终点暨华测的纵向结构

华测是面向海外华裔的继承语性质的考试。这个基本定位隐含和决定了华测必须把语言能力的发展问题跟伴随年龄的认知发展的问题协调起来考虑。即纵向结构在华测中不再是单纯的能力水平的递增，而必须把能力和年龄两个基本变量结合起来。

外语或二语能力的发展跟年龄没有必然的关联，仅仅取决于个人的二语学习情况，带有极强的个体化色彩。有的可能是平行双语的发展，有的可能晚到成年才开始学习，有的可能一辈子跟外语或二语无缘。也正是外语或二语教学的这个一般面貌，现今一般的外向型语言考试并不十分在意语言考试跟伴随年龄的认知发展的协调问题，而大多取成年人的认知水平，或者分青少年与成年两个年龄段。例如 HSK 就是以成年人的认知为默认的认知水平，而 YCT 则是"中小学生"。①

华测作为继承语考试的性质决定它与一般二语或外语考试的巨大区别，为了实现继承的目标，在本节的论题范围内，华测至少需要面对如下一系列的问题，并做出自己的选择，确立自己的纵向结构。

（1）年龄起点与终点。

（2）能力起点与终点。

（3）能力与年龄在各个阶段的协调。

下文就上述问题做出探讨。

一、华测的年龄起点与终点

因为华测是继承语的考试，是以继承为目标反拨教学的，因此，华测也必然是伴随继承语各个发展阶段的。这是本话题的基本认识和定位，无须赘言，但其中的关键点是"起点"，进一步明确的话，就是要不要学龄前的考试？或者说，要不要

---

① 参见汉语考试服务网 www. chinesetest. cn，二者均并未严格界定年龄。

把考试的年龄起点延伸至习惯意义上的"学龄前"？

我们认为，华测应该把起点延伸至"学龄前"，主要是出于如下几点考虑：

第一，根本上，"学龄前"本来就不是一个确切的学术概念，而是实践意义上的、动态的概念。从历史上看，中国古今的"启蒙"或说"入学"年龄并不一致。传统上，四岁左右即开始启蒙。所谓蒙学，"三、百、千"（《三字经》《百家姓》《千字文》）、《弟子规》等的教学，都是这个阶段的事。中国教育的现行学龄是满6周岁，有关部门甚至规定幼儿园阶段不能教学汉字（至少不提倡），怕"难学"的汉字影响了孩子们快乐的童年，用心不可谓不良苦，但这里面分明看得到清末新学以来对汉字错误认识的影子。幼儿可以学钢琴、学舞蹈、学唱歌、学绘画、学手工、学科普……而唯独不可以学汉字？恐怕没这个道理。更不用说"汉字可以学"是我们的先人早就证明了的。从共时角度看，世界各国儿童四五岁入小学的也有，澳大利亚的一项调查显示平均入小学年龄是5.1岁。

第二，儿童语言发展的研究表明，四岁左右是儿童语言能力（突出表现在词汇量）发展的爆发期。这几乎是该领域研究带给我们的常识，同时也符合我们的传统。

第三，结合海外华文教育的具体情况，祖语传承在海外面临激烈的语言竞争。我们基于对海外华文教育、对海外华裔儿童的祖语生活状况的了解，得到的基本认识是：孩子们在所在国的"学龄前"是华文学习的最佳时期。这个阶段，既是语言迅速发展的时期，又是孩子们的"家庭生活"时间充裕、家庭环境影响巨大的时期，一旦进入学龄，入读当地学校，语言竞争带来的矛盾立刻凸显，学习的压力、升学的压力、学校的教育、老师的影响、伙伴的影响纷至沓来。年龄越大，家长对其影响越小，这是常识，尤其符合华文教育的大环境。

所以，华测的起点应该延伸至学龄前，"从娃娃抓起"，为日后的祖语保持和发展打下基础。

具体而言，华测的起点应该设置在6岁，即学龄前，这个考试即覆盖和暗示了整个学龄前应该达到的祖语水平。解决了起点问题，其他问题都迎刃而解，即在整个学龄阶段的关键点上合理分布考试，直到18岁。18岁，是青少年阶段的结束，也是成人阶段的开始。

这里面的关键词是"合理分布考试"，怎样分布才是"合理"？4岁左右的词汇"爆发期"是常识，另一个常识是"关键期"，即12岁以前（Lenneberg，1967）。以我国的《义务教育语文课程标准（2011年版）》中的学段汉字标准来看，中文能力的学习和发展也相对集中在小学阶段。如表14-9：

表 14-9　国内义务教育语文课标中的汉字能力标准

年级	汉字能力标准	
	汉字认读	汉字书写
小学二年级	1 600	800
小学四年级	2 500	1 600
小学毕业	3 000	2 500
初中毕业	3 500	无明确标准

华测考试的分布当然应该结合语言自然发展的节奏，这是锚定母语者标准的宏观体现。综上，我们把华测的考试分布跟年龄相结合，由密而疏，设置如下：

表 14-10　华测等级、年龄、学段对应表

等级	年龄	对应学段
一级	6 岁左右	学龄前
二级	8 岁左右	小学二年级
三级	10 岁左右	小学四年级
四级	12 岁左右	小学毕业
五级	15 岁左右	初中毕业
六级	18 岁左右	高中毕业

二、华测的能力起点与终点

跟年龄不同，能力的起点与终点的量化是非常复杂，但必须解决的问题（见下文）。本节讨论的是更加基本的理论问题，也是具有顶层设计性质的问题。核心问题是如下两个：

（1）高起点还是低起点？

（2）高终点还是低终点？

这两个问题归结起来就是一个问题，即：如何跟母语者水平锚定？这个问题在前文已经得到初步的回答，即 70%。

对这个 70% 的认识，取决于对以下两个问题的认识：

首先，华测的这个 70% 是否体现了继承语考试跟二语考试的本质区别？例如新

HSK，以词汇量为例，多年来执行的起点标准 150 词，终点是超过 5 000，低起点、低终点、小全距的特征十分鲜明。

虽然 HSK 的设计对象并非海外华人，但因为历史和现实的种种原因，HSK 作为目前唯一具有官方效力的考试，其主要的被试对象其实更多是海外华人。HSK 新近做了一些调整（刘英林等，2020），一级起点调整为 500，六级（原终点）调整为 5 456（新增三级，九级终点为 11 092）。如果仅仅从量化的表面来看，似乎有很大的调整，但如果从继承语的视角看，这种调整显然只是"量"的调整，而无"质"的变化——仍然是二语而非继承语的设计①。例如王永炳（1990）对新加坡 1 600 个 4~6 岁华族儿童的调查，其中 80% 华语口语达到流利水平，收集华语口语词汇 1 231 条，再如赵守辉、刘永兵（2008）收集 60 个来自华语家庭背景的 60 名学前儿童的口语词汇，得到 2 825 个。所以，跟 HSK 低起点、低终点、小全距相反，华测应该明确"高起点、高终点、大全距"的理念，以母语者水平的 70% 为纲，正是华测作为继承语考试的本质特征和原则保证。

其次，"母语者水平"是一个"水平"、一个极端值，还是不同年龄段的多个不同"母语者水平"？这个问题一经提出，答案也就随之跃然纸上。

显然，在海外华文教育、华文水平测试这个语境下，我们必须明确，70% 是每一个年龄段上锚定于母语水平的祖语水平要求，每一级考试的标准均相当于该年龄段汉语母语者能力的 70% 左右，到 18 岁还能达到同龄汉语母语者能力的 70%，也即一多半，传承就得到了实现。

三、能力与年龄在各个阶段的协调

70% 的母语锚定管辖到这个话题上，是华文水平测试作为继承语测试初步的较为完整的框架确立。

我们还是以汉语作为二语的水平考试为切入点，对比思考汉语作为继承语考试的等级设置。以词汇大纲为例，新 HSK 的等级变化如下：

---

① 本研究并没有对 HSK 的设计有批评的意思，因为 HSK 本不是为海外华裔设计。

表 14 - 11　HSK 2.0 及 3.0（改进版）词汇量

等级	词汇量	
	2.0 版	3.0 版
1 级	150	500
2 级	300	772
3 级	600	973
4 级	1 200	1 000
5 级	2 500	1 071
6 级	5 000	1 140
7~9 级	—	5 636

可以看到，旧版的新 HSK 的等级能力标准是翻倍的提升，改进版不再是翻倍，而是以相对平均为基本面貌，与此同时仍然是越往后增加得越多。对比二者，区别乍看起来非常大，但"前松后紧"的基本原则没有变，即一开始要求低，越往后级别跨度越大，这当然不适合继承语发展的节奏。另外，前六级的词汇量总体要求2.0 版是 5 000，3.0 版是 5 456，也可以说基本没有变化，如此低的词汇量要求也不是继承语的特点。

新 HSK 汉字大纲也是如此（旧版没有汉字大纲，下文是改进版的数据）：

表 14 - 12　HSK 3.0 版汉字标准

等级	汉字量
1 级	300
2 级	300
3 级	300
4 级	300
5 级	300
6 级	300
7~9 级	1 200

可以看到，汉字大纲跟词汇大纲的等级递进原则完全一致，也不是继承语应有的发展特征。

如果把年龄、自然语言发展、测试目的等考虑进来，华文水平测试显然不能这样设计。不管是翻番、平均，或者平均基础上的前松后紧，都不符合华文教育的特点，因为这样的设计完全不考虑能力跟年龄的协调发展，从根本上背离继承语发展的特点。

例如，四岁左右的词汇暴增，学龄之后的阅读量暴增，这些都是具有一般性的语言能力和行为，如果华文教育不能解决儿童识字量的问题，必然不能满足儿童迅速增长的使用这种语言获取知识的需要。正因为汉字不是拼音文字，不易自学，而汉字又直接影响了阅读能力，阅读能力则直接决定了个人自主学习的能力，所以，这一切都决定了汉字的要求（尤其是认读要求）不能太低，否则汉语汉字的工具价值将被我们自己否定。所以，不但不能采取"前松后紧"的分布，恰恰相反，而必须采取"前紧后松"的安排，这样才能够使汉语汉字成为孩子们认识世界、自主学习的工具——祖语保持和传承也才有望。

而如果测试不能（没有）贴合需要、体现指导、彰明要求，"问题"就等于是被"无视"了，何谈解决？前文讨论教材的时候已经触及了这个问题，道理是一样的，只不过考试的影响更甚，因为考试——通常意义上的"指挥棒"——的能力标准、字词大纲等，非但指挥学，更直接指挥教、指挥教材编写。

所以，如果华测跟 HSK 设计类似，或者 HSK 用于海外华文教育，这都非但不能服务华文教育，而且势必干扰祖语保持、阻碍华教事业的发展——这样说应该不是危言耸听，如上文所述，这是一个并不复杂却十分严肃的原则性问题。

综上，本节讨论了确立华测纵向结构的一些问题，并初步确立了华测的纵向结构是：以年龄和祖语能力为平行双轨，分为六级（见表 14 – 10）。

第三节　听、说、读、写的关系暨华测的横向结构

纵向结构譬如"经"，横向结构就是"纬"——"经"是织布的基础，"纬"才能织出花来。要织出华测的锦绣，需要在横向结构上下功夫，需要对现有"听、说、读、写"四分的习惯做法保持审慎。

要形成华测合理的横向结构，我们需要思考下面三个问题：

（1）语言能力的"用"与"阶"。

（2）语言能力的独立与依存、包含与被包含。

（3）华语祖语能力的获得与一语、二语的差异。

对这三个问题的认识，决定了华测横向结构的设计，下文逐一讨论。

一、语言能力的"用"与"阶"

套用数学或计算机语言领域的一个常用术语"阶"，自然语言也因它的"用"而有"阶"，从应用的、描写的角度说"高阶"或"低阶"，也是对事实的尊重。探讨听说读写哪种语言能力更"高阶"，价值更大，是测试应该关注的问题。

首先可以肯定的是，语言能力的两分"听说"与"读写"，或者四分"听、说、读、写"，有高阶与低阶之分。

"听"是最常用、最基本的语言能力，但凡不是"狼孩"，没有生理上的听力障碍，母语者之间的听力水平在一般的交际层面恐怕区别甚微。也正因为如此，尽管"听"最常用、最基本，但既然你我都一样，"听"的"用"有什么"了不起"呢？显然，"听"是最低阶的语言能力；"说"就比"听"高阶一些；"读"更高阶，是书面的能力，是知识获取的基本手段；"写"是最高阶的能力。

如果忽略"耳治""目治"的刺激渠道上的差异，忽略特殊情况（例如演员），下面的顺序大体成立：读写 > 听说，或者：写 > 读 > 说 > 听。

上文的讨论，旨在引起我们对语言能力差异的进一步重视，反思长期以来汉语二语教学以及华文教学几乎一边倒的"听说领先，读写跟上"，反思汉语二语考试上听、说、读、写的平行结构，并进一步落实到教学和测试中。就本课题来说，我们应该在华测上初步体现反思结果。

二、语言能力的推断与被推断

假如，听、说、读、写四种语言能力之间完全不存在推断与被推断的关系，听、说、读、写四种平行的考试结构就一定具有完全的合理性。反过来，如果听、说、读、写之间具有完全的推断与被推断的关系，那传统做法就一定完全不合理。当然，问题没有这么简单绝对，也正因为"没有这么简单绝对"，那传统做法就已经开始"存疑"了。

因为"听"是输入，"说"是输出，"说"跟"听"是完全的"基于与被基于"

的关系，"说"的能力好，"听"的能力也一定不会差。反过来的推断则不成立，"说"的能力不好，"听"的能力未必差，因为它们不是完全的"包含与被包含"的关系。

同理，"读"与"写"也是这样的关系。

进一步看，"听说"与"读写"也是这样的关系。假如一语，读写"顶呱呱"，听说不会有什么问题。但一字不识（盲人），则很难想象可以做"荷马"，可以做史铁生笔下的"说书人"。

上文的论述说明，假如侧重高阶语言能力的话，只考写作就好，科举考试的乡试、会试还考"阅读"（贴经、默义），到殿试则只考写作（策论、诗赋），就是这个道理。假如追求对每一种语言能力的精确测量的话，就听、说、读、写都考。

三、继承语能力的获得与二语能力的获得差异

从只考"写"一门，到"听说读写"四门，这是一个连续系统。结合教考之间的关系、一语二语继承语之间的关系，听说读写之间的关系，以及考试的性质等因素，显然，如何安排华测的横向结构，如何绣出花来，还有很大的调整空间。本小节以继承语能力获得与二语能力的获得差异为核心，讨论相关问题，并初步呈现华测的横向结构。

在自然语言习得（一语）中，"听说读写"大体有一个自然的先后顺序，即"听→说→读→写"，或者粗略说"听说→读写"。母语的学校教学，主要内容是书面而非口头，是"读写"而非"听说"，因为基本的听说能力在学龄前、在学校外皆可获得——至少汉语如此（华文测试当然是以汉语来论的）。

长期以来，汉语二语教学/汉语国际教育基本的教学设计是"听说读写"相对独立，教法上的基本纲领是"听说领先，读写跟上"，影响到测试，就是今天我们看到的"听说读写"四种平行考试的横向结构。如果对今天的习惯做法追根溯源的话，这一套理论和实践可以追溯到结构主义语言学和经验主义心理学，但问题是：语言教学和测试应不应该基于不同语言类型的特点？应不应该基于不同语言教学类型的特点？提出这些问题的意义远比回答重要，因为回答并不难，而提出（质疑）则需要直面现实的勇气。

汉语跟印欧语差别巨大，汉语的读写更远离听说，就印欧语来说、就字母文字的语言来说，"听说领先，读写跟上"有更多的理论合理性、更强的实践性。就汉语来说，则恰恰相反，"听说领先"，"读写"怕不一定"跟上"。甚至有西方人学

汉语不学汉字，整套教材、整个教学过程没有汉字，只要听说，读写如何跟得上呢？"谁领先谁"是一个原则性的、影响整个教学面的问题。

如果不追求速食主义的"即学即用"，"读写领先，听说跟上"恐怕是汉语教学（无论一语、二语）的正道。理论上，读写教学的过程中，自然能练习到听说，听说因此也自然能跟上；而反过来则未必。教学某种语言，测试某种语言能力，都要基于这种语言本身，而非所谓的"普通语言学"的东西，因为真正意义上的"普通语言学"恐怕还不曾出现过，所谓的"普通语言学"不过是放大了基于部分语言（印欧语，特别是英语）的描写和认识而已。

汉语教学与测试，应该基于汉语的特点。如果这个论点站得住的话，当前汉语二语的教学与测试，"听说领先，读写跟上"与"听、说、读、写分立的横向结构"恐怕是有问题的。读写教学和测试的意义无疑更加重要，实践上也应该更加得到突出。

上文讨论了汉语一语与二语的情况，华文教育的话题也就自然接上了——华文教育总体上是应该更接近汉语呢，还是要更接近英语？更接近一语呢，还是要更接近二语？

华文教育这个概念和现实的存在，就意味着它有自身的特殊性。就整体而言，华裔子弟跟母语者教育的最大不同在于他失去了母语的大环境；跟二语者的最大不同在于他或多或少存有母语的小环境，主要是家庭环境。从代系的角度看，华二代最突出地代表了华文教育的这个特点和基本面。

我们常常看到、听到这样的情况：华裔生听说没问题，读写不行，或者说听说能力比读写能力高很多。否则，就不好说是社会学意义上的华裔生，至少就不是典型的华裔生了。而我们的教学和测试不立足于这个特点和基本面，不对这个情况做出积极反应，也就不是真正的华文教育了——遗憾的是，今天的华文教育在很大程度上受到了汉语二语教学的强烈影响，对华文教育固有和应有的特点没有作出积极的反应，或者说，反应的程度远不够积极。

古代的科举只考读写，殿试则进一步缩小到只考写作，今日中国的中考、高考也不会考汉语听说。汉语二语测试听、说、读、写分立，恰恰不是华文教育的特点。

我们还应该关注考试的特点，简单说，考试是测量，但跟物理测量不同，精确性恐怕从来不是、将来也不可能是教育心理测量的第一追求向度，而基于理论效度的导向性，基于理论效度对教学的反拨，是远比精确性更加重要的追求。

华文教育是为了实现祖语保持的教育，而祖语的丢失正是从书面，更确切地说，是从"书写"开始的。但书写是输出性的能力，书面的输入，就是阅读，对教学、对祖语的保持显然更重要，也更加常用，特别是在学龄阶段。

所以阅读是华文水平测试的核心，其次是写，这两种书面能力应该是华文教学与测试的重点。从能力的"阶"、从能力的形成，从考试的导向性等方面，我们都可以看到，理论上不支持"听说"在华文教育和华文测试中跟"读写"平起平坐、分门立户，更不支持听说教学与测试的"领先"。

进一步看，华文教育毕竟不是母语教育，"听说"在母语者那里根本不是一般意义上的"语言能力"测量值触及的问题，非但不需要（或很少需要）学校教育，而且也完全不存在"丢失"的可能，而华文教育则面对"丢失"的隐忧，从被试个体看，也存在能力上的参差。这样看，华测如果完全不涉及"听说"，也非妥当。

再进一步看，"听""说"具有较强的相互推断，如果不追求一定要精确测量听、说、读、写每一种能力，而更多考虑测试的实践性——"说"在测试实践上比较麻烦，对主、受双方都带来较大的压力，以及"听""说"在能力属性上的差异及其引导教学的价值——"听"是输入性的能力，对学龄期的青少年、对教学都有更强的引导性。

这样考虑，我们可以部分地保留"听"在华测中的地位，不单独考"听"，而用"听"作为"读、写、说"的伴随能力、刺激手段，会听才可能进一步会读、写、说，正答意味着听和"读、写、说"的能力同时具备，误答，则不管是"读、写、说"的原因还是"听"的原因，无论怎样都不会"委屈"被试——没什么好委屈的，"听"本来就是最应该具备的最低阶的能力。总之，作为"读、写、说"的伴随能力、刺激手段，这就是"听"在华测中最恰当的位置。

最后，鉴于"说话"测试操作上的麻烦，而且，如果读、写、听这三种能力都已经考到，理论上，就一般意义上的语言能力来说，它们对"说"已经有很强的推断了。这样，"说"的处理方式也可以简化，可以做不平行处理，隔级设置，或者在关键年龄段设置，并且仅作为选考科目。

这样，我们可以把华测的横向结构初步设计如下：

表 14 - 13　华测的横向结构

级别	考试结构	考查能力
一级	阅读、写作	读、写、听
二级	阅读、写作、说话	读、写、听、说
三级	阅读、写作	读、写、听
四级	阅读、写作、说话	读、写、听、说

（续上表）

五级	阅读、写作	读、写、听
六级	阅读、写作、说话	读、写、听、说

需要特别强调的是，这样的设计不但符合华裔的情况，也旨在明确：家庭应该承担什么义务、华校的重点是什么，如非如此，家庭一股脑把责任推给华校，华校听说读写"眉毛胡子一把抓"——试问，这还是社会学意义上的华人、华校、华文教育吗？

把第二节的纵向结构综合进来，华测的纵横结构如下：

表 14-14　华测的纵横结构

华测级别	纵向结构		横向结构	
	年龄	学段	考试品种	考查能力
一级	6 岁左右	学龄前	阅读、写作	读、写、听
二级	8 岁左右	小学二年级	阅读、写作、说话	读、写、听、说
三级	10 岁左右	小学四年级	阅读、写作	读、写、听
四级	12 岁左右	小学毕业	阅读、写作、说话	读、写、听、说
五级	15 岁左右	初中毕业	阅读、写作	读、写、听
六级	18 岁左右	高中毕业	阅读、写作、说话	读、写、听、说

第十五章

华测读写听说能力标准

在确定了继承语水平相当于同龄母语者能力 70% 的基础上，下文的"能力标准"主要是通过文献法，及逻辑推导论证而来，对读、写、听、说四种能力的构成在细节方面进行定量化和定性化的描写，给华测的能力标准一个初步的框架。

本章主要涉及如下几方面的内容：

（1）国内外的语言能力标准以及教学标准。

（2）华测能力标准的理论指导和基本框架。

（3）读写听说能力标准展示和说明。

第一节　国内外的语言能力标准以及教学标准

一、国内外语言能力标准

（一）国外语言能力标准

1. FSI（ILR）量表

FSI（Foreign Service Institute）量表是国外语言能力标准的雏形，它是美国外交学院为选拔外交人员而制定的一套系统的标准，旨在评价口头外语能力。1968 年，包括国防语言学院、中央情报局等在内的多个部门讨论和制定出了一个具备标准程序的口语测验量表，即联邦政府语言协调会（Interagency Language Roundtable，ILR）能力量表。韩宝成（2006）指出，作为第一个采用语言描述的办法对一个人在现实生活中的口头交际能力做出界定的量表，ILR 开创了语言能力量表的先河，为后续语言能力量表的描述起到了典范作用。ILR 量表共有听、说、读、写、笔译、口译六个分量表，分为 0、0 +、1、1 +、2、2 +、3、3 +、4、4 +、5 十一个级别。

2. ACTFL 大纲

20 世纪七八十年代，功能—意念法开始占据外语教学领域，语言测试越来越重视真实的测试环境。在这样的背景下，ACTFL 大纲应运而生。ACTFL 大纲是美国教育测验服务中心（Educational Testing Service，ETS）和美国外语教学委员会（American Council for the Teaching of Foreign Language，ACTFL）在 ILR 量表的基础上修订而成的。ILR 量表主要面向工作场合，ACTFL 大纲则主要面向教育领域。ACTFL 是评价语言能力的工具，描述了使用者在听、说、读、写方面用语言在实际生活中能做什么，还涵盖了学习者的文化水平。每项技能分五级：Distinguished、Superior、Advanced、Intermediate 和 Novice，其中 Advanced、Intermediate、Novice 三级又各分为初、中、高级，总共十一级。ACTFL 大纲是第一个真正意义上具有能力标准性质的纲领性文件，它在三个方面产生了影响。第一是根据大纲开发了三项语言测验：OPI 口语面试、WPT 写作能力测验和 IPA 综合表现测验；第二是对课程设计和教学方法产生了影响；第三是为《美国 21 世纪外语学习目标》奠定了基础。然而它对能力等级的划分和描述缺乏定量的依据，并且在"能做"描述上也不够细致。

3. 欧洲语言共同参考框架（CEFR）

欧洲语言共同参考框架（Common European Framework of Reference for Languages，CEFR）是全欧洲的一个共同参考基础，它可用于制定现代外语教学大纲和考试大纲，也可用于设计外语能力评估体系，同时还可作为编写教材的指南，是一个比较成熟的语言能力量表。CEFR 采取"基于行动"的方法，将语言活动分为产出型、接受性和中介型。CEFR 将语言能力分成三等六级，既对语言能力进行了整体描述，又有针对某项能力或活动的具体标准。CEFR 虽然是被广泛认可的能力标准，但它并没有说明学习者的能力是由哪些成分构成的，这将不利于试题开发者开发出有效的考试，除此之外，标准本身也缺乏定量描写。

4. ISLPR 量表

澳大利亚的 ISLPR 量表（International Second Language Proficiency Ratings）共分

为六个主要级别，算上"加级"和"减级"共十二个级别，包含听、说、读、写四种技能。每个级别的能力描述都是从真实的语言运用出发，说明各个级别的使用者能完成的任务以及完成这些任务时表现出的语言特征（语言的准确性、流利性及得体性等）。ISLPR 量表的一大特点是分为专门用途版和通用能力版。

5. CLB 量表

加拿大的 CLB 量表（Canadian Language Benchmarks）旨在对新移民进行语言培训与评估，分三等十二级，每个级别都是从听说读写四项对语言能力进行描述，以学习者为中心。每一等级的描述都由三部分组成：第一部分是学习者语言能力的综合描述；第二部分是所完成的语言任务特点（如场景、话题、任务长度等）；第三部分通过列举有代表性的任务说明学习者到底能用英语做什么。CLB 是一个以学习者为中心，基于任务的量表。

（二）国内语言能力标准

国内语言能力标准主要集中在三个领域：对外汉语教学、公民语言能力和少数民族汉语教育。

1. 汉语水平等级标准

对外汉语教学领域最早的能力标准是 1988 年出版的《汉语水平等级标准和等级大纲（试行）》。这个标准把汉语水平分成三等五级，初等水平含一级和二级标准，中等水平含三级标准，高等水平含四级和五级标准。每一级标准都由话题内容、语言范围和言语能力三要素构成，规定了学生在听、说、读、写、译五种技能方面应该达到的水平。该标准标志着国内已经有了明确的"标准"意识，对规范我国对外汉语教学、课程设置、教材编写和测试均有很高的参考价值。《汉语水平标准》虽然有特色（对字、词、语法点的掌握量要求比较细致），但是它几乎没有"can-do"的描写，对水平等级的描写也不够细致。

2. 国际汉语能力标准

《国际汉语能力标准》是国家汉办发布的海外汉语学习与教学的标准。它由五个水平等级组成，每个水平等级都有三个层面：第一层面是汉语能力总体描述，该层面对听、说、读、写活动中所表现的语言能力进行综合描述；第二层面分别从口头和书面两种渠道对汉语能力进行描述，分为口头交际能力和书面交际能力；第三层面从理解与表达两种模式分别对口头和书面能力进行描述，分为口头理解能力、口头表达能力、书面理解能力、书面表达能力，第三层面的描述由语言能力描述和任务举例组成。

3. 少数民族汉语水平等级标准

中国少数民族汉语水平等级考试（MHK）是专门测试国内母语非汉语的少数民

族汉语学习者汉语水平的国家标准化考试。标准共分为四个等级，贯穿民族小学到民族大学。标准的描写主要包括三个方面：第一，接受汉语正规教育的学时；第二，掌握字、词、语法的数量；第三，语言交际任务的复杂度。

二、国内外课程标准及教学大纲

（一）国外课程标准及教学大纲

1. 马来西亚华文课程标准

马来西亚华文课程标准与教育体制相适应，分为小学华文课程标准和中学华文课程与评价标准。小学华文课程标准适用于小学一至六年级；中学华文课程与评价标准适用于中学一至五年级，其中，初中 3 年（中一、中二、中三）、高中 2 年（中四、中五）。标准分学段对听说、阅读、书写都做了说明，还对语文基础知识（字、词、句）提出了相应的要求。

2. 新加坡华文课程标准

新加坡的华文课程标准有小学华文课程标准（2015）、中学华文课程标准（2011）和大学先修班课程标准华文及华文与文学（2011），分别对应当地的小学（小一至小六）、中学（中一至中四）和初级学院（相当于高中或大学预科）的教育体系。小学华文课程分为奠基阶段（小一至小四）和定向阶段（小五至小六）。奠基阶段又可分为第一阶段（小一、小二）和第二阶段（小三、小四）。小学华文课程标准包括语言能力、人文素养和通用能力三个方面的内容。其中对语言能力的描写分别从聆听、说话、阅读和写作四个技能展开，每个技能都对材料类型和知识进行了详细的说明。针对说话和写作，还区分了单向和互动两种模式。

3. 全美中小学中文学习目标

全美中小学中文学习目标（Standards for Chinese Language Learning）是以《21世纪外语学习标准》为根据制定的，通过中国语言文化的特性，启发美国中小学生对中国语言文化的爱好和了解。该标准分别对四年级、八年级和十二年级的学生学习中文提出了 5C 目标：Communication（运用中文沟通）、Culture（体认中国多元文化）、Connections（与其他学科相联系）、Comparisons（比较语言文化的特性）、Communites（广泛实际运用中文）。目标阐述了学习汉语的重要性，概述了汉语的基本特点，以学生为本，发展学生的个性，有利于学生获得多元文化下的交际能力，然而标准本身没有分阶段对作为目标和内容的语言、词汇、语法知识进行定性和定量规定。

4. 菲律宾中、小学（十年制）华语教学大纲

菲律宾是小学 6 年、中学 4 年的教育体制，华校基本是三语教学。菲律宾中小学教学大纲明确规定：菲律宾华语教学的对象是以菲语为第一语言的华校中、小学生；菲律宾华语教学的目的是通过听、说、读、写的技能训练，培养学生使用华语进行交际的能力。同时也规定精讲多练是课堂教学的基本原则，全面要求听、说、读、写，听说领先，读写跟上。该大纲对小学至中学（一至十年级）分别提出了详细具体、全面完整、切实可行的教学要求，但整体要求相对偏低。

5.《马立平中文》教材教学大纲

《马立平中文》教材是在美国、澳大利亚等周末制学校中比较流行的本土化华文教材。该教材教学大纲对学前班、一至四年级汉字认读量、认写量、词汇量及阅读文本类型进行了描写，但是对五年级到九年级的能力要求则比较简略。

（二）国内课程标准及教学大纲

1. 义务教育语文课程标准

义务教育语文课程标准分四个学段对学生的能力做出了要求，每个学段分别从识字与写字、阅读、写话、口语交际、综合性学习五个方面对能力目标进行了说明。由于标准本身是服务于国内汉语母语学习者的，对读写的要求比较细致，对听说的要求十分简略。

2. 民族中小学汉语课程标准

全日制民族中小学课程标准适用于母语为非汉语、汉语作为第二语言课程的少数民族学生，适用于以民族语言文字授课为主、单科加授汉语（含采用其他双语教学模式）的义务教育阶段学校的汉语教学。课程标准在总体目标之下，从语言知识、语言技能、文化意识、学习策略和情感态度五个方面，按一至二年级、三至四年级、五至六年级、七至九年级四个学段，分别提出"学段标准"，体现汉语课程的整体性、阶段性和连贯性。各个学段相互联系，螺旋上升，最终全面达成总体目标。其中语言知识部分涉及语音、汉字、词汇、语法四个方面，语言技能分为听、说、读、写，文化部分特别强调中国传统文化。

第二节 华测能力标准的理论指导和总体框架

国内外关于语言能力标准的研究为制定华文能力标准提供了宝贵的经验，综合已有研究以及华测的特点，我们认为在制定华文能力标准时要注意以下几大原则。

一、听说读写能力的扼要描写原则

首先，哺育一种能力、作为一种能力基础的知识近乎无限，一种能力能够完成的任务也近乎无穷，事无巨细必然是行不通的。

其次，关联到教学和考试，一方面形成能力的知识必然有相当弹性，能够体现到教学中的知识也必然很有限；另一方面，能够落实到测试中的知识和任务表现为题型，就更加有限。

最后，考试是抽样，但不是随机抽样，而是精确设计的，对最核心最具有推断力的知识和任务的抽样。"能力""能力标准""考试"三者之间的关系是：能力 > 能力标准 > 考试，能力标准夹在中间，必须"左顾右盼"。但更主要的，"能力标准"是直接服务考试的，为了保证题型的有效性，核心知识和典型任务在"能力标准"中的呈现宜窄不宜宽，否则反倒干扰进一步的题型遴选。

所以，扼要而非全面，是能力标准制定的首要原则，我们只能关心和例举"核心知识""典型任务"，并用这样的表述来表达能力标准。

二、重点描写读写能力

虽说听说读写在华测中的地位不平行，但四种能力是客观存在、分别存在的，所以都要描写，但又因为书面能力在华文教学和测试中格外重要，所以要重点、率先描写读写能力。具体体现为两方面：

（1）读写下分两个基本结构：识字/读文，写字/作文，然后再分核心知识/典型任务进行描写，听说则直接进行核心知识/典型任务的描写。

（2）我们不再沿用"听说读写"的习惯表述，而按照"读写听说"的顺序，分别展示四种分能力的初定标准。

三、一般认知和华文能力相结合的原则

因为华文能力标准分布的时间跨度非常大，6～18 岁，所以要时时注意一般认知和华文能力的协调与结合，这是华测大纲相对比较特别之处。

四、定量与定性描写相结合的原则

对汉字、词汇、语法等基础知识定量描写为主，关联大纲，以对考试命题形成直接的、明确的约束，防止标准、大纲、试卷的脱钩，与此同时，对能做任务主要采取定性式的描写，保持能做标准的弹性。

在以上四条原则的基础上，尽量保持描述语的一般通则，例如单维性、一致性、连续性等。

根据上文，华测能力标准的基本面貌和总体框架，列表表述如下：

表 15－1　华测能力标准总体框架

能力	能力结构	知识与任务	描述语	关联母语者的实际水平
读	识字	核心知识	定量为主	70%
		典型任务	定性为主	
	读文	核心知识	定量为主	
		典型任务	定性为主	
写	写字	核心知识	定量为主	
		典型任务	定性为主	
	作文	核心知识	定量为主	
		典型任务	定性为主	
听	—	核心知识	定量为主	70%
		典型任务	定性为主	
说		核心知识	定量为主	
		典型任务	定性为主	

补充一点，尽管总体上跟母语水平的关联是 70%，但一方面，我们在调查时，有相当数量的受访者对读写能力的高要求存在顾虑，读写能力普遍明显低于听说能力，这也符合海外华文教学的实际情况。华测标准制定不能完全不考虑实际情况，引导应是基于实际情况的引导。另一方面，华二代是华测的第一目标人群，而非唯一人群，所以其他代系的情况也应该加以考虑。华测伊始，谨慎起见，宜适度降低对读写的要求，所以有 70% 的调整。

第三节　读写听说能力标准初定

一、华文阅读能力标准

表 15-2　一级

能力结构	知识与任务	描述语
识字	核心知识	具有基本的笔画知识
		具有简单的部件、部首知识
		具有简单的结构知识
		具有多音多义的意识
		具有基本的拼音知识
		具有一级认读字的综合知识
	典型任务	能从整字中析出笔画
		能从整字中析出常用部件、部首
		能基本区分不同结构的汉字
		能基本按照拼音认读生字
		能关联一级认读字的形、音、义
		能区别一级认读字中多音多义字的不同音义

（续上表）

能力结构	知识与任务	描述语
读文	核心知识	具有简单的句读知识
		具有基础词汇的知识，具体体现为大部分的一级词汇
		具有基础语法的知识，具体体现为一级语法
	典型任务	能在一级词汇和认读字的范围内辨识同类词
		能读懂关于个人信息的简单句子，如姓名、年龄等
		能读懂学习生活中出现的简短的要求或指令
		能读懂当级别默认跟日常生活密切相关的简单句子，如人际交往、饮食起居、兴趣爱好等
		能在拼音及图片的辅助下，读懂简单的适龄儿童读物，如儿歌、故事等
		当级难度的一般文本阅读速度不少于每分钟30字

表 15 - 3　二级

能力结构	知识与任务	描述语
识字	核心知识	具有完整的笔画知识
		具有基本的部件、部首知识
		具有基本的结构知识
		具有完整的拼音知识
		具有简单的字形理据知识
		具有一、二级认读字的综合知识
	典型任务	能从整字中析出部件、部首
		能区分不同结构的汉字
		能按照拼音认读生字
		能关联一、二级认读字的形、音、义
		能区别一、二级认读字中多音多义字的不同音义
		能尝试根据字形字理猜测字音字义

（续上表）

能力结构	知识与任务	描述语
读文	核心知识	具有常用标点符号的知识
		具有基础词汇的知识，具体体现为大部分的一、二级词汇
		具有基础语法的知识，具体体现为一、二级语法
	典型任务	能在一、二级词汇和认读字的范围内辨识同类词、同义词、反义词
		能通过上下文提供的信息，模糊猜测偶然出现的生词或旧词新义
		能读懂当级别默认跟日常生活密切相关的简单句子，如人际交往、饮食起居、兴趣爱好等
		能在拼音的辅助下，阅读有关日常生活及体验的记叙类短文
		能在拼音的辅助下，阅读简单儿歌、儿童诗和浅显古诗
		能在拼音的辅助下，阅读简单的儿童故事
		能抓住文段中的关键信息，如人物、地点、数量、事物特征等
		能大体概括所阅读文本的主旨
		当级难度的一般文本阅读速度不少于每分钟 100 字

表 15 - 4 三级

能力结构	知识与任务	描述语
识字	核心知识	具有较完整的部件、部首知识
		具有完整的结构知识
		具有一定的字形理据知识
		具有拼音、部首检字法的基本知识
		具有一、二、三级认读字的综合知识
	典型任务	能关联一、二、三级认读字的形、音、义
		能关联一、二、三级认读字中多音多义字的不同音义
		能初步使用拼音、部首检字法检字
		能一定程度上根据字形字理猜测字音字义

（续上表）

能力 结构	知识与 任务	描述语
读文	核心 知识	具有较完整的标点符号知识
		具有基础词汇的知识，具体体现为大部分的一、二、三级词汇
		具有基础语法的知识，具体体现为一、二、三级语法
		具有简单的修辞、语用、逻辑知识
		具备简单的古诗文知识
	典型 任务	能在一、二、三级词汇和认读字的范围内辨识同类词、同义词、反义词、近义词
		能在上下文没有障碍的前提下，较好猜测偶尔出现的适龄生词或旧词新义
		能初步理解词语和句子的修辞意义、语用意义和言外之意
		能读懂简单的应用文
		能读懂较简单的适龄记叙类短文
		能读懂较简单的有关日常生活说明类短文
		能读懂一般的儿歌、儿童诗和儿童故事
		能读懂一般的浅显古诗
		能较好地概括所阅读文本的主旨
		能在关键信息之外，初步把握文章的细节信息
		当级难度的一般文本阅读速度不少于每分钟150字

表 15-5 四级

能力 结构	知识与 任务	描述语
识字	核心 知识	具有部件、部首的完整知识
		具有拼音、部首检字法的完整知识
		具有较系统的字形理据知识
		具有一至四级认读字的综合知识
	典型 任务	能关联一至四级认读字的形、音、义
		能关联一至四级认读字中多音多义字的不同音义
		能掌握一至四级认读字的多个常用义项
		能熟练使用拼音、部首检字法检字
		能较好地根据字形字理猜测字音字义

（续上表）

能力结构	知识与任务	描述语
读文	核心知识	具有完整的标点符号知识
		具有较丰富的词汇知识，具体体现为大部分的一至四级词汇
		具有较好的语法知识，具体体现为一至四级语法
		具有一定的修辞、语用、逻辑知识
		具有一定的古诗文知识
	典型任务	能在一至四级词汇和认读字的范围内辨识同类词、同义词、反义词、近义词
		能在上下文没有障碍的前提下，较好地猜测生词或旧词新义
		能基本理解词语和句子的修辞意义、语用意义和言外之意
		能读懂一般的应用文
		能读懂一般的适龄记叙类短文
		能读懂一般的有关日常生活说明类短文
		能读懂简单的议论文
		能读懂儿歌、儿童诗、儿童故事
		能借助注释，读懂一般的古诗
		能很好地概括所阅读文本的主旨
		能较好地把握文章的细节信息
		能初步理解作品表现出的价值判断和审美取向
		能初步对话题相同的不同文本做出批判、鉴别
		当级难度的一般文本阅读速度不少于每分钟200字

表 15－6　五级

能力结构	知识与任务	描述语
识字	核心知识	具有较系统、较丰富的字形理据知识
		具有一至五级认读字的综合知识
	典型任务	能熟练关联一至五级认读字的形、音、义
		能熟练关联一至五级认读字中多音多义字的不同音义
		能熟练掌握一至五级认读字的多个常用义项
		能熟练使用拼音、部首及其他更多检字法检字

（续上表）

能力结构	知识与任务	描述语
读文	核心知识	具有丰富的词汇知识，具体体现为大部分的一至五级词汇
		具有完整熟练的语法知识
		具有较好的修辞、语用、逻辑知识
		具有较好的古诗文知识
	典型任务	能在一至五级词汇和认读字的范围内辨识同类词、同义词、反义词、近义词
		能很好地利用大小语境猜测生词或旧词新义
		能较好地理解词语和句子的修辞意义、语用意义和言外之意
		能读懂一般的记叙、说明、议论文
		能借助注释，读懂一般的古诗文
		能很好地把握文章的细节信息
		能较好地理解作品表现出的价值判断和审美取向
		能较好地对话题相同的不同文本做出批判、鉴别
		当级难度的一般文本阅读速度不少于每分钟 250 字

表 15－7　六级

能力结构	知识与任务	描述语
识字	核心知识	具有一至六级认读字范围内较完整的字形理据知识
		具有一至六级认读字的综合知识
	典型任务	能熟练关联一至六级认读字的形、音、义
		能熟练关联一至六级认读字中多音多义字的不同音义
		能熟练掌握一至六级认读字的多个常用义项
读文	核心知识	具有丰富的词汇知识，具体体现为大部分的一至六级词汇乃至更多
		具有较系统的修辞、语用、逻辑知识
		具有较丰富的古诗文知识
	典型任务	能在一至六级词汇和认读字的范围内辨识同类词、同义词、反义词、近义词
		能很好地理解词语和句子的修辞意义、语用意义和言外之意
		能流畅阅读一般的记叙、说明、议论文

（续上表）

能力结构	知识与任务	描述语
		能较流畅阅读小说、论文等较复杂文本
		能借助注释，读懂诗词歌赋、笔记小说等各体古诗文
		能很好地理解作品表现出的价值判断和审美取向
		能很好地对话题相同的不同文本做出批判、鉴别
		一般文本的阅读速度不少于每分钟350字

二、华文写作能力标准

表 15-8　一级

能力结构	知识与任务	描述语
写字	核心知识	具有基本的笔画知识
		具有基本的笔顺知识
		具有基本的部件、部首知识
		具有基本的汉字结构知识
		具有一级书写字的综合知识
		具有拼音的基础知识
	典型任务	能正确书写汉字的笔画
		能正确书写常用部件、部首
		能写出正确的基础汉字，具体体现为一级书写字
作文	核心知识	具有简单的句读知识
		具有基础的词汇知识，具体体现为大部分的一级词汇
		具有基础的语法知识，具体体现为一级语法
	典型任务	能在一级词汇、语法以及书写字的范围内完成组句
		能借助拼音或完全使用汉字自由写出简单的句子

表 15 – 9　二级

能力结构	知识与任务	描述语
写字	核心知识	具有清晰完整的笔画知识
		具有较清晰完整的笔顺知识
		具有较清晰完整的部件、部首知识
		具有较清晰完整的汉字结构知识
		具有一、二级书写字的综合知识
		具有清晰完整的拼音知识
	典型任务	能熟练书写汉字的笔画
		能熟练书写汉字的常用部首、部件
		能正确书写基础汉字，具体体现为一、二级书写字
		能初步使用拼音打字
作文	核心知识	具有常用标点符号的知识
		具有基础词汇知识，具体体现为大部分的一、二级词汇
		具有基础语法知识，具体体现为一、二级语法
	典型任务	能在一、二级词汇、语法以及书写字的范围内完成组句
		能模仿例句造句
		能在 20 分钟内写（打）100 字左右的简单记叙文
		能写简单的便条，例如留言条、请假条、小通知、贺卡等

表 15 – 10　三级

能力结构	知识与任务	描述语
写字	核心知识	具有清晰完整的笔顺知识
		具有清晰完整的汉字结构知识
		具有一、二、三级书写字的综合知识
	典型任务	能熟练书写基础汉字，具体体现为一、二、三级书写字
		能使用拼音打字

（续上表）

能力结构	知识与任务	描述语
作文	核心知识	具有较完整的标点符号知识
		具有基础词汇知识，具体体现为大部分的一、二、三级词汇
		具有较好的语法知识，具体体现为一、二、三级语法
	典型任务	能在一、二、三级词汇、语法以及书写字的范围内完成组句
		能按要求造句
		能在30分钟内写（打）200字左右的记叙性文章
		写简短的书信表达情感或说明事由，例如邀请、感谢、道歉等

表 15 – 11 四级

能力结构	知识与任务	描述语
写字	核心知识	具有一至四级书写字的综合知识
	典型任务	能熟练书写基础汉字，具体体现为一至四级书写字
		能熟练使用拼音打字
作文	核心知识	具有标点符号的完整知识
		初步具备一定的文体知识
		初步具备一定的修辞知识
		具有基础词汇知识，具体体现为大部分的一至四级词汇
		具有较完整的语法知识，具体体现为一至四级语法
	典型任务	能在一至四级词汇、语法以及书写字的范围内完成组句
		能扩写、缩写、改写句子
		能在30分钟内写（打）300字左右的记叙、议论、说明性文章
		能使用较恰当的格式写作应用文
		能审题、构思、谋篇、修改，在规定时间内完成命题作文
		能初步使用电脑写作

表 15 - 12　五级

能力结构	知识与任务	描述语
写字	核心知识	具有一至五级书写字的综合知识
	典型任务	能熟练书写一至五级书写字
作文	核心知识	具备较系统的基本文体知识
		具备较系统的基本修辞知识
		能正确使用大部分的一至五级词汇
	典型任务	能在一至五级词汇、语法以及书写字的范围内完成组句
		能在 40 分钟内写（打）400 字左右的记叙、议论、说明性文章
		能较好地完成应用文写作
		能做比较完整的书面报告
		能扩写、缩写、续写语段和语篇
		能变换文体或表达方式等，进行改写
		能即时记录上课或谈话的要点
		能较熟练使用电脑写作

表 15 - 13　六级

能力结构	知识与任务	描述语
写字	核心知识	具有一至六级书写字的综合知识
	典型任务	能熟练书写一至六级书写字，甚至更多纲外字
		能写一手较漂亮的字
作文	核心知识	具备较系统的修辞知识
		能正确使用大部分的一至六级词汇，甚至更多纲外词
	典型任务	能在 60 分钟内写（打）500 字左右的记叙、议论、说明性文章
		能较完整地记录上课、谈话、会议内容
		能对多样化的信息内容进行综合、梳理，形成完整的书面报告
		能综合运用各种表达方式，撰写文辞、结构、立意俱佳，文学性较强的文章
		能熟练使用电脑写作、编辑、制作演示文稿等

三、华文听力能力标准

表 15 – 14　一级

知识与任务	描述语
核心知识	具有基础的词汇知识，具体体现为大部分的一级词汇
	具有基础的语法知识，具体体现为一级语法
典型任务	能分辨普通话音节
	能听懂跟日常生活密切相关的简单交际用语，如打招呼、感谢等
	能听懂介绍个人信息的简单句子，如姓名、年龄等
	能听懂学习生活中简短的指令或要求
	能听懂大部分跟日常生活密切相关的简单句子，如人际交往、饮食起居、兴趣爱好等
	能听懂简单的适龄儿童读物，如儿歌、故事等
	能听懂当级难度的语速不低于 150～180 字/分钟的材料

表 15 – 15　二级

知识与任务	描述语
核心知识	具有基础的词汇知识，具体体现为大部分的一、二级词汇
	具有基础的语法知识，具体体现为一、二级语法
典型任务	能较好分辨普通话音节、声调、语调
	能听懂跟日常生活密切相关的简单句子，如人际交往、饮食起居、兴趣爱好等
	能听懂学校生活中的大部分话语，如课程内容等
	能听懂大部分谈论日常生活及体验的话语
	能听懂简单的适龄儿童读物，如儿歌、故事、儿童诗、浅显古诗等
	能基本抓住所听内容的关键信息，如人物、地点、数量、事物特征等
	能大体概括所听内容的主旨
	能听懂当级难度的语速不低于 180～220 字/分钟的材料

表 15 - 16 三级

知识与任务	描述语
核心知识	具有基本的普通话语音知识，如音节、声调、语调
	具有基础词汇的知识，具体体现为大部分的一、二、三级词汇
	具有基础语法的知识，具体体现为一、二、三级语法
典型任务	能听懂常见公共场合的对话，如超市购物、图书馆借书等
	能听懂一般的儿童读物，如儿歌、故事、儿童诗、浅显古诗等
	能听懂简单的有关日常生活的记叙性话语，如日记等
	能听懂简单的有关日常生活的说明性话语，如物品的使用方法等
	能初步听懂词语和句子的修辞意义、语用意义和言外之意
	能通过上下文听到的信息，模糊猜测偶然出现的生词、未听清词或旧词新义
	能抓住所听内容的关键信息，如人物、地点、数量、事物特征等
	能较好地概括所听内容的主旨
	能听懂当级难度的语速不低于 180 ~ 220 字/分钟的材料

表 15 - 17 四级

知识与任务	描述语
核心知识	具有较好的普通话语音知识，如音节、声调、语调、重音
	具有较丰富的词汇知识，具体体现为大部分的一至四级词汇
	具有较好的语法知识，具体体现为一至四级语法
典型任务	能听懂正式场合的讲话
	能听懂常见的书面话语，如邀请函、感谢信等
	能听懂儿歌、儿童诗、儿童故事
	能借助解释听懂简单的古诗文
	能听懂一般的记叙性话语
	能听懂一般的说明类话语，如少儿科普讲座等
	能听懂简单的议论性话语，如关于某事件的讨论等
	能通过上下文听到的信息，较好地猜测偶然出现的生词、未听清词或旧词新义
	能基本听懂词语和句子的修辞意义、语用意义和言外之意
	能在关键信息之外，初步把握所听内容的细节信息
	能很好地概括所听内容的主旨

（续上表）

知识与任务	描述语
	能初步理解听力材料表现的价值判断和审美取向
	能听懂当级难度的语速不低于 220～260 字/分钟的材料

表 15－18　五级

知识与任务	描述语
核心知识	具有较完整的普通话语音知识，如音节、声调、语调、重音、轻声、儿化等
	具有丰富的词汇知识，具体体现为大部分的一至五级词汇
	具有较好的语法、修辞、语用综合应用知识。
典型任务	能听懂简单的古诗文
	能听懂一般的记叙性、说明性、议论性话语
	能很好地利用上下文听到的信息猜测生词、未听清或旧词新义
	能听懂词语和句子的修辞意义、语用意义和言外之意
	能很好地把握所听内容的细节信息
	能较好地理解听力材料表现的价值判断和审美取向
	能听懂当级难度的语速不低于 220～260 字/分钟的材料

表 15－19　六级

知识与任务	描述语
核心知识	具有较完整的普通话语音知识，并具有一定的方言听辨能力
	具有丰富的词汇知识，具体体现为大部分的一至六级词汇乃至更多
	具有较完整的语法、修辞、语用综合应用知识
典型任务	能轻松地听懂一般的记叙性、说明性、议论性话语
	能借助解释听懂中等难度的各体古诗文
	能听懂小说等文学作品
	能听懂词语和句子的修辞意义、语用意义和言外之意
	能准确理解听力材料表现的价值判断和审美取向
	能听懂当级难度的语速不低于 260～300 字/分钟的材料

四、华文说话能力标准

表 15 - 20　一级

知识与任务	描述语
核心知识	具有基础的词汇知识，具体体现为大部分的一级词汇
	具有基础的语法知识，具体体现为一级语法
典型任务	能使用最基本的日常交际用语，比如"你好""谢谢"
	能简单地介绍个人和家人的基本信息，比如姓名、年龄等
	能说出生活中常见的实物名称
	能用简短的语言表达自己的请求、愿望、情感、需要
	能对家长、老师的简单指令进行口头转达
	能说出与日常生活密切相关的简单句子，如人际交往、饮食起居、兴趣爱好等
	能使用语速较慢，含有重复、错误，不自然的语言进行表达
	能在图片辅助下讲简单的儿童故事，读简单儿歌

表 15 - 21　二级

知识与任务	描述语
核心知识	具有基础的词汇知识，具体体现为大部分的一、二级词汇
	具有基础的语法知识，具体体现为一、二级语法
典型任务	能就学习、日常生活等话题展开简单的会话
	能说出跟日常生活密切相关的句子，如人际交往、饮食起居、兴趣爱好等
	能对一次事件或一项活动做简短的、基本的描述
	能简单描述人或事物
	能用迂回的语言说出自己不能准确表达的意思
	能简单解释原因，提出简短的理由支持自己的看法
	能根据图片简单说出一个故事
	能诵读少量简单儿歌、儿童诗和古诗

表 15－22　三级

知识与任务	描述语
核心知识	具有基本的普通话语音知识，如音节、声调、语调
	具有基础词汇的知识，具体体现为大部分的一、二、三级词汇
	具有基础语法的知识，具体体现为一、二、三级语法
典型任务	能完成常见公共场合的对话，比如超市、图书馆等
	能够参与大部分非正式的涉及学校、家庭及休闲活动等话题的对话
	能具体描述人或事物
	能较好地解释原因，提出简短的理由支持自己的看法
	能回应他人的提议并提出自己的建议
	能简单说明一项程序，比如做什么、怎么做等。包括已经发生的、正在进行的和计划进行的
	能根据多幅图片讲述一个较完整的故事
	能诵读一些简单儿歌、儿童诗和古诗

表 15－23　四级

知识与任务	描述语
核心知识	具有较好的普通话语音知识，如音节、声调、语调、重音
	具有较丰富的词汇知识，具体体现为大部分的一至四级词汇
	具有较好的语法知识，具体体现为一至四级语法
典型任务	语音语调较标准，表达较流畅
	能基本描述复杂的人物或事件，并进行简单评论
	能简单概述文章、故事等，内容正确，中心突出
	能比较有条理地说明一项程序，比如做什么、怎么做等。包括已经发生的、正在进行的和计划进行的
	能简单谈论熟悉的专业领域（比如自然、社会、体育、文学、科技等）方面的话题
	能在参加正式场合（例如班会、典礼等）时，使用较为正式的语言完成交际
	能有条理地解释个人行为和选择，提出自己的看法
	能根据多幅图片讲述一个完整的故事
	能背诵一些简单儿歌、儿童诗和古诗

表 15 – 24　五级

知识与任务	描述语
核心知识	具有较完整的普通话语音知识，如音节、声调、语调、重音、轻声、儿化等
	具有丰富的词汇知识，具体体现为大部分的一至五级词汇
	具有较好的语法、修辞、语用综合应用知识
典型任务	语音语调标准自然，表达较流畅
	能较为完整地说清关系比较复杂的人物或事件，并进行简单评论
	能运用恰当的例证较为充分地论证自己的观点
	能较好地概述文章、故事等，内容正确，中心突出
	能有条理地说明一项程序，比如做什么、怎么做等。包括已经发生的、正在进行的和计划进行的
	能比较深入地谈论熟悉的专业领域（比如自然、社会、体育、文学、科技等）方面的话题
	能在正式场合提出建议并对建议做出回应
	能背诵一些古诗文

表 15 – 25　六级

知识与任务	描述语
核心知识	具有较完整的普通话语音知识，并具有一定的方言能力
	具有丰富的词汇知识，具体体现为大部分的一至六级词汇乃至更多
	具有较完整的语法、修辞、语用综合应用知识
典型任务	语音语调标准自然，表达流畅，接近汉语母语者口语水平
	能谈论广泛的专业领域（比如自然、社会、体育、文学、科技等）方面的话题
	能参与一系列正式的社会交流，比如面试、座谈等
	能对自己常犯的错误有意识地监控，并及时纠正自己口头表达中的错误
	能完整概述文章、故事等，内容正确，中心突出
	能清楚地说明一项程序，比如做什么、怎么做等。包括已经发生的、正在进行的和计划进行的
	能完整地说清关系比较复杂的人物或事件，做出长而连贯的叙述
	能运用恰当的例证深入阐释和论证自己的观点
	能背诵较多古诗文

第十六章

华测系列"大纲"的研制

对应海外华裔青少年华文水平测试（以下简称"华测"）的能力标准，需要进一步研制各种大纲，以对标准进行细化和落实。我们主要做了以下工作：汉字大纲、词汇大纲、语法大纲、文化大纲的研制。下面扼要汇报展示。

第一节　华测汉字等级大纲的研制

华文水平测试汉字大纲（华测字表）的直接目的是用于华测，长远目的是希望通过考试的反拨作用促进汉字和汉语的教学和学习，并对海外华人社会的祖语保持起到积极的作用。在华测汉字大纲之前，业已存在很多字表，这些字表或字纲都给华测汉字大纲的研究提供了一个良好的基础。华测汉字大纲正是基于《现代汉语常用字表》、《中国语言生活状况报告》年度常用字、《汉语水平词汇与汉字等级大纲》、《汉语国际教育用音节汉字词汇等级划分》等一系列字表，并结合母语课标、语文教材、华文教材和华裔考生对自身汉字量的评价，以及华测测评体系自身的对象、性质、特点等，最终确定自己的研制基础、研制理念，进一步确定字量、字种、字级的。

本字表坚持"字量适中，向下集中"和"认写分开，多认少写"两条总原则，按照定性、定量和人工干预相结合的方法，并结合华测的宏观结构，将认读字表和书写字表分为六级。

下面从研制基础、研制理念、字量和字种的确定、华测汉字大纲总结等方面简要介绍华测字表的研制过程。

一、研制基础

由于目前还没有专门针对华文教学和测试的字表，长期以来，华文教材编写、课堂教学、习作文本用字分析都只能以对外汉语教学和测试的汉字大纲为参照。但这些大纲与具有祖语（heritage language）（郭熙，2015、2017）性质的华文教学并不能很好地匹配，究其原因，主要是因为面向的对象不同。对外汉语教学和测试的汉字大纲主要是为"汉语二语者"开发，而华测是针对海外华裔中具有较好祖语水平的人群开发的考试。这就决定了华测需要开发自己的汉字大纲，而且也必然跟HSK有很大不同。

在现代文明社会的大背景下，文字是语言的保证，没有文字的保驾护航，仅停留在听说层面的语言将难以在语言竞争的态势下在海外华人社区中存留下来（王宁，2015、2016），所以，汉字对海外华人社会有着至关重要的意义（王汉卫，2009）。面对这样的情况，华测将强化汉字能力作为一项特别追求，对各级别的汉字认读和书写提出明确的定量要求。

在上述的理论背景下，华测将确立汉字大纲在华测大纲中最核心、最基础、最重要的地位。

华测汉字大纲主要有如下几方面的材料基础：①现有的字表及汉字大纲（国家语言文字工作委员会，1988；国家汉语水平考试委员会考试中心，1992、2010；国家汉办，2010）。②母语课标（教育部，2011）。③语文教材（苏新春，2007）。④华文教材（暨南大学华文学院，2007；北京华文学院，2007；人民教育出版社，1999—2002；马来西亚教育局，2013—2015；新加坡教育部课程规划与发展司，2007—2014）。基于上述几大方面的材料，我们初步得到以下几点认识：

（1）具有中等以上受教育水平的汉语母语者识字量一般在3 500字以上。

（2）对外汉语教学用的字表汉字量一般在3 000字左右。

（3）母语教学课标对会认、会写字量提出了明确要求，但对字序、字种没有严格规定。

（4）不同版本的语文教材虽字次相差较大，但共用字种多，字种量相差不大，且都已在生字表中明确列出会认字和会写字。

（5）语文教材普遍采用初级阶段集中识字的理念（李如龙，2001），识字写字任务集中在小学前两学段。

（6）不同版本的华文教材字次、字种都相差较大，除了马来西亚教材外（小学课文字种 3 000 字以上），其他国家教材的字种量都偏低（2 000 字左右）。

（7）华文教材生字教学任务主要集中在小学阶段，除了马来西亚教材在第一学段的识字量显著集中外，其他教材的生字教学用字在小学各学段分布大体平均或前轻后重。

上述国内外字表、教材及调查数据可为华测字表确定总字量和分级字量提供一定程度的参考。与此同时，华测字表的定量应体现导向性，引导华裔学生的识字量和写字量保持在一个较高的水平。

结合华测的整体设计（王汉卫，2016）、测试对象的特点、汉语学习规律（李大遂，2006）以及海外华裔的汉字学习现状（马燕华，2003；李嘉郁，2006；罗庆铭、王燕燕、闵玉，2017；王燕燕，2017），华测汉字大纲确立了以下研制理念。

二、研制理念

（一）总体原则

1. 字量适中，向下集中

（1）字量适中。

识字是阅读和写作的基础，有限的识字量无以掌握书面语，影响该语言的使用（特别是高阶使用），最终导致放弃学习和使用该种语言。

但与此同时，汉字字种的要求也不宜太多，但什么是太多？这是一个十分重要的问题，我们可以观察几组重要数据。

1988 年国家语委和国家教委联合发布了《现代汉语常用字表》，该表包括了 2 500 个常用字和 1 000 个次常用字。2 500 个常用字覆盖率达 97.97%，1 000 个次常用字覆盖率达 1.51%，合计（3 500 字）覆盖率达 99.48%。而根据 2005 年《报纸、广播电视、网络用字总表》（以下简称《总表》）的数据，达到 97.97% 的覆盖率只需要 1 878 字，达到 99.48% 的覆盖率也才需要 2 731 字。

我们对《总表》其后的年度数据进行了追踪，结果大同小异，都跟常用字表有显著的不同。《总表》的语料来源十分平衡、丰富，数据量大，跟常用字表 200 万字的语料来源相比有明显优势。众所周知，双音节化是现代汉语字词关系和词汇发展的显著趋势，从《总表》也可以看到双音节化在当代语言生活中的积极作用，达到同样高覆盖率的字种量有明显下降的趋势，持常用字的标准不变，今天只需掌握 20 年前字量的百分之八十不到，就可以满足"常用"这个概念，即，阅读对单字字种数量的需求显著降低。

我们再看一组数据：跟常用字表同期的《汉语水平词汇与汉字等级大纲》收词 8 822 个，包含汉字 2 905 个，而《总表》高频的 10 356 词，包含字种仅 2 463。同样，也契合了 80% 的约数，跟常用字的演变降低规律高度吻合。

如此，以过去 3 000 字为要求的话，现在想要达到同样的阅读效果，只需要 3 000 字的 80%，即 2 400 字就可以了。如果说对母语者，我们宁可保持字种数量不变的话，而在对外汉语教学中（包括华文教学和汉语二语教学），应该慎重考虑，因为众所周知，汉字是对外汉语教学的突出难点，这种情况下，我们就更应该认真考虑投入（教学）产出（水平）比，以提升全世界包括海外华裔，对汉语汉字的积极认识，纠正他们对汉语汉字的错误认识。

"字量适中"将引领华测字表在汉语母语者与祖语者之间找到一个合适的定位，而且相对于对外汉语汉字大纲和当前一般华文教材的汉字量，华测字表也会以一个"友好"的面貌出现，而不会以简单提高字量来彰显华测的不同。

（2）向下集中。

"向下集中"是指增加初级阶段字表的汉字量，以尽早尽快扩大学生的识字量，实现汉语的自主阅读。尽管中国国内的公立幼儿园不强制要求学前识字，但学前识字现象事实上广泛存在（王鹏，2011；丁培培，2016）。在海外因为语言竞争的存在，学前识字更是受到广大家长追捧。华测字表的设计也应考虑这些情况，打破平均分布的惯例，向下集中，突出学龄前及小学低年级，使海外华裔儿童尽早实现自主阅读。这个基本设计跟现有的汉语二语教材和大多数华文教材相龃龉，但基于下面的数据，华测对"向下集中"要有清醒的认识。

下面先看两组数据：

表16-1 人教版《语文》等4套小学语文教材生字教学字种量统计

教材	第一学段		第二学段		第三学段		合计		分布类型
	会认	会写	会认	会写	会认	会写	会认	会写	
人教版	1 800	1 000	800	1 000	400	500	3 000	2 500	递减
苏教版	1 525	980	1 319	862	808	586	3 652	2 428	
北师版	1 585	670	910	800	539	778	3 034	2 248	
语文版	1 603	866	878	999	576	650	3 057	2 515	

所有母语文教材，汉字学习都呈现向下集中、向上递减的分布。识字集中在低年级，越往高年级走，新字越少，这是符合孩子的认知发展规律的，也是符合阅读、学习需要的。

表16-2 华文教材生字教学用字分学段字种量统计

教材	小 学			合计	分布类型
	第一学段	第二学段	第三学段		
马来西亚—《华文》	1 094	816	634	2 544	递减
美国—《马立平中文》	675	686	369	1 730	大体平均
新加坡—《华文》	635	783	686	2104	
菲律宾—《华语》	593	586	504	1 683	
人教—《标准中文》	580	598	550	1 728	
暨大编—《中文》	588	716	773	2 077	递增
北华编—《汉语》	664	666	705	2 035	

可以看到，外向版和海外版华文教材的生字处理大致分为三类：递减分布、大体平均分布、递增分布。

除了马来西亚版，其他教材基本都是平均或递增的分布，这样的设计首先在教材上已经决定了识字量发展的缓慢，抑制了学生汉字量、词汇量的增长。国外的华裔面临语言竞争，中文字词发展缓慢，不能满足认知增长和阅读的需要，学生只能被"逼"着使用其他语言来阅读和思考了——这一点，我们尤其不可不警醒。

"当前"大面积的华文教材是这样一种情况，是在语言教学的理论上强烈地受到了二语教学"听说领先，读写跟上"理论的影响。同时，二语教学（包括汉语二语教学）传统主体对象是成年人，教学模式是全日制、科班制。华文教学是继承语教学，是"从娃娃抓起"的继承语教学。能否继承，书面语是关键，继承语能力的丢失，是从书面语开始的——这一点，我们也不可不警醒。在国外，随着孩子们年龄越长，需要学习的内容越多，也没有那么多时间学习中文，"从娃娃抓起"就显得尤其重要。

总之，基于华文教学不是母语教学、不是二语教学，是从娃娃开始的祖语教学，再加上"常用汉字"概念中"常用"的实际演变，所以，相对于现有的字表，华测汉字大纲最重要的特点要体现为"字量适中，向下集中"。

2. 认写分开，多认少写

"认写分开，多认少写"是指华测字表分为认读字表和书写字表（董兆杰，2013），包含先认读后书写、多认读少书写的含义，"认读字"只要求会认、会读，"书写字"还要会写、会用。

"认写分开，多认少写"既对汉字的认与写提出了定性与定量的要求，也适度降低了学习者写汉字的负担。从汉字认知心理学的研究结果来看（赵静、李甦，2014），笔画多、结构复杂的字不一定难认，但是准确记忆字形的每个细节是个问题，这就导致了难写。

但需要明确的是，"认写分开，多认少写"是整个教学过程的过程性、策略性原则，而非汉字能力的终极性原则，控制初始阶段的书写字量，是考虑学生的认知能力和肌肉控制能力，将书写推后，但是，认、写最终仍需合流，达到认和写的统一。

这样，既降低初学者写汉字的负担，同时也保证了华裔青少年的认读汉字量，最终达到整体汉字能力的提高和保持。

（二）认读字表研制原则

1. 常用性原则

常用性直接体现为汉字在语料库里的出现频率，但字频数据强烈依赖于文本，因此华测的字表将综合多种语料库的字频数据，选取综合使用频度高的字。

2. 词表关联原则

词表关联原则是调整认读字种和字级时依据的原则之一。

由综合使用频度初步定下认读字级后，某字的认读级别与之所在词条在华测词表的级别需要进行核对。认识汉字需以了解字义为基础，所以某字在字表中的级别不能超前于词表，同时也不宜落后于词表太远①。

3. 文化性原则

作为专门为海外华裔青少年开发的测试，华测内容蕴含的中华文化本身是其一大特色，这也会在华测字表中得到体现。例如常见的姓氏人名用字、重要地名等。

4. 系统性原则

系统性原则主要用于检验认读字种选取与定级的系统性，综合使用频度相差不大时尽量定级一致。如日常起居类"枕""膏""梳"置于同级；蔬果类"橘（桔）""橙"置于同级；饮食类"饺""馒"置于同级；餐具类"筷""勺"置于同级。

（三）书写字表研制原则

1. 字用优先原则

使用价值高直接表现为汉字本身的综合使用频度高，在研制书写字表时，除了考察汉字的综合使用频度外，还需将其构字能力作为指标之一。优先掌握构字能力强的字，对学习其他汉字具有较大价值。

2. 兼顾字形原则

认读字表与书写字表分开的出发点是降低学生写汉字的负担，要求书写的字是从认读字中选出的字形难度相对较小的字。在此，字形难度是指书写上的复杂度。认字是对汉字进行整体辨认，除非遇到字形相近的字，一般不需要进行精确辨识和记忆。而写字需要对汉字的笔画、部件、结构和整字进行逐级的加工和再现，是认知上的精加工，字形复杂度不一定影响汉字认读，但会直接影响书写难度（佟乐泉、张一清，1999）。

因此，在筛选书写字时，字形也是重要考虑因素。字频高而笔画、结构较为复杂的字会考虑适当降级。

三、字量和字种的确定

华测字表的研制程序是：理论先行，定量随后，干预收尾。

具体的程序依次是：大体确定总量及分级字量，确定选字的底表；对底表汉字进行量化标注，依据定量数据逐级筛选认读字，对认读字进行人工干预，确定认读字表；从认读字中依据定量数据逐级筛选出书写字，对书写字进行人工干预，确定

---

① 因为词表兼顾了听说，所以可先于字表。

书写字表。

（一）总量及分级字量的预设与底表的选取及标注

按照"字量适中"的理念，华测字表的字种总量初步定在 3 000 字，并不比汉语二语教学的字种总量格外多。

按照"向下集中"的理念，首先设定小学阶段（包括学前）跟中学阶段的识字任务比为 8：2，即 2 400：600，这是最宏观的分布。

学龄前到小学毕业，共分为六个阶段，平均分配的话，是 400 字；初中、高中为两个学段，平均分布的话是 300 字。按照向下集中的原则对认读字进行阶段内部的调整，得到认读字的大体分布，并基于"认写分开，多认少写"的原则对认读字的分配结果进行再调整，得到书写字的大体分布。初步设计的分布如下：

表 16－3　华测字表预设等级分布

	一级	二级	三级	四级	五级	六级	合计
认读字	600	700	600	500	300	300	3 000
书写字	400	400	700	600	500	400	3 000

这是基于原则的基本设计，具体字量需待字种选取和调整后方可确认。华测字纲异于以往，而体现了华测特点的基本面貌呼之欲出。

依据哪些语料库/字料库作为华测字表的来源底表，以及如何认识、如何使用这些底表是华测字表研制过程中最基础、最重要，也是最花精力的事情之一。这些底表有些可以免费获取，有些需要购买，有些是项目组自己研制的。华测字表依据的原始语料库/字料库如下：

表 16－4　华测字表依据的原始语料库/字料库

语料库/字料库	数据来源	语料来源	总字次	总字种	学段等级
语委现代汉语语料库字频表①	国家语委	"五四"以来社科、自科、中小学教材语料	2 000 万	5 667（出现次数大于 5 的）	4～6

---

① 国家语委现代汉语语料库字频表，http：//www. aihanyu. org/cncorpus/Resources. aspx。

（续上表）

语料库/字料库	数据来源	语料来源	总字次	总字种	学段等级
中国语言生活绿皮书媒体用字库	教育部语言文字信息管理司	2010—2012 年新闻、广播电视、网络媒体语料	30 亿	13 006	4 ~ 6
国内小学生作文库	北京师范大学	2000—2007 年国内 162 所小学生电脑打字文本	1 126 万	3 964（出现次数大于 5 的）	1 ~ 4
国内初中生作文库	华测项目组	初中生优秀作文网 1 998 个文本	120 万	5 061	5
国内高中生作文库	华测项目组	高中生优秀作文网 1 409 个文本	112 万	4 723	6
国内 4 套中小学语文教材课文用字	厦门大学	人教版、苏教版、北师版、语文版 1 ~ 9 年级语文教材课文	159 万	5 069	1 ~ 5
国内人教版初中课文用字	厦门大学	人教版初中语文数学历史地理物理教材课文	158 万	5 158	5
7 套中小学华文教材课文库	华测项目组	《中文》《汉语》《标准中文》《华文》《小学华文》《马立平中文》《华语》	78 万	4 315	1 ~ 5

　　华测字表以国家语委现代汉语平衡语料库中字频超过 5 的用字作为字种选取来源，也就是底表，共 5 667 字种。

　　选取字种前，先将底表中的每个汉字标上在各语料库/字料库（表 16 – 4）中的字频序位、构字能力信息、字形难度信息、学段等级。字频序位信息源于各大语料库/字料库，构字能力依据《通用规范汉字表（1 级字）》里参与构字的个数和使用次数。字形难度标注为笔画数和笔素数（王汉卫、刘静、王士雷，2013）。"学段等级"的完整表述应该是"拟用于华测字表的学段等级参考"。作文、教材用字的频率信息按年级对应学段，语委现代汉语语料库字频表和绿皮书媒体用字表的语料来源与 6 ~ 10 岁的儿童认知水平相差太远，所以其频序信息用于小学第三学段、初中段、高中段。

（二）认读字表研制

1. 定量选种与定级

华测字表对应 5 个学龄学段，需要对底表字按 5 个学段的频度信息进行 5 次综合使用频度排序，综合使用频度序将作为选取各级认读字种的依据。学龄前阶段尚不存在可靠的语料库，本研究采取按综合序从第一学段的汉字中剥离出序位更靠前的 600 字，这样就对应了华测的六个广义学段。

根据各库语料的规模、综合性、适应的年龄段，我们将底表字种在不同库的频序/使用度序赋予一定的权重，再求取综合序。绿皮书媒体用字的语料虽规模大、时代新，但书面语色彩显著，许多日常生活常用字的频率相对偏低，所以赋予其权重比现代汉语语料库的低。

表 16 - 5　综合使用频度序计算方法

综合序一 = 小作序一 ×0.35 + 语文教材序一 ×0.40 + 华文教材序一 ×0.25
综合序二 = 小作序一 ×0.35 + 语文教材序一 ×0.40 + 华文教材序一 ×0.25
综合序三 = 小作序二 ×0.35 + 语文教材序二 ×0.40 + 华文教材序二 ×0.25
综合序四 = 小作序三 ×0.30 + 语文教材序三 ×0.35 + 华文教材序三 ×0.20 + 现汉序 ×0.10 + 媒体 ×0.05
综合序五 = 初作序 ×0.25 + 语文教材序四 ×0.25 + 华文教材序四 ×0.15 + 初学科教材序 ×0.05 + 现汉序 ×0.20 + 媒体序 ×0.10
综合序六 = 高作序 ×0.20 + 语文教材序四 ×0.20 + 华文教材序四 ×0.10 + 初学科教材序 ×0.05 + 现汉序 ×0.25 + 媒体序 ×0.20

表 16 - 5 中，"小作序一"是指小学作文库第一学段作文的字频序，"语文教材序一"是指国内 4 套语文教材第一学段课文用字的平均使用度序，"华文教材序一"是指 7 套华文教材第一学段课文的字频序，后面"小作序二""语文教材序二"等以此类推。"现汉序"是指语委现代汉语平衡语料库字频序，"媒体序"是指 2009—2012 年 4 年绿皮书（教育部语言文字信息管理司，2009、2010、2011、2012）媒体用字平均字频序，"初学科教材序"是指国内人教版初中语文、数学、历史、地理、物理教材课文的字频序。

按照综合使用频度序计算结果，底表中每个汉字都附上了 5 个学段的综合序位信息。再根据上文拟定的各级字量，初步选出各级认读字。

综合序一≤600 的汉字，作为一级认读字。

综合序二≤1 300 的汉字，去除一级已收字，作为二级认读字。

综合序三≤1 900 的汉字，去除一、二级已收字，作为三级认读字。

综合序四≤2 400 的汉字，去除前三级已收字，作为四级认读字。

综合序五≤2 700 的汉字，去除前四级已收字，作为五级认读字。

综合序六≤3 000 的汉字，去除前五级已收字，作为六级认读字。

按照综合使用频度序计算结果，底表中每个汉字都附上了 6 个学段的综合序位信息。再根据上文拟定的各级字量，初步选出各级认读字，即为华测字表的底稿。

2. 认读字种调整

（1）留字与删字。

为保证认读字表收录的是常用字，而且与《华测词表》相关联，删字时主要参考《通用规范汉字表（1 级字）》和《华测词表（主表)》用字。超出这两表中任意一表的字人工干预去留。例如：

表 16 - 6　去留处理举例

处理	例字	原因
保留	刘吴蒋宋郭曹邓袁沈冯韩蔡贾、嫦娥莎婷瑶倩	常见姓氏、人名用字①
	甫孟秦魏蜀浙湘陕杭浦沪粤淮仑圳、欧俄澳	常见地名、国名用字
	乙丙	干支用字
	噢嗯咦	常见叹词
删除	嗒岚潺亨蓉谛陡嬉黝哉琶孜怅雍虞嘈楠螂涧曳	无上述品质

（2）字表词表的协调。

比对华测字表和主词表，词表用字超出字表的情况较为常见，词表中有 764 字不在 3 000 字范围内。这种情况的出现非常可以理解，因为词表是面对读写听说四种能力的，而字表只是面对读写的，所以，也没有必要——准确说不应该追求字词表汉字字种的完全一致。当然，也不是对差异完全置之不理。我们的操作是，主要参考属于《通用规范汉字表（1 级字）》，同时在语委现汉语料库频序 4 000 序位之内的字，按照常用性、系统性原则，主要挑选了以下 32 字，补入认读字表，大致分

---

① 属于2012 年媒体用字姓氏调查排在前 30 位的单姓字，出自《中国语言生活状况报告（2013)》第 203 页，2012 年度媒体用字用语调查，商务印书馆出版。

类如下。

表 16 - 7 增补的认读字种

比较	分类	字种	处理
华测词表主表之内、《通用规范汉字表（1 级字)》之内	日常用品用字	袜	增补
	动物相关用字	羔	
	常见食物用字	丸馒蒜菠柠檬	
	身体相关用字	肪腮脯	
	常见物品/国名用字	柬	
	形容词性语素	畸诡馋懦憔悴	
	动词性语素	剃删拎拷捶晾漱浏贿赂蠹	
	构字能力强的字	亢	
华测词表主表之内、《通用规范汉字表（1 级字)》之外	常见水果名用字	莓	
	重要中华传统节日相关用字	粽	

3. 认读字级调整

（1）按关联词表原则调整。

按照字表研制时的词表关联原则，一般认读字的级别不得超前于该字在词表中首次出现的级别。

（2）按文化性原则调整。

按照文化性原则，认读字表中保留有 43 个超出《华测词表（主表)》的字，主要是常见姓氏、人名、地名、天干地支或重要人物姓名用字。这些字无法关联词表级别，按字频原则适当降级，将原位于一、二级的调为三、四级，原位于三、四级的调为五、六级，原位于五、六级的保持不变。

（3）按系统性原则调整。

按照研制原则，为保证初级认读字的系统性，常见话题用字尽量收录齐全、定级一致。参考史有为（2008）对构建最小语言平台的最低量基础词汇表的词汇类别划分，结合儿童的认知背景，尽量将日常起居、运动、饮食、水果、动物几类话题常用字认读级别调为一致，例如"运动"，"足、篮、排"属一级，"乒、乓"也放在一级。

（4）按汉字构字能力调整级别。

以《通用规范汉字表（1 级字)》为统计范围，认读字中可作为部件参与构成这 3 500 字的有 709 个，主要分布在前 3 级（原认读级别）。按汉字的学习顺序与汉语学习规律，常用的成字部件安排在初级字表中优先学习可发挥更大的价值。例如：禾、立、令、京等词表首次出现在二级，字表调整为一级。

经过以上调整，1~6 级最终的认读字确定为：

表 16 - 8　华测认读字表总字量及等级分布（暂定）

	一级	二级	三级	四级	五级	六级	合计
认读字	600	700	600	400	300	330	2 930

（三）书写字表研制

1. 定量选种与定级

书写字表的研制原则是"字用优先，兼顾字形"。

字用价值高表现为两个方面，一是使用活跃程度高，体现在各语料/字料库的频率上，在此我们用各字在各学段的综合使用频度序位来约束；二是参与构字的频度高，在此采用在《通用规范汉字表（1级字）》里的构字能力来约束，例如"是"除了本字外还参与构成了"题""提""堤"，"是"的构字个数即为3，构字使用次数为4，构字能力值为3.5；三是字形难度，按画素数据赋值（见前文表述）。

综合使用频度、构字能力及字形难度不能直接做运算，同认读字排序时一样，也采用先将各字段数据转换成序位，然后再赋权重的方法进行运算。在 2 930 个认读字中，可作为部件参与构字主要分布在前两级，其次是三级，又因初级阶段学会书写构字能力强的字更有价值，所以构字能力序在前两级所占比例更高，后面逐级递减。认读级别越高，字形难度大的字所占比例越大，所以公式里字形难度序的比例逐级递增。具体操作如下：

表 16 - 9　书写序求取方法

书写序一 ＝ 0.3×综合使用频度序一 + 0.4×构字能力序一 +0.3×字形难度序一
书写序二 ＝ 0.3×综合使用频度序二 + 0.4×构字能力序二 +0.3×字形难度序二
书写序三 ＝ 0.3×综合使用频度序三 + 0.3×构字能力序三 +0.4×字形难度序三
书写序四 ＝ 0.4×综合使用频度序四 + 0.2×构字能力序四 +0.4×字形难度序四
书写序五 ＝ 0.4×综合使用频度序五 + 0.1×构字能力序五 +0.5×字形难度序五
书写序六（剩余字归入六级，按书写序五排序）

根据预设的认写级别字量，从一级认读字中按综合使用频度、构字能力及字形难度的综合序位，筛选出 400 字，作为一级书写字。把剩下的 200 个一级认读字跟二级认读字合并，再按综合使用频度、构字能力及字形难度的综合序位，筛选出 400 字，作为二级书写字，以此类推，最后剩下的是六级书写字。这样就实现了对认读字的再整理，得到书写字的初步底稿。

书写字级调整时除了遵循前文规定的"字用优先、兼顾字形"原则外，还尽量避免认读级别与认写级别相差太大。除非是字形难度很大的字，一般认读级别与认写级别相差不超过两级，也就是说，一级认读字尽量只安排在书写字表的前三级，二级认读字尽量只安排在书写字表的二至四级。

这样，经过定量和定性、数据控制和人工干预，得到书写字的具体等级分布。

四、华测汉字大纲总结

华测字表分为认读字表和书写字表，旨在获得认读和书写的双赢。这是汉语国际教育界第一次以大纲的形式对汉字的"认"与"写"提出定性和定量的明确要求。

华测汉字大纲配合以华二代为第一目标人群的海外华裔青少年华文水平测试而研发，其将作为华文水平测试的读写试卷的汉字命题依据，并可服务和引导华文教材编写，乃至海外华文教学的整体设计。

按照定性、定量与人工干预相结合的方法，认读字表和书写字表各分六级，对应 6~18 岁的学生，既照顾到了学习者的认知发展特点，又遵循了汉字学习规律。

本字表的研制坚持"字量适中，向下集中；认写分开，多认少写"的理念，并在字表上得到落实。目前认读字和书写字如表 16-10。华测字表不是一成不变的，将在教学、测试中不断检验和修订，与时俱进，随着时代的发展而发展。

表 16-10 华测汉字等级大纲各级字量（暂定）

	一级	二级	三级	四级	五级	六级	合计
认读字	600	700	600	400	300	330	2 930
书写字	400	400	700	600	500	330	2 930

第二节　华测词汇等级大纲的研制

汉字是文字单位，词是语言单位，二者不在同一层面，汉字大纲、词汇大纲各司其职，服务于不同的教学目的和考试需要。

首先，词汇大纲中的单字条目不同于汉字大纲中的条目。汉字大纲中收录的是汉字，所以都是单字条目。词汇大纲中收录的是词（包含一些不成词的单字语素），有单字条目，也有多字条目。汉字大纲需要从认读字和书写字的角度对条目进行收录及定级，词汇大纲则需要从词（单音节词表现为语素字独立的为单字词、不独立的为单字语素）的角度对单字条目和多字条目进行收录及定级。

其次，无论是单字条目还是多字条目，词汇大纲对词语的收录及定级不受词语用字难度的影响。比如"西瓜""香蕉"在词汇大纲中都是一级，不会因为"香蕉"比较难写就将其放到较高等级。

一个具体的语言片段是否有资格进入词汇大纲，有两个判断标准：第一，是不是词；第二，是否超出考试的最高难度。前一个标准涉及汉语中"词"的界限问题（见下文相关讨论）；后一个标准主要基于大规模语料库的词频统计数据来掌控，词汇大纲的研制始于语料的收集和词频统计，由此得到一个初始的底表。从底表中的词语到词汇大纲中的条目，还需经过删除、补充、修改、合并、拆分等操作。

下文从词汇大纲底表构建入手，呈现词汇大纲的研制。

一、底表

小学、初中、高中的语料来源见表 16 - 11。

表 16-11　各学段语料库

学段	语料库	规模	加工程度
小学	北京师范大学"小学生作文语料库"，简称"小学库"	约 1 100 万字（72 064 篇）	分词版
初中	网上初中作文，简称"初中库"	约 120 万字（1 998 篇）	生语料①
高中	网上高中作文，简称"高中库"	约 110 万字（1 409 篇）	

我们对上述三个语料库分别进行了词频统计，并将得到的词语列表与《现代汉语常用词表（草案）》②（简称《常用词表》）进行了关联。具体步骤如下：

（1）小学段词语的观察范围：小学库词语种数（type）47 141，保留频次大于等于 10 的共 15 689，其中《常用词表》中没有的共 3 556，经人工干预，这 3 556 中又回收了 464，经此，进入小学段观察范围的词语种数为 12 597。

（2）初中段词语的观察范围：初中库词语种数 37 249，去掉已在小学段观察范围内的词语后剩余 26 124，保留其中频次大于等于 3 且在《常用词表》中出现的词语共 4 916。

（3）高中段词语的观察范围：高中库词语种数为 36 530，去掉已在小学段、初中段观察范围内的词语后剩余 21 685，保留其中频次大于等于 3 且在《常用词表》中出现的词语共 2 356。

（4）三个语料库的低频部分回收：小学库频次小于 10 的词语、初中库频次小于 3 的词语、高中库频次小于 3 的词语，三者取并集，去除之前已进入观察范围③的词语后剩余词语种数 15 779。对这 15 779 通过人工干预进行回收，其中单字、三字及三字以上的词语逐个看，决定是否回收；二字词语由于数量较多（11 559），只对《常用词表》频序在 30 000 以内的词语（6 540）进行了干预。总共回收 4 257。

经过以上四步，底表共有词语种数 24 126。

---

① 利用国家语委"语料库在线"http：//www. aihanyu. org/cncorpus/index. aspx 提供的字词频率统计工具进行词频统计。

② 《现代汉语常用词表》课题组，商务印书馆 2008 年版。

③ 比如"含蓄"一词在小学库的频次为 3，未能进入小学段的观察范围，但在初中库的频次为 5，已经进入了初中段的观察范围。

二、从底表词语到大纲条目

从底表中的词语到词汇大纲中的条目，主要涉及以下几类操作：删除、补充、修改、合并、拆分。

（一）删除

底表只是一个初筛，不是其中所有词语都会进入大纲，需要删除情况如下：

（1）更像是词组的"词"。语料库的词频统计是基于分词软件分词的，而分词软件自带的词表往往规模比较大，也就是会包含一些更像词组的切分单位，如"剩下""离家""含有""多次""每逢""无人""在外""眼里""黑瘦""是不是"等。

（2）重叠形式。分词软件对语料库中出现的 AA、AABB、ABAB 等重叠形式会动态识别，即会把"高高兴兴"等作为一个切分单位，而这类词语是受规则控制的，没有必要收入词汇大纲，因此删除。但是，有必要保留 AB 不是词的 AABB 式，如"轰轰烈烈""跌跌撞撞"等。

（3）生僻词语。包括少见事物、现象等，如"茱萸""悬梁"。

（4）语料中出现的字串与语文词典中的词语用字相同，但实际所指不同。比如"学友"，分词软件将语料中的"学友"作为一个切分单位切分出来，是因为其自带词表中有"学友"一词，"学友"确实可算是语文词典中的一个词，《现汉》（第七版）收为条目"【学友】xuéyǒu 名 同学：同三五～郊外踏青"。而语料中出现的"学友"是人名。发现这类字串时，会将其删除。

（二）补充

为了保证系统性，需要补充一些底表中没有出现的词语。比如底表中有"厘米""毫米"，没有"分米"，就需要将"分米"补充进来。再如有"阳性"，补充"阴性"；有"船长"，补充"机长"；有"动脉"，补充"静脉"。

（三）修改

修改操作主要集中在如下情况：

（1）只出现在更大环境的词语。比如"昙花"几乎只出现在"昙花一现"中，将"昙花"改为"昙花一现"。再如"系铃人"改为"解铃还须系铃人"，"作痛"改为"隐隐作痛"。

（2）有固定唯一搭配的词语。比如"远门"只和动词"出"搭配，尽管"出远门"中间可以插入其他成分（"出了一趟远门"），但搭配很固定，不妨将"远门"改为"出远门"，类似的还有"懒觉"改为"睡懒觉"。

（3）简称更常用。比如"高速铁路"改为"高铁"。

（四）合并

同义且难度无差别的词语进行合并。如"鞋子"和"鞋"合并为一个条目"鞋子｜鞋"，再如"芭蕾舞｜芭蕾""冰淇淋｜冰激凌""电扇｜电风扇｜风扇""调换｜掉换""天长地久｜地久天长""百折不挠｜百折不回""妈妈｜妈"。同义但难度有差别的词语不合并，如"狗"和"犬"不合并。

（五）拆分

一些同形词、多义词的意义（义项）之间差别较大，不拆分无法分别定级，需要进行拆分。举例见表 16 - 12。

表 16 - 12　拆分后条目举例

条目	拼音	词类	级别	示例
米1	mǐ	名	一	米和面
米2	mǐ	量	二	1 米
正当1	zhèngdāng	动	三	正当我走神时，老师叫我起来回答问题
正当2	zhèngdàng	形	五	正当的理由
出口1	chūkǒu	名	三	大厅出口
出口2	chūkǒu	动	四	话一出口就收不回来了
出口3	chūkǒu	动	五	出口商品

三、汉语"词"的界限问题及大纲收条

词汇大纲收录的对象应该是"词"，这本是理所当然的，但汉语存在"词"的划界难题，一方面，"词"和"语素"划水难分，问题在于一些单字语素是否成词；另一方面，"词"和"词组"同样划水难分，问题集中在组合关系透明的二字、多字词语到底是"词"还是"词组"。虽然主流语法理论对"语素""词""词组"三个概念有明确的定义，举例时也能轻易举出各自典型的例子，但每当进行大规模词表收词的工程性实践（包括词典编纂、词汇大纲制定以及面向各种应用的词表制定等），即需要对一定范围内所有的单字、字组进行是否是"词"的定性时（以便决定取舍），问题就变得棘手起来。

（一）单字语素的去留

多字语素一定成词，没有争议，如"蜻蜓""巧克力"等都是词，语素和词的划界问题其实是单字语素是否成词的问题。我们的做法是单字条目既收了单字词，也收了一些组合能力较强的不够独立的单字语素。原因是组合能力强的单字语素如果因其不独立而不收，会导致伪超纲问题。

理论上，不够独立的单字语素不该收入词汇大纲，但是对于其中那些组合能力较强的，实践中，如果大纲不收，会导致很多包含该类单字的组合成为超纲词，这些字组被大纲拒之门外的原因既非难度超纲，也非本身不是"词"（理论上包含不成词语素的语言片段一定是词，不可能是词组），而是实属无奈：这些字组语义较为透明、数量无论多少都相对开放，大纲对这些字组无须尽收也无法尽收。这样，就会出现伪超纲问题。例如，大纲收了"学校"，又收了包含"校"的一些组合"校长""校园""校舍""校车""军校""母校""华校"等，没收"校"，也没收包含"校"的另外一些组合"校门""校歌""体校""驾校"等，那么当试题语料中出现大纲中未收的组合时，如出现"校门"，无论把"校门"当作一个词还是两个词，都会超纲。对于大纲的使用者来说，普通词语的超纲只会被理解为难度超纲，而作为大纲的研发者，我们很清楚地知道上述情况的超纲并非因为词语难度，而是伪超纲。解决之道就是将组合能力较强的不够独立的语素也收入大纲，如此虽不能彻底解决问题（组合能力弱的其构成的组合往往也不能绝对穷尽，比如"厕"，能想到的组合有"厕所""公厕""男厕""女厕""厕纸"，但也不能保证没有其他组合了），但可以在很大程度上解决问题。

具体做法如下：首先，将已收所有单字条目按用字整理好。对已拆分的单字条目还原其用字，如"米1""米2"还原为"米"，对已合并的条目中包含单字条目的提取出单字，如"鞋子 | 鞋"，提取出"鞋"。整理后，已收单字条目的用字为2 317 个。其次，单字组合能力的粗略统计。以《通用规范汉字表》中的一级字表（常用字集）中的 3 500 字为观察范围，统计该 3 500 字在《常用词表》中构二字词语的数量，作为单字组合能力的一个指标。再次，将 2 317 字与 3 500 字作比对。3 500 字中构二字词数量大于等于 30 的且未在 2 317 字中的，补充进大纲。这样，又补充了"目""务""农""联""程"等 25 个单字条目。

有两点说明如下：①上述做法是为了保证组合能力强的单字语素能够尽可能地被收入大纲，是拾遗补阙性质的。之所以补充的不多，是因为很多组合能力强的单字语素已经包含在 2 317 字中了。汉语中有大量不够独立但在实际语料中经过分词处理后常常落单的语素，如"校""职"等，这类语素在基于语料切分单位的词频统计结果中作为单字"词"的频率不低，已经存在于上文的底表中了，在"删除"操作时，由于语素收录的理念，也对其选择了保留。②语素的组合能力通过汉字来统计还很粗疏，原因是存在一字多义［包括同形和多义，前者如"效"在《现汉》（第七版）中分了"效^1""效^2""效^3"，后者如"目"在《现汉》（第七版）中有 9 个义项］。一字多义的存在，使得很多时候某一汉字的组合能力并不能准确反映某一语素的组合能力。比如"目"在《常用词表》中总共构成的二字词语有 70 个，经过梳理发现，《现汉》（第七版）中该字义项❶"眼睛"构成 44 个，义项❹"大项中再分的小项"构成 8 个，义项❻"目录"构成 11 个，义项 ❼"名称"构成 7 个。可知，汉字"目"的组合能力并不是"眼睛"义语素"目"的组合能力。不过，我们统计组合能力的目的只是拾遗补阙，而组合能力强的语素必然存在于组合能力强的汉字当中，因此，粗疏的统计是能达到目的的。

(二) 透明组合的取舍

词汇大纲应该收"词"，不收"词组"，而汉语"词"和"词组"界限不清，问题集中在透明组合上。

关于透明组合，组合成分中至少有一方不独立的情况，在理论上一定是词，只是实践中无法尽收；组合成分皆独立的情况在理论上有双重身份（比如把"晴"看成自由语素，"天"看成自由语素，"晴天"在理论上就可以算作词，而把"晴"看成单纯词，"天"看成单纯词，"晴天"在理论上就可以看作词组），实践中同样无法尽收。由此可知，问题的症结在于，透明组合无论理论上只能是词还是理论上可以算作是词，实践中都无法尽收，那么到底如何取舍呢？

从"同聚类字组"的多少这一角度考虑，透明组合分三种情况，见表 16 - 13。这里说的"同聚类字组"是指一方组合成分相同（同用字、同意义、同位置），且组合关系相同。

表 16 - 13　透明组合情况举例

情况	举例	备注
a. 没有同聚类字组	蓝天	天空的常态颜色是蓝色的，有"蓝天"的说法，虽然也有灰色的天空，但没有"灰天""乌天"的说法。另外，"白天""黑天"的"天"与"蓝天"的"天"义项不同，所以"蓝天"没有同聚类字组
b. 同聚类字组数量有限	晴天、阴天； 穷人、富人； 春季、夏季、秋季、冬季	"人"可以按很多角度分类，因此"～人"的字组很多，这里是按比较细化的语义场聚出的小类，比如"男人、女人"是一个聚类，"好人、坏人、奸人、恶人"是一个聚类，"高人、矮人、胖人、瘦人"也是一个聚类
c. 同聚类字组众多	暗示、暗杀、暗访、暗藏、暗笑、暗算、暗恋、暗含、暗合、暗喜、暗害……	"暗 + 动作行为"的组合很多，相对开放

各种情况的处理如下：情况 a，不涉及系统性，可收可不收，直接参照《现汉》（第七版）的取舍标准；情况 b，每个聚类因成员有限而相对封闭，可以做到收录的系统性，同一聚类的组合收则皆收，弃则皆弃；情况 c，每个聚类都是开放集合，开放就意味着不可能做到收录的系统性，目前的做法是参照频率信息进行人工干预，收录部分组合。

四、进一步补充

（一）相关的词汇大纲

条目基本确定后，进一步与现有的汉语教学或考试用词汇大纲进行比较，目的是拾遗补阙。

现有的相关大纲或词表有：①1992 年的《汉语水平词汇与汉字等级大纲》（8 822词）；②2010 年的《汉语国际教育用音节汉字词汇等级划分》（11 092 词）；③2010 年的《新汉语水平考试大纲（词汇）》（5 000 词）；④2015 年的《HSK 考试大纲（词汇大纲）》（5 000 词）；⑤《义务教育常用词表（草案）》（14 323 词）。

初步筛选：大纲①比较早，且大纲②可算是大纲①的修订①，因此直接考虑大纲②。大纲④是对大纲③的修订，因此直接考虑大纲④。词表⑤未见公布，无法比较，暂不考虑。进一步筛选：大纲④的总词汇量是"5 000 及以上"，实际列出的条目是 5 000，规模太小，也不考虑。因此，只与大纲②做比较。

为表述方便，将华测的词汇大纲称为《华测词纲》，将大纲②称为《等级划分》。

（二）参照《等级划分》进一步补充

我们将《华测词纲》中的条目（已拆分、合并的条目还原为未拆分、未合并的词条）与《等级划分》中的条目［也存在一些拆分、合并的条目，前者如"对"有两个条目，后者如"爸爸｜爸""混浊（浑浊）"等，做类似还原处理］进行了比较。

《等级划分》中有而《华测词纲》中没有的条目共 1 539 个，我们从中补充了 368 个。其他未补充进《华测词纲》的词语主要有以下类型：①难度超越。华测的最高级别是高中毕业群体，虽然已接轨成人，但有些词语离该群体的日常生活还是较远，如"兜售""款项""拜会""裁定""申领""隐情"等。②比较松散的结构。刘英林、马箭飞（2010）指出《等级划分》中会收一些常见、常用结构，如"打电话、看病""比如说、是不是""请问、家里"等。这与《华测词纲》的收词理念不一样。③《华测词纲》中"附录词语"已收录。《华测词纲》分基本词语和附录词语，后者收录一些特殊类别的词语，如地名、朝代名、节日等。《等级划分》包括：一（普及化等级词汇）、二（中级词汇）、三（高级词汇）、附（高级"附录"词汇），"附"级的词语与其"一""二""三"级的词语主要是难度上的区分，因此与《华测词纲》的"附录词语"所指不同。我们在比较时，实际的比较双方是《华测词纲》的基本词语和《等级划分》的全部词语，当发现 1 539 中的词语已在《华测词纲》的附录词语中出现时，也不再作为基本词语补充了。比如"中秋节"在《等级划分》中，不在《华测词纲》的基本词语里，但在《华测大纲》的附录词语里，因此无须补充了。

五、条目定级

条目收录后，接下来的重要工作就是给每个条目定一个合适的级别。根据华测

---

① 刘英林、马箭飞（2010）指出，研制《汉语国际教育用音节和汉字词汇等级划分》不是对 1992 年《汉语水平词汇与汉字等级大纲》所作的简单的、一般性的修订。

的总体设计，共有 6 个级别：一级（学龄前）、二级（小学二年级）、三级（小学四年级）、四级（小学毕业）、五级（初中毕业）、六级（高中毕业）。

基于作文语料库（语言输出性质）、教材语料库（语言输入性质），算法加人工干预，经过 3 次定级完成整个定级工作。

（一）初次定级

基于作文语料库（表 16 - 11 中提到的小学库、初中库、高中库），设定算法自动定级。

小学库中的词语需要根据年级分布信息指定二级、三级、四级。初中库中的词语初次定级为五级，高中库中的词语初次定级为六级，三库中低频回收入底表的词语直接人工干预定级。因此，设定算法自动定级的主要是小学库中的词语。

我们从小学库中统计了相关数据用于初次定级，见表 16 - 14。除了每个条目①在小学库中的总次数外，还按年级（一二年级、三四年级、五六年级）分别统计了次数，由于各年级段的语料规模不一致，进而分别计算了频率（技术上换算为百万词频，即实际频率统一乘了 100 万，含义为每 100 万词的语料中会出现多少次，目的是避免冗长的小数位），然后根据频率计算了每个条目在 3 个年级段的分布比例，最后按照统一的算法进行初次定级。具体的算法是：如果"一二年级比例"大于等于 30%，级别为二；如果"一二年级比例" + "三四年级比例"之和大于等于 60%，级别为三；否则级别为四。

表 16 - 14　初次定级统计数据及条目举例

条目	总次数	一二年级次数	三四年级次数	五六年级次数	一二年级百万词频	三四年级百万词频	五六年级百万词频	一二年级比例	三四年级比例	五六年级比例	初次定级
鼓掌	130	81	43	6	17	14	16	0.3652	0.3028	0.332	二
奇特	130	44	51	35	9	17	92	0.0795	0.144	0.7765	四

（二）二次定级

经过初次定级后，还需人工干预二次定级。

首先，补充、修改、拆分、合并的条目没有统计数据，只能人工干预定级。

---

① 这里的条目是底表中的原始条目，是未经编辑操作的条目，因为补充、修改、拆分、合并后的条目的级别只能人工干预定级。

其次，对一些自动定级结果明显不合理的条目进行人工干预，重新定级。如"娶"的自动定级结果为二，人工干预后定级为四；再如"岩浆"的自动定级结果为二，人工干预后定级为五。

最后，语料分词错误会导致统计偏差，进而影响自动定级结果，也需人工干预来发现并调整级别。如"学会"一条，语料库中出现了大量的"学会"，其实是"学会做什么"的"学会"，并不是《现汉》（第七版）中作为词的"学会"（【学会】xuéhuì 名 由研究某一学科的人组成的学术团体，如物理学会、生物学会等）。经过人工干预，我们保留了"学会"，但将其级别调整为六。

（三）三次定级

基于教材语料库，对各条目的级别做进一步调整。

我们收集并利用的国内语文教材和国外华文教材及对应级别见表16-15。有的教材无法收集到从小学一年级一直到高中毕业全套，有的教材本身就不覆盖全部学段，此外，由于国外的学制与国内学制并不完全一样，所以国内外教材的级别只是做了大致对应。

表 16-15　教材语料库

	教材	对应级别
国内	人教版	二级、三级、四级、五级、六级
	苏教版	二级、三级、四级、五级、六级
	北师大版	二级、三级、四级、五级、六级
	语文S版	二级、三级、四级、五级
国外	《汉语》	二级、三级、四级、五级
	《中文》	二级、三级、四级、五级
	《新加坡小学华文》《新加坡中学华文》	二级、三级、四级、五级
	《菲律宾华语课本》	二级、三级、四级、五级
	《马来西亚华文》	三级、四级、五级、六级
	《马立平中文课本》	二级、三级、四级
	《朗朗中文》	二级、三级

我们统计了底表中各条目在教材库中的分布信息，即某条目在几套教材中出现，

举例见表 16 - 16。参照该信息，采用人工干预的方式进行三次定级。比如"必然"二次定级为五，参照教材分布信息，三次定级仍为五；"习性"二次定级为四，参照教材分布信息，三次定级调整为五；"袖子"二次定级为二，如果参照教材分布信息，似乎调整为四级更合适，但教材的语料规模毕竟有限，仅供参考而已，考虑到"袖子"一词认知年龄很低且没有习得难度，仍保留为二级。

表 16 - 16　教材库条目分布信息举例

条目	二次定级	国内二套数	国外二套数	二总套数	国内三套数	国外三套数	三总套数	国内四套数	国外四套数	四总套数	国内五套数	国外五套数	五总套数	国内六套数	国外六套数	六总套数	三次定级
必然	五	0	0	0	0	0	0	3	1	4	4	3	7	3	1	4	五
习性	四	0	0	0	0	1	1	0	1	1	3	0	3	3	0	3	五
袖子	二	0	0	0	1	0	1	2	3	5	3	2	5	2	0	2	二

（四）级别分布

大纲基本词语条目等级分布见表 16 - 17。

表 16 - 17　基本词语条目等级分布

等级	数量				
一级	998	2 154	4 981	9 280	14 284	20 891
二级	1 156				
三级	2 827				
四级	4 299				
五级	5 004				
六级	6 607				

关于一级词语的说明：由于学龄前阶段没有现成的语料库可以利用，我们采用人工干预的方式，从二级词语中挑选出最简单的词语作为一级词语，剩余部分作为二级词语。

六、条目标注

大纲中每个条目的信息，除了条目本身及其级别外，还会标注其他相关信息。其中有的信息会在大纲中对外呈现，有的只会对内呈现，有的不会最终呈现而只是在研发过程中存在。

（一）基本信息标注

基本信息主要包括拼音和词类。

首先，拼音标注。参考《现汉》（第七版）发现，其拼音标注非常细致，会对轻读重读、多字条目中间是否可插其他成分、多字条目是连写还是分写等进行区分，详见其《凡例》"3 注音"。对词汇大纲来说，语文词典式的拼音标注过于烦琐，因此大纲采用最基本的音节加声调的标注。

其次，词类标注。基本采用《现汉》（第七版）的标注，详见其《凡例》"5 词类标注"。有几点说明：①《现汉》（第七版）在区分词与非词的基础上给单字条目、多字条目标注词类，单字条目在现代汉语中成词的标注词类，不成词的语素和非语素字不做标注，多字条目中词组、成语和其他熟语等不做标注，其他标注词类。大纲参照《现汉》（第七版），在词类标注上也做了词与非词的区分，非词的包括：不够独立的单字语素条目给出的标记是"语素"；极少数二字条目（如"但愿""极了""没错"等10个左右）、一部分三字条目、绝大多数三字以上条目给出的标记是"~"。②《现汉》（第七版）的词类标注是具体到义项的，所以不存在兼类，词汇大纲收录的多义条目，如果义项间差别不大且不同义项没有难度差别，就不会拆分为不同条目，因此会有兼类情况。比如"陈设"标注为"动、名"，"韵"标注为"名、语素"。③基本参照《现汉》（第七版）而没有完全严格按照其标注结果，原因是汉语"词"的类别问题和"词"的界限问题一样存在很多争议，比如《现汉》（第七版）对"海啸"标注的是名词，而对"地震"标注的是动词，我们认为二者从内部结构看，构词成分同类、组合关系一致，从整体语义看属于同语义场，因此我们都标注为"名"。

最后，拆分的条目还会呈现示例信息。

拆分产生的条目，为了区别，会给出"示例"信息，如表16-12所示。其他条目不必给出"示例"。

基本信息的标注结果在大纲发布时会对外呈现。

（二）地域认知差异词语标注

具有认知差异的词语有两类：一类是具有年龄认知差异的词语，比如七八岁的孩子知道"车""飞机"，但不太可能知道"涵养""核电站"，这样的词语定级并不困难，根据合适的认知年龄给出相应的级别就可以；另一类是具有地域认知差异的词语，典型的是动物、植物①、水果、蔬菜类词语，比如"苹果"在中国国内是再普通不过的水果，但在东南亚就不常见，同样东南亚地区常见的"榴莲"在中国北方地区也并不常见。

地域认知差异词语的特点是本身不具有认知难度和习得难度，只是对有的地区来说不具备认知条件。这一特点决定了该类词语怎么定级都不合适。目前我们对该类词语采用的定级方式跟其他词语一致（也是经过三次定级），只是额外加了语义类别信息标注。

该类信息只对内呈现，目的是便于出题人员对该类词语的级别进行相对灵活处理。

（三）语义场标注

对语义系统性强的词语标注其所属语义场信息。既包括一些大的语义场（集合成员较多），如颜色、亲属、食物、职业身份等，也包括一些小的语义场（集合成员较少），如集合｛蛙泳、蝶泳、仰泳、自由泳｝、｛时针、秒针、分针｝、｛和、差、积、商｝、｛海军、空军、陆军｝、｛天时、地利、人和｝等。

语义场标注的目的是尽可能保证系统性，即条目收录的完整性和条目定级的一致性。条目收录的完整性是指同一语义场的词语收则皆收、弃则皆弃，当然大的语义场本身具有开放性，无法做到这一点，小的语义场可以做到。条目定级的一致性是指同一语义场的词语一般情况下应为同一级别，这主要是针对小的语义场，因为大的语义场成员复杂，本身有难有易，不过有的大的语义场还可分为一些小的语义场，比如亲属类词语还可根据关系远近聚为不同小类，同小类的级别应该一致。有个别情况同一小场的词语也会处于不同难度级别，可根据实际情况调整，如｛博士、硕士、学士｝中"博士"的级别为四，"硕士""学士"的级别为六，因为"博士"经常有"小博士"的说法。

语义场标注只是词汇大纲研制过程中的中间环节，最终不会呈现。

---

① 植物本应包括水果、蔬菜，在此水果、蔬菜单独列出，植物仅指排除了水果、蔬菜的其他植物。

第三节 华测语法等级大纲的研制

一、顶级类设定

语法是一个层级分类体系，在这个体系中，最重要的是两头，即顶级类和末级类。顶级类对应语法的几大组成部分，末级类对应最终的语法条目。层级体系中的每个类别都概括一类语言现象，只是粗细程度不同。语法大纲的研制首先要确定顶级类。

（一）现有大纲参考

现有汉语语法大纲的定位、特点、顶级类集中呈现如下：

1.《对外汉语教学语法大纲》

定位：面向教学，为对外汉语教师提供教学和教材编写的语法方面的依据和参考。

特点：注重系统讲解。

顶级类：汉字、音节、词、词类、词组、句子成分、句子。

2.《对外汉语教学初级阶段教学大纲》

定位：面向教学，为初级阶段对外汉语课堂教学、教材编写、教学评估和考试提供依据。

特点：既系统讲解，又罗列语法条目，各条目也进行讲解。

顶级类：词、语素、词的组成方式、词类、汉语的词组、汉语的句子、汉语的四种谓语句、汉语的四种功能句、汉语的复句。

3.《高等学校外国留学生汉语言专业教学大纲》附件（二）语法项目表

定位：面向教学。

特点：《语法项目表》和《教学语法项目序列》对语法点进行了难度划分和次序安排，兼顾语法大纲的相对系统性；语法项目的呈现：列项、举例，有的有描述性的文字解释。

顶级类：

一年级语法项目表（词类、短语、句子成分、句子、几种特殊的句式、动词的态）。

二年级语法项目表（合成词的构成及其语素义、词语的联系与扩展、词类、短语、句子成分、几种特殊的句式、复句、语段、省略、强调的方法）。

三、四年级语法项目表（语素、词类、短语、句子成分、几种特殊的句式、倒装句、复句、紧缩句、固定格式、语段）。

4.《汉语水平等级标准与语法等级大纲》

定位：面向教学，规定统一的教学要求、统一的教学等级、统一的教学水平。作为对外汉语教学总体设计、教材编写、课堂教学和课程测试的主要依据。作为中国汉语水平考试 HSK 的重要参考；作为我国少数民族汉语教学、中小学语文教学及方言区的普通话教学的重要参考。

特点：兼顾教学与考试，且兼顾多种考试；对语法点进行了等级划分，同时注重系统性；语法项目的呈现：列项、举例，有的有描述性的文字解释。

顶级类：

甲级（词类、词组、句子成分、句子的分类、几种特殊句型、提问的方法、数的表示法、强调的方法、动作的态、复句）。

乙级（词类、固定词组、固定格式、句子成分、几种特殊句型、强调的方法、复句）。

丙级（语素、词类、词组、固定词组、固定格式、几种特殊句型、动作的态、反问句、口语格式、复句）。

丁级（语素、词类、词的构成、固定词组、固定格式、几种特殊句型、反问句、口语格式、复句、多重复句、句群）。

5.《国际汉语教学通用课程大纲》常用汉语语法项目分级表

定位：面向教学，同时划分六个等级，与新 HSK 等级对应。

特点：语法项目的呈现采用表格形式进行列项、举例，每个语法项目给出结构形式，没有描述性的文字解释。

顶级类：

一级语法项目表（实词、虚词、句子成分、句型和句类）。

二级至六级语法项目表（实词、虚词、句子成分、句型和句类、复句）。

6.《新汉语水平考试大纲》语法

定位：面向测试。

特点：语法项目只列项、举例，没有描述性的文字解释。

顶级类：

HSK 一级（代词、数词、量词、副词、连词、介词、助动词、助词、叹词、陈述句、疑问句、祈使句、感叹句、特殊句型、动作的状态）。

HSK 二级（代词、数词、量词、副词、连词、介词、助动词、助词、叹词、动词的重叠、陈述句、疑问句、祈使句、感叹句、特殊句型、动作的状态）。

HSK 三级（代词、数词、量词、副词、连词、介词、助动词、助词、叹词、动词的重叠、陈述句、疑问句、祈使句、感叹句、特殊句型、动作的状态）。

HSK 四级、五级、六级没有语法部分。

7.《HSK 考试大纲》语言点大纲

定位：面向测试。

特点：语法项目按"类别""细目""内容""例句"四列表格式呈现，没有描述性的文字解释。

顶级类：

一级（名词、动词、代词、数量词、副词、介词、助词、叹词、句型、特殊句型、句类、补语）。

二级（动词、代词、形容词、数量词、副词、介词、助词、特殊句型、句类、补语、复句、固定格式）。

三级（名词、动词、代词、形容词、数量词、副词、介词、连词、助词、特殊句型、句类、补语、复句、固定格式）。

四级（名词、动词、代词、形容词、副词、介词、连词、助词、特殊句型、复句、固定格式）。

五级（名词、动词、形容词、副词、介词、连词、助词、特殊句型、复句、固定格式）。

六级（名词、动词、数量词、副词、连词、助词、特殊句型、复句、固定格式）。

（二）现有大纲梳理

1. 类别名称的同一性认定

比较各大纲发现，对同一类别的称说存在不一致的情况，因此先对顶级类的名称进行同一性认定并统一名称。见表 16-18。

表 16 - 18　顶级类统一名称

统一后的名称	统一前各大纲所用名称
特殊句式	几种特殊的句式（大纲 c）、几种特殊句型（大纲 d）、特殊句型（大纲 f、大纲 g）
句类	汉语的四种功能句（大纲 b）、句类（大纲 g）
句子	句子（大纲 a、大纲 c）、汉语的句子（大纲 b）、句子的分类（大纲 d）
动作的态	动词的态（大纲 c）、动作的态（大纲 d）、动作的状态（大纲 f）
词组	词组（大纲 a、大纲 d）、汉语的词组（大纲 b）、短语（大纲 c）
复句	汉语的复句（大纲 b）、复句（大纲 c、大纲 d、大纲 e、大纲 g）
词的构成	词的组成方式（大纲 b）、合成词的构成及其语素义（大纲 c）、词的构成（大纲 d）
语段①	语段（大纲 c）、多重复句（大纲 d）、句群（大纲 d）

2. 类别的归并、拆分

不同大纲对语法层级的设置不同，甲大纲的顶级类可能与乙大纲的顶级类形成上下位关系，梳理时需要做一定的归并或拆分。可以归并的优先归并，不得不拆分的进行拆分，如此处理是因为本环节只确定顶级类，后面具体收录条目时还要进一步分下位类。

首先，归并的情况。见表 16 - 19。

表 16 - 19　顶级类归并

归并后的顶级类	归并前实际上形成上下位关系的顶级类	
句类	句类（大纲 b、大纲 g）	陈述句、疑问句、祈使句、感叹句（大纲 f）、反问句（大纲 d）
词类	词类（大纲 a、大纲 b、大纲 c、大纲 d）	名词、动词、代词、形容词等（大纲 f、大纲 g），实词、虚词（大纲 e）
句子成分	句子成分（大纲 a、大纲 c、大纲 d）	补语（大纲 g）

其次，不得不拆分的情况。该类情况发生在"句子"。先抛开诸大纲，汉语句

---

① "语段""句群""多重复句"会有差别，但都是超句单位，算作一类。

子的层级体系见图 16 - 1。

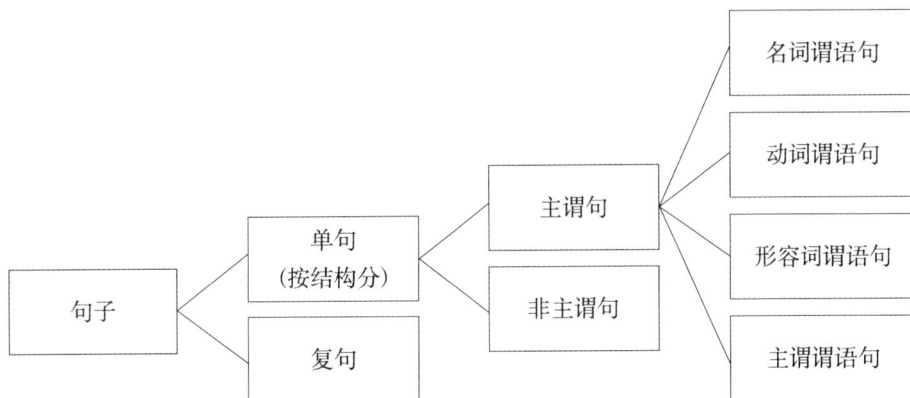

图 16 - 1 汉语句子的层级体系

图 16 - 1 中的"单句"还可以按语气分为"陈述句、疑问句、祈使句、感叹句",已归并为"句类",在此不再考虑。"句子"还应该涵盖"特殊句式",不过"特殊句式"已经作为顶级类单列,也不再考虑。

图 16 - 1 中的各个类别在各大纲中的分布情况,见表 16 - 20。

表 16 - 20 句子层级类别的分布情况

作为顶级类出现的类别	大纲分布
句子	大纲 a、大纲 b、大纲 c、大纲 d
复句	大纲 b、大纲 c、大纲 d、大纲 g
主谓句	大纲 b(使用的名称是"汉语的四种谓语句")、大纲 g(使用的名称是"句型",罗列了三个下位类:"名词谓语句""形容词谓语句""主谓谓语句")

经过以上梳理可知,合理的做法是将"句子"拆分为"单句""复句",保留"复句"作为顶级类,进一步将"单句"拆分为"主谓句""非主谓句",保留"主谓句""非主谓句"作为顶级类。

大纲 e 把"句子成分、句型和句类"作为 1 个顶级类,观察其具体内容,实际上对应了我们梳理出来的"句子成分""特殊句式""主谓句""句类"等顶级类。

3. 各大纲顶级类取并集

经过必要的统一名称、归并、拆分处理后，我们进一步对各大纲出现的顶级类取并集：

｛汉字、音节、词类、词的构成、词语的联系与扩展、词、语素、固定词组、特殊句式、复句、句类、语段、词组、句子成分、主谓句、非主谓句、动作的态、倒装句、紧缩句、固定格式、数的表示法、动词的重叠、口语格式、强调的方法、省略、提问的方法｝

4. 各大纲顶级类分布统计

顶级类分布情况见表16－21前三列。

表16－21　顶级类在已有大纲中的分布情况及华测语法大纲的取舍

顶级类	出现大纲数量	大纲分布	说明及取舍
汉字	1	大纲 a	非语法（不收）
音节	1	大纲 a	非语法（不收）
词类	7	大纲 a、大纲 b、大纲 c、大纲 d、大纲 e、大纲 f、大纲 g	显性语法知识（不收）
词的构成	3	大纲 b、大纲 c、大纲 d	显性语法知识（不收）
词语的联系与扩展	1	大纲 c	显性语法知识（不收）
词	2	大纲 a、大纲 b	词典性知识（不收）
语素	3	大纲 b、大纲 c、大纲 d	词典性知识（不收）
固定词组	1	大纲 d	词典性知识（不收）
特殊句式	5	大纲 c、大纲 d、大纲 e、大纲 f、大纲 g	顶级类
复句	5	大纲 b、大纲 c、大纲 d、大纲 e、大纲 g	顶级类
句类	4	大纲 b、大纲 e、大纲 f、大纲 g	顶级类
语段	2	大纲 c、大纲 d	顶级类

（续上表）

顶级类	出现大纲数量	大纲分布	说明及取舍
词组	4	大纲 a、大纲 b、大纲 c、大纲 d	顶级类（合一为"句法成分"）
句子成分	4	大纲 a、大纲 c、大纲 d、大纲 e	
主谓句	3	大纲 b、大纲 e、大纲 g	
非主谓句	0（拆分出来）		
动作的态	3	大纲 c、大纲 d、大纲 f	归入散点
倒装句	1	大纲 c	归入散点
紧缩句	1	大纲 c	归入散点
固定格式	3	大纲 c、大纲 d、大纲 g	归入散点
数的表示法	1	大纲 d	归入散点
动词的重叠	1	大纲 f	归入散点
口语格式	1	大纲 d	归入散点
强调的方法	2	大纲 c、大纲 d	已涵盖（不收）
省略	1	大纲 c	已涵盖（不收）
提问的方法	1	大纲 d	已涵盖（不收）

5. 华测语法大纲的顶级类

经过取舍，华测语法大纲包括的顶级类为：

{句法成分、特殊句式、句类、复句、散点、语段}

对照上表，有几点需要说明：

（1）舍弃非语法内容"汉字""音节"。

（2）区分显性语法知识和隐性语法知识。

一方面，作为测试的配套大纲，无须讲解显性语法知识；另一方面，华测也不考查显性语法知识。这就需要区分哪些顶级类适合显性考查，哪些适合隐性考查，大纲只保留后者。

"词类"为显性语法知识，华测不会考汉语的词有哪些词类，也不会考一个具体的词属于哪个词类。类似的还有"词的构成""词语的联系与扩展"。

（3）区分词典性知识和规则性知识。

词典性知识是可以穷举的（或在很大程度上是可以穷举的），"语素""词""固定词组"属此类，直接列表即可，适合词汇大纲解决。规则性知识统摄的对象是无法穷举但有规律可循的，语法的实质内容即规则，我们保留的顶级类都属此类。

（4）"词组""句子成分""主谓句""非主谓句"合一，更名为"句法成分"。

朱德熙先生的词组本位语法理论指出，汉语的句子的构造原则与词组的构造原则基本一致（朱德熙，1985）。如果在大纲中将"词组""句子成分""主谓句""非主谓句"作为四个顶级类的话，进一步下位分类时必然会出现大量的交叉重复，因为都会涉及句子成分。我们将四者合一。

此外，朱先生一直避免用"句子成分"这个称呼，而是用"句法成分"，原因是在词组本位的语法体系里，主、谓、宾、补、定、状等都看成是词组的成分。它们跟句子只有间接的关系，没有直接的关系，所以不能叫句子成分。我们觉得这种解释比较合理，因此进一步将"句子成分"更名为"句法成分"。

（5）比较零散的归入散点类。

散点类除了表 16-21 中根据现有大纲梳理出来的类别外，还参考一些大纲中给出的语法项目序列表进一步补充。散点中固定格式比较多，我们参考了北京大学"现代汉语构式数据库"[①] 进行梳理补充。

（6）"强调的方法""省略""提问的方法"在其他顶级类中已涵盖，不再收录。

查阅大纲 c、大纲 d，发现"强调的方法"所辖各条目已在各散点中涵盖；查阅大纲 c，发现"省略"已在"语段"及"特殊句式"中的"比字句"中涵盖；查阅大纲 d，发现"提问的方法"已在"句类"中的"疑问句"中涵盖。

二、条目收录

语法层级体系中的顶级类通过梳理现有大纲获得。语法条目是语法体系中的末级类。末级类的获得过程涉及划类、归类、聚类、并类。

（一）划类

划类是指对层级体系中的上位类划分下位类。

确定了顶级类后，划类就是对每个顶级类进行逐级划分，直到合适的末级类。划类是自顶向下进行的，从顶级类到末级类中间无论跨越几个层级，收入大纲的条目是不再继续下分的末级类。

比如顶级类"特殊句式"的下位类有"把"字句、"被"字句、"是"字句、"比"字句、"是……的"句等，每一种句式还可以继续下位划分小类，以"是……

---

① http：//ccl. pku. edu. cn/ccgd.

的"句为例，简单说明。我们参照刘月华等（2004）、大纲 c、大纲 d 对"是……的"句的类型划分，初步梳理出来 18 个末级类作为初始条目，见表 16 - 22。

表 16 - 22 "是……的"句初始条目

"是……的"句	强调（对比焦点）	时间
		处所
		方式
		条件
		目的
		对象
		工具
		施事
		受事
		原因
	表达观点事实	能愿动词 + 动词
		动词 + 可能补语
		形容词短语
		固定短语
		心理动词
		动词
		形容词
		能愿动词

（二）归类

归类是指将具体的语言材料归入相应的末级类中，即对语言材料进行语法条目标注。

归类是基于语料库的，要完成语料归类工作，最理想的做法是选定一个合适的语料库，进行相关标注。这么做的目的有二：一是可以验证划分出来的语法条目是否合理，二是可以为下一步的条目定级提供频率信息。

由于研发时间及人力限制，我们无法开发一个带语法信息标注的语料库，因此，这里的语料归类工作只限于有良好形式标记的语法条目，以便计算机能够利用形式标记自动筛选语料并对语料进行初始归类，在此基础上，再进行人工校对以节省时间人力。

特殊句式（个别除外）、复句、句类（一部分）、散点（大部分）所辖条目属于有良好形式标记的语法条目。

归类的工作步骤如下：

首先，利用北京师范大学的"小学生作文语料库"（约1 100万字，分词词性标注版，简称"作文库"），检索包含标志词语或结构的句子，如"把"字句就是检索包含介词"把"的句子，"是……的"句就是检索包含"是……的 w"（w 指标点"，；。?!"）的句子。

其次，根据语法条目的结构特点（即使是按语义角度的划类结果，也需找到结构上的特点，如强调"时间"的"是……的"句，结构是"是＋时间词语＋动词短语＋的"），总结机读模式（正则表达式），编写计算机程序，对检索出的语料进行自动标注。

最后，人工校对、调整计算机的标注结果。

（三）聚类

聚类是指将同质的语言材料自然聚为一个类别。

聚类与归类有同有异，相同之处在于：都是对语言材料进行语法条目标注，都适合基于语料库、有良好形式标记的语法条目。不同之处在于：归类是将语言材料归入既定的末级类中，而聚类是将内部同质（形式上或语义上）的语料自然聚为一个类，不再一味囿于之前已划定的类。

聚类思路是对归类思路的一个调整。经过一段时间的实践，我们发现语料归类时往往会出现两类麻烦：有的语料找不到合适的类别（语言现象没有被已有的类别覆盖）；有的语料可以归入不止一个类别（类别出现交叉）。这说明之前的划类结果本身并不理想，解决之道就是将语料能归类的归到已有类别中，无类可归或有多类可归的进行聚类。

比如在对"是……的"句语料进行归类时，就出现了上述两类麻烦。前者如"大树是有生命的""学习是没有止境的""小老鼠是很有教养的"等例句就找不到合适的类别，而这些例句可以聚为一个类别，因此为"是……的"句"表达观点事实"类添加一个条目"有｜没有＋名词"。后者如"这只小熊玩偶是我爸爸在我过生日的时候送给我的""奶奶家有一只小猫，是上一年冬天从雪地里捡来的"等突出不止一个焦点，可以归入不止一个类，因此为"是……的"句"强调"类添加一个条目"多焦点"。

（四）并类

归类、聚类环节通过对语料进行类别标注实现对划类结果的调整，在最大程度上追求划类结果的理想状态——全覆盖、零交叉。但将经过归类、聚类调整后的划类结果直接作为语法大纲中的条目会过于细致琐碎，需要删除、合并一些类别。

删除的类别是包含例句数量少的类，即低频的类。比如"把"字句有一类是"把＋……＋动词＋着"，如"她把手中的火柴紧紧握着"，该类总共只有三句，因此删除。

合并的类别主要是将定级（见下文）结果相同，且有相同上位类的几个类合并为一个类。比如"把"字句中"把＋……＋动词＋补语"类是由原本的"把＋……＋动词＋结果补语""把＋……＋动词＋趋向补语""把＋……＋动词＋情态补语""把＋……＋动词＋介词补语""把＋……＋动词＋量词补语"合并而来的。

三、条目定级

（一）语法大纲级别体系

华测的总体设计，共有6个级别：一级（学龄前）、二级（小学二年级）、三级（小学四年级）、四级（小学毕业）、五级（初中毕业）、六级（高中毕业）。

语法大纲只对应其中的一级、二级、三级。原因如下：

汉字、词汇、语法，有各自的习得特点。

先看汉字、词汇。无论母语者还是非母语者，汉字都需要专门学习，词汇既有自然习得的部分，也有专门学习的部分，且因字词数量庞大，整个学习时间跨度较长。汉字方面，《小学语文新课程标准（2015版）》（简称《语文课标》）中指出"课程目标九年一贯总体设计"，总目标对识字量的要求是"认识3 500个左右常用汉字"，国务院2013年公布的《通用规范汉字表》共收汉字8 105个[①]。也就是说，即使初中毕业，汉字的学习仍未结束。词汇方面，人从开始说话到入学（7岁）到成人（18岁），语言伴随认知发展，认知领域不断扩大，词汇量也不断扩大，因此词汇的学习也一直在持续。华测的汉字大纲、词汇大纲对应于华测的总体设计，分

---

① 分三级：一级字表为常用字集，收字3 500个，主要满足基础教育和文化普及的基本用字需要。二级字表收字3 000个，使用度仅次于一级字。一、二级字表合计6 500字，主要满足出版印刷、辞书编纂和信息处理等方面的一般用字需要。三级字表收字1 605个，是姓氏人名、地名、科学技术术语和中小学语文教材文言文用字中未进入一、二级字表的较通用的字，主要满足信息化时代与大众生活密切相关的专门领域的用字需要。

6级。

再看语法。语法是遣词造句的规则，数量有限。语法知识既可长期感性获得，也可短期理性获得。儿童习得母语语法是前一种方式（语文课本中无语法点），年龄越大，使用母语的时间越长，语法水平（掌握隐性语法知识的数量以及运用的熟练准确程度）越高。成人习得二语语法常常是后一种方式（对外汉语教材中有语法点），虽然可以短期快速地学到一些显性语法知识，但语法知识由少到多的积累以及显性知识的隐性化都需要过程。华测的被试群体——华裔青少年习得华语语法的方式与儿童母语者更加接近。从国内针对母语者的《语文课标》来看，小学阶段对显性语法知识是不作教学和考试要求的，但到"第三学段"（5~6年级）要求"做到语句通顺"，就意味着学生小学毕业时应该基本掌握全部汉语隐性语法知识了。因此，华测语法大纲只分4级。

（二）定级方式

1. 基于相应学段语料库统计数据进行定级

有良好形式标记的语法条目，基于语料库的统计数据进行定级。

我们基于作文库，做了如下处理：计算机自动识别结合人工校对完成条目收录，统计相关数据按统一算法自动定级，在此基础上进一步人工干预调整级别。下面以"比字句"为例做一简单说明，见表16-23。

表16-23　"比字句"相关条目及定级数据

条目	结构形式	示例	总次数	一二年级次数	三四年级次数	五六年级次数	一二年级百万句频	三四年级百万句频	五六年级百万句频	一二年级比例	一二三四年级比例	自动定级	人工干预
【比字句】形	A+比+B+形容词	我比你强。	1 544	729	730	85	2 672.58	4 385.10	4 401.640	0.233	0.616	三	二
【比字句】形模糊数量	A+比+B+形容词+（一些|一点儿|多了|得多|很多）	他比我聪明多了。	375	168	176	31	615.90	1 057.23	1 605.30	0.188	0.510	三	三
【比字句】形精确数量	A+比+B+形容词+数词+量词	我比以前高了五厘米。	142	44	85	13	161.31	510.59	673.19	0.120	0.500	四	三
【比字句】动得	A+动词+得+比+B+……|A+比+B+动词+得+……|A+没|没有+比+B+动词+得+……|A+比+B+动词+得+没|没有+……	我游得比妈妈快。|你比我抓得多。	283	136	128	19	498.59	768.89	983.90	0.221	0.563	三	三
【比字句】形动	A+比+B+（早|晚|先|多|少）+动词	我比他早到达终点。	41	11	28	2	40.33	168.20	103.57	0.129	0.668	三	三

（续上表）

条目	结构形式	示例	总次数	一二年级次数	三四年级次数	五六年级次数	一二年级百万句频	三四年级百万句频	五六年级百万句频	一二年级比例	一三四年级比例	自动定级	人工干预
【比字句】动	A＋比＋B＋（心理动词|变化动词|能愿动词|有＋名词）	没有人比我更喜欢她。|我的作业效率比以前提高了许多。|我可能比你会讲。|苹果比香蕉更有营养。	20	9	9	2	32.99	54.06	103.57	0.173	0.457	四	四
【比字句】一比一	一＋量词＋比＋一＋量词	一年比一年漂亮。|这个孩子比一天一天长大了。	153	99	50	4	362.94	300.35	207.14	0.417	0.762	二	二
【比字句】不比	A＋不|没有＋比＋B＋……	我确实不比你漂亮。|没有比生命更重要的了。|	51	19	28	4	69.66	168.20	207.14	0.157	0.535	三	三
【比字句】更	A＋比＋B＋（更|更加|还|还要）	我们的校园变得比以前更美了。|他比我还高。	834	369	412	53	1 352.79	2 474.88	2 744.55	0.206	0.582	三	三

　　"比字句"根据结构形式分出了 9 个小类，合并为 8 个条目（"【比字句】形模糊数量"和"【比字句】形精确数量"合并），"结构形式"是计算机在语料库中自动识别语法条目的形式标记，"示例"一列给出了相应的例句。为了自动定级，我们分别统计了各条目在语料库中的总次数和分学段（一二年级、三四年级、五六年级）的次数，由于各学段的语料规模不一致，进而计算了各学段的句频[①]，然后根据频率计算了每个条目在不同学段的分布比例，最后按照统一的算法进行自动定级。具体的算法是：如果"一二年级比例"大于等于 25%，级别为"二"；否则如果"一二年级比例" + "三四年级比例"之和大于等于 50%，级别为"三"；否则级别为"四"。观察自动定级结果，不合适的人工进行调整，如"【比字句】形"这一条目，应该是"比字句"中最简单的，自动定级为三级，人工干预后调整为二级。

　　2. 基于已有研究公布的统计数据进行定级

　　有的语法条目没有很好的形式标记，但能找到已有研究公布的统计数据，直接参考相关数据进行定级。

　　在此以"句法成分"类语法条目为例作简单说明。我们利用的语料库是带分词和词性标注的，虽然能够统计出各类词性序列的次数，但一个词性序列无法唯一对应到某个句法结构，如"V + N"（动词 + 名词）序列，可能是动宾结构，可能是定中结构，也可能什么结构都不是（只是相邻出现而已）。因此，无法采用"语法大纲级别体系"的方式进行定级。

　　查阅相关研究发现，邢红兵、张旺熹（2004）参照《对外汉语教学语法大纲》设立语法项目表，对"现代汉语研究语料库"中 20 000 个句子进行了语法项目标注及统计，公布了统计数据。我们参考该研究成果对"句法成分"类语法条目进行了定级，尽管该研究基于的语料库是成人母语者的语料库，但在我们无法从自有语料库中获得数据的情况下，这些统计数据也是很有参考价值的。

　　3. 凭经验进行定级

　　没有形式标记且没有现成研究数据可以利用的语法条目，直接凭经验进行定级。比如"意义被动句"（"手洗了。""作业写完了。"）直接凭经验定级。

　　4. 一级条目的确定

　　由于学龄前阶段没有现成的语料库可以利用，我们采用人工干预的方式，从二级条目中挑选出最简单的作为一级条目，剩余部分作为二级条目。

　　[①] 技术上换算为百万句频，即实际句频统一乘了 100 万，含义为每 100 万句子的语料中会出现多少次，目的是避免冗长的小数位。

（三）语法条目等级分布

语法条目定级后总体分布情况如下：一级条目 49 条，二级条目 54 条，三级条目 73 条，四级条目 51 条，总共 227 条。

四、编排呈现

一方面，作为考试大纲，对语法条目不作讲解；另一方面，为使语法条目所指明确，每个条目会给出相应说明及示例。大纲呈现时，先按级别再按顶级类集中编排，每个语法条目涉及 4 个属性：编号、条目、说明、示例。其中"条目"的命名模式是"【上位类】提示词"，如"【定语】名词性"是指该条目属于"定语"类，具体是名词性成分充当定语的一类。

第四节 华测文化等级大纲的研制

20 世纪 80 年代以来，文化研究在对外汉语学界受到重视，"交际文化"理论引起反响（张占一，1984；赵贤州，1992；周思源，1992；许嘉璐，2000），文化教学的探讨颇为热烈。随着"语法等级大纲""词汇与汉字等级大纲"问世，文化大纲研制就提上日程。陈光磊（1994）提出应建构着眼于语构、语义、语用文化的文化大纲。林国立（1997）提出"制订一个文化因素教学大纲"。张英（2004、2009）提出制定以文化为本的"独立"的大纲，内容以"跨文化交际中的文化"为主：这四篇文章探讨的是文化大纲以语言为本还是文化为本的根本性问题。尽管制定文化大纲"比研究文化因素、文化教学更为复杂和艰巨"（李晓琪，2006），但学人们也一直在努力地探索着。卢伟（2005）《中国文化教学大纲》把中国文化内容分为 3 种类型、10 个总类、31 个子类、190 个文化素，属于文化因素教学大纲，又因它是针对《乘风汉语》教材编写而制定的，所以并不是真正意义上的文化大纲；国家汉办、孔子学院总部（2010）《国际汉语教学通用课程大纲》中附有《中国文化题材及文化任务举例表》，其中将文化题材分为五级，列举若干交际性话题，其一定程度上有益于国际汉语教师教学与教材编写，但也不是文化大纲。施仲谋（2014）面向香港中小学生制定《中华文化教学大纲》，按四个学习阶段编制不同内容，有其积极意义，但等级的划分有待斟酌。我们认为，文化大纲的研究总体上成绩不很突出，迄今尚未有大纲的出版，这对文化教学的规范存在着影响。

华测文化分级大纲研制始于 2013 年，它是"华文水平测试"课题之标准系统的组成部分（王汉卫、黄海峰等，2013），主要任务是为测试的文化语料建设提供支持，即直接服务于听、说、读、写各分项语言技能测试。换言之，华测文化大纲非为文化考试服务——文化不是测点，而是语料属性的标识，所以它与一般的文化考试大纲不同，与文化教学大纲也有差异。华测文化分级大纲业已完成，今不揣浅陋，将研制情况汇报如下，以求教于高明。

一、研制原则

（一）系统性原则

系统性主要体现在两大方面：一是框架结构的系统性。首先是大类的划分。文化是语言的管轨，本大纲确定"根据文化自身的本质属性进行分类"原则（许嘉璐，2000），采用"物质、制度、行为、心态"四分法呈现文化内容（张岱年、方克立，2004）。其次"大类"下设为"小类—子类—文化点—内容举例"，使上下位有紧密的逻辑关系。例如，"物质文化"包括衣、食、用、住、行五小类；"衣"又包括冠饰、布料、服装、鞋子等子类；"服装"又包括古代服装、近代服装、当代服装等文化点。这一结构从横向上保证了分类的系统性。

二是内容的体系性。文化项目存在着结构交叉现象，例如"建筑"，既属物质文化，又属制度文化、心态文化，因此在确定文化项归类时，依其显现的物质形态定位为"物质文化"，而不在"心态文化"中设项。这一设计既避免了重复，又使结构"眉目清秀"。

（二）开放性原则

"文化点"包含丰富，难以穷尽，本大纲采取"内容举例"方式，通过示范性举例引导人们举一反三，自我扩充相关内容。如文化点"远古神话"，其"内容举例"列有"盘古开天、共工怒触不周山、女娲造人、后羿射日"四例，人们可根据需要增补"女娲补天、精卫填海、大禹治水"等内容。当然，大纲的开放性并不是无限度的，它主要由目标被试语言水平与内容的契合度所决定。

（三）针对性原则

华测文化大纲文化点以及等级的分布，是根据华测总体设计、单项测试的等级标准以及华裔青少年学习的阶段性特点确定的。例如，"心态文化"下有"语言汉字"小类，主要针对华裔初级学生语言学习的实际而设；"行为文化"下有"交际行为文化"小类，主要检验初中级学生语言与行为交际的实际面貌；在一些"古代＊＊"文化点下并列"当代＊＊"，目的是增强他们对当代中国的了解与认知。

（四）思想性原则

既然是语言测试，自然可通过一些文化类语料进行。我们希望借此"连带"着增强他们对中华文化的认知，对祖籍国的了解。因此文化项目突出以下几点：其一，观念具有普适性、现代性特点：它既是中国的也是世界的，既是古代的也是当代的，具有永恒性。其二，观念富有民族性，体现民族文化的精髓，如天人合一观念、中正和谐观念等。其三，古代内容也要充满正能量，不选取负面、丑陋和落后的东西。其四，对当代中国的发展成就予以宣扬，如"一带一路"倡议、中国高铁等。当然语言测试的思想教育性是隐性的，它不能喧宾夺主，更不能是政治说教。

二、基本内容

文化内容与汉语非母语者的学习阶段相关。周思源（1996）、张英（2004）等提出初级阶段的文化主要是语言中的"文化因素"或"文化背景知识"；而到中高级，"也不仅以交际文化为主"，更多专门文化，即"对外汉语文化教学"的文化知识。可见文化因素、交际文化只是文化教学的部分内容。文化大纲的主体内容包括：

（1）具有本质属性的文化知识，包括物态文化、制度文化、行为文化和心态文化，即具有生命力的中华传统文化知识、观念及其现代化内容（王汉卫等，2014；赵日彰等，2014；李泉，2011）。自然，当代国情的相关内容也分列于四类文化中。

（2）结合语言教学和学习特点而加以细分的内容。

①在"心态文化"部分专设"汉字"，着重"汉字故事"及其反映的政治经济文化风貌。

②在"行为文化"部分专设"交际行为文化"，探讨行为规约及背后的深层观念。

③在"制度文化"中重视揭示语义文化，如透析"席地而坐、主席、酒席、席位"等词汇，以更好理解古代礼仪制度。

本大纲在内容上希望以更广阔的视野将优秀的中华文化通过具体语料表现出来，既包括物质文化，也包括精神文化；既包纳与语言学习相关的背景文化，也融涵显性特征的文史哲文化。

三、框架结构

本大纲采用树状结构（张英，2009），按"大类—小类—子类—文化点—内容举例—分级"六级列项，使纲目相衔相续，贯通一体。

（一）文化大纲的根干：大类—小类—子类

以树为喻，则文化的四"大类"即为树根，21"小类"为树干，101"子类"为枝干。详见表16-24：

表16-24　文化大纲的分类表

大类	小类	子类（文化点数量）
物质文化	服饰	布料（1）、服装（3）、鞋类（1）、帽饰（1）
	饮食	饮食观念（2）、菜品（9）、主食（2）、小吃（1）、茶（10）、酒（4）、中国饮食的全球化（3）
	器用	草木器用（1）、铁制器用（1）、陶瓷（11）
	建筑	宫殿（2），民居（1）、军事建筑（1）、陵墓与祭祀场所（2）、宗教建筑（1）、文化体育建筑（2）、商业建筑（1）、园林（5）
	交通	公路（2）、铁路（1）、水路（2）、航空航天（3）、信息传递（2）、物资流动（2）
制度文化	宗法制度	宗法制度的确立（2）、宗法制度的影响（2）
	姓氏制度	姓氏的产生与确定（2）、名字的确定（1）
	婚姻家庭制度	婚姻观念（2）、婚姻形态（2）、婚姻功能（1）、婚礼习俗（2）、婚姻美满的典范（2）、家庭观念（2）、家庭生产（2）、家庭教育（2）
	经济制度	土地制度（2）、经济模式（4）、资源的保护与开发（5）、对外经济（2）
	政治制度	疆域（3）、人口（4）、基本制度（2）、中央行政制度（2）、地方行政区域制度（2）、官员选拔制度（4）
	民族与对外交往制度	民族制度（5）、对外交往（2）
	学校教育	教育观念（2）、办学形式（3）、教育内容（4）
	礼仪制度	祭祀（2）、礼器（1）、人生礼仪（1）、学校礼仪（2）、生活礼仪（1）

（续上表）

大类	小类	子类（文化点数量）
行为文化	民俗行为文化	传统历法与节日（8）、当代节日（4）、生活民俗（2）、游艺民俗（1）、民间观念（2）
	交际行为文化	言语（8）、体态（4）、态度（5）、表达方式（2）
心态文化	思想观念	世界观（3）、价值观（3）、伦理道德观（1）
	语言文字	国家通用语（1）、汉语方言（2）、汉字的发展历史（2）、汉字的文化及应用（3）
	文学	古代文学（38）、现代文学（9）、当代文学（8）、民间文学（6）、儿童文学（6）
	历史	先秦（9）、秦汉（8）、三国魏晋南北朝（4）、隋唐（4）、宋元明清（13）、近现代（7）
	古代哲学与宗教	儒家（9）、道家（4）、墨家（3）、法家（3）、兵家（3）、原始信仰（3）、道教（3）、佛教（6）
	艺术	音乐（5）、戏曲（5）、书法（4）、绘画（4）、雕刻（4）

从表 16 - 24 可见，其一，下位的类别能较全面地体现上位的基本内容。如，小类"思想观念、语言文字、文学、历史、古代哲学与宗教、艺术"之于大类"心态文化"，就体现了这一特点。其二，在同类之间并列项的排列上，大纲或以历史的先后为序，如古代文学、现当代文学；或先整体再个体、先抽象再具体，如婚姻制度，先列"婚姻观念、婚姻形态、婚姻功能"等观念制度文化，再到"婚礼习俗、婚姻美满的典范"等具体表现形态。总之，大纲十分重视内容的完整性、体系性，排列次序的逻辑性、合理性。

（二）文化大纲的分枝：371 个文化点

1. 文化点的呈现

本大纲共设 371 个文化点。其虽称"点"，实则具有"类"的特征（见表 16 - 25）。如"当代饮食观念"，它包含"注重营养与原汁原味、重视健康与养生、关注食品安全等"若干文化项。

表 16 - 25 文化点的呈现样例

序号	大类	小类	子类	文化点
7	物质文化	饮食	饮食观念	传统饮食观念
8	物质文化	饮食	饮食观念	当代饮食观念
9	物质文化	饮食	菜品	著名菜系之鲁菜
10	物质文化	饮食	菜品	著名菜系之川菜
11	物质文化	饮食	菜品	著名菜系之粤菜
12	物质文化	饮食	菜品	著名菜系之湘菜
13	物质文化	饮食	菜品	著名菜系之苏菜
14	物质文化	饮食	菜品	著名菜系之闽菜
15	物质文化	饮食	菜品	著名菜系之浙菜
16	物质文化	饮食	菜品	著名菜系之徽菜
17	物质文化	饮食	菜品	非著名菜系之特色菜肴
18	物质文化	饮食	主食	特色面食
19	物质文化	饮食	主食	特色米食
20	物质文化	饮食	小吃	特色小吃

2. 文化点的择取原则

(1) 以中外文化的比较为横坐标,中国文化的古今联系为纵坐标,共同构成了文化点择取的主坐标。

"中外文化的比较"指以中国文化为主体,以外国文化为参照,"寻找"中国文化的独特点。如丝绸等"传统布料",陶瓷等"日常器用",高铁、移动支付等"当代交通与物流",皆为此类;而西服、运动鞋等无中国文化要素,则不选。

"中国文化的古今联系"重在探讨中华文化的生命力,具体表现为传统文化生生不息(李泉,2011),虽历时代演替,依然葆有青春活力。如"传统饮食",不但历久弥新,而且享誉海外;古代"天下大同"世界观,当代发扬光大为"构建人类命运共同体";古代的丝绸之路,当代拓展为"一带一路"倡议。总之,寻根探源,架起古今文化的桥梁于华裔学生感受文化、学习语言不无益处。

(2) 对照中国古今文化的显著差异,以彰显社会的发展、国家的进步。如子类"公路"下,列有"古代公路"与"现代公路"两文化点;"对外交往"下,列有"古代的对外交往"与"当代的对外交往"。自然,对于古有今无、古无今有者,则存"有"阙"无",不可机械对照。如"铁路",仅列"现代铁路"。

（3）对历史、文学、哲学部分，择取重要历史人物与事件、优秀科技成果；主要作家、作品；主要哲学流派、思想等内容，依照知识性、趣味性、思想性、审美性的标准取舍。

（三）文化大纲内容举例

枝繁叶茂是树木旺盛的表征，"内容举例"即是"大类—小类—子类—文化点"生发的"茂叶"，其以举例的形式展示"文化点"，内容有启示性，使人推而广之，触类旁通，拓展出更大空间。现以"交通"部分为例，见表16-26：

表16-26 文化大纲的内容样例

序号	大类	小类	子类	文化点	内容举例	等级
71	物质文化	交通	航空航天	古代飞天梦想	1. 神话中的飞天：嫦娥奔月。2. 飞天的"参照物"：木鸟与风筝。3. 飞天壮举：明代万户飞天	三至五
72	物质文化	交通	航空航天	现代航空	1. 中国近代航空第一人：冯如。2. 当代国产大型客机：C919	四至六
73	物质文化	交通	航空航天	现代航天	1. 中国当代的太空探索：神舟系列载人飞船、发射空间实验室、嫦娥探月工程等。2. 重要时刻：杨利伟乘载人飞船"神舟五号"进入太空等	五、六
74	物质文化	交通	信息传递	古代信息传递	1. 采取的方式：驿传与驿站、飞鸽传书、烽火与狼烟。2. 传说与故事：苏武鸿雁传书、柳毅传书	四、五
75	物质文化	交通	信息传递	现代信息传递	1. 惠及百姓的技术：互联网＋、微信、人脸识别、物联网等。2. 手机制造：华为、小米、vivo、OPPO等。3. 国家前沿技术：北斗卫星导航系统、中国"天河二号"超级计算机	四至六
76	物质文化	交通	物资流动	古代物流	1. 运输工具：车、木舟、马等。2. 运输道路：丝绸之路、茶马古道、京杭大运河等。3. 第三方物流：镖局、驿站	四至六
77	物质文化	交通	物资流动	现代物流	1. 表现形式：电子商务、网购、移动支付（支付宝、微信支付等）等。2. 杰出代表：淘宝、京东物流模式、顺丰速运、圆通等	四、五

从表16－26可见，"内容举例"重视文化的代表性，尽量避免碎片化现象；同时突出内容的知识性与适用性，尽量摒弃无谓的条目堆积。

四、文化点的分级

本大纲参考王汉卫（2016），将文化点的等级定为六级，分别是一级（幼儿大班）、二级（小学二年级水平）、三级（小学四年级水平）、四级（小学六年级水平）、五级（初中毕业水平）、六级（高中毕业水平）。

（一）等级的划分依据

（1）综合衡量目标被试的认知水平、语言水平、文化点的难易度、语料的呈现形式等多种因素。

其一，目标被试的认知水平，这是分级的首要标准。如"陶瓷"，海外华裔在小学阶段较少接触相关文字内容，到初高中才有所了解，故定级为五、六。而"春节"则不同，很多学生从小就有节日体验、文字学习，初中毕业则基本了解了春节文化，故定级为一至五。

其二，一般来说，行为文化、姓氏文化、儿童文学、民间文学等相对容易些，制度文化、心态文化相对难些。我们分级时可适度参考文化点的"类"属难易度，但不可唯类是从。如"孔子"，内容涉及面广，难易跨度大，故其等级为一至六。

其三，词汇尤其是呈现文化点内容的"关键词汇"的等级，也是考量要素。如"川菜：麻婆豆腐、宫保鸡丁、鱼香肉丝"，"关键词汇"有豆腐（二级）、麻辣（三、四级）、切（五级）等，故定级为三至五。"园林"类建筑，所涉建筑布局、风格特点、审美观念等词汇较艰深，故多定为四至六级。

其四，文化语料的呈现方式对等级划分有直接影响：故事性内容或叙述性文体则理解难度偏低，说明、议论性文体则难度偏高。如"航空航天"类内容，若以"嫦娥奔月""明代万户升天"故事来表现古人飞天梦想，则语料浅易；若介绍"神舟系列载人飞船""嫦娥奔月工程"，则较为深奥。由于文化大纲不能"绑定"其呈现形式，这给分级带来了不确定性，因此我们大多会设定在某个等级范围内。

（2）参考现有教材文化点的使用及分布。

其一，文化点的数量统计。所统计教材总10套，包括华语教材7套——印度尼西亚《千岛华语》、菲律宾《华语》、新加坡《华文》、马来西亚《华文》、《马立平中文》、暨大《中文》、北京华文学院《汉语》；对外汉语教材1套——北语《汉语阅读教程》；国内教材2套——人教版小学初中《语文》、苏教版小学《语文》。统计发现：文化点总共 167 个，占本大纲总量的 45%，这说明本大纲的文化点设置较为理想：它既没有脱离教学实际，同时又不受限于教材，有较大"自主"空间。

其二，文化点在教材中的分布颇为复杂。一是有些文化内容为多套教材选用，如物质文化的饮食、中国"世界文化遗产"类建筑，制度文化的古代对外交往，行为文化的节日，心态文化的传统美德、寓言、典故与成语故事、四大古典小说、民间传说，以及四大发明等。二是有些文化点仅出现于一本教材中，约占 30%。如"川菜"，仅《马立平中文》六年级选取。三是同一文化点在不同教材的使用年级较为一致，约占 20%，如"古代宫殿——故宫"，分布于新加坡《中学华文 1B》、《马立平中文》、人教版《语文》的七、八年级。而使用年级差异稍大的，约占 50%，如"人物传说——鲁班"，分别为苏教版一下、人教版二下、暨大版《中文》二上、《马立平中文》三年级、北京华文学院《汉语》四下、印度尼西亚《千岛华语》五上。然而细加分析，抛开母语背景、具体编选内容有异这些因素，我们发现使用年级基本在三上、下"波动"。这就说明：文化点是可以恒定在某一等级范围的，教材中文化点分布可为本大纲分级提供参考指数。

总之，参互考量"被试—文化点内涵—文本呈现—教材"等各个要素，对于我们准确划定文化点等级十分重要。

（二）分级面貌

本大纲根据具体的"内容举例"，将文化点分为六级。详见表 16 – 27：

表 16 – 27　文化大纲各级对应的文化点数量

分级	一级	二级	三级	四级	五级	六级
总数	28	40	111	258	305	175

以下两点需要说明：

第一，一、二、三级的文化点数量较少，大多是一般交际话题；四、五、六级的数量较多。其中，五、六级大多是词汇等级高、蕴含深奥道理的内容，如制度文化、心态文化。

第二，有些文化点具有类的属性，所以，全体文化点在分级上或处理为单级，或处理为多个级别同时出现，见表 16 – 28。

表 16－28　文化点与大纲等级的对应关系

单一等级 30 条			两个等级 204 条			三个等级 115 条				四个等级 26 条			五个等级 8 条		六个等级 3 条
四级	五级	六级	三四级	四五级	五六级	一二三级	二三四级	三四五级	四五六级	一至四级	二至五级	三至六级	一至五级	二至六级	一至六级
4	10	16	20	85	99	7	7	37	64	10	4	11	7	1	3

五、语料与文化点的对接

前已言明，华测文化大纲是为语言测试选取文化语料服务的，基于此，我们明确：

（1）文化语料所涉及的文化不是考察点，被试对文本本身的语言理解能力才是，比如"神农氏发现茶"的传说故事，我们不探讨被试对茶历史、分类、功用等知识的认知。

（2）本大纲的文化点不等同于文化词汇，它以语段、语篇的形式存在，如"我喜欢喝茶"一句中"茶"属于词汇范畴，归在词汇大纲部分；而关于为什么"我喜欢喝茶"、喝茶的好处等文本，才是本大纲文化点所指向的内容。

（3）文化点常以背景知识的形式现身，也有以主题的形式出现，但归根到底都以语言水平测试为根本。如据《广州日报》2016 年 1 月 12 日《露牙齿有酒窝，菩萨此笑所为何》修改的文本：

双手合掌，细目长眉，脸带微笑，露出牙齿，有一对酒窝。这是一尊十分罕见的露齿菩萨石刻像，它藏在云冈石窟的一个洞窟中千余年，直到最近，人们从摄影展览的照片中见到了它的模样，引起了众人的关注。

世界遗产云冈石窟位于大同城西 16 公里，距今已有 1 500 余年的历史，现存主要洞窟 45 座，大小造像 51 000 余尊。这个微笑露齿的菩萨佛像"住在"第 8 窟，像高约 2 米，距地面六七米。

该摄影作品的作者张海雁说，早在 20 世纪 90 年代他就注意到了这尊露齿菩萨像，但由于光线暗，当时并没有看到脸上的两个小酒窝。……

这段关于"宗教—佛教—佛教石窟"的文化点，重在新发现的露齿菩萨石刻像、兼及云冈石窟介绍，语料自然活泼，清新有趣。

下面重点谈谈文化点如何以语料形式完成向测试文本的转化。

（1）依据认知年龄确定文化题材。如一至四级重在"语言中的文化"及趣味性故事类内容，五至六级适当增多说明类、议论类文化主题。我们确实不能简单地将文化点的等级与语料的难度等级画等号，这需要将文化点等级、学生认知水平、语言水平等要素进行综合评定。

（2）注重知识的可读性。文化语料不是为了考核文化知识，所以可通过活泼多样的形式表现文化的某一侧面，突出知识的趣味性，而不必面面俱到地叙述该知识。

（3）重视揭示文化观念。学生"超越中国文化产物以及习俗的知识性学习，从而理解透过这些文化表象反映出来的中国式的世界观"（娄毅，2006），是可取的。

（4）重视文化词汇背后的政治、经济等文化因素。如"靠山"，"简、典、册、删"与"韦编三绝"等都很好地揭示语言与文化的深层关系，对于被试学习语言有所裨益。

文化语料纷繁多样，颇有"乱花渐欲迷人眼"意味，只要我们把握住"语言中的文化"问题，以及中国文化知识与观念、文化传统的延续与变革关系，就能很好完成语料与文化点、内容举例的有效链接，达到服务语言测试的目的。

第十七章

语言测试的两个核心题型批判及华测题型研制的三个基本问题

前面的几个章节讨论了华测的对象、性质、纵横结构以及能力标准、字词大纲等顶层设计和基础建设问题。在试卷开发前，还必须对跟题型研发直接相关的一些理论问题和实践问题有所认识。

前人和时贤关于命题技术方面广有著述，但总体上偏微观，偏"形而下"（题型之下）的讨论，而我们认为，首先需要关注的是"形而上"（题型之上）的问题。基于什么样的原则来确立题型，这是题型理论更加重要的问题。本章重点讨论三个问题：

（1）重新认识"多项选择"。

（2）重新认识"作文"。

（3）结合汉语特点和标准化考试性质来开发题型。

第一节　重新认识"多项选择"

标准化考试中最常用的题型是"多项选择"。这个题型源自美国，"多项选择"

是 multiple choice 的直译，也有不少人基于正确答案只有一项，将其称为"单项选择"或"单选题"，这也没有什么不对，因为还有多项正答组合的"多项选择"。下文所指"多项选择"即通常所言"单选题"。

以听力和阅读理解为例，通常的情况是：给出或长或短的一段听力/阅读文本（语料），然后根据文本的长短提出一个或多个问题（题干），再根据语料和题干，设计几个（通常三到四个）选项，其中一个是正确答案（目标项），其他是错误答案（干扰项）。这个题型的内在逻辑是，扣除掉猜测概率，听/看懂了就能正确选择，反过来，选择对了也证明听/看懂了。猜测概率甚至可以不考虑，因为这个概率对所有人是一样的。逻辑上的"严密"，加上客观化的需要，"多项选择"于是就成了标准化考试最广泛使用的题型。

"多项选择"的价值精髓在于满足"客观化"的需要，客观化是标准化的灵魂，没有客观化，标准化几乎是一句空话。但当我们引进和使用它的时候，至少还应该进一步思考如下三个问题：

第一，多项选择是客观化考试的不二选择吗？第二，多项选择是语言测试最恰当的题型吗？第三，多项选择是经得起"拷问"的题型吗？

第一问和第二问都可以简单回答。逻辑上，客观化是"神"，多项选择只是"形"，实现客观化的题型有很多，多项选择只不过是其中的一种而已。众所周知，多项选择广泛地运用于所有的标准化考试，而并没有跟任何语言的任何特点相结合，因此，不管着眼于哪一个语种，它都不可能是最恰当的题型。

下文重点讨论"第三问"。以阅读理解的多项选择题为例，所谓"阅读"，是对"语料"的"阅读"，所谓"理解"，是对"语料"的理解。在这个逻辑过程中，语料是起点，选项是终点。答题模式表达如下：

模式1：语料→题干→选项

在刺激反应过程中，语料和题干是刺激，选项是反应。所以，模式1可进一步修订如下：

模式2：（语料＋题干）→选项

逻辑上，如果对选项的反应能够保证准确反推对语料的反应，那么，选项必须准确而且完全承载题干的所有信息，题干必须准确而且完全承载语料的所有信息，模式如下：

模式3：选项＝题干＝语料

如此，才成其为真正意义上的"阅读理解"，但是这显然不可能，实践上的模式表述只能是：

模式4：语料≠题干≠选项

至此，我们已经看到了作为客观题的多项选择题的不客观性。

进一步看，理论上的，或者说主试方希望的、应该有的多项选择题的应答方式是"模式2：（语料＋题干）→选项"，就是说语料和题干是一个整体，基于这个整体做出选择（作答）。但显然，在"（语料＋题干）→选项"这个公式中，括号是主试方（命题人）的一厢情愿，而不是对被试反应过程的有效管辖。被试具有完全的自由在模式1、模式2之间，以及更多应答模式之间任意切换。例如：

模式5：选项→题干→语料→选项

模式6：选项→题干→选项

模式7：题干→选项

模式8：选项

从前往后看或从后往前看，语料或多看或少看或不看，题干或多看或少看或不看，这都是考生的自由，只有选项是必看。如果有所舍弃，最先舍弃的就是语料，因为语料距离选项最远——这已经完全背离了阅读理解的设计初衷，而且无法控制。

直接就选项作答是乱答，在考生完全没有时间思考的时候，或者完全读不懂语料和题干的时候，直接作答就用上了。完全或部分地撇开语料而基于题干作答恐怕更是常态。理论上的"命题技术"是建立在"模式2：（语料＋题干）→选项"的基础上的，而考生的答题过程并不受此模式的任何约束——显然，这是多项选择题所必然带来的、不可解决的"原生性问题"。

撇开语料的作答未必无效这一事实，对测量的有效性有影响。这种题型对教学带来的负面影响（猜题技巧），我们视而不见。正因为多项选择题的这些"胎记"，注定了其生下来就不是"美人"。

第二节　重新认识作文

大家知道，考试源自中国，就是科举。科举的核心内容是"经义"，核心方法是"策论"，就是作文。作文的考试传统不但延续到今天，也远播海外，与以多项选择为代表的"客观题"相对，成为标准化考试中"主观题"的代表。

从"标准化"的角度观察"作文"之前，我们应该溯源，先从更通俗、更基础的层面，看看历史上直至今天的高考作文的本义、性质、目的、功能，这是我们开发华测写作题型必需的基础工作。

有两个成语大家都熟悉：言为心声、文如其人。什么样的人，什么样的心胸，什么样的认识，决定了你说什么样的话、为什么样的文。杜甫说"文章千古事，得失寸心知"，周敦颐说"文以载道"。中国传统的文官选拔制度，隋唐以降，重视"作文"，实在是利用了"作文"固有的性质，来发挥它的价值和功能，目的是选出经邦济世之才。唐宋科举是散文形式的策论，因为考试的引导，唐宋不仅有"古文八大家"，不仅有诗词，更重要的是以儒家为代表的人文思想得到极大发展。

今天的高考作文，本质上跟传统别无二致，在语文卷中是权重最大的题型。"文能兴邦，武能定国"，这是中国文化的基因，延续至今也是理所当然。

古人说"文无第一，武无第二""文人相轻，自古而然"，这都说明了"文评"之难，"仁者见仁，智者见智"，难能一致，即难能客观化。盛行于明清两代的八股文，萌芽于南宋，说明至少在南宋，古人已经注意到了今天测试领域仍然要面对的两对基本矛盾——信效度、主客观，并试图使作文评分更加客观。

选拔考试的职责在于必须分出个一二三，重思想内容的"古文"与考试的测量学性质有很大的龃龉，出于完善考试功能、提升考试公平性的需要，慢慢就有了形式严苛的八股文，从考试的测量学属性上看，这是考试的正常发展。

然而科举、八股最终在清末走到尽头，是因为过度注重形式的八股文既远远背离了选拔栋梁才的初衷（当然，光凭作文来囊括和彰显"文"本来就不够，在当代已经有了根本的变化，这是另外的话题，此处不论），又远远没有实现客观化，八股文的性质仍然停留在主观题上。所以，以八股文为主要承载方式的科举考试两头不占、不伦不类，最终走向末路，也是必然。

科举寿终正寝，而作文作为一种考试题型却一直延续至今。今天的作文，从测量学的角度看，本质上面对同样的窘境，只不过因为它在整个考试中所占权重大幅降低，问题被缩小了、淡化了。作文自身固有的问题非但没有得到任何解决，甚至因为没有了"八股"的要求，在客观化程度上还有所降低。

今天的作文题型，答案不唯一，字、词、句、修辞……在很大程度上甚至是完全开放的。主试方有可能对一组不确定的样品作出精确区分吗？当然没可能——这完全是一个悖论。

岂止"答案不唯一"，判断答案的"标准"也是模糊不清的，立意、材料、语言、结构、组织……其好坏优劣，也都是不确定、无法确定的。给作文分档迄今仍遵循一套大而化之的"标准"，更何况每个评分员对"标准"都有自己的理解、接受和执行。所以，"作文测试"的精确评分标准根本就不存在。这样，"作文"测试的评分信度有可能高吗？当然没有可能——这又是一个悖论。

历年来屡见不鲜的大起大落的评分，说明作文测试连顺序量表，甚至称名量表的水平都达不到。而与此同时，趋中评分所带来的高考"受害/益者"每年都可能以百万计，而这似乎并不进入普通大众的话题，甚至也没有引起学术界的足够关注——趋中评分不是什么秘密，但如此评分的现象年复一年地出现。

近年来，随着人工智能的崛起，电脑自动评分的研究方兴未艾，但基于传统的"作文"这个概念，基于这个概念下的两个"悖论"，人脑无可奈何，电脑又有什么不同呢？电脑没有评分员的个人好恶，没有自保的小算盘，也没有疲劳效应，只要任务交给它，便会始终如一地执行下去。但自动评分却终究离不开程序员的主观，逃不出上面的两个悖论，因此，我们似乎没有理由期待更多。

有时候，AI可能还比不上评分员，因为每一个评分员事实上是独立的，所以就有可能在阅卷实践上"私下"纠正既定"评分规则"的不完美（理论上一定不完美），而至少就目前的AI技术来说，电脑则只能执行既定程序，无法主动纠偏。

不管是人还是电脑，都不可能超出既有认知（程序）去作分析、作计算、作判断。当程序被运行的时候，认知就已经固化了，至少是暂时固化了——这不是悖论性质的问题，却是需要自动评分的电脑独自面对的问题，是需要相当的时间来完善的问题，至少当前的技术还远不成熟。

就当前的技术，自动评分的依据无非字数、字频、词数、词频、字种数、词种数、句长、句法、辞格……这些能成为"好"的标准吗？这样的评价模式"好"吗？2020年有争议的浙江高考满分作文，相比于"床前明月光，疑是地上霜。举头望明月，低头思故乡"，除了文体的不同，就文学高度来说，哪个更胜一筹呢？

测量的灵魂在于精确，精确的实现必须依赖于精密的测量工具（手段、方法）。评分员也好，自动评分也罢，无非报告被试在"试卷"这个测量工具上的表现，"作文"既然不是一个精密的测量工具，谁又能报告精确的测量结果呢？——这是根本问题所在。

所以，基于传统意义上的"作文"这个概念，大概不会因为"自动评分"而豁然开朗，所谓"自动评分"只不过是把评分员的"糊涂"转换为机器的"糊涂"，如此而已。

怎么办？

写作活动，一分为二，就是写什么和怎么写。

"写什么"是主题，即立意，立意是传统直至今天作文评价最看重的要素。"立意谋篇"，文以载道、文以传道，立意不好，谈不上好文章。从科举考试甚至从高考来说，这都没有什么问题。但"测量中人"必须明白的是，立意反映的是见识、情怀、抱负、理想、三观等，跟语言能力并没有直接的关系，不是写作能力的直接构成要素。

然而，没有"写什么"就没有"怎么写"；没有"怎么写"，也就无从谈及"写作能力"的评价。这就是传统作文考试的"不得已"之处——这个"不得已"，是立足于传统测量方式和测量目的的，是拿不出办法的办法。

回到华测的开发上来，上文对"作文"和"作文评分"的讨论，旨在以作文为例，回到原点，从根本上讨论症结所在。

我们应该明确，华测的"写作"，的的确确旨在测量海外华人以汉字为载体的写作能力，而不承载传统意义上"作文"所担负的功能。这就需要我们对标准化能力测试有深刻的认识，并重新定义"写作"（写字、作文），赋予其与华测的性质和目的相匹配的内涵和外延。

第三节　华测题型开发的三个基本问题

前两节的讨论让我们看到，不管是中国传统的作文，还是承载客观化考试精髓的多项选择，这一中—西两大经典题型都存在严重的理论上和实践上的问题，这迫使我们致力于题型的创新。同时，我们也相信：逻辑上，或者说信念上，一定有好题型尚待开发。

前两节是"破"，本节是"立"，讨论指导华测题型开发的形而上的问题，形而下的讨论则不是本节的内容。以下是我们目前意识到的几个基本问题：

（1）基于能力、教学、测试的基本关系开发题型。

（2）基于标准化考试的性质开发题型。

（3）基于华文（汉语继承语）的特点开发题型。

一、基于能力、教学、测试的基本关系开发题型

语言测试，从不同的角度可以得到不同的命名、不同的分类。例如：

按教考关系：成绩测试——学什么考什么；水平测试——该学什么考什么。

按考试功用：水平测试——考准导向；选拔测试——区别导向。

按评分方式：主观考试——无确定答案；客观考试——有确定答案。

按测量学基础：CTT——基于经典测量理论；IRT——基于项目反应理论。

按考试的完整操作程序：标准化考试；非标准化考试。

按语言学基础：母语考试；继承语考试；二语考试。

不管怎么分类，也不管是什么考试，都离不开"能力、教学、测试"三者之间的关系。而深刻把握和落实三者之间的关系，并跟考试的性质相匹配，这是保证测试有效性的前提。

以成绩测试和水平测试为例，前文简要概括它们的区别是：成绩测试——学什么考什么；水平测试——该学什么考什么。严格的成绩测试，教考完全一致；严格意义上的水平测试，教考必须分离。然而事实上，任何"教"与"考"，都永远不能真正分离，"考"不能脱离广义的"教"，"教"更是会瞄准狭义的"考"。二者之间最大的共性在于，"教学"这个环节，总是不可或缺的。

"能力、教学、测试"三者之间的关系，在成绩测试跟水平测试上有什么不同呢？

成绩测试测的是学习效果，通常有较短的学习时限和较窄的内容域，极限情况下，"成绩测试"等于"教学内容"。水平测试测的是经过学习达到的能力水平，"学"是不可或缺的，但方式、时间、内容等是比较灵活的，而不管被试用什么样的学习方式、学了多长时间、学的具体内容（教材）是什么。能力的来源是多方面的，可能来自课堂教学，也可能来自狭义的"教学"之外，这些都无关紧要，水平测试测的是能力水平。

从内容域上，成绩测试和水平测试区分大致如下：

成绩测试：能力（内容）≥教学≥测试。

水平测试：能力（内容）＞教学＞测试。

"题目内容比"，水平测试比成绩测试要小很多，而与此同时，水平测试中的有限题目又必须实现对能力水平的推断。这就对"题型"提出了严峻的挑战。基本而言，水平测试中的题型研发必须接受如下三原则的制约：

原则 1：题型必须有清晰的能力指向。

原则 2：题型必须能够代表不同语言能力的不同侧面。

原则 3：题型必须相对最能代表核心的语言能力。

这三条原则层层递进。原则 1 是对每一个题型自身的基本要求；原则 2 是瞻前顾后的要求，一张卷面、一组题型是一个整体；原则 3 是优中选优、百炼成钢的要求，是高标准严要求，因为卷面的容量毕竟是有限的。

有了这三个要求，才能从题型层面保证样本的可靠性，这将是华测题型研发恪守的部分原则。

二、基于标准化考试的性质开发题型

标准化考试，最重要的不是一套标准化的流程，也不是正态分布模式下分数的标准化处理。标准化考试的灵魂是客观化——基于相同的反应，得到相同的评价。而反应是否相同，则需要放在一个固定的、明确的任务上——这是客观化的前提。

前文对作文和多项选择题的分析已经隐含了我们的基本认识，并隐含了华测题型开发的标准化思路：完全摒弃主观题型；努力拓展客观题型。

学界一般认为，主观题的信度低，但效度高（李筱菊，1997）。然而没有信度的保障，高效度就失去了依托，无法实现，本质上，主观题是跟标准化相冲突的。而多项选择尽管使用最广泛，却不能算是客观化题型的典范，因为多项选择虽然对反应结果的评价是客观的，但反应过程是多样化的、无法控制的，譬如赛跑，计时再怎么精确，而如果每个选手的赛程不同，精确的测量又从何谈起呢——多项选择事实上正是如此。因此，严格意义上，多项选择题也只能算是"半客观题"。

基于上文的分析，真正的严格意义上的客观题有两个理想的方向：

（1）直接基于文本的反应。

（2）直接基于选择项的反应。

这两种思路都减少了反应过程的不确定性，因而也就增加了客观化的程度。

例如阅读理解，直接基于文本的反应，无须"文本—提问—选项"的模式，完全可以考查被试是否读懂了文本，老祖宗早就告诉了我们答案，即：句读。

现在的这一套标点符号系统引自西方，标点符号的使用是便于阅读，但有没有标点，文本自身的语义关系都在那里。点断了，正表明读懂了，不能点断，正是因为没读懂。"彼童子师，授之书而习其句读者，非吾所谓传其道解其惑者也。句读之不知，惑之不解，或师焉，或不焉，小学而大遗，吾未见其明也。"

再例如考查识字量，我们用不着问"这个字怎么读，这个字是什么意思"之类的问题，再给几个选项让考生去选。而直接给出一组字，每一组字当中包含一个"另类"的字，让被试找"另类"。可以是"音"个别，被试能从一组字中把"音"个别的字拎出来，那就是认识这些字的"音"。也可以是"义"个别，被试能从一组字中把"义"个别的字拎出来，那就是认识这些字的"义"。这就是直接就选项作反应。

总之，明确了"客观化"的深刻含义，并基于两个"直接"的操作原则，题型研发就会焕发出很大的活力。

三、基于华文教学的特点开发题型

华文测试的初心是指导华文教学明确"祖语传承"的目标，并帮助海外华人实现这个目标。一如华测的标准、大纲、纵横结构等宏观设计，题型设计也必须贯彻这个方向，并且也只有在题型设计上体现出华测的初心，华测的理论才算落地。

"基于华文教学的特点"，其中的关键词是"华文"和"教学"。华文有华文的特点，华文教学则基于华文的特点而形成自己的特点。华测需要"基于华文教学的特点"，这样才能形成对华文教学的加持。

华文祖语保持的难点是书面语，华测就要重点研制针对书面语能力的题型。

例如阅读，现有的汉语阅读考试，基本不会直接针对"识字"命题。但是，没有"识字"，何来"读文"？"字"的性质，"字"在汉语中的根本价值、作用、地位，本来是不因教学对象的变化而变化的，但在华文教学中会格外凸显。这个"凸显"必须通过"整卷—结构—题型"得到落实。

假如我们把"识字"跟"读文"作为阅读试卷的基本结构，它们各自的题型就初见端倪了。识字，离不开形、音、义、用四方面，字形最基本，字用最综合，形音义用互相关联、互相推断。这样，我们从这四个侧面分别命题，就得到四类针对汉字的题型。结合考试的级别，选择部分题型落实到每一张卷面上，这样，汉字的测查就得到了极大的强化——"基于华文教学的特点开发题型"也就在阅读测试中得到了落实。

再例如写作，在华测中，"写作"的定义为"写字"和"作文"，这是写作试卷的基本结构。在这个结构下，"写字"就得到凸显。在"听写"这个题型中，"听"作为写的刺激手段，"写"作为得分的表达手段，"写"就进一步得到突出。

上文所言是基于华文的特点，同时也是基于华文教学的特点，确切地说，是华文教学应有的特点，是华测对华文教学的认识，而当前的华文教学不见得就是如此。有了这样的认识，华测才能把重视书面语、重视汉字的核心理念映射到教学中，才能通过测试、题型，影响到教学，起到培根固本的作用，才能引领华文教学向永久传承的目标迈进。

第十八章

华测阅读试卷的设计

基于前述章节的讨论，特别承接谈到阅读测试的文字"现有的汉语阅读考试，基本不会直接针对'识字'命题，但没有识字，何来读文？字的性质，字在汉语中的根本价值、作用、地位本来是不因教学对象的变化而变化的，但在华文教学中会格外凸显。"这个凸显必须通过宏观结构和微观题型得到落实。本章深入探讨华测阅读的卷面设计，分宏观结构和微观题型两部分进行讨论。

第一节 关于宏观结构的讨论

表 18 - 1 华测阅读一至六级结构与题型（暂定）

级别	板块	题型	板块比例
一级	识字	合字	60%
		字音个别	
		字义个别	
	读文	断句	40%
		句内别字	

（续上表）

级别	板块	题型	板块比例
二级	识字	合字	60%
		字音个别	
		字义个别	
	读文	断句	40%
		句内别字	
三级	识字	合字	50%
		字音个别	
		字义个别	
	读文	断句	50%
		句内别字	
		句内缺字	
四级	识字	合字	50%
		字音个别	
		字义个别	
	读文	断句	50%
		句内别字	
		句内缺字	
五级	识字	字音个别	40%
		字义个别	
		词内别字	
	读文	断句	60%
		句内别字	
		句内缺字	
		瘦身	
六级	识字	字音个别	40%
		字义个别	
		词内别字	
	读文	断句	60%
		句内别字	
		句内缺字	
		瘦身	

下文分别从纵、横两个维度对宏观结果做进一步阐释，首先阐释的是宏观结构的"稳"与"变"。

一、纵向宏观结构的"稳"

纵向上看，首先是华测阅读，一至六级都分为"识字"和"读文"两大板块，这是华测阅读的"不变"，表面上是对汉字的高度重视，内隐的是华测对汉字特点、汉字汉语关系的认识。

不是语言都有文字，但就现代社会来说，文字是高阶语言的必要条件，也是二语的必要条件，更是祖语继承的必要条件。"民俗文化可算是相对最持久的祖籍国特征，比文化难于保持的是语言，比语言更难于保持的是文字。反过来，华人身份的流失，首先是从汉字开始的。"（王汉卫，2012）——这是一个可怕的开始。

语言教学（不分母语、继承语、二语）不能忽视语言文字的关系，耳治并不能离开字形/词形，目治也不能离开字音/词形。形音义齐备，才算收获了文字，书面和口语兼得，才算收获了语言教学之功。没有汉字的继承，口语也终将不保。

对华测阅读宏观结构"识字"和"读文"的更深层支持来自语言学理论。

众所周知，语义三角，"能指"即语言符号，"所指"即意义，"被指"即事物本身。进一步分析，有文字的语言的"能指"，即书面的语言符号，都离不开形、音、义三个方面。也可以将形、音、义之间的关系，表达为一个三角，即字义三角。如图18-1所示。

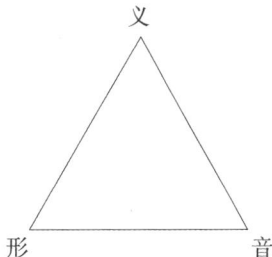

图18-1　字义三角

形音共同承载了义。形音义之间的关系，就语言符号本身，任何语言都是必然存在的，但对学习者来说并不天然存在，需要经过学习而构建。

结合不同类型语言文字的特点，结合语言文字与学习，问题则进一步复杂化。

非拼音文字的语言，例如汉语，是实实在在的形音义三角。就拼音文字的语言来说，形音义三角，因为形音的一体化（严格的拼音文字就是严格的一体化，尽管自然语言的拼音文字一体化的程度有不同，但总归只是拼音正词法的问题，是一个相对有限的学习内容）而变化为：形音一体，共同指向义。如图 18 - 2 所示。

图 18 - 2　拼音文字的形音义关系

上面是就语言文字关系来说的，是现实意义上的存在，所以关系图用"实线"表示。就语言的学习来说，这种关系并不是"现实意义上的存在"，是需要构建的，是构建的对象和目标，所以上面图中的实线并不存在，而需要用虚线表达。如图 18 - 3、18 - 4 所示。

图 18 - 3　拼音文字的学习　　　　**图 18 - 4　汉字的学习**

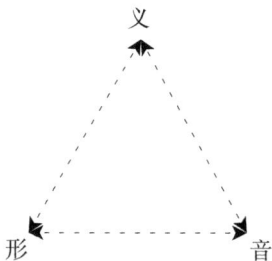

从图 18 - 3、18 - 4 可以看到，拼音文字的学习是"形音↔义"的双向建构，而汉字的学习是"形↔音""形↔义""音↔义"的六向建构。

弄清楚了"两点"和"三角"，就会知道，为什么拼音文字为母语的人会觉得汉语难学，为什么拼音文字为母语的人通常不大愿意接受反复诵读，更遑论背诵——在拼音文字为母语的人看来，"形音"与"义"的关联在语言的自然使用中就能建立起来。

进一步也就会知道，学习汉语（包括书面语），强化形音的关联教学才能弥补汉字形音不关联的"短板"——未必是短板，只是跟拼音文字不同而已（这是另外的话题）。

　　强化形音的关联教学，传统上就是这么做的，并将其称为"识字"。跟识字配合的文本（教材）是浓缩字种的文本，跟文本配合的是"诵读"。这才是汉语学习的不二法门。《弟子规》上说"读书法，有三到，心眼口，信皆要"，此处的"读书法"就是基础汉语教学的方法，"心眼口"三到，"形音义"也就全解决了。

　　识字的重要性，不因汉语是母语、继承语还是二语而有什么不同。这就是为什么华测阅读一至六级始终保持了"识字"和"读文"的宏观结构，并一以贯之。

二、纵向宏观结构的"变"

　　假如一个人可以正确认读《现代汉语词典》（第 6 版）上的 13 000 字，或者《通用汉字表》的 7 000 字，或者哪怕《现代汉语常用字表》的 3 500 字，我们几乎可以肯定地认为此人具有相当不错的阅读能力。识字对阅读的推断尽管不能说完全相关，但估计是非常高的相关，这应该是毋庸置疑的。而拼音文字的语言，凭借单词量来推断阅读能力恐怕远比汉语更不可靠。这正是汉语汉字的关系，是相对于拼音文字语言而言的"特点"。

　　所以说，考英语，更多离不开考句子、篇章层面的阅读，而考汉语，非但不应该照搬英语的考试模式，反而应该高度重视识字，以此来引导基础教学对识字的重视，而所谓基础阶段，应该是以识字量为依据，不应简单以一个固定的时间为限，可能不长，也很可能是一个相当长的阶段——这取决于教材、教法和学制。

　　随着识字量的增加和整体阅读能力的提高，文本阅读的题量比重也应逐渐提高，以此来引导教学对文本阅读的重视。以相对集中的识字为开始，在阅读中实现汉字的巩固、提高、扩展，最终实现阅读能力的达成。

　　这就有了华测纵向宏观结构的"变"，识字、读文的比重，分三个阶段：一二级、三四级、五六级，从 6∶4，到 5∶5，再到 4∶6。如图 18-5 所示。

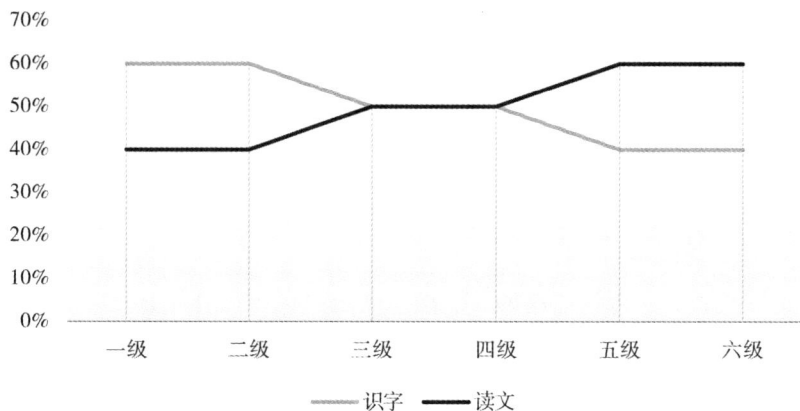

图 18 - 5　华测阅读试卷一至六级识字读文权重变化

由图 18 - 5 可知，识字部分的比重随着级别的增加不断降低，由一级的 60% 逐渐过渡到六级的 40%；读文部分的比重随着级别的增加不断提高，由一级的 40% 逐渐过渡到六级的 60%，两者呈现出互补分布的态势。可以补充说明的是，识字和读文在华测纵向宏观结构中的这种"变"在汉语为母语的测试中也得到了印证。

我们以部编版小学语文期中考试试卷为研究对象，按照一至六年级的顺序，在每个年级随机选取了 5 份语文期中考试试卷。经过对这些试卷的分析，整理出了小学各年级语文测试中使用的识字题型和读文题型。在此基础上，我们根据各自的分值计算出了识字部分和读文部分在阅读测试中的权重。识字部分的权重从一年级到六年级分别为 61%、45%、36%、33%、35%、35%，具体变化如图 18 - 6 所示。

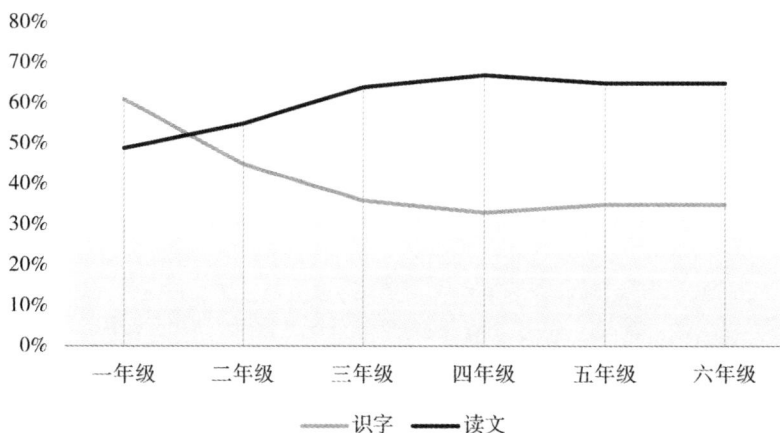

图 18 - 6　小学语文考试阅读部分一至六年级识字读文权重变化

观察图 18-6 可知，在小学语文考试的阅读部分，识字的比重随着级别的增加不断降低，由一年级的 61% 逐渐过渡到六年级的 35%；读文的比重随着级别的增加不断提高，由一年级的 39% 逐渐过渡到六年级的 65%。从三年级开始，识字部分的比重基本稳定在 35% 左右。35% 基本是识字能力在阅读中占比的底线，这和我们设计的 40% 十分接近。这种识字读文的权重变化趋势和华测阅读的设计具有很高的一致性，体现了我们的共识。

基于上述讨论，华测阅读将"识字/读文"作为阅读测试的基本结构并适时加以权重调整，既保证了华测对华教的宏观引导，汉字作为祖语保持的关键也因此结构而得到突出，这是华测与现有汉语作为二语测试的大不同。

第二节　关于微观题型的讨论

华测阅读题型分为两大类，分别是识字题型和读文题型，下面按照先识字后读文的顺序对这两类题型进行讨论。

一、识字题型

华测阅读考试以客观题的方式呈现，并最大限度追求"最小语境"（王汉卫，2012）。识字部分主要有四种题型：合字题、字音个别题、字义个别题、词内别字题。这四种题型根据汉字的特点和汉字习得的规律分别安排到各个级别，其中，合字题分布在一到四级，字音个别题分布在一到六级，字义个别题同样分布在一到六级，而词内别字题承接合字题，分布在五、六级。

表 18-2　识字题型的级别分布

级别	识字题型	测点
一至四级	合字	字形
一至六级	字音个别	字音

（续上表）

级别	识字题型	测点
一至六级	字义个别	字义
五、六级	词内别字	字用

识字部分主要从汉字的"形、音、义、用"来测查考生的识字量。合字题、字音个别题、字义个别题、别字题四个题型分别对应了汉字的"形、音、义、用"四个方面，既相对独立，又互为一体。

在命题的准备程序上，先通过汉字部首构字频次排序、部件构字频次排序、汉字在各语料库的频次、笔画数、构词数等多种数据的统计，形成综合难度，以此来给等级汉字再排序，实现级内分等，以保证每次抽样的客观性、覆盖性。

下面将按题型逐一讨论。

（一）合字

合字题的具体呈现方式如下：

认汉字，每题找出能跟方框中偏旁成字的一项，并在答题卡上涂黑。

例如：辶　　　［A］口　　　［B］耳　　　［C］力

这是一个"一级"的题目。［A］、［B］两项跟"辶"不成字，被试能从［A］、［B］、［C］三个选项中把"力"选出来，跟"辶"合成"边"字，推断其认识这个字。

合字题是基于汉字的字形特点以及教学的引导性而设计的一个基础题型。汉字的最大特点在于字形，在于不是拼音，在于二维结构，在于"形"与"音义"的隐含与被隐含、在于能识别字形就意味着可能识别该字基本的、常用的"音、义、用"。没有字形的清晰记忆，"音、义、用"的依托就不存在了。

顺便说，以识"字形"为突破口的"识字"在传统的语文教学中，乃至在中国的文化中（例如拆字）得到了充分的重视，遗憾的是汉语二语教学几乎丧失了这个传统。"合字"无他，恢复了这个基本认识而已。

李娟等（2000）的研究发现，汉语为母语的儿童，其汉字正字法意识的发展是一个渐进的过程，小学一年级儿童已萌发了正字法意识，小学五年级基本达到成人水平。鉴于"合字"的基础性，该题型存在于一至四级，目的是引导基础阶段对字形的高度重视。在高级阶段，该题型将被"别字"题置换（见下文）。

（二）字音个别

字音题的具体呈现方式如下：

认汉字，每题三个选项，其中两个在声、韵、调（或声韵调的组合）上有不同程度的共性，另外一个则没有。找出字音个别的一项，并在答题卡上涂黑。

例如：［A］雨　　　［B］吹　　　［C］虫

其中，"吹、虫"的声母一样，"雨"跟"吹、虫"在声韵调各方面均不同，所以［A］是个别项。

上面是三个选项的题，如果是四个选项，答题指引表述为：

认汉字，每题四个选项，其中的三个，或两两或三个一起，在声、韵、调（或声韵调的组合）上有不同程度的共性，另外一个则没有。找出字音个别的一项，并在答题卡上涂黑。

例如：［A］雨　　　［B］吹　　　［C］虫　　　［D］山

其中，"吹""虫"的声母一样，"吹""山"的声调一样。只有"雨"没有"伙伴"，所以［A］是个别项。

字音题而无"拼音"，本题型的研发曾遭到不少质疑。但必须明确的是，字音不等于拼音——拼音仅仅是字音的一种表达方式。考字音而坚持不出现、不使用拼音是回归了"字音"的本质，回归了汉字是表意而非表音文字的本质，强化了要达到"见形知音"的教学目标，跟教学上教拼音并不冲突。另外，过度依赖拼音，正是许久以来，外向型汉语教材与教学一直存在的一个突出问题。

一组字，如果考生真正认识，脑子里就有它们的音。声母、韵母、声调，这些学术概念并不是考生必备的知识，只不过是学术上对汉语字音的物理属性和结构特点的归纳和命名。如果有一项真是"个别的"，考生凭听感即可分辨出来，也自然能够把它找出来。

凭听感找语音个别项，这不光是在汉语，在其他语言也是一样。例如英语：mam、moon、fish，其中，fish 是个别项，内在道理是一样的。

所谓个别，就是目标项与非目标项之间的共性更小，而非目标项之间则有各种各样的共性，具体包括7种主要的共性形式：声母相同、韵母相同、声调相同、声韵相同、声母声调相同、韵母声调相同、声韵调全同。

个别是相对于共性而言的，在非目标项声韵调全同的情况下，即便目标项跟非目标项声韵相同，那它仍然是个别的。例如"马""码""骂"，"骂"就是个别项。

匹配声韵调的相同情况，所谓读音个别，也包含了7种可能：

声母个别。例如"雨""吹""虫"，三个字的韵母、声调都不同，"吹""虫"的声母相同，"雨"跟"吹""虫"没有任何相同之处，所以"雨"就是个别项。

韵母个别。例如："人""马""大"，三个字的声母、声调都不同，"马""大"

的韵母相同，"人"跟"马""大"没有任何相同之处，所以"人"就是个别项。

声调个别。例如："鱼""马""鸟"，三个字的声母、韵母都不同，"马""鸟"的声调相同，"鱼"跟"马""鸟"没有任何相同之处，所以"鱼"就是个别项。

声韵个别。例如："人""马""骂"，"人"就是个别项。

声母声调个别。例如："体""塔""衣"，"衣"是个别项。

韵母声调个别。例如："房""堂""父"，"父"是个别项。

声韵调个别。例如："房""防""山"，"山"是个别项。

需要进一步明确的是，"比较"，逻辑上只能是从"两两比较"开始的。三个选项的题目，两两比较的结果是两个相近，一个个别。四个选项的题目，不管是命题还是作答，对"相近"或"个别"的认识，也根本不可能越过"两两比较"而直接说"一对三"的"个别"。

例如："父""马""大""衣"，"衣"的个别是基于"父""大"同调，"马""大"同韵，而"衣"跟"父""马""大"均无共性，于是"衣"才个别。

再例如："爸""下""大""衣"，"衣"的个别是基于"爸""下"近韵同调，"下""大"近韵同调，"爸""大"同韵同调，进一步看，"爸""下""大"韵近调同，而"衣"跟"爸""马""大"都没有声韵调的共性，于是"衣"才个别。

字义个别也是同样的道理。

（三）字义个别

字义题的具体呈现方式如下：

认汉字，每题三个选项，其中两个意思较为接近，另外一个则相去甚远。找出<u>字义个别</u>的一项，并在答题卡上涂黑。

例如：[A] 牛　　[B] 羊　　[C] 也

其中，"牛羊"都是动物，"也"则完全不同，只是一个虚字。所以，[C] 是个别项。

字义题从"字义"的角度去考查考生对汉字的认读情况。"语素"是最小的音义结合体，但有目共睹的是，在绝大多数情况下，汉字是形音义的结合体，而且，一个汉字记录一个语素也是主体情况（杨锡彭，2003；程雨民，2003；王汉卫，2012），仅仅把汉字作为"记录汉语的书写单位"实在是对汉字的极大歪曲。

字义题将单字做语素化处理后，作为刺激和应答单位来考查考生对汉字意义的掌握情况，进一步彰显考生的识字能力。

上面是三个选项的题，如果是四个选项，答题指引表述为：

认汉字，每题四个选项，其中的三个，或两两或三个一起意思较为接近，另外一个则相去甚远。找出<u>字义个别</u>的一项，并在答题卡上涂黑。

例如：［A］巨　　　［B］趋　　　［C］硕　　　［D］庞

其中，"巨""硕""庞"都有"大"的意思，"趋"则完全不同。所以，［B］是个别项。

字义题跟字音题既有共性，也有差异。共性是都有三项、四项，都是找个别项，差异则是巨大的。"音"相对简单清晰，汉语的音（华测以普通话为默认的音系），21 个声母、39 个韵母、4 个声调（单字，题目不含轻声），有明确的异同。单字的"义"则差别巨大、复杂，有时还很模糊微妙。广义上的字义包括基本的词汇意义、引申的词汇意义、语法意义（词性、功能），从考试实践上，必须基于广义的理解，因为我们不能限制更不能否定广大被试的发散性、多角度思维——反过来说，我们必须有发散性、多角度思维来控制命题。

例如：［A］飞　　　［B］虫　　　［C］鸟　　　［D］也

"虫""鸟"都是名素，也都有"飞"的特性，所以"飞虫""飞鸟"很常见。"飞"是动素，但词性、功能的背后，底层的因素还是字义，"飞"要有翅膀，"虫""鸟"也都有翅膀——这就是"飞""虫""鸟"深层的共性。不管怎么看，"也"都是个别。

与此同时，题目既不应给被试带来不同思考角度的模棱两可，也不应制造超出等级要求的微妙"刁难"。

例如：［A］飞　　　［B］虫　　　［C］鸟　　　［D］牛

"虫""鸟""牛"都是名素，是生物，"飞"则是动素，这样看来，"飞"是个别。"虫""鸟""飞"都跟翅膀有关，这样看来，"牛"是个别。答案于是模棱两可，这样的情况是要避免的。

（四）词内别字

别字题的呈现方式如下：

认汉字，每题找出有别字的一项，并在答题卡上涂黑。

例如：［A］拦目　　　［B］迷失　　　［C］依旧　　　［D］住宅

汉语音节少而同音字多，所以同音别字，特别是同音字中的形近字，就成为汉语学习的一个重难点，同音字多"造就"了很多被人嘲笑的"白字先生"，也让"找别字"成为测量汉语水平的一个有效方式。跟"合字题"一样，"别字题"也是立足于字形；但不同于"合字题"，"别字题"是基于字形而兼容"形、音、义、用"，既是对识字量的测查，也是对词汇量的测查，还可以上升到句子层面，用于阅读理解的测查（见下文）——充分显示了基于汉语汉字特点的题型的活力。

以上的"识字"题型,"合字题"更多考虑了基础性,用于一至四级,"别字题"是"合字题"的升级版,用于五、六级,两个题型分开看具有阶段性,合起来看则共同彰显了"形"的通用性。"字音题""字义题"则贯穿全部级别,分别彰显了"音、义",直接实现了通用性。关于题型的阶段性和通用性,此处顺便讨论。譬如空气和水,它们的核心品质自然贯穿生命能力的始终,题型也是一样,某些核心题型也必然会贯穿语言能力的始终。关注题型的通用性和阶段性,既是对某种自然语言能力的关注,也是对实现语言能力的教学过程的关注和体现。

以上的"识字"题型,另外一个共性是把"最小语境"的理念推向了极致,都是直接就选项作答(合字题给出的偏旁,也是一个同"选项"大小相当的存在)。而且,所呈现的"选项"突破了传统意义上"目标项"跟"干扰项"的对立,考生需要做的就是对这些选项进行比对、甄别、归纳。这就保证了一道题目实质性地测到了多个汉字,实现了汉字测查量的巨大突破。

汉字是散点,而抽样数量的提升则弥补了"散点"推断性的不足,就像测脑电波,电极越多,就越能反映大脑活动的真实状态。这样,识字题型也就在最大程度上保证了有限时间内的大题量、多测点,提高了试卷的测量精度。

二、读文题型

前文说过,即便只测识字量,也可以对被试的阅读能力有一个基本的推断——大字不识一筐,肯定谈不上什么阅读能力;识字量大,阅读能力肯定不会差,因为正常来说识字量不是凭借单字的孤立学习来实现的,而一定是在大量的阅读实践中达成的。

但一方面出于对教学的反拨和引导,一方面出于提高测量结果的精度,阅读考试不能停留于识字。这样,我们就需要遴选立足于阅读材料的良好题型来支撑"读文"板块,跟"识字"一起,共同完成"阅读能力"的测量。

"遴选立足于阅读材料的良好题型"——要实现这个目标,我们需要一些基本的讨论和原则控制。

首先,"阅读"是汉语的阅读,而非其他语言,这就要求我们必须立足于汉语的特点来发掘题型,这是第一个原则——立足汉语特点。前述章节提到的当前最常用的"阅读理解"多项选择题型,既不是基于汉语特点的,也不是理想的标准化题型,华测将彻底摒弃这种题型。

其次,"阅读考试"不是自由的"阅读实践"本身,而只不过是通过一定量的阅读材料和阅读过程，来实现对"阅读能力"的推断。既然考试不过就是"推断"，我们就必须致力于以单位时间内最大的允许题量为目标，单位时间内允许的题量越大，推断结果越可靠。这样，我们就必然合乎逻辑地得到第二个原则——最小语境。阅读的最小语境是句子（单句）。按照一般的定义：句子是由词或词组构成的，具有一定语调并表达一个完整意思的语言运用单位。就考试而言，什么是最小语境（刺激），还取决于（反应的）需要。

最后，华测是大型考试、标准化考试，题型必须满足标准化、客观化的需要。

基于上述三条原则，我们初步遴选出以下四个题型。包括两个通用题型（一至六级）：断句、句内别字。两个阶段题型：句内缺字（三至六级）、瘦身（五、六级），如表18－3所示。

表18－3　读文题型的级别分布

级别	题型	测点
一至六级	断句	语法语用（综合）
一至六级	句内别字	字用（字形角度）
三至六级	句内缺字	字词运用
五、六级	瘦身	语法和篇章结构的精细把握

读文题型都立足于文意理解，在这个基础之上，四个题型又主要从汉字、词汇、语法和篇章结构的角度来测查考生的读文能力。四个题型既相对独立，又互为一体，共同致力于对考生读文能力的测查。

下面逐一讨论华测读文题型。

（一）断句

断句题的具体呈现方式如下：

阅读下面的文本，每题中间停顿＿＿次，找出停顿项，并在答题卡上涂黑。

例如：一只小鸟飞过来落在了前面的小树上。

"句读"是祖宗传下来的宝贝，是基于汉字汉语特点，基于汉语文本方式的阅读训练和测量的"天然"题型。读懂了，自然能"点断"。上文例句，要求停顿一次，就应该"一只小鸟飞过来/落在了前面的小树上"。停顿项为"来"，如此停顿，说明被试读懂了文本。

相对于多项选择题，断句的巨大优势在于：

第一，不用专门设置"选择项"，除了尾字，每一个字都是选项。

第二，断句"选择项"可以无限多，公式表述为：

$$断句选择项 = N（全句字数）-1$$

一个五个字的句子，逻辑上的"选择项"已经达到四个，随着文本的加长，"猜测"因素几乎被完全消除。

第三，文本阅读跟作答反应一体化，避免了多项选择题"文本—问题—选项"的答题过程带来的不可控、不客观。

第四，断句以字词为基础，同时考查了语法（包括词法、句法和篇章）和语用。上例是阅读一级的文本，随着阅读级别一至六级的提升，逐渐加长文本长度，停顿次数也从 1 次递增至 6 次。如此则实现了阅读量的增加，与此同时，因为文本长度跟停顿次数密切相关，这就使"最小语境"的原则得到了贯彻落实。

由于以上四条因素合起来，断句极大地方便了命题，并极大地提高了题目的信度、效度、区分度。

需要说明的是，断句题不另设选项，却基于文本大量增加了选项。选项大量增加的时候，答案"不唯一"的情况凸显出来。但事实上，答案难以确定的问题不仅存在于断句，也存在于所有不设置选项的题型中。三选一、四选一的选择题，选项少，答案不唯一是很严重的问题，因此"唯一"必须做到，也容易控制。而"不设置选项"的实质是"增加选项"，随着选项的大量增加，答案"难唯一、不唯一"会变成常态，这有着深刻的必然性，因为随着潜在选项的无限增加，"正/误"之间的差异无限接近。所以，严防死守，坚决控制"唯一"，这其实是恪守了应对少量选项的"旧思路"，而忽略了选项大量增加的"新事实"。

其实，在选项大量增加的情况下，答案"不唯一"不是问题，真的问题是：能否确保"正确"答案的"最佳"品质？如此而已。

最后的解决之道是，必要的时候，开放设置多个正确答案——既保证了被试成绩上"不吃亏"，也保证了命题的可操作性。这个方法源于对事实的尊重，否则，"控制唯一"会变得很"沉重"，究其实质，是违背了语言事实。

需要强调的是：必要情况下的多个正确答案不是主试方暗藏的玄机，而必须明确告知被试，否则必然给被试带来困惑。

（二）句内别字

该题型的具体呈现方式如下：

读句子，根据句意，从每题中找出一个"别字"，即用错了的字。

例如：她回答问题得声音特别响亮。

识字部分有词汇层面的别字，是着眼于双音节词。单音节词的"白字"也是广泛存在的现象，此种"白字"是基于句意句法（上下文）产生的，也是基于句意句法（上下文）来寻找和鉴别的。除了单音节别字，因为存在同音形式而导致的字组内别字也要基于句意句法（上下文）来寻找和鉴别。如下：

例1：周末，妈妈带我去看了一生。

例2：总有一天，孩子们也会长成打人。

例3：对不齐，让您等了这么久。

例1"一生""医生"是两个词同音，例2"长成打人""长大成人"是双音节词和词组同音，例3"对不齐""对不起"是三音节词和词组同音。这种存在同音形式且有共有成分的两个字组在使用过程中——尤其是拼音输入时——会出现混用的情况，因而导致字组内出现别字，这在识字部分的别字题是无法考查到的。

什么是"字"，在汉语里很清楚，什么是"词"，从来没有定论，词典词、心理词、登录词、未登录词，这些概念无不在暗示"word"跟汉语文本呈现方式的龃龉。所以，对"词"的质疑，几乎自"西学东渐"以来就一直存在。

word跟"词"的龃龉、字词本位问题都不是本书需要展开讨论的话题，从此话题引发的思考，却正好可以开发出立足汉语文本、立足汉语字词关系特点的阅读理解题型。

同"断句"一样，"根据句意找别字"也是结合字词关系、字词纠结、汉语文本特征的"自在"题型。

跟词汇别字相比，"根据句意找别字"的刺激材料是文本，"找别字"是在阅读中实现的。

跟"断句"相比，"根据句意找别字"不是自然语料，而是本身有错误，也即有语义残缺和误导的语料，这就加深了语料的理解难度，需要更高的语言能力。

"别字"跟"正字"的对比，需要一定汉字量的积累，所以不管词汇层面还是句法层面，别字都是阶段题型、滞后题型。词汇层面的别字到五级才出现，而句法层面的是单音节词，单音节词相对更基础，所以"根据句意找别字"安排在一级出现。

（三）句内缺字

该题型的具体呈现方式如下：

阅读文本，每题有一个缺字，请选择合适的字填到相应的空缺处，使句子表意完整、语句通顺。

例1：面对境，不要哭泣、不要退缩，越过这道坎，就会柳暗花明！

本题型要求考生通过上下文语境的理解，补足缺字，完整句子。本题作答分为两道程序，首先要准确判断信息缺失处，接着根据句意选择相应的缺字补足句子。例题中，考生若读懂了后文的意思，自然能找到"不对劲"的地方在"境"前，并能顺利推断出缺字应为"困"或"逆"；若不能完全理解句意，则无从下手，23 字的句子便有 24 个可能的空缺处，考生在第一关里便会受阻，更别谈下一关了。

上例实为双音节字组中的缺字，此题型还有单音节缺字，如：

例 2：那个家伙管用，关键时候还得靠我！

双音节字组缺字可以通过单字提示在特定的词汇集里锁定答案的范围，单字词缺字则需要完全依靠上下文中的隐藏线索寻找答案，蒙对的概率大大减小。

例 2 中，两个小句分开看没什么问题，但要是合起来就能发现端倪了。分析前后逻辑关系才能知道，既然"得靠我"，"那个家伙"肯定是"不管用"的。当然，这一类型的题目考查更严密的句间逻辑关系，适合在高级别考试中出现。

不同于其他阅读题型，本题型呈现的是有信息缺失的非正常文本，考查被试对上下文的理解能力以及基于理解的推断能力。这也就意味着本题型中的缺失信息不能是随机的，而应该是必须关联上下文语境才能推断的，有内在联系的"特殊信息"。

（四）瘦身

瘦身是读文部分最后一个出现的阶段题型，五级出现。

一般意义上的语言能力之间，特别是听与说、读与写之间具有很强的相关性，越到高级越是如此。听的能力很高，焉能不会说？读的能力很高，又焉能不会写？严格区分（割裂）读、写能力之间的密切关系，非但没有理论支撑，也没有现实意义。

恰恰相反，高级阶段的阅读题型应该体现出向写作的过渡，瘦身即是这样一个"跨界"题型——高级阅读题型，不但读得懂，而且对字词句、上下文，甚至言外之意、弦外之音、点点滴滴、方方面面把握得特别通透，才能很好地完成"瘦身"。以"删除"表达理解的同时，"删除"是"修改"还是"再造"——也就是广义的写作了。这就是阅读、写作两种能力在"瘦身"上的结合。

广义的瘦身包含两个层面：去肿、消脂。

修改病句是传统语文教育和考试中广泛使用的题型，病句的一个重要类型就是成分累赘，恰如肿瘤。"去肿"就是把不正常的文本改为正常的文本，"消脂"则是在"正常"的文本上做文章，把正常的文本，根据句法、语义、篇章的整体意义，按照明确的要求做删除。删除后的文本，还得最大限度保持原文的意思，保持语句的流畅。

我们得改变"修改病句"的固有观念，而以"正常"的自然语料呈现给被试，考虑测试和练习材料对教学的反拨，提供正常的材料就更不可忽视，以免形成不良的输入效应。

汉语讲求委婉含蓄，惯用迂回曲折的表达，因而常有冗余。据专家测算，现代汉语冗余度平均可达63%（赵刚，2004）。冗余信息对原信息没有任何额外的添补，是表达者为了避免信息在传输过程中的损失而采用的补偿措施，主要表现为信息的重复和蕴含，因此，删除冗余部分不对原文信息造成任何损伤。冗余现象的存在为汉语提供了"瘦身"的空间，丰腴圆润是美，苗条清瘦也是美，但要保证不能"缺胳膊少腿"，否则就不成样了。

正常文本里冗余信息的删除即是"消脂"的一种情况，除此之外，也还可以对信息进行更为细致的分类，如主要信息和次要信息等，再进一步消去次要信息。

基于正常语料的"消脂"譬如"整容"——整容医生需要对生理结构有着清晰的把握，才能动刀。瘦身题放在高级阶段，我们更倾向于"消脂"，以此来考查被试对语言的深度理解和驾驭。

瘦身题具体分为两类：一类是就一句话进行删除，要求以句内成分为单位进行删除，这类瘦身重点考查考生对句子语法结构和信息结构的把握；另一类是就一段文本进行删除，要求以标点句为单位进行删除，这类瘦身重点考查考生对语篇衔接、连贯和语篇信息结构的把握。

瘦身题型的具体呈现方式如下：

阅读文本，请按要求删字，删后语句通顺，意思最大限度和原文保持一致。（三级、四级）

例如：她是个美丽漂亮的小姑娘。（要求：删除连续两字）

"美丽、漂亮"意思雷同，任选一个删除即可，删除后最大限度地跟原文意思接近，并且语句通顺。但此题就有两个正确答案，此种情况就应该明确告知被试，这种题目即属于"去肿"，是较低难度的类型。

再例如：她是个十分美丽的小姑娘。（要求：删除连续两字）

"十分"是修饰语，删除后最大限度地跟原文意思接近，并且语句通顺，此种题目即属于"消脂"，是基于正常语料的题目。

阅读文本，请按要求删句，删后文本连贯，意思最大限度和原文保持一致。（五级、六级）

例如：祖父的拿手菜是肉丸汤。那肉丸紧致弹滑，软嫩鲜香，汤汁浓郁可口。无论单喝，还是拌饭，都是极好吃的。（要求：删除一句）

"软嫩鲜香"是对肉丸的追加细节描写，可有可无，删除后最大限度地跟原文意思接近，并且文本通顺。这也是基于正常语料的题目。

基于正常语料的"瘦身"，有广阔的命题空间，下面节选《阅微草堂笔记》中一则笔记的主干材料（注：故事陈述部分）来加以说明。

原始材料：

奴子傅显，喜读书，颇知文义，亦稍知医药。性情迂缓，望之如偃蹇老儒。一日，雅步行市上，逢人辄问："见魏三兄否？"（奴子魏藻，行三也）或指所在，复雅步以往。比相见，喘息良久。魏问相见何意？曰："适在苦水井前，遇见三嫂在树下作针黹，倦而假寐。小女嬉戏井旁，相距三五尺耳，似乎可虑。男女有别，不便呼三嫂使醒，故走觅兄。"魏大骇，奔往，则妇已俯井哭子矣。

括号中的部分先行删除，变成下文，作为命题的材料：

奴子傅显，喜读书，颇知文义，亦稍知医药。性情迂缓，望之如偃蹇老儒。一日，雅步行市上，逢人辄问："见魏三兄否？"或指所在，复雅步以往。比相见，喘息良久。魏问相见何意？曰："适在苦水井前，遇见三嫂在树下作针黹，倦而假寐。小女嬉戏井旁，相距三五尺耳，似乎可虑。男女有别，不便呼三嫂使醒，故走觅兄。"魏大骇，奔往，则妇已俯井哭子矣。

如果要求是"删除连续三句"，当然应该是"喜读书，颇知文义，亦稍知医药"。删除之后变成下文：

奴子傅显，性情迂缓，望之如偃蹇老儒。一日，雅步行市上，逢人辄问："见魏三兄否？"或指所在，复雅步以往。比相见，喘息良久。魏问相见何意？曰："适在苦水井前，遇见三嫂在树下作针黹，倦而假寐。小女嬉戏井旁，相距三五尺耳，似乎可虑。男女有别，不便呼三嫂使醒，故走觅兄。"魏大骇，奔往，则妇已俯井哭子矣。

如果基于此文本，继续要求删除连续三句，应该删除"男女有别，不便呼三嫂使醒，故走觅兄"。删除后变成下文：

奴子傅显，性情迂缓，望之如偃蹇老儒。一日，雅步行市上，逢人辄问："见魏三兄否？"或指所在，复雅步以往。比相见，喘息良久。魏问相见何意？曰："适在苦水井前，遇见三嫂在树下作针黹，倦而假寐。小女嬉戏井旁，相距三五尺耳，似乎可虑。"魏大骇，奔往，则妇已俯井哭子矣。

如果基于此文本，继续要求删除不连续四句，应该删除关于傅显的四句细节描写"望之如偃蹇老儒""雅步行市上""复雅步以往""喘息良久"。删除之后变成下文：

奴子傅显，性情迂缓。一日，逢人辄问："见魏三兄否？"或指所在。比相见，魏问相见何意？曰："适在苦水井前，遇见三嫂在树下作针黹，倦而假寐。小女嬉戏井旁，相距三五尺耳，似乎可虑。"魏大骇，奔往，则妇已俯井哭子矣。

如果基于此文本，继续要求删除一句，则是故事核心部分的细节"相距三五尺耳"，它是对"嬉戏井旁"的追加。删除后变成下文：

奴子傅显，性情迂缓。一日，逢人辄问："见魏三兄否？"或指所在。比相见，魏问相见何意？曰："适在苦水井前，遇见三嫂在树下作针黹，倦而假寐。小女嬉戏井旁，似乎可虑。"魏大骇，奔往，则妇已俯井哭子矣。

从节选的 137 字（标点不论），删除到了 76 字，瘦身 45%。如果基于此文本再做句内删除，仍有很大空间，简言之，如下文：

奴子傅显，性情迂缓。一日，逢人辄问："见魏三兄否？"或指所在。比相见，魏问相见何意？曰："适在苦水井前，遇见三嫂在树下作针黹，倦而假寐。小女嬉戏井旁，似乎可虑。"魏大骇，奔往，则妇已俯井哭子矣。

删除后变成：

奴子傅显，性迂缓。一日，逢人辄问："见魏三兄否？"或指所在。比相见，魏问何意？曰："适在井前，见三嫂树下针黹，倦而假寐。小女戏井旁，似乎可虑。"魏大骇，奔往，妇已俯井哭子矣。

仅剩 66 字，较原文的 137 字，瘦身一半，故事也讲清楚了。

如果我们不做步步推敲，恐怕想不到基于"正常文本"的瘦身空间竟如此巨大。纪大才子的古文尚且如此，现代一般白话文语料更不待言。

第三节　华二代与非华二代华测阅读测试数据对比

为了对海外华裔青少年的华文阅读能力情况有直观的了解，以下呈现了部分测试数据。数据来自华文水平阅读测试 2020—2021 年的各场次考试。华二代的数据主要来自德国、法国、荷兰、斯洛伐克、希腊、西班牙、意大利、日本、美国、澳大利亚、埃及等五大洲的多个国家，非华二代的数据主要来自印度尼西亚。

一、华测阅读原始测试数据

级别	代系	人数	平均值	标准差	标准误
一级 （满分30）	华二代	408	21.160	5.988	0.296
	非华二代	713	17.288	6.485	0.243
二级 （满分60）	华二代	432	42.604	11.012	0.530
	非华二代	698	36.592	11.232	0.425
三级 （满分108）	华二代	405	73.583	21.252	1.056
	非华二代	755	63.253	19.232	0.670
四级 （满分108）	华二代	283	69.223	20.270	1.205
	非华二代	465	61.768	20.750	0.962
五级 （满分126）	华二代	140	91.186	25.245	2.134
	非华二代	287	63.899	24.025	1.418
六级 （满分126）	华二代	92	100.772	16.115	1.680
	非华二代	365	72.496	26.922	1.409

二、华测阅读2020—2021年试卷质量分析

级别	α系数	难度	区分度
一级	0.878	0.623	0.550
二级	0.920	0.648	0.477
三级	0.939	0.619	0.418
四级	0.953	0.583	0.485
五级	0.965	0.578	0.551
六级	0.971	0.621	0.549

试卷质量分析表明，华测阅读二到六级各级考试信度很高，难度适中，区分度良好。一级考试的对象为学龄前儿童，需要严格控制题目数量，在题目数量仅为30的情况下，0.878的信度值也是较高的。

因此我们认为，本测试得到的数据可以比较可靠地反映海外华裔青少年的华文阅读能力。

三、华测阅读各级原始总分分布的 K-S 检验

级别	代系	N	Z 值	显著性
一级	华二代	408	1.803	0.003
	非华二代	713	1.712	0.006
二级	华二代	432	1.597	0.012
	非华二代	698	1.421	0.035
三级	华二代	405	1.600	0.012
	非华二代	755	0.860	0.450
四级	华二代	283	1.172	0.128
	非华二代	465	0.899	0.394
五级	华二代	140	1.793	0.003
	非华二代	287	0.967	0.308
六级	华二代	92	1.779	0.004
	非华二代	365	0.964	0.311

从上表我们可以看出，一级、二级、三级、五级和六级的华二代阅读原始总分的 K-S 检验显著性均小于 0.05，说明这几组数据大多为非正态分布，因此，接下来我们将使用非参数检验中的曼-惠特尼检验方法来考察华二代与非华二代之间的华测阅读原始总分是否存在显著差异。

四、华二代/非华二代华测阅读各级原始总分差异检验

级别	曼-惠特尼 U 值	Z 值	显著性
一级	96 170.500	-9.458	0.000
二级	103 947.000	-8.786	0.000

（续上表）

级别	曼-惠特尼 U 值	Z 值	显著性
三级	109 047.500	-8.061	0.000
四级	51 748.500	-4.903	0.000
五级	8 445.500	-9.728	0.000
六级	6 329.500	-9.241	0.000

　　检验结果表明，在各个级别的阅读测试上，华二代与非华二代的原始总分均存在显著差异。

第十九章

华测写作试卷的设计[①]

写作试卷与阅读试卷存在共性，例如一至六级的分级结构、字文两大板块的设计等，另外它也持有自身的特点。本章将深入探讨华测写作试卷的试卷设计，分宏观结构和微观题型两部分进行。

第一节　关于宏观结构的讨论

表 19-1 是华测写作试卷一至六级的结构与题型：

[①] 如前文所述，本研究认为，华文祖语保持与祖语教学以及祖语测试，都应以读写为重。传统上"听说读写"的排序，在华文祖语保持的领域下，应该是"读写听说"。阅读，是重中之重，也是本研究的重点。写作在华测第一阶段，曾有初步设计并取得一些考试数据，但写作的后续调整较大，题型有较大的更新，更新后的试卷暂未正式投入测验，暂不附录数据。听力考试在华测中已经取消，而是融入"读、写、说"中，作为部分的刺激手段。说话在华测第一阶段也曾有过初步设计并取得一些考试数据，说话不作为华测的主测试，而仅作为可选择的附加考试，此处不列专门章节探讨。

表 19 - 1　华测写作一至六级结构与题型（暂定）

级别	板块	题型	板块比例
一级	写字	按笔顺听写汉字	50%
		听选部件	
	作文	填字成词	50%
		组项成句	
二级	写字	按笔顺听写汉字	50%
		听选部件	
	作文	填字成词	50%
		组项成句	
三级	写字	听选部件	40%
		听选词语	
	作文	根据句意填缺项	60%
		组项成句	
		组项成段	
四级	写字	听选部件	40%
		听选词语	
	作文	根据句意填缺项	60%
		组项成句	
		组项成段	
五级	写字	听选词语	20%
	作文	根据句意填缺项	80%
		组项成句	
		组项成段	
		瘦身	
六级	写字	听选词语	20%
	作文	根据句意填缺项	80%
		组项成句	
		组项成段	
		瘦身	

与阅读试卷类似，写作试卷依然强调汉字作为华语文能力基础的重要地位，分为"写字"与"作文"两大板块，此基本结构贯穿六级。试卷分为两大板块，但其实中间不仅仅只有"字"和"文"两种层级单位，还包含了词、句、段。由字及篇是一个连续统，由写字到作文也是一个能力的连续统。

"写字""作文"两大板块的比例与阅读试卷略有不同，一、二级齐头并进，五五均分；三、四级开始，轻写字、重作文，四六偏分；五、六级写字与作文的比例差距进一步拉大，作文高达80%，写字仅占20%，如图19 - 1所示。

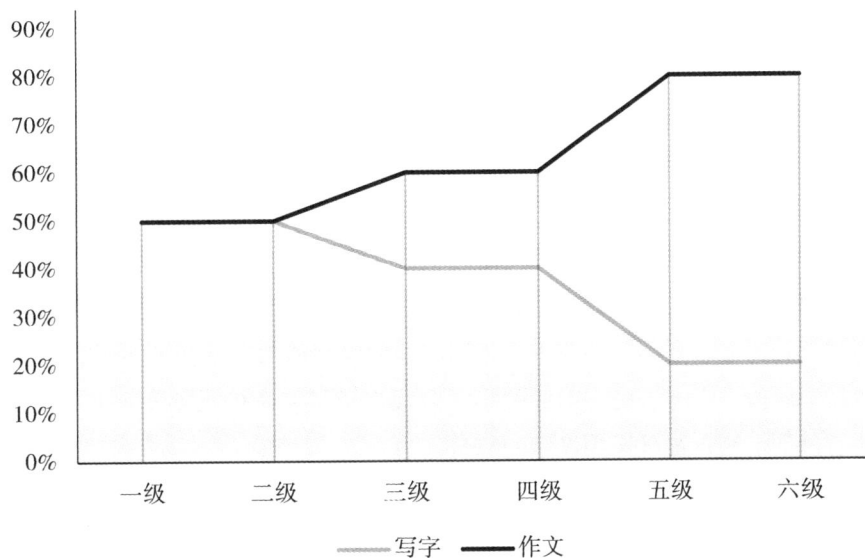

图 19 - 1　华测写作试卷一至六级写字作文权重变化

写字是作文的前提，只有掌握了写字的基本技能，才有后续连贯的作文能力，所以低年龄、低水平阶段侧重写字能力的培养和考查，目的在于引导考生在这一阶段着重关注汉字部分的学习，打好汉字基础，如此才能更好地发展后续的作文能力。到了高级，写作水平发展到了一定阶段之后，写字能力自然不成大问题，无须多作考查，此时应重在成文而不在写字。

第二节　关于微观题型的讨论

华测写作题型分为两大类，分别是写字题型和作文题型，下面按照先写字后作文的顺序对这两类题型进行讨论。

一、写字题型

写字部分下设三大题型："按笔顺听写汉字""听选部件"和"听选词语"，各级别题型的安排充分考虑被试的年龄认知及华文能力的发展性特点：一、二级低年龄阶段，由简单的笔画和笔顺入手，强调夯实汉字基础；三、四级小学阶段则不再考查笔顺，转为整字和词汇的测查，强调综合的汉字能力以及初步的词汇积累；五、六级初高中阶段，学习者已在前面的小学阶段完成了基本的汉字学习和积累，此阶段主要通过词汇测查被试运用汉字的综合能力。

表 19 - 2　写字题型的级别与功能

题型	级别	考查的汉字层级	考查的汉字要素
按笔顺听写汉字	一至二级	笔画	字形
听选部件	一至四级	部件、整字	字形
听选词语	三至六级	整字	字形、字用

字形是汉字特点最突出的体现，对于写作层面的考查，字形也无疑是最为重要的测点。写字部分的三大题型均以汉字字形考查为核心，从笔画笔顺、部件结构到综合整字，从字形到字用，从单字到词汇，逐层递进，细致考查被试的汉字能力，同时也强调了写字作为写作能力基础的重要性，引导教学。

写字部分题型均以听力为刺激手段，作文部分均以阅读为刺激手段。这样的设计一方面是出于华裔特点的考虑，前面已经提过，对华裔青少年来说，在家庭听说环境的天然优势下，听力是他们优于口语、阅读和写作的第一能力，是最佳的刺激手段。另一方面，写字部分题型倾向于短时刺激，被试需要的刺激信息相对较少，通过听力手段完全可以满足并且不会产生记忆负担；而作文部分则需要给被试提供信息量较大的长时刺激，甚至是反复刺激，如再沿用听力手段，难免会给考生造成记忆负担或是产生由于刺激不足导致的信息缺失等问题，因而作文部分采用阅读作为刺激手段。

下面将逐一讨论华测写字题型。

（一）按笔顺听写汉字

此题具体呈现方式如下：

听录音，按顺序写出你听到的汉字的笔画。

例如：你听到"不，不可以的不"，所以在方格内按笔画顺序写。

一	丿	丨	丶			

此题型以笔顺为切入点考查汉字，这里所说的笔顺指狭义的笔顺，即书写汉字时笔画的先后顺序。

笔画、部件、整字是汉字的三个层级，笔顺与笔画书写的先后顺序相关，却不局限于汉字笔画层级，也涉及部件乃至整字层级的问题（盛继艳，2013）。除了极少量单笔汉字（如"一、乙"）之外，其余汉字都存在书写时的笔画顺序问题。笔画是汉字构形的基本元素，对笔画的认识不清会导致更多其他方面的汉字错误（王汉卫，2012）。

笔顺是汉字学习初始阶段的必有内容（只是很多时候使用不当），是记忆汉字字形，特别是细节的有效方法。因此，对汉字的书写方式加以规范是很有必要的。国家语言文字工作委员会和中华人民共和国新闻出版署于1997年联合发布了《现代汉语通用字笔顺规范》，明确了7 000个通用汉字的规范笔顺。现行的笔顺规范一定程度上基于前人书写汉字的经验，符合一般的"手治"（方便手写）、"目治"（符合阅读习惯）、"心治"（契合审美需求）原则（易洪川，1999）。汉字书写讲究先左后右、先上后下、先外后里，这些基本的先后顺序规则是汉字书写规范的基础，也是提升汉字书写优美度的保证。通过规范笔顺可以更好地帮助学习者写对汉字、写好汉字，是引导学生写汉字的一个把手（费锦昌，1997）。

有学者认为，笔顺具有私下性、隐蔽性（易洪川，1999），很多时候我们仅能看到最后呈现的汉字，很难监控汉字的书写过程。但难以考查与是否要考查是两回事，此题型安排在华测一、二级考试（适用于学龄前及小学一、二年级的考生），重在引导，强调基础汉字教学中笔顺的重要性，旨在帮助低龄学习者培养良好的汉字书写习惯——更为重要的是引导学习者细致观察、记忆汉字的字形，以更好地达到认读的目的。考虑到汉字的层级构形特点、常用字的特点以及低年龄段学生的特点等因素，本题型测查的汉字以 7 笔为限。

另外，这也涉及标准宽严的问题。"人"字先写撇还是先写捺；"火"字从左往右写，还是先两边再中间，这是两种不同的情况。前者是原则性问题，后者则纯属书写习惯差异，与个人的认字、写字能力无关。手治、目治与心治尚且存在相互矛盾的地方，更何况是个人的书写习惯。我们应当秉持把握大局、适度宽容的原则。在这一题型的评判标准问题上，我们主要关注两个问题：是否影响书面交际？是否体现能力差别？

不影响书面交际，不能体现被试能力差别的笔顺差异均予以包容，也即上文提到的不过于纠结答案唯一，必要的时候设置两个答案，但为了消除被试的困惑，我们应该优先采取的命题策略是尽量避免母语者都惯常存在的"歧顺"字。

（二）听选部件

此题具体呈现方式如下：

听汉字，按书写顺序选择汉字部件。

例如：A. 井　　 B. 丁　　 C. 云　　 D. 讠

你听到"讲"，所以按书写顺序选"D、A"。

此题型通过听力给出单个汉字提示，要求被试利用所给出的零散部件组出听到的汉字，主要涉及汉字部件层面的知识。与按笔顺听写汉字不同，听选部件的题型不考查笔顺，考查的范围为 7 画以上的汉字，是上一题型的进一步延续。

汉字的部件是介于笔画和整字的中间单位，承上启下，部件结构掌握的好坏直接影响到对汉字的掌握（肖奚强，2002）。经调查，汉字部件的错误是留学生最常见的汉字书写偏误（张旺熹，1990），因此，对部件的测查也应是汉字测查板块的重要内容之一。

将部件组合成汉字涉及结构问题，不同的汉字往往有不同的部件组合方式，如"尖""珍""回""远""问"的结构各不相同；相同的部件通过不同的组合方式也可以组出不同的字，如"陪"和"部"、"吟"和"含"、"机"和"朵"等。每一个汉字都有其独特的区别于其他汉字的部件和结构形式，并且组合也并非简单的加合。此题型旨在测查学生的部件、结构意识以及组字能力，强调汉字结构的重要性。单一汉字的"音境"提示是不充分的，还需要借助汉字的"形境"来补充，考生需要迅速在脑海中结合听力和视力接收到的信息，并在自己的汉字库里进行搜索比对，才能最终锁定目标，确定目标字。

被试通过阅读接收到的信息是拆分的部件，再结合语音提示确定目标字，把零散的部件组合成字，最终落实到答题卡上，把完整的汉字选出来。输入到输出过程中，汉字由分到合的实现看似简单，实则须凭借考生清晰的部件意识和空间结构意识，需要掌握正确排布部件的组字能力以及基本的汉字书写能力。

（三）听选词语

此题具体呈现方式如下：

听录音，选出你听到的词语。

例如：A．干　　B．冰　　C．赶　　D．饼

　　　你听到"饼干，吃饼干"，所以按顺序选"D、A"。

本题通过听力测查汉语词汇，是基于汉字字形的考查，但也不局限于字形，而是以词汇为着眼点，测查被试的词汇量和词语用字的准确性，延伸到了字用层面。

此题型考试形式为：先给出一个词语，再提供词组或短句语境，要求考生从音近的备选字中将听到的目标词选出来。由于汉语音节少、汉字多的特点，汉语里存在大量读音相同的词汇，仅凭刚开始听力给出的一个词语，被试是无法确定目标词的，只能通过语音提示在自己的词汇库里大致圈定范围，再通过后续提供的短句语境最终锁定目标。题目中的听力提示只起到补充语境的作用，并非考的内容，无须过多考虑记忆的问题，另外，也应力求用最基础、最简单的字词给被试提供最典型、最充分的语境。

张瑞朋等（2021）研究发现，留学生在书写汉字词汇的时候常有因上下文语境导致的字形误同化或误异化现象，这与词语熟悉度、汉字熟悉度、汉字组成结构和部件熟悉度密切相关。因此，对汉字的测查仅仅停留在单字层面是不够的，还需要在更大的词汇语境下考查被试对汉字的具体运用，做到准确用字。

二、作文题型

作，始也。"油然作云，沛然作雨"，地上的水蒸发了，天上的云形成了；天上的云没了，地上的河满了。"加"和"减"是作的一体两面，传统上的"作文"更多关注"加"，而对"减"的关注远远不够。由小及大、增添扩充是写作，由大变小、删减缩略也是写作，因此，华测写作考试作文部分将同时关注增加和删减两个取向，另外还有不增不减的组合取向。

表 19 – 3　作文题型的级别、取向、功能

作文题型	级别	取向	考查的单位	考查的能力
填字成词	一至二级	增加取向	词汇	词汇积累
根据句意填缺项	三至六级		词汇	词汇运用 + 文本理解
组项成句	一至六级	组合取向	句子	遣词造句
组项成段	三至六级		语段	布局谋篇
瘦身	五至六级	删减取向	语段	综合

增加和组合取向的题型要求考生把小的语言材料拼装组合生成更大的语言单位，下设的四大类题型考查单位由词语层面逐渐扩大到句子及语段层面，分别测查被试的词汇积累、遣词造句能力以及布局谋篇能力。

删减取向的题型要求考生在完好的文本上进行删减，该题型从五级卷面开始，下探至三级水平，随着级别的提高，逐步增大删减所需要基于的语境长度、逐步提高删减所需关联的知识点难度。删减，不但需要掌握基本字词、读懂句子大意，而且还需要对词与词的关系、语块与语块的关系、句子与句子的关系等有进一步认识，测查被试综合的写作能力。

以上作文部分的基本题型，全属"完整材料作文题"，大家可能会疑惑，华测写作试卷为什么没有传统意义上的经典的作文题？

"我们尝试把华语写作测试的基本原则定位为'胶片写作'。'胶片'的特点就是实的变虚，虚的变实。例如给出一句话，空出其中的一个字或一个词让被试填写，这叫阅读；反过来，给出一个字，要求完成一句话，这就是写作了。"（王汉卫，2012）

所谓"一个字或一个词"，即"完整材料作文"中的"材料单位"，是给定项。材料单位的数量当然不限于"一个"，而是包括一个在内的"N 个"；也不限于"字、词"单位，而是包括字（语素）在内的词、短语、句子、语段——这完全取决于拟完成的作文目标的需要。

所谓"一句话"，即"完整材料作文"中的"作文目标"，作文目标当然也不限于"一句话"，而是任何长度的篇章和文体，可以是词、短语、句子，也可以是段落和篇章。不同的作文目标需要用不同的材料单位构建，具体"怎么不同""怎么要求""怎么指向"这正是"完整材料作文"的科研着力点。

给出一个材料单位要求完成作文目标是写作，更进一步，基于严格客观化的需要，给出所有材料单位，将其顺序打乱，要求被试重组完成预设的作文目标，同样

也是写作，只是在写作自由度和测试客观化方面做了取舍。

我们定义的写作测试，测的是"组织语言的能力"。"胶片写作"或称"完整材料作文"将开辟写作测试的崭新思路，将引领写作测试走上客观化、精确化之路。这样的测试方式对作文教学几乎没有副作用——因为它根本不是教学意义上、传统意义上的作文，而只是对写作能力测量的一种方式。如果老师们让学生练习"完整材料作文"，这对作文仍然没有伤害，这是有趣的语言组织能力的练习，而且学生（被试）绝不会因为老师的胡乱删改或胡乱评价而受到伤害，因为老师根本就没有被赋予这种权力。

从反拨作用看，我们赋予老师（评分员、程序员）本不该被赋予的"精确量化（打分）"的权力，并进一步影响到日常教学，流毒甚广，有目共睹。

总之，传统意义上的作文作为一种测量方式压根就是一个错误的选择——作为新研发的考试，我们没有尾大不掉的包袱和羁绊，华测更应该警醒，尝试彻底终结从科举到当代作文评分带来的悲剧。

下面将逐一讨论华测作文题型。

（一）填字成词

此题具体呈现方式如下：

选择最合适的字填空，使之组成两个词语。（需按从上到下、从左到右的顺序组词；每空一字，每字仅可使用一次）

例如：

　　A. 饭　　B. 生　　C. 水　　D. 桥　　E. 声　　F. 开　　G. 回

大	
	音

"声"填入空格内，能组成"大声""声音"，所以在方格内选"E"。

词语是汉语里组成语句文章的最小单元，是作文的基础。双音节词是汉语词汇中数量最多的类型，本题型主要测查被试双字词的积累情况，适当兼顾三字词，以此推断其他单（多）字词的掌握情况。填字成词题型一字关联双词，体现汉语词汇的经济性、灵活性，同时考查了汉字和词汇。

本题型为低年龄段的作文入门题型，仅设置在一、二级出现。双词语境贯彻了最小语境的原则，给考生在阅读量上减轻负担，另外，提供备选项也降低了做题难度、减轻考生的焦虑情绪。

给出一个双音节词，去掉其中一个字，让被试进行完词填空（或称组词），是国内中小学常见的考试题型，但这样的方式给被试的自由度非常大，包含给定字的词汇少则几个、多则上千，且不说后台答案难以控制，被试随意组出来的词汇或许也难以准确反映其语言水平。例如，给出"花"字，不管高水平还是低水平的被试，首先想到的都是"花朵""鲜花"等使用频率最高、最为常见的词语，而"花白""花招""花絮"等能体现水平差异的"高级"词汇或许在这样的测查形式下难得一见。提供双词语境则能很好地解决上述问题，不仅控制了答案的范围、提升了题目的客观性，并且可以通过目标词语的控制更为有效地测量和反映被试的语言水平。

（二）根据句意填缺项

此题具体呈现方式如下：

阅读文本，每题有两处空缺，请找出空缺前字并填补缺项，使句子表意完整、语句通顺。例如：

a. 不赞成　b. 佩戴着　c. 傍晚　d. 异样　e. 成名前　f. 这一天　h. 说不过

每 年 的 ，我 和 哥 哥 都 会 香 草 一 起 去 爬 山 。

A B C 　　D E F G H I J K L M N O P

这句话应该是："每年的这一天，我和哥哥都会佩戴着香草一起去爬山。"空缺处在"的""会"的后面，缺项是"这一天""佩戴着"，所以选 Cf、Ib。

本题型并不指明何处有空缺，通过文本的阅读，根据句法和语义，相应水平的被试能找到空缺，并能在脑海里生成与备选项相近的答案，是被试基于文本的直接反应。提供备选项则是出于进一步统一表述、增强测试客观性的需要。

与根据句意填缺项相比，阅读试卷中的缺字题以较多的阅读输入作为刺激，以极少量的汉字输出作为应答反应，偏重考查阅读理解能力；根据句意填缺项则以较少的阅读输入作为刺激，以相对多的汉字输出（多个"项"）作为应答反应，偏重考查写作能力，是承接阅读的写作题型。

与填字成词以词汇为目标单位相比，根据句意填缺项以大于字的"项"为材料，以句子或语段为目标单位，是填字成词题在中高级别的延续。

与组项成句和组项成段相比，根据句意填缺项提供更多的预设框架，被试可通过框架给定的已知信息进一步推断，而组项成句和组项成段提供的框架信息较少，不确定因素更多，需要被试更强的捕捉潜在线索的能力（见下文）。

（三）组项成句

此题具体呈现方式如下：

根据提示，将给出的选项组成句子，保证语句通顺、句意完整。（每个选项都要使用，且仅可使用一次，不可自行添加或改动标点符号）

例如：

      A. 我们   B. 球   C. 打   D. 经常

      ＿＿ ＿＿ 一起 ＿＿ ＿＿。

这句话应该是："我们经常一起打球。"所以按顺序选 ADCB。

组词成句以项为基本材料，要求被试将散乱的项重新组合成完整的合乎汉语语法的句子，考查的是被试的句法能力。项数是影响题目难度的重要因素之一，项数多意味着考生需要认识掌握的材料多、材料之间的排列组合可能也更多，因此，不同的级别将以项数作为首要的调节难度的依据（组项成段题同）。

本题的"项"，可以是字（语素）、词语，也可以是短语，这一方面避免了上文提到的字词定义之争，另一方面也给命题工作带来极大的方便，在确定项数的前提下，通过对目标句的合理切分即可完成命题，不必完全拘泥于该句本身的字数、词数。

组项成句（包括下面的组项成段）实质上即为排序，但同样的语言材料有时可以排布出不同的句子。例如，给定项为"的、跟、经过、老师、说了、事情、小刚"，可以组出下列合乎语法但意思不同的句子，例如：

"小刚跟老师说了事情的经过。"

"老师跟小刚说了事情的经过。"

"事情的经过小刚跟老师说了。"

"事情的经过老师跟小刚说了。"

在此题中，我们只考查被试能否正确运用给定的语言材料生成合理规范的句子，对于句子的具体意义不作硬性的要求，给被试提供一定的创作空间。像上述情况，可通过固定"小刚"或"老师"或其他恰当的项，由此进一步固定答案。

（四）组项成段

此题具体呈现方式如下：

根据提示，将给出的选项组成一段话，保证语义连贯、逻辑清晰。（每个选项都要使用，且仅可使用一次，不可自行添加或改动标点符号）

例如：

A. 我又看看你

B. 你看看我

C. 不知道说什么好

527

_____，_____，两个小朋友红着脸，_____！

这段话应该是："你看看我，我又看看你，两个小朋友红着脸，不知道说什么好！"所以按顺序选BAC。

组项成段与组项成句类似，皆为组合类型的题目。组项成句要求考生在掌握汉语词汇的基础上，运用句型句式、句法结构等相关知识重新排布组织词语；组项成段则以句子为基本材料，要求被试将句子组合成语段，测查被试语段及篇章层面的语言能力，被试须在理解句子、理清句间逻辑关系的基础上布局谋篇。

与填字成词和根据句意填缺项不同的是，组项成句和组项成段提供的作文框架较少，被试需要在理解和掌握作文材料的基础上，进一步调动自身的逻辑思维构建框架，并将其整合成完整的"作文"。

上述四类题型与传统的完形填空本质上是同一种题型，常见的完形填空是以句子或语段为背景语境的，填字成词是以词汇为语境的迷你完形填空，选项成句更接近传统意义上的完形填空。而组合题与完形填空的差别，首先在于预制框架的多少，框架作为已知信息呈现给被试，是其思考、输出的基础和约束；其次在于挖空多少，挖空少是完形填空，挖空越多，越接近组合题，是客观化的输出，即作文。

（五）瘦身

此题具体呈现方式如下：

阅读文本，请按要求删减，使删后语句通顺，句意和原文基本一致。

例如：

①一般人放羊是跟在羊群的后面，②因为怕羊顶了屁股。③常五爷放羊和别人不一样，④他手里拿着鞭子走在前面，⑤他的鞭子伸向哪儿，⑥羊群就往哪儿走。

（1）①句删连续三字。

（2）结合上下文，②句删连续两字。

（3）在原文中，删一句。

解析：

（1）删掉"羊群的"后，句子仍通顺，句意和原文基本一致，故选"羊群的"。

（2）结合上文可知，①②存在因果关系，删掉"因为"后，两句关系不变，且句子仍通顺，句意和原文基本一致，故选"因为"。

（3）结合原文，删掉②后，语段仍通顺，段意和原文基本一致，故选②。

删减取向的题型为瘦身题，要求考生根据要求删减原文，并与原文保持最大限度的一致。瘦身作为阅读与写作的"跨界"题型，结合了阅读及写作两种能力，较宏观、较粗线条、较小幅度的瘦身更多是阅读能力的体现；较微观、较细节、较大幅度的瘦身就更需发挥写作能力了。如上例中，写作瘦身在一个语段中通过细致、明确的题目要求，让被试应删尽删，关联单位同时涉及句内、句间以及全文，需要被试对语料有从微观到宏观的把握，能力升级。

现有常见的删减取向的题型是"缩写"，缩写题一般要求考生在限定时间内阅读一篇较长篇幅的文章，然后将原文缩写为限定字数的短文，考生只需复述文章内容，不需加入自己观点（参考新 HSK 缩写题要求）。

删词题与缩写题的区别在于如下两点：

第一，尊重原文的程度不同。

缩写是出自改写者的"减"，原文提供创作主题、故事情节和语言材料，后续创作虽是基于原文，但改写者的个人色彩也非常浓重；瘦身是基于原文的"减"，最大限度地尊重原始文本的用字用词、句法结构、逻辑顺序等，约束和限制更多，对被试阅读和理解原文的要求更高。

第二，客观化程度不同。

虽然限定了主题和故事材料，可供发挥创作的空间不大，但缩写题更接近自由创作，也就意味着客观化程度会大打折扣，且不说难以避免照搬原文或者改换部分字词的投机取巧之术，评分标准也仍是难以解决的一块硬骨头。瘦身题则严格贯彻了客观化的原则。

前文提及，高级阶段的阅读题型应该体现出向写作的过渡，瘦身题贯穿华测阅读及写作两大试卷。与阅读试卷一样，写作试卷的瘦身题也安排在五、六级出现。下面继续援引《阅微草堂笔记》一例进行说明。

原始材料：

奴子傅显，喜读书，颇知文义，亦稍知医药。性情迂缓，望之如偃蹇老儒。一日，雅步行市上，逢人辄问："见魏三兄否？"或指所在，复雅步以往。比相见，喘息良久。魏问相见何意？曰："适在苦水井前，遇见三嫂在树下作针黹，倦而假寐。小女嬉戏井旁，相距三五尺耳，似乎可虑。男女有别，不便呼三嫂使醒，故走觅兄。"魏大骇，奔往，则妇已俯井哭子矣。

经过句间和句内的多次删除，得到以下文本：

奴子傅显，性迂缓。一日，逢人辄问："见魏三兄否？"或指所在。比相见，魏问何意？曰："适在井前，见三嫂树下针黹，倦而假寐。小女戏井旁，似乎可虑。"魏大骇，奔往，妇已俯井哭子矣。

为方便读者更清晰地查看删除内容，呈现如下：

奴子傅显，~~喜读书，颇知文义，亦稍知医药~~。性情迁缓，~~望之如偃蹇老儒~~。一日，~~雅步行市~~上，逢人辄问："见魏三兄否？"或指所在，~~复雅步以往~~。比相见，~~喘息良久~~。魏问相见何意？曰："适在苦水井前，遇见三嫂在树下作针黹，倦而假寐。小女嬉戏井旁，~~相距三五尺耳~~，似乎可虑。~~男女有别，不便呼三嫂使醒，故走觅兄~~。"魏大骇，奔往，~~则~~妇已俯井哭子矣。

"喜读书，颇知文义，亦稍知医药"与"苦水井"的"苦"与整体文意相关度不大，故删；"望之如偃蹇老儒""雅步行市上""复雅步以往""喘息良久"皆是对"性情迁缓"的细节追加描写，"相距三五尺耳"是对"嬉戏井旁"的细节追加，故删；此文中，"性情"与"性"、"遇见"与"见"、"嬉戏"与"戏"、"水井"与"井"意思等同，故删"情""遇""嬉""水"；"男女有别，不便呼三嫂使醒"是古代常识性的礼节，不必赘述，故删；"相见""在……作……""故走觅兄""则"可根据上下文推知，故删。

原始命题材料共 130 字，经过上述层层删改后仅剩余 66 字，瘦身 49%，但是故事完整性、表述连贯性、行文的语言风格、主题等均完整保留。

如何把握文本精要信息、去除杂余，使文本变得更为精练、集中，是被试需要仔细考虑的问题，只有在深刻理解原句句义、清晰掌握原句句法的基础上，方能动刀删减，删减后的句子虽出自原句，但其实已然是基于删减者理解和写作能力的二次创作。这样的"瘦身"，显然远超出了阅读能力的考查范围，而是写作能力的体现，譬如医术高超的"整容"，而非描眉扑粉的"化妆"。

总之，删减取向的题目更精细地考查被试的语言能力，既要兼顾全局，也要关注细节，去留取舍、裁剪删改，皆为工夫。

PART

第四部分

04

· · · · · · · · · ·

研究结论及建议

第二十章

研究结论及建议

第一节　结论性认识

　　海外华文教育的保持、复兴、发展和繁荣，是中华民族伟大复兴不可或缺的一部分。

　　华二代是每一个海外家庭华文保持的起点，好的开始是成功的一半，华二代的祖语保持在很大程度上决定了后续的发展。华二代的祖语得以保持，即给二代以下的永久保持确立了基础和信心；而华二代的祖语保持失败，二代以下的祖语保持基本就是空谈。

　　严格来说，没有家庭语言环境的华文教育即非华文教育，没有家庭语言环境的华人家庭也即非社会学意义上的华人家庭。完全丧失祖语能力的华人不过是族裔、血统意义，而非社会学意义上的华人了。

　　当前的"海外华文教育"并没有明确重点人群，比较笼统、粗放，其结果就是既没有"精准扶贫"，也没有"先富带后富"。而本研究的目标就是促成"没有"的这一切变成"有"，将海外华文教育变成国家战略，以更高的、统战的高度进行顶层设计，并贯彻到海外华文教育工作的方方面面。

本研究从梳理现有相关文献开始，到分国别的研究，再到华文教材研究，最后到华测研究，尝试发现问题并提出解决问题的方案。海外华文教育、华二代祖语保持，基于本研究，可以得到一些结论性的、倾向性的认识。简要概括如下。

一、华二代是关键，也是隐忧

华测数据显示，华二代跟非华二代在祖语能力上有着显著的差异。华二代是祖语保持的起点，因而也是华文教育的焦点。

由于历史原因，以东南亚为主的老华人社会一直是海外华文教育的主战场，汉语二语教学的历史和现实也强烈地模糊了华文祖语教育和汉语二语教学的异同。这两个原因，导致了华文教育的焦点模糊。华二代不能以鲜明的祖语保持应有的基本面貌进行祖语教学，这直接动摇的是祖语保持的根基或者说开始。好的开始是成功的一半，不好的开始，大概是失败的一半，这是隐忧之一。

隐忧之二是，"三代转移论"是某种基本条件下祖语保持情况的描写，上升为普遍规律并预测未来，这已经是极大的谬误，而不少华二代，甚至把"三代转移论"改写为"二代转移"。加州大学社会学家 Rumbaut（2007、2009）的研究样本由不同世代（第一代至第四代）的 5 000 名受访者组成，调查结果发现，在传承语能力上，华裔与其他族裔形成鲜明对比，中文是最快速丢失的语言之一，实际上，它的预期寿命只有第二代（Rumbaut，2007），这个调查结果甚至打破了 Fishman（1966）的第三代转移论。通过我们这些年跟海外华校的广泛接触，这确实是新华人社会祖语保持的悲哀。遗憾的是，以华二代为聚焦的研究在"继承语"这个领域并不多见，从文献情况已经透露出隐忧。

对比老华人社会当年的情况，例如百年前的东南亚，即便是当时积贫积弱的旧中国，华人社会的向心力、华文教育的兴盛、祖语保持的热情和成效，完全非今天的新华人社会和华二代所可比拟。老华人社会在当时就有以"华校"为总名称的完整基础教育体系，反观今日之欧美及澳大利亚等普遍存在的"周末中文学校"这个总名称，以及这个名称下隐含的祖语保持方式，华二代祖语保持不容乐观。

二、华文祖语教育内外窘迫但有乐观可期

华二代乃至整个海外华文教育，在海外而言，老华人社会普遍经历过"断层"（程度不同而已），族群的华文水平严重衰减，而新华人社会，因为散居，需要融入

主流社会，向心力远不及当年的东南亚华人社会，祖语保持的意愿特别是行动都有大幅提升的空间。

回看国内的情况，华文教育的窘迫，也令人揪心。

学术界当然不乏对海外华文教育认识深刻之士，但总体上，"对外汉语教学/汉语国际教育/国际中文教育"几十年来一直到今天，都似乎是"海外华文教育"的上位概念。实践上更是如此，以一般外国人为默认对象，将海外华人混同其中——这一点，从教学、教材、测试都可以得到证明。

历史而迄今，海外华文教育固然是专门面向海外华人的教育，而对外汉语教学/汉语国际教育则不分华裔/非华裔，囊括一切。

教材，这本是海外华文保持最直接的体现，但到目前为止，国内高校编写的几乎所有"华文教材"都受到了西方语言学、语言教学的强烈影响，都是"二语"而非"继承语"的底层理论和基本架构。

测试，是标准、是把关、是指挥棒，然而向海外华人社会推行，对华文教育的基本面貌影响极大，因为 HSK 是以二语者为常模、为默认对象、为教学模式的考试，并不区分二语者和祖语者——实际上是以二语者凌驾祖语者。

教学架构、教材加测试，正在强烈地改变着海外华文教育的生态。这样，华文海外祖语保持实际上遇到了来自所在国和母国两方面的负面影响，祖语保持就更加不容乐观。

支撑海外华人社会祖语传承的乐观预期的因素也有，而且正在成长，关键在于我们如何决策，如何引导。例如"华二代祖语保持研究"的国家社科立项，就表明了学界部分同仁对华二代这个祖语关键代系的关切，也表明了学界对祖语保持的重视。例如"海外华裔青少年华文水平测试"由原国侨办立项，也表明了学界的认识已经影响到政界。例如国务院侨务办公室并改入统战部，进一步表明，国家高层把海外华侨华人工作定位为统一战线工作的一个组成部分，提升了海外华文教育在国家语言战略中的地位。例如 2020 年发起并于年底成立的全球华校联盟，明确地彰显了"华校"这个名称的凝聚力，彰显了以华校为依托传承祖语的愿景。例如以东南亚为代表的老侨社会，虽然传承代系久远，虽然受政治因素影响导致了断层，虽然断层后的新生代祖语保持现状严峻，但兴办华文教育的热情不减，向心力不衰。例如欧美及澳大利亚的新华人社会，办学质量"参差不齐"，好的极好、差的极差，这是失望，也是希望，从参差不齐中也能看到保持与增长的空间。特别是南欧国家、非英语国家的新华人社会的华二代祖语教育，他们更加热烈地拥抱继承语的教学模式，更加注重低幼龄的学童教育，也对"华文水平测试"表现出更加积极的态度。

再如教材方面，调查显示（见前文），海外华人对立足于"字"这个"本体"而非"本位"的，融"字—词—句—篇—语言—文学—文化"于一体的，基于汉语汉字特点而非简单依附西方语言学与语言教学理论的"新一代华文教材"表现出天然的、自觉的、契合心灵的热情拥抱——这一点尤其反衬出学界的创新力不足。我们需要"四个自信"，还要特别加上一个语言自信。汉语汉字没有那么难，理论上的、教材教法上的突破可以极大地提高教学效果，使华二代祖语保持，以及二代以下的"永久保持"成为可能。

而在测试方面，HSK 是以外国人为常模、为设计目标群体的考试（刘英林等，2020），过去没有华文水平测试，海外华校使用 HSK 既是不得已，也是向心力的一个表现，但由于惯性和认识上的不足，以及商业因素的介入，仅仅因为华文水平测试没有"官方效力"，持犹豫观望态度的海外华校不在少数。而与此同时，引入华测来评测教学效果、改进教学质量的学校也与日俱增。目前华测的合作伙伴已经遍及世界各大洲近 20 个国家、60 所学校，特别是欧洲、日本的新移民社会，印尼的苏岛、廖岛，以及美国的少量学校（全美中文学校协会在持续地、坚定地推广华测）。现在来看，这一切都实属必然，虽然艰难，但也让我们看到了华二代祖语保持以及海外华文教育的希望。

三、"永久传承"的华文教育目标尚待确立

我们认为，海外华文教育必须以"永久保持"为目标。原因如下：

第一，如果不以永久保持为目标，如果接受或默认 Fishman 的三代转移，甚至事实上有些家庭的二代转移，海外华文教育还有什么必要？

第二，如果我们放眼欧美、放眼全球，放眼过去的一两百年，超出现有的"继承语"这个概念，赋予其新的内涵或使用"祖语"这个概念并赋予其应有的内涵，我们自会对祖语保持有信心——这比基于继承语现状、基于现有研究结论而得到的认识重要得多。下文着重陈述。

Fishman 提出并被广泛引用的继承语三代转移论，是基于美国社会的非英语语种而言的，那么，我们必须追问：英语是美国的本土语言吗？接着还应该问：西班牙语、葡萄牙语是中南美洲的本土语言吗？这样的追问还可以继续下去。例如新加坡，尽管曾经是英国的殖民地，殖民体系崩溃之后，英语、华语在马来西亚和新加坡的存在及发展又为什么有今天的天壤之别呢？印尼禁绝华文 32 年，而相比于印尼本岛爪哇岛，外岛例如廖岛群岛、邦加岛、西加里曼丹、西苏门答腊等地的华文保

持又为何相当可观呢？接着还可以问，为什么世界上的许多原生语言逐渐消亡了呢？

这一切之间都有着共同的因果，答案也并不难于寻找。一种语言，能不能在一个语言社区生存下去，这首先就不是"继承语"的问题，而是人群、社会、语言本身的问题。

一种语言所使用的人群众寡几乎是第一位的因素。语言是用来交际的，除非与世隔绝，使用这种语言的人群如果很少或者很分散，就必然难以"传承"。

一种语言所代表的文化——准确说是政治、经济、军事——是否强势，这是第二位的因素，却在"阶段时间内"对该种语言、他种语言乃至世界版图的语言格局影响甚大。它可以由非本土语言变成实际上的本土语言，由"继承语"变成"主导语"，殖民体系带给非洲大陆、美洲大陆，乃至世界范围内的影响，就是这样的结果。但正如殖民体系的崩溃一样，我们应该看到这个"当今世界语言格局"的暂时性，而不能将其看成不变的、永久的。时下大量研究文献，特别是欧美的研究，实际上都是基于英语霸权的现状，以此为出发点来"研究"其他语言的继承问题。我们不应该受此误导，不应把暂时的现状当作永恒规律，应该站得更高、看得更远。

进一步看，一种语言是否可以永久传承，最底层的、决定性的因素取决于自身，取决于这种语言的"语/文"关系。两千年前的古诗，"孔雀东南飞，五里一徘徊""少壮不努力，老大徒伤悲"，今天还晓畅如话，而两千年前的英语在哪里？东西罗马帝国曾经统治大半个欧洲及地中海周边长达 1 500 年，拉丁语是罗马帝国的行政语言，而今安在？今日之 Englishes 以及西语、葡语的美、欧差异，也分明在延续着历史，以千年为单位来预测它们的未来，逻辑结果不难推断。拼音文字的语言，"文"随"语"变，如果是活的语言，"语音"就一定会流转迁徙，文字也一定随着语音变，否则会成为"天书"，成为"密码"，最终完全丧失自然语言的易学性。所以，任何拼音文字的语言，既经不起时间的磨蚀，又经不起空间的分化，都不可永久传承，这是必然。虽然基于今天的科技手段，流转迁徙的速度会大大减慢，但这并不能改变语言文字的关系，也无损于拼音文字裂变代替的必然趋势。而基于表意文字的汉语，正因为汉字不是"拼音"文字，不是"记音"文字，其"形/义"关系不受"语音"的桎梏而直接关联客体世界，所以有自身的独立性，这个独立性反过来又对语音具有一定的规定性。所以，汉语汉字可以永久传承，这也是必然。

有了上面的基本认识，再回看汉语的人口基数、中国的强劲崛起、汉语汉字的关系，我们就会摆脱西方语言学的误导（所谓西方语言学，是基于西方语言即拼音文字语言的理论学说，并非完全是"普通""普适"的），我们就会坚定不移地认为，华语文的海外永久传承，不是水中月、镜中花，不是痴人说梦。

华二代是传承的起点，抓住这个起点，辅以宏观和微观上的策略和方法，"永久传承"可期。

第二节　尝试性建议

今天谈论海外华文教育，多多少少是一个古老而又伤感的话题。

华文教育，假如从 1690 年的巴达维亚（今雅加达）的第一家私塾"明诚书院"算起，已经有 300 余年的历史，而从 1897 年日本横滨兴办新学"大同学校"算起，也已历百余年的沧桑（郭熙，2007）。

"沧桑"不是虚言，曾经普遍保持母语教育的华人社会，经历了"二战"、冷战、美国和英语单极霸凌的摧残，老华人社会的祖语保持岌岌可危，而新华人移民"融入主流社会"的愿望强烈，中文作为祖语的传承与保持的态度远不及老华人社会——"周末中文学校"这个名称已经清楚地表明了新老华人社会的巨大区别，中文学习，居然普遍成了周末的点缀，这在百年前的老华人社会是不可想象的。

这种情况并非不可改变，而且一定能够改变。在尝试性地提出建议之前，本研究强调：海外华文永久保持，我们得把它作为华文教育默认的目标。这样才可以给华文教育提出建议。

一、将"华文教育"提升到独立学科的高度

曾几何时，不少人认为"会说汉语就能教中文"，教外国人学中文是"小儿科"。"对外汉语教学"作为一门学科，曾经经历过长时期的讨论才艰难落地。

时至今日，不大会有人明面上还坚持"小儿科"的观点，遗憾的是，这种错误认识并没有根除，教外国人学汉语这门学问，自身也远未建立和健全。自身不足的标志，就是不严格区分"传承"和"传播"，不严格区分"华文祖语教育"和"中文二语教育"。笼统"对外"、笼统"国际"作为学科的着眼点和支撑点，学术品位显然不够——"外"只是表面现象，而非语言能力上的本质属性。一个中国人，移民海外，加入他国国籍，立刻就成了"外国人"，怎么可能是"对外汉语教学/汉语

国际教育"的对象呢？

从汉语教学上说，"外国人"分两大类：有家庭中文环境/没有家庭中文环境。而"有/没有"祖语环境，也正区分和代表了两类汉语学习者：认同动机/工具动机。

由此，我们会清楚地看到，"华文祖语教育"跟"中文二语教育"是互助互补、相辅相成的两回事。进一步说，只有确立了"华文祖语教育"的学科地位，才意味着"中文二语教育"的学科得以建立。二者合起来，共同支撑了汉语国际教育这项事业。

华文教育的师资，是为祖语保持而专门培养的，是有不一样的知识、技能、人文素养的师资。"不是谁都可以教外国人学汉语"，同理，"也不是谁都可以教华文"。

"华文祖语教育"跟"中文二语教育"分别作为学科的确立，将带来"对外的"汉语教学的全面变化：基本教学理念、教学标准、教材、教法、效率、评测工具、评价标准，以及国内教师的培养、储备、外派等方面的一系列的不同。

另外，尤其需要强调的是，基于学术的学科分野和确立，也才有助于更从容、更合理地处理办学模式、教学模式、教学对象、教学内容，才能避免被动和浪费，避免引起国际关系上的误解乃至麻烦。"汉办"已经成为过去，但"孔子学院"系列事件不是撤销"汉办"就能解决的。我们应该从国际关系、从统战的高度来看待问题，从学术的底层支撑来思考问题，从学科的架构手段上来解决问题。

二、实施华文教师的培养、储备、长派计划

有了学科的支撑和明确的目标对象，就可以实施华文教师的培养、储备，就可以向"华文祖语学校"大力派驻专门的优秀华文师资。华文师资既不同于原"汉办"的志愿者和外派教师，也不同于原"侨办"抽调的中小学教师，而是专门为华文教育培养、储备、派驻的师资。"长派"乃至"终身派驻"华文师资应该是祖语保持计划的必要举措。

另外，"长派计划"既保证了华文祖语教育的师资，也培养了精通世界各国语言的人才，可谓一箭双雕。"长派计划"，为我国跟世界各国的深度、顺畅交往，为"去英语霸权"，储备了相应的语言人才，无心插柳柳成荫，这个连带效果是国内任何外国语院校都力所不及的。

三、大力支持华文祖语教育战略

将中文祖语教育提升到学科的高度，是最底层、最基本的学术认识。实践上需要跟进，需要把"支持"落实到位。本条建议分对内、对外，互相结合。

（一）对内：国家语言战略的资金，大头用于华文祖语教育

近几十年来，我国用于"对外"的语言战略资金笼统"对外"，实际上大头用于非华人社会，而用于海外华人社会、用于祖语保持的资金十分有限。虽然"两办"名义上都已成历史，但如果资金配置延续以往的话，历史错误（或说失误）等于没有得到根本纠正。

进一步说，资金掌控不宜过度集中，以免形成"权、钱"不分的情况和"权、钱"对"学"的过度管控。建议除了国家部委，亦应在一大批重点大学设立海外祖语保持的专门院系和相关机构，并划拨用于祖语保持的专项资金及人力配置。

（二）对外：大力支持华文祖语学校的建设和发展

"华校"是一个沿用百年的概念，但事实上，"华校"在今日，早已变味儿。"变味儿"现象应引起高度重视。

在东南亚，"三语学校"大有取代"华校"之势，华文仅仅是一门语言科目；在欧美地区及澳大利亚、日本等新移民社会，周末中文学校则是主流。这样的"三语学校""周末中文学校"，跟历史上的"华校"大相径庭。

今日之"华校"，中文不单沦为一门教学科目或者周末补习的性质，在学生构成上也是"兼收并蓄"，不管华族友族，不管有没有家庭祖语环境，都共同上课，没有严谨的分班。这一点不仅存在于东南亚、存在于新移民社会，即便国内高校也如出一辙。不区分祖语者和二语者，实质是对祖语者、对华文祖语教育、对华文祖语保持的伤害。

海外的华文教育机构，说到底是一门"生意"，生存是第一位的。而在我国政府和学界两个层面，都应视华文教育、祖语保持为一项具有重要战略意义的事业，我们有必要尽快行动起来，大力支持乃至重建真正意义上的华校，将"华校"的办学方式、教学模式，纠正到祖语保持的轨道上来。

四、明确"华文水平测试"作为华文教育、祖语保持的官方考试

考试是指挥棒，对教育具有导向性。"成"，只有考试不够；"败"，错误使用考试就足以摧毁海外华文教育事业。

"海外华裔青少年华文水平测试"专门为华文祖语教育、为祖语保持而研发，暨南大学2012年即启动研发，2015年得到原国侨办的立项资助，并于2018年结项，目前已经落地推广。但总体上，推广之艰难超出想象，原因并不复杂——没有官方效力，没有国家的背书，还有HSK先入为主的存在。校长们更愿意选择号称"汉语托福"的HSK，以此来作为招生宣传的手段。

"HSK用于有中国背景的考生是常模误用"（陈宏，1995）。常模误用带来的是错误评价，错误评价带来的是误导导向，错误导向动摇的是华文教育的根基。

以印尼为例，华文教育联合总会的郑洁珊主席一直四处奔走、积极呼吁，希望大家接受华测，哪怕是尝试一下也好，但HSK运作日久，许多校长、老师不把华文当作"祖语"而当作"二语"来教学和考试——就是说，华文教育的性质和根基已经被动摇。

海外的校长老师们不明白这个问题的严重性尚可理解，毕竟这是相当学术的问题，但我们必须正视，应该从政治、从国家利益的高度来看待"汉考（HSK）"与"华测（HC）"的关系。正如华文教育跟汉语二语教育不矛盾、要互补才能互成一样，华测和汉考也不矛盾，是互补互成的关系，二者应各自明确自己的对象、功能、职责和使命。

五、同时认可汉考（HSK）与华测（HC）的成绩效力

如同所有的测量工具一样，汉语水平考试（HSK）本质上是一种测量工具。但相当长的时间以来，汉语水平考试（HSK）是唯一被有关部门认可成绩效力的考试，此种基本情况导致了汉语二语教学的基本理念对华文祖语继承与保持的强烈侵蚀与伤害。

政府应该致力于引导考试产品的多元化，致力于破除"垄断"。有鉴于目前的情况，我们强烈建议同时认可汉考（HSK）与华测（HC）的成绩效力，让它们在国家有关部门的统一领导下各司其职，健康发展。

六、编写新一代的华文教育教材

因为现有的学科体系，当前冠名"华文"的教材，其理论内核多是"汉语二语"而非"华文祖语"教材——这非一人之过，基于现有学科架构和现有"人才"体系，也只能得到这样的结果。

教材即隐含了标准、内容、教法，以及整个教学体系。将对一般外国人的"二语"教材运用于华文教育，近乎没有华文教育，没有华文教育而求祖语保持，无异于缘木求鱼。

全力打造"新一代华文教材"。"新教材"绝不是旧教材的"修订版"，绿皮车铁轨上跑不了高铁，"新"是从"地基"开始的建设。

"新一代华文教材"，隐含了下面几个核心问题：

（1）充分考虑"祖语/继承语"这个概念的实质——语言竞争。"夜长梦多，迟则生变"，这句话用在继承语上再合适不过。编写能够适应低龄、迅速提升识字量、迅速解决基本阅读能力的教材，这是原则。如果前轻后重、缓慢发展、学而不进，"祖语"自然会被孩子们抛弃，"继承"难以实现。

（2）字/词本位的问题。字/词本位的争论是"道"的层面上的争论，词本位是基于西方语言的理论。我们反对词本位，也不偏执字本位，"道"的层面，"不二法门"是我们应有的基本立场。但与此同时，要充分重视汉字，汉字是汉语的"本"——"根本"的本。

（3）听说领先还是读写领先的问题。听说领先也是基于西方语言的理论，拼音文字的语言，听说领先，读写自然跟上（相对容易）。汉语的文字是表意文字，听说领先、读写跟不上是常态，这是语言文字关系下的必然。汉语教学应该恰恰相反，"读写领先"（"诵读"而非"阅读"），"听说"自然跟上，在有一定家庭祖语环境的情况下更是如此。

七、新唐人街引导计划

人口聚集密度是影响祖语保持的一个重要指标。东南亚老华人社会的祖语保持颇为持久，而新华人社会甚至二代就发生祖语的彻底丢失，原因之一是新华人的散居，散居即无法形成语言社区，没有社区即没有语言活力。

迄今为止，中国的海外移民完全是自发的、纯个人的行为。中国移民隐含了我国人力资源的世界分布，基于我国的人口基数，如果我们积极引导，结合一整套组合策略，长时间看，移民的目的国、目的城市乃至目的城市中的目的区域，我们都可以加以引导，以形成较高的人口聚集密度。

所谓百年未有之大变局，是后殖民、后"冷战"、后霸权时代世界格局的改变，迎接这个人类社会的新时代，我们需要人力资源的布局，除了本土的中国人，更需要世界各国中的中国人——大力重塑"海外华文教育"，亟待着手。

附　录

附录一　华裔语言保持状况调查（通用卷）

您好！

我们目前正在进行一项由中国国家社科基金资助的研究项目，该项目旨在调查华裔青少年汉语学习和使用现状、对汉语及中华文化的情感态度等方面的情况，探讨华裔语言保持与家庭和社会环境，语言、文化、身份的认同，情感态度等因素间的关系，为促进华文教育发展、更有效地提升华裔学习者的汉语水平提出建议。我们希望尽可能全面地了解与您相关的语言使用状况。

您的参与，将为我们全面了解华人的语言保持状况、促进和改善华文教育，提供宝贵的资料和研究依据。我们非常期望您能参与我们的研究！

我们郑重承诺，将对您填写的内容严格保密，并保证所有信息只用于该项研究及相关讨论。同时，我们保证您的参与始终保持匿名状态，您的个人信息不会以任何形式暴露。

完成此问卷大约耗时 20 分钟。衷心感谢您的参与！

第一部分

1. 您说得最流利的语言是：
□A. 所在国语言　□B. 汉语（含方言，下同）　□C. 其他_____

2. 上小学前，你和家人日常使用最多的语言是（如果没有则不填）：

	只用汉语	主要用汉语，也用所在国语言	主要用所在国语言，也用汉语	只用所在国语言
你和父亲交谈时				
你和母亲交谈时				
你和（外）祖父交谈时				
你和（外）祖母交谈时				
你和兄弟姐妹交谈时				
你和保姆交谈时				

3. 现在，你和家人日常使用最多的语言是（如果没有则不填）：

	只用汉语	主要用汉语，也用所在国语言	主要用所在国语言，也用汉语	只用所在国语言
你和父亲交谈时				
你和母亲交谈时				
你和（外）祖父交谈时				
你和（外）祖母交谈时				
你和兄弟姐妹交谈时				
你和保姆交谈时				

4. 你在日常生活中使用汉语的频率符合以下哪种情况？

□A. 每天都用到

□B. 经常用到

□C. 很少用到

□D. 几乎不用

5. 以下哪种描述符合你现在生活的地方的情况？

□A. 主要是华人，非华人较少

□B. 主要是非华人，华人较少

□C. 不清楚/其他_____

6. 在你生活的地方，汉语使用的情况是？
□A. 人们<u>总是</u>用汉语交谈
□B. 人们<u>经常</u>用汉语交谈
□C. 人们<u>很少</u>用汉语交谈
□D. 人们<u>从不</u>用汉语交谈

7. 在你的学校里同学们的情况是？
□A. 华裔学生很多
□B. 华裔学生很少
□C. 不清楚/其他_____

8. 你和华人朋友交谈时用的语言情况是？
□A. 只用汉语
□B. 主要用汉语，也用所在国语言
□C. 主要用所在国语言，也用汉语
□D. 只用所在国语言

9. 你是否在手机上装了汉语 App？
□A. 是　　　□B. 否

第二部分

一、汉语学习方式调查（请根据您的实际情况，在"□"内打"√"）

1. 为了让你学会<u>汉语</u>，你的家庭采取过以下哪些方式？（可多选）
□A. 送我上中文学校/补习班　　　　□B. 在家跟我说汉语
□C. 在家里准备了很多汉语的学习资源，如汉语书籍、汉语 App 等
□D. 看中文电视电影、听中文歌曲　　□E. 送我到中国留学
□F. 请家庭教师教我学汉语　　　　□G. 父母亲自教我学汉语
□H. 经常带我参加需要用中文的场合　□I. 与说中文的亲友经常保持联系
□J. 其他_____

2. 你正式学习<u>汉语</u>的方式包括以下哪些？（可多选）

□A. 在周末中文学校/补习班学习

□B. 在政府学校学习

□C. 请家庭教师

□D. 在中国（含港澳台地区）留学

□E. 以上皆无

□F. 其他_____

（1）____岁开始在周末中文学校/补习班学习汉语；学习时长：____年（若＜1年则填0）

（2）____岁开始在政府学校学习汉语；学习时长____年（若＜1年则填0）

（3）____岁的时候请的家庭教师；学习时长：□少于1年 □____年（≥1年）

（4）在中国（含港澳台地区）的留（游）学时长：□少于1年 □____年（≥1年）

（5）通过其他方式正式学习汉语的时长：□少于1年 □____年（≥1年）

（方框内的内容按第2题的情况填写）

3. 您觉得哪种学习方式对您学汉语帮助最大？（选三个）

□A. 上中文学校/补习班　　　　　　□B. 与家庭成员使用汉语交流

□C. 阅读汉语书籍　　　　　　　　□D. 看中文电视电影、听中文歌曲

□E. 到中国留学　　　　　　　　　□F. 请家庭教师

□G. 跟说中文的亲友经常来往　　　□H. 其他_____

二、汉语水平自评（请根据您的实际情况，在"□"内打"√"）

1. 能听懂汉语课上老师讲的内容

□能够很轻松地完成　　　□能够比较好地完成　　　□基本可以完成

□很难完成　　　　　　　□完全不能完成

2. 能听懂别人用华语或方言说一些简单的事情

□能够很轻松地完成　　　□能够比较好地完成　　　□基本可以完成

□很难完成　　　　　　　□完全不能完成

3. 能听懂用华语或方言进行的熟悉话题的讨论
□能够很轻松地完成　　　□能够比较好地完成　　　□基本可以完成
□很难完成　　　　　　　□完全不能完成

4. 能听懂说得比较慢的汉语小故事
□能够很轻松地完成　　　□能够比较好地完成　　　□基本可以完成
□很难完成　　　　　　　□完全不能完成

5. 能听懂华语或方言电影和电视节目
□能够很轻松地完成　　　□能够比较好地完成　　　□基本可以完成
□很难完成　　　　　　　□完全不能完成

6. 能在一般情况下听懂中国人说话
□能够很轻松地完成　　　□能够比较好地完成　　　□基本可以完成
□很难完成　　　　　　　□完全不能完成

7. 能用华语或方言打招呼、告别、道歉等
□能够很轻松地完成　　　□能够比较好地完成　　　□基本可以完成
□很难完成　　　　　　　□完全不能完成

8. 能用华语或方言简单介绍自己和家人、朋友
□能够很轻松地完成　　　□能够比较好地完成　　　□基本可以完成
□很难完成　　　　　　　□完全不能完成

9. 能清楚地用华语或方言讲一件事情
□能够很轻松地完成　　　□能够比较好地完成　　　□基本可以完成
□很难完成　　　　　　　□完全不能完成

10. 能用华语或方言简单表达想法
□能够很轻松地完成　　　□能够比较好地完成　　　□基本可以完成
□很难完成　　　　　　　□完全不能完成

11. 能用华语或方言谈论各种话题

□能够很轻松地完成 　　□能够比较好地完成 　　□基本可以完成
□很难完成 　　□完全不能完成

12. 能像普通中国人一样说华语或方言

□能够很轻松地完成 　　□能够比较好地完成 　　□基本可以完成
□很难完成 　　□完全不能完成

13. 能读懂带有图画的简单汉语小故事

□能够很轻松地完成 　　□能够比较好地完成 　　□基本可以完成
□很难完成 　　□完全不能完成

14. 能读懂华文信息

□能够很轻松地完成 　　□能够比较好地完成 　　□基本可以完成
□很难完成 　　□完全不能完成

15. 能读懂华语或方言实用文

□能够很轻松地完成 　　□能够比较好地完成 　　□基本可以完成
□很难完成 　　□完全不能完成

16. 能读懂汉语报纸杂志等

□能够很轻松地完成 　　□能够比较好地完成 　　□基本可以完成
□很难完成 　　□完全不能完成

17. 能看出汉语文章中的语言错误

□能够很轻松地完成 　　□能够比较好地完成 　　□基本可以完成
□很难完成 　　□完全不能完成

18. 能看出汉语文章的观点、态度

□能够很轻松地完成 　　□能够比较好地完成 　　□基本可以完成
□很难完成 　　□完全不能完成

19. 能用汉语写一些简单的句子
□能够很轻松地完成　　　□能够比较好地完成　　　□基本可以完成
□很难完成　　　□完全不能完成

20. 能用汉语写留言条、贺卡等
□能够很轻松地完成　　　□能够比较好地完成　　　□基本可以完成
□很难完成　　　□完全不能完成

21. 能用汉语做笔记
□能够很轻松地完成　　　□能够比较好地完成　　　□基本可以完成
□很难完成　　　□完全不能完成

22. 能写出篇幅较短的汉语作文
□能够很轻松地完成　　　□能够比较好地完成　　　□基本可以完成
□很难完成　　　□完全不能完成

23. 能用汉语写出想写的东西
□能够很轻松地完成　　　□能够比较好地完成　　　□基本可以完成
□很难完成　　　□完全不能完成

24. 能像用母语一样用汉语写作
□能够很轻松地完成　　　□能够比较好地完成　　　□基本可以完成
□很难完成　　　□完全不能完成

第三部分

1. 在我的所在国，会汉语的人很受欢迎
□①完全同意　　□②同意　　□③中立　　□④不同意　　□⑤完全不同意

2. 在我生活的社区，还保留着很多中华文化习俗
□①完全同意　　□②同意　　□③中立　　□④不同意　　□⑤完全不同意

3. 我家还保留着很多中华文化习俗，比如春节等
□①完全同意　　□②同意　　□③中立　　□④不同意　　□⑤完全不同意

4. 我花了很多时间了解中国文化，如历史地理、风俗习惯
□①完全同意　　□②同意　　□③中立　　□④不同意　　□⑤完全不同意

5. 在学习汉语的过程中，我常常受到父母的鼓励
□①完全同意　　□②同意　　□③中立　　□④不同意　　□⑤完全不同意

6. 我觉得华裔应当学会汉语
□①完全同意　　□②同意　　□③中立　　□④不同意　　□⑤完全不同意

7. 在家里，我愿意和家人、亲戚说汉语
□①完全同意　　□②同意　　□③中立　　□④不同意　　□⑤完全不同意

8. 在学校，我愿意和会说汉语的朋友或同学说汉语
□①完全同意　　□②同意　　□③中立　　□④不同意　　□⑤完全不同意

9. 在家庭之外的公共场合，我愿意说汉语
□①完全同意　　□②同意　　□③中立　　□④不同意　　□⑤完全不同意

10. 我觉得上汉语课很有意思
□①完全同意　　□②同意　　□③中立　　□④不同意　　□⑤完全不同意

11. 当别人跟我说汉语时，我感觉很亲切
□①完全同意　　□②同意　　□③中立　　□④不同意　　□⑤完全不同意

12. 当别人跟我说汉语时，我感觉很尴尬
□①完全同意　　□②同意　　□③中立　　□④不同意　　□⑤完全不同意

13. 我喜欢学习汉语
□①完全同意　　□②同意　　□③中立　　□④不同意　　□⑤完全不同意

14. 我觉得父母让我学汉语是正确的
□①完全同意　　□②同意　　□③中立　　□④不同意　　□⑤完全不同意

15. 我觉得中国文化对我很有吸引力
□①完全同意　　□②同意　　□③中立　　□④不同意　　□⑤完全不同意

16. 我想去父母或祖辈出生的地方看一看
□①完全同意　　□②同意　　□③中立　　□④不同意　　□⑤完全不同意

17. 我觉得身为华人应该保持自己的文化特点
□①完全同意　　□②同意　　□③中立　　□④不同意　　□⑤完全不同意

18. 我喜欢过中国传统节日
□①完全同意　　□②同意　　□③中立　　□④不同意　　□⑤完全不同意

19. 当中国人在国际上获奖时我感到很自豪
□①完全同意　　□②同意　　□③中立　　□④不同意　　□⑤完全不同意

20. 我愿意向别人介绍中国
□①完全同意　　□②同意　　□③中立　　□④不同意　　□⑤完全不同意

21. 如果有机会我愿意到中国生活
□①完全同意　　□②同意　　□③中立　　□④不同意　　□⑤完全不同意

22. 我觉得会汉语对我将来的发展有好处
□①完全同意　　□②同意　　□③中立　　□④不同意　　□⑤完全不同意

23. 学习汉语使我在升学时具有优势
□①完全同意　　□②同意　　□③中立　　□④不同意　　□⑤完全不同意

24. 我学习汉语是受到了父母的影响
□①完全同意　　□②同意　　□③中立　　□④不同意　　□⑤完全不同意

25. 我学汉语是因为中国的地位越来越重要
   □①完全同意　　□②同意　　□③中立　　□④不同意　　□⑤完全不同意

26. 我学汉语是因为对中国文化感兴趣
   □①完全同意　　□②同意　　□③中立　　□④不同意　　□⑤完全不同意

27. 我学习汉语是为了将来找工作
   □①完全同意　　□②同意　　□③中立　　□④不同意　　□⑤完全不同意

28. 我学习汉语是为了能跟更多的人交流
   □①完全同意　　□②同意　　□③中立　　□④不同意　　□⑤完全不同意

29. 我学习汉语是因为我是华人
   □①完全同意　　□②同意　　□③中立　　□④不同意　　□⑤完全不同意

30. 我学汉语是因为对我来说最容易
   □①完全同意　　□②同意　　□③中立　　□④不同意　　□⑤完全不同意

31. 我学汉语是因为没有更好的选择
   □①完全同意　　□②同意　　□③中立　　□④不同意　　□⑤完全不同意

32. 我对学好汉语很有信心
   □①完全同意　　□②同意　　□③中立　　□④不同意　　□⑤完全不同意

33. 我觉得学汉语是正确的选择
   □①完全同意　　□②同意　　□③中立　　□④不同意　　□⑤完全不同意

34. 我觉得学汉语给我造成很大压力
   □①完全同意　　□②同意　　□③中立　　□④不同意　　□⑤完全不同意

人口统计学信息：

1. 性别：　　□男　　□女

2. 出生年份：_____年

3. 现在的居住地（城市）：_____

4. 上小学前居住时间最长的地方（城市）：_____

P. S. 您愿意接受我们的进一步访谈吗?（时长约为 1 小时）

□愿意 ［您的姓名_____；您的联系方式（手机号码/邮箱/微信）_____］

□不愿意

附录二　华人家庭语言保持状况调查（家长卷）

您好！

我们目前正在进行一项由中国国家社科基金资助的研究项目，该项目旨在调查华人家庭中的语言使用、语言观念等状况，探讨华人语言保持与社会、家庭、认同、文化等之间的关系，为促进华文教育发展、更有效地提升华裔学习者的汉语水平提出建议。

作为该研究的重要组成部分，我们希望尽可能全面地了解与您家庭相关的语言使用状况。

您的参与，将为我们全面了解海外华人的语言保持状况、促进和改善海外华文教育，提供宝贵的资料和研究依据。我们非常期望您能参与我们的研究！

我们郑重承诺，将对您填写的内容严格保密，并保证所有信息只用于该项研究及相关讨论。同时，我们保证您的参与始终保持匿名状态，您和家人的个人信息不会以任何形式暴露。

完成此问卷大约耗时 20 分钟。衷心感谢您的参与！

第一部分

1. 性别：　　□男　　□女

2. 您的出生年份：＿＿＿＿＿＿年

3. 您的出生地：＿＿＿＿＿（国家/地区）＿＿＿＿＿＿＿＿（州/城市）

4. 您的现居地：＿＿＿＿＿（国家/地区）＿＿＿＿＿＿＿＿（州/城市）

5. 您现在的国籍（按护照）：＿＿＿＿＿＿（国家）

6. 您移居所在国的时长：＿＿＿＿＿＿年

7. 您的学历：

□A. 小学　　　　□B. 初中　　　　□C. 高中　　　　□D. 大专

□E. 本科　　　　□F. 本科以上

8. 您的职业：

□A. 政府雇员　　□B. 企业/教育机构雇员　　□C. 自主经营者

□D. 自由职业者　□E. 其他

9. 您所在社区的社会经济水平大概是：

□A. 富裕　　　　□B. 中等偏上　　□C. 中等　　□D. 中等偏下

□E. 较为贫困　　□F. 其他

10. 您所在的社区华人人口状况是：

□A. 较多　　□B. 有一些，但不多　　□C. 很少　　□D. 只有我们一家

11. 您的家庭在当地社会的经济地位大概是：

□A. 很高　　□B. 中等偏上　　□C. 中等　　□D. 中等偏下

□E. 很低　　□F. 其他

第二部分

1. 您目前的主要家庭成员有（可多选）：

□A. 配偶　　　□B. 父亲（岳父/公公）　　　□C. 母亲（岳母/婆婆）

□D. 保姆　　　□E. 孩子（有＿＿个孩子）　　□F. 其他＿＿＿＿＿＿

2. 您和家人日常使用的语言是（以下虚线框的内容按第 1 题的情况填写）：

（1）您的日常语言是：
□A. 汉语（含方言）　　□B. 所在国语言　　□C. 其他＿＿＿＿＿＿＿

（2）您配偶的日常语言是：
□A. 汉语（含方言）　　□B. 所在国语言　　□C. 其他＿＿＿＿＿＿＿

（3）您父亲日常使用的语言是：

□A. 汉语（含方言）　　□B. 所在国语言　　□C. 其他＿＿＿＿＿＿

（4）您母亲日常使用的语言是：

□A. 汉语（含方言）　　□B. 所在国语言　　□C. 其他＿＿＿＿＿＿

（5）您的孩子日常使用的语言是：

老大：□A. 汉语（含方言）　□B. 所在国语言　□C. 其他＿＿＿＿＿＿

老二：□A. 汉语（含方言）　□B. 所在国语言　□C. 其他＿＿＿＿＿＿

老三：□A. 汉语（含方言）　□B. 所在国语言　□C. 其他＿＿＿＿＿＿

（6）保姆日常使用的语言是：

□A. 汉语（含方言）　　□B. 所在国语言　　□C. 其他＿＿＿＿＿＿

3. 孩子正式上学前，您和家庭成员与孩子交谈时孩子回应所用的语言，请在符合实际情况的表格中打"√"。

		只用所在国语言	所在国语言为主，兼用汉语	汉语为主，兼用所在国语言	只用汉语
（1）	您与孩子交谈时				
（2）	您的配偶与孩子交谈时				
（3）	祖父母与孩子交谈时				
（4）	孩子与兄弟姐妹交谈时				
（5）	保姆与孩子交谈时				

4. 现在，您和其他家庭成员与孩子交谈时孩子回应所用的语言，请在符合实际情况的表格中打"√"。

		只用所在国语言	所在国语言为主，兼用汉语	汉语为主，兼用所在国语言	只用汉语
（1）	您与孩子交谈时				
（2）	您的配偶与孩子交谈时				
（3）	祖父母与孩子交谈时				
（4）	孩子与兄弟姐妹交谈时				
（5）	保姆与孩子交谈时				

5. 您的家庭与说汉语的亲友来往情况符合以下哪一描述？

□A. 非常频繁地与他们联系或交往

□B. 经常与他们联系或交往

□C. 偶尔与他们联系或交往

□D. 几乎没有往来

6. 您的孩子与亲友交流时的语言使用情况是：

□A. 只用所在国语言

□B. 所在国语言为主，兼用汉语

□C. 所在国语言和汉语各一半

□D. 汉语为主，兼用所在国语言

□E. 只用汉语

7. 请在下表填写您对孩子的汉语水平的评价。（0～5 分，"0"表示完全不会，"5"表示接近母语水平；下表中的"写作"主要指书面表达的流利程度，"汉字"主要指识字量）

	听力	口语	阅读	写作	汉字
第一个孩子					
第二个孩子					
第三个孩子					

如有需要，可在此补充说明您关于此题的想法：_____

第三部分

1. 为了让孩子学好汉语（含方言），您的家庭采用过以下哪些办法（可多选）：

☐A. 让孩子上中文学校/补习班

☐B. 在家坚持说汉语

☐C. 准备了很多汉语的学习资源如书籍、汉语 App 等

☐D. 让孩子看中文电视电影、听中文歌曲

☐E. 让孩子到说中文的国家/地区留学

☐F. 请家庭教师

☐G. 亲自辅导孩子学汉语

☐H. 经常带孩子参加需要用中文的场合

☐I. 与说中文的亲友保持经常联系

☐J. 其他_____

2. 上述办法中，您觉得哪两种最有效？

☐A. 让孩子上中文学校/补习班

☐B. 在家坚持说汉语

☐C. 准备了很多汉语的学习资源如书籍、汉语 App 等

☐D. 让孩子看中文电视电影、听中文歌曲

☐E. 让孩子到说中文的国家/地区留学

☐F. 请家庭教师

☐G. 亲自辅导孩子学汉语

☐H. 经常带孩子参加需要用中文的场合

☐I. 与说中文的亲友保持经常联系

☐J.　其他＿＿＿＿＿＿＿＿＿＿＿

☐K.　不清楚

3.　陪孩子进行与汉语（含方言）相关的亲子活动的频率：

☐A.　几乎每天　　　　☐B.　一周两/三次　　　　☐C.　很少

☐D.　从不（跳至第 5 题）

4.　进行上述亲子活动的时长：

☐A.　一小时以上　　☐B.　半小时到一小时之间　　☐C.　半小时以内

5.　您的孩子正式开始学习汉语（含方言）的年龄（根据实际情况选填）：

老大＿＿＿＿岁　　　　老二＿＿＿＿岁　　　　老三＿＿＿＿岁

6.　孩子在以下哪些性质的教育机构学过或正在学汉语（含方言）：

☐A.　有正式学制的学校　　　　　　☐B.　私立学校/补习班　　☐C.　家教

☐D.　去说汉语的国家或地区留学　　☐E.　其他＿＿＿＿＿＿＿＿＿＿＿

7.　您认为孩子的汉语（含方言）水平最好的时候是：

☐A.　上幼儿园前　　　　　　☐B.　上小学前　　　　　　☐C.　上中学前

☐D.　海外游学后　　　　　　☐E.　其他＿＿＿＿＿＿＿＿＿＿＿

8.　您认为孩子的汉语（含方言）进步最快的时候是：

☐A.　上幼儿园前　　　　　　☐B.　上小学前　　　　　　☐C.　上中学前

☐D.　海外游学后　　　　　　☐E.　其他＿＿＿＿＿＿＿＿＿＿＿

9.　您认为孩子汉语（含方言）水平下降最快的时候是：

☐A.　上幼儿园后　　　　　　　　☐B.　上小学后

☐C.　上中学后　　　　　　　　　☐D.　与同龄朋友交往增多后

☐E.　其他＿＿＿＿＿＿＿＿＿＿＿

第四部分

1. 我非常认同自己的华人身份。
   □①完全同意　　　□②同意　　　□③中立　　　□④不同意　　　□⑤完全不同意

2. 我认为华人有必要传承自己的语言和文化。
   □①完全同意　　　□②同意　　　□③中立　　　□④不同意　　　□⑤完全不同意

3. 我非常积极地参加当地的华人活动。
   □①完全同意　　　□②同意　　　□③中立　　　□④不同意　　　□⑤完全不同意

4. 我希望子女能够认同中国语言文化。
   □①完全同意　　　□②同意　　　□③中立　　　□④不同意　　　□⑤完全不同意

5. 我的家庭保留了很多中国文化习俗，比如春节、中秋节等。
   □①完全同意　　　□②同意　　　□③中立　　　□④不同意　　　□⑤完全不同意

6. 我觉得所在国的社会环境很适合华人发展。
   □①完全同意　　　□②同意　　　□③中立　　　□④不同意　　　□⑤完全不同意

7. 汉语（含方言）是我觉得最亲切的语言。
   □①完全同意　　　□②同意　　　□③中立　　　□④不同意　　　□⑤完全不同意

8. 我尽力让孩子学好汉语（含方言）。
   □①完全同意　　　□②同意　　　□③中立　　　□④不同意　　　□⑤完全不同意

9. 我尽力让孩子了解中国文化。
   □①完全同意　　　□②同意　　　□③中立　　　□④不同意　　　□⑤完全不同意

10. 我的孩子很喜欢学汉语（含方言）。
    □①完全同意　　　□②同意　　　□③中立　　　□④不同意　　　□⑤完全不同意

11. 我的孩子对中国文化很感兴趣。
□①完全同意　　□②同意　　□③中立　　□④不同意　　□⑤完全不同意

12. 华人学习汉语（含方言）有很大的优势。
□①完全同意　　□②同意　　□③中立　　□④不同意　　□⑤完全不同意

13. 我让孩子学汉语（含方言）是因为他们是华裔。
□①完全同意　　□②同意　　□③中立　　□④不同意　　□⑤完全不同意

14. 汉语的潜在价值是我坚持让孩子学汉语（含方言）的主要原因。
□①完全同意　　□②同意　　□③中立　　□④不同意　　□⑤完全不同意

15. 我希望自己的子女能够保持与中国（含港澳台地区）的联系。
□①完全同意　　□②同意　　□③中立　　□④不同意　　□⑤完全不同意

16. 我非常认同所在国的语言和文化。
□①完全同意　　□②同意　　□③中立　　□④不同意　　□⑤完全不同意

17. 我非常积极地参加当地非华人群体的活动。
□①完全同意　　□②同意　　□③中立　　□④不同意　　□⑤完全不同意

18. 我希望子女认同所在国的语言和文化。
□①完全同意　　□②同意　　□③中立　　□④不同意　　□⑤完全不同意

19. 移居所在国以后，我希望在语言文化上完全融入当地社会。
□①完全同意　　□②同意　　□③中立　　□④不同意　　□⑤完全不同意

20. 我的家庭完全按照当地社会习俗来生活。
□①完全同意　　□②同意　　□③中立　　□④不同意　　□⑤完全不同意

21. 我认为如果子女是所在国公民，不一定要学汉语（含方言）。
□①完全同意　　□②同意　　□③中立　　□④不同意　　□⑤完全不同意

22. 我在是否要学汉语（含方言）的问题上与孩子（们）有不同的意见。
□①完全同意　　□②同意　　□③中立　　□④不同意　　□⑤完全不同意

23. 我觉得学不学汉语（含方言）应当尊重孩子的个人选择。
□①完全同意　　□②同意　　□③中立　　□④不同意　　□⑤完全不同意

24. 我觉得在所在国要让孩子传承汉语言文化是非常困难的事。
□①完全同意　　□②同意　　□③中立　　□④不同意　　□⑤完全不同意

25. 我希望孩子以后能回中国（含港澳台地区）生活。
□①完全同意　　□②同意　　□③中立　　□④不同意　　□⑤完全不同意

26. 如果可能的话，我希望我及家人拥有中国和所在国双国籍。
□①完全同意　　□②同意　　□③中立　　□④不同意　　□⑤完全不同意

P. S.　您愿意接受我们的进一步访谈吗？（时长约为 1 小时）
□愿意
您的姓名＿＿＿＿＿＿＿；您的联系方式（手机号码/邮箱/微信）＿＿＿＿＿＿＿＿
□不愿意

附录三 华校教师、管理者问卷

您好！

我们目前正在进行一项中国国家社科基金资助的研究项目，该项目的重要内容之一是尽可能了解全球中文学校在教学、教材、师资等方面的相关状况，探讨影响华文教育发展的相关因素及解决办法，为有关方面做出更有效的华文教育规划与决策提供参考和建议。为此，我们诚挚地邀请您与我们分享您对于所在学校的发展状况和华文教育相关问题的思考与认识。

您的参与，将为我们全面了解海外中文学校的发展状况、促进和改善华文教育，提供宝贵的资料和研究依据。本次调查的结果，也将成为全球中文学校协会和相关组织今后组织和开展师资培训、教材开发和文化活动的重要依据。我们非常期望您能参与我们的研究！

我们郑重承诺，将对您填写的内容严格保密，并保证所有信息只用于该项研究及相关讨论。同时，我们保证您的参与始终保持匿名状态，您的个人信息不会以任何形式暴露。

完成此问卷大约耗时 15~20 分钟。衷心感谢您的参与！

1. 学校的名称：＿＿＿＿＿＿＿＿＿＿

2. 学校所在的地区：＿＿＿＿＿州＿＿＿＿＿市

3. 学校创办的时间：＿＿＿＿＿年

4. 学校有几个校区：

5. 学校的校舍性质是：
A. 租用　　　　B. 自有　　　　C. 其他组织免费提供

6. 学校的经费来源是：

A. 学费为主　　　B. 捐赠为主　　　　C. 自筹（其他产业收入）为主

7. 目前学校开设的课程有：

A. 汉语类　　　　B. 文化才艺类　　　C. 考试类

D. 专项科目补习类（如数学、物理等）

（1）汉语类课程主要是：

A. 听说　　　　B. 听说读写综合类　　　C. 写作

（2）文化才艺类课程主要是：

A. 书画类　　　B. 乐器类　　　C. 棋类　　　D. 体育类

（3）考试类课程主要是：

A. AP 考试辅导　　　B. SAT 考试辅导　　　C. HSK 辅导

D. 其他＿＿＿＿＿＿＿＿＿＿＿＿＿

8. 最受家长欢迎的课程是：

A. 汉语类　　　　　　B. 文化才艺类　　　　　C. 考试类

D. 专项科目补习类（如数学、物理等）　　　E. 其他＿＿＿＿＿＿＿＿＿

9. 最受学生欢迎的课程是：

A. 汉语类　　　　　　B. 文化才艺类　　　　　C. 考试类

D. 专项科目补习类（如数学、物理等）　　　E. 其他＿＿＿＿＿＿＿＿＿

10. 学校的学生人数是：

A. 100 人以下　　　　　　　　B. 100 ~ 500 人

C. 501 ~ 1 000 人　　　　　　D. 1 000 人以上

11. 学生是以：

A. 新移民①子女为主　　　　B. 第二代以上移民子女为主

C. 非华裔为主　　　　　　　D. 不清楚

---

① 主要指从中国大陆（内地）移民美国或侨居美国的华侨华人。

12. 大部分学生的汉语语言背景大致是：

A. 入学前已具备一定的普通话或汉语方言的听说能力

B. 入学前没有听说基础

C. 不好说

D. 不清楚

13. 学生分班的依据主要是：

A. 按年龄分　　　　　　　　B. 按语言背景分

C. 综合年龄和语言背景因素进行划分

14. 对于具备听说基础的学生和没有听说基础的学生，您的看法是：

A. 应该分开教学　　　　　B. 可以混合一起教　　　C. 不好说

15. 学校教师的人数是：

A. 1～10 人　　　　　　　　B. 11～40 人

C. 41～60 人　　　　　　　　D. 60 人以上

16. 中文课教师的学历情况是：

A. 专科为主　　　　　　　　B. 大学本科为主

C. 硕士及以上学历为主

17. 中文课教师的专业情况是：

A. 语言学、文学或教育学专业为主

B. 非语言学、文学或教育学专业为主

18. 学校一般会组织教师参加以下哪种师资培训：

A. 中国派遣的师资培训班

B. 所在国本土协会或相关机构组织的师资培训

C. 学校自行组织的教师培训或研讨会

D. 校际联合培训

19. 教师接受培训的频率大概是:

A. 几乎没有培训　　　　　　B. 每年一到两次

C. 经常培训　　　　　　　　D. 不清楚

20. 教师最需要接受哪方面的培训:

A. 教学法　　　　　　　　　B. 中国文化知识

C. 语言学理论　　　　　　　D. 教育学理论

21. 目前的教师培训是否能够满足学校教师的需要:

A. 完全满足需要　　　　　　B. 基本满足需要

C. 不能满足需要　　　　　　D. 不好说

22. 如果由您来策划本校的师资培训,不考虑其他因素,您希望培训包括哪些内容?

_____

_____

_____

23. 学校使用的教材是:

A. 中国出版的教材　　B. 自编教材　　C. 所在国本土出版的教材

24. 学校选用该教材的原因是:

A. 获取方便　　　　　B. 符合教学需要　　C. 不清楚

25. 针对华裔和非华裔学生,学校的做法是:

A. 使用同一系列教材　　　　B. 使用不同教材

26. 教材使用的感受是:

A. 完全满足教学需要　　　　B. 基本满足教学需要

C. 不能满足教学需要　　　　D. 不好说

27. 教师使用教学参考用书的情况是：

A. 使用教材配套的参考用书

B. 自行查找或编写教学参考资料

28. 请您描述理想中的中文教材：

_____

_____

_____

29. 学校是否组织学生举办各种与中文和文化有关的活动？

A. 经常　　　　　B. 不太多　　　　　C. 很少　　　　　D. 几乎没有

30. 学校是否组织学生参加海外（如中国包括港澳台地区）的游学活动？

A. 有　　　　　B. 没有

31. 您认为上述游学活动对促进华文学习：

A. 非常有意义　　B. 有一定意义　　C. 没有什么价值　　D. 不好说

32. 对现行的游学方式，您觉得是否有需要改进之处：

_____

_____

_____

33. 学校是否有向师生开放的图书馆或图书室？

A. 有　　　　　B. 没有

34. 学校的其他教学或学习资源主要来源于：

A. 学校自购　　B. 捐赠

35. 学生是否有充足的课外阅读或学习资源：

A. 非常充足　　　　B. 充足　　　　　C. 不太充足　　　　D. 缺乏

36. 学生最需要哪些方面的中文学习资源：

A. 阅读类　　　　B. 写作类　　　　C. 应试类　　　　D. 视听说类

E. 其他＿＿＿＿＿＿＿＿＿＿＿＿

37. 通常学生成绩的评估方式一般是：

A. 学校自行组织的考试　　　　　　　B. HSK（汉语水平考试）

C. AP 考试　　　　D. SAT 考试　　　　E. 其他（请注明）＿＿＿＿＿＿＿

38. 上述评估方式，您认为最能反映学生真实水平的是哪种形式？

A. 学校自行组织的考试　　　　　　　B. HSK（汉语水平考试）

C. AP 考试　　　　D. SAT 考试　　　　E. 其他（请注明）＿＿＿＿＿＿＿

39. 请描述您对现行评估方式的看法：

＿＿＿＿＿＿＿＿＿＿＿＿＿＿＿＿＿＿＿＿＿＿＿＿＿＿＿＿＿＿＿＿＿＿

＿＿＿＿＿＿＿＿＿＿＿＿＿＿＿＿＿＿＿＿＿＿＿＿＿＿＿＿＿＿＿＿＿＿

＿＿＿＿＿＿＿＿＿＿＿＿＿＿＿＿＿＿＿＿＿＿＿＿＿＿＿＿＿＿＿＿＿＿

40. 目前制约学校发展的主要问题是：

A. 师资问题　　　B. 经费问题　　　C. 教学问题　　　D. 管理问题

E. 校舍问题　　　F. 教材问题　　　G. 评估问题　　　H. 其他＿＿＿＿＿

41. 您认为华裔青少年要学好汉语的关键因素是什么？

A. 家庭语言环境

B. 在学校里进行系统的汉语学习

C. 在有中文使用环境的地方居留

D. 对中文和中华文化有兴趣

E. 遇上一位好老师

F. 其他（请说明）＿＿＿＿＿＿＿＿＿＿＿＿＿＿＿＿＿＿＿＿＿＿＿＿＿

42. 如果您对本次调查所涉及的问题有更多想法，欢迎您与我们分享：

＿＿＿＿＿＿＿＿＿＿＿＿＿＿＿＿＿＿＿＿＿＿＿＿＿＿＿＿＿＿＿＿＿＿

＿＿＿＿＿＿＿＿＿＿＿＿＿＿＿＿＿＿＿＿＿＿＿＿＿＿＿＿＿＿＿＿＿＿

＿＿＿＿＿＿＿＿＿＿＿＿＿＿＿＿＿＿＿＿＿＿＿＿＿＿＿＿＿＿＿＿＿＿

P. S. 如果您愿意接受我们的访谈（1小时左右），请留下联系方式：

您的姓名：_____

联系方式：_____　（或微信号：_____）

附录四　学生访谈提纲

1. 您的家庭在所在国有多久了？怎么去的？

2. 在中国国内还有亲戚朋友吗？联系多吗？

3. 在所在国，您觉得华人跟其他人有什么不一样吗？

4. 家里有什么跟中国有关的习俗吗？比如过春节什么的？您觉得怎么样？

5. 来中国以后，在这里生活和学习怎么样？

6. 您是怎么开始学汉语的？

7. 为什么学汉语？

8. 能否讲讲学汉语过程中印象最深的一件事？

9. 汉语最有意思的部分是什么？

10. 对您来说，学汉语有哪些好处？

11. 是否感受到学汉语给您带来了好处？

12. 是什么原因让您坚持学汉语？

13. 为了学好汉语，您和您的家庭有过哪些方面的尝试？

14. 您觉得要学好汉语，最重要的是什么？

15. 您觉得哪些方面的改进能够帮助您把汉语学得更好？

16. 您觉得家里支持您学汉语的目的是什么？您能理解他们的做法吗？

17. 您的好朋友怎么看待学汉语这件事？

18. 您觉得自己的汉语学得怎么样？听说、读写哪方面最强？哪方面最弱？

19. 您觉得什么样的课程和教材能够帮助您最快地提高汉语水平？

20. （以前）到过中国吗？有什么感受？对学汉语有什么影响？

附录五　家长访谈提纲

一、个人信息

1. 您和家人的工作状况。

2. 孩子的年龄。

3. 孩子的教育状况和经历。

4. 您和家人移居所在国的原因。

二、语言使用

1. 您和家人的所在国语言水平如何？

2. 您在家说汉语和所在国语言的时间和场合一般是怎样的？

3. 中文对孩子有什么意义和影响？

4. 孩子在什么情况下会使用汉语交流？

5. 孩子学中文的情况是怎样的？比如他/她的中文是谁教的，在中文学校里的学习经历以及中文学校的情况，等等。

6. 您和家庭成员日常的社交网络如何？家庭的对外交往中，语言使用的情况如何？

7. 孩子从小到大，在家里使用语言的情况是否有变化？有什么变化？

8. 在孩子学习中文的过程中，遇到的主要问题有哪些？

9. 在孩子学习中文的过程中，您有哪些有用的经验和方法？

三、家庭文化

1. 您每天和孩子在一起的时间有多长？

2. 您和孩子在一起通常做什么？

3. 家里会过哪些节日？孩子的参与程度和方式是怎样的？

4. 家里的中文资源有哪些？（中文电视、书籍、音乐等）

5. 您和家人使用上述中文资源的情况是怎样的？

6. 您的家庭（包括孩子）一般参加哪些使用中文的场合？

7. 家里的饮食习惯是怎样的？

8. 您和家人是否有宗教信仰？

9. 孩子是否回过中国？回过几次？回国的情况如何？

10. 您如何评价您和家人与孩子之间的关系？

四、家庭社交

1. 您的亲友情况以及您与之交往的频率和程度是怎样的？

2. 您的邻居情况以及您与之交往的情况是怎样的？

3. 您选择此处居住的原因是什么？

4. 您和家人的工作环境以及与同事在工作之外的交往情况是怎样的？

5. 孩子的交友情况是怎样的？

6. 您是否参加了华人社团？

7. 您如何看待所在国华人之间的关系？

8. 到所在国之后，谁给予您最多帮助？

五、教育

1. 您在教育方面对孩子有何期望？

2. 您的家庭为了孩子的教育，做了哪些努力和安排？

3. 在选择孩子的学校时，您考虑了哪些因素？

4. 孩子所在学校的老师对孩子的评价如何？

5. 您与学校之间的联系如何？是否经常与老师交流孩子的表现？

6. 在孩子的教育过程中，您和家人主要受到谁的影响（亲友、父母、邻居）？

7. 在家里主要是谁照顾孩子的一切？

8. 孩子在完成学校的作业之外，是否有其他学习任务？

9. 您对孩子的学习满意程度如何？

10. 在教育方面，您遇到过哪些典型或是令人印象深刻的问题？是怎么解决的？

六、认同

1. 您如何评价在所在国的生活？从刚来所在国到现在，是否有变化？

2. 您觉得自己和所在国公民是否存在差异？（外表、思想、文化、休闲方式等）

3. 您和孩子在融入所在国社会和生活方面是否有差异？

4. 您如何看待自己的华人身份？

5. 您的孩子如何看待自己的华人身份？

附录六 华校管理者、教师访谈提纲

1. 学校的学生情况如何？（人数、年级、班级人数、华裔非华裔比例、性别、年龄等）

2. 学校使用的教材、课程设置、教师（专业背景、人数、年龄、性别等）是什么情况？

3. 学校的课程是否与主流学校接轨，或是得到当地主流学校的学分认可？

4. 办学是否得到当地社区或相关部门的支持？

5. 教材来源是什么？是否能满足需要？优点是什么？问题是什么？

6. 经费来源是什么？得到哪些方面的支持？

7. 日常教学活动中感觉最困难的事情是什么？

8. 学生的语言使用状况、学习情况和学习态度怎么样？

9. 学校与家长的联系、关系等情况怎么样？

10. 学校开展了什么与文化相关的课程或活动？

11. 学习汉语对学生有何意义和价值？会汉语的人或华人在当地的发展情况和前景如何？

12. 学生汉语水平的评估手段有哪些？

13. 华裔学生特别是新移民子女要传承祖语，最重要的手段和方法有哪些？

附录七　澳大利亚方言背景华二代祖语学习与认同研究调查材料

一、调查说明书（致家长）

Information Sheet for Parents and Carers

Your child is invited to participate in this study which aims to better attend to identity and intercultural communication needs of Chinese dialect speakers in Mandarin classes.

Research Project Title

Identity formation and Intercultural Competence of Chinese Dialect Speakers as Heritage Language Learners.

Who is carrying out the study?

The researcher's (my) name is Xiating Fang. I am a visiting fellow at University of Western Sydney and a PhD student at the College of Chinese Language and Culture of Jinan University (Guangzhou, China).

What is the study about?

The purpose is to investigate identity issues and intercultural challenges which the Chinese heritage language learners with dialect home-background may have encountered in Mandarin classes. The study will also investigate how heritage language program planners and instructors can better meet the needs of these students.

What does this study involve?

Your child will be asked to answer a questionnaire and take part in an semi-structured interview.

How much time will the study take?

It is estimated that it will take five to ten minutes to complete the questionnaire and twenty minutes to half an hour to do the interview.

Will the study benefit my child?

It is not expected that your child will have an immediate benefit. However, some children find that they learn useful things about themselves through completing the questionnaire and being interviewed. As a result of this study the researcher hopes to foster better understanding of your child's language and cultural learning needs.

Will the study involve any discomfort for my child?

Some questions involving your child's home background, identity issues and intercultural communication difficulties will be asked. This could possibly involve uncomfortable feelings, your child can refuse to answer these questions if you are concerned.

How is this study being paid for?

The study is part of a PhD project. No external funds have been accessed.

Will anyone else know the results? **How will the results be disseminated**?

All aspects of the study, including results, will be confidential and only the researcher and academic supervisors will have access to information on participants. The academic supervisors for this research are Dr. Ruying Qi of University of Western Sydney and Professor Guo Xi of Jinan University. A report of the study may be submitted for publication, but individual participants will not be identified in the report.

Can my child withdraw from the study?

Participation is entirely voluntary: your child is not obliged to be involved and—if your child participates—he/she can withdraw at any time without giving any reason and without any consequences.

Can I tell other people about the study?

Yes, you can tell other people about the study by providing them with the researcher's contact details. They can contact the researcher to discuss their participation in the research project and obtain an information sheet.

What if I require further information?

If after reading this information sheet you would like more information, please feel free to contact Xiating Fang on 0431 212 485 or x. fang@ uws. edu. au.

If you would like more information from the supervisors, please contact:

Dr. Ruying Qi: Director of Bilingualism Research Lab, University of Western Sydney, r. qi@ usw. edu. au.

Prof. Guo Xi: Dean of the College of Chinese Language and Culture, Jinan University, guoxi@ hwy. jnu. edu. cn.

What if I have a complaint?

If you have any complaints or reservations about the ethical conduct of this research, you may contact the Ethics Committee through the Office of Research Services on Tel 02 – 4736 0883, Fax 02 – 4736 0013 or emailhumanethics@ uws. edu. au.

Any issues you raise will be treated in confidence and investigated fully, and you will be informed of the outcome.

Consent to participate

If you agree to let your child participate in this study, you will be asked to sign the Parent's Consent Form.

二、家长同意书

Consent Form for Parents or Carers

Please complete this form and return to Ms Xiating Fang before 20/09/2014. I,

_____

(please print name of parent)

declare that I have legal responsibility for _____

(please print name of child)

and I am legally competent to give consent to his/her participation in the Research on Identity Formation and Intercultural Competence of Chinese Dialect Speakers as Heritage Language Learners to be held before 20/09/2014.

In giving my consent, I:

(NOTE: Not all of these dot points may be relevant to your project)

• Am happy for my child to participate in the Research on Identity Formation and Intercultural Competence of Chinese Dialect Speakers as Heritage Language Learners.

• Have read the information about the project and understand what is involved.

• Have discussed participation in the project with my child and they are willing to take part.

• Understand that Ms Xiating Fang is conducting the survey and interview and that a teacher may also participate.

• Understand that the consultation will be audio/video recorded and that quotes may be used in the report or other materials, but that my child's name or any identifying information will not be used.

(please tick "Yes" if you agree and "No" if you do not agree):

• I agree to my child's voice being recorded and quotes being used.

                                                    Yes   No

• I agree to my child's work samples being taken and used in the report.

                                                    Yes   No

Details of Parent/Carer

Name：

_____

Signature：

_____

Date：

_____

Phone number：

_____

三、调查说明书（致参与调查者）

Participant Information Sheet

Research Project Title

Identity formation and Intercultural Competence of Chinese Dialect Speakers as Heritage Language Learners.

Who is carrying out the study?

The researcher's (my) name is Xiating Fang. I am a visiting fellow at University of Western Sydney and a PhD student at the College of Chinese Language and Culture of Jinan University (Guangzhou, China).

What is the study about?

The purpose is to investigate identity issues and intercultural challenges which the Chinese heritage language learners with dialect home-background may have encountered in Mandarin classes. The study will also investigate how heritage language program planners and instructors can better meet the needs of these students.

What does this study involve?

You will be asked to answer a questionnaire and take part in an semi-structured interview.

How much time will the study take?

It is estimated that it will take five to ten minutes to complete the questionnaire and twenty minutes to half an hour to do the interview.

Will the study benefit me?

It is not expected that you will have an immediate benefit. However, some students find that they learn useful things about themselves through completing the questionnaire and being interviewed. As a result of this study the researcher hopes to foster better understanding of your language and cultural learning needs.

Will the study involve any discomfort for me?

Some questions involving your home background, identity issues and intercultural communication difficulties will be asked. This could possibly involve uncomfortable feelings, you can refuse to answer these questions if you are concerned.

How is this study being paid for?

The study is part of a PhD project. No external funds have been accessed.

Will anyone else know the results? How will the results be disseminated?

All aspects of the study, including results, will be confidential and only the researcher and academic supervisors will have access to information on participants. The academic supervisors for this research are Dr. Ruying Qi of University of Western Sydney and Professor Guo Xi of Jinan University. A report of the study may be submitted for publication, but individual participants will not be identified in the report.

Can I withdraw from the study?

Participation is entirely voluntary: you are not obliged to be involved and—if you participate—you can withdraw at any time without giving any reason and without any consequences.

Can I tell other people about the study?

Yes, you can tell other people about the study by providing them with the chief investigator's contact details. They can contact the chief investigator to discuss their participation in the research project and obtain an information sheet.

What if I require further information?

If after reading this information sheet you would like more information, please feel free to contact Xiating Fang on 0431 212 485 or x. fang@ uws. edu. au.

If you would like more information from the supervisors, please contact:

Dr. Ruying Qi: Director of Bilingualism Research Lab, University of Western Sydney, r. qi@ usw. edu. au

Prof. Guo Xi: Dean of the College of Chinese Language and Culture, Jinan University, guoxi@ hwy. jnu. edu. cn

What if I have a complaint?

If you have any complaints or reservations about the ethical conduct of this research, you may contact the Ethics Committee through the Office of Research Services on Tel 02 – 4736 0883, Fax 02 – 4736 0013 or emailhumanethics@ uws. edu. au.

Any issues you raise will be treated in confidence and investigated fully, and you will be informed of the outcome.

Consent to participate

If you agree to participate in this study, you will be asked to sign the Participant Consent Form.

四、参与调查者同意书

Participant Consent Form

I, _____, consent to participate in the research project titled: Identity Formation and Intercultural Competence of Chinese Dialect Speakers as Heritage Language Learners.

I acknowledge that:

I have read the participant information sheet and have been given the opportunity to discuss the information and my involvement in the project with the researcher.

The procedures required for the project and the time involved have been explained to me, and any questions I have about the project have been answered to my satisfaction.

I consent to the use of the surveys I complete for research purposes.

I understand that my involvement is confidential and that the information gained during the study may be published but no information about me will be used in any way that reveals my identity.

I understand that I can withdraw from the study at any time, without affecting my relationship with the researcher (s) now or in the future.

Signed: _____ .

Name: _____ .

Date: _____ .

五、网上调查问卷

You are going to participate in a survey about Chinese-learning. The participation of this survey is completely voluntary, however, the completion of the survey can help your Chinese teacher to know you better and therefore improve their teaching. Thank you for your time and support!

Part One: Demographic Information

1. What is your name?

Surname: _____

First name: _____

2. How old are you?

_____

3. What is your gender?

○ Female

○ Male

4. What school year are you in?

_____

5. In which country/area were you born?

○ Australia

○ China

○ Other (please specify) [_____]

6. In which country/area was your father born?

○ Australia

○ China

○ Other (please specify) [_____]

7. In which country/area was your mother born?

○ Australia

○ China

○ Other （please specify） [   ]

8. If you were not born in Australia, how old were you when you came to Australia?

_____

Part Two：Language Exposure and Language Use

9. What was the primary language spoken in your childhood home?

（Please choose only one）

○ English

○ French

○ German

○ Korean

○ Malaysian

○ Mandarin

○ Cantonese

○ Hokkien （Fujian dialect）

○ Hakka （Kejia dialect）

○ Teochew （Chaozhou dialect）

○ Other language （please specify） [   ]

10. What is your mother's first language/mother tongue? （Please choose only one）

○ English

○ French

○ German

○ Korean

○ Malaysian

○ Mandarin

○ Cantonese

○ Hokkien （Fujian dialect）

○ Hakka （Kejia dialect）

○ Teochew （Chaozhou dialect）

○Other language（please specify）[   ]

11. What is your father's first language/mother tongue?（Please choose only one）

○English

○French

○German

○Korean

○Malaysian

○Mandarin

○Cantonese

○Hokkien（Fujian dialect）

○Hakka（Kejia dialect）

○Teochew（Chaozhou dialect）

　○Other language（please specify）[   ]

12. How often do the following people speak the primary language in your childhood home to you?

	always	often	sometimes	rarely	never	N/A
Grandparents（father's side）	○	○	○	○	○	○
Grandparents（mother's side）	○	○	○	○	○	○
Father	○	○	○	○	○	○
Mother	○	○	○	○	○	○
Siblings	○	○	○	○	○	○
In home nanny or caregiver	○	○	○	○	○	○
Other（please specify）						

13. How often do you speak the primary language in your childhood home to the following people?

	always	often	sometimes	rarely	never	N/A
Grandparents (father's side)	○	○	○	○	○	○
Grandparents (mother's side)	○	○	○	○	○	○
Father	○	○	○	○	○	○
Mother	○	○	○	○	○	○
Siblings	○	○	○	○	○	○
In home nanny or caregiver	○	○	○	○	○	○
Other (please specify)						

14. If your primary home language is not Mandarin, how often do the following people speak Mandarin to you?

	always	often	sometimes	rarely	never	N/A
Grandparents (father's side)	○	○	○	○	○	○
Grandparents (mother's side)	○	○	○	○	○	○
Father	○	○	○	○	○	○
Mother	○	○	○	○	○	○
Siblings	○	○	○	○	○	○
In home nanny or caregiver	○	○	○	○	○	○
Mandarin speaking friends	○	○	○	○	○	○
Mandarin teacher (in class time)	○	○	○	○	○	○
Other (please specify)						

15. How often do you speak English with the following people?

	always	often	sometimes	rarely	never	N/A
Grandparents (father's side)	○	○	○	○	○	○
Grandparents (mother's side)	○	○	○	○	○	○
Father	○	○	○	○	○	○
Mother	○	○	○	○	○	○
Siblings	○	○	○	○	○	○
In home nanny or caregiver	○	○	○	○	○	○
Other (please specify)						

16. What is your grade for the following subjects? (As stated in your school report or do a self evaluation if you don't have any report in that subject yet)

	always	often	sometimes	rarely	never	N/A
Chinese	○	○	○	○	○	○
English	○	○	○	○	○	○

17. When did your parents/family start to read Chinese books/materials to you?
○ never
○ 1 ~ 3 years old
○ 4 ~ 6 years old
○ 7 ~ 9 years old
○ after 10 years old

18. How often did your parents/family let you read Chinese books/materials?
○ never
○ occasionally
○ sometimes

○often

○every day

19.　How often did your parents/family teach you how to write Chinese characters?

○never

○occasionally

○sometimes

○often

○every day

20.　When you are at home, how much time do you spend writing characters per day?

○0 hour

○0 ~0. 5 hour

○0. 5 hour ~1 hour

○1 ~2 hours

○2 hours and above

Part Three: Mandarin Education

21.　If you were born in a Chinese-speaking country/area and your first language was Chinese, did you receive any formal education in Chinese in that country/area?

○Yes

○No

○N/A

22.　When did you begin your Mandarin course in your day school?

_____

23.　How many years have you learned Mandarin in your primary school?

_____

24.　How many years have you learned Mandarin in your secondary school?

_____

25.　When did you begin your Mandarin course in your community/weekend school?

_____

26. Have you ever taken a Cantonese course?

_____

27. Is your current Chinese class a class mixed with heritage and non-heritage students?

○ Yes

○ No

○ Other (please specify) [   ]

Part Four: Motivation for Learning Mandarin

28. My parents want me to study Mandarin.

strongly disagree	moderately disagree	slightly disagree	slightly agree	moderately agree	strongly agree
○	○	○	○	○	○

29. I study Mandarin because my family has a Chinese background.

strongly disagree	moderately disagree	slightly disagree	slightly agree	moderately agree	strongly agree
○	○	○	○	○	○

30. I have a personal attachment to Mandarin as part of my identity.

strongly disagree	moderately disagree	slightly disagree	slightly agree	moderately agree	strongly agree
○	○	○	○	○	○

31. Studying Mandarin will allow me to be at ease or interact with people who speak it.

strongly disagree	moderately disagree	slightly disagree	slightly agree	moderately agree	strongly agree
○	○	○	○	○	○

32. Studying Mandarin is important because I will need it for my future career.

strongly disagree	moderately disagree	slightly disagree	slightly agree	moderately agree	strongly agree
○	○	○	○	○	○

33. I study Mandarin because I like Mandarin films, videos and music.

strongly disagree	moderately disagree	slightly disagree	slightly agree	moderately agree	strongly agree
○	○	○	○	○	○

34. Studying Mandarin will enhance my understanding of Chinese culture and society.

strongly disagree	moderately disagree	slightly disagree	slightly agree	moderately agree	strongly agree
○	○	○	○	○	○

35. I have a strong desire to know all aspects of Mandarin.

strongly disagree	moderately disagree	slightly disagree	slightly agree	moderately agree	strongly agree
○	○	○	○	○	○

36. I enjoy the experience when surpassing myself in studying Mandarin.

strongly disagree	moderately disagree	slightly disagree	slightly agree	moderately agree	strongly agree
○	○	○	○	○	○

37. I enjoy using Mandarin outside of class whenever I have a chance.

strongly disagree	moderately disagree	slightly disagree	slightly agree	moderately agree	strongly agree
○	○	○	○	○	○

Part Five: Language Ability

38. How would you rate you ability to use Mandarin?

	very limited	limited	average	good	very good
listening	○	○	○	○	○
speaking	○	○	○	○	○
reading	○	○	○	○	○
writing	○	○	○	○	○

39. Which language skill (s) do you need to improve in Mandarin?

○ listening

○ speaking

○ reading

○ writing

40. What type (s) of characters can you read and write?

○ Simplified Chinese characters

○ Traditional Chinese characters

○ Both simplified and traditional Chinese characters, but prefer to read traditional characters than simplified ones.

○ Both simplified and traditional Chinese characters, but prefer to read simplified characters than traditional ones.

Part Six: Language Learner's Identity

41. You think you are a

○ heritage language learner

○ non-heritage language learner

○ background language learner

○ other (please specify) ▭

42. Your Chinese teacher thinks you are

○ heritage language learner

○ non-heritage language learner

○ background language learner

○ other (please specify) ▭

六、访谈问题

Name of interviewee： _____

Venue： _____

Date of interview： _____

Directions：

I would like to talk to you about the difficulties you have encountered in Mandarin classes. I will need to take some notes and tape our conversation as an aid for the study. Your name and your opinions will be kept in complete confidentiality and will not affect anyone's opinion about you.

Interview Questions：

1. Why do you choose to study Mandarin? Please give more than two reasons in the order of importance.

2. Do you prefer to learn your home dialect or Mandarin? Why?

3. Have you encountered any difficulties learning Mandarin at your day school and/or community school?

4. Have you been marked down in the exam because the way you speak and write in your dialect is different from that in Mandarin?

5. Have you ever resented learning Mandarin? What was the reason?

6. Do you think you should be identified as a Chinese heritage student?

7. If you don't think you are a Chinese heritage student， please give your reasons.

8. Did you find ways to overcome your learning difficulties in Mandarin classes?

9. What do you think the teachers and parents can do to help you with the difficulties in learning Mandarin?

10. What do you think are the most important factors for you to succeed in learning Mandarin?

七、参访者背景调查问卷

请回答以下问题或选择适当的选项。你回答的内容仅用于研究，并予以严格保密。感谢你的参与！

Please answer the following questions or check the appropriate response. This is for research purpose only， and your response will be kept in confidential at all times. Thank you very much for your participation.

第一部分：个人信息 Part One：Personal Information

1. 学校 School：_____
2. 性别 Gender：男 Male ／ 女 Female
3. 年龄 Age：_____
4. 年级 School Year：_____
5. 出生地及出生国 Birth Place and Country of Birth：_____
6. 如果不是在澳大利亚出生的，你是几岁到澳大利亚定居的？_____

If you were not born in Australia，how old were you when you came to Australia？

7. 除了澳大利亚，你还在哪些国家生活过？从几岁到几岁？生活了多少年？

What other countries have you lived in（other than Australia），for how long and during what age range？

国家（比如马来西亚） Country（For example Malaysia）	年龄段（比如0~5岁） Age range （For example 0~5 years old）	生活的时间（比如5年） Length of residence （For example 5 years）

□N/A

第二部分：家庭背景 Part Two：Family Background

1. 你有几个兄弟姐妹？

How many siblings do you have？

哥哥 elder brother（s）_____　　　姐姐 elder sister（s）_____

弟弟 younger brother（s）_____　　　妹妹 younger sister（s）_____

2. 你爸爸的出生地及出生国：

Your father's birth place and country of birth：

3. 你妈妈的出生地及出生国：

Your mother's birth place and country of birth：

4. 如果你爸爸妈妈不是在澳大利亚出生的，他们是在什么年纪到澳大利亚定居的？

If your parents are not born in Australia, how old were they when they come to Australia?

5. 你在中国有亲戚吗？你去过中国拜访他们吗？

Do you have relatives living in China? Have you ever visited them in China?

第三部分：语言环境 Part Three：Language Environment

1. 家里说哪几种语言？

What are the languages spoken at home?

2. 你的第一语言/母语是什么？你是否会说汉语方言（除了普通话之外的，比如广东话、福建话、客家话、上海话等）？如果会，是哪种方言呢？

What is your first language/mother tongue? Do you speak a certain Chinese dialect (e. g. Cantonese, Hokkien, Hakka or Shanghainese, not including Mandarin)? If yes, which dialect?

3. 你爸爸的第一语言/母语是什么？你爸爸是否会说汉语方言（除了普通话之外的，比如广东话、福建话、客家话、上海话等）？如果会，是哪种方言呢？

What is your father's first language/mother tongue? Does your father speak a certain Chinese dialect (e. g. Cantonese, Hokkien, Hakka or Shanghainese, not including Mandarin)? If yes, which dialect?

4. 你妈妈的第一语言/母语是什么？你妈妈是否会说汉语方言（除了普通话之外的，比如广东话、福建话、客家话、上海话等）？如果会，是哪种方言呢？

What is your mother's first language/mother tongue? Does your mother speak a certain Chinese dialect (e. g. Cantonese, Hokkien, Hakka or Shanghainese, not including Mandarin)? If yes, which dialect?

5. 你的家人之间常说什么语言？请在表格内填上代表语种的数字。（1）普通话；（2）英语；（3）汉语方言（请注明：＿＿＿＿＿＿＿＿）；（4）其他语种（请注明：＿＿＿＿＿＿＿＿）。

What languages are spoken among your family members? Please fill in the following table with the number which represents a certain language. （1）Mandarin；（2）English；（3）Chinese dialect（Please specify：＿＿＿＿＿＿＿＿）；　（4）Other languages（Please specify：＿＿＿＿＿＿＿＿）.

	你 you	爸爸 father	妈妈 mother	兄弟姐妹 siblings	祖父母 grandparents （dad's side）	外祖父母 grandparents （mum's side）
你 you						
爸爸 father						
妈妈 mother						
兄弟姐妹 siblings						
祖父母 grandparents （dad's side）						
外祖父母 grandparents （mum's side）						

6. 如果你会说一种汉语方言，在以下场合你说该方言的频率是多少？请在合适的数字上打圈。（1：从不 2：很少 3：有时 4：经常 5：总是）

If you speak a Chinese dialect, how often do you speak that dialect in the following places or situations? Please circle the appropriate number.

（1：never 2：rarely 3：sometimes 4：often 5：always）

在家
At home   N/A   1   2   3   4   5

去中国探亲
Visiting relatives in China   N/A   1   2   3   4   5

和朋友交谈
Chatting with friends   N/A   1   2   3   4   5

在中国城买东西
Shopping in China Town   N/A   1   2   3   4   5

在中餐馆吃饭
Dining in Chinese restaurants   N/A   1   2   3   4   5

在说该方言的社区
In the dialect speaking community   N/A   1   2   3   4   5

其他（请注明：_____）
Others（Please specify：_____）　　N/A　　1　　2　　3　　4　　5

第四部分：语言学习 Part Four：Language Learning

1. 在学校里你学普通话有多久了？请在选项上打圈。

How long have you studied Mandarin in schools？Please circle the option（s）that seem（s）right to you.

小学 Primary School	1~3 个月 1~3 months	3~6 个月 3~6 months	6 个月~1 年 6 months~1 year	1~2 年 1~2 years	超过 2 年 Over 2 years
中学 Secondary School	1~3 个月 1~3 months	3~6 个月 3~6 months	6 个月~1 年 6 months~1 year	1~2 年 1~2 years	超过 2 年 Over 2 years
社区学校 Community school	1~3 个月 1~3 months	3~6 个月 3~6 months	6 个月~1 年 6 months~1 year	1~2 年 1~2 years	超过 2 年 Over 2 years

2. 在学校里你每周学几个小时？请在选项上打圈。

How many hours do you study Mandarin per week？Please circle the option.

小学 Primary School	0.5~1 小时/周 0.5~1hr/week	1~2 小时/周 1~2hrs/week	2~3 小时/周 2~3hrs/week	3~4 小时/周 3~4hrs/week	超过 4 小时/周 >4hrs/week
中学 Secondary School	0.5~1 小时/周 0.5~1hr/week	1~2 小时/周 1~2hrs/week	2~3 小时/周 2~3hrs/week	3~4 小时/周 3~4hrs/week	超过 4 小时/周 >4hrs/week
社区学校 Community school	0.5~1 小时/周 0.5~1hr/week	1~2 小时/周 1~2hrs/week	2~3 小时/周 2~3hrs/week	3~4 小时/周 3~4hrs/week	超过 4 小时/周 >4hrs/week

3. 请对你的普通话水平做一个自评。请在合适的数字上打圈。

Please rate your Mandarin proficiency. Please circle the appropriate number.

	很有限 Very limited		一般 Average		很好 Very good
听力 Listening	1	2	3	4	5
阅读 Reading	1	2	3	4	5
口语 Speaking	1	2	3	4	5
写作 Writing	1	2	3	4	5

4. 请对你的汉语方言水平做一个自评（如有）。请在合适的数字上打圈。

Please rate the proficiency of your Chinese dialect（if applicable）. Please circle the appropriate number.

你会说的汉语方言是 The Chinese dialect that you speak：_____

	很有限 Very limited		一般 Average		很好 Very good
听力 Listening	1	2	3	4	5
阅读 Reading	1	2	3	4	5
口语 Speaking	1	2	3	4	5
写作 Writing	1	2	3	4	5

5. 你用哪些途径学习普通话？请打钩（多选）。

Ways you have used in studying Mandarin. Tick as many as apply：

（1）学校的课堂里

　　Language lessons at school

（2）"一对一"的辅导

　　"One to one" lessons with a teacher

（3）中国境内的语言课程

Language course in China

（4）与说普通话的人对话

Conversation exchange with a Mandarin speaker

（5）通过看电视或听广播来学习

Teaching myself by watching TV or listening to the radio

（6）通过网络或使用互动光盘来学习

Teaching myself by using the internet or interactive CD-ROM

（7）其他，请注明

Others，please specify _____

6. 你会写简体字还是繁体字？还是两种字体都会写？哪一种字体你觉得学起来更容易一些？

Can you write simplified Chinese characters or traditional characters? Or can you write both? Which type of characters is easier for you to learn?

第五部分：文化认同 Part Five：Culture Identity

1. 你父母的华人朋友主要是

Most of your parents' Chinese friends are

□说普通话的 Mandarin speakers

□说汉语方言的 Chinese dialect speakers

□其他（请注明）Other（specify）：_____

2. 你自己的华人朋友主要是

Most of your Chinese friends are

□说普通话的 Mandarin speakers

□说汉语方言的 Chinese dialect speakers

□其他（请注明）Other（specify）：_____

3. 你觉得自己是属于哪一语言社区的？

Which language community do you think you belong to?

□说普通话的社区 Mandarin Community

□说英语的社区 English Community

□说广东话的社区 Cantonese Community

□说福建话的社区 Fokkien Community

□说潮州话的社区 Teochew Community

□其他（请注明）Other（specify）：＿＿＿＿＿＿＿＿＿

4. 你觉得你自己代表

Do you consider yourself representing

□澳大利亚文化 Australian culture

□中华文化 Chinese culture

□澳大利亚及中华文化 both Australian and Chinese cultures

□其他（请注明）Other（specify）：＿＿＿＿＿＿＿＿＿

5. 为什么你认为你自己代表这种文化？

What makes you think you represent the selected culture?

八、转写规则

The following conventions were used for the transcription of data extracts from audio taped interviews. 访谈录音的转写遵循以下规则：

Speaker Code

说话人代码

I	= interviewer 采访者
T	= teacher 教师
S	= student 学生
TA	= teaching assistant 教师助理

Transcription Symbols

转写符号

［ ］	speech overlap 两位说话人话语重叠
－	truncated word 词语中断
－ －	truncated intonation unit 句子中断
＝	lengthening 延长音
..	short pause 短时停顿
…	medium pause 不长不短的停顿
(0.0)	silence roughly in seconds and tenths of seconds 以秒计算的停顿时间
(( ))	vocal noises 非话语声音

（）　　　　　comment/additional observation 采访者根据上下文添加的内容

＜XXX＞　　uncertain hearing 不确定的发音

访谈中普通话的转写用了拼音加声调标记。所有的拼音都使用斜体字。在出现非普通话汉语方言的地方用音标进行转写，音标用引号标出。

转写材料中提及的人名均为假名。

Spoken Mandarin is transcribed using the Pinyin Romanization system. Tone marks are included. All Pinyin Romanization is given in italics. In the few instances where Romanization of non-Mandarin dialect pronunciations are included, they are phonetic transcriptions given in quotation marks.

All names in the transcription are pseudonym.

附录八　新加坡华人家长对孩子学习华文的态度调查问卷

Survey：Singaporean Chinese parents' attitude towards child's learning

of Chinese language

尊敬的受访者：

您好！感谢您抽出宝贵的时间来完成本次问卷。本次问卷主要是想了解新加坡华人家长对孩子学习华文抱持着什么样的态度。本问卷采用匿名的方式，您所提供的资料将仅用于本研究中，并且绝对保密。您所提出的宝贵意见将对本研究有很大的帮助和价值。

在此对您的支持衷心地表示最真挚的感谢！

Dear interviewees,

I would like to express my deepest gratitude to you for making time to complete this survey. The aim of this survey is to understand Singaporean Chinese parents' attitude towards their child's learning of Chinese language. Interviewees would remain anonymous; all information that you have submitted will be used solely for my research and kept absolutely confidential. The answers that you have given are of utmost importance and will contribute greatly towards my research.

Thank you so much for your support, it means a lot to me!

填写说明：

a. 请您选择最适合的答案。

b. 如果问题对您不适用，请跳过。

c. 如果选择了"其他"的选项，请您在后面的横线上填写相关具体内容。

Instructions：

a. Please select the most suitable answer.

b. If the question is not applicable to you, you may skip to the next question.

c. If you have chosen "Others", please fill in additional information on the line next to it.

1. 您的性别是？

□男　　　□女

2．您的年龄是？

□20～30 岁

□31～40 岁

□41～50 岁

□其他：_____

3．您能说几种语言？【可多选】

□华语

□英语

□其他（包括方言）

4．您的最高学历是？

□小学

□中学

□高中/初级学院/理工学院/工艺教育学院

□大学

□大学以上

5．您自己最喜欢或习惯说的语言是？

□华语

□英语

□其他（包括方言）

6．您有几个孩子？

□1

□2

□3

□4 或以上

7．您的孩子的年龄是？

老大	老二	老三	老四
□0～10 岁	□0～10 岁	□0～10 岁	□0～10 岁
□11～20 岁	□11～20 岁	□11～20 岁	□11～20 岁
□21～30 岁	□21～30 岁	□21～30 岁	□21～30 岁
□其他：_____	□其他：_____	□其他：_____	□其他：_____

8. 您如何评价孩子的华语能力？

技能：听 Listening Skill

	老大 First child	老二 Second child	老三 Third child	老四 Fourth child
1. 完全听不懂 Does not understand at all	☐	☐	☐	☐
2. 听得懂一点日常对话 Understands a little bit of daily conversations	☐	☐	☐	☐
3. 听得懂日常对话 Understands daily conversation	☐	☐	☐	☐
4. 听得懂超过一半电视节目（如电视剧、电影）的内容 Understands more than half of Chinese programme（e. g. TV dramas of movies）	☐	☐	☐	☐
5. 听得懂大部分电视节目（如电视剧、电影）的内容 Understands most of Chinese programme（e. g. TV dramas of movies）	☐	☐	☐	☐

技能：说 Speaking Skill

	老大 First child	老二 Second child	老三 Third child	老四 Fourth child
1. 完全不能或只能进行基本的日常对话 Unable or only able to hold very basic daily conversations	☐	☐	☐	☐
2. 能够进行日常对话 Able to hold daily converations	☐	☐	☐	☐
3. 能够表达自己的想法，需借助较多的英语词汇 Able to express their thoughts with much use of English vocabulary	☐	☐	☐	☐

（续上表）

	老大 First child	老二 Second child	老三 Third child	老四 Fourth child
4. 能够挺流利地表达自己的想法，借助较少的英语词汇 Able to express their thoughts quite fluently, with minimum use of English vocabulary	☐	☐	☐	☐
5. 能够流利地表达自己的想法，不需借助任何英语词汇 Able to express their thoughts fluently, without any use of English vocabulary	☐	☐	☐	☐

技能：读 Reading Skill

	老大 First child	老二 Second child	老三 Third child	老四 Fourth child
1. 完全读不懂 Unable to read at all	☐	☐	☐	☐
2. 读得懂商店招牌或一些简单的字 Able to understand signboards of some simple characters	☐	☐	☐	☐
3. 读得懂一点适合自己年龄的故事书内容 Able to understand a little bit of storybook content written for their age	☐	☐	☐	☐
4. 读得懂超过一半适合自己年龄的故事书内容 Able to understand more than half of storybook content written for their age	☐	☐	☐	☐
5. 能够流利地表达自己的想法，不需借助任何英语词汇 Able to understand majority of storybook content written for their age	☐	☐	☐	☐

技能：写 Writing Skill

	老大 First child	老二 Second child	老三 Third child	老四 Fourth child
1. 完全不会写 Unable to write at all	☐	☐	☐	☐
2. 写得出自己的名字和一些简单的字 Able to write their own name and some simple characters	☐	☐	☐	☐
3. 在最少的帮助下写得出几句话 With the least assistance, able to write a few sentences	☐	☐	☐	☐
4. 在最少的帮助下，写得出几段话 With the least assistance, able to write a few paragraphs	☐	☐	☐	☐
5. 在最少的帮助下，写得出一篇文章 With the least assistance, able to write an essay	☐	☐	☐	☐

9. 当您的配偶和孩子说话时，使用的语言是?

老大	老二
☐只使用英语 ☐大部分使用英语 ☐华语和英语参半 ☐大部分使用华语 ☐只使用华语 ☐其他，请说明：_____	☐只使用英语 ☐大部分使用英语 ☐华语和英语参半 ☐大部分使用华语 ☐只使用华语 ☐其他，请说明：_____
老三	老四
☐只使用英语 ☐大部分使用英语 ☐华语和英语参半 ☐大部分使用华语 ☐只使用华语 ☐其他，请说明：_____	☐只使用英语 ☐大部分使用英语 ☐华语和英语参半 ☐大部分使用华语 ☐只使用华语 ☐其他，请说明：_____

10. 当您和孩子说话时，使用的语言是？

老大	老二
□只使用英语	□只使用英语
□大部分使用英语	□大部分使用英语
□华语和英语参半	□华语和英语参半
□大部分使用华语	□大部分使用华语
□只使用华语	□只使用华语
□其他，请说明：＿＿＿＿	□其他，请说明：＿＿＿＿
老三	老四
□只使用英语	□只使用英语
□大部分使用英语	□大部分使用英语
□华语和英语参半	□华语和英语参半
□大部分使用华语	□大部分使用华语
□只使用华语	□只使用华语
□其他，请说明：＿＿＿＿	□其他，请说明：＿＿＿＿

• 如果您的选择是"只使用英语"，原因是？（可多选）

○希望孩子掌握好英语

○自己的英语程度比较好

○使用其他语言沟通时，孩子有时候会听不懂或不想听

○在新加坡一切以英语为主，所以英语比其他语言更重要

○其他：＿＿＿＿＿＿＿＿＿＿＿＿

• 如果您的选择是"大部分使用英语"，原因是？（可多选）

○自己的英语程度比较好

○希望孩子能在掌握英语的同时，也接触到其他语言

○使用英语跟孩子沟通时，孩子比较想听或比较了解

○希望孩子能同时接触多种语言，但仍觉得英语比较重要

○其他：＿＿＿＿＿＿＿＿＿＿＿＿

• 如果您的选择是"华语和英语参半"，原因是？（可多选）

○华语是孩子的母语，所以跟英语一样重要

○在新加坡一切以英语为主，所以英语跟华语一样重要

○如果完全使用华语沟通，孩子有时候会听不懂或不想听

○如果完全使用英语沟通，孩子有时候会听不懂或不想听

○希望孩子能在成长中接触两种语言，培养他们成为双语精英

○其他：＿＿＿＿＿＿＿＿＿＿＿＿＿＿＿＿

● 如果您的选择是"大部分使用华语"，原因是？（可多选）

○自己的华语程度比较好

○华语是孩子的母语，所以比其他语言更重要

○希望孩子能在掌握华语的同时，也接触到其他语言

○如果完全使用华语沟通，孩子有时候会听不懂或不想听

○希望孩子能同时接触多种语言，但仍觉得华语比较重要

○其他：＿＿＿＿＿＿＿＿＿＿＿＿＿＿＿＿

● 如果您的选择是"只使用华语"，原因是？（可多选）

○自己只会讲华语

○希望孩子能掌握好华语

○华语是孩子的母语，比其他语言更重要

○使用其他语言沟通时，孩子有时候会听不懂或不想听

○其他：＿＿＿＿＿＿＿＿＿＿＿＿＿＿＿＿

11. 您觉得自己对孩子学习华语的重视程度是？

老大	老二	老三	老四
□完全不重视	□完全不重视	□完全不重视	□完全不重视
□不重视	□不重视	□不重视	□不重视
□还好	□还好	□还好	□还好
□重视	□重视	□重视	□重视
□非常重视	□非常重视	□非常重视	□非常重视

12. 您的孩子在学校或工作上一般用什么语言跟同学或同事沟通？

老大	老二
□只使用英语	□只使用英语
□大部分使用英语	□大部分使用英语
□华语和英语参半	□华语和英语参半
□大部分使用华语	□大部分使用华语
□只使用华语	□只使用华语
□其他，请说明：_____	□其他，请说明：_____
老三	老四
□只使用英语	□只使用英语
□大部分使用英语	□大部分使用英语
□华语和英语参半	□华语和英语参半
□大部分使用华语	□大部分使用华语
□只使用华语	□只使用华语
□其他，请说明：_____	□其他，请说明：_____

13. 您的孩子在社交网站上（贴文或聊天时）通常使用什么语言？

老大	老二
□只使用英语	□只使用英语
□大部分使用英语	□大部分使用英语
□华语和英语参半	□华语和英语参半
□大部分使用华语	□大部分使用华语
□只使用华语	□只使用华语
□其他，请说明：_____	□其他，请说明：_____
老三	老四
□只使用英语	□只使用英语
□大部分使用英语	□大部分使用英语
□华语和英语参半	□华语和英语参半
□大部分使用华语	□大部分使用华语
□只使用华语	□只使用华语
□其他，请说明：_____	□其他，请说明：_____

14. 当您或家人跟孩子说话时，孩子习惯用什么语言回答？

老大	老二
☐只使用英语 ☐大部分使用英语 ☐华语和英语参半 ☐大部分使用华语 ☐只使用华语 ☐其他，请说明：_____	☐只使用英语 ☐大部分使用英语 ☐华语和英语参半 ☐大部分使用华语 ☐只使用华语 ☐其他，请说明：_____
老三	老四
☐只使用英语 ☐大部分使用英语 ☐华语和英语参半 ☐大部分使用华语 ☐只使用华语 ☐其他，请说明：_____	☐只使用英语 ☐大部分使用英语 ☐华语和英语参半 ☐大部分使用华语 ☐只使用华语 ☐其他，请说明：_____

15. 您的孩子喜欢观看华语节目（包括电影、卡通）吗？

老大	老二	老三	老四
☐讨厌 ☐不喜欢 ☐还好 ☐喜欢 ☐非常喜欢	☐讨厌 ☐不喜欢 ☐还好 ☐喜欢 ☐非常喜欢	☐讨厌 ☐不喜欢 ☐还好 ☐喜欢 ☐非常喜欢	☐讨厌 ☐不喜欢 ☐还好 ☐喜欢 ☐非常喜欢

16. 您的孩子喜欢阅读华文读物（包括杂志、漫画）吗？

老大	老二	老三	老四
☐讨厌 ☐不喜欢 ☐还好 ☐喜欢 ☐非常喜欢	☐讨厌 ☐不喜欢 ☐还好 ☐喜欢 ☐非常喜欢	☐讨厌 ☐不喜欢 ☐还好 ☐喜欢 ☐非常喜欢	☐讨厌 ☐不喜欢 ☐还好 ☐喜欢 ☐非常喜欢

17. 您的孩子喜欢听华语歌曲吗？

老大	老二	老三	老四
□讨厌	□讨厌	□讨厌	□讨厌
□不喜欢	□不喜欢	□不喜欢	□不喜欢
□还好	□还好	□还好	□还好
□喜欢	□喜欢	□喜欢	□喜欢
□非常喜欢	□非常喜欢	□非常喜欢	□非常喜欢

18. 您认为您的孩子对华文有兴趣吗？

老大	老二	老三	老四
□讨厌	□讨厌	□讨厌	□讨厌
□不喜欢	□不喜欢	□不喜欢	□不喜欢
□还好	□还好	□还好	□还好
□喜欢	□喜欢	□喜欢	□喜欢
□非常喜欢	□非常喜欢	□非常喜欢	□非常喜欢

19. 您认同以下的说法吗？（1：完全不认同；3：认同；5：非常认同。请圈出您的答案）

a）我认为孩子学习华语并不难。	1 2 3 4 5
b）我认为孩子会说华语是很重要的。	1 2 3 4 5
c）我认为大致上孩子学习华语会给生活带来更多好处。	1 2 3 4 5
d）我认为孩子的华语程度对他的未来（求学、工作）影响很大。	1 2 3 4 5
e）我认为身为华人，我有责任掌握并传承华语至下一代。	1 2 3 4 5
f）我认为孩子在学校同时学习华语和英语，不会影响华语的学习。	1 2 3 4 5
g）我认为孩子在学校同时学习华语和英语，不会影响英语的学习。	1 2 3 4 5

附录九 新加坡华一代家长对孩子学习华文的态度调查问卷

尊敬的家长：

您好！非常感谢您抽出宝贵的时间来完成本次问卷。本次问卷主要是想了解移民至新加坡的中国家长对孩子的华文学习抱持着什么样的态度。本问卷采用匿名的方式，您所提供的资料将仅用于本研究中，并且绝对保密。您所提出的宝贵意见将对本研究有很大的帮助和价值。

在此对您的支持衷心地表示最真挚的感谢！

填写说明：

a）请您在选项上打"√"。

b）如果问题对您不适用，请跳过。

c）如果选择了"其他"的选项，请您在后面的横线上填写相关具体内容。

1. 您的性别是？

□男　　　□女

2. 您的年龄是？

□20～30 岁

□31～40 岁

□41～50 岁

□其他：＿＿＿＿＿＿＿＿

3. 您移居、移民新加坡时的年龄是？

□15～20 岁

□21～30 岁

□31～40 岁

□其他：＿＿＿＿＿＿＿＿

4. 您能说哪几种语言？（可多选）

□华语

□英语

□其他（包括方言）

5．您的最高学历是？

□小学

□中学

□高中/初级学院/理工学院/工艺教育学院

□大学

□大学以上

6．您对自己英语能力评价如何？（请跟<u>母语为英语的人</u>相比，圈出您的答案）

听：1　2　3　4　5	说：1　2　3　4　5
读：1　2　3　4　5	写：1　2　3　4　5

7．您自己最喜欢或习惯说的语言是？

□华语

□英语

□其他（包括方言）

8．您有几个孩子？

□1

□2

□3

□4 或以上

9．您的孩子的年龄是？

老大	老二	老三	老四
□0～10 岁	□0～10 岁	□0～10 岁	□0～10 岁
□11～20 岁	□11～20 岁	□11～20 岁	□11～20 岁
□21～30 岁	□21～30 岁	□21～30 岁	□21～30 岁
□其他：_____	□其他：_____	□其他：_____	□其他：_____

10．您如何评价孩子的华语能力？【请跟<u>同年龄新加坡华人</u>相比，圈出您的答案。1：比他们差很多；3：跟同年龄新加坡孩子一样；5：比他们好很多】

老大	老二	老三	老四
听：1 2 3 4 5	听：1 2 3 4 5	听：1 2 3 4 5	听：1 2 3 4 5
说：1 2 3 4 5	说：1 2 3 4 5	说：1 2 3 4 5	说：1 2 3 4 5
读：1 2 3 4 5	读：1 2 3 4 5	读：1 2 3 4 5	读：1 2 3 4 5
写：1 2 3 4 5	写：1 2 3 4 5	写：1 2 3 4 5	写：1 2 3 4 5

11. 您如何评价孩子的华语能力？【请跟<u>同年龄中国人</u>相比，圈出您的答案。

1：比他们差很多；3：跟同年龄中国孩子一样；5：比他们好很多】

老大	老二	老三	老四
听：1 2 3 4 5	听：1 2 3 4 5	听：1 2 3 4 5	听：1 2 3 4 5
说：1 2 3 4 5	说：1 2 3 4 5	说：1 2 3 4 5	说：1 2 3 4 5
读：1 2 3 4 5	读：1 2 3 4 5	读：1 2 3 4 5	读：1 2 3 4 5
写：1 2 3 4 5	写：1 2 3 4 5	写：1 2 3 4 5	写：1 2 3 4 5

12. 当您的配偶和孩子说话时，使用的语言是？

老大	老二
□只使用英语 □大部分使用英语 □华语和英语参半 □大部分使用华语 □只使用华语 □其他，请说明：_____	□只使用英语 □大部分使用英语 □华语和英语参半 □大部分使用华语 □只使用华语 □其他，请说明：_____
老三	老四
□只使用英语 □大部分使用英语 □华语和英语参半 □大部分使用华语 □只使用华语 □其他，请说明：_____	□只使用英语 □大部分使用英语 □华语和英语参半 □大部分使用华语 □只使用华语 □其他，请说明：_____

13. 当您和孩子说话时，使用的语言是？

老大	老二
□只使用英语	□只使用英语
□大部分使用英语	□大部分使用英语
□华语和英语参半	□华语和英语参半
□大部分使用华语	□大部分使用华语
□只使用华语	□只使用华语
□其他，请说明：＿＿＿＿	□其他，请说明：＿＿＿＿
老三	老四
□只使用英语	□只使用英语
□大部分使用英语	□大部分使用英语
□华语和英语参半	□华语和英语参半
□大部分使用华语	□大部分使用华语
□只使用华语	□只使用华语
□其他，请说明：＿＿＿＿	□其他，请说明：＿＿＿＿

- 如果您的选择是"只使用英语"，原因是？【可多选】

□希望孩子掌握好英语

□自己的英语程度比较好

□使用其他语言沟通时，孩子有时候会听不懂或不想听

□在新加坡一切以英语为主，所以英语比其他语言更重要

□其他：＿＿＿＿＿＿＿＿＿＿＿＿

- 如果您的选择是"大部分使用英语"，原因是？【可多选】

□自己的英语程度比较好

□希望孩子能在掌握英语的同时，也接触到其他语言

□使用英语跟孩子沟通时，孩子比较想听或比较了解

□希望孩子能同时接触多种语言，但仍觉得英语比较重要

□其他：＿＿＿＿＿＿＿＿＿＿＿＿

- 如果您的选择是"华语和英语参半"，原因是？【可多选】

□华语是孩子的母语，所以跟英语一样重要

□在新加坡一切以英语为主，所以英语跟华语一样重要

□如果完全使用华语沟通，孩子有时候会听不懂或不想听

□如果完全使用英语沟通，孩子有时候会听不懂或不想听

□希望孩子能在成长中接触两种语言，培养他们成为双语精英

□其他：＿＿＿＿＿＿＿＿＿＿＿＿＿

● 如果您的选择是"大部分使用华语"，原因是？【可多选】

□自己的华语程度比较好

□华语是孩子的母语，所以比其他语言更重要

□希望孩子能在掌握华语的同时，也接触到其他语言

□如果完全使用华语沟通，孩子有时候会听不懂或不想听

□希望孩子能同时接触多种语言，但仍觉得华语比较重要

□其他：＿＿＿＿＿＿＿＿＿＿＿＿＿

● 如果您的选择是"只使用华语"，原因是？【可多选】

□自己只会讲华语

□希望孩子能掌握好华语

□华语是孩子的母语，比其他语言更重要

□使用其他语言沟通时，孩子有时候会听不懂或不想听

□其他：＿＿＿＿＿＿＿＿＿＿＿＿＿

14. 您觉得自己对孩子学习华语的重视程度是？

老大	老二	老三	老四
□完全不重视	□完全不重视	□完全不重视	□完全不重视
□不重视	□不重视	□不重视	□不重视
□还好	□还好	□还好	□还好
□重视	□重视	□重视	□重视
□非常重视	□非常重视	□非常重视	□非常重视

15. 当您的孩子和兄弟姐妹说话时，使用的语言是?

老大	老二
□只使用英语	□只使用英语
□大部分使用英语	□大部分使用英语
□华语和英语参半	□华语和英语参半
□大部分使用华语	□大部分使用华语
□只使用华语	□只使用华语
□其他，请说明：_____	□其他，请说明：_____
老三	老四
□只使用英语	□只使用英语
□大部分使用英语	□大部分使用英语
□华语和英语参半	□华语和英语参半
□大部分使用华语	□大部分使用华语
□只使用华语	□只使用华语
□其他，请说明：_____	□其他，请说明：_____

16. 您的孩子在学校或工作上一般用什么语言跟同学或同事沟通?

老大	老二
□只使用英语	□只使用英语
□大部分使用英语	□大部分使用英语
□华语和英语参半	□华语和英语参半
□大部分使用华语	□大部分使用华语
□只使用华语	□只使用华语
□其他，请说明：_____	□其他，请说明：_____
老三	老四
□只使用英语	□只使用英语
□大部分使用英语	□大部分使用英语
□华语和英语参半	□华语和英语参半
□大部分使用华语	□大部分使用华语
□只使用华语	□只使用华语
□其他，请说明：_____	□其他，请说明：_____

17. 您的孩子在社交网站上（贴文或聊天时）通常使用什么语言？

老大	老二
□只使用英语	□只使用英语
□大部分使用英语	□大部分使用英语
□华语和英语参半	□华语和英语参半
□大部分使用华语	□大部分使用华语
□只使用华语	□只使用华语
□其他，请说明：_____	□其他，请说明：_____
老三	老四
□只使用英语	□只使用英语
□大部分使用英语	□大部分使用英语
□华语和英语参半	□华语和英语参半
□大部分使用华语	□大部分使用华语
□只使用华语	□只使用华语
□其他，请说明：_____	□其他，请说明：_____

18. 当您或家人跟孩子说话时，孩子习惯用什么语言回答？

老大	老二
□只使用英语	□只使用英语
□大部分使用英语	□大部分使用英语
□华语和英语参半	□华语和英语参半
□大部分使用华语	□大部分使用华语
□只使用华语	□只使用华语
□其他，请说明：_____	□其他，请说明：_____
老三	老四
□只使用英语	□只使用英语
□大部分使用英语	□大部分使用英语
□华语和英语参半	□华语和英语参半
□大部分使用华语	□大部分使用华语
□只使用华语	□只使用华语
□其他，请说明：_____	□其他，请说明：_____

19. 您的孩子喜欢观看华语节目（包括电影、卡通）吗？

老大	老二	老三	老四
□讨厌	□讨厌	□讨厌	□讨厌
□不喜欢	□不喜欢	□不喜欢	□不喜欢
□还好	□还好	□还好	□还好
□喜欢	□喜欢	□喜欢	□喜欢
□非常喜欢	□非常喜欢	□非常喜欢	□非常喜欢

20. 您的孩子喜欢阅读华文读物（包括杂志、漫画）吗？

老大	老二	老三	老四
□讨厌	□讨厌	□讨厌	□讨厌
□不喜欢	□不喜欢	□不喜欢	□不喜欢
□还好	□还好	□还好	□还好
□喜欢	□喜欢	□喜欢	□喜欢
□非常喜欢	□非常喜欢	□非常喜欢	□非常喜欢

21. 您的孩子喜欢听华语歌曲吗？

老大	老二	老三	老四
□讨厌	□讨厌	□讨厌	□讨厌
□不喜欢	□不喜欢	□不喜欢	□不喜欢
□还好	□还好	□还好	□还好
□喜欢	□喜欢	□喜欢	□喜欢
□非常喜欢	□非常喜欢	□非常喜欢	□非常喜欢

22. 您认为您的孩子对华文有兴趣吗？

老大	老二	老三	老四
□抗拒	□抗拒	□抗拒	□抗拒
□没兴趣	□没兴趣	□没兴趣	□没兴趣
□还好	□还好	□还好	□还好
□有兴趣	□有兴趣	□有兴趣	□有兴趣
□非常有兴趣	□非常有兴趣	□非常有兴趣	□非常有兴趣

23. 您认同以下说法吗？（1：完全不认同；5：非常认同。圈出您的答案）

a）我认为孩子学习华语并不难。	1 2 3 4 5
b）我认为孩子会说华语是很重要的。	1 2 3 4 5
c）我认为大致上孩子学习华语会对生活带来更多好处。	1 2 3 4 5
d）我认为孩子的华语程度对他的未来（求学、工作）影响很大。	1 2 3 4 5
e）我认为身为华人，我有责任掌握并传承华语至下一代。	1 2 3 4 5
f）我认为孩子在学校同时学习华语和英语，不会影响华语的学习。	1 2 3 4 5
g）我认为孩子在学校同时学习华语和英语，不会影响英语的学习。	1 2 3 4 5

附录十　华测海外需求调查问卷

一、华测海外需求调查（教师卷）

尊敬的受访者：

华文水平测试（简称"华测"）是以海外华裔为对象的标准化考试，是我们正在研发的考试。本次调查是想了解海外华人需要什么样的华测，您的意见将会影响华测的面貌，也会给我们很大帮助。

问卷调查不是考试，您所选择的答案没有正确与错误的分别，请选出最符合您个人情况和观点的选项，除特别说明的题目以外，每个题目只能选择一个选项。如果没有符合您情况的选项请在_____处填写。

非常感谢您的合作，祝身体健康，万事如意，谢谢！

第一部分

1. 关于华测的基本性质和基本面貌，您的看法是？

	不同意	有些不同意	一般	有些同意	同意
专门针对海外华裔	①	②	③	④	⑤
不结合具体教材，考查实际水平	①	②	③	④	⑤
采用纸笔测试而不是网考	①	②	③	④	⑤
"听说"和"读写"分开考试	①	②	③	④	⑤
不认识汉字也可以参加听说测试	①	②	③	④	⑤
"读写测试"则适当提高汉字要求	①	②	③	④	⑤
参考（不是按照）中国人的语文能力	①	②	③	④	⑤
考试成绩跟中国人的汉语水平挂钩	①	②	③	④	⑤

2. 华测应该重视哪些中华文化知识？（可多选）

①儒家文化　　②佛教文化　　③道家文化　　　　④中国民俗文化

⑤中国历史　　⑥中国地理　　⑦当代中国情况　　⑧其他_____

3. 中国小学毕业要求认识 3 000 字，您认为华裔学生小学毕业应该要求认识多少字？

①1 500 字　②2 000 字　③2 500 字　④3 000 字　⑤其他_____

4. 您认为海外华裔小学毕业生的华语听说能力一般应该达到中国小学毕业生的：

①50%　②60%　③70%　④80%　⑤90%　⑥其他_____

5. 您认为海外华裔小学毕业生的华语读写能力一般应该达到中国小学毕业生的：

①50%　②60%　③70%　④80%　⑤90%　⑥其他_____

6. 您是否同意以下说法？

	不同意	有些不同意	一般	有些同意	同意
我希望有华测这么一个考试	①	②	③	④	⑤
我本人会参加华测	①	②	③	④	⑤
我会鼓励我的学生参加华测	①	②	③	④	⑤

7. 您所教授的学生大多是哪个年级的？

①小学 1~3 年级　　②小学 4~6 年级　　③初中　　④高中
⑤其他_____

第二部分

8. 您的性别：
①男　　②女

9. 您的年龄：
①30 岁及以下　②31~40 岁　③41~50 岁　④51~60 岁　⑤60 岁以上

10. 您的族裔：
①华裔　　②非华裔

11. 如果您是华裔，是第几代？
①第 1 代　②第 2 代　③第 3 代　④第 4 代　④第 5 代及以上

12. 您的学历：
①初中　②高中　③专科　④本科　⑤其他_____

13. 您所在的地区：_____（省市，请填写中文名称）

14. 您是否会讲方言？

A. 会，我讲的方言是：

① 福建话　　②潮州话　　③ 广州话　　④ 客家话　　⑤ 其他

B. 不会

15. 您是否会讲华语？

①不会　　　②会

16. 您讲方言多少年了？

＿＿＿＿＿＿年。（请填写数字）

17. 您讲华语多少年了？

＿＿＿＿＿＿年。（请填写数字）

18. 在下面的华语能力水平描述中，请选择您的华语听、说、读、写能力水平
等级：

	很差	较差	一般	较好	很好
听	①	②	③	④	⑤
说	①	②	③	④	⑤
读	①	②	③	④	⑤
写	①	②	③	④	⑤

19. 关于华测，您有任何想法、建议，请补充说明。

_____

_____

_____

_____

_____

_____

调查结束，再次感谢您的参与！

二、华测海外需求调查（学生卷）

亲爱的同学：

　　华文水平测试（简称"华测"）是我们正在研发的一个考试，专门以海外华裔
为测试对象。我们想知道您对华测的意见与看法，下面有几道题需要您用几分钟的

时间来回答。您的意见将会影响华测的面貌，也会给我们很大帮助。

问卷调查不是考试，您所选择的答案没有正确与错误的分别，请选出最符合您情况的选项，除特别说明的题目以外，每个题目只能选择一个选项。如果没有符合您情况的选项请在_____处填写。

我们非常感谢您的合作，祝您学习进步，天天开心！

1. 您的年级：

①初一　　　②初二　　　③初三　　　④高一　　　⑤高二　　　⑥高三

2. 您的族裔：

①华裔　　　②非华裔

3. 如果您是华裔，是第几代？

①第 2 代　　　②第 3 代　　　③第 4 代　　　④第 5 代及以上

4. 您学习汉语多长时间了？

①1 ~ 3 年　　②4 ~ 5 年　　③6 ~ 10 年　　④11 ~ 15 年　　⑤其他_____

5. 您为什么学习汉语？（可多选）

①学校要求　　②父母要求　　③升学需要　　④工作需要　　⑤个人兴趣

⑥其他原因

6. 您一周上几节汉语课？

①2　　　②4　　　③6　　　④8　　　⑤10　　　⑥其他_____

7. 您会不会说一种汉语方言，例如福建话、潮州话、客家话、广州话等？

①会　　　②不会

8. 您在家里主要说：

①华语（普通话）　　②方言　　③当地话　　④其他

9. 您在华文学校里主要说：

①华语（普通话）　　②方言　　③当地话　　④其他

10. 您在社会上与人交往时主要说：

①华语（普通话）　　②方言　　③当地话　　④其他

11. 除了华语课，您还通过什么方式来学习和提高自己的华语？

①上网　　②看华语电视、电影　　③听华语广播、音乐等

④看华语报纸、书籍

12. 您是否参加过 HSK 考试？

①是　　　②否（请跳过第 13、14 题）

13. 您参加 HSK 的主要目的是：（可多选）

①学校要求　　　　②父母要求　　　　③老师要求　　　　④工作需要

⑤留学需要　　　　⑥了解自己的汉语水平　　⑦其他_____

14. 您认为 HSK：

①不适合我　　②比较不适合我　　③一般　　④比较适合我　　⑤适合我

15. 以下说法是否符合您的情况？

	完全不符合	有些不符合	一般	有些符合	完全符合
为自己是华人而感到自豪	①	②	③	④	⑤
希望自己有熟练的华语听说能力	①	②	③	④	⑤
希望自己有熟练的华语读写能力	①	②	③	④	⑤
想通过考试证明自己的华语水平	①	②	③	④	⑤
希望"听说"和"读写"分开考试	①	②	③	④	⑤
我喜欢传统的纸笔考试	①	②	③	④	⑤
我希望考试成绩可以告诉我相当于什么汉语水平的中国人	①	②	③	④	⑤

16. 您希望自己的华语水平最终达到中国人的：

①50%　②60%　③70%　④80%　⑤90%　⑥100%　⑦其他_____

17. 您能接受的最长考试时间为多少分钟？

①90　　②120　　③150　　④180　　⑤其他_____

18. 如果有一个专门面向华裔学生的华语考试正式推出，您是否愿意参加？

①非常不愿意　　②有些不愿意　　③一般　　④有些愿意　　⑤非常愿意

调查结束！再次感谢您的参与！

参考文献

一、中文文献

澳大利亚华人总工会.《澳大利亚华人社区发展报告》(2018)［M］. 哈尔滨：黑龙江人民出版社，2018.

白娟. 华文教育中的家庭语言政策驱动机制和影响分析［J］. 语言战略研究，2019（4）.

白娟. 家庭语言规划在华文教育中具有重要的地位［J］. 语言战略研究，2017（6）.

北京华文学院. 汉语（初中版）［M］. 广州：暨南大学出版社，2010.

北京华文学院. 汉语（小学版）［M］. 广州：暨南大学出版社，2007.

波特斯.《美国华人社会的变迁》序言［M］//周敏. 美国华人社会的变迁. 郭南，译. 上海：上海三联书店，2006.

斯波斯基. 语言管理［M］. 张治国，译. 北京：商务印书馆，2016.

蔡丽. 印尼正规小学华文教材使用及本土华文教材编写现状研究［J］. 华文教学与研究，2011（3）.

曹贤文. 海外传承语教育研究综述［J］. 语言战略研究，2017（3）.

陈平. 政治、经济、社会与海外汉语教学：以澳大利亚为例［J］. 世界汉语教学，2013（3）.

陈颖，蔡炜浩. 美国纽约华人社会的语言生活和语言认同［J］. 海外华文教育，2016（2）.

陈光磊. 从"文化测试"说到"文化大纲"［J］. 世界汉语教学，1994（1）.

陈桂明. 印尼华裔学生的汉语环境及其对汉语学习的影响 [D]. 桂林：广西师范大学，2013.

陈静. 华裔新生代和华文教育 [M] //中华文化学院. 中华文化与华侨华人. 北京：学习出版社，2015.

陈美芬，汪雪娟. 华裔新生代中国文化认同感的调查研究：以温州意大利华裔新生代为例 [J]. 温州大学学报（社会科学版），2018，31（5）.

陈松岑. 新加坡华人的语言态度及其对语言能力和语言使用的影响 [J]. 语言教学与研究，1999（1）.

陈向明. 质的研究方法与社会科学研究 [M]. 北京：教育科学出版社，2000.

陈雪. 英国的华文教育与华侨华人社会 [M] //中国海外交流协会文教部. 第三届国际华文教育研讨会论文集. 北京：华语教育出版社，2001.

陈志明. 华裔族群：语言、国籍与认同 [J]. 广西民族学院学报（哲学社会科学版），1999，21（4）.

程雨民. 汉语字基语法：语素层造句的理论和实践 [M]. 上海：复旦大学出版社，2003.

代清萌. 意大利华裔学生汉语继承语学习现状调查情况研究 [D]. 重庆：重庆大学，2017.

戴二彪. 二十一世纪的日本华侨华人 [M] //丘进. 华侨华人蓝皮书：华侨华人研究报告（2013）. 北京：社会科学文献出版社，2014.

戴庆厦. 语言竞争与语言和谐 [J]. 语言教学与研究，2006（2）.

丁培培. 华裔学前儿童汉语教材选编：以印尼培民国际学校幼儿园为例 [C] //北京大学对外汉语教育学院. 第六届东亚汉语教学研究生论坛暨第九届北京地区对外汉语教学研究生学术论坛论文集，2016.

董兆杰. "认写分流"是科学识字理念 [J]. 教育实践与研究，2013（3）.

樊中元. 广西农民工语言的实证研究 [J]. 广西社会科学，2011（9）.

方夏婷. 澳大利亚华裔青少年方言背景者祖语学习与认同研究 [D]. 广州：暨南大学，2016.

方秀珍. 马立平《中文》特点研究 [D]. 广州：暨南大学，2010.

费锦昌. 现代汉字笔画规范刍议 [J]. 世界汉语教学，1997（2）.

耿红卫. 试析加拿大华文教育的发展 [J]. 八桂侨刊，2015（3）.

耿红卫. 英国华文教育的历史与现状研究 [J]. 海外华文教育，2013（1）.

暨南大学华文学院. 中文：初中版 [M]. 广州：暨南大学出版社，2010.

郭熙. 东南亚华人的语言使用特征及其发展趋势［J］. 双语教育研究，2016（2）.

郭熙. 多元语言文化背景下母语维持的若干问题：新加坡个案［J］. 语言文字应用，2008（4）.

郭熙. 关于新形势下华侨母语教育问题的一些思考［J］. 语言文字应用，2015（2）.

郭熙. 华文教学概论［M］. 北京：商务印书馆，2007.

郭熙. 华文课程应该真正"外语化"［N］. 联合早报，2010 – 03 – 26.

郭熙. 论汉语教学的三大分野［J］. 中国语文，2015（5）.

郭熙. 论祖语与祖语传承［J］. 语言战略研究，2017（3）.

郭熙，刘慧，李计伟. 论海外华语资源的抢救性整理和保护［J］. 云南师范大学学报（哲学社会科学版），2020（2）.

郭怀广. 欠发达国家的中国新移民：以圭亚那为例［J］. 改革与开放，2018（15）.

郭建玲. 莫桑比克华文教育的历史、现状与挑战［M］//刘鸿武. 非洲研究（15）. 北京：社会科学文献出版社，2020.

郭为藩. 自我心理学［M］. 台南：开山书店，1975.

国家对外汉语教学领导小组办公室. 高等学校外国留学生汉语言专业教学大纲［M］. 北京：北京语言文化大学出版社，2002.

国家对外汉语教学领导小组办公室汉语水平考试部. 汉语水平词汇与汉字等级大纲［M］. 北京：北京语言学院出版社，1992.

国家汉办，教育部社科司，《汉语国际教育用音节汉字词汇等级划分》课题组. 汉语国际教育用音节汉字词汇等级划分［M］. 北京：北京语言大学出版社，2010.

孔子学院总部/国家汉办. 国际汉语教学通用课程大纲［M］. 北京：北京语言大学出版社，2014.

国家汉办/孔子学院总部. 新汉语水平考试大纲［M］. 北京：商务印书馆，2010.

国家汉办/孔子学院总部. 新汉语水平考试大纲 HSK 二级［M］. 北京：商务印书馆，2009.

国家汉办/孔子学院总部. 新汉语水平考试大纲 HSK 三级［M］. 北京：商务印书馆，2009.

国家汉办/孔子学院总部. 新汉语水平考试大纲 HSK 一级［M］. 北京：商务印

书馆，2009.

国家汉语水平考试委员会办公室考试中心. 汉语水平词汇与汉字等级大纲〔M〕. 北京：经济科学出版社，2001.

国家语言文字工作委员会汉字处. 现代汉语常用字表〔M〕. 北京：语文出版社，1988.

国家语言文字工作委员会. 中国语言文字事业发展报告（2017）〔M〕. 北京：商务印书馆，2017.

"中国语言生活状况报告"课题组. 中国语言生活状况报告（2009）〔R〕. 北京：商务印书馆，2010.

"中国语言生活状况报告"课题组. 中国语言生活状况报告（2010）〔R〕. 北京：商务印书馆，2010.

教育部语言文字信息管理司. 中国语言生活状况报告（2011）〔R〕. 北京：商务印书馆，2011.

教育部语言文字信息管理司. 中国语言生活状况报告（2012）〔R〕. 北京：商务印书馆，2012.

国务院，教育部，国家语言文字工作委员会. 通用规范汉字表〔S〕. 北京：语文出版社，2013.

何纬芸，苗瑞琴. 继承语之习得及其社会化〔C〕//姬建国，蒋楠. 西方人文社科前沿述评：应用语言学. 北京：中国人民大学出版社，2007.

何悦恒. 印尼华文教材发展概况、问题及建议：基于《汉语》与《一千字说华语》的分析〔J〕. 海外华文教育，2014（3）.

贺鉴，黄小用. 非洲华人教育浅探〔J〕. 比较教育研究，2001（12）.

赫尔德. 论语言的起源〔M〕. 姚小平，译. 北京：商务印书馆，2009.

黄明. 新加坡双语教育模式对学校语言环境的影响：新加坡华族学生在学校环境中讲英语、华语、方言的现状调查〔J〕. 英语广场（学术研究），2011（Z1）.

黄明，朱宾忠. 新加坡双语教育模式与华族家庭语言转移趋势调查分析〔J〕. 外语教学与研究，2010（5）.

黄煜. 印尼华裔青少年对中华文化的认同及其对汉语学习的影响〔D〕. 桂林：广西师范大学，2012.

黄杭杭. 英国华裔学生双语双文化性身份认同形成研究〔D〕. 福州：福建师范大学，2008.

黄皇宗. 港台文化与海外华文教育〔M〕. 广州：中山大学出版社，1992.

黄磊. 澳大利亚华文教育之现状 [J]. 暨南大学华文学院学报，2003（4）.

贾莉. 美国华人移民子女语言社会化研究 [M]. 开封：河南大学出版社，2008.

贾益民. 华侨华人蓝皮书 [M]. 北京：社会科学文献出版社，2014.

贾益民. 中文（小学版）[M]. 广州：暨南大学出版社，2006.

江苏中小学教材编写服务中心. 语文（小学版）[M]. 南京：江苏教育出版社，2011.

姜文英. 澳大利亚布里斯班华裔小学生汉语保持研究 [J]. 世界汉语教学，2015，29（4）.

蒋中华. 试论意大利华裔华文母语教学模式的基础与特点：以罗马中华语言学校为例. 世界华文教育，2018（3）.

金志刚，李博文，李宝贵. 意大利华文教育的现状、问题与对策 [J]. 辽宁师范大学学报（社会科学版），2017，40（5）.

鞠玉华. 英国中文学校发展现状探析 [J]. 八桂侨刊，2014（2）.

鞠玉华. 日本华侨华人子女文化传承与文化认同研究 [M]. 广州：暨南大学出版社，2015.

课程教材研究所. 语文（初中版）[M]. 北京：人民教育出版社，2012.

课程教材研究所. 语文（小学版）[M]. 北京：人民教育出版社，2015.

孔子学院总部，国家汉办. HSK 考试大纲二级 [M]. 北京：人民教育出版社，2015.

孔子学院总部，国家汉办. HSK 考试大纲三级 [M]. 北京：人民教育出版社，2015.

孔子学院总部，国家汉办. HSK 考试大纲一级 [M]. 北京：人民教育出版社，2015.

孔子学院总部，国家汉办. 国际汉语教学通用课程大纲 [M]. 北京：外语教学与研究出版社，2010.

孔子学院总部，国家汉办. 国际汉语教学通用课程大纲 [M]. 北京：北京语言大学出版社，2014.

李萍. 新汉语水平考试 HSK 的变革与汉语国际传播 [J]. 国际汉语教育，2012（2）.

李宝贵，姜晓真. 意大利华人青少年汉语语言态度及语言使用情况调查研究：以米兰 ZAPPA 高中为例 [J]. 云南师范大学学报（对外汉语教学与研究版），

2017，15（1）.

李大遂. 汉字的系统性与汉字认知［J］. 暨南大学华文学院学报，2006（1）.

李国芳，孙茁. 加拿大华人家庭语言政策类型及成因［J］. 语言战略研究，2017，2（6）.

李嘉郁. 谈华裔学生汉字习得特点［J］. 海外华文教育，2006（1）.

李娟，傅小兰，林仲贤. 学龄儿童汉语正字法意识发展的研究［J］. 心理学报，2000（2）.

李其荣，韦丹辉，徐文水，等. 国际移民与海外华人研究（2016）［M］. 北京：中国社会科学出版社，2017.

李其荣，姚照丰. 美国华人新移民第二代及其身份认同［J］. 世界民族，2012（1）.

李泉. 文化内容呈现方式与呈现心态［J］. 世界汉语教学，2011，25（3）.

李如龙. 华文教学的基本字集中教学法刍议［J］. 海外华文教育，2001（2）.

李嵬. 谁、为什么和怎么样保持或放弃使用哪种语言［J］. 中国语言战略，2012（1）.

李筱菊. 语言测试科学与艺术［M］. 长沙：湖南教育出版社，1997.

厉兵.《现代汉语通用词》选词原则［J］. 语言文字应用，1998（2）.

连谊慧. "语言与认同"多人谈［J］. 语言战略研究，2016（1）.

联合国国际移民组织（IOM）. 世界移民报告2018［M］. 全球化智库（CCG），译. 北京：全球化智库，2018.

梁波，王海英. 国外移民社会融入研究综述［J］. 甘肃行政学院学报，2010（2）.

廖承晔. 第1.5代移民的语言身份构建：以英国华裔周林为例［J］. 福建教育学院学报，2020（7）.

林国立. 构建对外汉语教学的文化因素体系：研制文化大纲之我见［J］. 语言教学与研究，1997（1）.

刘慧. 印尼华族集聚区语言景观与族群认同：以峇淡、坤甸、北干巴鲁三地为例［J］. 语言战略研究，2016，1（1）.

刘娟. 福清赴阿根廷新移民研究［D］. 厦门：厦门大学，2008.

刘丽敏. 美国华裔子女汉语继承语教育现状与问题［J］. 比较教育研究，2019（12）.

刘文辉，宗世海. 华文学习者华文水平及其与中华文化的认知、认同关系研究

[J]. 东南亚研究，2015（1）.

刘燕玲. 居住国、跨国和全球视角：美国华人身份认同研究的文献述评 [J]. 东南亚研究，2015（6）.

刘燕玲，吴金平. 美国加州圣地亚哥华人专业技术新移民的跨国认同调查与研究：移民跨国认同的个案分析 [J]. 华侨华人历史研究，2014（1）.

刘英林，李佩泽，李亚男. 汉语国际教育汉语水平等级标准全球化之路 [J]. 世界汉语教学，2020，34（2）.

刘英林，马箭飞. 研制《音节和汉字词汇等级划分》探寻汉语国际教育新思维 [J]. 世界汉语教学，2010，24（1）.

刘玉红. 印尼华裔新生代中华文化认同与华文教育研究 [J]. 海外华文教育，2016（4）.

刘月华，潘文娱，故韡. 实用现代汉语语法 [M]. 增订本. 北京：商务印书馆，2001.

刘振平，赵守辉. 汉语在新加坡社会中的功能变迁：布迪厄语言社会学视角 [J]. 华文教学与研究，2017（4）.

娄毅. 关于 AP 汉语与文化教材文化内容设计的几点思考 [J]. 语言文字应用，2006（S1）.

卢伟.《乘风汉语》的中国文化教学研究 [M]//刘颂浩.《乘风汉语》教学设计与研究. 北京：世界图书出版公司北京公司，2005.

罗庆铭，王燕燕，闵玉. 新版新加坡小学华文教材汉字编写模式 [J]. 华文教学与研究，2017（3）.

骆涵，李明颖，李煜. 大学阶段华裔传承语课程设置：个案研究 [J]. 华语文教学研究，2017（2）.

吕婵. 美国沉浸式小学和中文学校学生的中文阅读习得的发展研究 [J]. 世界汉语教学，2016，30（4）.

吕婵. 美国汉语作为继承语学习者汉语字词知识的习得 [J]. 国际汉语教学研究，2017（2）.

马戎. 民族社会学：社会学的族群关系研究 [M]. 北京：北京大学出版社，2004.

马来西亚教育局. 2013—2015 华文 [M]. 吉隆坡：马来西亚教育出版社，2017.

马立平. 马立平中文 [M]. 旧金山：马立平出版社，2010.

马燕华. 论海外华裔儿童汉字教学的特殊性 [J]. 北京师范大学学报（社会科

学版），2003（6）.

牟蕾. 汉语继承语者多语发展社会性动因研究［C］//北京大学对外汉语教育学院. 第六届东亚汉语教学研究生论坛暨第九届北京地区对外汉语教学研究生学术论坛论文集，2016.

乔志华. 委内瑞拉恩平籍新移民研究：以牛江侨乡为中心［D］. 广州：暨南大学，2015.

秦晨. 从 identity 到认同：巴别塔的困境：以中国英语学习者为对象的研究［J］. 社会科学研究，2012（2）.

裴援平. 深化华文教育"三化建设"，大力弘扬中华优秀文化［R］. 世界华文教育大会主题报告，2017.

人民教育出版社. 标准中文［M］. 北京：人民教育出版社，1999—2002.

三井明子，邵明明. 日本华裔和非华裔的汉语学习观念对比研究［J］. 国际汉语教育（中英文），2019，4（3）.

邵明明. 汉语继承语学习者家庭因素和学习动机研究：以日本汉语继承语学习者为例［J］. 华文教学与研究，2018（2）.

沈玲. 印尼华人家庭语言使用与文化认同分析：印尼雅加达 500 余名新生代华裔的调查研究［J］. 世界民族，2015（5）.

沈珊玲. 印尼泗水华人中华文化认同研究［D］. 南宁：广西大学，2018.

沈燕清. 新加坡中国大陆新移民现状浅析［J］. 世界民族，2007（4）.

盛静. 中国父母在华裔儿童汉语保存与双语发展中的困惑及作用：以英国华裔儿童为例［J］. 延边大学学报（社会科学版），2012（5）.

盛继艳. 对外汉字教学中笔顺规范化的层次性思考［J］. 语言文字应用，2013（1）.

施仲谋. 中华文化教学大纲探究［C］//世界汉语教学学会. 世界汉语教学学会通讯（3），2014.

史有为. 对外汉语教学最低量基础词汇试探［J］. 语言教学与研究，2008（1）.

苏新春. 基础教育语文新课标教材用字用语调查［M］//王铁琨. 中国语言生活状况报告. 北京：商务印书馆，2007.

孙少锋，王瑜. 移民家庭之忧：文化夹缝中的华二代［N］. 人民日报·海外版，2015 – 02 – 02.

孙晓娥. 深度访谈研究方法的实证论析［J］. 西安交通大学学报（社会科学

版），2012，32（3）.

Tom Denison，Dharmalingam Arunachalam，Graeme Johanson，等. 意大利普拉托华人社会［J］. 刘群锋，译. 侨务工作研究，2008（5）.

佟乐泉，张一清. 小学识字教学研究［M］. 广州：广东教育出版社，1999.

王宁. 论汉字与汉语的关系［J］. 民俗典籍文字研究，2015（1）.

王宁. 文字在语言教育中的重要作用［J］. 语言科学，2016，15（4）.

王鹏. 海外华裔儿童汉语识字理论和实践［C］//香港大学教育学院中文教育研究中心，韩国汉字汉文教育学会. 2011 年亚洲汉字学与教国际研讨会论文摘要集. 2011.

王爱平. 东南亚华裔学生的文化认同与汉语学习动机［J］. 华侨大学学报（人文社会版），2000（3）.

王爱平. 汉语言使用与华人身份认同：对 400 余名印尼华裔学生的调查研究［J］. 福州大学学报（哲学社会科学版），2006，20（4）.

王爱平. 文化与认同：印尼华裔青少年调查研究［J］. 中国人民大学学报，2004，18（6）.

王爱平. 印尼华裔青少年语言与认同的个案分析：华侨大学华文学院印尼华裔学生的调查研究［J］. 华侨华人历史研究，2004（4）.

王汉卫，凡细珍，邵明明，等. 华文水平测试总体设计再认识：基于印尼、菲律宾、新加坡的调查分析［J］. 华文教学与研究，2014（3）.

王汉卫，黄海峰，杨万兵. 华文水平测试的总体设计［J］. 华文教学与研究，2013（4）.

王汉卫，刘静，王士雷. 笔素与汉字的难度序［J］. 语言教学与研究，2013（2）.

王汉卫，苏印霞. 论对外汉语教学的笔画［J］. 世界汉语教学，2012，26（2）.

王汉卫. 汉语教学的模式、层次与分班［J］. 世界华文教育，2017（1）.

王汉卫. 华文水平测试（HSC）的基本理念［J］. 语言战略研究，2016，1（5）.

王汉卫. 华文水平测试的设计与初步验证［J］. 世界汉语教学，2018，32（4）.

王汉卫. 华语测试中的阅读研究［M］. 北京：北京大学出版社，2012.

王汉卫. 论"华语测试"的三个基石［J］. 暨南大学华文学院学报，2009

（1）．

王嘉顺．加拿大华人的中文学习与文化传承现状研究［M］//贾益民，等．华侨华人蓝皮书·华侨华人研究报告（2019）．北京：社会科学文献出版社，2019．

王明珂．华夏边缘：历史记忆与族群认同［M］．杭州：浙江人民出版社，2014．

王晓静．近期美国的中国大陆与中国台湾新移民之移民背景比较［J］．八桂侨刊，2016（3）．

王燕燕．新编新加坡小学华文教材汉字编写模式及教学策略［M］．李运富．第七届汉字与汉字教育国际研讨会论文集．北京：中华书局，2017．

魏岩军，王建勤，魏惠琳，等．影响美国华裔母语保持的个体及社会心理因素［J］．语言教学与研究，2012（1）．

魏岩军，王建勤，魏惠琳．美国华裔母语保持与转用调查研究［J］．华文教学与研究，2013（1）．

魏岩军，王建勤，朱雯静，等．影响汉语学习者跨文化认同的个体及社会心理因素［J］．语言文字应用，2015（2）．

吴燕．当代华裔美国人的文化适应及文化身份认同探求［D］．北京：华北电力大学，2009．

吴雨时．论宗教对语言的支撑作用［J］．宗教学研究，1995（4）．

吴元华．建国方略与语文规划：新加坡制订语文政策的考量［M］//陈照明．二十一世纪的挑战：新加坡华语文的现状和未来．新加坡：联邦出版社，2000．

萧国政，徐大明．从社交常用语的使用看新加坡华族的语言选择及其趋势［J］．语言文字应用，2000（3）．

萧旸．民族认同与传承语焦虑［J］．语言战略研究，2017（3）．

肖奚强．外国学生汉字偏误分析［J］．世界汉语教学，2002（2）．

新加坡教育部课程规划与发展司．华文［M］．新加坡：EPB 教育出版社/北京：人民教育出版社，2007—2014．

邢红兵，张旺熹．现代汉语语法项目的标注及统计研究［C］//对外汉语教学的全方位探索：对外汉语研究学术讨论会论文集．2004．

徐峰．有关新加坡小学华文教材中新加坡元素的若干思考［J］．海外华文教育，2013（2）．

徐天云．印度尼西亚区域性华语社会的特点、发展趋势及对华语教育的影响［J］．东南亚纵横，2012（9）．

许可. 英国华裔中学生学业成就归因个案研究［D］. 福州：福建师范大学，2009.

许嘉璐. 语言与文化［N］. 中国教育报，2000 - 10 - 17.

严晓鹏，包含丽，郑晓婷，等. 意大利华文教育研究：以旅意温州人创办的华文学校为例［M］. 杭州：浙江大学出版社，2012.

杨宁，王奕玮. 在日华人就业面临新机遇［J］. 今日中国，2019（12）.

杨发金. 拉美华侨华人的历史变迁与现状初探［J］. 华侨华人历史研究，2015（4）.

杨锡彭. 汉语语素论［M］. 南京：南京大学出版社，2003.

姚兰. 纵向传承：论传统蒙书与现代儿童华文教材［J］. 海外华文教育，2014（2）.

叶俊杰. 马来西亚华文课程大纲与华文教材的编写［J］. 汉语国际传播研究，2011（1）.

易洪川. 笔顺规范化问题研究［J］. 语言教学与研究，1999（3）.

殷召荣，李国栋. 第二代美籍华人的文化身份认同探究［J］. 枣庄学院学报，2018，35（6）.

尹小荣，李国芳. 国外家庭语言规划研究综述（2000—2016）［J］. 语言战略研究，2017（6）.

于善江. 从奥克兰华人日常对话看语码转换和母语保持［J］. 语言教学与研究，2006（4）.

余可华，徐丽丽. 多元化背景下马来西亚华文教育的现状、问题及对策［J］. 国际汉语教育（中英文），2017，2（2）.

约翰·贝理，简·菲妮，大卫·山姆，等. 文化过渡中的移民青少年：跨国背景下的涵化、认同与适应［M］. 王朝晖，刘真，常永才，等译. 北京：中央民族大学出版社，2016.

张会. 美国华裔儿童家庭语言状况调查与思考［J］. 国际汉语教学研究，2015（3）.

张燕. 加拿大华文教育的发展现状与主要问题研究［J］. 云南师范大学学报（对外汉语教学与研究版），2011，9（1）.

张毅，黄明. 新加坡双语教育模式与华人社会交际语言转移：最新实地调查数据的分析比较［J］. 集美大学学报（教育科学版），2010（4）.

张英. "对外汉语文化大纲"基础研究［J］. 汉语学习，2009（5）.

张英. 对外汉语文化教材研究：兼论对外汉语文化教学等级大纲建设［J］. 汉语学习，2004（1）.

张传明. 冲突、调适与融合：美国华人认同变迁（1849—1979）：以加州华人为中心的研究［D］. 广州：暨南大学，2006.

教育部高教司组，张岱年，方克立. 中国文化概论［M］. 修订版. 北京：北京师范大学出版社，2004.

张东波，李柳. 社会心理因素与美国华人社团的语言维护和变迁［J］. 语言文字应用，2010（1）.

张慧婧. 从"职住空间"到"社会空间"：在日中国新移民的生存适应策略探讨［J］. 华侨华人历史研究，2016（3）.

张洁. 华裔汉语继承语使用者语法及相关语言能力的习得发展［J］. Global Chinese，2019，5（2）.

张青仁. 墨西哥恰帕斯州华人移民的历史与现状：兼论海外华人研究的他者化［J］. 北方民族大学学报（哲学社会科学版），2016（6）.

张天伟. 美国祖籍传承语者英语提升项目：启示与思考［J］. 语言政策与规划研究，2014（2）.

张旺熹. 从汉字部件到汉字结构：谈对外汉字教学［J］. 世界汉语教学，1990（2）.

张小牧. 从鹤山到智利：鹤山侨乡新移民研究［D］. 广州：暨南大学，2018.

张玉喆，陈申. 澳大利亚的中文教育环境及专项中文教师培训项目个案分析［J］. 华文教学与研究，2014（2）.

张占一. 汉语个别教学及其教材［J］. 语言教学与研究，1984（3）.

赵刚. 汉语中的冗余信息及其翻译［J］. 国外外语教学，2004（4）.

赵静，李甦. 3~6岁儿童汉字字形认知的发展［J］. 心理科学，2014，37（2）.

赵日彰，蔡雅薰，郭伯臣，等. 基于语言知识模式之汉语交际能力评量研究［J］. 华文教学与研究，2014（3）.

赵守辉，刘永兵. 新加坡华族社群家庭用语的社会语言学分析［J］. 社会科学战线，2008（8）.

赵守辉，王一敏. 语言规划视域下新加坡华语教育的五大关系［J］. 北华大学学报（社会科学版），2009（3）.

赵贤州. 关于文化导入的再思考［J］. 语言教学与研究，1992（3）.

中华人民共和国教育部，国家语言文字工作委员会．汉语国际教育用音节汉字词汇等级划分［M］．北京：经济科学出版社，1992．

中华人民共和国教育部．全日制义务教育语文课程标准（2011）［M］．北京：北京师范大学出版社，2011．

钟坛坛，金太军．国际移民国家认同的分层研究［J］．江汉论坛，2014（10）．

周刚．日本新华人社会语言生活［J］．中国社会语言学，2005（1）．

周敏，刘宏．海外华人跨国主义实践的模式及其差异：基于美国与新加坡的比较分析［J］．华侨华人历史研究，2013（1）．

周敏，刘宏．美国华人移民家庭的代际关系与跨文化冲突［J］．华侨华人历史研究，2006（4）．

周敏．美国华人社会的变迁［M］．郭南，译．上海：上海三联书店，2006．

周敏，王君．中国新移民的教育期望及其面临的挑战、制度限制和社会支持：以美国和新加坡为例［J］．华侨华人历史研究，2019（4）．

周明朗．语言认同与华语传承语教育［J］．华文教学与研究，2014（1）．

周清海．新加坡的语言教育与语言规划［J］．中国语文，1996（2）．

周思源．"交际文化"质疑［J］．汉语学习，1992（4）．

周思源．论对外汉语教学的文化定位［M］//北京语言学院汉语学院．语言文化教学研究．北京：华语教学出版社，1996．

周有光．我谈语文规范化［J］．语文建设，1995（2）．

朱东芹，胡越云，孙达．多元视角下的海外华侨华人社会发展［M］．北京：社会科学文献出版社，2018．

朱旻文．汉语第二语言学习者跨文化认同的测量［J］．人文丛刊，2015（00）．

庄国土．世界华侨华人数量和分布的历史变化［J］．世界历史，2011（5）．

庄国土．关于华人文化的内涵及与族群认同的关系［J］．南洋问题研究，1999（3）．

庄国土，张晶盈．中国新移民的类型和分布［J］．社会科学，2012（12）．

宗世海，李静．印尼华文教育的现状、问题及对策［J］．暨南大学华文学院学报，2004（3）．

曹燕萍，杨燕．近二十年来西方语言、文化、身份三者关系的研究综述［J］．昆明理工大学学报（社会科学版），2014，14（5）．

陈宝国，彭聃龄．语言习得的关键期及其对教育的启示［J］．心理发展与教育，2001（1）．

郭熙. 多元语言文化背景下母语维持的若干问题：新加坡个案［J］. 语言文字应用，2008（4）.

郭熙. 新加坡中学生华语词语使用情况调查［J］. 华文教学与研究，2010（4）.

李爱慧，潮龙起. 1965 年以来中国新移民潮与美国华人人口结构的变化［J］. 南方人口，2017，32（1）.

李安山. 拉丁美洲华侨华人的生存、适应与融合［M］. 华侨华人蓝皮书，2014.

刘权. 海外华人身份认同研究综观［J］. 西南边疆民族研究，2015（1）.

马慧. 美国新生代华裔子女中文学习的调查分析［D］. 上海：上海外国语大学，2012.

万明钢，高承海，安洁. 西方关于青少年族群认同研究的现状和进展［J］. 民族教育研究，2010（6）.

王明珂. 华夏边缘：历史记忆与民族认同［M］. 台北：允晨文化出版公司，1997.

王宁，孙炜. 论母语与母语安全［J］. 陕西师范大学学报（哲学社会科学版），2005（6）.

吴元华. 务实的决策：人民行动党与政府的华文政策研究 1954—1965［M］. 新加坡：联邦出版社，1999.

萧惠贞. 华裔儿童文化教材主题选取之探讨——以美加东地区中文学校教师之需求为例［J］. 师大学报：语言与文学类，2014，59（2）.

张彬. 巴拿马新移民：广州花都区儒林村侨乡调查［D］. 广州：暨南大学，2013.

张晗，卢嘉杰. 从媒介消费到社交联系：跨媒介环境下澳大利亚华人文化身份认同研究的新取向［J］. 文化与传播，2014，3（1）.

张浩. 海外语言与身份认同实证研究新发展［J］. 外语研究，2015（3）.

周薇. 语言态度和语言使用的相关性分析——以 2007 年南京城市语言调查为例［J］. 语言教学与研究，2011（1）.

庄国土. 论东南亚的华族［J］. 世界民族，2002（3）.

庄国土. 东南亚华侨华人数量的新估算［J］. 厦门大学学报（哲学社会科学版），2009（3）.

陈宏. 关于考生团体异质程度对 HSK（初中等）信度的影响［C］//北京语言

学院汉语水平考试中心. 汉语水平考试研究论文选. 北京：现代出版社. 1995.

任杰，谢小庆. 中国少数民族考生与外国考生 HSK 成绩的公平性分析 ［J］. 心理学探新，2002（2）.

韩宝成. 国外语言能力量表述评 ［J］. 外语教学与研究，2006（6）.

耿红卫. 美国华文教育史研究 ［J］. 理论界，2007（1）.

国家汉办，孔子学院总部. 国际汉语教学通用大纲 ［M］. 北京：外语教学与研究出版社，2010.

王汉卫. 华语测试中的阅读研究 ［M］. 北京：北京大学出版社，2012.

朱东芹. 20 世纪 90 年代以来的菲律宾华文教育改革：探索、成效与思考 ［J］. 华侨大学学报（哲学社会科学版），2014（3）.

Tom Denison，Dharmalingam Arunachalam，Graeme Johanson，Russell Smyth. 意大利普拉托华人社会 ［M］. 刘群锋，译. 侨务工作研究，2008（5）.

二、英文文献

ABS（Australian Bureau of Statistics）. Reflecting a nation：stories from the 2011 Census，2012–2013，cat. no. 2071. 0. Canberra：ABS，2011.

CREESE A，BHATT A，BHOJANI N，et al. Multicultural，heritage and learner identities in complementary schools ［J］. Language and education，2006，20.

FRANCIS B，ARCHER L & MAU A. Language as capital，or language as identity？ Chinese complementary school pupils' perspectives on the purposes and benefits of complementary schools ［J］. British educational research journal，2009，35（4）.

BERRY J W & HOU F. Acculturation，discrimination and wellbeing among second generation of immigrants in Canada ［J］. International journal of intercultural relations，2017，61.

BERRY J W. Conceptual approaches to acculturation ［M］//CHUN K，ORGANISTA P & MARIN G. Acculturation：advances in theory，measurement，and applied research. Washington DC：APA，2003.

BERRY J W. Stress perspectives on acculturation ［M］//SAM D L & BERRY J W. The Cambridge handbook of acculturation psychology. Cambridge：Cambridge University Press，2006.

BOURDIEU P. Language and symbolic power ［M］. Cambridge，MA：Harvard

University Press, 1991.

BRADLEY D & BRADLEY M. Language endangerment and language maintenance [M]. London: Routledge Curzon, 2002.

BROWN K, ANDERSON A H, et al. Encyclopedia of language and linguistics [M]. Shanghai: Shanghai Foreign Language Education Press, 2008.

BURHANUDEEN H. Factors influencing the language choices of Malay Malaysians in the family, friendship and market domains [J]. Journal of language and linguistics, 2003, 2 (2).

CALDAS S J. Raising bilingual-biliterate children in monolingual cultures [M]. Clevedon: Multilingual Matters Ltd., 2006.

CARREIRA M, KAGAN O. The results of the national heritage language survey: implications for teaching, curriculum design, and professional development [J]. Foreign language annals, 2011, 44 (1).

CARREIRA M. Seeking explanatory adequacy: a dual approach to understanding the term "heritage language learner" [J]. Heritage language journal, 2004, 2.

CARREIRA M, JENSEN L, KAGAN O, et al. The heritage language learner survey: Report on the preliminary results. 2009.

CHEN S X, BENET-MARTINEZ V & BOND M. Bicultural identity, bilingualism, and psychological adjustment in multicultural societies: immigration-based and globalization-based acculturation [J]. Journal of personality, 2008, 76 (4).

CHO G, KRASHEN S D. The role of voluntary factors in heritage language development: how speakers can develop the heritage language on their own [J]. ITL-International journal of applied linguistics, 2000, 127 (1).

LAO C. Parents' attitudes toward Chinese-English bilingual education and Chinese-language use [J]. Bilingual research journal, 2004, 28 (1).

CURDT-CHRISTIANSEN X L. Invisible and visible language planning: ideological factors in the family language policy of Chinese immigrant families in Quebec [J]. Language policy, 2009 (8).

ZHANG D B & KODA K. Home literacy environment and word knowledge development: a study of young learners of Chinese as a heritage language [J]. Bilingual research journal: the journal of the national association for bilingual education, 2011, 34 (1).

DÖRNYEI Z. Motivation in second and foreign language learning [J]. Language teaching, 1998, 31 (3).

DU X. Rethink about heritage language learning: a case study of children's mandarin Chinese learning at a community language school in Ontario, Canada [J]. Language and literacy, 2017, 19 (1).

DUFF P, LIU Y & LI D. Chinese heritage language learning: negotiating identities, ideologies, and institutionalization [M] //The Routledge handbook of heritage language Education. London: Routledge, 2017.

DUFF P, LI D. Learning Chinese as a heritage language [J]. Minority populations in Canadian second language education, 2013.

DUFF P. Case study research in applied linguistics [M]. London: Routledge, 2018.

ECLAC. International migration [M]. Santiago: United Nations Publication, 2006.

BELL E. Heritage or cultural capital: ideologies of language in Scottish Chinese family life [J]. Asian anthropology, 2013, 12 (1).

Ramírez F N, Ramírez R R, CLARKE M, et al. Speech discrimination in 11-month-old bilingual and monolingual infants: a magneto encephalography study [J]. Systematic effects of bilingualism on Children's development, 2016, 20 (1).

FISHMAN J A. Reversing language shift: theoretical and empirical foundations of assistance to threatened languages [M]. Clevedon: Multilingual matters Ltd. , 1991.

FISHMAN J A. Language loyalty in the United States: the maintenance and perpetuation of non-English mother tongues by American ethnic and religious groups [M]. The Hague: Mouton, 1966.

FISHMAN J A. Reversing language shift: theoretical and empirical foundations of assistance to threatened languages [M]. Clevedon: Multilingual Matters Ltd. , 1994.

García M E. Recent research on language maintenance [J]. Annual review of applied linguistics, 2003, 23.

GARDNER R C & LAMBERT E. Attitudes and motivation in second language learning [M]. Rowley, Mass: Newbury House, 1972.

ZHANG X G & LI M L. Chinese language teaching in the UK: present and future [J]. Language learning journal, 2010, 38 (1).

GOODKIND D. The Chinese diaspora: historical legacies and contemporary trends [J]. US Department of Commence, Economics and Statistics Administration, US Census Bureau, 2019.

LIN H-YG. Acculturation and heritage language maintenance ［M］. Omniscriptum Gmbh & Co. Kg. 2008.

GUARDADO M. Loss and maintenance of first language skills: case studies of Hispanic families in Vancouver ［J］. Canadian Modern Language Review/ La Revue Canadienne Des Langues Vivantes, 2002, 58 （3）.

HALL S. Cultural identity and diaspora ［M］ // RUTHERFORD J. Identity, community, culture, difference. London: Lawrence & Wishart. 1990.

HAN H. Unintended minority language maintenance: the case of a Baptist Chinese church in West Canada ［J］. International journal of the sociology of language, 2013, 222.

HARRIS R J. The nurture assumption: why children turn out the way they do ［M］. New York: Free Press, 1998.

HARRIS R J. Where is the child's environment? A group socialization theory of development ［J］. Psychological Review, 1995, 102.

ASAKO H. Japanese English bilingual children in three different language environments ［C］ //KONDO-BROWN K. Heritage language development: focus on East Asian immigrants. Amsterdam: John Benjamins, 2006.

HE A W. Toward an identity theory of the development of Chinese as a heritage language ［J］. Heritage language journal, 2006, 4 （1）.

HE A W. The heart of heritage: sociocultural dimensions of heritage language learning ［J］. Annual review of applied linguistics, 2010 （30）.

HE B. Scaffolding in language maintenance — the social, linguistic, and cognitive perspectives on parental assistance in Chinese-origin children's Chinese language education in Britain ［J］. International journal of linguistics, 2016, 8 （3）.

HOLMES J. Immigrant women and language maintenance in Australia and New Zealand ［J］. International journal of applied linguistics, 1993, 3 （2）.

LIU H. Transnational Chinese sphere in Singapore: dynamics, transformations and characteristics ［J］. Journal of current Chinese affairs, 2012, 41 （2）.

HORNBERGER N H, WANG S C. Who are our heritage language learners? Identity and biliteracy in heritage language education in the United States ［M］ // BRITON D M, KAGAN O & BAUCKUS S. Heritage language education: a new field emerging. NY/ OX: Routledge, 2008.

HORWITZ E K, HORWITZ M B & COPE J. Foreign language classroom anxiety [J]. The modern language journal, 1986, 70.

HU-DEHART E. Integration and exclusion: the Chinese in multiracial Latin America and the Caribbean [M] //TAN C B. Routledge handbook of the Chinese diaspora. London; New York: Routledge, 2013.

JEON M. Korean heritage language maintenance and language ideology [J]. Heritage language journal, 2008, 6 (2).

KANG H. Heritage language maintenance, acculturation, and identity: Chinese and Korean 1.5 generation immigrants in New Jersey [M]. Ohio LINK Electronic Theses and Dissertations Center, 2004.

KONDO-BROWN K. Heritage language instruction for post-secondary students from immigrant backgrounds [J]. Heritage language journal, 2003, 1 (1).

KRASHEN S D. Second language acquisition and second language learning [M]. Upper Saddle River: Prentice-Hall, International (UK) Ltd. , 1988.

LAO C. Parents' attitudes toward Chinese-English bilingual education and Chinese-language use [J]. Bilingual research journal, 2004, 28 (1).

LAU H Y D. Chinese heritage language education in Canada current issues, challenges, and proposed teaching approaches [M]. Master Thesis of Hong Kong Polytechnic University, 2016.

LAW S. Children learning Chinese as a home language in an English-dominant society [J]. International journal of bilingual education and bilingualism, 2015, 18 (6).

LI X X. How can language minority parents help their children become bilingual in familial context? A case study of a language minority mother and her daughter [J]. Bilingual research journal, 1999, 23 (2).

LI D & DUFF P A. Learning Chinese as a heritage language in postsecondary contexts [Z]. The Routledge handbook of Chinese second language acquisition, 2018.

LI D & DUFF P. Issues in Chinese heritage language education and research at the postsecondary level [J]. Chinese as a heritage language: fostering rooted world citizenry, 2008, 2.

LI G F. Biliteracy and trilingual practices in the home context: case studies of Chinese-Canadian children [J]. Journal of early childhood literacy, 2006a, 6 (3).

LI G F. The role of parents in heritage language maintenance and development: case studies of Chinese immigrant children's home practices〔J〕. Heritage language development: focus on East Asian immigrants, 2006, 3（2）.

LI P S. Chinese in Canada〔M〕. Don Mills: Oxford University Press, 1998.

LI W. Three generations, two languages, one family: language choice and language shift in a Chinese community in Britain〔M〕. Clevedon: Multilingual Matters, 1994.

LI W & ZHU H. Voices from the diaspora: changing hierarchies and dynamics of Chinese multilingualism〔J〕. International journal of sociology of language, 2010, 205.

LIANG F. Parental perceptions toward and practices of heritage language maintenance: focusing on the United States and Canada〔J〕. International journal of language studies, 2018, 12（2）.

CALVET L-J. Language wars and linguistic politics〔M〕. Oxford: Oxford University Press, 1998.

Lü C & KODA K. Impact of home language and literacy support on English-Chinese biliteracy acquisition among Chinese heritage language learners〔J〕. Heritage language journal, 2011, 8（2）.

LUO H. Foreign language anxiety: past and future〔J〕. Chinese journal of applied linguistics, 2013, 36（4）.

LUO S H, WISEMAN R L. Ethnic language maintenance among Chinese immigrant children in the United States〔J〕. International journal of intercultural relations, 2000, 24（3）.

LYNCH A. Toward a theory of heritage language acquistition: Spanish in the United Stages〔C〕//ROCA A & COLOMBI M C. Mi Lengua: Spanish as a heritage language in the United States. Washington: Georgetown University Press, 2003.

MASLOW A H. Motivation and personality〔M〕. New York: Harper & Row, 1970.

LI M Y. The role of parents in Chinese heritage-language schools〔J〕. Bilingual research journal, 2005, 29.

NORTON B. Social identity, investment and language learning〔J〕. TESOL Quarterly, 1995, 29（1）.

NORTON B. Identity and language learning〔M〕. Harlow: Longman/Pearson Education, 2000.

ORTON J. The current state of Chinese language education in Australian schools

[R]. Carlton South: Education Services Australia Ltd., 2010.

PHINNEY S J. Ethnic identity in adolescents and adults: Review of research [J]. Psychological bulletin, 1990, 108 (3).

POLINSKY M & KAGAN O. Heritage languages: in the "wild" and in the classroom [J]. Language and linguistics compass, 2007, 1 (5).

POLINSKY M. Heritage language narratives 1, heritage language education [M]. New York: Routledge, 2017.

REDFIELD R, LINTON R & HERSKOVITS M J. Memorandum for the study of acculturation [J]. American anthropologist, 1936, 38.

SAKAMOTO M. Balancing L1 maintenance and L2 learning: experiential narratives of Japanese immigrant families in Canada [M] //KONDO-BROWN K. Heritage language development: focus on East Asian immigrants. Amsterdam: John Benjamins Publishing Company, 2006.

SHIN S J, EBRARY I. Developing in two languages: Korean children in America [M]. Clevedon: Multilingual Matters, 2005.

SIMON B. Identity in modern society: an social psychological perspective [M]. Oxford: Blackwell, 2004.

TAJFEL H. Differentiation between social groups: studies in the social psychology of intergroup relations [M]. London: Academic Press, 1978.

TANNENBAUM M, BERKOVICH M. Family relations and language maintenance: implications for language educational policies [J]. Language policy, 2005, 4 (3).

TSE L. Resisting and reversing language shift: heritage-language resilience among US native biliterates [J]. Harvard educational review, 2001, 71 (4).

TSE L. The effects of ethnic identity formation on bilingual maintenance and development: an analysis of Asian American narratives [J]. International journal of bilingual education and bilingualism, 2000, 3 (3).

TSUNG L. Language maintenance in the Chinese diaspora in Australia [M] //LI W. Multilingualism in the Chinese diaspora worldwide. New York: Routledge, 2015.

TU W M. Cultural China: the periphery as the center [M] // TU W M. The living tree: the changing mean of being Chinese today. Stanford: Stanford University Press. 1991.

Valdés G. Heritage language students: profiles and possibilities [M] //PEYTON J

K, RANARD D A & MCGINNIS S. Heritage languages in America: preserving a national resource. Washington, DC & McHenry, IL: Center for Applied Linguistics & Delta Systems, 2001.

Van Deusen-Scholl N. Toward a definition of heritage language: sociopolitical and pedagogical considerations [J]. Journal of language, identity and education, 2003, 2 (3).

Velázquez Isabel. Intergenerational Spanish transmission in El Paso, Texas: Parental perceptions of cost/benefit [J]. Spanish in Context, 2009 (1).

WANG D L. Imagining China and the Chinese: cultural identities of British Chinese young people in and around London [D]. Doctoral Thesis of University College London, 2016.

WANG L & LING-CHI. Roots and changing identity of the Chinese in the United States. [J]. Daedalus, 1991, 120 (2).

WEBB J, MILLER B. Teaching heritage language learners: voices from the classroom [M]. ACTFL, 2000.

WEI L, MILROY L & CHING P S. A two-step sociolinguistic analysis of code-switching and language choice: the example of a bilingual Chinese community in Britain [J]. International journal of applied linguistics, 1992, 2 (1).

WEN X. Chinese language learning motivation: a comparative study of heritage and non-heritage learners [J]. Heritage language journal, 2011, 8 (3).

WEN X. Motivation and language learning with students of Chinese 1 [J]. Foreign language annals, 1997, 30 (2).

WENGER E. Communities of practice: learning, meaning and identity [M]. Cambridge: Cambridge University Press, 1998.

WILEY T G. Chinese "dialect" speakers as heritage language learners [M] // BRINTON D, KAGAN O, BAUCKUS S. Heritage language education: a new field emerging. New York: Routledge, 2008.

WONG K F, XIAO Y. Diversity and difference: identity issues of Chinese heritage language learners from dialect backgrounds [J]. Heritage language journal, 2010, 7 (2).

WU M. Re-envisioning heritage language education: a study of middle school students learning Mandarin Chinese [J]. Heritage language journal, 2014, 11 (3).

CURDT-CHRISTIANSEN X L. Teaching and learning Chinese: heritage language classroom discourse in Montreal [J]. Language, culture and curriculum, 2006, 19.

CURDT-CHRISTIANSEN X L. Reading the world through words: cultural themes in heritage Chinese language textbooks [J]. Language and education, 2008, 22.

CURDT-CHRISTIANSEN X L. Conflicting language ideologies and contradictory language practices in Singaporean multilingual families [J]. Journal of multilingual and multicultural development, 2016, 37 (7).

CURDT-CHRISTIANSEN X L. Educating migrant children in England: language and educational practices in home and school environments [J]. International multilingual research journal, 2020 (2).

XIAO Y, WONG K F. Exploring heritage language anxiety: a study of Chinese heritage language learners [J]. The modern language journal, 2014, 98 (2).

XIAO Y. Chinese education in the United States: players and challenges [J]. Global Chinese, 2016, 2 (1).

XIAO Y. Heritage language education in the United States: the Chinese case [M] //BIGELOW M & ENNSER-KANANEN J. The Routledge handbook of educational linguistics. New York: Routledge, 2014.

XIAO Y. Effect of home background on advanced heritage language learning [J]. Chinese as a second language research, 2013, 2 (2).

YANG W E. Chinese language maintenance: a study of Chinese-American parental perceptions and activities [J]. Journal of Chinese Overseas, 2007, 3 (2).

YU S J. How much does parental language behaviour reflect their language beliefs in language maintenance? [J]. Journal of Asian Pacific communication, 2010, 20 (1).

ZHANG D, SLAUGHTER-DEFOE D T. Language attitudes and heritage language maintenance among Chinese immigrant families in the USA [J]. Language culture & curriculum, 2009, 22 (2).

ZHANG J N. Parental attitudes toward Mandarin maintenance in Arizona: an examination of immigrants from the People's Republic of China [J]. Critical inquiry in language studies, 2010, 7 (4).

ZHENG L. Living in two worlds: code-switching amongst bilingual Chinese-Australian children [J]. Australian review of applied linguistics, 2009, 32 (1).

ZHOU M, LIU H. Homeland engagement and host-society integration: a comparative study of new Chinese immigrants in the United States and Singapore [J]. International journal of comparative sociology, 2016, 57 (1 –2).

ZHU H, LI W. Geopolitics and the changing hierarchies of the Chinese language: implications for policy and practice of Chinese language teaching in schools in Britain [J]. The modern language journal, 2014 (1).

ALBA R, LOGAN J, LUTZ A, et al. Only English by the third generation? Loss and preservation of the mother tongue among the grandchildren of contemporary immigrants [J]. Demography, 2002, 39 (3).

ALTMAN C, FELDMAN Z, YITZHAKI D, et al. Family language policies, reported language use and proficiency in Russian-Hebrew bilingual children in Israel [J]. Journal of Multilingual and Multicultural Development, 2014, 35 (3).

LYNCH A. The first decade of the Heritage Language Journal: a retrospective view of research on heritage languages [J]. Heritage language journal, 2014 (11).

BELL E. Heritage or cultural capital: ideologies of language in Scottish Chinese family life [J]. Asian anthropology, 2013, 12 (1).

BERRY J W, HOU F. Acculturation, discrimination and wellbeing among second generation of immigrants in Canada [J]. International journal of intercultural relations, 2017, 61.

BERRY J W, HOU F. Immigrant acculturation and wellbeing in Canada [J]. Canadian psychology/psychologie canadienne, 2016, 57 (4).

BERRY J W. Conceptual approaches to acculturation [M]. American psychological association, 2003.

CALVET L J. Language wars and linguistic politics [M]. New York: Oxford University Press, 1998.

CAMPBELL, RUSS & DONNA C, eds. Directions in research: intergenerational transmission of heritage languages [J]. Heritage language journal, 2003 (1).

CHEN S X, Benet - Martínez V, HARRIS B M. Bicultural Identity, bilingualism, and psychological adjustment in multicultural societies: immigration-based and globalization-based acculturation [J]. Journal of personality, 2008, 76 (4).

CHEUNG Y W. Effects of parents on ethnic language retention by children: The case of Chinese in urban Canada [J]. Sociological focus, 1981, 14 (1).

CHUI T, TRAN K, FLANDERS J. Chinese Canadians: enriching the cultural mosaic [J]. Canadian social trends, 2005, 76 (2).

CLYNE M, KIPP S. Pluricentric languages in an immigrant context: Spanish, Arabic and Chinese [M]. Berlin: Walter de Gruyter, 2011.

COMANARU R & KIMBERLY A N. Self-determination, motivation, and the learning of Chinese as a heritage language [J]. Canadian modern language review 2009, 66 (1).

CREESE A, BHATT A, BHOJANI N, et al. Multicultural, heritage and learner identities in complementary schools [J]. Language and education, 2006, 20 (1).

CURDT-CHRISTIANSEN X L. Conflicting language ideologies and contradictory language practices in Singaporean multilingual families [J]. Journal of multilingual and multicultural development, 2016, 37 (7).

CURDT-CHRISTIANSEN X L. Educating migrant children in England: language and educational practices in home and school environments [J]. International multilingual research journal, 2020, 14 (2).

CURDT-CHRISTIANSEN X L. Invisible and visible language planning: ideological factors in the family language policy of Chinese immigrant families in Quebec [J]. Language policy, 2009, 8.

CURDT-CHRISTIANSEN X L. Reading the world through words: cultural themes in heritage Chinese language textbooks [J]. Language and education, 2008, 22 (2).

CURDT-CHRISTIANSEN X L. Teaching and learning Chinese: heritage language classroom discourse in Montreal [J]. Language, culture and curriculum, 2006, 19 (2).

DING T. New type of learner emerging: understanding learners of Chinese as a heritage language [J]. Cambridge journal of China studies, 2013, 8 (2).

CAMPBELL R N & CHRISTIAN D. Directions in research: intergenerational transmission of heritage languages [J]. Heritage language journal, 2003, 1 (1).

DUFF P A, LIU Y & LI D. Chinese heritage language learning: negotiating identities, ideologies, and institutionalization [M] //The Routledge handbook of heritage language education. New York: Routledge, 2017.

DUFF P, LI D. Learning Chinese as a heritage language [J]. Minority populations in Canadian second language education, 2013.

DUFF P & LI D. Rethinking heritage languages: ideologies, identities, practices and priorities in Canada and China [J]. Rethinking heritage language education, 2014.

FANG S, DUFF P. Constructing identities and negotiating ideologies with Chinese popular culture in adult Mandarin learning [J]. Global Chinese, 2018, 4 (1).

FILLMORE L W. Loss of family languages: should educators be concerned? [J]. Theory into practice, 2000, 39 (4).

FISHMAN J A. 300-plus years of heritage language education in the United States [C] //Heritage language in America: preserving a national resource. Washington & McHenry, IL: Center for Applied Linguistics & Delta Systems, 2001.

FISHMAN J A. Language maintenance and language shift as a field of inquiry. A definition of the field and suggestions for its further development [J]. 1964.

FISHMAN J A, JOSJUA A., ed. Can threatened languages be saved? Reversing language shift, revisited: A 21st century perspective [M]. Clevedon: Multilingual matters, 2001.

FRANCIS B, ARCHER L, MAU A. Language as capital, or language as identity? Chinese complementary school pupils' perspectives on the purposes and benefits of complementary schools [J]. British Educational Research Journal, 2009, 35 (4).

GANASSIN S. Language, culture and identity in two Chinese community schools: more than one way of being Chinese? [M]. Clevedon: Multilingual Matters, 2020.

LEUNG G. Contemporary Hoisan-wa language maintenance in Northern California: evidence from fourteen frog story narratives [J]. International multilingual research journal, 2012, 6 (2).

HAN H. Unintended language maintenance: the English congregation of a baptist Chinese church in Western Canada [J]. International journal of the sociology of language, 2013 (222).

HAUGEN E. Language planning, theory and practice [M]. Standford: Stanford University Press, 1972.

HAUGEN E. The ecology of language [M]. Standford: Standford university press, 1972.

HE A W. An identity-based model for the development of Chinese as a heritage language [M]. HE A W & XIAO Y. Chinese as a heritage language: fostering rooted world citizenry. Honolulu: University of Hawaii Press, 2008.

HE A W. Discursive roles and responsibilities: a study of interactions in Chinese immigrant households [J]. Journal of multilingual and multicultural development, 2016, 37 (7).

HE A W. The World is a collage: multi-performance by Chinese heritage language speakers [J]. The modern language journal, 2013, 97 (2).

HOLMES J, BYRNE E M, GATHERCOLE S E, et al. Transcranial random noise stimulation does not enhance the effects of working memory training [J]. Journal of cognitive neuroscience, 2016, 28 (10).

HOLMES J. Women's talk in public contexts [J]. Discourse & society, 1992, 3 (2).

HORWITZ E K, HORWITZ M B, COPE J. Foreign language classroom anxiety [J]. The modern language journal, 1986, 70 (2).

HUA Z, WEI L. Geopolitics and the changing hierarchies of the Chinese language: implications for policy and practice of Chinese language teaching in Britain [J]. The modern language journal, 2014, 98 (1).

HUANG J. Heteroglossia, ideology and identity in a Birmingham Chinese complementary school: a linguistic ethnography [D]. Birmingham: University of Birmingham, 2016.

HUANG K. A typological analysis of Chinese heritage language programs at universities in North America and Oceania [J]. 臺灣華語教學研究, 2017 (14).

KANG H. Heritage language maintenance, acculturation, and identity: Chinese and Korean 1. 5 generation immigrants in New Jersey [D]. Columbus: The Ohio State University, 2004.

KLOSS H. German-American language maintenance efforts [M]. FISHMAN J A, et al. Language loyalty in the United States: the maintenance and perpetuation of Non-English mother tongues by American ethnic and religious groups. The Hague: Mouton, 1966.

LAU H Y D. Chinese heritage language education in Canada current issues, challenges, and proposed teaching approaches [J]. 2016.

LAVE J, WENGER E. Situated learning: Legitimate peripheral participation [M]. London: Cambridge university press, 1991.

LAWTON B L, LOGIO K A. Teaching the Chinese language to heritage versus non-heritage learners: parents' perceptions of a community weekend school in the United States

〔J〕. Language, Culture and Curriculum, 2009, 22（2）.

LEUNG G Y. The internet and Hoisan-wa in the US: counter-hegemonic discourses and shifting language ideologies〔J〕. Journal of Chinese overseas, 2011, 7（2）.

LI D, DUFF P. Issues in Chinese heritage language education and research at the postsecondary level〔J〕. Chinese as a heritage language: fostering rooted world citizenry, 2008, 2.

LI M. The role of parents in Chinese heritage-language schools〔J〕. Bilingual research journal, 2005, 29（1）.

LI Q, ZHANG H, TAGUCHI N. The use of mitigation devices in heritage learners of Chinese〔J〕. Heritage language journal, 2017, 14（2）.

LI W, Three generations, two languages, one family: language choice and language shift in a Chinese community in Britain〔M〕. Clevedon&Philadelphia: Multilingual Matters, 1994.

LI X. How can language minority parents help their children become bilingual in familial context? A case study of a language minority mother and her daughter〔J〕. Bilingual research journal, 1999, 23（2-3）.

JENNIFER J L. Heritage language retention in second generation Chinese-Americans〔M〕. Los Angeles: University of California, 1995.

LUO H. Chinese language learning anxiety: a study of heritage learners〔J〕. Heritage language journal, 2015, 12（1）.

LUO S H, WISEMAN R L. Ethnic language maintenance among Chinese immigrant children in the United States〔J〕. International journal of intercultural relations, 2000, 24（3）.

MIHYON J. Korean heritage language maintenance and language ideology〔J〕. Heritage language journal, 2008.

MIZUTA A. Memories of language lost and learned: parents and the shaping of Chinese as a heritage language in Canada〔D〕. University of British Columbia, 2017.

MU G M, DOOLEY K. Coming into an inheritance: family support and Chinese heritage language learning〔J〕. International journal of bilingual education and bilingualism, 2015, 18（4）.

MU G M. A meta-analysis of the correlation between heritage language and ethnic identity〔J〕. Journal of multilingual and multicultural development, 2015, 36（3）.

MU G M. Heritage language learning for Chinese Australians: the role of habitus [J]. Journal of multilingual and multicultural development, 2014, 35 (5).

MU G M. Learning Chinese as a heritage language in Australia and beyond: the role of capital [J]. Language and education, 2014, 28 (5).

NAGANO T. Demographics of adult heritage language speakers in the United States: differences by region and language and their implications [J]. The modern language journal, 2015, 99 (4).

ORTON J. The current state of Chinese language education in Australian schools [M]. Carlton: Education Services Australia, 2010.

PAUWELS A. Language maintenance and shift [M]. London: Cambridge University Press, 2016.

PAUWELS A. Language maintenance and shift [M]. London: Cambridge University Press, 2016.

PHINNEY J S, LOCHNER B T, MURPHY R. Ethnic identity development and psychological adjustment in adolescence [M]. London: Sage Publications, 1990.

POLINSKY M, KAGAN O. Heritage languages: in the "wild" and in the classroom [J]. Language and linguistics compass, 2007, 1 (5).

REDFIELD R, LINTON R, HERSKOVITS M J. Memorandum for the study of acculturation [J]. American anthropologist, 1936, 38 (1).

RUMBAUT R G. A language graveyard? The evolution of language competencies, preferences and use among young adult children of immigrants [J]. The education of language minority immigrants in the United States, 2009, 35.

RUMBAUT R G. The evolution of language competencies, preferences and use among immigrants and their children in the United States today [C] Testimony before the US Congress, 2007.

SCHALLEY A C & SUSANA A E. Handbook of home language maintenance and development: Social and affective factors [M]. Berlin: Walter de Gruyter GmbH & Co KG, 2020.

SHI X, LU X. Bilingual and bicultural development of Chinese American adolescents and young adults: a comparative study [J]. The Howard journal of communications 2007, 18 (4).

SHIN S J. "What about me? I'm not like Chinese but I'm not like American": heritage-language learning and identity of mixed-heritage adults [J]. Journal of language, identity and education, 2010, 9 (3).

SMOLICZ J J. Language as a core value of culture [J]. Relc journal, 1980, 11 (1).

SPOLSKY B. Language policy [M]. London: Cambridge university press, 2004.

TABOURET-KELLER A, LEPAGE R B. Acts of identity: creole-based approaches to language and ethnicity [M]. London: Cambridge University Press, 1985.

TAGUCHI N, ZHANG H, LI Q. Pragmatic competence of heritage learners of Chinese and its relationship to social contact [J]. Chinese as a second language research, 2017, 6 (1).

TANNENBAUM M, BERKOVICH M. Family relations and language maintenance: implications for language educational policies [J]. Language policy, 2005, 4.

TANNENBAUM M, HOWIE P. The association between language maintenance and family relations: Chinese immigrant children in Australia [J]. Journal of multilingual and multicultural development, 2002, 23 (5).

TANNENBAUM M. Viewing family relations through a linguistic lens: symbolic aspects of language maintenance in immigrant families [J]. The journal of family communication, 2005, 5 (3).

THORPE A. Leading and managing Chinese complementary schools in England: leaders' perceptions of school leadership [Z]. Paper presented at the British Educational Research Association Annual Conference, 2011.

TIAN Y. "Sorry, but they don't want Chinese Americans to participate": a case study of tracking in an Ivy League Chinese language programme [J]. International journal of multilingualism, 2017, 14 (4).

TSUNG L. Language maintenance in the Chinese Diaspora in Australia [M]. LI W. Multilingualism in the Chinese Diaspora Worldwide. New York: Routledge, 2015.

WU H P, PALMER D K, FIELD S L. Understanding teachers' professional identity and beliefs in the Chinese heritage language school in the USA [J]. Language, culture and curriculum, 2011, 24 (1).

WU H P. Constructing culturally relevant pedagogy in Chinese heritage language classrooms: a multiple-case study [J]. Online submission, 2011.

WU S M. Maintenance of the Chinese language in Australia [J]. Australian review of applied linguistics, 1995, 18 (2).

XIA N. Maintenance of the Chinese language in the United States [J]. Bilingual Review/La Revista Bilingüe, 1992.

XIAO Y, WONG K F. Exploring heritage language anxiety: a study of Chinese heritage language learners [J]. The modern language journal, 2014, 98 (2).

YANG W E. Chinese language maintenance: a study of Chinese-American parental perceptions and activities [J]. Journal of Chinese overseas, 2007, 3 (2).

ZHANG D, KODA K. Home literacy environment and word knowledge development: a study of young learners of Chinese as a heritage language [J]. Bilingual research journal, 2011, 34 (1).

ZHANG D, SLAUGHTER-DEFOE D T. Language attitudes and heritage language maintenance among Chinese immigrant families in the USA [J]. Language, culture and curriculum, 2009, 22 (2).

ZHANG D H. Between two generations: language maintenance and acculturation among Chinese immigrant families [M]. New York: LFB Scholarly Publishing LLC, 2008.

ZHANG G X, LI L M. Chinese language teaching in the UK: present and future [J]. Language learning journal, 2010, 38 (1).

ZHANG H, KODA K. Vocabulary knowledge and morphological awareness in Chinese as a heritage language (CHL) reading comprehension ability [J]. Reading and writing, 2018, 31.

ZHANG J. Mandarin maintenance among immigrant children from the People's Republic of China: an examination of individual networks of linguistic contact [J]. Language, culture and curriculum, 2009, 22 (3).

LEUNG G Y. Hoisan-wa reclaimed: Chinese American language maintenance and language ideology in historical and contemporary sociolinguistic perspective [D]. Philadelphia: University of Pennsylvania, 2012.

后　记

本书是国家社科基金重点项目"'华二代'祖语保持研究"（立项号：16AYY005）的成果。全书的作者不止我一个人，作者情况首先介绍如下：

第二章执笔人，祝晓宏（作者单位：暨南大学华文学院）。

第三章执笔人，白娟（作者单位：北京华文学院）。

第五章执笔人，方夏婷（作者单位：上海长宁国际外籍人员子女学校）。

第九章执笔人，王文龙（作者单位：北京华文学院）。

第四、第六、第七、第八、第十章，是我指导我的硕士研究生完成，具体执笔人按照章节先后，分别是关迎旭（2016级）、许庭缘（2014级）、张巧宏（2017级）、刘伊尧（2017级）、劳红叶（2017级）。

第十一至十三章，是我指导我2020级博士研究生葛晗洁（执笔人）完成。

第十六章第二节、第三节作者是我的同事王洁老师，第四节作者是我的同事马新钦老师。

以上作者对本课题的顺利完成功不可没。雷朔、付佩宣、齐汝莹、梁霞、刘华、华平娟等诸位朋友也对本研究的顺利完成有不同程度的贡献。白娟老师为全书的统稿付出了很多心血。我的学生葛晗洁、陆佳幸、罗亦纯、廖海玉、刘娜、龙妍为书稿的校对付出了不少精力。一并致谢！

暨南大学出版社杜小陆先生为本书申请到了国家出版基金的资助，托他的福，本书平添一层光环，责任编辑黄球、朱良红为本书最后把关，修订了不少疏漏。感谢三位！

我的博士授业恩师郭熙先生把我带入华语之门，又不辞辛苦为本书作序，谨致谢忱！

我的太太苏印霞不但参与了本项目的研究工作，实地采访，收集资料，更每天美食伺候，后台支持。看手机上说，戴建业老师走穴讲课，被喷没风骨，喷子们不知道，戴老师不辞辛苦挣讲课费，是为了给太太买昂贵的救命药。真有太太，有真太太的人，大概都肯不辞辛苦，因为怎一个"谢"字了得。

说了感谢，忍不住还想说说感慨。

先讲一个故事吧。二十几年前，我第一次去印尼，听当地朋友讲她阿公的故事。阿公打一个少年漂洋过海来到印尼，本是想打几年工，回国、娶妻、生子、过日子——不承想跟故乡、跟父母成了永别。

"鸟飞反故乡兮，狐死必首丘。"暮年的阿公，经常一个人坐在海边，北向遥望。云海苍茫，烟波浩渺，不要说阴阳两隔，即便故乡的云、水、山、树、花、鸟、兄弟姐妹、儿时的玩伴、父母的坟茔……他一定是什么都看不到，然而他就这么天天看。毫无疑问，这一切的一切，一定在他的脑海、在他记忆的天空里轮番出现，模糊而生动。

当年听故事，听着听着就泪目了，于是带着极大的热情，做了二十多年的华文教学与研究，本书算是一个阶段性的交代吧。但二十多年过去，我已经没有了当年滚烫的眼泪，而心底的凉却止不住升起来，传遍全身。

过去，中国人下南洋常常是出于无奈，也常常是临时打算，但即便如此，落地生根是常态，依稀旧梦是故乡（没有海外经验的朋友可以来广东看看开平碉楼等侨乡建筑）。现在的新移民更有不同，多数情况下怕不是无奈，而是主动、积极，甚至热切地要拥抱另外一个世界、另外一种生活。人往高处走，俊鸟登高枝——容不得谁置喙，但也毋庸讳言，从他们踏出国门的那一刻，故乡便已然是昨日旧梦了。

本质上，华文、华语也是故乡的一部分。中文、汉语，在中国的大地上，几千年来枝繁叶茂、生生不息；华文、华语，在异国他乡的土地上，哦……近些年来，每每不顺，我就常常问自己：干吗呢？有用吗？跟谁较劲呢？以"祖语永久保持"为目标，疯了吗？这时候，孔老夫子的声音就在耳边响起来：知其不可而为之！

华者，花也，无可奈何花落去，但我们总不能因为花总会落，今日便听之任之吧。我愿勤浇水、厚施肥，希望花开得久一些、更久一些——何况还有朵朵新花，要绽放、要摇曳生姿呢？

2023 年 10 月 1 日